U0549615

亞洲人物史

〔17－19世紀〕

8

GREAT FIGURES in the HISTORY of ASIA

亞洲型態的完成

アジアの かたちの完成

編者的話

姜尚中

人之所以對歷史產生興趣，其根本乃是對人的關心。就像《史記》是以〈列傳〉為支柱一般，史家在史書中貫注全心全力的，也是評傳。於是，我們著眼於不論是誰都會自然抱持的好奇心，構想出這套由著名、無名人們的評傳積累而成、進行描述的《亞洲人物史》。作為討論對象的地域，包括了東亞、東南亞、南亞、中亞、西亞，也就是足以用「亞洲」一詞指涉的整體領域。我們集結了在現代亞洲史研究中具代表性的編輯委員，經過數年反覆協議，發掘出各領域的主人翁、副主人翁，以及圍繞在他們身邊人們的關聯性，從而形成充滿魅力的小宇宙。

當我們在選定人物之際，重視的關鍵要素是「交流」。所謂交流，不限於交易、宗教、思想、藝術傳播等和平友好的事物，也包括掠奪、侵略、戰爭等激烈衝突。我們在每一卷中，針對整個地域的人物群進行鉅細靡遺的配置，並以跨越各個小宇宙的方式，將之聯繫起來；從第一卷到最終卷，大致是按照時代順序安排。透過這樣的構成，我們讓一種堪稱與縱觀式地域史迥然相異的「亞洲通史」形象，自然而然地浮現出來。透過這項由承繼東洋史研究深厚基礎的人們合力進行的嘗試，我們期望相異文化圈、言語圈的讀者，都能有共享的一日到來。

序言

村田雄二郎

本書大致以十七到十九世紀為背景，介紹此時期活躍於亞洲史舞臺的歷史人物。若根據歷史學的時代劃分，本書可說是近世亞洲的人物史。

雖說是以十七到十九世紀為背景，但本書的登場人物從未想過「我是十八世紀的人」或「我生存在世紀末」。他／她們只是依照宗教或王權制定的曆法，生活在各自文化定義的時間，與現代人習慣的西曆與GMT（格林威治標準時間）有很大的不同。

近世指的是近代初期（early modern），是轉移至近代的時期。在這段期間，西方歐洲各國開始進入亞洲，「西洋」這個概念漸漸深根於亞洲各地區的政治與社會經濟，產生「西力東漸」的現象。東印度公司成為這股風潮的橋頭堡，西方列強透過貿易加深與亞洲的關係，最後演變成殖民統治和砲艦外交，完全改變了亞洲人民的生活樣貌。另一方面，有些地區的國家實施嚴格的出入境管理，控管貿易體制，發展出成熟的獨特文化，東亞的琉球、日本、朝鮮、中國等就是最好的例子。在此過程中，各地區的「國家」樣貌也產生極大變化，造就了太平時代終結，創造新秩序與價值的各種嘗試。儘管如此，這些嘗試並非一帆風順。其中包含許多挫折、失敗，甚至不進而退。換句話說，近世亞洲的最終局面亦充滿了戰亂和迷惘。

然而，這也是歐洲催化出的「亞洲主體」形成過程，亦可說是以民族國家為原型的「國」之型態。近世作為接續至近代的時代，最大特色是那些被後世讚譽為「民族英雄」的改革者和反叛軍領袖為國家獻祭，成為越南、土耳其、印度、中國等國最鮮明的標誌。不可諱言的，各地區國家與市場的整合程度天差地別，面對近代課題的方式也不一樣，各自的文化個性深深烙印在這段時代的歷史裡。

基於亞洲歷史，如何定義與詮釋近世這個時代？這個問題很難回答。亞洲近世絕非只有「一個答案」，但有哪些共通特徵呢？若真的有，又和近代世界的形成有什麼關係？

內陸亞洲史專家約瑟夫．弗萊徹（Joseph Fletcher）在其遺稿論文〈綜合歷史〉中，提出一個問題：「單一近世史是否存在？」他的回答是這樣的：「即使是乍看在政治上隔絕，彼此毫無相關的各地區（包括歐洲、北美），只要各位搭乘飛機繞行北半球一圈俯瞰大地，就能從宏觀角度看出並行性，亦即（一）人口增加、（二）歷史節奏加速、（三）經濟活動中心的『地方』都市成長、（四）都市商業階層興起、（五）宗教再興與傳教活動、（六）農村紛亂、（七）遊牧民族沒落等變動。」（Fletcher, Joseph, “Integrative History: Parallels and Interconnections in the Early Modern Period, 1500-1800,” *Journal of Turkish Studies*, 9, 1985. 文字概要引自岸本美緒，〈東亞、東南亞傳統社會之形成〉，《岩波講座世界歷史13》，岩波書店，一九九八年）本書各章節證實了弗萊徹的觀點是正確的。

弗萊徹並未說明各地區產生並行性的原因，但此時期亞洲地區的貿易盛況空前，無論是物品、金錢、人力，乃至於資訊皆暢通無阻，繁榮昌盛。這應該算是一個重要的前提條件。近世的特性是橫跨地區與國家展開廣域且密切的「交流」，這也是本系列的關鍵字。不僅如此，位於亞洲周邊的「西方國家」也積極參與這個「交流」空間。根據安格斯．麥迪森（Angus Maddison）的推估，亞洲在全球ＧＤＰ（國內生產毛額）的比例，一七〇〇年為百分之六十一點八，一八二〇年為百分之五十九點四。相較之下，西歐加美國的占比分別為百分之二十二、百分之二十四點八。直到一八二〇年，亞洲各地區的ＧＤＰ皆占全球的一半以上。其中中國的ＧＤＰ長期穩居第一，一八二〇年占全球的百分之三十二點九（安格斯．麥迪森著，公益財團法人政治經濟研究所監譯，《世界經濟史概觀——西元一年到二〇三〇年》〔*Contours of the World Economy, 1-2030AD*〕，岩波書店，二〇一五年）。

一八二〇年後的半世紀之間，這個比例產生巨大變化。到了一八七〇年，亞洲衰退至百分之三十八點三，西歐加美國上升至百分之四十二。由此可知，鴉片戰爭（一八四〇—一八四二年）前後是東西方勢力逆轉的關鍵時期。在這段期間，英國在一八二六年於東南亞建立海峽殖民地，以自由貿易港新加坡為起點，擴大海洋貿易。隨著歐洲正式進軍亞洲，印度出現了印度民族起義（Indian Rebellion，一八五七—一八五八年）、中國清朝有太平天國運動（一八五〇—一八六四年），鄂圖曼帝國在經歷兩次與埃及的戰爭（一八三一—一八三三年、一八三九—一八四〇年）後，又與俄羅斯帝國爆發克里米亞戰爭（一八五三—一八五六年）。此外，俄羅斯帝國進入中亞後，將突厥穆斯林王朝納入保護國，東突厥斯坦（今中國新疆）的阿古柏（Yakub Beg）發動了反抗戰爭（一八六五—一八七七年）。這些地區動盪都是英俄帝國大博弈（The Great Game）的一部分。

此後，亞洲各國與各地區不是處於殖民地體制，就是遭受「西洋衝擊」，開始摸索充滿苦難的改革與自立之路。有時參考「西學」，有時又創造出對抗「西教」的文化價值。原本單純指稱歐洲以外的「亞洲」，首次具有正面意義。

一八二〇年是東西方「主角交替」的轉捩點。經過二百年，繼日本與四小龍（新加坡、香港、臺灣、韓國）之後，中國的經濟實力也呈現大幅成長，躍身GDP（國內生產毛額）全球第二的經濟大國。不僅如此，人口大國印度近幾年也有顯著增長。亞洲經濟「再次」引領世界的時代已經到來，基於這項事實，外界又是如何看待近世亞洲的重要人物，在歷經重重失敗與挫折，孜孜不怠地嘗試自立與改革的作為？

歷史學是回顧過去，省思目前處境的認知過程。

新冠疫情導致「交流」中斷停滯，我們經歷過這前所未有的事件，本卷的登場人物將會告訴我們什麼樣的故事？各位不只要注意勝利者的宣言，還要傾耳聆聽消失在黑暗中的失敗者，以及無名的人們留下的無聲之聲。

亞洲人物史8

亞洲型態的完成

目次

第二章 江戶時代的日朝關係與改變——以對馬動向為中心

第三章　江戶時代中期　天下太平的統治

深井雅海／高田綾子

第十二章　從周邊看中國　揭開近代序幕　倉田明子

凡例

＊本書的結構是，首先敘述各章的中心人物，接著針對該人物周遭的重要人物、再來是其他相關人物，分別立項進行敘述。不過，也有不採這種形式構成的例外章節。

＊關於人名和地名等，參照教育部審定歷史教科書及臺灣慣常用法，予以適當檢視和採用。

＊日本、中國的人名、地名，以漢字為準，除此之外的人名及地名，則以當地音之中譯表示。

＊關於外語文獻的翻譯，沒有特別要求的部分，皆依執筆者為準。又，關於日本的古代典籍等，也會依執筆者進行適宜易讀的整理。

＊引文中的執筆者補注，原則上使用括號。

＊年代原則上是用西曆（陽曆）標記。關於月日，在採用西曆之前的東亞地域，也有按照陰曆標示的章節，但除此之外的地域，沒有特別要求的部分，都是以西曆標記。

＊伊斯蘭圈的伊斯蘭曆等，換算成西曆時會橫跨兩年的情況，原則上是在底下用「／」號來連結標記（如「一四〇〇／一年」等）。

＊人物的實歲與虛歲，尊重執筆者的標記。

＊本書包含部分今日視為歧視的用語或表達方式，此為基於史料進行的敘述，在理解人物及時代時係為重要線索，因此原則上不做修改或更換表述方式。敬請讀者理解。

亞洲型態的完成

第一章 琉球王國的新時代

前田舟子

前言

有「沖繩學之父」稱號的伊波普猷，將羽地朝秀、蔡溫、宜灣朝保列為琉球三大偉人[1]。他們都抱持堅強信念，致力於建構國家基礎，孕育形成社會支柱的思想和精神，讓小小的琉球王國存續下來。本章以三傑中的羽地朝秀和蔡溫為主角，並聚焦於程順則與徐葆光兩人[2]。

琉球王國存在於一八七九年之前，位於現今的沖繩縣，是個獨立國家。介於日本和中國（明清朝）兩大國之間，即使在時代浪潮的撥弄之下，也維持了五百年的國祚。專家在研究琉球歷史時，根據其獨特性，花了許多時間劃分出與日本本土不一樣的時代。其概略如下。

琉球歷史大約始於三萬年前的舊石器時代，歷經貝塚時代，從十一世紀左右進入御城時代。在這個時期，各地區人們以奄美群島至宮古、八重山地方的城塞為據點，進行各種交流。原本多達兩、三百座城塞逐漸統合，形成北部、中部、南部等三大城池，稱為三山時代。隨著尚巴志勢力興起，[3]三山（北山、中山、南山）終於歸順在單一權力之下，完成「琉球統一」[4]大業。琉球王國（琉球國）[5]也以獨立國家之姿躍上歷史舞臺。

從御城時代，歷經三山時代、琉球統一，直到一六〇九年薩摩藩入侵琉球（慶長琉球之役）的這段時期，稱為「古琉球」。一言以蔽之，就是摸索與建構琉球獨特性的時代。原因很簡單，慶長琉球之役必然改變國家的治理方向。在此之前，琉球王國廣泛活躍於亞洲世界，但薩摩藩統治的影響擴及國家內部，逐漸意識到自己身處於中國（明清朝）與日本（幕府）之間的定位，古琉球時代宣告結束，邁入「近世琉球」。

直到一九八〇年代左右，琉球史研究中的「近世琉球」一直被視為是受到薩摩藩支配的悲劇時代。一九八〇年代以後，才開始擺脫上述史觀，形塑新的近世史樣貌。羽地朝秀正是建構此時代基礎，並引領風潮的核心人物。羽地面對琉球受到薩摩藩統治的事實，摸索琉球應該實施的國家治理模式，是一位真正的政治家。羽地塑造了琉球的近世，綜觀歷史，若說近世造就了羽地這位偉人，一點也不為過。

羽地朝秀（一六一七—一六七五年）

遺失的家譜與多個名字

出生於近世琉球的羽地朝秀，究竟是如何推動時代的呢?事實上，儘管他編纂了琉球最早的正史，但羽地家族自身的家譜卻未能留存下來。根據戰前由東恩納寬惇統整的《向姓羽地王子家譜》，概略如下。

「六世朝秀。羽地王子。童名思龜。唐名象賢。長男。一六一七年五月四日生。一六七五年十一月二十日卒。號通外。享年五十九。順治年間（一六四四—一六六一年）就任王家系譜的編纂職。一六五二年正月十日繼承家督，就任羽地間切惣地頭職。」

一六一七年羽地朝秀出生，父母分別是羽地按司朝泰，與向氏大里按司朝生之女，亦即平良美物君按司加那志。從父親的名字即可發現，羽地家是王府的按司。朝秀也擔任過按司與王子等職務。由於這個緣故，稱呼姓名時會加上官職，稱為羽地按司朝秀或羽地王子朝秀。羽地家有王族賜的宅邸（稱為御殿），朝秀是第四代家督。

琉球人的名字較為複雜，每個人都有好幾個名字。不僅如此，士族男子成年後若准許擁有土地，還會冠上地名，因此家族姓氏經常改變。回顧羽地朝秀名字的演變過程，童名為司龜、唐名（士族的中國名）為吳象賢。但根據規定，羽地死後必須冠上王族尚家的唐名，成為尚家的分家，所以死後的唐名為「向象賢」。

此外，朝秀在一六五二年繼承父親職務，領有羽地間切（今名護市北部），冠羽地之姓。由於其早在一六三五年領有豐見城間切的大嶺，因此冠上大嶺之姓。當時的名字是大嶺重家，之後擔任羽地間切的按司地頭職時，也稱為「羽地按司重家」。有時也使用琉球名與唐名混稱之名，羽地在後來撰寫的《中山世鑑》序文中，便自稱「大嶺象賢」。

順帶一提，一六九一年以後，隨著改姓「尚」，成為尚家的分家，所有向姓之人都將名字的第一個字統一改成「朝」。此後名字改為「朝秀」。

探查羽地家的根源，可回溯至第二尚氏王朝的始祖尚圓之子尚真王。繼承尚真王之位的是五男尚清，但羽地家的初代羽地王子朝元，是長男尚維衡之孫。朝元之孫朝泰，是羽地朝秀的父親。

琉球第一部正史《中山世鑑》

由於沒有家譜，很難詳細追溯羽地朝秀的家族淵源。但羽地的思想和學問體系，可從其撰寫的琉球第一部正史《中山世鑑》窺見一二。

話說回來，琉球的學問體系分為以中國傳入的四書五經、漢詩等為基礎素養的漢文學，以及由日本和歌、《平家物語》等古典文學奠基的和文學兩大類。[6]和文學的興盛在一六〇九年薩摩統治後成為主流，但在此之前，大和五山僧等人早將和文學傳入琉球。漢文學的推手主要是久米村人等閩人三十六姓

（福建移民）的後裔，和漢思想在琉球處於對立面。[7] 羽地對於兩者的造詣都很深。不過，《中山世鑑》以和文撰寫，反映出羽地源自「日琉同祖論」的親薩摩觀。尤其是在羽地虛歲十六歲時結識的泊如竹影[8]響下，《中山世鑑》汲取了泊如竹之師南浦文之的史觀脈絡。[9]

我們可以感受到羽地對學問的積極熱情，接下來這段小故事，更突顯出羽地的驚人才華。相傳他小時候，有一次坐在家僕肩膀上欣賞京太郎的舞蹈，日後成為攝政的具志川王子尚亨讚嘆其非凡器量，預言「這個孩子將來一定會成為戴上琉球金冠（推動琉球政治）的人物」。見證其成長過程。雖然不清楚這段小故事的真假，但攝政具志川王子尚亨退位後，由羽地接任攝政，真的只是偶然的結果嗎？

羽地朝秀從年輕時便發揮非凡才華，一六五〇年（尚質三年）三十四歲時，奉尚質王之命撰寫《中山世鑑》。在序文寫道：「兼具睿智與聰慧的尚質王，命令攝政金武朝貞、三司官大里良安、宜灣正成、國頭重仍，邀集通曉古代事物的學者同好討論。不僅如此，還命令臣象賢編纂王家系譜，取名《世鑑》。」

羽地表示，他以「世鑑」取名的原因，引自中國五經之一《詩經》的「殷鑑不遠」，意思是「殷朝以夏朝為鑑，周朝以殷朝為鑑」，期待「世鑑」能成為後世君臣的鑑戒。

除了序文和總論之外，《中山世鑑》總共有五卷。序文後接〈琉球國中山王舜天以來世纘圖〉、〈先國王尚圓以來世系圖〉，前者記錄從初代舜天到當世尚質王代的王代圖；後者描繪從第二尚氏王統始祖尚圓到尚質的世系圖。此外，總論提及開闢神話，漂流至琉球的源為朝與琉球女性生下一子，名為「尊敦」。尊敦長大後，先後成為浦添按司、中山王與後來的舜天。此源為朝論引自《保元物語》，改朝換代的情節相當於中國的易姓革命[10]。

羽地的《中山世鑑》不僅回溯第二尚氏王統的系譜，更首次嘗試統整琉球開闢的來龍去脈。這個做法可以了解琉球作為國家的成立過程，也能讓人民建立自己是琉球人的自我認知，達到追認琉球歷史的目標。更重要的是，羽地參照當時可以蒐集到的所有史料，包括中國的四書五經、朱熹（朱子）的集注、《史記》、日本的《太平記》、《南浦文集》、袋中的《琉球神道記》、《思草紙》等，充分發揮自己的博學多聞，這一點也深受後世注目。

曾經統治琉球王國的羽地撰寫的《中山世鑑》，在二戰時期的沖繩島戰役被美軍帶走。戰後，一九五三年美國又將其歸還給琉球政府，如今保存於沖繩縣立博物館暨美術館。

攝政羽地朝秀與「北谷惠祖事件」

羽地朝秀出生於一六〇九年薩摩入侵琉球的八年後，他生長的時代深刻反映出薩摩統治下的琉球世態，無法與宿命對抗。羽地在社會動盪的時期進入政界，從內部改革時代。

某種意義上，慶長琉球之役將他推上歷史舞臺，但後來發生在琉球內部的「北谷惠祖事件」，是攝政羽地朝秀登場的直接原因。

北谷惠祖事件發生於一六六三年，接受清朝冊封的尚質王時代。在這起事件中，琉球人充分感受到插手處理的薩摩藩有多強勢。

尚質王繼承了先王尚賢的王位，一六四〇到一六六〇年代，中國適逢「明清交替」之際，琉球在這段期間受到不小影響。儘管滿人已建立清朝，明朝後裔建立的南明政權仍與清朝對抗，派遣敕使船前往琉球，尋求友善交流。琉球政府不知該靠向南明政權或清朝的哪一邊，經過無數曲折才決定歸順清朝。最後尚質也成為清朝第一個冊封的琉球王。

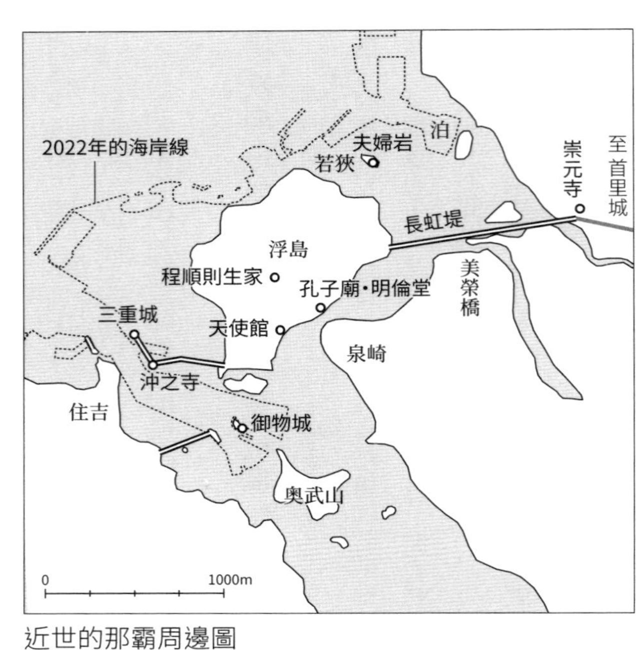

近世的那霸周邊圖

然而，尚質還有一項使命，那就是穩定在薩摩入侵後動盪不安的琉球社會。尤其是一六六〇年左右，鄭成功[11]率領的艦隊想要登陸臺灣，導致琉球和福州之間的海域危機四伏。一六五四年，順治皇帝任命尚質的冊封使前往福州，卻因海盜猖獗返回北京。沒想到在等待冊封使抵達琉球的期間，一六六〇年九月二十七日（以下的月日皆為陰曆）首里城發生大火，燒毀殆盡，尚質只好移居大美御殿。次年，順治皇帝駕崩，康熙皇帝[12]即位。一六六三年六月，冊封使張學禮與王垓抵達琉球，但冊封典禮是在大美御殿舉行，而非首里城。

冊封典禮順利落幕，冊封使回國，琉球派出使節護送謝恩使與冊封使。就在此時，發生了北谷惠祖事件。事件經過如下。

一六六三年，尚質王派遣三司官北谷朝暢等人，以冊封謝恩使的身分前往北京。次年一六六四年，北谷等人在回國途中，停留於福州，尚質王又派了慶賀使惠祖重孝等人，前往北京祝賀康熙皇帝即位。不料慶賀船在閩江遇難，遭受海盜攻擊。惠祖等人想方設法逃到福州，混亂之中原本該進獻給康熙皇帝的「金壺」與「金子」全被盜走，船員也全被毒害。

一六六五年，慶賀使惠祖等人回國，了解事件經過的薩摩藩出面，積極追查真相。藩主將相關人等召喚至鹿兒島審問，發現了意想不到的事實：（一）攻擊慶賀船的海盜其實是扮成中國人的琉球人；（二）金壺是被船上的琉球船員偷走的。

關於第一點，揭穿海盜真面目的大筆者喜屋武筑登之與隨從二人，前往福州琉球館敘明此事。但不曉得是否為了滅口，喜屋武竟被唐作事（從事進貢業務的人）上間與水主高志保等人殺害，隨從也在福州遭到毒殺。

關於第二點，偷走金壺的犯人就是搭乘慶賀船，前去迎接冊封謝恩使北谷等人的家臣與那城仁屋。後來，金壺被仲村渠仁屋偷走，與那城也被仲村渠毒死。

為了平息這起事件，一八六七年三月薩摩告知首里王府處置相關人員。結果謝恩使三司官北谷與慶賀使惠祖遭到究責，斬首示眾。與事件有關的十二人也被問罪，就連北谷與惠祖的孩子也被處以流放之刑。薩摩藩藉著這起事件威嚇琉球王府，也讓外界明白，進貢貿易業界的背後有薩摩藩撐腰。

北谷惠祖事件牽連甚廣，前文介紹的攝政具志川王子、三司官摩文仁親方等，與事件無直接相關的領袖人物也引咎辭職。羽地是在此情況下就任攝政之位，他很清楚自己為什麼會雀屏中選，因此他想向世人宣告，當時的琉球與薩摩藩密不可分。從羽地後來撰寫的《中山世鑑》、《羽地仕置》不難發現，內容皆反映出琉球與薩摩和日本緊密相連的關係，這也是羽地以此為執政方向的主要原因。

羽地在一六六六年，五十歲時就任攝政，一直到一六七三年退位。羽地在位七年實施的一連串仕置（政策），都有清楚的條文規定。後來的學者將這些條文稱為「羽地仕置」。羽地的政策從一六六七年依序實施，包括廢除舊有習慣和虛禮等，實現全方位大規模改革。

體現儒家意識形態的「羽地路線」

羽地進行的一連串改革稱為「羽地路線」，作為改革支柱的儒家意識形態，發揮極大功效。誠如先前所說，當時的琉球深受各種內憂外患紛擾，包括中國明清交替引起的動亂、薩摩藩的政治介入、首里城燒毀、琉球官員貪汙腐敗等，唯有強硬的改革策略才能解決所有問題。羽地的政策主要著眼於穩定與薩摩藩之間的關係，重振琉球政治，還要想辦法與剛建立的清朝維持友好狀態。為了達成這個目標，必須從琉球內部做起，尤其要先改革官員意識，於是實施從根源重整的羽地仕置。以下為部分概略：

第一、儉樸節約。主張必須戒除婚喪喜慶的奢侈排場，並認為包括國王、王妃在內，王府官員之間大剌剌地餽贈奢侈品的行為毫無意義。

第二、確立身分制度。羽地重建琉球人的身分制度，將身分分成士族與非士族。過去很難證明士族身分，但只要將製作譜系圖視為義務就不成問題。此政策實施於一六七〇年代，但直到羽地死後的一六八九年才真正成立國家機構「系圖座」。自此之後，士族階層逐漸釐清個人身分（位階）和職位之間的關聯，還透過士族的服裝表現位階。此外，譜系圖可讓人建立家世和親族關係的觀念，提高門中（同族）意識。

第三、鼓勵諸藝。雖說士族身分獲得保障，但不許士族們成天遊手好閒，鼓勵士族精進各項技藝。特別獎勵算盤、練習歌謠、學習儒家的基本書籍「四書五經」。

第四、排除女官勢力。這一點充分反映儒家觀念。舉例來說，當初是女官向羽地傳達就任攝政的旨意，但羽地拒絕接旨。他認為屬「外」的政治應由男性主掌，不該讓女性插手。另一方面，女性就該待在「內」或「奧」（內院），王妃和女官們在首里城正殿後方的御內原區域生活，由女性主導祭祀事宜。此外，首里城的淑順門是專門給女性進出御內原的出入口。一六六〇年首里城燒毀後，羽地根據儒家思想重建首里城，當時還復原了淑順門。儘管淑順門創建的年分不明[13]，可以確定的是，羽地明確區分了男女的生活空間。

第五、禁止巫術（覡與巫）。基於儒家理念，嚴格禁止迷信和占卜。嚴禁的主因是毫無根據的迷信會擾亂世情，但就連國王的久高島參詣也在禁止之列。久高島是琉球開闢之地，十分神聖，必須由國王親自參拜。由於參拜時必須趕走許多農民，對國家財政也是極大負擔，羽地認為不應繼續下去。

第六、禁止傾城（遊女、娼妓）。上至王都首里的官員，下至鄉下百姓，世間男性皆沉溺女色，是社會最大亂源，也是受到大和民族嘲笑的國恥，因此嚴令禁止。然而，無論羽地再怎麼禁止，還是有人不遵守規定，這是不爭的事實。

「抱持與我奮戰的決心」

羽地自從一六六六年接下琉球最高職位「攝政」，實施了許多國家改革政策，但其任職期間只有短短七年。《羽地仕置》的最後有這麼一段話：「七年間晝夜不休，殫精竭慮的結果，國中政治安定，農村也變得富裕。恕我大膽直言，這全是憑我一人之力完成。由於這個原因，我已身心俱疲，無法承擔繁重業務，就此請辭。」不僅如此，他還表示：「有些人憎恨我提出的嚴厲政策，請有這種想法的人抱持與我奮戰的決心。為了確保王國的體面，我不怕任何批評。」展現出捍衛自身政策的強烈信念。

一連串合理又務實的改革，也表現出廢除舊慣例的強烈意識。這一點不僅佐證即使受到薩摩統治，琉球人依舊無法跳脫「琉球固有習慣」，也能從實施《羽地仕置》的作為，窺見他想清理的「古琉球社會」一隅。高良倉吉評論羽地為「從古琉球社會轉換至近世琉球社會的幕後推手」。羽地專注於受到薩摩統治的國家所背負的宿命，看清琉球未來的結局，強硬執行務實改革。他可說是擺脫舊時代，建構新時代的琉球偉人。

羽地在一六七三年辭官，僅過了兩年，便在一六七五年五十九歲時逝世。從根本改變王國的功績斐然，據傳國王尚真還親自出席他的喪禮，規格接近國葬。

程順則（一六六三—一七三四年）

父泰祚與孔子廟

程順則是久米村程氏的第七代子孫，童名思武太，字寵文，號念菴。一六七七年擔任真和志間切古波藏的地頭職，一七二八年就任名護間切惣地頭職。如今亦稱名護聖人，彰顯程順則的功績。

久米村的程氏是中國河南夫子的後裔。但程氏進入琉球後，僅傳五代就絕後，因此從虞氏京阿波根家過繼養子，繼承家督，是為程順則的父親程泰祚（一六三四—一六七五年）。泰祚在一六七〇年成為進貢在船通事，後因病重辭職。三年後前往北京就任進貢都通事，卻在歸途病死於蘇州。當時靖南王在福建謀逆造反，程泰祚短暫停留於蘇州天妃宮，卻不幸撒手人寰。蘇州官員為程泰祚募款造墳，葬於當地。

事實上，程泰祚身負另一個重大職責。那就是在琉球創建第一座孔子廟。程泰祚的家譜有以下記述：

一六七二年創建孔子廟之際，泰祚與金正華（赤嶺親雲上）等人一起監工。琉球與中國往來已久，但至今沒有聖廟。一六一〇年紫金大夫蔡堅（喜友名親方）以進貢使的身分前往北京，帶了孔子肖像圖回來。從此之後，每年春秋二仲（二月與八月）久米村的士大夫都會輪流祭祀孔子像。此習俗維持很長一段時間。不過，一六七一年身為總理唐榮司（久米村最高官位）的紫金大夫金正春（城間親方），提議興建琉球第一座聖廟，於是向攝政向氏羽地王子朝秀請願，請他向國王進言。國王聞言十分欣喜，准許建廟之請，於是在泉崎橋頭興建文廟。這就是孔子廟的起源。

琉球的第一座孔子廟是在羽地朝秀卸下攝政職位的一年前興建，泰祚和羽地很巧合地在各自不同地點（蘇州和琉球），於同一年逝世。羽地與程順則的父親晚年致力於興建孔子廟，程順則將孔子廟作為琉球教育發展的根據地。

建立琉球的學問體系

程順則是建構琉球學問基礎的推手。程順則出生於一六六三年，是家裡的第一個男孩；一六七四年，虛歲十二歲成為若秀才，兩年後元服（成年），晉升秀才。之後歷任通事、都通事等職位，後來成為紫金大夫，就任久米村最高職位總理唐榮司，最終榮升三司官座。

程順則於一六八三年，虛歲二十一歲時前往福州，當時的琉球有兩種中國留學制度。第一種是前往明清朝最高學府國子監留學，稱為「官生派遣」。另一種則是到福州留學，稱為「勤學」，又名「讀書習禮」。勤學是跟著每次的進貢使節一起派遣，人數較多。相較之下，官生是只在冊封使來琉球時才有的限定派遣，人數只有四名。由於名額太少，一般人難有機會入選。程順則第一次接觸中國，就是透過「勤學」。

一般來說，在福州留學的勤學人在回國之前一直待在福州。但程順則在一六八三年十二月抵達福州後，於次年春季到冬季前往北京。若是正常公務行程，應該記載在家譜裡，但家譜並未記載，推測應該是為了祭拜父親泰祚之墓而上京。

程順則後來在一六八七年返回琉球，負責接應海外歸國人士，就任接貢存留通事與北京大通事，處理進貢業務，同時還兼任講解師等教職。

一六八九年，以接貢存留通事的身分前往福州時也沒有立刻回國，而是待了三年，在福州琉球館（柔遠驛）內興建土地祠與崇報祠。這是為往來中國的琉球人祈福，祭祀客死中國的琉球人之靈興建的祠堂。一六九一年歸國時，還在福建花了二十五金，購入「十七史」全卷（一五九二卷）帶回琉球，獻給孔子廟。

一七〇六年八月八日，程順則與蔡鐸、蔡應瑞共同編纂了《琉球國中山王府官制》，這本書採用了中國的編纂體例，系統性地整理王府官員的品級與官職。

同年十一月，以進貢正議大夫的身分前往福建，次年七月離開福建，九月抵達山東。當時他造訪了曲阜的孔子廟，參拜孔林聖墓（孔子與其一族的墓），行贊唱和三跪九叩之禮。結束後，還將自己撰寫的〈廟學紀略〉獻給衍聖公（孔子的嫡傳子孫繼承的封爵名）。〈廟學紀略〉全文收錄在程順則的家譜，描述了琉球的學問教育以孔子廟為中心，簡單來說，是一部琉球的教育沿革史。程順則在一七〇八年三月回到福州，後來在福建出資六十金，印了部分《六諭衍義》與《指南廣義》，六月時帶回琉球。《六諭衍義》是明末清初浙江省范鋐撰寫的訓諭，記載人應該學會的六大教誨。之後透過薩摩上呈給江戶的德川吉宗將軍，翻譯成日文版，廣發至各地的寺子屋（平民子弟接受教育的私塾）當教材使用。另一部《指南廣義》是程順則寫的書，成為前往中國的航海路線指南。

一七一三年，程順則以江戶慶賀掌翰使身分，前往江戶祝賀德川家繼襲封將軍。不知為何，在這趟旅程的途中改名為宮里。次年八月，謁見薩州大守中將吉貴公，抵達江戶後，參拜祭祀征夷大將軍家康公的上野東照大權現宮。他在江戶時與新井白石見面，相傳白石在此次會面獲得許多資訊，才寫出後來的《南島志》、《采覽異言》。

當時，程順則早已是在日本江戶聲名遠播的琉球人。他從江戶回國途中，受到前關白太政大臣近衛家熙公（別號虛舟子）的招待，前往京都鴨川的別墅物外樓，獻上〈物外樓詩文〉。家熙公也回贈親筆的小武當山八景手卷一軸。小武當山位於福建浦城，引自程順則的詩集《雪堂燕遊草》。

一七一八年是尚敬冊封的前一年，該年正月程順則設立了琉球第一所學校。雖然冊封使即將前來琉球，但上一任冊封使汪楫和林麟焻曾經指出「琉球有孔子廟，旁邊卻沒有學校，這一點應該改善」。為了克服此問題，同年七月四日，琉球終於有了明倫堂，北側還有三個小房間，設置啟聖祠，供奉啟聖公（孔子之父）與四配（顏子、子思、曾子、孟子）神主。

至此，琉球終於創建中國自古以來的「左廟右學」配置，亦即孔子廟與學校相鄰的儒學教育機構。誠如冊封使指出的問題，唯有實踐廟的釋奠典禮與學校教育，才能學到完整的儒學教義。在父親程泰祚興建孔子廟，與兒子程順則設置明倫堂的父子合作之下，實現了琉球的左廟右學。

名聲響震亞洲

程順則的家譜除了收錄自己寫的碑文與著作，還有冊封使等至親好友的贈言，分量輾壓久米村其他士族。

程順則生前透過詩文與大和及清朝的知識分子交流，人脈廣闊。雖說設置明倫堂大多是基於冊封使的勸說，但程順則若不是充分理解冊封使汪楫等人對於琉球教育的見解，也無法真正實現。某種意義上，沒有程順則的出生，琉球教育無法充分發展。

參照程順則的家譜，可以發現在設置明倫堂的次年，一七一九年冊封使海寶與徐葆光抵達琉球，執行冊封尚敬的使命。那段期間他一直在冊封使的身邊接待。但讓程順則感到疲憊的，是冊封典禮結束後的評價貿易（請參照本章「蔡溫」條目）。家譜詳細記載了雙方對於計量商品的器具（該用唐升或琉升）爭執不下。不曉得是否因為這次的糾紛，在執行完冊封接待的公務後，程順則辭官返鄉。這一切都記錄在家譜之中。不過，冊封使徐葆光始終對程順則禮重有加，以「君是中山第一流御書」（你是琉球第一的學者）形容之。

程順則在一七二〇年完成冊封任務後，成天作詩度日。一七二二年國王特別准許其使用安馱（駕籠），之後國王與王妃還送了許多禮物。可以看出王府一直很敬重程順則。程順則於一七三四年逝世，享壽七十二歲。

羽地亡故後，程順則提升了琉球人的教養程度，名聲傳遍江戶與清國，深深影響亞洲文人。程順則讓琉球慢慢擺脫薩摩統治帶來的壓抑感，創造出獨特的學問文化，成功提高琉球人意識。此外，程順則有四個兒子，可惜皆英年早逝。次男搏萬十四歲去世，程順則將他十一歲到十四歲寫的詩編修成《焚餘稿》，請清朝文人陳元輔和竺天植寫序。

蔡溫（一六八二—一七六一年）

成為次子的原因

蔡溫在羽地朝秀死後七年，一六八二年出生於久米村，是蔡氏的第十一代子孫。父親為蔡鐸（志多伯親方），母親為真吳瑞（泊村葉氏）。當時的琉球正在摸索如何繼承與發展羽地的改革路線。

蔡溫的祖上是蔡崇。他是一三九二年，明朝洪武帝賜令閩人遷居琉球的三十六姓其中一人，來自福建泉州府。屬於宋代大學士蔡襄一脈。父親蔡鐸歷任總理唐榮司等久米村的最高官職，後來成為紫金大夫。除了撰寫《中山世譜》，記錄琉球正史之外，還在王府任命下編纂《歷代寶案》等史料，登上三司官座之位。蔡溫在家譜開頭對於自己的出身做了以下描述：

母葉氏十六歲時嫁鐸，二十歲生下長女思津奴、二十二歲生下次女松嘉寧（十歲夭折）。過了十年餘未有子嗣，儘管十分痛苦，母親仍建議父親納妾。父親以母親恪盡婦道，一定能生下男嗣為由，拒絕母親提議，然母親心意已決。最後，父親納了志多伯村神谷筑登之親雲上之女，真多滿為側室。接著在一六八〇年秋生下長男，取名淵。一六八二年秋，母親也生下男孩，取名溫。母親付出相同的愛，悉心照顧兩個孩子，呵護長大。幾年後，父親想將正室的兒子蔡溫當成嫡子，母親卻說：「你長年沒有繼承人，若因此導致家族斷絕，將冠上不孝的罪名。你是在此情形下決心迎娶側室，才生下淵。雖說是側室，但她生下了你的第一個繼承人，淵才是嫡子。」父親被母親說服了，將淵當成嫡子，溫是為次子。

為什麼蔡溫要在家譜開頭記錄這一切呢？這是因為若按照儒家的觀念，正室的兒子是為嫡子，這也是久米村的慣例。但其母親的意志十分堅定，讓蔡家打破慣例，將側室的小孩立為嫡子。蔡溫擔心後世批判蔡淵「失義奪嫡」，在文章最後寫道「由此可以看出母親葉氏的貞順之德」，讚揚母親的決心與行為。

在婚姻方面，蔡溫最初娶了那霸蔡氏的思戶金，後來離婚，又娶了泊村相氏的女兒真如姑樽。遺憾的是，第二任妻子在十八歲病逝。由於兩任妻子皆未誕下男嗣，於是他迎娶了第三任妻子，首里向氏的真松金作為正室，生下女兒真吳瑞和兒子翼。蔡溫在一七一三年就任勝連間切神谷地頭職，一七一六年就任西原間切末吉地頭職，一七二八年就任具志頭間切的惣地頭職。

此外，蔡溫在十一歲成為若秀才，十四歲結欹髻升秀才。最後成為久米村繼鄭迵[14]（謝名親方）之後，史上第二位三司官，足以證明蔡溫的功績在同時代之中備受好評。

學習地理學

根據家譜內容，蔡溫的職涯始於一七〇二年擔任訓詁師。訓詁師又稱讀書師匠，一六七八年久米村需要找一位熟悉漢文訓讀的人，傳授村民漢學，蔡溫雀屏中選，開始進入公家機構任職。傳授漢學的訓詁師是由久米村最高職務總理唐榮司，從曾經前往清朝留學的久米村子弟，包括勤學、官生中選出。有趣的是，蔡溫並沒有出國留學的經驗，第一份工作就是訓詁師，他的漢學底子應該是由父親蔡鐸親自傳授的。

一七〇七年擔任講解師。講解師又稱講談師匠，通常是由有留學經驗的人擔任此官職，主要工作是講解四書五經等儒學書籍的內容，解析學問理論。蔡溫被任命為講解師沒多久，就以進貢使的名義前往福建。這也是蔡溫第一次出國。

他在一七〇八年以進貢存留通事的身分遠渡至福建時，身上還背負著另一個使命，那就是學習地理學（風水）。當時的琉球王國可以派遣中國皇帝准許的官生前往中國，不同意私人留學。然而，即使官生在國子監學成歸國，也只能傳授儒學，無法教導工學、醫學、藥學、農學、風水學等實學。由於這個緣故，首里王府在大約兩百名進貢使節中，組成「存留」團隊待在福建，指示他們偷偷學習中國的實學。這是另一種留學制度，稱為勤學。蔡溫的地理學對當時的琉球來說，是很重要的學問。然而，蔡溫表面上是為了處理進貢業務待在福建，實際上是為了完成鑽研學問的私人活動。而且他必須靠自己在當地找到師傅，可以猜測他是透過與自己交好的福建人找到適合人選。蔡溫如此寫道：「我在福州尋遍地理師，幸好遇見了劉老師。我拜他為師，努力學習地理學，他還給我祕笈與大羅經。」劉老師是福建長樂縣人，劉氏八賢的後代。次年一七〇九年冬天，前去福建迎接進貢使節的接貢船，王府給了三十兩銀子，這應該是給劉老師的謝金。蔡溫於一七一〇年回國，次年成為久米村長史，然因生病請辭。同年，蔡溫原本要擔任即將前往薩摩的世子尚敬的老師，卻在冊封之前遇到國王尚益駕崩，沒有真的成為學問師匠。

一七一三年，尚敬十四歲，登基成為琉球國王，蔡溫正式拜國師職。蔡溫強調國師與侍講不同，不只要向國王、世子解說儒學，主要職責是「竭盡全力向國王傳授學問，讓國王坦然修德，端正治國根基」。國師職從蔡溫開始，由於必須不分晝夜跟在國王身邊傳授學問，因此國王於一七一三年賜與他首里赤平村一座宅邸，讓蔡溫妻子也一起住過來。一七一五年，蔡溫主動從聖經賢傳百家諸書中遴選先聖嘉言，編纂《要務彙編》，獻給國王。邀請福建的兩位老師撰寫序文。

評價事件

一七一九年，冊封使海寶和徐葆光前往琉球，執行尚敬的冊封典禮。令人意外的是，這次的使節團竟有當初沒說好的兩名測量官與超過六百名相關人員。琉球王府原本只編列五萬兩預算，執行與使節團之間的評價貿易（使節團在那霸停留期間的商品買賣），卻在交易過程產生糾紛。無利可圖的福建商人暴怒，同年八月以後，蔡溫忙著收拾善後。蔡溫的家譜寫道：「十有九破，無能為力。」根本無計可施。

當時中國使節團評價（評估）隨行人員帶來的貨物值兩千貫銀子，不知該如何處理的王府委託蔡溫出面斡旋。他使出渾身解數將價格壓低至五百貫，度過這次危機。為了表揚功績，一七二〇年國王賜三司官座，一七二八年高升三司官，以久米村人來說，這是破例拔擢。同年，尚敬王將長女真鶴金，下嫁給蔡溫長子蔡翼。

蔡溫的國家事業

《羽地仕置》記載：「諸間切百姓嫌惡公家官員，用錢賄賂首里、那霸、泊的居民，希望能到城市當傭人。鄉下百姓變少，鄉村死氣沉沉。」鄉村人口減少，城市人口增加，導致士族階級找不到工作。

不少住在城市的鄉村百姓擔任首里城的看門守衛，於是蔡溫規劃了一個政策，將看門守衛全部換成士族。但這樣的邊境政策絲毫發揮不了作用，接著頒布《御教條》，改變人們的觀念。另一方面，為了減少擠滿城市的百姓人數，蔡溫禁止鄉村百姓擔任王府工人（工匠），唯有城市（首里、那霸、久米村、泊）的百姓才能從事。就這樣讓鄉村人口慢慢回流，乖乖務農。

此外，一七一五年王府在首里開設市場，建立商品流通的制度。一七二八年允許人民開店做生意，一七三五年實施免稅政策，活化經濟。一七一九年冊封使到琉球時，沒有足夠的豬肉供應使團，只能從奄美進口。蔡溫根據這個經驗，廢除各地只能設置一名「豚切」（屠宰業者）的限制，增加養豬數量，促進產業活化，將這一切寫成《獨物語》。不僅如此，百姓可以自由生產豆腐、酒、米、豆等食物，成功提升農民的生產意願。人口增加帶來的各種問題就這樣解決了。其他政策還包括一七三五年八月開始，耗費三個月整治羽地大川，確保穀倉地帶生產無虞。由於規模相當龐大，上至首里士族，下至城市百姓全部出動。

蔡溫分別在一七三六年花了五個月、在一七四六年花了六個月，視察中頭到國頭各間切的山林，試著應用在福建學習的風水和地理學。他解讀山中流動的氣，在山氣封閉的土地種植樹林，改變氣流。利用風帶走不好的氣，用抱護林守住好的氣。當琉球的山林復甦，就能種植防風林避免聚落遭受颱風侵擾，農民的居住環境也能獲得改善。上述的杣山政策與治水政策為近世琉球奠定基礎。蔡溫將林政相關經驗與知識統整成《杣山法式帳》。

蔡溫還寫了許多著作，包括《家內物語》、《簑翁片言》、《自敘傳》等，內容擴及政治、經濟、儒學、哲學，外界評為哲人政治家。不僅如此，他還發揮科學家與技術專家的才華，將相關祕訣寫入《實學真祕》、《山林真祕》、《順流真祕》、《架橋真祕》之中。蔡溫花了十四年完成羽地大川的河川改修、乾隆檢地等耕地整理，對於整個王國的產業發展做出極大貢獻。此外，透過天體觀測改良日晷，與漏刻（水鐘）並用顯示正確時間，利用科學方法促進人們生活的進步。

「琉球自立」的源泉

父親蔡鐸撰寫《中山世譜》，記錄羽地以降的正史，但蔡溫不認同從羽地和父親兩者出發的王國史觀。一七二四年，蔡溫也寫了一本正史《中山世譜》，目的是「修正《中山世譜》的錯誤並補缺，釐清前代樣貌（到目前為止的歷史）」，還說「作為世萬儆戒之鑑」（讓世間引以為戒）。

蔡溫於一七六一年逝世，享年八十歲。他在漫長人生中，不只改革了琉球人的意識，還改革了國家整體結構，實現所有目標。各項事業貫徹蔡溫的理念與哲學，以行動支持蔡溫的國王尚敬，也是從小向蔡溫學習學問的其中一人。羽地朝秀在薩摩統治下，堅定維持琉球的國家體制，程順則提升了琉球的學問教養。蔡溫透過自己實施的政策，將先賢的政治改革與學問教養，普及於王國各地。從士族到百姓，一口氣提升了人民的生活水準。蔡溫以身作則，讓世人知道政治改革不是政治家或王府中樞的專利，學問教養也不是久米村或首里子弟的特權。這件事與摸索不受他人控制的獨立性精神有關，宣示體現「琉球自立」（近世琉球）的時代到來。

徐葆光（一六七一—一七二三年）

冊封副使——徐葆光

字亮直，江蘇長州人。一七一九年，康熙皇帝任命其為琉球國王的冊封使（副使），前往琉球。和歷代冊封使相同，徐葆光通過最後一級中央朝廷考試，在科舉中考取進士，曾經擔任翰林院編修等職務。

徐葆光從一七一九年六月一日到次年二月十六日待在琉球，與程順則、蔡溫等琉球文人廣泛交流。回國後除了撰寫官方冊封紀錄《中山傳信錄》，也付梓與琉球有關的詩作《海船集》（全三卷）。從《海船集》等詩集可窺見他在琉球期間的心情，與看待琉球的觀點。《中山傳信錄》可說是他的歸國復命書，廣泛傳閱於當時的清朝文人和江戶時代的日本學者之間，是亞洲知識分子的琉球指南書。

徐葆光和程順則

徐葆光似乎在抵達琉球之前就聽說過程順則[15]。《海船集》中的〈船中集〉收錄了其停留在琉球期間的漢詩作品，其中對於與程順則的初次見面，是如此描述的（當時徐葆光四十九歲、程順則五十七歲）：

「明明是在琉球初次見面，卻像老友一樣投緣。我從朝廷官員的口述，聽過你以前到北京進貢時，讚嘆紫禁城恢弘壯闊的詩。住在異地的你與我，在擔任使節執行公務的時期變得熟稔。即使大海隔絕了我倆，也無法隔絕你的詩人名聲。身披紫巾、白髮如鶴的你，前來迎接到琉球作客的我。當我知道你在眾人之中，內心雀躍不已。」

然而，「評價事件」（請參照本章「蔡溫」的條目）為兩人關係投下變數。由於處理評價事件耗費許多時間，導致徐葆光等人長期待在琉球。當初程順則擔任的是冊封使接待官，出問題時卻將斡旋處理的任務交給年輕的蔡溫，自己退居幕後。徐葆光對於評價事件後的程順則是這麼說的：「我很高興在琉球與程順則成為知己，官員們在商品買賣上產生糾紛，導致大夫（程順則）不再出門，與我疏遠。」徐葆光很享受以文人的身分與程順則等人交流，但他身為冊封使，又必須與琉球官員交涉貿易事宜，讓他十分煩惱糾結。無論如何，程順則的家譜和詩集收錄徐葆光贈與的漢詩，還邀請徐葆光撰寫自己作品的跋文，可見兩人依舊維持良好關係。

徐葆光與蔡溫

蔡溫在徐葆光等冊封使節團造訪琉球時成為紫金大夫，冊封使歸國後，王府讚揚其功績，擢升為三司官座。徐葆光的〈舶中集〉收錄三首讚揚蔡溫的詩。程順則將評價貿易的談判權交給蔡溫，與冊封使徐葆光站在對立面。然而，從漢詩可以感受到徐葆光對蔡溫的溫暖眼光。

第一首是名為〈贈紫金大夫蔡溫〉的詩，讚揚蔡溫的才華和品性。不僅描述他身為國王侍講的授課情景，更稱讚進獻給皇帝的表文文采飛揚。

第二首是名為〈澹園〉的詩，讚頌蔡溫的別邸。蔡溫成為國師後，為了免去他往來於久米村和首里的舟車勞頓，國王在首里赤平村賜了一座宅邸給他。詩中闡述他在那座靜寂清澄的宅邸接待來客（徐葆光），和徐葆光一樣記錄琉球風土傳承後世，在在表現出住在赤平村的蔡溫，是一名行為端正、腦袋聰明的人。

第三首是名為〈與蔡大夫溫告別〉的漢詩。雖說兩人在評價事件產生衝突，但就個人而言，徐葆光的心還是很向著蔡溫。這是一首惜別的詩，結尾吐露了「真希望能早日與你結識」的心情。

徐葆光與琉球

徐葆光等人除了首要的冊封公務外，還要處理評價貿易，順利將帶來的商品賣出去。不僅如此，康熙皇帝為了觀測琉球的經緯度，當時還特別任命兩名測量官混進使節團，一起前往琉球。由於這是第一次有測量官進入琉球，琉球王府不知該如何是好，王府與測量官之間也為了接待問題產生衝突。後來因為測量作業遲遲無法完成，加上測量官要求王府準備一些武器讓他們當紀念品帶回中國，準備相關器具花了一些時間，使得使節團待在琉球的期間比預期還長。

事實上，冊封使也不知該如何應付測量官，徐葆光在自己的著作中幾乎沒提過測量官，反而有點刻意疏遠的感覺。然而，即使徐葆光與琉球王府在外交上有所爭執，但是對程順則和蔡溫等琉球人，還是充分展現出思慕之情。此外，徐葆光在《中山傳信錄》描繪的琉球社會深入精微，歷代冊封使錄完全無法比擬。舉例來說，其他的冊封使從刺青等身體特徵觀察琉球女性，徐葆光卻是將女性的日常生活繪製成圖，畫得栩栩如生。每張圖皆如實呈現不可能出現在宮場上的女性與小孩樣貌，讓人深刻感受到徐葆光的溫柔目光。此外，徐葆光在琉球欣賞玉城朝薰[16]創作且首演的組舞，深受琉球王府的盛情款待，後人能從徐的詩作中感受到他的心情。

注釋

1. 王國末期的三司官。一八二三—一八七六年。唐名向有恒。在明治維新後的東京，天皇下旨設置琉球藩，封尚泰為藩王。宜灣朝保銜命回到琉球，卻遭到強烈譴責而辭官。次年逝世。也是一位活躍的歌人，奠定琉球歌壇的基礎。
2. 伊波將羽地朝秀、蔡溫、宜灣朝保，加上程順則與儀間真常五人，稱為「琉球五偉人」（伊波普猷、真境名安興，《琉球の五偉人（琉球五偉人）》，小澤書店，一九一六年）。
3. 「尚巴志」請參照第六卷第四章。
4. 琉球統一指的是一四一六年北山征伐，到一四二九年完成統一的過程。
5. 由於在同時代史料中明記為「琉球國」，有意見認為本書也應使用此歷史用語，但本章通稱為「琉球王國」。
6. 關於和文學，請參照池宮正治，〈和文学の流れ（和文學的流派）〉，《新琉球史　近世篇》下（琉球新報社，一九九〇年）。
7. 東恩納寬惇，〈中山世鑑・中山世譜及び球陽（中山世鑑、中山世譜及球陽）〉，《東恩納寬惇全集》四，第一書房，一九九三年再版。
8. 屋久島安房村出身的儒學家。一五七〇—一六五五年。幼名市兵衛。僧名養善院日章。拜南浦文之為師後，改名為如竹。一六三〇年，擔任琉球國王與薩摩藩主島津光久的侍講，透過文之點訓讀法將漢文推廣至琉球。

9. 東恩納寬惇，〈校註　羽地仕置〉，《東恩納寬惇全集》二，第一書房，一九七八年。

10. 諸見友重，《譯注　中山世鑑》，榕樹書林，二〇一一年。

11. 「鄭成功」請參照第七卷第九章。

12. 「康熙帝」請參照第七卷第九章。

13. 首里城研究團隊編，《首里城入門——その建築と歴史（首里城入門——其建築與歷史）》，HIRUGI社，一九八九年。

14. 宇利山。？—一六一一年。一五六五年以官生的身分，前往南京國子監留學。回國後擔任久米村第一任三司官。薩摩入侵琉球後，被擄至鹿兒島。島津命令他與國王尚寧等人簽署起請文，鄭迵拒絕而被處死。

15. 據說消息來源是暱稱琉球通的清朝官員鄭任鑰。

16. 琉球王國的官員、劇作家。一六八四—一七三四年。出生於首里儀保村。童名思五郎，唐名向受祐。八歲擔任玉城間切惣地頭職，三十五歲銜命成為款待冊封使的「躍奉行」。結合大和藝能樣式與中國儒學要素，創作出琉球特有的組舞，在一七一九年尚敬的冊封典禮上首演。包括〈執心鐘入〉、〈二童敵討〉，與後來的〈銘苅子〉、〈女物狂〉、〈孝行之卷〉等五大劇目，並稱「朝薰五番」。羽地鼓勵琉球人勤學歌謠等技藝才華，成果完全體現在玉城身上。玉城可說是真正的琉球文化人。

參考文獻

羽地朝秀

伊波普猷、真境名安興，《琉球の五偉人（琉球五偉人）》，小澤書店，一九一六年

沖縄縣沖繩史料編輯所編，〈羽地仕置〉，《沖繩縣史料　前近代1　首里王府仕置》，沖繩縣教育委員會，一九八一年

金城正篤、高良倉吉，《新・人と歴史　拡大版14「沖縄学」の父伊　波普猷（新・人與歷史　擴大版14「沖繩學」之父　伊波普猷》新訂版，清水書院，二〇一七年

高良倉吉，〈向象賢の論理（向象賢之邏輯）〉，《新琉球史　近世篇》上，琉球新報社，一九八九年

高良倉吉，〈《羽地仕置》に関する若干の断章（關於《羽地仕置》的若干斷章）〉，《日本東洋文化論集》六，二〇〇〇年

田里修，〈《羽地仕置》に関する一考察（關於《羽地仕置》一考察）〉，《沖繩文化》七一，一九八八年

田名真之，〈羽地朝秀と《羽地仕置》（羽地朝秀和《羽地仕置》）〉，《近世沖縄の素顔（近世沖繩之素顏）》，HIRUGI社，一九九八年

田名真之，〈王府の歴史記述——《中山世鑑》と《中山世譜》（王府的歷史記述——《中山世鑑》與《中山世譜》）〉，島村幸一編，《琉球 交叉する歴史と文化（琉球　交叉的歷史與文化）》，勉誠出版，二〇一四年

原田禹雄譯注，《張學禮　使琉球紀・中山紀略》，榕樹書林，一九九八年

東恩納寬惇，〈向象賢物語〉，《東恩納寬惇全集》四，第一書房，一九九三年再版

羽地朝秀以外的人物

池宮正治「楷」，《続・沖縄ことばの散歩道（續・沖縄語的散步道）》新初版，HIRUGI社，一九九七年

系數兼治，〈天の思想——向象賢から蔡温へ（天之思想——從向象賢到蔡溫）〉，《史料編輯室紀要》一三，沖縄縣立圖書館，一九八八年

上里賢一編，《校訂本　中山詩文集》，九州大學出版會，一九九八年

上里賢一，〈程順則の父と子——程順則の情愛と苦悩（程順則父子——程順則的情愛和苦惱）〉，《日本東洋文化論集》一二，二〇〇六年

沖縄SHIMATATE協會編、發行，《琉球の築土構木——土木・技術からみた琉球王国（琉球的築土構木——從土木、技術看琉球王國）》，二〇一六年

Gregory Smits著，渡邊美季譯，《琉球王国の自画像（琉球王國的自畫像／*Visions of Ryukyu: Identity and Ideology in Early-Modern Thought and Politics*）》，PERIKANSHA，二〇一一年

高良倉吉，《御教条の世界——古典で考える沖縄歴史（御教條的世界——古典思考的沖縄歷史）》，HIRUGI社，一九八二年

田里修，〈蔡温とその時代（蔡溫與其時代）〉，沖縄縣文化振興會公文書管理部史料編輯室編，《沖縄縣史　各論編　第四巻　近世》，沖縄縣教育委員會，二〇〇五年

田名真之，《クニンダ人物志1　蔡氏（久米村人物志1　蔡氏）》，久米崇聖會，二〇〇八年

都築晶子，〈蔡温の「国」の思想——唐と大和の間で（蔡溫的「國」之思想——唐與大和之間）〉，《人文學報》八六，

二〇〇二年

童宏民，〈冊封副使徐葆光の眼光——《奉使琉球詩》の分析を中心に（冊封副使徐葆光的眼光——以分析《奉使琉球詩》為中心）〉，二〇一四年度琉球大學博士學位論文

原田禹雄譯注，《汪楫　冊封琉球使錄三篇》，榕樹書林，一九九七年

原田禹雄譯注，《徐葆光　中山傳信錄》新譯注版，榕樹書林，一九九九年

前田舟子，〈徐葆光の履歴関係史料について（關於徐葆光的履歷關係史料）〉，國立劇場OKINAWA監修，麻生伸一、茂木仁史編，《冊封琉球全図——一七一九年の御取り持ち（冊封琉球全圖——一七一九年的調停人）》，雄山閣，二〇二〇年

〈蔡氏家譜〉，那霸市企劃部市史編輯室編、發行，《那霸市史資料篇　第1卷6　家譜資料二》上，一九八〇年

〈程氏家譜〉，那霸市企劃部市史編輯室編、發行，《那霸市史資料篇　第1卷6　家譜資料二》下，一九八〇年

《琉球國中山王府官制》，伊波普猷文庫ＩＨ０３４（琉球大學附屬圖書館所藏），https://doi.org/10.24564/ih03401

高良倉吉等主編，〈康熙五十八年　冠船日記〉，《臺灣大學典藏全文刊本3　國立臺灣大學圖書館典藏　琉球關係史料集成　第一卷》，國立臺灣大學圖書館，二〇一三年

第二章
江戶時代的日朝關係與改變
——以對馬動向為中心

木村直也

前言

豐臣秀吉侵略朝鮮（一五九二—一五九八年）斬斷日朝之間的交流。對馬的地勢多山，不利農業，經濟上十分仰賴朝鮮貿易，修復日朝關係成為當務之急。德川家康令對馬藩主宗義智主導與朝鮮的和談事宜，朝鮮方面要求家康提出國書（戰後先提出國書代表降伏的意思），還要引渡犯陵賊（偷盜朝鮮國王祖先之墓的犯人）。為了滿足如此嚴苛的條件，對馬藩偽造家康國書送至朝鮮，還讓對馬的犯人偽裝成犯陵賊，引渡至朝鮮。一六〇七年，回答兼刷還使呂祐吉等人帶著回覆日本國書的官方文件訪問日本，同時身負另一使命，就是將秀吉入侵時擄至日本的犯人帶回朝鮮。從結果來看，兩國恢復了往來。不僅如此，一六〇九年簽訂《己酉條約》（慶長條約），重啟對馬與朝鮮之間的貿易。對馬的藩士與商

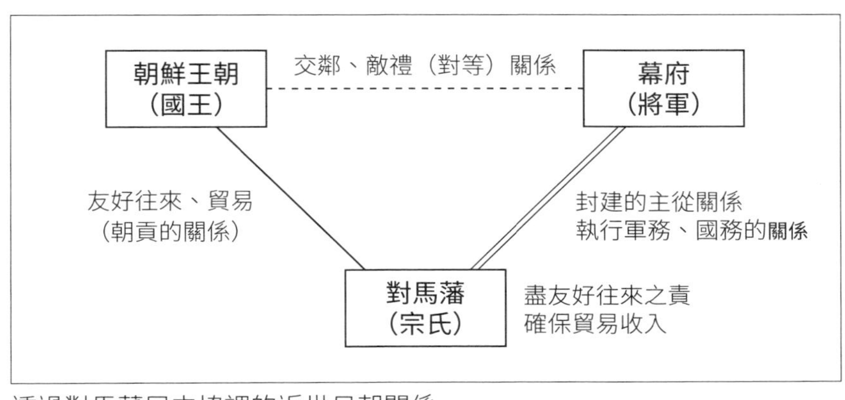

透過對馬藩居中協調的近世日朝關係

人們在釜山倭館停留，執行外交和貿易任務。

之後，回答兼刷還使兩次訪日。不過，柳川一件曝光了偽造與竄改國書一事。柳川一件指的是繼承藩主的義智之子宗義成，與家臣柳川調興對立引起的內部糾紛事件。一六三五年，將軍家光親自裁決，雙方都有人獲罪，但宗義成無罪。外界認為，此舉是為了保全中世以來維繫日朝關係的宗氏家族。經過此一事件，近世日朝的交流體系更加完備。

幕府命令宗義成派遣通信使，從朝鮮帶回國書。一六三六年，宗義成完成使命。此後一直到一八一一年，包括初期的回答兼刷還使在內，江戶時代共計有十二次通信使造訪日本。多達四、五百名的通信使團訪日，不僅是兩國交流的重要活動，也能看到文人墨客在此時期寄情風雅，民眾紛紛出來看熱鬧的情景。然而，要讓國家級重要活動順利進行，不僅耗費巨資，也會造成人民負擔。

江戶時代的日朝關係是設置對馬藩，為德川幕府與朝鮮王朝居中協調。對馬之於朝鮮是臣屬、朝貢的關係，三者的處境十分微妙。對馬派遣的使者在釜山舉行參拜殿牌的儀式，殿牌象徵朝鮮國王。對馬送至朝鮮的部分書契（外交文書）則採取上表文的形式。在此情況下的貿易往來，可以增加對馬的利益，又能取得朝鮮生產的米，對於農業生產貧弱的對馬（從九州的領地運米）來說十分重要。儘管整個江戶時代對於對馬的定位仍有懸念，但在貿易順暢的時代，對馬的問題並不明顯。

雨森芳洲是江戶時代維持日朝友好關係的知名人物，他在十七世紀末任職於對馬藩，當時的日朝貿易十分順暢，對馬藩也很富裕。他在對馬任職的時間很長，局勢也在這段時期產生變化。江戶時代前期的朝鮮還存留著豐臣秀吉侵略的記憶，對日本充滿恐懼。另一方面，朝鮮正面臨北方女真族的威脅（建立後金、清等國家，一六四四年取代明朝，成為中國的統治政權），因此對日本採取妥協的態度。然而，江戶時代中期以後，隨著東亞貿易穩定化，上述情形已不復見。此外，東亞貿易變得熱絡之後，銀貨流出變少，幕府從十七世紀末限制貿易量，推動國產化政策。受此影響，日朝貿易也逐漸式微，對馬藩財政出現窘境。芳洲面對這樣的情勢變化，堅持朱子學者的身分，想方設法維持日朝關係，摸索出最適當的關係。

到了江戶時代後期，日朝關係開始變質。比起日本國內的經濟發展，日朝貿易的意義相對較低。不僅如此，松平定信以財政為主要原因，不讓通信使前往江戶，提出對馬易地聘禮，要求在對馬交換國書。對馬藩與朝鮮的談判難度極高，不過還是在一八一一年完成了易地聘禮。之後雖然仍有通信使往來的規劃，但在明治維新之前一直沒有實現。

對馬藩多次向幕府尋求財政援助，儘管某種程度上幕府伸出援手，但到了幕末，財政危機進一步惡化。一八六三年，對馬藩還發起了要求幕府每年提供三萬石米的運動。此運動利用尊王攘夷進入鼎盛時期的情勢，與長州藩結盟，鼓動那些建議幕府應擴展對外關係的有志之士而展開，並在請願書中倡議積極接觸朝鮮。由對馬藩提出的日朝通交（友好往來）變革路線，催生了德川慶喜政權派遣使節到朝鮮的計畫。

幕府倒臺，明治政府成立後，對馬藩向新政府表示，過去的日朝通交充滿屈辱，應重新來過，同時尋求財政支援，木戶孝允等人也在背後支持對馬藩的訴求。一八六八年（明治元年），對馬向朝鮮提出新政府樹立通告的書契，將天皇的地位置於朝鮮國王之上，改變了原本臣屬於朝鮮的對馬定位，此舉引發朝鮮不滿。日本的廢藩置縣政策廢除了對馬藩，外務省接手朝鮮外交業務，近世的日朝通交體系宣告終止。局勢如此演變，也有必要解釋西鄉隆盛的「征韓論」。

雨森芳洲（一六六八—一七五五年）

江戶時代日朝通交的奠基人物

雨森芳洲（東五郎、誠清）是被對馬藩任用的儒者，負責日朝通交貿易，並參與對馬藩的文教及與朝鮮王朝的外交事務。在日朝外交上，他提倡「誠信之交」的重要性，直言「所謂誠信，是指真意。相互不欺不爭，基於真實而相交，方可稱為誠信」（《交鄰提醒》）。江戶時代的日朝關係從一九七〇年代便備受注目，芳洲之名也逐漸遠播。但直到一九九〇年韓國總統盧泰愚訪日，在宮中晚宴的演說才讓雨森芳洲成為家喻戶曉的人物。後來，芳洲被編入學校的歷史教科書之中，讚譽其為日朝友好外交的象徵。不過，若只將芳洲單純視為宣揚美好友誼的聖人君子，未免過於淺薄，但將其當成外交官，也與事實不符。不妨進一步探索其真實樣貌。

精進學問與出仕對馬藩

一六六八年，雨森芳洲出生於近江國伊香郡雨森（今滋賀縣長濱市高月町）。由於其父親在京都行醫，也有一說認為其出生於京都。一六八五年，雨森芳洲前往江戶，拜木下順庵門下，學習朱子學。同門人才輩出，包括新井白石、室鳩巢、祇園南海、榊原篁洲等人。在木下順庵的舉薦下，一六八九年，二十二歲時前往對馬藩當官，賜二十人扶持、領金子十兩的俸祿。此時的對馬藩主為宗義真，也是對馬藩透過朝鮮貿易，財政狀況最富裕的時候。宗義真從順庵門下招攬的人才，除了芳洲之外，還有負責朝鮮外交的松浦霞沼（儀右衛門、允任），由此可見其廣納天下英才之心。芳洲後來在江戶待了一段時間，繼續在順庵門下精進學問。後來在順庵勸說下，前往長崎學習唐音（以中文念法直接讀出漢文）。

一六九三年九月（以下的月日皆為陰曆），朝鮮派遣譯官（執行翻譯業務的外交官員）使團抵達對馬，芳洲雖是一名深居內院的儒者（藩主的侍講），但受命成為俸祿兩百石的馬迴格（上級藩士的待遇），搭船前往對馬。義真隱居後，由宗義倫擔任藩主。芳洲隨著宗義倫前往江戶參勤，次年便離開領國。義倫勤奮好學，經常聽芳洲授課，可惜二十四歲即在江戶英年早逝，由弟弟義方繼位。隱居的義真擔任義方的監護人，幫忙照看藩政。此時對馬藩與朝鮮之間，因為竹島（鬱陵島）的漁業權產生齟齬，芳洲負責調查這起事件的相關紀錄。此外，現在的竹島（獨島）在當時稱為松島，與這個時期的竹島（鬱陵島）不同。

芳洲於一六九六年再次前往長崎學習唐音，後來因為朝鮮譯官使遠渡對馬處理竹島問題協議，芳洲又返回對馬。關於此議題，將軍接受老中（江戶幕府的官職名，負責統領全國政務）的意見，禁止日本人前往竹島（鬱陵島）。不過，芳洲受到天候不佳的影響，抵達對馬時早已過了預定時間，只跟得上譯官使後半段的行程，因此無法確認芳洲是否真的參與竹島問題協議。

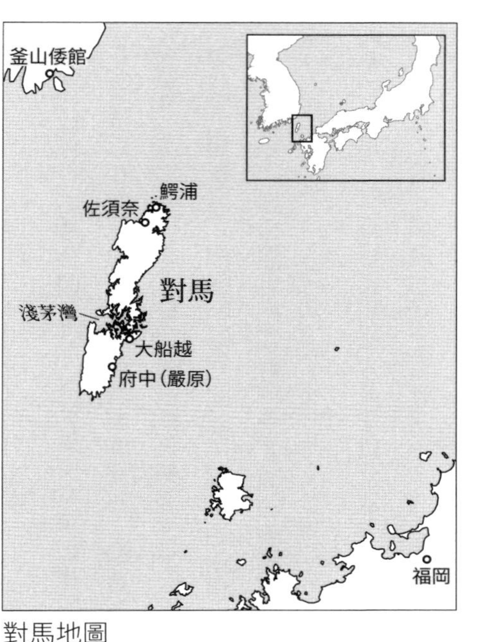

對馬地圖

芳洲回到對馬後，娶了馬廻格小川新平的妹妹為妻，當時他二十九歲。由於芳洲再訪長崎之前，早已在江戶與小川新平熟識，相信這樁婚事是在這段期間談成的。芳洲婚後返回長崎，在那裡待了一年多學習唐音。

正式接觸藩政業務

一六九八年三月，三十一歲的芳洲回到對馬，長男顯之允出生。芳洲也從此時正式接觸藩政業務。芳洲在御文庫擔任書物掛一職，與後來對對馬農政貢獻卓著的藩儒陶山訥庵（庄右衛門），在朝鮮御用支配役的家老（幕府或藩中的職位）麾下擔任佐役（補佐職）。朝鮮的外交文書以漢文書寫，儒者芳洲等人具備卓越的漢文能力，因此他們也負責書寫和記錄與朝鮮外交有關的文書。對馬藩是朝鮮通交貿易的對口，正因如此，才要招攬許多優秀儒者。次年一月，竹島問題包括日朝間往來文書手續終於塵埃落定。

此時還有另一個與朝鮮之間亟待解決的問題，那就是貿易時使用的銀貨（銀子）。日朝間貿易包括封進、回賜（對馬藩主與朝鮮國王之間的酬贈答謝）、官方貿易（對馬藩與朝鮮政府間的定品、定額貿易）、走私貿易（對馬島人與朝鮮商人之間的貿易），日本與朝鮮貿易時使用銀貨，接著傳入中國，中國產的生絲、絲織品與朝鮮人蔘進口至日本。日本的慶長銀品位（銀的含有率）為百分之八十，幕府於一六九五年的元祿改鑄降至百分之六十四。朝鮮不願以相同價值接受元祿銀，要求增加銀貨數量，兩國因此問題屢生糾紛。幾經周折，終於在一六九八年日本同意增加兩成七，但朝鮮堅持對馬藩主提出正式書契，一直到最後還有些不愉快。芳洲與陶山訥庵成為朝鮮御用佐役時，就負責在對馬和朝鮮之間針對此難題居中斡旋談判。芳洲很快就針對貿易銀貨的書契提出意見書。

然而，當上佐役還不到一個月，陶山訥庵和雨森芳洲便提出辭呈。雖然對馬藩主不准他們辭職，但並未說明他們提出辭呈的真正原因。不曉得是因為朝鮮通交的責任過重，或是對於一連串日朝之間的問題，藩提出的政策感到不滿。此時的日朝貿易達到高峰，之後便開始式微，進入艱困時代。

朝鮮通交相關業務與學習朝鮮語

雨森芳洲後來還擔任藩主的侍講、御文庫書物掛等職務。一七〇二年二月，對馬藩派遣參判使前往朝鮮，告知宗義真隱居的消息，芳洲以都船主（副使格）的身分，首次登上釜山的倭館。此外，搭乘使節船的藩士都是以過去的功勛任命，前往朝鮮還能得到「扶助」，也就是臨時收入。姑且不論每年的定例使節，類似這次的臨時使節也變成慣例，隨行者不算是負責朝鮮外交的使節，芳洲也不是以朝鮮外交專家的身分渡海。芳洲等人在釜山停留四個月左右，處理完預計的禮儀性業務後就回國。

回國後的芳洲表示：「吾至今擔任朝鮮御用佐役，這次去朝鮮親自了解情勢，發現與過去截然不同。今後的狀況只會愈來愈糟，敝人又沒有解決方案，因此想要辭去佐役一職。」釜山倭館可說是外交的最前線，他在那裡親眼見識到實際情形，明白事情並不單純，錯綜複雜，而且是他不樂見的現狀。不過，他的請辭並未獲准，仍舊擔任佐役。

在此之後，芳洲一心學習朝鮮語。他的任務是以儒者之姿從事文教，雖然掛名朝鮮御用，工作內容充其量只是用漢文書寫文件紀錄，沒必要學習朝鮮語。他第一次前往釜山的身分是都船主，或許這次的經驗讓他對朝鮮語產生興趣。芳洲開始學習初級朝鮮語，一七〇三年向倭館提出申請學習朝鮮語並獲得准許。這一年，芳洲留下妻子、長男顯之允和剛出生的次男德之允，隻身前往釜山倭館留學。芳洲身為藩儒前往倭館留學屬於特例，他在倭館被尊稱為「院長」，朝鮮也以使節待遇對待，可說是十分少見。他在釜山待了一年左右，但詳細狀況不明，只知道每天到「坂之下」（朝鮮譯官的駐在役所）學習朝鮮語和文法，老師是來自朝鮮王都的「吳引儀」譯官。

芳洲於次年，也就是一七〇四年回國，立刻為藩主宗義方授課，也幫到對馬任官，同為木下順庵門下的松浦霞沼上課。此時適逢朝鮮派遣譯官使團前來，商量設置義田（由對馬藩出資購田，將收益挹注援助業務），援助朝鮮小通事（輔佐譯官的下級口譯）事宜。之前在倭館與朝鮮交流過的芳洲居中協調，幫助譯官和藩的重要人物溝通。芳洲在對馬與朝鮮的談判過程中，可說是發揮了舉足輕重的作用。

不僅如此，一七〇五年，芳洲再次到倭館學習朝鮮語，待了半年多就回來。二度留學歸國後，芳洲編了幾本和朝鮮語有關的教科書，包括《交鄰須知》。《交鄰須知》是一本對譯集，對於想學習朝鮮語的人來說相當實用。不僅分門別類，還按照項目列舉符合情境的朝鮮語範例，搭配相對應的日文翻譯。不僅是單字，還加上句子，學生可以學習文法構造，了解不同的文化內容。《交鄰須知》在江戶時代經過多次修改，依舊是幕府使用的朝鮮語教科書。即使是明治時代之後，外務省仍沿用了一段時間。此外，芳洲也協助朝鮮編輯朝鮮語與日語辭典《倭語類解》。芳洲不僅為了自我學習，也為日朝兩國未來的學習者編纂著作，這一切應該源自於培養朝鮮語通詞（翻譯）的想法，做好事前準備。

在憂愁中任官

在釜山完成二度留學歸國的雨森芳洲，有一段時間罹患「腳疾」寸步難行。藩不僅送來朝鮮人蔘讓他保養身體，還同意讓他前往有馬溫泉泡湯療養。此時芳洲的三男俊之允剛出生。一七〇六年十月，芳洲前往有馬溫泉，四個月後回到對馬。

完成泡湯療養後，一七〇七年三月芳洲寄了一封信給同門前輩新井白石（年次比對根據泉澄一氏的《對馬藩藩儒　雨森芳洲的基礎研究》）。白石是甲府德川綱豐（後來的將軍家宣）的侍講，綱豐是將軍綱吉的養子，因此白石也是江戶的活躍人物。芳洲在信中祝賀白石事業有成，描述自己腳痛等近況，還聊了一些朝鮮事物。接著感嘆自己來到對馬超過十年，完全不適應這裡的人情風俗，希望白石能幫他擺脫待在邊地之苦。簡單來說，他希望白石幫他找新工作。或許是因為他從前一年身體就不好，在離島對馬欠缺學習的刺激感，人際關係也稍嫌封閉，加上處理朝鮮通交的文書紀錄，工作壓力很大，才讓他有尋找其他出路的想法。儘管芳洲與白石交情不錯，但白石並未答應芳洲的請求。

儘管芳洲心中感到鬱悶，仍戮力從公。芳洲與同為朝鮮御用佐役的松浦霞沼，嚴格管理存放機密文書與紀錄的御文庫。不僅如此，藩也明定要充實與朝鮮通交有關的紀錄。處理朝鮮通交文書與紀錄，屬於朝鮮御用支配役家老的職責，但從這段時間起，史料上出現了「朝鮮支配方」、「朝鮮方」等文字，由此可見已經有了完整的組織體系。

一七〇九年，芳洲負責處理「斛升一件」（斛一件）問題。在與朝鮮的通交貿易中，朝鮮會給對馬藩的使者米，部分公木（封進、回賜與官方貿易進口的木棉）也能換成公作米（換米制），朝鮮米對不利農業的對馬來說十分重要。斛升一件就是因米的計量方式引起的糾紛，過去對馬認為一俵為一斗加上小升，但朝鮮對此有疑義。芳洲等人調查計量方式的來龍去脈，最後提出以朝鮮的丸升計量十五杯為一俵。由於對馬也有與丸升相同的計量工具，才以此為基準。芳洲指出朝鮮的米參雜砂石、籾和水，也是為了主張對馬計量方法的正當性。追根究柢，就是貫徹符合邏輯與道理的說法。最後雙方都接受了芳洲的提案。由於芳洲成功解決了斛升一件的問題，加上他在藩內勵行教育的功勞，次年藩特地賞賜朝鮮人蔘表揚其功勛。芳洲忙於處理斛升一件，還要準備次年通信使來聘事宜，公務極為繁忙，多虧有朝鮮人蔘，才不至於積勞成疾。

為了正德信使與新井白石爭論

一七一一年（正德元年），雨森芳洲四十四歲時，朝鮮派遣祝賀德川家宣就任將軍的通信使（正使趙泰億）到日本。關於這次餽贈禮物的儀式，當時掌握實權的家宣侍講新井白石提出改革方案。改革核心是將過去朝鮮國書以「大君」稱呼將軍的稱號改為「日本國王」（復號問題），加上之前對於通信使的待遇過於豐厚，建議改成適當的形式。雨森芳洲在三月十四日提出意見書，雖然認同調整待遇，但反對復號。

稱呼將軍為「日本國王」可見於室町時代和江戶時代初期（對馬藩偽造與竄改的國書），自從柳川一件落幕後（一六三五年），朝鮮方面提出的國書皆以「大君」稱呼將軍，日本提出的國書使用「日本國源某」之稱號。關於復號問題，白石根據中國、朝鮮的各式文獻，認為「大君」在朝鮮是國王賜與「臣子」的稱號；在中國文獻中，「大君」是天子的異稱，不適合使用在將軍身上。而且主張東亞諸國都承認「日本國王」的稱號。針對白石的主張，芳洲反駁「日本國王」是「國內無上之尊稱」，將軍使用此稱號是對天皇的不敬。對於芳洲等人的反駁，白石事後回顧（《折焚柴記》）稱，在對馬國的「生學匠等」（不成熟的學者們）什麼都不知道卻大言不慚，因此拒絕對馬藩人的意見，評論內容冷淡無情。

通信使一行早在五月就從漢城（今首爾）出發，他們帶著的國書一如往常地使用「大君」稱號。對馬藩緊急派寺田市郎兵衛和雨森芳洲前往釜山，與朝鮮方面斡旋。通信使一行來到釜山，將最新消息上報朝鮮朝廷，朝廷內議論紛紛。姑且不論當初的「國王」、「大君」孰是孰非，但大多數人都認為應該拒絕突然提出的復號要求。不過，這次通信使居中協調時十分圓滑，讓朝廷接受復號的請求，將修改過後的新版國書送至釜山。

通信使一行於七月十九日進入對馬府中（嚴原），藩主義方設宴款待。但他們待在對馬期間，藩方人員報告了接待新制，包括途中飲食供應的改變，必須走下階梯迎接將軍上使。朝鮮方面表示為難，雙方沒有共識，通信使一行在此狀況下離開了對馬。芳洲和松浦霞沼雖然身體不好，仍以真文役（記室、根據過去的文書紀錄製作漢文文獻並確認內容的職務）的身分跟著通信使一行前往江戶。直到抵達大坂，雙方都沒談定「下階梯迎接上使」的議題。最後是由對馬藩主親自出馬嚴正交涉，朝鮮方面才願意妥協。不過，我們無法從文獻得知芳洲在這次的交涉中介入多少。九月二十五日，將軍上使（大坂城代土岐賴隆）來到大坂宿所本願寺，通信使三使（正使、副使、從事官）走下階梯迎接。

十月十八日，通信使一行抵達江戶。芳洲與家老平田直右衛門在前一天抵達川崎，與前來迎接他們的新井白石會面，告知江戶典禮的變更事宜。江戶已根據新規定進行綿密的彩排，之後三使也完成了三次登城、交換國書等一連串儀式。不料此時出現一個嚴重問題。通信使拿到的將軍回信，使用了七代前朝鮮國王中宗之名「懌」這個字（犯諱問題）。朝鮮使節不可能拿著這封國書回去，於是要求更改內容。對馬藩透過芳洲向幕府提出請求，白石主張朝鮮給的國書也使用了三代將軍家光的「光」字，堅持己見不肯修改。對此，朝鮮方面辯駁日本提出的文書也使用「光」字，最後雙方同意修改國書內容。通信使一行於十一月十九日離開江戶，次年二月抵達對馬，兩國交換各自修正後的國書，使團便回國了。

不難想像芳洲為了因應白石一連串的改革，耗費了多少心力。包括芳洲在內，對馬藩依循前例主義和現實主義處理通信使造訪事宜，致力推動日朝關係。另一方面，回到漢城的通信使一行因為處理國書犯諱問題不當受到處罰。這起事件也導致朝鮮對日本產生強烈的不信任感。到了下一任享保信使（一七一九年）時期，白石的所有改革又回到原狀。

此外，通信使一行訪日時，進行各種文化交流。由於使團中有許多教養深厚的文人，與日本學者、文人墨客廣泛交流。新井白石、木下順庵的弟子們也與使團文人作詩唱和。芳洲與霞沼以真文役的身分與使團同行，通信使一行中也有專門處理文書的製述官、書記，雙方交流也很深刻。正德信使時期，製述官李東郭、書記嚴漢重等人，經常與芳洲作詩唱和、筆談往來。這些都記錄在冊。李東郭等人還寫了詩文，讚揚當時年紀還小的芳洲長男顯之允才華出眾。通信使訪日帶來了人情交流，芳洲絕對不會忘記如此深刻的體驗。

長期在江戶任官

後來雨森芳洲辭去書物掛一職，致力於編輯《天龍院公實錄》（統整逝世的前藩主義真事蹟的書籍），完備正德信使的紀錄。一七一三年，將軍家宣駕崩。幕府派遣告訃參判史前往朝鮮傳達將軍死訊，芳洲以都船主身分一同前往。一月出發，完成了一連串業務後，於閏五月回來。

一七一四年，芳洲一如往常地對藩主授課，完成《天龍院公實錄》的草稿後，藩派遣他以朝鮮筋御用的身分，於九月前往江戶。新井白石堅持要減少朝鮮貿易使用的銀子，受到幕府指令，對馬藩由家老平田直右衛門主導談判，芳洲此行的責任是協助平田直右衛門。芳洲等人抵達江戶後，提出如果要減少貿易用的銀子，應該增加領地的要求。與此同時，芳洲也完成了《鄰交始末物語》，這本書統整了對馬藩自古以來與朝鮮的關係。次年五月，談判的結果是維持原有貿易額。

另一方面，芳洲帶著長男顯之允前往江戶，讓顯之允拜荻生徂徠（↓第四章）門下。但芳洲不能接受徂徠的學風，短短三個月便將顯之允帶回故鄉。

芳洲到江戶的任務包括與掌握幕府實權的新井白石談判。一七一六年（享保元年），將軍家繼逝世，吉宗繼任將軍，白石失勢，局勢急轉直下。即使如此，幕府仍要準備下一次通信使來聘事宜，平田直右衛門不能沒有芳洲協助，於是將芳洲留在江戶。

一七一七年，芳洲為了幫助次男德之允精進學業，讓他從故鄉來到江戶。芳洲本人的俸祿也在八月時增加三十石，來到兩百三十石。除了儒者的工作之外，他擔任書物掛、朝鮮役儀等功績也備受好評。同年五月，通信使來聘事宜拍板定案，由林大學頭信篤主導，否決了白石改革採取的正德信使制儀，一切規定回到之前的形式。由於對馬藩必須再次說服朝鮮接受新規定，增添不少麻煩。一直到次年，林大學頭不斷向平田直右衛門提出問題，平田也一一回覆，但一般認為這些答案都是芳洲擬定的。

芳洲前後在江戶工作了四年半，一七一九年，芳洲負責處理通信使來聘事宜，儘管他身體不好，還是回到了對馬。

與享保信使和申維翰之交流

一七一九年（享保四年）四月，回到對馬的雨森芳洲，開始準備迎接前來祝賀將軍吉宗襲職的通信使。幕府的方針是終止正德信使的禮制，回到上上次天和信使的形式。由於芳洲未曾經歷過天和信使的儀式，必須調查相關紀錄。去年襲封的藩主方誠（後來的義誠）賜他朝鮮人蔘時，曾說「入夜仍未歇」，可見他經常工作到深夜。

六月二十七日，通信使一行（正使洪致中）抵達對馬府中。芳洲以真文役（記室）的身分跟著使團。使團中有一人，名為申維翰，著有《海遊錄》。《海遊錄》中寫了許多和芳洲有關的事情，接下來的內容引自該書（參考姜在彥的譯註）。申維翰以製述官的身分來此，與芳洲一樣負責處理文書，途中經常與芳洲接觸。當時芳洲五十二歲，申維翰三十九歲。

使節一行抵達對馬府中的隔天，芳洲與申維翰等人會面，申維翰對芳洲的第一印象是「臉色發青，話不多，不顯露內心想法，沒有墨客的豁達大氣」，評價似乎不高。使節一行受邀到藩主宅邸時，申維翰拒絕按照往例向藩主行拜禮。他認為對馬島主是朝鮮的藩臣，地位和朝鮮官員一樣。熟稔朝鮮語的芳洲立刻就知道申維翰的意思，當場大聲反駁。最後取消了藩主出席的流程。

雙方都是為了自己國家的體面據理力爭，芳洲與申維翰一路上的關係十分密切。日本各地的學者文人紛紛表達想與通信使一行會面，申維翰沒辦法婉拒。芳洲負責幫申維翰居中協調，兩人都忙著應付來客，感到筋疲力盡。申維翰毫不保留地批評日本人的學問和詩文，但芳洲表示在日本修習學問、撰文作詩十分困難，所有作品都是日本人費盡心思創作的，希望申維翰口下留情。申維翰認為，芳洲精通日本、朝鮮、中國等三國語言，他的見解十分中肯。而且他也常與芳洲作詩唱和，十分讚賞芳洲的教養和詩文。

途中申維翰針對許多與日本有關的事情，向芳洲提問。例如，他曾指出日本不像中國、朝鮮有科舉制度，武士的官階（河內守、掃部頭等古代官名）和實際職務並不一致，也對天皇體制提出質疑。另一方面，芳洲也提出朝鮮文集稱呼日本人為「倭賊」，這是背信棄義之舉，指責申維翰。申維翰解釋，壬辰倭亂（豐臣秀吉侵略朝鮮的萬曆朝鮮之役）後，秀吉是全朝鮮的敵人，倭賊的稱呼只是反映民情。但現在兩國努力修好，已沒有劍拔弩張之勢。申維翰又問，為什麼日本人將朝鮮人稱為「唐人」？芳洲回答，因為日本人景仰朝鮮如中國。

兩人還提及了日本的男娼話題。在日本，容貌絕美的男子化妝打扮，陪伴在國君、富豪與庶人身邊的情景很常見，申維翰對此指出「貴國風俗十分奇怪」。從朱子學的角度來看，世間有陰有陽，只有陽卻沒有陰，怎能兩情相悅？對於申維翰的看法，芳洲笑著回答：「學士未知其樂（看來你還沒體驗過男娼的樂趣）。」申維翰一聽不禁驚呆，沒想到連雨森也這麼說，便在書中寫道：「日本國俗令人迷惑。」

在這個過程中，可以看出日朝兩國的文化意識明顯不同，後來還發生了一起衝突事件。日本方面建議通信使一行回程時，和上次一樣在京都出席大佛寺（方廣寺）的宴席。方廣寺是侵略朝鮮的豐臣秀吉發願興建的寺院，旁邊有耳塚（埋著侵略朝鮮時，死去朝鮮人的鼻子和耳朵）。使節認為大佛寺是秀吉興建的願堂，拒絕這項提議，但對馬藩主在京都所司代的指示下，拿出《日本年代記》，主張那是德川家光重建的寺院。正史和副使雖然妥協，但使節中有人不從。申維翰將這段過程中，芳洲的一舉一動全都記錄下來。芳洲與譯官私鬥，夾雜朝鮮語和日語，「如獅子般嘶吼、如針鼠般好鬥，齜牙咧嘴，現場只能用劍拔弩張來形容」。申維翰出言訓誡，芳洲說使臣誤解了願堂一事，主君才拿出國史作為證據，想要解開誤會，維護鄰好關係，但你們拒絕就是看不起我方。申維翰接著說，兩位使臣都妥協了，不能因為有人不出席就與譯官私鬥。於是芳洲道歉，離開現場。

不清楚芳洲如此生氣背後的目的。後來有一次，芳洲回答申維翰問題時，以「其兇惡天性乃順應天人厄運而生」形容豐臣秀吉。不只是朝鮮，被滅族的日本人也無可計數，就連自己的祖先也被秀吉打敗，他心中感到無限悲痛。芳洲後來在《交鄰提醒》中寫道，秀吉侵略朝鮮師出無名。為什麼此時日本方面迫切希望通信使一行前往方廣寺，真正的意圖至今仍不清楚。

儘管申維翰和雨森芳洲有時為了國家體面爭執不下，但在往來江戶的過程中，互相合作完成任務，交情愈來愈深。十二月二十一日，使團回到對馬，申維翰告別時送了禮物給芳洲。二十八日，芳洲到船上拜訪申維翰，表達告別之意。申維翰寫了一首漢詩，表達未來可能再見無期的心意，芳洲放聲大哭，老淚縱橫地表示，我很快就會老死在島中，衷心希望你回國後大放異彩。申維翰說：「我知道你本是鐵石心腸，如今為何像女兒般脆弱？」芳洲回答，我上次和信使道別時沒哭，這次可能是年紀大了，所謂暮境情弱。面對這樣的芳洲，申維翰寫道：「險狠不平，外托文辭，內蓄戈劍。若使當國而持權，則必至生事於鄰疆，而為其國法所限。名不過一小島記室，居恆以老死其地為愧。別席之淚，乃自悼耳。」

申維翰的朱子學教養和詩文能力俱佳，《海遊錄》中處處可見其氣志之高。對於芳洲的描述也能看出基於其立場和文化意識的主觀表現，不過，仍有冷靜觀察的一面。無論如何，芳洲的一言一行並非純粹來自對於朝鮮的友好理念。

儘管享保通信使的儀式回歸原狀，還有方廣寺等大小糾紛，但典禮順利進行，達成使命。通信使一行於次年一月返國。

走私事件與辭去朝鮮方佐役

一七二〇年（享保五年）通信使回國後，就要開始整理以朝鮮為主，與享保信使有關的各種文書，還要記錄成冊，留下文獻。雨森芳洲多年來主張留下紀錄的重要性。芳洲完成通信使隨行的任務後回到對馬藩，雖然有一段時間健康狀況不佳，但仍與松浦霞沼一起傳授藩主學問。此外，芳洲也接受林大學頭信篤的請求，撰寫《朝鮮風俗考》並獻給幕府。

芳洲的長男顯之允在這段期間繼續精進學業，但能力仍不足以代表藩處理朝鮮業務，因此芳洲請求藩給予顯之允適當的職務，不讓他繼承儒者家業，即使自己死後俸祿減少也沒關係。芳洲之前已經找陶山訥庵就此事討論過很多次，但藩兩次拒絕了芳洲請求，兩年後才終於同意。芳洲明知自己逝世，雨森家的俸祿和家格就會降低，卻再三提出請求，不僅代表經過冷靜判斷後，他清楚自己長男的實力和資質不堪大任，也強烈體現出擔任朝鮮對口的御用人有多重要，這份職務面臨的挑戰有多艱困。

一七二〇年，藩主派陳賀參判使祝賀朝鮮國王即位，芳洲以都船主的身分同行，前往釜山。十月出航時漂流到長門，度過重重危機，好不容易才回到對馬。接著再次出航，在倭館完成祝賀儀式後，於次年三月回國。

一七二一年三月，朝鮮譯官使一行來到對馬島。此時的正使是崔尚嶫（升至最高職位的翻譯官），他曾在正德信使時期訪日，在釜山也積極為對馬著想，與對馬藩的淵源頗深。幕府要求對馬藩調查朝鮮的藥材和動植物，調查對象多達數百項，工作內容相當繁雜，因此需與譯官使一行交流討論。

就在譯官使一行完成一連串任務後，五月二十九日有人告發潛商（走私）。藩在調查之後，發現除了對馬商人之外，正使以下的譯官使一行全都脫不了關係。此時交易的朝鮮人蔘等金額十分可觀，潛商是重大犯罪，對馬人會被判處死刑，朝鮮人則會被引渡回朝鮮，接受嚴厲懲罰。若將這起大規模走私事件公諸於世，譯官使一行回到朝鮮，崔尚嶫以下的人員絕對逃不了極刑。然而，對馬藩卻顯得有些猶豫。不只是崔尚嶫對對馬藩有用，還能讓他協助調查藥材，完成幕府的要求。於是藩的高層向陶山訥庵、雨森芳洲、松浦霞沼諮詢意見，芳洲認為這件事嚴重影響鄰好關係，必須嚴格看待，應該通知朝鮮，無論是正使、副使都要給予適當的罰則。芳洲的論點重視大義名分，頗有道理。松浦霞沼的意見和芳洲一樣。相較之下，陶山訥庵指出，日本這幾年的死刑減少，對馬最近也不執行死刑，希望藩不要通知朝鮮。

最後藩採用了訥庵的意見，決定不管潛商事件。崔尚嶫以下的人員深感恩義，不僅全力協助調查藥材，也發誓今後會成為對馬藩的助力，於六月十八日踏上歸途。之後，藥材調查任務順利推進，對馬藩拿到了朝鮮禁止人民帶出國的朝鮮人蔘種苗，將生草獻給幕府。由於吉宗將軍正在推動貿易品國產化，人蔘生草正是幕府急需的植物，於是將其種植在小石川藥草園，成功地在國內栽種朝鮮人蔘。日本因此逐漸減少朝鮮人蔘的進口量，卻也讓對馬藩的朝鮮貿易收入降低，這個結果顯得格外諷刺。

藩對濳商事件的處理方式，讓芳洲決定請辭朝鮮方佐役。根據這段時間寫的文件紀錄，芳洲很明顯對藩的處置不滿。剛開始藩認為芳洲是熟稔朝鮮業務之人，不許他辭職。後來芳洲再三提出辭呈，終於在七月二十六日卸下了從事二十三年的朝鮮方佐役一職。此時芳洲已經五十四歲，在當時正是退休之齡，適合離開競爭激烈的第一線。不過，芳洲退而不休，仍以儒者的身分為藩主授課，也積極參與文教事業，協助藩士子弟受教育。

御用人的業務與朝鮮語通詞之養成

一七二四年，雨森芳洲的次男德之允成為松浦霞沼的養子。霞沼是木下順庵門下芳洲的後輩，受對馬藩招攬後，與芳洲同為朝鮮方佐役，沒有子嗣。芳洲十分信任霞沼，才會將次男過繼給對方。芳洲的長男沒有繼承儒者的家業，而是到藩任職。德之允進入松浦家成為次男後，他也前往長崎留學，學習唐音，正式走上學者之道。

同年十月，芳洲成為御用人。御用人是藩主心腹，負責在幕後掌控一切，可以說是藩主祕書官。在長年授課之下，藩主義誠非常相信芳洲。正因如此，他才能以五十七歲高齡，當上職務繁重的御用人。除了他之外，還有三名同事。

一七二五年，芳洲隨著藩主參勤，往來於江戶。次年，芳洲以身體衰弱為由提出辭去御用人一職。由於御用人需值夜班，對他的身體造成極大負擔。但藩不准辭，同年六月譯官使來島時，也是由芳洲出面接應。從紀錄可以發現，芳洲在一七二七年休養了一段時間。六十歲時，芳洲再度以身心俱衰，不堪重用為由，想要辭去御用人職務。家老貫徹藩主的意思，說服芳洲收回辭呈。

芳洲從以前就認為想與朝鮮交好，必須有組織地培育朝鮮語通詞（又稱通事，翻譯的意思），於是向藩進言。朝鮮語通詞是代代從事朝鮮貿易的特權商人世家子弟，又稱「六十人」。他們原本是為了貿易需要各自學習朝鮮語，後來藩決定限制從事貿易的人數，減少通詞人數。另一方面，朝鮮由教養深厚的專業外交官倭學譯官主導談判，導致對馬的通詞經常位居下風。

同年七月，藩希望「六十人」商人子弟參加學習朝鮮語的計畫，在對馬學習三年後，將表現優異者送至釜山倭館，進一步提升朝鮮語能力。第一步招募了三十名學員。芳洲以建構通詞養成體系為中心，不只單純學習語言，還要培育兼具深厚教養的人才，訂定教授形態、考試、成績評估等制度。由藩正式從九月起，推動朝鮮語學習計畫（朝鮮語稽古）。

雖然芳洲一直很想辭去繁重的御用人職位，但藩遲遲未同意。一七二八年八月，芳洲預計在次年前往朝鮮，處理公作米年限裁判事宜，因此卸下御用人的身分，直到出發前都以御用人格的身分處理政務。藩之所以派他遠渡釜山處理裁決業務，是因為這項任務可以領取臨時津貼，當作是感謝其勤勤懇懇擔任四年御用人的付出。

《交鄰提醒》的「誠信之交」

一七二八年九月，木下順庵門下的後輩，身兼朝鮮方佐役，而且深受芳洲信賴的松浦霞沼，於五十三歲逝世。

芳洲卸下御用人身分後，在渡海前往朝鮮之前，他寫了知名著作《交鄰提醒》（版權頁為享保十三年十二月二十日）。統整出五十四項與朝鮮通交有關的意見，向藩提出。芳洲深受一六八七年對馬藩士賀島兵助寫的《言上書》影響，從批評的角度，具體探討朝鮮通交的既有形式，以及對馬藩人的朝鮮認知。芳洲過去多次待在釜山倭館，兩次接待通信使，更長期擔任朝鮮方佐役，擁有豐富經驗和深厚知識，論點十分務實。

《交鄰提醒》一開頭就點出與朝鮮交接之儀，第一要點在於知曉其人情與事態。接著針對各種案件，闡述應掌握朝鮮朝廷、東萊府（掌管對日外交的釜山役所）、譯官、商人等何種立場處理。全書強調了解對方的政治體制、社會差異，熟悉時代狀況十分重要。不是單純主張應該理解對方，而是若不知己知彼，就無法順利推動外交政策，反而傷害本國利益，這才是論點主軸。芳洲指出，在倭館遷移至草梁（一六七八年）之前，日本對朝鮮還有一股「亂後之餘威」（豐臣秀吉侵略後留下的日本威勢），即使對馬對朝鮮的態度很粗暴，朝鮮譯官也會乖乖照做，接受對馬的主張。但在草梁移館後，這股氣勢已經式微。書中頻頻強調若不了解朝鮮的變化，一味採取強硬態度，不僅對朝鮮沒用，還會損及利益。

《交鄰提醒》也批評對馬藩在元祿時期，對竹島（鬱陵島）問題的處理方式。竹島問題原本與漁業有關，但對馬藩擴大至強硬主張日本領地，不顧陶山訥庵務實處理的意見，也就是藉「亂後之餘威」，表現出強勢、威嚇的態度。但朝鮮局勢已截然不同，強烈反對對馬藩的處理方式。幕府唯恐兩國關係破裂，只好嚴禁日本人前往竹島。不好好掌握朝鮮狀況，尋找妥協方案，反而提出強硬主張，導致出現損害本國利益的結果。這次的失敗經驗使對馬藩不知該如何面對朝鮮，還表現出卑躬屈膝的態度，芳洲看不下去，大肆批評。此外，這起事件暴露出對馬藩的文獻紀錄不夠完整，自此之後開始改善，建立完整的文件留存制度。

前方章節說過享保信使在歸途時繞道京都方廣寺一事，使通信使一行面露難色，芳洲與朝鮮使團產生爭執。不過，《交鄰提醒》描述了日本讓通信使欣賞日光東照宮廟制的華美（一六三六年、一六四三年、一六五五年的通信使參拜日光山），參觀方廣寺的大佛，不僅沒有感動朝鮮人，反而讓他們嘲笑日本人。尤其方廣寺旁的耳塚是豐臣秀吉「無名之師」（名義不正的戰爭）的證據，提醒世人兩國都有無數人民遭到殺害，暴露了日本不學無術的心態。

《交鄰提醒》最後一節闡述的「誠信之交」十分有名，許多人在提及芳洲語錄時，都會引用這節內容。不過，「誠信之交」並非純粹宣揚兩國友好論。這一節的開頭表示，人人都說「誠信之交」（日本與朝鮮的史料經常可見「誠信」二字），卻不了解字義。接著說明：「所謂誠信，是指真意。相互不欺不爭，基於真實而相交，方可稱為誠信。」若真要誠信相交，就應辭退所有對馬派出的送使，並改變當前以朝鮮恩惠來安撫野蠻日本人的通交形式。然而，要做到這一點並不容易，因此必須在維持既有通交形態的狀況下，不失去真心實意（誠心）。芳洲認為負責朝鮮通交的人員必須明白，如今「亂後之餘威」早已式微，對馬人若仍秉持怠慢之心，只會蒙受損失。重點在於必須熟稔朝鮮局勢，才能有所作為。芳洲提倡應熟讀介紹朝鮮制度與習慣的《經國大典》、《攷事撮要》；對馬編纂的日朝通交書紀錄《善鄰通交》、《朝鮮通交大紀》、《分類紀事》、《紀事大綱》等，仔細思考再做處置。完整所有紀錄並細心參照是芳洲一貫的主張。

身負仲裁職責的倭館派遣

一七二九年三月，雨森芳洲以公作米年限裁判的身分前往釜山倭館。因封進、回賜與官方貿易獲得的部分木棉改以米（公作米）支付，對於不利農業生產的對馬藩來說十分重要，這一點前文已有述及。這原是實施五年的臨時措施，每五年就要進行一次延長期限的談判，派遣裁判（外交交涉官）負責此事。此時藩賦予芳洲的任務，除了交涉公作米的年限，還要處理直送館所事（為了避免公作米混入水或沙子，米必須直送倭館，補足未繳納的公作米）、求請人蔘並宴貨事（改善人蔘和禮品品質）、堂供送使事（對馬派出使節，爭取對馬萬松院東照宮的祭祀費用）、破船回翰並公木擇品事（對馬使節護送因船難漂流至對馬的朝鮮人回朝鮮，卻未收到應有的回信，故要求朝鮮方面提出給使節的回信；要求改善送至對馬的棉布品質）等事宜。

三月二十二日，芳洲一抵達倭館，訓導（釜山的主席譯官）玄德潤就和別差（次席譯官）前來相會。玄德潤在正德信使時以隨行通事的身分訪日，曾與芳洲見過面。

雙方就對馬藩提出的要求談判，但東萊府使（對日外交負責人）一開口便拒絕接受。芳洲認為拒絕一次是外交上常見的談判技巧，繼續斡旋。但接下來的談判毫無進度，窒礙難行。原因來自於朝鮮朝廷，一七二四年剛即位的英祖身邊，老論派和少論派（這些都是基於儒學學派的政治派系）激烈對立。受此影響，居中將這次對馬藩的要求上報給中央的東萊府使遭到罷免，訓導和別差也受到處罰。由於這個關係，新任東萊府使無法再上奏朝廷。後來訓導玄德潤說服新府使，九月朝廷允許老論派的洪致中進入漢城，就任領議政（首相），風向改變後才開始談判。此外，洪致中曾以享保信使的正使身分訪日，也與芳洲認識。芳洲與熟悉的譯官、玄德潤的弟弟等人也遊說中央政府高層，首先推動了漂流使回信事件。朝鮮政府內部對於公作米年限的意見分歧，推遲到明年再議，但芳洲把握機會直接與東萊府使談判，終於在四月談定。最後，堂供送使事宜未獲同意，其他議題都解決了。這次的談判難度很高，多虧了芳洲的能力、長年經驗，以及多年來培養的人際關係，才能完成任務。

在艱困的談判過程中，訓導玄德潤夾在對馬藩與東萊府、朝鮮政府之間。對馬藩對他們賞賜不斷，譯官之間也經常送禮，彼此招待宴飲。此次裁判使節一行中，芳洲的次男，也就是成為松浦霞沼家養子的松浦文平（贊治）也在隨行之列，與其他使節譯官一同交流。

本章前文介紹過韓國總統盧泰愚訪日時，在宮中晚宴的演說，提及芳洲與玄德潤之間的交流。過去玄德潤以譯官身分前往釜山任職時，覺得訓導等人工作的倭館附近的廳舍過於老舊，看起來十分困窘。為了展現交鄰外交第一線的體面，不惜自掏腰包興建華麗建物，取名「誠信堂」。芳洲敬佩其無私之美德，待在倭館期間的一七三〇年八月，以漢文撰寫〈誠信堂記〉，贈與玄德潤。芳洲在〈誠信堂記〉提及，玄德潤是一位善於寫詩之人，不以名勝絕景為此建築取名，反而命名為「誠信堂」，可見他認為交鄰外交以誠信為先，進而維持友好。由此可以看出，兩人雖身負各自國家的體面與利害，卻發展出堅定的友誼。

芳洲一行在釜山待了一年半後，於十月二日返回對馬府中。

後代活躍與芳洲隱居

雨森芳洲回國不久，一七三〇年十一月，十分信任芳洲的藩主義誠在參勤途中客死大坂。在此緊急狀態下，芳洲和另一人被任命為處理藩內家務的御用人。六十三歲的芳洲早已卸下御用人職務，如今只是暫時接手舊職。御用人帶著已故藩主的大體返回對馬後，次年二月芳洲辭去內宅御用一職。在此之後，芳洲將家裡的事情全都交給長男顯之允處理，自己處於「內證隱居」狀態。雖未正式隱居，仍以御用人格的身分在藩邸工作，偶爾接受藩的諮詢，以自己的方式執行公務。芳洲的能力與經驗，讓他說的話擲地有聲。

長男顯之允不是學者，而是執行實務的官員，也曾在倭館工作。次男松浦贊治與親生父親和養父一樣是儒者，擔任文庫掛一職，為藩主講課，負責編纂前藩主宗義方的實錄，在芳洲的指導下完成。不僅如此，他還被任命為朝鮮方佐役（後來升為頭役），好幾次前往長崎赴任，成功調配朝鮮貿易需要的水牛角。三男俊之允（玄徹）於一七三一年到京都學醫，在京都學了一段時間，一七三九年在人吉藩相良家擔任醫師。

長男顯之允從一七三三年因病不良於行，前往有馬溫泉療養。為了幫孩子治病，芳洲還向藩借錢。遺憾的是，顯之允在一七三九年四月逝世。顯之允的孩子才十三歲，沒辦法繼承家督，於是由祖父芳洲主持大局。

芳洲仍繼續為藩主授課，但他的名字出現在藩日記的次數愈來愈少。一七四四年，芳洲生病無法走路，便不再外出工作。次年，芳洲的孫輩開始奉公。一七四七年，譯官使來島。正使是玄德潤的次男玄泰翼，不良於行且高齡八十的芳洲在弟子的幫助下，前往客館與正使會面。兩人談起已經亡故的玄德潤。

一七四八年（寬延元年）通信使訪日時，松浦贊治是隨行人員，但因為與通信使的交涉出現失誤，短暫卸下朝鮮方頭役之職。不久後的三月十三日，芳洲隱居，藩同意由孫輩繼承家督。八十一歲，芳洲正式隱居，度過安穩的餘生。長久以來，芳洲有教無類，培育無數英才，有好幾位弟子成為知名的儒學家或擔任真文役，為藩效力。

晚年的芳洲

雨森芳洲除了《交鄰提醒》，還留下許多文字作品，包括重整藩財政的意見書〈芳洲了簡書〉與其他著作。晚年還能看到意境頗深的著作。六十五歲寫的隨筆集《多波禮草》（和文）體現了文化相對主義的認知。當時有教養的文人以漢學為基礎，通常帶有崇拜中國的心態，但芳洲學儒學與唐音，將中華文明相對化。認為國之尊卑來自於君子小人的多寡和風俗的善惡，並非源自中國或夷狄。以音樂為例，不獨尊雅樂，而是指出各國都有固有的音樂；文字也是一樣，不只有漢字，各國語言都有相對應的文字，這才是應該重視的。正因芳洲不只學習唐音，也學習朝鮮語，才有如此體會。

其八十歲時寫的隨筆《橘窗茶話》（漢文），主張儒家、佛教和道教系出同源，提倡三教一致之說。芳洲是朱子學家，重視大義名分，但他不是狹隘的朱子學家，某種程度上，他超越了朱子學。

芳洲隱居後，幾乎消失在藩的公家紀錄上，但可從他寄給別人的書信窺見其晚年生活。例如朋友約他參加和歌會，但他之前從未接觸過和歌，於是用兩年的時間讀了一千遍《古今和歌集》。他立志要創作一萬首和歌，八十五歲就達成目標，最終創作了兩萬首。即使年紀大了，仍充滿鬥志。此外，他偶爾會與以酊庵輪番僧（為了起草與確認外交文書，從京都五山派遣的僧侶）下棋，可見晚年生活十分平靜。

一七五四年，松浦贊治以裁判身分前往倭館，推動目前遲滯的談判事宜。後因談判事宜的發展導致他在未經允許的狀況下回國，受到藩的處罰。親生兒子的不幸遭遇，想必是芳洲人生晚期最深沉的痛。次年，一七五五年一月六日，芳洲沒於對馬府中。享壽八十八歲。以當時來說，是很罕見的高壽。芳洲之墓在對馬府中長壽院裡的山丘，與夫人、長男葬在一起。

身處於矛盾之中

芳洲年紀輕輕在對馬當官時，對馬藩的貿易順風順水，但後來貿易利潤愈來愈少，藩的財政逐漸困窘。一七四六年獲得幕府的大規模援助（「御大願」），貿易狀況卻未好轉，後來仍多次請求幕府協助。在對馬藩財政日益困窘，「亂後之餘威」式微，朝鮮通交陷入遲滯的時代，芳洲致力於藩的文教與外交事業。芳洲並不打算埋骨對馬，希望在中央政府盡一己之力，無奈只能在對馬效勞，貢獻一生。

芳洲之所以主張「誠信之交」，並非倡議虛幻的友好。朝鮮通交攸關兩國體面與利害，他經歷過激烈交鋒，深刻體會各種矛盾與糾葛，實際理解不合邏輯的對馬局勢，明瞭上述本質才提出此主張。多虧像芳洲這樣的人努力不懈，江戶時代的日朝關係才能和平穩定，維持了兩個半世紀。直到幕末維新期，不再有人為大局努力，只顧自己的體面與利害，導致日朝關係從「交鄰」轉向「征韓」。

新井白石（一六五七—一七二五年）

江戶時代中期的儒學家、政治家。出生於江戶，在木下順庵門下學習，與室鳩巢比肩。一六九三年，成為甲府德川綱豐（家宣）的侍講。家宣在一七〇九年就任將軍，白石在幕政上擁有發言權，推動各種改革（正德之治）。接著，白石輔佐年幼的家繼將軍，但一七一六年（享保元年）吉宗當上將軍後，白石就失勢。白石的施政充滿儒家的理想主義風格，雖然合理，有時卻背離實情。

白石學習朱子學，但他的興趣廣泛。《讀史餘論》、《古史通》等史書，生動描繪日本歷史，正當化德川武家政權的成立。此外，除了《蝦夷志》、《南島志》等地理書之外，也根據義大利傳教士西多契（Giovanni Battista Sidotti）回答的內容，寫了《采覽異言》、《西洋紀聞》。

十七世紀後半，東亞地區明清交替後的動亂平息，前往長崎的唐船增加，貿易活絡，國內經濟蓬勃發展，需要大量貨幣，金銀銅流至國外，造成不小問題。幕府開始限制貿易，藉此減少金銀銅流出，也降低金幣、銀幣的品位（後來白石將其恢復原狀）。白石實行的海舶互市新例（一七一五年）是貿易限制政策的手段之一。根據其自傳《折焚柴記》，他對貿易的認知是「我以有用之財，易彼無用之物，非我國萬世之長策」。簡單來說，他不認為貿易有積極的意義。幕府的貿易限制政策，也會壓制對馬藩的朝鮮貿易。

一七一一年（正德元年），祝賀德川家宣將軍襲職的通信使（正使趙泰億）訪日，白石針對聘禮提出積極的改革方案。他十分讚揚德川家康實現了與朝鮮的和平關係，主張應簡化禮儀，節省冗費，調整對通信使的待遇，採取對等、適當的態度。總而言之，他認為過去對通信使的待遇過於豐厚。在信使出發前，對馬便通知朝鮮停止對將軍嗣子捧呈幣物、拜禮，以及朝鮮的禮曹（外交職務）給老中的書契（外交文書）和幣物等事宜。根據白石的說法，幕府的老中相當於朝鮮的議政（首腦三大臣），禮曹給的書契和幣物，在地位上並不對等。不過，朝鮮並不知道白石的本意。儘管朝鮮政府中，有意見認為輕易改變先例攸關國體，不過還是接受對馬藩的意見。通信使一行於五月從漢城出發。

通信使一行抵達釜山時，對馬藩告知要恢復「日本國王」之稱號（復號）。一六三六年通信使造訪以來，朝鮮國書稱呼幕府將軍為「大君」，但在柳川事件之前，改為「日本國王」。白石認為「大君」是朝鮮授予「臣子」的稱號，中國、朝鮮稱呼日本將軍為「日本國王」的情形很常見。如此稱呼才能提升將軍對外的地位。關於這件事，他與對馬藩的儒者雨森芳洲爭論不休。儘管朝鮮政府強烈反對突如其來的復號要求，但經過激烈辯論後，還是緊急修改了國書。通信使一行帶著修改的國書前往日本。

通信使一行抵達對馬後，接待人員告知變更沿路諸侯的接應、下階梯迎接將軍上使等新例；在大坂被告知將變更或省略途中與江戶的接待；抵達江戶後，又被通知要變更一連串禮儀。這是白石研究《禮記》等古今典禮書籍想出的儀式。儘管使節反彈，但在對馬藩拚命說服之下，最後還是妥協。為了實現白石的改革方案，相關人員皆耗費極大心力。十一月的交換國書等儀式就以新制辦理，變更了使節座位等細節。此外，白石到川崎迎接通信使一行，又在江戶以包括筆談的方式，和使節們交流學術與文化。

正使趙泰億也很讚賞白石的文采，白石的學問教養後來更揚名於朝鮮學界。

當使節拿到將軍的回信，發現裡面用了七代以前朝鮮國王之名諱（實名），出現了犯諱問題。白石反駁慣例是避開五代以前的名諱，而且朝鮮國書也使用了家光的「光」字，但犯諱是使節不能妥協的議題。結果，雙方各退一步，各自修改國書並在回程時於對馬交換。由於出現了這些糾紛，有些老中批評白石。次年一七一二年二月，在對馬交換國書的通行使一行回到朝鮮，包括正使在內的三使、譯官等人，因為沒有正確處理犯諱問題，受到朝鮮朝廷的處罰。

在通信使回國不久，白石就寫了《國書復號紀事》，又在一七一六年撰寫《朝鮮聘使後議》，書中描述了其對朝鮮的認知。白石在書中批判，朝鮮忘記了日本對其的「再造之恩」（豐臣秀吉入侵朝鮮後，德川家康與朝鮮和談並釋放俘虜之恩），雖然對我國表面上主張鄰好，但派遣通信使的目的是要探查日本的情況，而且竟在自己國內稱呼將軍為「倭酋」，表現出輕蔑的態度，根本沒資格自稱為禮儀之邦，這種做法應當受到批判。此外，通信使從朝鮮來到江戶，但日本的外交人員無法前往朝鮮國都，只能待在釜山倭館，因此在對馬舉行聘禮儀式是對等有禮的做法。上述認知正是白石推動通信使禮儀改革的原因。

新井白石是一位博學多聞到令人驚訝的儒學家，基於自己的信念，貫徹各項改革。但與通信使有關的改革，不僅讓朝鮮方面對日本產生強烈的不信任感，對於希望日朝通交圓滿順暢的對馬藩，也是很棘手的政策。白石失勢後，下一次來訪的享保信使（一七一九年）將一切恢復原狀（↓第三章「新井白石」條目詳述其生涯與內政政策）。

松平定信（一七五八—一八二九年）

白河藩主、幕府老中。出生於御三卿的田安家，輩分上是德川吉宗將軍的孫子。一七七四年成為陸奧白河藩主的養子，一七八三年成為藩主。天明大饑荒時從領外買米救濟領民，一七八七年成為老中（首座），批評田沼意次過去的施政，推動以吉宗的享保改革為典範之寬政改革。試著因應當時的社會情勢，包括各藩要求幕府給予財政支援、人民起義和暴動、治安惡化等進行各項改革，但基本思想來自保守與權威主義，對民眾課以嚴格限制，導致激烈反彈。

松平定信指示不讓通信使到江戶，而是在對馬交換國書，完成對馬易地聘禮儀式。一七八六年，家治將軍逝世，家齊繼任將軍，朝鮮派遣通信使訪日，祝賀將軍就任。剛開始朝鮮方面依照慣例，通信使以江戶為目的地規劃行程，但一七八七年就任老中的定信，不想接觸與田沼意次往來的對馬藩家老杉村直記，重用家老古川圖書。首先於一七八八年六月，公告來聘延期（延後通信使來日計畫）的決定。定信考量天明大饑荒後的社會情勢，與幕府、各藩財政吃緊等現況，開始思考在對馬易地聘禮，決定延期才能好好準備。同年十月，對馬藩派遣使者到釜山倭館，表達延期之意。朝鮮方面第一時間以與前例不同為由拒絕，但國王正祖接受此一決定。

由於接待通信使需耗費龐大金額，也會造成民眾負擔，因此定信的易地聘禮論基於財政因素，簡化儀制形式，但蔑視朝鮮的觀念也影響定信的施政方向。從定信的自傳《宇下人言》中，可以窺見其參考新井白石的《朝鮮聘使後議》，一七八八年上京時與懷德堂的中井竹山（積善）會面，之後參考竹山提出的《草茅危言》。

中井竹山在《草茅危言》的〈朝鮮之事〉中闡述，自神功皇后遠征以來，朝鮮臣服於日本，每年朝貢，歷代為屬國，如今卻非如此。「原本不過是蕞爾偏邦的使價（通信使），縱使如今非屬國，也不應傾天下財粟（金錢穀物）接待」。強烈展現出蔑視朝鮮的觀點。儘管通信使來聘是重要的鄰交之禮，卻會造成兩國負擔，因此在對馬舉行聘禮，不僅對朝鮮有利，也能節省幕府經費，還能減輕諸侯與民眾的重擔。

一七九一年（寬政三年）五月，定信指示對馬藩與朝鮮交涉易地聘禮。對馬藩授命，派使者前往釜山倭館，展開了漫長又艱困的談判過程。最初朝鮮認為違反前例而拒絕，一段時間之後，使節接受了，正式回應時通信使卻說可以延期，不同意易地聘禮。後來定信與家齊將軍逐漸不和，一七九三年被罷黜老中一職。

之後幕閣成員維持緊縮通信使費用、易地聘禮等方針。朝鮮方面認為派遣通信使也會造成自己的財政負擔，易地聘禮的好處是節省費用，於是表示同意，做出妥協。不料負責談判的朝鮮譯官收受對馬賄賂，甚至偽造文書，東窗事發後判處死刑，加上對馬藩內部的權力鬥爭白熱化，幾經周折才塵埃落定。儘管一八一一年實現了對馬易地聘禮，但距離松平定信的提案已過了二十多年。受到兩國經濟狀況變化與財政惡化影響，象徵日朝通交友好的通信使縮減規模，儘管還維持交換國書等禮儀，卻中止了謁見將軍和各種文化交流。一八一一年的易地聘禮成為江戶時代最後的通信使。

一七九〇年，定信任職老中期間，奉儒學中的朱子學為正學，頒布《寬政異學之禁》，禁止在林家主宰的昌平坂學問所之外傳授學問，再將學問所納入幕府名下。禁令雖以昌平坂學問所為對象，但影響相當廣泛。一八一一年的通信使一行包括朝鮮官僚與文人，上一次朝鮮派遣通信使團時，日本派出的文人還有荻生徂徠等不同學派，但近年以朱子學為中心，大獲好評。原因在於，朝鮮王朝也以朱子學為正學。

定信卸下老中職務後，專心處理藩政，一八一二年隱居，留下《宇下人言》等多部著作，一八二九年逝世，享年七十二歲（↓第三章「松平定信」條目詳述其生涯與內政政策）。

大島友之允（一八二六—一八八二年）

幕末維新期的對馬藩士。一八四四年出仕，一八五五年派到九州負責鑄造大砲事宜。

一八六二年（文久二年）八月，四十多名尊王攘夷派的藩士未經允許前往江戶。前一年發生俄羅斯軍艦占領對馬淺茅灣事件時，江戶詰家老佐須伊織主導移封（更換領地）至幕府的請願事宜，這四十多名藩士追究其責任，並將他殺害。掌握藩主導權的尊攘派與當時尊攘運動核心的長州藩結盟，將他們擁立的世子善之允（義達，後來改名重正）拱上藩主之位。大島擔任大坂留守居、國事周旋掛，與桂小五郎（木戶孝允）等尊攘志士廣泛交流，還協助財政窮困的對馬藩向幕府請求財政支援，主導相關運動。大島等人也與提倡積極對外的山田方谷（老中板倉勝靜的智囊）、勝海舟（軍艦奉行並）接觸，遊說幕府、朝廷和諸藩，一八六三年五月向幕府提交每年支付三萬石米的請願書。請願書還倡議朝鮮進出論

（征韓論），亦即在歐美列強壓境朝鮮之前，日本應該先進軍朝鮮。剛開始以遊說朝鮮為主要手段，若朝鮮不接受就出兵討伐。在此運動過程中，大島等人認為對馬依賴朝鮮通交獲得的朝鮮米（食仰賴異邦）實屬屈辱，應該修正通交內容。為了突破財政窘境，對馬藩自此持續推動日朝通交變革路線。在經過激烈交鋒後，幕府接受了財政援助的請求。

在一八六三年八月十八日的政變與次年的禁門之變中，以長州藩為主的尊王攘夷派遭受重擊，幕府內部也冷眼看待和長州藩同調的對馬藩，三萬石的米只給了兩年便終止。在此情況下，一八六四年（元治元年）十月，大島友之允接受幕府目付（江戶時代的官職，負責監視家臣行動）的請求，提出《朝鮮進出建白書》。建白書中寫道，朝鮮「原本具自尊之國風」，不行「屬國人臣之禮」，不應突然示兵威，而是以恩德為先。若不服德化，才「赫然膺懲之御勇斷」（果決地懲罰，行使武力之意）。接著又說，朝鮮「國風狐疑」，「拘泥於偏執之舊規」，應花時間耐心因應，靈活運用恩、威、利三種手段。接著又提出七大論點，包括：幕府努力清除兩國交流之舊弊，在朝鮮各處開港，讓日本人移居。朝鮮政道苛酷，日本可以「御仁恩」和利益攏絡人心。修改兩國之間自古以來的法禁，以此為切入點，開放武器出口。朝鮮的產業開發對雙方有利，也能讓朝鮮人臣服於日本。展現皇國「義勇尚武之氣象」，使朝鮮自然產生畏懼之心。透過朝鮮打開與北京貿易的道路。與朝鮮和中國的商業往來，可成為建構海軍的財源。基本上，這本建白書充滿了皇國（日本）的優越感與朝鮮蔑視觀，亦可窺見軟硬兼施的進出論（征韓論）之影響。根據前一年財援請願書的邏輯，將征韓論修正為幾個階段，最初以遊說為主，若朝鮮未立即接受，便善用恩、威、利三種手段，最後才使用武力。

對馬藩內部發生勝井騷動（一八六四年）等內亂，失去了許多寶貴性命。但大島當時在京、大坂等地，並未捲入內亂，之後還歷任要職。一八六六年，朝鮮與美國船、法國艦隊爆發武力衝突（丙寅洋擾）。得知此事的大島等對馬藩幹部認為日本應該挺身而出，居中和解，於是向幕府傳達此意見。德川慶喜政權覺得可行，計畫派遣幕府使節前往朝鮮，協助調停朝鮮和法、美。幕府使節從未在江戶時代前往朝鮮，對馬藩之所以如此積極，與日朝通交變革有關。無奈受到幕府倒臺、戊辰戰爭爆發影響，此計畫無疾而終。

明治新政府成立後，大島友之允透過新政府首腦之一木戶孝允，遊說政府處理朝鮮、對馬問題。木戶也積極協助。一八六八年（明治元年）閏四月，對馬藩建議政府更新朝鮮通交，認為既有的通交實屬屈辱，應該改變這一點，同時也要援助對馬藩。這是大島主導的建議，用語和一八六四年大島提出的建白書極為相似。後來大島與新政府的外國官交涉，一八六八年十二月，使節從對馬帶著新政府樹立通告的文件送至朝鮮。包括預告文書在內，此文書用「皇」、「敕」等字眼來稱呼天皇，這是朝鮮只對宗主國清國才用的文字，而且也不用過去朝鮮賜與對馬的鋼印，改為使用新政府賜與的新印，單方面改變既有形式。簡單來說，日本將天皇拉至與清國皇帝相同地位，將朝鮮放在下位，否決對馬臣屬於朝鮮的定位。對此，朝鮮拒絕接受這份單方面打破維持兩個半世紀舊制的文件，演變成朝鮮不與新政府建交的結果。此外，看到朝鮮的態度之後，征韓論在日本國內日益高張。日朝關係從「交鄰」轉向「征韓」。

面臨局勢轉變，大島友之允次年首次踏進釜山倭館，實際感受當地的嚴峻情勢。此外，對馬藩被追究國交不調的外交責任，政府很可能沒收朝鮮通交家役一職，必須找到務實的解決方法。一八七〇年，在大島的指示下提出政府對等論，雙方的國家元首為同等地位，國家之間的交流也由同等級政府高官負責，希望能與朝鮮協調出共識。但開到朝鮮的德國軍艦，載著對馬通詞，這件事引發朝鮮不滿，談判就此破裂。同年，外務省官吏造訪釜山倭館，但朝鮮方面堅持只與對馬藩談判。

一八七一年（明治四年）七月實施廢藩置縣，廢除對馬藩。原藩主宗重正以外務大丞的身分派至朝鮮，大島同行，提出政府對等論的提案，可惜最後沒有談成。次年，外務省接收倭館，對馬藩在日朝兩國之間建構的近世日朝通交體系也走入歷史。

大島友之允在此之後辭官退休，遊歷九州，度過餘生。一八八二年於長崎逝世，享年五十七歲。他是幕末維新期日朝關係轉變的核心人物。

西鄉隆盛（一八二七—一八七七年）

薩摩藩士、明治政府首腦。出生於下級武士之家，受到藩主島津齊彬重用，參與政治活動。齊彬死後，西鄉隆盛曾二次流放離島。一八六四年回歸，在島津久光身邊，成為薩摩藩的代表人物之一。幕府發動長州征討時，西鄉隆盛採取消極態度因應，與長州藩合作，一八六七年推動武力倒幕路線，謀劃王政復古政變，次年還加入鳥羽伏見之戰。在戊辰戰爭擔任大總督府參謀，實現江戶城無血開城，名聞天下。戰爭結束後，回到薩摩藩成為大參事。一八七一年前往東京就任參議，斷然執行廢藩置縣。之後，又歷任陸軍元帥、近衛都督、陸軍大將。綜觀其經歷，包括軍事在內，行動果決，同時也避免無謂的犧性。

一八七三年提倡「征韓論」，毛遂自薦以使節身分前往朝鮮，但受到主張內治優先的大久保利通與岩倉具視等人反對而退敗，與其他同志一起下臺。這起事事件稱為征韓論政變，後來引發了士族反亂、自由民權運動，從這一點來說，是近代政治史上的重大事件。不過，西鄉的「征韓論」引起各種爭議。

西鄉隆盛並未留下與朝鮮問題有關的著作，後人無法得知其對於朝鮮的認識。政府內部的征韓論爭自一八六八年（明治元年）日朝國交停滯後，征韓論的論點便普及於朝野。一八七三年，在釜山任職的廣津弘信提交的報告書中，闡述草梁公館（舊倭館）門前貼了一張公告稱朝鮮人應該警戒日本人，文中還說最近的日本是「無法之國」，使得對韓強硬論突然在政府內部爆開來。以岩倉具視為正使的遣美歐使節團在回國前，西鄉隆盛在留守政府的內閣會議上提出此議題，堅決認為應該派遣政府使節（過去外務省官吏只到釜山），強烈主張應該任命自己為使節。

同年七月二十九日寫給板垣退助的書信中，提及了西鄉的想法。信中描述一開始就帶軍隊一定會引發戰爭，這違背了最初的意旨。第一步應該只派使節，若朝鮮做出粗暴或殺害使節等行為，就有討伐朝鮮的大義名分。此外，八月十七日寄給板垣的書信也寫了相同內容。西鄉過去主張派遣使節是為了得到出兵藉口，可以解讀為以使用武力為基礎的征韓論，戰前被譽為朝鮮殖民地化的先見之明，戰後卻被貼上軍國主義的負面標籤。然而，一九七八年毛利敏彥的《明治六年政變之研究》主張西鄉並非武力侵略論者，而是「和平談判論者」；他說的不是「征韓論」，而是「遣韓論」。媒體報導了毛利敏彥的見解，在鹿兒島縣特別受歡迎。但學界強烈批判毛利的學說，有一段時間針對和平談判或侵略產生激烈論辯。

西鄉的「征韓論」基本上是根據幕末以來日朝關係的走向，加上自己考察的觀點統合而成。

江戶時代後期，日本人警惕歐美列強駛船入港，對外擴張的論點愈來愈普及。在此情況下，負責日朝通交的對馬藩陷入財政貧困的窘境，主張日朝通交變革，提出朝鮮進出論（征韓論）。對馬藩士大島友之允在《朝鮮進出建白書》（一八六四年）中，提出階段性進出論，亦即最初以遊說為主，接著善用恩、威、利三種手段施加壓力，若朝鮮不接受才使用武力。明治新政府成立後，政府相關人士的意見（木戶孝允與外務省相關人士的意見書等）大多採用相同的邏輯結構。簡單來說，西鄉的論點可以解釋成與這類理論相近，但無法從和平或侵略二選一的角度解讀。西鄉最希望看到的是派遣使節，和平收場。但當時從未派過正式的政府使節，必須小心一躍成為政府最高層之一的西鄉執行的是對朝鮮十分強硬的措施，若結果不如預期，最後就得行使武力。

此外，同年八月三日西鄉寄給三條實美的信件中寫道，維新政府一成立就處理朝鮮問題，但最初並非單純尋求和睦之道，而是懷有重要方略，如今朝鮮處處侮辱日本，若因此遵循舊習無所改動，將受盡天下嘲弄，也無法振興國家，無法貫徹最初的意旨，連後世也會受到難以洗刷的侮辱，因此主張派遣使節，明確指出朝鮮的過錯。一八六八年，政府內部在討論將天皇置於朝鮮國王之上，不再讓對馬以臣服朝鮮的形式執行通交事宜。之後花了五、六年的時間，朝鮮仍不願意接受這一點，這就是西鄉認為亟待解決的問題。

從歐美國家觀摩歸來的岩倉具視、大久保利通等人，擔心西鄉提出派遣使節前往朝鮮的方案，可能將使日本與朝鮮陷入糾紛（包括武力衝突）狀態。於是在十月十四日的內閣會議表達反對之意，與西鄉和支持西鄉的參議等人激烈辯論。次日的內閣會議決定派遣西鄉出使，但太政大臣三條實美倒臺，由右大臣岩倉代理職務，向明治天皇上奏，天皇決定終止西鄉出使事宜。最後，西鄉、板垣退助、後藤象二郎、江藤新平、副島種臣紛紛去職。

西鄉回到鹿兒島，創設私校，但鹿兒島瀰漫反政府的氣氛。一八七七年，西鄉率領反政府軍發起西南戰爭。最終敗給政府軍，西鄉於九月二十四日在城山自殺。享年五十一歲。城山北側有西鄉之墓、祭祀西鄉的南洲神社與西鄉南洲彰顯館。彰顯館展示區特別強調一八七三年西鄉提出的主張並非「征韓論」。

其他人物

一、日朝復交與柳川一件

柳川調信

？—一六〇五年。近世初期對馬宗氏的重臣。出身不明。一五八七年，豐臣秀吉平定九州後，調信以豐臣使節的身分前往朝鮮。他的主君宗義智、僧景轍玄蘇都與朝鮮談判息息相關。一五九〇年，他帶朝鮮通信使謁見秀吉，盡力協調日朝之間的外交事宜，功績卓著。一五九二年（文祿元年），秀吉侵略朝鮮，柳川投筆從戎。戰爭期間攜手義智、玄蘇，推動與朝鮮政府的和平談判。戰後，希望重啟朝鮮貿易的對馬藩，在德川家康的指示下，修復與朝鮮之間的關係，調信也積極協助。一六〇四年，調信讓僧惟政、孫文彧等人訪日，次年更在伏見謁見家康。儘管調信不久便逝世，但之前的努力沒有白費。一六〇七年，呂祐吉等朝鮮使節訪日，恢復日朝國交。調信的努力讓柳川氏既為宗氏家臣，與朝鮮之間的關係也成為其實力後盾。

惟政（松雲大師）

一五四四—一六一〇年。朝鮮王朝中期的僧侶。一五六一年參加僧科考試合格。一五九二年，豐臣秀吉侵略朝鮮（壬辰倭亂），受其師休靜（西山大師）之命，召集僧侶舉兵，以義僧兵將領的身分和日本軍隊作戰，戰功彪炳。在明朝和日本之間居中斡旋，還與加藤清正推動和平談判，基本上遵循明將沈惟敬和小西行長的路線。不過最後談判破裂，一五九七年日本軍再度來犯（丁酉再亂），惟政再次投入戰爭。一六〇四年，奉國王宣祖之命，以「探賊使」的身分與孫文彧一起前往對馬，次年在對馬藩的勸說下來到伏見，除了會見成為征夷大將軍的德川家康之外，還帶回之前被擄的數千名朝鮮人。家康極度讚賞惟政，日本的知識分子更與惟政吟詩作對。惟政訪日兩年後，日朝正式恢復國交。

呂祐吉

一五六七—一六三二年。朝鮮王朝中期的官僚。科舉文科及第。在豐臣秀吉侵略朝鮮後，對馬宗氏致力於與朝鮮復交，一六〇五年，他讓僧惟政等人謁見德川家康，要求朝鮮派遣通信使。朝鮮方面的條件是家康提交國書，並交出戰爭期間毀損國王先祖陵墓的犯人。孰料對馬藩偽造國書，將兩名對馬罪犯當成犯陵賊引渡至朝鮮。雖然朝鮮政府心有存疑，但當時正受到北方女真族的壓迫，希望穩定與日本的關係，決定派遣使節，由呂祐吉擔任正使。使節的名義是「回答兼刷還使」，除了帶著家康國書的回覆文書，還要帶回戰時被擄至日本的人質。呂祐吉一行於一六〇七年訪日。對馬藩主宗義智、外交僧景轍玄蘇、柳川智永等人隨行至江戶。使節帶著的國書採回信形式，必須在江戶交給秀忠將軍之前，先在對馬替換成改寫的國書。由於這個緣故，幕府第一次接觸從朝鮮帶來國書的「通信使」。自此之後，整個江戶時代共有十二次通信使（回答兼刷還使）訪日，交流層面十分廣泛。

宗義成

一六〇四—一六五七年。江戶時代前期的對馬藩主。宗義智的長男，一六一五年，十二歲時當上藩主。一六二七年，後金入侵朝鮮。一六二九年外交僧規伯玄芳等人，偽裝成日本國王使前往漢城。不僅如此，從其先代就偽造並竄改國書至今。在與家臣柳川調興對立的柳川一件中，偽造國書等犯行東窗事發，宗氏面臨生死存亡的危機。一六三五年，家光將軍親自裁示，調興的心腹松尾七右衛門等人判處死刑，調興流放至津輕（弘前）、義成麾下的規伯玄方發配南部（盛岡），雙方都有人獲罪，但義成無罪。此舉可視為幕府念在宗氏自中世以來盡心處理朝鮮通交的功勞，保住宗氏一族。這起事件讓幕府實施以酊庵輪番制，京都五山的僧侶派到對馬，起草並確認外交文書。與朝鮮的貿易方式也自此合理化。一六三六年，在幕府指示下，從朝鮮帶國書來的通信使造訪日本。藩內統治體制也在義成治世成形。

柳川調興

一六〇三—一六八四年。江戶時代前期對馬宗氏的重臣。一六一三年，父親智永逝世。十一歲繼承家督。少年時期在駿府德川家康身邊擔任小姓，家康死後到江戶秀忠將軍身邊任職，與幕府關係親近，脫離宗氏成為幕臣。自祖父柳川調信以來，與朝鮮的關係讓他們在藩內成為一股不可忽視的力量，調興的家臣們干預朝鮮外交的文書，與外交僧規伯玄方產生爭執。後來調興與家臣逐漸茁壯，與藩主宗義成對立，加上德川氏賜予領地，因此提出返還宗氏給予的知行地。一六三一年，雙方對立到達頂點，引爆御家騷動事件（柳川一件）。調興為了在此過程打擊義成，向幕府舉報對馬藩在朝鮮外交中，偽造與竄改國書等犯行。然而，一六三五年，家光將軍親自判處調興有罪，流放至津輕（弘前）。後來在弘前度過漫長歲月，沒於該地。

二、通信使等日朝交流與變質

申維翰

一六八一年—？。朝鮮王朝後期的官吏、享保信使的製述官。慶尚北道高靈人。一七一三年，科舉文科及第。不過，申維翰是庶孽（妾腹之子），仕宦前途有限。深具儒學和詩文造詣，著有《青泉集》等文集。一七一九年（享保四年）通信使（正使洪致中）訪日之際，以製述官（負責起草與確認漢文文書）

的身分隨行。當時的他三十九歲。其撰寫的紀行文《海遊錄》，記載通信使往來、日本的禮儀、日朝之間的摩擦等敏銳的日本觀察，還詳細記錄和對馬藩真文役雨森芳洲的交流，是與通信使有關的珍貴文獻。文字記述具有客觀的觀察，以及基於朝鮮文化的優越性、對於本身才華的自負等主觀評價，不僅如此，也呈現對馬島主是朝鮮藩臣的看法。儘管受限於身分，依靠學術才華生存，可以看出他的自豪性格。

玄德潤

一六七六—一七三七年。號錦谷。一七〇五年通過臨時舉辦的譯科考試（口譯官的專業考試），成為功績斐然的倭學譯官。跟隨一七一一年正德信使一行訪日。靜岡市的清見寺還有他題字的匾額。一七一八年與其他譯官使前往對馬，一七二七年以五十二歲的年紀就任訓導（釜山的主席譯官）。在此之前，玄德潤看到自己工作的釜山廳舍破舊不堪，作為交鄰外交的場所顯得寒酸，於是自掏腰包修葺一番，取名「誠信堂」。接著還修建了相關屋廳。以裁判身分待在釜山倭館的雨森芳洲，在一七三〇年八月撰寫《誠信堂記》，讚揚其功績。玄德潤減少送至倭館的米，減輕地方居民的負擔，深獲朝廷肯定。其體格容貌出眾，見多識廣，倭館的對馬人對他也很信賴。

滿山雷夏

一七三六—一七九〇年。對馬藩的儒學家。師承晚年的雨森芳洲，建議設立給上層階級就讀的藩校，在此指導後進。陶山訥庵批判對馬以朝鮮藩臣的形式依賴朝鮮通交，其著作《對韓雜記》深深影響雷夏，因此撰寫了探討對馬歷史和各種問題的《佩問緒言》。雷夏在此書擴大訥庵的論點，列舉祝賀朝鮮國王即位的使節帶來上表文；對馬書契蓋上朝鮮賜給臣子的圖書（銅印）；為解決倭寇問題，派遣朝鮮認可的送使；繼續執行國王殿牌的拜禮並獲取經濟利益等謬例，主張與對馬應改為「私交」。此外，雷夏認定為公儀使節的參判使只到釜山，所以朝鮮通信使應在對馬接待。江戶時代中期的訥庵、雷夏皆認為對馬在日朝通交實屬屈辱，這類見解宛如伏流水默默存在至幕末，直到幕末維新期才浮出地表，形成河流。

小田幾五郎

一七五五—一八三一年。對馬藩朝鮮語通詞。出生於朝鮮貿易特權商人「六十人」之家。通常朝鮮語通詞來自「六十人」之家，幾五郎從小學習朝鮮語，十三歲前往釜山倭館。雨森芳洲獻策，健全了通詞養成制度，幾五郎在此制度中學習，二十歲前往倭館留學，接受訓練。之後在通詞的道路上飛黃騰達，一七九五年，四十一歲成為大通詞。老中松平定信早在一七九一年指示對馬藩執行對馬異地聘禮，歷經大森繁右衛門在倭館、譯官朴俊漢在對馬的交涉，一七九八年順利與朝鮮簽署《戊午協定》。上述談判都和小田幾五郎息息相關。然而，這項協定爆發偽造文書的罪行，朝鮮方面發現此事，將譯官們處死，使談判胎死腹中。幾五郎等人想盡辦法打破僵局，但一八〇七年因與朝鮮譯官私相授受，被藩判處禁足處分。之後，對馬藩與朝鮮談判成功，一八一一年舉辦對馬異地聘禮，藩特准幾五郎恢復通詞職位。一八二二年退休，當時六十八歲。之後專心指導後進。著有統整朝鮮風情的《象胥紀聞》、記錄在倭館與朝鮮往來情形的《通譯酬酢》等作品。

林子平

一七三八—一七九三年。江戶時代中期的經世家。出生於江戶，後來遷移至親戚居住的仙台。之後巡迴各地，在長崎學習，在江戶與蘭學者交流，相當熟稔海外情勢。對於北方俄羅斯的擴張感到威脅，《三國通覽圖說》（一七八五年）將朝鮮、琉球、蝦夷地視為日本防衛要衝，對這些地區的地理和情勢進行了詳細解說。此外，在《海國兵談》（一七八六年）中主張加強海防，並對幕府政策提出批判，自序中提及日本英勇武士攻入這三國時，《三國通覽圖說》可作為重要參考。這些著作從抵禦歐美列強的角度出發，強調控制周邊地區的重要性，可說是劃時代的對外擴張論。此外，書中也大讚神功皇后的「三韓征伐」與秀吉侵略朝鮮。老中松平定信主導的幕府認為這些著作蠱惑人心，一七九二年令子平蟄居，著作的版木也遭沒收。次年在鬱鬱不得志的狀況下逝世。

佐藤信淵

一七六九—一八五〇年。江戶時代後期的經世家。出羽國人。遊歷東北、關東等地，親眼見證天明大饑荒的慘況。在江戶拜宇田川玄隨門下，學習蘭學，也到長崎遊學。廣泛學習各家學問，四十七歲師事平田篤胤學習國學，深受影響。受神道事件牽連，被趕出江戶。信淵提倡否定身分之別的絕對主義、國家社會主義思想，主張建立超越封建制度的強大國家，留下《農政本論》、《經濟要錄》等多部著作。《混同秘策》（一八二三年）開篇就說日本是「皇大御國，大地最初成立之國，為世界萬國之根本」。主張先攻略容易拿下的滿洲，再取韃靼、朝鮮與中國。詳細描述具體的侵略順序，例如松江府、萩府的軍隊攻擊朝鮮的東海，博多府的軍隊攻擊朝鮮的南海，還詳盡解說為實施侵略而設計的日本各地統治方式。其龐大的侵略構想，深受後世到昭和前期的國家主義者讚揚。

三、幕末維新期日朝關係大反轉

吉田松陰

一八三〇—一八五九年。幕末維新期的長州藩士、教育家。學習兵學，在江戶師事佐久間象山。十分關心海外局勢，一八五四年，培里（Matthew Calbraith Perry）再次率領艦隊來到日本時，松陰密謀從下田出海失敗，被關進萩的野山監獄。後來開設松下村塾，培育出許多幕末維新期的風雲人物。主張尊王攘夷，企圖暗殺老中間部詮勝，在安政大獄事件被處死於江戶。提倡對外擴張政策，以尋求日本獨立，待在野山監獄的時期寫了一本書，名為《幽囚錄》（一八五四年）。書中主張整頓軍備，拿下蝦夷、北方、琉球、朝鮮、滿洲、臺灣和呂宋。此外，松陰還在給杉梅太郎的書信（一八五五年）裡寫道：「征服易取之朝鮮、滿洲、中國，以交換所失於魯國（俄羅斯）者並以鮮、滿之土地以為償。」提議侵略東亞。此外，關於朝鮮議題，幕府之前禁止日本人前往竹島（鬱陵島），松陰則在一八五八年向桂小五郎等人提議開拓竹島。

山田方谷

一八〇五—一八七七年。幕末維新期的儒學家。在備中松山藩當官，擔任藩主兼老中板倉勝靜的顧問，就任藩校校長，對藩政改革做出極大貢獻。在對外關係上，提倡偏激的侵略論。在一八六一年的意見書中，認為清國適逢大亂（太平天國之亂），成為無主之地，「早搶早贏」。現在正是日本以武威征伐的時刻，謀劃左軍從南海攻略臺灣，右軍從北海入侵朝鮮，中軍攻擊山東的計畫。此外，一八六四年寫給進昌一郎的信件中，認為應先「從征伐朝鮮開始」，掃平滿洲與山丹，進軍北蝦夷（樺太），他主張應向朝鮮發出檄文，若朝鮮不願服從就大軍壓境。一八六三年，對馬藩的大島友之允找他討論該藩的財政支援事宜，他指責朝鮮有罪，並應當出兵征伐。此外，他還修改對馬藩準備提交給幕府的財政援助要求請願書草稿，並讓老中板倉勝靜過目。這封請願書增添了關於進軍朝鮮的主張。

勝海舟

一八二三—一八九九年。幕臣、明治政府的政治家。學習蘭學，精通砲術、測量術，進入長崎海軍傳習所。一八六〇年擔任咸臨丸艦長，與遣美使節同行，之後就任軍艦奉行。與坂本龍馬等志士往來，還因此在一八六四年遭到解職。戊辰戰爭時與西鄉隆盛見面，實現江戶城無血開城。在明治政府歷任多職，包括參議兼海軍卿。幕末以來，提倡擴大貿易和設立海軍，一八六三年（文久三年）四月，同為藩士的大島友之允與桂小五郎一起來訪，就對馬藩財政尋求支援。此時，勝海舟表示想要對抗西方，日本必須出動船艦，遊說亞洲各國，聯合盟國強化海軍陣容，從事貿易。剛開始說服鄰國朝鮮，再擴及中國。之後頻繁與對馬藩士接觸，積極協助對馬藩獲得援助。被派往對馬了解對馬與朝鮮的局勢，可惜因政局變動，最後沒有成行。勝海舟的構想是以東亞貿易的收益扶助海軍，此構想也收錄在一八六四年（元治元年）大島友之允的《朝鮮進出建白書》中。

板倉勝靜

一八二三—一八八九年。幕末的老中。桑名藩主之子，備中松山藩主的養子，一八四二年成為藩主。一八六二年就任老中，成為外國御用、朝鮮國御用取扱。次年，一八六三年透過心腹山田方谷，接觸對馬藩的財政援助要求運動。與同為藩士的大島友之允、樋口謙之亮會面，商議朝鮮問題，當面要求兩人「探索朝鮮國體情」，執行朝鮮通交變革，準備征伐朝鮮。五月，幕府決定援助對馬藩的財政，板倉在背後出力不少。橫濱鎖港引發政爭後，一八六四年辭去老中一職。次年官復原位，一八六六年（慶應二年）四月與大島會談，確定重新投入朝鮮問題。此外，朝鮮正逢丙寅洋擾，與美、法爆發武力衝突之際，幕府打算派遣使節協助調停。十二月更下令對馬藩進行朝鮮通交變革，無需顧慮古例。輔佐慶喜將軍，協助大政奉還，戊辰戰爭爆發後，跟著慶喜回到江戶。持續與新政府作戰，直到箱館戰爭才投降並處以刑責，一八七二年（明治五年）獲得釋放。

德川慶喜

一八三七—一九一三年。德川第十五代將軍。水戶德川齊昭的七男。一八四七年繼承一橋家。在家定將軍的繼嗣議題中成為繼嗣候選人，但最後由紀州的慶福（家茂）成為接班人。安政大獄時遭到軟禁。一八六二年出任將軍後見職（輔佐將軍之職務）、一八六四年就任禁裏守衛總督。在京都維持與朝廷的關係，主導政局。一八六六年接替病逝的家茂成為將軍。當時朝鮮爆發丙寅洋擾，加上對馬藩的運作，打算派遣幕府使節前往朝鮮，調停朝鮮與美、法停戰。站在西洋近代國際社會的立場，探詢法國和美國公使的意見。幕府派遣使節到朝鮮是前所未有的特例，在倒幕勢力集結的當下，慶喜此舉是為了向國內外宣示，將軍仍是掌握外交權的最高權威。儘管朝鮮拒絕這項提議，但慶喜政權在一八六七年十月大政奉還後，派遣使節的計畫仍持續進行中。然而，後來發生王政復古政變、戊辰戰爭爆發，慶喜回到江戶，向朝廷表現出恭敬順從的態度，使節派遣計畫就此終止。德川宗家由家達繼位，慶喜則到靜岡過著閒居的生活。之後移居東京，一直活到大正時代。

木戶孝允

一八三三—一八七七年。長州藩士、明治政府的政治家。一開始的名字是桂小五郎。從事尊王攘夷的政治活動，與薩摩藩合作成功倒幕。歷任明治政府的參議等要職，以中央集權化為目標，致力於版籍奉還、廢藩置縣。一八七一年岩倉使節團副使之一，前往歐美各國。很早就關注朝鮮問題，一八五八年吉田松陰提出竹島（鬱陵島）開拓案。松陰沒後，一八六〇年向幕府老中提出竹島開拓建言書。一八六二年，對馬藩的尊攘派掌握實權，與長州藩組成同盟，和大島友之允等對馬藩士交流。次年，將大島介紹給山田方谷、勝海舟，協助對馬藩推動財政援助要求運動。透過這類交流，理解以日朝通交變革為目標的對馬藩主張。成為明治新政府首腦之一，與大島等人聯手，在政府內部率先提出對馬、朝鮮問題。從一八六八年（明治元年）到次年的日記、書簡、意見書中，都可看到征韓論的主張。日本單方面改變書契形式，導致日朝關係惡化，木戶原本想更改計畫前往清國，可惜最後沒有成行。一八七三年發生征韓論政變時，西鄉隆盛主張派遣使節，屬於征韓派，木戶採取反對立場。

宗義達

一八四七—一九〇二年。幕末維新期的對馬藩主。後來改名重正。受到藩內掌握實權的尊王攘夷派擁立，一八六二年成為藩主，當時為十六歲。與長州藩結盟，賜攘夷敕書。在藩士大島友之允等人的主導下，一八六三年幕府同意每年給予三萬石米的援助，在請願書中提起朝鮮進出論。之後遭遇勝井騷動等激烈的藩內抗爭，又幫助德川慶喜政權派遣幕府使節前往朝鮮的計畫。一八六八年，新政府按照往例，將朝鮮通交視為家役（賦稅的一種），提出朝鮮通交刷新建議。儘管派遣使節前往朝鮮宣示新政府成立，但由於單方面變更文書格式，朝鮮拒絕接受。在一八六九年版籍奉還時，就任嚴原藩知事，一八七一年因廢藩而免職。同年與一八七四年以外務大丞的身分受命前往朝鮮，處理陷入僵局的國交談判。新政府接手朝鮮外交事宜，宗義達是以政府官員的身分前往，加上朝鮮希望按照往例，繼續和對馬通交，這可謂是一個巧妙的方案，可惜並未實現。

大院君（李昰應）

一八二〇—一八九八年。朝鮮國王高宗的親生父親。興宣大院君。一八六三年，李昰應的次男十二歲即位，是為高宗，其父稱為大院君（國王親生父親的尊稱）。李昰應以攝政的身分，掌握政治實權。國內面臨政治腐敗、財政困難等問題，加上歐美列強的壓迫，為了重振國家，實施各項改革，包括廢止備邊司、撤廢書院、重建景福宮、彈壓天主教等。不僅如此，根據衛正斥邪思想，提倡排外攘夷主義。在丙寅洋擾（一八六六年）、辛未洋擾（一八七一年）中，強硬面對歐美列強。看到日本開始與歐美列強交流，處處警惕日本，反對一八六七年對馬藩提出的貿易變革談判、派遣幕府使節前往朝鮮的計畫，抗議日本人八戶順叔在清國報紙刊登征韓文章。次年以新政府樹立通告書契違反形式為由，拒絕接受。當時與日本方面談判的訓導安東晙、東萊府使鄭顯德，都是大院君底下的人。一八七三年，其政策受到強烈反彈，與閔妃（王妃）一族對立，因此下臺。一八八二年，起兵反抗親近日本與歐美國家的閔氏政權，發起壬午軍亂，以失敗收場。一八九四、一八九五年在日本支持下短暫掌握政權，但早已失去實權。

參考文獻

雨森芳洲著，田代和生校注，《交鄰提醒》，東洋文庫，二〇一四年
荒野泰典，《近世日本と東アジア（近世日本與東亞）》，東京大學出版會，一九八八年
池內敏，《竹島——もうひとつの日韓関係史（竹島——另一個日韓關係史）》，中公新書，二〇一六年
泉澄一，《対馬藩藩儒　雨森芳洲の基礎的研究（對馬藩藩儒　雨森芳洲的基礎研究）》，關西大學出版部，一九九七年

上田正昭，《雨森芳洲——互に欺かず争わず真実を以て交り候（雨森芳洲——相互不欺不爭，基於真實而相交）》，Minerva書房，二〇一一年
上垣外憲一，《雨森芳洲——元禄享保の国際人（雨森芳洲——元祿享保的國際人）》，中公新書，一九八九年
木村直也，〈幕末期の朝鮮進出論とその政策化（幕末期的朝鮮進出論與其政策化）〉，《歷史學研究》六七九，一九九五年
木村直也，〈朝鮮通詞と情報（朝鮮通詞與情報）〉，岩下哲典、真榮平房昭編，《近世日本の海外情報（近世日本的海外情報）》，岩田書院，一九九七年
木村直也，〈東アジアのなかの征韓論（東亞中的征韓論）〉，荒野泰典等編，《日本の対外関係7　近代化する日本（日本的對外關係7　近代化的日本）》，吉川弘文館，二〇一二年
木村直也，〈対馬——通交・貿易における接触領域（對馬——通交、貿易的接觸領域）〉，《岩波講座日本歷史　第20巻　地域論》，岩波書店，二〇一四年
申維翰著，姜在彥譯注，《海遊錄》，東洋文庫，一九七四年
關周一編，《日朝關係史》，吉川弘文館，二〇一七年
田代和生，《書き替えられた国書（改寫的國書）》，中公新書，一九八三年
田代和生，《江戸時代　朝鮮薬材調査の研究（江戶時代　朝鮮藥材調查之研究）》，慶應義塾大學出版會，一九九九年
田代和生，《日朝交易と対馬藩（日朝交易與對馬藩）》，創文社，二〇〇七年
田代和生編著，《近世日朝交流史料叢書Ⅰ　通譯酬酢》，YUMANI書房，二〇一七年

鶴田啓，《対馬からみた日朝関係（從對馬看日朝關係）》，山川出版社，二〇〇六年
永留久惠，《西日本人物誌14　雨森芳洲》，西日本新聞社，一九九九年
信原修，《雨森芳洲と玄徳潤（雨森芳洲和玄徳潤）》，明石書店，二〇〇八年
三宅英利，《近世日朝関係史の研究（近世日朝關係史之研究）》，文獻出版，一九八六年
宮崎道生，《新井白石の研究（新井白石之研究）》增訂版，吉川弘文館，一九六九年
李進熙，《江戸時代の朝鮮通信使（江戸時代的朝鮮通信使）》，講談社，一九八七年

第三章

江戶時代中期　天下太平的統治

深井雅海
高田綾子

「井原西鶴」、「竹本義太夫」、「近松門左衛門」、「松尾芭蕉」由高田綾子執筆，其他皆由深井雅海執筆

前言

若將江戶時代分成前期、中期與後期，應以確立幕藩制的寬文、延寶時期，以及進入解體期的天明末期為界。簡單來說，德川家康開創幕府的一六〇三年（慶長八年）到第四代將軍家綱逝世前一年的一六七九年（延寶七年），這八十年左右為前期；第五代綱吉繼任將軍的一六八〇年（延寶八年），到田沼意次卸下老中一職的一七八六年（天明六年），這一百年為中期；松平定信就任老中的一七八七年（天明七年），到第十五代將軍慶喜推動大政奉還的一八六七年（慶應三年），這八十年為後期。亦即從

第五代將軍綱吉時代到田沼時代的中期，這一百年介於確立期與解體期之間。此時期的幕藩制較為穩定，經濟發達，文化也蓬勃發展。

那麼，在天下太平時期，什麼樣的組織才能統治國家呢？關鍵字有三個：「禮儀統治」、「養子將軍」、「奧政治」。

首先，從禮儀統治開始看起。綱吉繼任將軍時，將〈武家諸法度〉的第一條「文武弓馬之道專可相嗜事」，改成「勵文武忠孝，可正禮儀事」。簡單來說，綱吉對於統治階級武士的要求，已從武道轉移至對主君之忠義、對父祖之孝和禮儀，這是最適合承平時代的統治理論。第八代吉宗將軍以後的政權依舊遵守此條目，在江戶城本丸御殿的大廣間、白書院、黑書院舉行殿中禮儀，維持將軍的權威以及以將軍為首的武家社會秩序。對大名、幕臣、陪臣來說，將軍是尊貴的雲上人。

此外，綱吉是第一位養子將軍，不相信現有的老中，於是新設和老中同等級的側用人，任命自己的心腹，利用他們遂行政治。這段時期還發生了一起將軍疏遠老中，讓老中遠離權力中樞的刺殺事件。大老堀田正俊在將軍御座之間的附近遭到刺殺，自此之後，老中御用的房間就被調離將軍居室附近，設置在「表」的區域。綱吉趁此機會，在江戶城本丸御殿劃分「表」與「奧」兩個區域，「表」是政治、禮儀空間，「奧」則是將軍辦公和生活的空間。與此同時，還將幕府的職制清楚區分成以老中為首的「表」役人（官員），和以側用人為首的「奧」役人。繼任的第六代家宣也是養子將軍，他也任命自己的心腹，延續側用人政治。

到了享保時期，同為養子將軍的吉宗廢止了大名役側用人[1]，從旗本役側眾[2]（江戶幕府的官職名）中新設御側御用取次一職。從養子將軍綱吉到吉宗時代，輔佐將軍的政務補佐役，從老中改為「奧」的長官側用人和御側御用取次。新將軍任命自己人擔任這些官職，展開以「奧」為中心的政治形態，亦即「奧政治」。田沼意次不僅接受變局，也穩住了政局。意次是吉宗帶到幕府的紀州系幕臣第二代，他一直待在「奧」處理政務，就任老中後還兼具側用人的特質（統管「表」與「奧」兩者），掌握極大權力，進一步打造中央集權國家。

誠如上述，從綱吉到田沼時代的一百年間是承平時期。吉宗以御側御用取次為核心，全面改革司

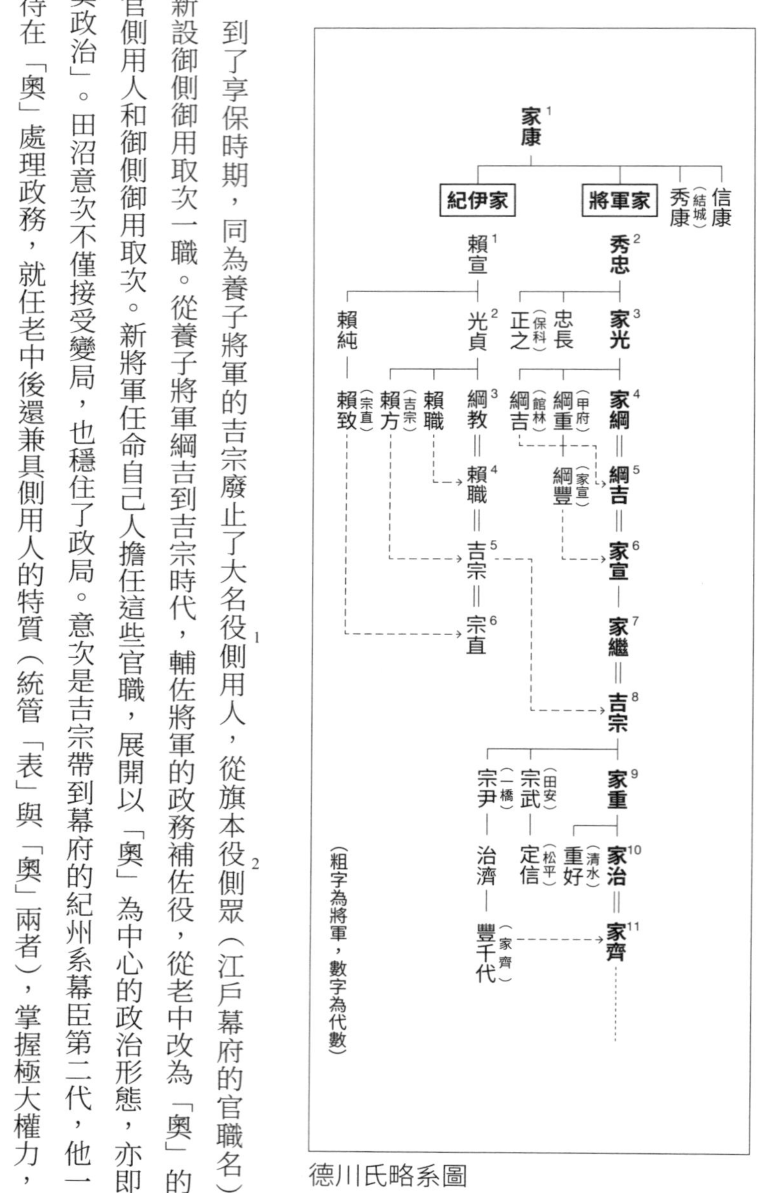

德川氏略系圖

法、行政與財政，成為後來的政治典範。

此外，綱吉時代的元祿年間貨幣經濟發達，以上方地區的城市為中心，由町人階層為根基的元祿文化也大放異彩。本章將在「其他人物」介紹具有代表性的其中四人。

德川綱吉（一六四六－一七〇九年）

就任將軍與家臣幕臣化

德川綱吉出生於一六四六年一月（以下月日皆為陰曆），是第三代將軍家光的第四子。六歲時，一六五一年四月，父親家光死前賜予十五萬石「廚料」（生活費）。到了十六歲，一六六一年閏八月，其兄第四代將軍家綱加增十萬石，俸祿增至二十五萬石，就任上野國館林城主。通常成為「家門大名」後，將軍家會賜附屬家臣。綱吉一出生就有家臣，在就任館林城主之前，至少有大約三百八十名幕臣與其子弟。不過，這不是所有的家臣人數。根據留下來的《分限帳》，綱吉當上館林城主的兩到三年後，家臣與奉公人（雇員、僕人等）為一千四百一十五人；繼位將軍之前達二千五百一十一人。其中，御目見（日本江戶時代能直接謁見將軍的大名與旗本）以上的家臣有六成三來自幕府，剩下的是新招攬的人員。另一個值得注意的焦點，是在綱吉江戶宅邸神田御殿工作的人，約占所有家臣與奉公人人數的八成，呈現壓倒性的多數。一般領地只要少數人就能統治管理，綱吉的狀況在大名中屬於特例。綱吉本人可能只去過一次館林，與其說他是館林城主，以神田御殿之主來形容更為貼切。

上述的綱吉家臣團，在一六八〇年七月綱吉繼承將軍之位，移居江戶城本丸御殿時，一部分獻給幕府成為幕臣，大多數家臣在世子德松沒後，一六八三年六月編入幕臣之列。其中包括聞名於世的側用人柳澤吉保，以及在實務面上成為其後盾的戡定方役人。

大名改易與減封

綱吉將軍掌政大致分成初期「天和之治」與中期以後「側用人政治」。「天和之治」的首要特色是「賞罰嚴明」，也就是賞與罰嚴格分明，其中尤以懲罰更為嚴厲。與大名改易與減封（全部沒收或部分削減領地俸祿）前後的時代相比，更加明顯。簡單來說，綱吉政權主導的改易與減封為四十六家，沒收總額達一六一萬石。從一年平均的數額來看，為前後政權的兩倍。

處分大名多少是因為綱吉的個性和任性妄為，但日本歷史學家辻達也暴露了其中的政治性（《享保改革之研究》，創文社，一九六三年）。首先，這四十六件中，與綱吉無關卻不得不處分的有十七件，包括「無嗣」、「刺殺」、「發狂」等。剩下的二十九件，以譜代大名占絕大多數，高達二十一件（七成二）。只要與藩內情勢或大名本身素行有關，就會變得更加嚴格，即使是德川一族也不例外。事實上，家康次男秀康之孫，越後高田藩主（二十六萬石）松平光長，就在一六八一年因為御家騷動[3]而被處以改易。

綱吉是幕府第一位養子將軍，透過賞罰嚴明的政策，壓迫同族與譜代階級，掌握幕府政治的主導權。

執著農政與處罰代官

包括頒布〈生類憐憫令〉在內，一般來說，綱吉的施政給人極為惡劣的印象。綱吉繼承將軍家後積極改革，接著根據《德川實紀》的內容，依照時間序闡述其一系列作為。

在即位儀式結束後，一六八〇年七月二十五日，綱吉先召集大目付與目付（皆為幕府官職），第二天二十六日又召集寺社奉行、町奉行、勘定頭（皆為幕府官職）等三奉行「當面下達指令」。雖然不清楚這兩次會面說了什麼，但一般認為綱吉與行政中樞開會，是為了掌握現狀並了解問題。次月（八月）五日，綱吉任命自己信任的老中堀田正俊，專門管理農民統治。七日又召來堀田與勘定頭，聽他們說起近幾年幕府領地的農民生活蕭條、窮困不安，於是命令他們施仁政，不要再耗損農民的心神與財產。同月十六日，綱吉分派兩名京都町奉行與四名勘定頭給堀田正俊，總共七人負責協議與執行幕府領地的統治事宜。他也向代官下達相同命令。這是幕府史上首次讓特定老中專管某項政務，設置協議機關。這一切都在他就任將軍前就安排好（天皇任命征夷大將軍的日期為八月二十三日），由此可以看出綱吉對於農政改革的熱忱。

同年的閏八月三日，堀田正俊頒布了七條代官服務規程。代官是幕府官職，以年貢的方式收取俸祿，負責管理幕府領地，這是幕府財政收入的根基。簡單來說，他們工作表現將嚴重影響幕府財政。儘管頒布了上述服務規程，但並未處理年貢短缺的問題。一六八一年二月十八日，綱吉命令四名勘定役，調查所有代官的會計帳中，沒有確實進帳的年貢。並在次年六月十四日，新設勘定吟味役，任命佐野正周、國領重次兩人，擔任勘定頭補佐與勘定方諸役人的職務監督。

總結來說，長達二十九年的綱吉治世中，有三十四名（資料引自辻達也的《享保改革之研究》。根據森杉夫的〈關於代官所機構改革〉，《大阪府立大學紀要》十三號，一九六〇年的內容，人數為五十一人）代官受到處分。一七〇二年的代官有六十人，以比例來說，受罰人數相當多。值得注意的是，以父祖輩以來擔任代官者以及因年貢滯納而被處罰者占了大多數。由此可以看出，那些世代擔任代官的家族，隨著時間推移，逐漸累積了年貢未繳的問題。綱吉以出身神田御殿的人，取代那些被處罰的代官。代官原本是在領主和農民之間，處理年貢業務的中間人，但綱吉的新政策使代官變成負有徵稅任務的官員，代表幕府直接掌控農民。

大量處罰的政治性

綱吉對幕臣的處罰也跟大名一樣多，光是御目見以上的旗本就有一千一百人。換算之後，整個旗本每五人就有一人遭到處罰。處罰理由各有不同，以勤務表現不佳最多。若加上對代官以「贓罪（賄賂罪）、年貢滯納」為由進行的處罰，以這兩個原因受罰的人數便高達四百三十六人，由此可看出綱吉政權的政治性格。若依照年代順序來看，集中在一六八七—一六九〇年（貞享四—元祿三年）這四年間，占一百七十一人（約四成）。若直接引用史料用語，處罰理由主要是「奉職無狀」（執行職務時毫無可獲表揚的善行或功績）。簡單來說，雖然在職務上沒有什麼過失，但還是遭到免職。

話說回來，為什麼綱吉要大量處罰官員呢？其政治意圖究竟為何？首先要注意的是，這些處罰都是在一六八四年大老堀田正俊死後，心腹柳澤保明（後來的吉保）擔任側用人的時期。亦即一六八八—一六八九年之間，四名側用人有三名遭到解任，只剩牧野成貞，後來又任命柳澤保明等五人。這代表綱吉想要利用神田御殿時代的家臣，也就是牧野成貞、柳澤保明兩人建立「側用人政治」。為了達成目的，必須整肅核心官員、監察官員、財政及民政官員，去除奉公志向淡泊之人，採用可貫徹綱吉意志的有用官員，才能建構穩固的將軍親政體制，也就是側用人政治體制。尤其是一六八七年，綱吉將最重視的財政與民政機構長官寺社奉行、勘定頭，以及監察役人勘定吟味役、大目付等大半官員解任，順利地從「天和之治」轉型至「元祿側用人政治」，達到體制內改革的目的。

側用人政治

元祿、寶永期（一六八八—一七一〇年）的政治一般稱為「側用人政治」。簡單來說，以專制君主綱吉為核心，由兩名側用人牧野成貞、柳澤保明掌握政治主導權。本身是正德期幕政幕後推手的新井白石，在《折焚柴記》中對柳澤有以下描述：「老中悉出其門下，天下大小事由彼朝臣（柳澤）隨心所欲，老中只對外傳達彼朝臣之意旨而已。謁見將軍，一月不過五、七回。」

白石在這一段指出柳澤掌控所有老中，背後是綱吉將軍的意思。現在仍不清楚柳澤的職務權限究竟到那裡，接下來就從老中御用部屋（老中專用的辦公室）的紀錄窺探一二。側用人的第一要務是在將軍和老中、若年寄之間穿梭，轉達日常政務。作用有二：（一）把將軍的上意轉達給老中。（二）轉達老中提出的問題，再回報將軍的裁決。不過，柳澤還有第三個作用，那就是參與籌劃老中合議。

上述職務中最重要的是，柳澤傳達將軍的意思，代替將軍參加老中們開的會議，再將會議結果單獨回報給將軍。也就是說，綱吉透過側用人柳澤，掌握老中政治的主導權。

然而，柳澤的權責只是在將軍和老中等幕閣間傳達意見，可以發揮的作用不大。因此，必須透過其他方法，才能讓柳澤直接影響執行實務的官員。安排和柳澤一樣出身神田御殿的勘定方役人，即可達成此目的。

幕府財政窮困與貨幣改鑄

江戶幕府在初期存下巨額財富，即使在第三代家光主政時，耗費巨資建造日光東照宮，錢財用度仍游刃有餘。第四代家綱時代，明曆大火重創江戶，投入大量金銀救災復原。但據稱一六六一年左右，天守閣下的金庫還有三百八十萬兩。不過，寬文期（一六六一－一六七三年）之後，大名、旗本的財務狀況開始捉襟見肘，向幕府借錢，家綱晚年幕府財政陷入窘境。通常將軍上任必須參拜日光東照宮，但第五代將軍綱吉就任時取消此一慣例，就是因為財政窘迫。由於這個緣故，綱吉才實施前述的農政改革。然而，綱吉仍一邊花錢建造寺社，使得幕府財政陷入赤字危機。

為了填補財政黑洞，綱吉在一六九五年（元祿八年）宣布改鑄貨幣。不過，外界認為這項政策另有目的，法令內容如下。

法令一開始說「金銀極印已舊」。慶長金銀發行已久，不只是極印（以保證品質和避免偽造為目的之蓋印或文字）老舊，貨幣本身也有破損。其中尤以小判最為嚴重，不只出現許多破裂缺損的小判，還有偷斤減量的輕目小判，深深影響貨幣流通。接著又寫道：「最近礦山挖出的金銀產量變少，在國內流通的金幣銀幣也逐漸減少。」關於日本全國礦山的金銀產量，金礦在一六一〇年左右達到頂點、銀礦的巔峰約在一六四〇年前後。值得一提的是，金銀產量在綱吉時代前期，也就是一六八一—一六九二年左右進入衰退期，幕府絞盡腦汁籌備足夠的鑄幣原料。另一方面，隨著經濟發展，貨幣流通量愈來愈多，貨幣供給量卻愈來愈少，日趨嚴峻，逼得幕府必須想辦法增加貨幣數量。第一次的貨幣改鑄，就是在迫不得已的狀況下展開。關於這一點，過去外界都批評改鑄貨幣導致物價高漲，但對綱吉政權來說，是務實的政策。

改鑄金幣與銀幣從一六九五年九月開始，實施的前一個月，勘定吟味役荻原重秀以主管的身分，組成執行特別小組。從小組成員的經歷來看，三位勘定組頭與四位勘定中，各有兩人和柳澤一樣，同為神田御殿舊臣，可以看出他們是核心人物。

具體的改鑄內容是將過去優質的慶長金銀，改成品質較差的元祿金銀。簡單來說，是將純度百分之八十四點二九的慶長小判，改成純度百分之五十七點三六的元祿小判；將純度百分之八十的慶長銀，改成純度百分之六十四的元祿銀。值得注意的是，金幣品位的降低比例高於銀幣，而且大家都知道此事。由於這個緣故，銀價突然飆漲，過去一兩金為五十匁銀的金銀公定行情瞬間瓦解。銀價飆漲對以金幣為主要貨幣的幕府來說十分不利，增加財政負擔。一七〇〇年十一月，幕府在相隔九十年後修訂公定行情，新制為金幣一兩等於銀幣六十匁。此後日本各地銀幣大缺，金幣儘管不受歡迎，仍在關西地區流通，後來更擴大至全國。

在此情況下，國內流通的貨幣總額為：元祿金一三四一萬二四八四兩多、元祿銀三二萬六〇四六貫目。大致對比慶長金銀在國內流通的總額，金幣為一點三倍、銀幣為兩倍出頭。至於元祿金銀的鑄造原料，最初用的是幕府手邊的金銀物品，但主要還是得靠市場流通的慶長金銀。根據新井白石的統計，回收的慶長金為八八二萬四〇〇〇餘兩、慶長銀為二八萬七〇〇〇餘貫。簡單來說，在市場流通的慶長金銀已回收八成左右，算是達成綱吉幕府實施的元祿金銀流通政策目標。此外，引用新井白石的說法，改鑄益金高達五百萬兩。然而，一七〇三年發生南關東大震災，幕府花費龐大金額重建，改鑄的收益很快就耗盡。一七〇四—一七〇五年左右，幕府財政已捉襟見肘。

綱吉於一七〇九年（寶永六年）逝世，享年六十四歲。從前一年秋天爆發麻疹疫情，綱吉也從十二月二十七日的夜晚發燒、頭痛，次年一月看似好轉，沒想到十日早上病情急轉直下，驟然離世。

德川吉宗（一六八四—一七五一年）

經歷與就任將軍

德川吉宗出生於一六八四年十月紀伊和歌山，是紀伊藩二代藩主德川光貞的四男。幼名源六，後稱新之助，諱賴方。生母為巨勢六左衛門利清的女兒於由利之方。一六九六年四月，十三歲時初次謁見綱吉將軍，同年十二月敘任從四位下左近衛少將，稱主稅頭。四位少將是只有國持大名等級的大大名才能擔任的官職。年紀輕輕就能成為少將，想必是因為御三家（指德川氏中除德川將軍家外，擁有幕府將軍繼承權的三大旁系）的出身。一六九七年四月，江戶赤坂的紀伊藩邸落成，將軍賜予越前國丹生郡三萬石領地。若之後沒發生什麼大事，他應該會以小大名的身分終老。不料，一七〇五年五月，第三代藩主長兄綱教逝世，繼位的二哥賴職也在同年九月死去，便由他當上紀伊和歌山五十五萬五千石的藩主。時年二十二歲，同年十二月敘任從三位左近衛權中將，從綱吉取一字，改名吉宗。一七〇六年十一月擔任參議，一七〇七年十一月躍升為權中納言。

一七一六年四月，吉宗又遇到人生轉機。第七代將軍家繼於虛歲八歲時離世，於是由吉宗繼承將軍家。在此之前，第六代將軍家宣病危時，任命御三家輔佐年幼將軍家繼。根據新井白石的說法，家宣原本的想法是，若家繼有什麼三長兩短，就由尾張吉通繼位。然而，吉通於一七一三年七月去世，由紀伊吉宗繼承將軍家。

家繼病重時，第六代將軍家宣的正室天英院與吉宗見面，請他繼任將軍。吉宗雖然婉拒，但天英院表示這是已故將軍家宣的意思，也是為天下蒼生著想，最後說服了吉宗同意此事。吉宗在四月三十日進入江戶城二之丸，當天晚上家繼去世，吉宗繼承將軍家，稱「上樣」（將軍的尊稱）。一七一六年改年號為享保，該年八月十三日舉行將軍宣下儀式（天皇發布將軍繼任的儀式），正式稱呼為「公方樣」（日本人對幕府將軍的敬稱）。

紀伊藩士幕臣化與新設御側御用取次

吉宗繼承將軍家後，與養子將軍五代綱吉和六代家宣一樣，吉宗也將自己的家臣，亦即紀伊藩士編入幕臣團。不過，和綱吉、家宣不同的是，吉宗不當藩主後，紀伊德川家依舊存在，因此吉宗將部分家臣編入幕臣。從這一情況來看，從一七一六年四月到一七二五年十月，共有二〇五名紀伊藩士被編入幕臣團。他們大部分是跟著吉宗、長男長福、次男小次郎、母淨圓院等吉宗一家，從紀伊江戶藩邸與和歌山城移居江戶城，後來逐漸成為幕臣。十四位御目見以上的重臣中，侍奉吉宗和淨圓院者任命為吉宗的側近役；侍奉長福與小次郎的人，分別任命為各自的核心官員。

其中最重要的是新設御側御用取次。吉宗繼承將軍家後，廢除大名役側用人，在旗本役側眾中設置御用取次。表面上，此舉看似縮小了將軍側近役的權能，但在實際體制上，相較於側用人的侍從、老中格，或少將、老中上座，御用取次屬於諸大夫，地位很低。此外，小笠原胤次、有馬氏倫與加納久通被任命為初代御用取次，俸祿分別為兩千五百石、一千三百石、一千石，之後有馬和加納直到一七二六年才名列一萬石大名（小笠原在一七一七年隱居），與綱吉的側用人柳澤吉保的十五萬石餘、家宣的側用人間部詮房的五萬石根本不能比。除了地位和俸祿高低之外，有馬和加納傳達資訊的範圍擴大也值得注

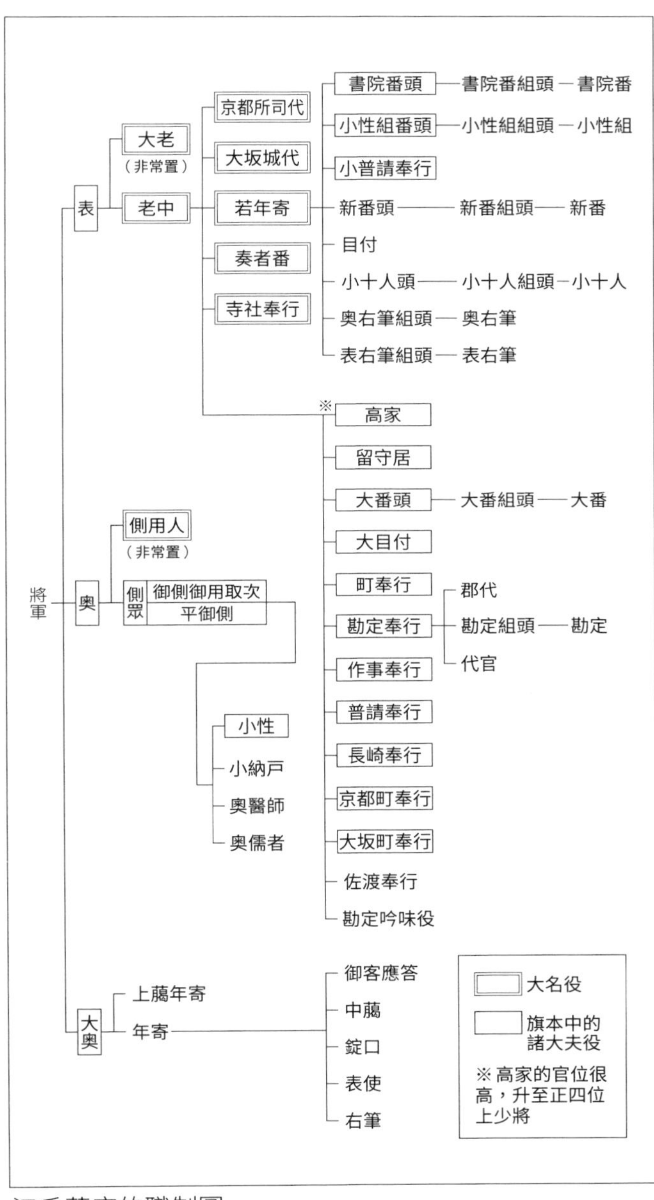

江戶幕府的職制圖

意。簡單來說，由於側用人的地位高，協助將軍傳遞資訊的範圍，表面上僅限於老中和若年寄的幕閣之內。但到了享保期，取次役降至與旗本役相等的地位，因此可以接觸實際處理旗本事務的官員。接著來看看當時的實際狀況。

《撰要類集》是受江戶南町奉行大岡忠相之命編纂的法令先例集之一，可從史料看出町奉行起草的法令案，第一個呈報的對象。享保前期，呈報給兩位御用取次有馬、加納的案件幾乎是老中的兩倍，占整體的六成五。這類案件是如何立法，又是如何拍板定案呢？

從定案流程來說，町奉行、評定所一座等實務使倡議的案件，要先呈報將軍側近役御用取次，御用取次與吉宗將軍實質審議之後，再做實際決定。接著向行政機構長官老中報告，完成形式審議，再透過御用取次上報將軍，正式裁定後下達命令。另一方面，有些案件並未上報老中，由此可見老中的角色已經弱化。唯有在將軍主導下，迅速推動改革政治，此處使用的政治手段才能發揮作用。這就是吉宗將軍在旗本役新設御用取次的意圖。

蒐集情報

將軍想要主導政治，除了能幹的政務補佐役之外，專屬的資訊情報網也很重要。將軍本質上是獨裁者，但通常生活在江戶城深處，無緣接觸各種資訊。因此，若沒有自己的方式掌握社會脈動，就很容易受到掌握行政機關的老中擺布，很難掌握幕政主導權。若是從德川一門過繼的養子將軍，大權旁落的情形更為嚴重。

吉宗明白自身處境，繼承將軍家後，除了上述的心腹家臣之外，更將之前在紀伊藩擔任隱密御用的十六名藥込役，與一名馬口之者（牽馬的人），共十七人同時列為幕臣。賦予「御庭番家筋」的身分，成為直屬於將軍的隱密御用。「御庭番家筋」在成為幕臣後，暫時編入廣敷伊賀者（大奧女中的警衛）部門，從事暗地裡蒐集情報的諜報工作，後於一七二六年獨立成為御庭番。

江戸城本丸御殿略圖（吉宗時代）

御庭番的實質內涵其實是隱身衣。簡單來說，表面上御庭番是屬於江戸城本丸御殿大奧的廣敷役人，主要職務是在天守臺附近庭院的御庭番所輪流值班守夜，每次有三人輪值。但祕密諜報的工作是直接聽命於將軍本人或政務補佐役御側御用取次，調查大名、遠國奉行所、代官所等實際狀況，及調查天災等各地受害狀

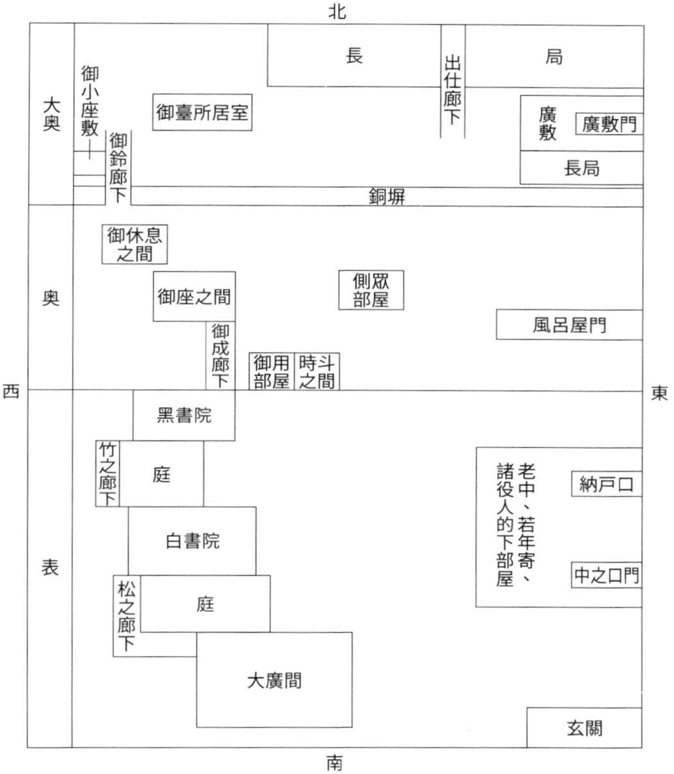

況。此外，還要蒐集老中等諸役人的言行舉止、世間傳聞等情報，再將調查結果寫成風聞書呈報上去。將軍很少直接命令御庭番，通常是透過御用取次下令內密御用做事。由於這個緣故，享保改革時期由同樣出身紀伊的加納久通與有馬氏倫（死後由小笠原政登接手），實質掌管御庭番的內密御用。

吉宗將軍利用御庭番打聽到的情報，作為改革期間決定各種政策和人事的有力根據。

勘定所的改革與人才採用

吉宗政權的改革核心為重建財政。由於這個緣故，改革的第一支箭對準了營運幕府財政、支配幕府直轄領地、掌管貢租徵收與訴訟的勘定所。勘定所的長官是勘定奉行，其下配置勘定組頭、勘定、支配勘定等官員，還有負責監察的勘定吟味役。

上述勘定所的職務中，最受爭議的是訴訟。元祿年間（一六八八─一七〇三年）經濟活動蓬勃發展，與金錢借貸有關的糾紛層出不窮，這些訴訟案件全都送進幕府的奉行所或評定所審理。這類訴訟通常稱為「金公事」，金公事案件暴增，導致奉行所事務停滯。

一七二一年閏七月，勘定奉行以下的勘定方，分成公事方與勝手方兩個部門。公事方主掌公事與訴訟等司法事務，勝手方負責收納年貢、修繕、收納金銀米錢、分配旗本領地與代官支配地等，與管理幕府直轄領地有關的業務，以及主管貢租徵收、掌控幕府財政。次年五月，吉宗任命老中水野忠之擔任勝手掛，負責統籌勝手方的所有工作。同年八月，將四名勘定奉行、三名勘定吟味役分別編入勝手方與公事方，建立完備體制，讓他們可以專心處理自己的工作。讓奉行所擺脫逐年增加的訴訟案，將管理直轄領地與掌控財政的部門設置在勘定方，可說是劃時代的改變。另一方面，幕府推行「足高制」，對俸祿低但職位高者進行補貼，訂定了御目見以上官職的役高（俸祿），例如勘定奉行為三千石、勘定吟味役為五百石、勘定組頭為三百五十俵、勘定和代官為一百五十俵。藉此方式拔擢家祿比各相應官職還低者，可以為幕府所用。

然而，只從御目見以上的旗本內部拔擢人才還是不夠。唯有採用御目見以下的御家人和幕臣以外的人，才是真正的廣納人才。讓我們看看當時的情形。一七一九年吉宗政權前期，第五代將軍綱吉的神田御殿舊臣與第六代將軍家宣的櫻田御殿舊臣，在勘定吟味役、勘定組頭、勘定、代官等官職中，各占四成以上。若加上御目見以下的御家人升格至御目見以上旗本的人數，也高達六到九成。換言之，第五代將軍綱吉時代以後，升至旗本的新進、新興幕臣占勘定方役人的大半。此外，到了吉宗政權中期的一七三一年，其中還出現了兩位勘定所長官，也就是奉行。

總結來說，吉宗在享保時期不只進行勘定所的機構改革，更積極錄用有助於推動改革的新人才。

新田開發與年貢增徵政策

遺憾的是，到目前為止的機構改革無助於增加財政收入。原本的財政重建政策是想擴大幕府領土的耕地，增加年貢米收成。幕府具體的作為是規劃新田開發政策，一七二二年七月二十六日，頒布獎勵在日本橋開發新田的法令。在江戶町中心的日本橋實施此法，也有促進商人出資的意義。此外，若實施範圍納入幕府領地與大名領地、旗本領地等私領地，幕府也有權限命令開發，由此可看出吉宗開發新田的堅定意志。

然而，有潛力開發新田的區域早在第四代將軍家綱、第五代將軍綱吉時，就已經開發得差不多，只剩下當時使用一般技術很難開發的地區。由於這個緣故，開發這些地區必須具備高度技術力。於是，吉宗從紀伊藩找來井澤彌惣兵衛（為永、當時六十歲）負責此事。在頒布新田開發法令的次月，井澤接受幕府徵召，擔任「在方御普請御用」（在農村從事土木工程的職務）。次年七月任命為勘定，俸祿為廩米兩百俵（後來增至五百俵）。井澤是被稱為「紀州流」治水專家，一七二五年十一月，升任勘定吟味役格（一七三一年十月升任為本役）、一七二七年六月，因為分擔勘定吟味役的職務，成為新田開發政策的實際負責人，指揮旗下的在方普請役，功績卓著。井澤等人努力開發新田的結果，使得幕府領地的總石高，在一七三一—一七四五年之間來到四百五十至四百六十萬石。比起一七二二年頒布新田開發政策時的四百萬石，增加了五十至六十萬石。

實施新田開發、定免法[4]和有毛檢見法[5]等年貢增徵政策後，儘管收到的年貢總額在歉收之年下滑，但一七二九年為一百六十萬石，吉宗隱居前一年的一七四四年為一百八十萬石。吉宗正式推動改革的一七二二年為一百四十萬石，之後增加了二十至四十萬石，可說是達成了財政重建目標。吉宗不只重整財政，在全方位實施幕政改革，穩定幕藩制的成果上，發揮極大效用。

吉宗於一七四五年（延享二年）九月隱居，移居至西之丸，稱為大御所。次年突然生病，雖然後來康復，但一七五一年（寶曆元年）五月中風，身體狀況再度惡化。六月十九日病危，次日二十日去世。享壽六十八歲。

田沼意次（一七一九—一七八八年）

紀州系幕臣的第二代

田沼意次的父親意行在第八代將軍德川吉宗還是三萬石的小大名時，在其身邊當小性。後來吉宗從紀伊藩主當上將軍，意行仍舊隨侍在側，可說是名符其實「從小跟在吉宗身邊」的心腹。有一說認為意次的父親是紀伊藩農民出身的下級武士，但個人認為此說法錯誤。吉宗繼承將軍家時，錄用兩百多名紀伊藩士為幕臣。後來御目見以上的一百一十餘人，大部分是吉宗本身與長男長福（後來的第九代將軍家重）的心腹。

如前文所述，橫跨將軍和世子兩個世代的紀州系幕臣擔任側近役，他們的子弟，也就是紀州系第二代通常也會被安排在將軍或世子身邊。田沼意次就是其中之一。田沼意次身為嫡子，十六歲時到將軍世子家重住的西之丸擔任小性。次年一七三五年，繼承父親意行的家督，擁有六百石的領地。

掌控「表」與「奧」的男人

一七四五年吉宗隱居，家重繼任將軍，意次成為本丸小性，後就任小性組番頭奧務兼帶。一七五一年三十三歲時，被拔擢為御側御用取次。這個職位既是將軍生活空間「奧」的長官，也是將軍的政務補佐官。一七五八年，他在擔任御側御用取次時，成為一萬石大名，家重命他出席幕府最高司法機關評定所。這是前所未有的特例。側近役參與評定所的審議工作，意次可說是前無古人，後無來者。後來老中在內的幕府內閣捲入郡上騷動（美濃國郡上藩領地爆發的百姓暴動）的風暴中，意次主導這場暴動的調查權，自此以後，其勢力大幅擴張，成為政界最具實力的掌權者。舉例來說，一七六二年薩摩藩向幕府請求財政支援，接受薩摩藩陳情的老中松平武元表示要拜託意次協助，由此可見意次的權勢在當時已經凌駕老中之上。

意次擔任御側御用取次十六年後，一七六七年，當時的第十代將軍家治任命他為側用人，成為遠江國相良城主。兩年後就任老中格，一七七二年成為老中。時年五十四歲。《德川實紀》形容其「如隨侍在側」，可知其工作兼具側用人性質。總而言之，意次是「表」的長官老中，也是「奧」的長官側用人。掌握行政機構和將軍側近役兩者，擁有強大權力。不時加增三萬石，最後的俸祿高達五萬七千石。

然而，一七八六年八月二十七日，家治將軍沒後，意次辭去老中職務，失勢下臺。直接的理由是家治服用了意次舉薦的奧醫師所調和的藥物後，病情突然惡化，於八月二十五日逝世，因此引咎辭職。不僅如此，意次的四萬七千石領地在同年閏十月與次年一七八七年十月，分兩次遭到沒收，還被勒令隱居。一七八八年七月離世，享年七十歲。意次的孫子意明領受陸奧、越後兩國一萬石的領地，田沼家勉強留住大名身分。

田沼時代的期間

田沼意次意氣風發的時期一般稱為「田沼時代」。依個人所見，田沼時代是從田沼出席評定所會議的一七五八年，到失勢的一七八六年，共二十八年。根據山田忠雄在〈關於田沼意次獨占政權〉（《史學》四四卷三號，一九七二年）的說法，田沼時代可分成兩個階段，以田沼大權在握的一七八一年為分界點，同時支持田沼的勘定奉行也發生了變化。前期為一七五八年到一七八〇年的二十三年間，這段期間主要支持田沼的勘定奉行，是與田沼同為紀州系幕臣的石谷清昌、安藤惟要兩人。後期為一七八一年到一七八六年，前後共六年，此時的勘定奉行是松本秀持與赤井忠晶兩人。

事實上，江戶時代後期，也有一名人物將田沼時代如上述般分成前半期與後半期，那就是川路聖謨[6]。川路是一位精明幹練的官吏，他比較田沼舉用石谷清昌和松本秀持擔任勘定奉行的時期，認為石谷的工作能力強，稱讚任用石谷的田沼有識人之明。然而，任用松本卻導致日後田沼失勢（川路聖謨，《遊藝園隨筆》）。

前期的經濟政策

在進入田沼時代之前，享保改革期年貢增徵政策的效果達到極限，透過增加年貢收入維持幕府財政的方法已經行不通。不僅如此，享保時期米價與其他商品相比較為偏低，此狀況之後依舊未變，使幕府和藩的財政日益緊縮。因此，田沼時代捨棄重農主義，推行重商主義政策，希望增加幕府收入。

前期主要的經濟政策是貨幣政策、長崎貿易改革、株仲間（批發商會）積極公認政策等。深受川路好評的石谷清昌，是田沼時代前期經濟政策奏效的推手。石谷成為勘定奉行之前是佐渡奉行。一七五八年，他在擔任佐渡奉行期間，向幕府提出了劃時代的金銀山仕法改革請示文件。次年在幕府同意下實施改革方案。一七六〇年增加了一萬五千兩餘的利潤，是一七四〇年之後首次創下盈餘，成果相當好。在與勘定奉行審議此改革方案之前，石谷先找擔任御用取次的田沼商量（《新潟縣史　資料篇9》，一九八一年）。這應該就是石谷和田沼之間有了聯繫，石谷參與田沼政策的契機。

在田沼出席評定所會議，掌握幕府實權的次年，也就是一七五九年，石谷從佐渡奉行晉升為勝手方的勘定奉行。這應該是田沼舉薦的結果。自此之後，石谷擔任勘定奉行一職長達二十年，在背後支持田沼。

石谷推動的政策，包括透過設置銅座與強化俵物集荷體制（海產乾貨的集貨體制）改革長崎貿易、針對兵庫與西宮頒布〈上知令〉（土地沒收），掌握經濟商品等。石谷兼任長崎奉行時，除了加強監督長崎之外，也努力確保銅和海鮮乾貨（海蔘、鮑魚乾、魚翅）等出口品充足。簡單來說，在大坂設置銅座，搜羅全國各地的出口銅，還鼓勵各地增加或製造海產乾貨，藉此方式確保足夠的銅和海產乾貨，並從荷蘭、中國輸入大量的銀，接著再用進口的銀發行五匁銀和南鐐二朱銀。後者實質上雖是銀幣，但名目是金幣，適用於關東的金本位和關西的銀本位，可說是劃時代的貨幣。此外，兵庫與西宮的商品生產繁盛，針對這兩地頒布〈上知令〉，也能結合此處的商品與大坂的商業，以實現對畿內經濟的一元化掌控。

相對於石谷的意氣風發，前文提及的川路曾寫道，「直到現在，佐渡、長崎、御勘定所皆受惠於備後守（石谷）的政治遺產」（《遊藝園隨筆》）。田沼時代追求功利與重商主義的政策，正是以石谷為首的勘定所役人所推動。

後期的經濟政策

後期推出許多大膽積極的政策，但中途廢止的政策也不少。接下來以印旛沼干拓工事（印旛沼排水開墾工程）、蝦夷地開發、全國御用金令為例說明。印旛沼干拓工事是幕府代官宮村高豐擬定的政策。根據計畫書，新田地面為三千九百町步，資金最後增加至四萬五千至四萬六千兩。但工程進行期間，一七八六年七月江戶與周邊地區發生大洪水，許多設施遭到破壞，工程被迫中止。

蝦夷地開發是田沼意次受到蘭學者工藤平助著作《赤蝦夷風說考》影響，下令勘定奉行松本秀持研議的政策。工藤的提案是開發礦山，與俄國貿易賺取利益。但實際調查蝦夷地之後，改成新田開發政策。可開發面積達到一一六萬六四〇〇町步，可說是十分偉大壯闊的構想。然而，在田沼失勢後，一七八六年十月這項政策也終止了。

同樣是一七八六年，幕府在六月提出新的金融政策。向全國百姓、町人、寺社課御用金，將御用金納入幕府資金，在大坂設置貸金會所，借給想要融資的大名。這項政策稱為全國御用金令，由於受到人民強烈反對，實施不到兩個月便告終。

川路指出後期政策「很多都行不通」（《遊藝園隨筆》）。誠如他所言，許多政策倉促決定，結果自然不如人意。

柳澤吉保（一六五八—一七一四年）

成為將軍的學問弟子並出人頭地

吉保出生於一六五八年十二月，是綱吉在館林城主時代的家臣，刑部左衛門安忠之子。初諱房安、保明，通稱十三郎、主稅、彌太郎。一六七五年七月繼承家督（采地一百六十石、廩米三百七十俵），擔任小性組番士。一六八〇年，主君綱吉繼承將軍家時成為幕臣，十一月就任將軍側近役的小納戶。次年一六八一年四月，准許著布衣（幕府規定的服制之一，旗本下位者穿的狩衣），加增三百石。此時廩米改成采地，共計八百三十石。同年六月，綱吉主動下令教授學術，成為他後來仕途發展的契機。一六八四年一月加增二百石，次年十二月敘任從五位下出羽守。一六八六年一月也加增一千石。到了一六八八年十一月，又加增一萬石，成為一萬二千三十石的大名，被拔擢為若年寄上座的側用人。

成為老中上座側用人，賜姓松平

一六九〇年三月俸祿增加兩萬石，一六九二年十一月三萬石，一六九四年一月為一萬石，俸祿總額達到七萬二千三十石，就任武藏國川越城主。同年十一月首次出席評定所會議，次年十二月就任侍從，升任老中格。一六九七年七月，加增二萬石，次年七月被任命為左近衛少將，官位從侍從的老中提升至更高級別。一七〇一年十一月賜姓松平，與綱吉名諱的「吉」字，更改官職，稱松平美濃守吉保。一七〇二年三月再加增二萬石（總計十一萬二千三十石）。

賜予將軍世子的舊領地

一七〇四年十二月，綱吉指定甲府城主德川綱豐（後來的第六代將軍家宣）成為將軍接班人，論功行賞後加增三萬九千二百五十八石餘。綱吉將綱豐舊領地甲斐、駿河兩國的十五萬一千二百八十八石餘賜給吉保。次年三月，駿河國領地劃入甲斐國，山梨、八代和巨摩等三郡，全部成為吉保的領地。過去甲斐一直是只賜予德川一門的土地，加上整個三郡的實際俸祿達二十二萬八千七百六十五石。此時他的「內高」（實際收穫的石高）增加了七萬七千四百七十七石，加增速度前所未有。

吉保從原本只有五百石餘的陪臣，一路成為十五萬石餘（幕府公布的實高超過二十二萬石）的大名，還官拜地位比老中更高的上座側用人，掌握極大權勢。但他並非獨裁之人，凡事都與老中合議才決定，是很真誠勤勉的人。另一方面，他身為專制君主綱吉最信任的心腹，不僅參與大名、旗本家官位升遷，還要重振與維持家格，發揮強勢的政治力。一七〇九年一月綱吉沒後，家宣就任家軍，吉保在六月隱居，號保山。一七一四年十一月，於江戶駒込的別墅六義園去世，享年五十七歲。

德川家宣（一六六二—一七一二年）

就任將軍世子與家臣的幕臣化

家宣出生於一六六二年四月，是甲斐國甲府城主德川綱重的長子。最初被家老新見正信收養，稱新見左近。一六七〇年，回到綱重的江戶宅邸櫻田御殿，改稱松平虎松。一六七六年十二月元服，改名德川左近將堅綱豐。父親死去後，一六七八年十月，十七歲時繼任家督，成為甲府二十五萬石的藩主。不僅如此，一六八〇年九月，繼承將軍家的叔父綱吉為他增加了十萬石俸祿。根據一七〇三—一七〇四年左右的《分限帳》（江戶時代用來記載大名的姓名、俸祿、地位、官職等資訊的文件），光是有人名的部分，綱豐的家臣團就達到一千三百二十二人。再加上與力、同心等其他奉公人，總人數應該相當可觀。

綱豐在一七〇四年十二月，四十三歲時成為第五代將軍綱吉的養嗣子（繼承家督的養子），從櫻田御殿移居至江戶城西之丸御殿，改名諱為家宣。次年三月敘任從二位權大納言，自此家宣成為名符其實的將軍世子。隨著家宣住進西之丸，其家臣也成為幕臣，光是御目見以上的旗本就有七百八十人。

就任將軍與施政方針

一七〇九年一月十日綱吉逝世時，世子家宣將綱吉的側用人松平（柳澤）吉保喚到綱吉枕邊，宣布廢止惡法〈生類憐憫令〉。事實上，家宣在綱吉死去的短短十天後，下令終止〈生類憐憫令〉。次月三十日大赦天下，赦免了九十二名幕臣、三千七百三十七名大名家臣。家宣在正式接替政權之前，首先著手改正前代的惡法。

同年五月一日舉行將軍宣下儀式，家宣正式就任征夷大將軍。接著將家門大名時代的家臣間部詮房拔擢為老中格側用人，同時讓侍講新井白石擔任政策智囊，實施「側用人政治」。其政治改革又稱為「正德之治」，最能體現其政治理念的是由白石起草，一七一〇年四月頒布的〈武家諸法度〉。

從內容來看，〈武家諸法度〉最大的特色是充滿儒家色彩。第一條就是明確規範君臣、父子、夫婦等人與人之間的秩序關係，還要端正風俗。第二點則強調仁政。第三條針對大名的統治，闡述讓武士與庶民無恨無苦的政治之重要性。

總的來說，家宣以仁政為目標，可惜他在就任的三年後，一七一二年九月左右感染風寒，病情持續惡化，於十月十四日逝世，享年五十一歲。

德川家繼（一七〇九—一七一六年）

繼承將軍家與改造「奧」

家繼是第六代將軍家宣的三男，幼名為鍋松。生母為側室御喜世之方。其父家宣於一七一二年十月去世，鍋松於虛歲四歲時繼承將軍家。由於過於年幼，將軍宣下儀式延至次年。一七一二年十二月舉辦換代儀式，鍋松敘任正二位權大納言，改稱家繼。一七一三年三月元服，同年四月二日舉行將軍宣下儀式。

一般來說，這個年紀的男子通常會生活在江戶城本丸御殿的「大奧」，由女中們照顧。不過，家繼在就任將軍後，他執行政務與生活空間被改造為禁止女性進入的「奧」，並在那裡生活。首先，家繼在與老中會面的「御座之間」附近，設置「御鈴番所」。這間房原本在「大奧」，將軍返回「奧」的時候，此處會響鈴宣告將軍駕臨。這裡有「御鈴番所」，代表在「御座之間」與「奧」之間設置了「錠口」（出入口），錠口以內的空間由女中管理。事實上，在將軍生活空間的「御座敷御上段」左側有「女中詰所」。可見為了因應年幼將軍的需求，家繼時代的「奧」和以往截然不同。

側用人間部詮房的角色

由於出現了一位尚未具備政治判斷力的將軍，前一代家宣將軍任用的側用人間部詮房的角色便顯得愈來愈重要。間部不僅代替將軍裁定政務，還要養育幼主。舉例來說，當家繼對近臣做出無理要求，間部必須嚴厲訓誡；當家繼惡作劇，只要向間部報告，間部就會立刻制止。此外，家繼也很景仰間部，常常親切地以其官職「越前守」的「越」為他取暱稱（《兼山秘策》）。

此外，每當家繼前往儀式或政治活動的「表」空間時，都是由間部抱著他出御，並有四名女中隨行。一七一三年八月三日，老中與若年寄被任命時，間部就在家繼面前宣讀了任命命令（《間部日記》）。

在家繼時代，側用人間部詮房確實發揮了年幼將軍代理人的角色。然而，儘管家繼身為將軍，但他畢竟是個幼兒，根本無法庇護間部。因此，老中與諸奉行結黨營私，經常蒙騙間部（《兼山秘策》）。由此可見，並非所有政策都是由間部決定的，這也是一個不容忽視的事實。

家繼體弱多病，無法平穩混亂的政情，於一七一六年四月三十日逝世，當時只有八歲。

間部詮房（一六六六—一七二〇年）

權傾一世的綱豐寵臣

間鍋清貞的長男，出生於武藏國忍。父親清貞是一名長年的浪人，受到甲府藩主德川綱重賞識，成為小十人組格。詮房是浪人轉家臣的第二代。有一說認為，他最初是能樂師喜多六代夫的弟子，但詳情不明。一六八四年四月，十九歲時進入櫻田御殿，賜切米兩百五十俵，授命成為德川綱豐的小性。這是他飛黃騰達的起點，在主君綱豐的命令下，將「間鍋」改成「間部」。最初的通稱為右京，後為宮內。之後一路加官晉爵，一六八六年成為御側，加增一百俵；一六八七年為兩番格，加增兩百俵；一六八八年為奏者番格，加增一百五十俵，每年都升職。一六九九年拔擢為用人，加增五百俵；一七〇三年也加增三百俵，總計為一千五百俵。

就任幕府側用人

一七〇四年十二月，主君綱豐（家宣）以將軍繼嗣的身分住進江戶城西之丸御殿時，詮房與其他家臣位列幕臣，領取和櫻田御殿時代一樣的一千五百俵，就任西之丸奧番頭。此時敘任從五位下越前守。次年一七〇五年一月，轉任西之丸御側，加增一千五百石，過去的廩米改成采地，領三千石。次年一七〇六年一月，成為若年寄格，加增七千石，位列一萬石大名。同年十二月敘任從四位下，享老中次席待遇，一般認為他此時已經成為西之丸側用人。不僅如此，一七〇七年七月加增一萬石，一七〇九年一月家宣繼承將軍家，四月升任侍從，加增一萬石，後來擔任老中格本丸側用人。次年，一七一〇年五月又加增兩萬石，成為領五萬石的上野國高崎城主。

側用人的角色

詮房在一七一二年十月家宣死後，侍奉幼年將軍家繼，在一七〇九年一月到一七一六年四月之間主導幕政。這個時期側用人政治的特色，與第五代將軍綱吉時代的側用人柳澤吉保不同，詮房有四名「御用方右筆」輔佐。他們是從負責擬訂法令的實務工作團隊「奧右筆」遴選而出，協助詮房立法、審議。根據遺留下來的法令集，側用人有三大職務，包括傳達將軍的意思給老中，再將老中的提問回報給將軍，參與老中合議。比起回報提問與合議案件，傳達案件的數量占九成四，為大宗。由此可以看出，側用人詮房在御用方右筆的協助下，擬定與審議主要政策，報請將軍裁決後，將政策傳達給老中，請老中執行。實施的是由「奧」主導的政治體制。

詮房在御用方右筆的協助下，主導老中政治。一七一六年四月家繼將軍逝世，由吉宗繼任將軍，解雇側用人，詮房自此失勢。次年改封越後國村上，一七二〇年七月於該地去世，享年五十五歲。

新井白石（一六五七—一七二五年）

二度成為浪人

一六五七年二月，新井白石出生於上總國久留里藩主土屋利直的家臣新井正濟之家，是為嫡子。名君美，通稱與五郎、傳藏、勘解由，白石為號。一六七七年，白石二十一歲，捲入御家騷動的紛爭。父子被趕出土屋家，更禁止侍奉其他大名。一六七九年土屋家改易，可以再度出仕。一六八二年，在大老堀田正俊的身邊工作。一六九一年，白石提出辭呈，離開堀田家，再次成為浪人。白石度過兩次貧困的浪人生活，讓他在參與幕政時，得以抱持仁愛人民的精神。

從大名侍講到將軍侍講

白石在三十歲之後，師事儒學家木下順庵，成為木下的得意門生之一（同門後輩還有雨森芳洲。↓第二章）。遇見順庵是白石人生中影響最深遠的事情。一六九三年十二月，三十七歲時在順庵舉薦下，白石成為甲府藩主德川綱豐的侍講，給四十人扶持（二百俵），進入江戶的櫻田御殿工作。此時正是他離開堀田家的兩年後，從浪人成為新進家臣。之後因為生病的關係，位列表寄合。在沒有官職的狀況下，持續為綱豐傳道授業。一七〇二年十二月，加增二百俵二十人扶持（計三百俵）。一七〇四年十二月，主君綱豐以將軍世子的身分住進江戶城西之丸御殿，白石也成為幕臣，編入西之丸寄合，領取和櫻田御殿時代相同的俸祿。白石成為幕臣後依舊沒有官職，持續為改名為家宣的綱豐授課。一七〇九年一月綱吉去世，家宣繼承將軍家，白石移居本丸寄合。同年七月，加增二百石，過去的切米與扶持改為采地，領五百石。一七一一年十月，負責接待朝鮮使節，敘任從五位下筑後守。次年十一月，因有功加增五百石，俸祿總計一千石。

推動「正德之治」

白石雖為沒有官職的「寄合」，但基於與家宣將軍、側用人間部之間的私交，他經常提出各種建言。接下來介紹兩個主要政策。首先是一七一二年恢復勘定吟味役與年貢增徵政策。幕府領地的年貢率減至三成以下，白石認為茲事體大，加強監控代官所，建議將軍重新設置勘定吟味役。同年七月，任命兩名勘定吟味役。次月派遣巡見使巡視全國幕府領地，結果年貢米增加十二萬四千五百石，年貢增徵政策成效卓著。接著是長崎貿易的限制令。由於海外貿易和走私的關係，白石擔心日本產的金、銀、銅流至國外，考慮將在長崎做生意的中國船數量減半。基於此想法，於一七一五年一月頒布〈海舶互市新例〉。側用人間部詮房親自整理出二十三條法令，由上使帶到長崎。第八代將軍吉宗也延續此政策。

總的來說，白石參與家宣和家繼時代的主要政策，但一七一六年吉宗成為第八代將軍後，白石失去政治舞臺，之後埋首寫作。一七二五年五月逝世，享年六十九歲（↓第二章「新井白石」條目，詳述其與朝鮮通信使之間的往來）。

松平定信（一七五八—一八二九年）

成為陸奥國白河藩主

第八代將軍德川吉宗的二男田安宗武之子。幼名賢丸、號樂翁。自幼勤奮向學，才高八斗。一七七四年三月，成為陸奥國白河藩主松平定邦的養子，一七八三年十月繼承家督，成為白河十一萬石的藩主。同年敘任從四位下越中守。天明大饑荒之際，上方（主要指大阪、京都等地）運送食物救濟窮民，頒布〈儉約令〉，減少藩的財政支出。此外，家臣勤於精進武藝與鼓勵學習，推動增加農村人口的措施與殖產政策，致力於重建藩政。上述經驗有助於推行之後的幕政改革。

天明暴動與定信就任老中

田沼意次於一七八六年八月辭去老中，但政權從田沼轉換至定信的過程並不順利。田沼雖然免去老中職務，但當時的大老、老中、御側御用取次、大奧年寄都是田沼派或親近田沼的人。也就是說，本丸御殿的「表」、「奧」、「大奧」之中樞還掌握在田沼手裡。因此，在定信就任老中之前的十個月，幕府內部陷入田沼派、御三家、第十一代將軍家齊的親生父親一橋治濟等譜代派（定信派）之間，白熱化的政爭。一七八七年（天明七年）五月，江戶爆發搗毀米店、反抗藩政的暴動，打破了政爭的僵局。不到一週，大約一千家店遭到襲擊，其中以米店占絕大多數。暴動發生沒多久，當時四名御側御用取次中，親近田沼派的三人相繼遭到解職。御用取次解職事件，讓松平定信在六月十九日就任老中首座。但反對定信就任老中的，不是「表」的長官老中，而是「奧」的長官御用取次。就任老中後，定信明白御用取次的重要性，於是很快拔擢自己的親友加納久周擔任御用取次上座。

主導寬政改革

定信上任時，在幕閣內遭到孤立。一七八八年三月當上將軍補佐，掃除田沼派老中，舉用「刎頸之交」（《宇下人言》）的譜代大名，包括三河國吉田藩主松平信明、陸奧國泉藩主本多忠籌、美濃國大垣藩主戶田氏教，由他們補上老中之位。雖說定信政權採與老中合議制，但最核心的成員還是定信自己。

定信就任老中的天明期（一七八一—一七八八年），全國各地頻頻爆發百姓暴動，城市也經常發生搗毀店家事件，正處於幕藩制逐漸解體的轉換期。對定信政權而言，復興農村、維持都市秩序成為緊急要務。於是頒布備荒儲穀的〈鄉藏設置令〉、〈舊里歸農獎勵令〉、〈物價引下令〉、〈七分積金令〉等，以具體政策達成目標。除了以失敗告終的〈舊里歸農獎勵令〉之外，上述政策獲得了一定成效。

然而，在改革過程中，定信與其他老中不和。不僅如此，家齊將軍與其親生父親一橋治濟也產生對立。一七九三年七月，定信的老中和將軍補佐役等職務都遭到剝奪。幸好之前創下不少功績，將軍任命其為少將，位列溜詰家格。之後再次專心白河藩政，一八一二年隱居，一八二九年五月逝世，享年七十二歲（↓第二章「松平定信」條目，詳述其與朝鮮通信使之間的往來）。

其他人物

一、綱吉、家宣時代

堀田正俊

一六三四—一六八四年，是第三代將軍家光的寵臣堀田正盛之三男。次年在家光的命令下，成為春日局（家光的乳母）的養子。通稱久太郎。一六四一年，就任世子家綱的小性。一六四三年春日局逝世，將軍賜三千石采地。一六五一年，從父親正盛的領地分得一萬石，敘任從五位下備中守。一六六〇年成為奏者番，一六七〇年晉升若年寄，一六七九年就任老中，授從四位下。這段期間俸祿不斷增加，最後達到四萬石。次年升任侍從，一六八一年二月加增五萬石，當上下總國古河城主，後稱筑前守。同年十二月晉升少將，授命為大老職。次年加增四萬石，共計領十三萬石。正俊主導第五代將軍綱吉初期的「天和之治」，一六八四年八月，若年寄稻葉正休在殿中遭到刺殺。最後雖以稻葉「發瘋」結案，但傳聞四起，眾說紛紜。可以確定的是，這件事更加鞏固了綱吉的專制君主地位。享年五十一歲。

牧野成貞

一六三四—一七一二年。出生於牧野儀成之家，為家裡的次男。第五代將軍綱吉還是大名時，牧野儀成就是綱吉的家老。一六六〇年，從父親的領地分得兩千石，侍奉時任館林城主的綱吉。一六七〇年成為神田御殿的家老，領三千石，敘任從五位下備後守。一六八〇年，主君綱吉繼承將軍家時，成貞位列幕臣，就任側眾。同年十月，加增一萬石，成為大名。次年一六八一年十二月，拔擢為新設的側用人，授從四位下。一六八三年，就任下總國關宿城主，領五萬三千石。一六八五年十二月晉升侍從，享與老中相同儀制規格。一六八八年四月，又加增兩萬石（計七萬三千石）。成貞是撐起綱吉時代前半期政治體制的側用人，一六九五年，將側近第一人的位置讓給前一年成為老中格的柳澤保明（吉保），隨後隱居。《日本誌》是第一本向歐洲國家完整介紹日本的書籍，書籍作者恩格爾貝特．肯普弗（Engelbert Kämpfer）形容成貞的個性「親切隨和」。

荻原重秀

一六五八—一七一三年。幕臣荻原種重的次男。通稱五左衛門、彥次郎。一六七四年成為勘定役，次年賜廩米一百五十俵。一六八三年升任勘定組頭，加增一百俵。一六八七年六月，授命檢查諸國代官的會計文件。九月就任勘定頭差添役（後為勘定吟味役），加增三百石，領五百五十石。一六八九年加增二百石，次年兼任佐渡奉行，一六九五年加增一千石，次年晉升勘定頭，加增二百五十石（計二千石），敘任從五位下近江守。之後繼續加增，一六九八年五百石、一七〇五年七百石、一七一〇年五百石，領三千七百石。重秀主導第五代將軍綱吉、第六代家宣的幕府財政與經濟政策。後因新井白石三度上書彈劾，最後在一七一二年九月遭到罷免。次年一七一三年九月重秀逝世，當官時的貪瀆罪行東窗事發，幕府從其領地沒收三千石，將七百石賜予重秀的兒子乘秀。

二、吉宗時代

有馬氏倫

一六六八－一七三五年。出生於紀伊國和歌山。父親為紀伊德川家的家臣清兵衛義景，通稱四郎右衛門。侍奉紀伊藩主德川吉宗，獲得其信任，成為御用役兼番頭。祿高一千三百石。御用役是藩主最重要的側近，也是年寄（家老）的補佐役。一七一六年，主君吉宗繼承將軍家，有馬跟著成為幕臣，與同事加納久通一起躍升為新設的御側御用取次，敘任從五位下兵庫頭。祿高和當初紀伊時代相同，為一千三百石。一七二六年成為一萬石的大名，住在伊勢國三重郡西條。有馬和加納是吉宗將軍推動改革政治的「左右手」（《德川實紀》），且有馬「絕頂聰明，不怕硬碰硬」（《德川實紀》）。可能因為如此，吉宗通常透過有馬下達重要法令的指示。有馬身為將軍補佐役，對改革政治做出極大貢獻。一七三五年去世，享壽六十八歲。

加納久通

一六七三—一七四八年。紀伊藩士加納大隅守政直之子。通稱孫市、角兵衛。成為紀伊藩士加納角兵衛久政的養子，繼承家督。後來侍奉藩主德川吉宗，擔任御用役兼番頭。祿高一千石。一七一六年，主君吉宗繼承將軍家時，跟著成為幕臣，與有馬氏倫一起被任命為御側御用取次。受領俸祿一千石，敘任從五位下近江守（後為遠江守）。一七二六年，與有馬一起晉升一萬石大名，但兩人都是無須參勤交代（各藩的大名得前往江戶替幕府將軍執行政務一段時間，然後返回自己的領土執行政務）的定府。加納和有馬不同，是個「落落大方、成熟穩重」的人（《德川實紀》）。他也是吉宗的側近政治中，不可或缺的存在。一七四五年，跟隨退隱的吉宗就任西之丸若年寄。一七四八年因病提出辭呈，但主君不同意，死在任上。享壽七十六歲。

大岡忠相

一六七七—一七五一年。幕臣大岡忠高的四男，為同族大岡忠真的婿養子。最初名為忠義，稱求馬、市十郎、忠右衛門。一七〇〇年繼承家督（家祿一千九百二十石），剛開始是無役的寄合。一七〇二年成為書院番，歷經徒頭、使番、目付、山田奉行、普請奉行等職位，一七一七年升任江戶的町奉行，官職名從以前的能登守，改成越前守。一七二五年加增兩千石，一七三六年加增兩千石（計五千九百二十石），加上役料（津貼）為萬石以上之格，拔擢為大名役的寺社奉行。不僅如此，第九代將軍家重時期，一七四八年，役料增加四千八十石，成為一萬石大名。以寺社奉行身分，就任奏者番。一七二三年實施足高制以來，非側近役，以役人身分飛黃騰達成為大名者，除了忠相，別無他人。從這一點來看，忠相極受第八代將軍吉宗的信賴。但根據遺留下來的《公務日記》，七年之間吉宗與忠相單獨會面的次數只有兩次。由此也可看出，與將軍說話是很難的事情。一七五一年十一月，因病提出辭呈，主君只准辭寺社奉行，讓他繼續擔任奏者番。同年十二月，七十五歲時逝世。

井澤彌惣兵衛

一六六三—一七三八年。出生於紀伊國那賀郡溝口村（出生年分另有兩種說法，分別是一六五四年與一六七二年）。諱為永。一七二二年，擔任紀伊藩傳法藏奉行期間，進入幕府出任勘定所。次年成為勘定役，領廩米二百俵。一七二五年晉升勘定吟味役格，加增三百俵（計五百俵）。一七二七年，分擔勘定吟味之職務，成為新田開發的實際負責人。一七三一年，正式就任勘定吟味役。一七三五年，兼任美濃郡代。一七三七年辭去雙職，次年死去。彌惣兵衛擅長治水和土木技術，受到舊主君第八代將軍吉宗的賞識，對於推動新田開發政策有極大貢獻。由他經手最知名的工程，是見沼代用水路。這項工程成為全國用水路的典範，由於功績卓著，一九一五年追贈從五位。這段期間的規劃，底定了至今的江戶周邊地形。此外，兒子正房冠名彌惣兵衛，繼承父親職務，擔任勘定吟味役。

三、田沼時代

石谷清昌

一七一五—一七八二年。前紀伊藩士，其父清全在藩主德川吉宗繼承將軍家時成為幕臣。與後來成為老中的田沼意次，同為紀州系幕臣第二代，年紀比田沼長四歲。一七四四年繼承家督（知行五百石），歷任西之丸小十人頭、西之丸目付，一七五六年轉佐渡奉行，推動奉行所的機構改革與礦山仕法大改革。一七五九年晉升勝手方勘定奉行，在此職位上待了二十年左右，以田沼意次的智囊身分實施各種改革。尤其是身兼長崎奉行的期間，為了確保足夠的銅出口，設置大坂銅座，增加俵物產量以取代出口品，推動長崎貿易的改革政策。由於推動政策有功，加增三百石（計八百石）。他在寬政改革期的作為頗受好評，還有書籍寫道：「若當時『現在』有像石谷這樣的御役人，越中大人『松平定信』也不用如此操心。」（《由之冊子》）一七八二年逝世，享壽六十八歲。

松本秀持

一七三〇—一七九七年。幕府御家人松本忠重之子。通稱彌八郎、次郎左衛門、十郎兵衛。一七三四年繼承家督，擔任天守番。一七六二年，升任御目見以上之格，位列勘定，家祿為廩米一百俵、五人扶持（計一百二十五俵）。一七六六年就任勘定組頭，一七七二年晉升勘定吟味役，准許著布衣。一七七九年拔擢為勘定奉行，加增四百石，廩米計五百石。同年敘任從五位下伊豆守。一七八二年，兼任田安家家老。秀持以勝手方勘定奉行的身分，負責田沼時代後期的經濟政策。一七八六年，田沼意次失勢後免職，被貶為小普請，一半領地遭到沒收。次年減薪一百石，俸祿為一百五十石。川路評論松本為「聰明伶俐，做事靈活」（《遊藝園隨筆》）。他一路從御家人高升至勘定奉行，就這一點而言，他是個對上司忠誠的官員。一七九七年逝世，享壽六十八歲。

四、町人文化（元祿文化）

井原西鶴

一六四二－一六九三年。別號鶴永、西鵬、四千翁、二萬翁、松風軒、松壽軒等。出身不詳，有一說是出生於大坂富商之家，名為平山藤五。十五歲起入貞門派，師事西山宗因，學習談林俳諧。一六七三年出版第一本選集《生玉萬句》，一六七三－一六八四年（延寶元－貞享元年），參加「矢數俳諧」（比賽連續吟詠多句）比賽聲名大噪。另一方面，一六八二年寫的《好色一代男》在大坂、江戶上市，大獲好評，投身戲作（通俗小說）之道。續篇《諸艷大鑑》（亦稱《好色二代男》）於一六八四年出版，之後又陸續發表雜話物（以雜談為題材／《本朝二十不孝》等）、好色物（以愛情為題材／《男色大鑑》等）、武家物（以武士為題材／《武道傳來記》等）、町人物（以商人為題材／《日本永代藏》等），是浮世草子作者之濫觴。一六九三年逝世，那是寫完《世間胸算用》的次年，享年五十二歲。反映世道，將人性描寫得栩栩如生的西鶴文藝，不只影響了之後的近世文學，更為近代作家帶來各種啟發。　高田綾子

竹本義太夫

一六五一－一七一四年。出生於大坂百姓之家。名五郎兵衛。師事井上播磨掾的門弟清水理兵衛。一六七七年，在京都頗受歡迎的宇治加賀掾身邊擔任配角，大獲好評。改名清水理太夫自立門戶，可惜發展得不順利。在西國巡演之後，一六八四年於大坂成立竹本座，改名竹本義太夫。上演近松門左衛門的作品《世繼曾我》（《曾我兄弟的後嗣》），好評不斷。次年一六八五年，義太夫以近松作品，與演出西鶴作品的加賀掾對打，在大坂站穩腳步。一六九八年（元祿十一年），受領竹本筑後掾。與近松合作，創造《曾根崎心中》（一七〇三年首演）等多部名作。集過去淨瑠璃之大成，開創義太夫節（獨創的淨瑠璃之一種）。自《曾根崎心中》大賣之後，義太夫放下劇場經營，專心當一名演員。一七一四年去世，享年六十四歲。多年後，其弟子政太夫（初世）於一七三四年襲名，成為二世義太夫。

高田綾子

近松門左衛門

一六五三－一七二四年。本名杉森信盛。別號平安堂、巢林子、不移山人等。出身越前國。吉江藩士杉本信義之子。父親成為浪人後，一家遷往京都，侍奉公家。在古淨瑠璃的名太夫宇治加賀掾旗下學習，在加賀掾座撰寫的《世繼曾我》是其以淨瑠璃作者出道的第一部作品。一六八五年，成立於大坂的竹本義太夫座首部作品《出世景清》區分出古淨瑠璃與新淨瑠璃，成為淨瑠璃史上劃時代的作品。與此同時，他也開始撰寫歌舞伎腳本。一六九三年起的十年間，為坂田藤十郎撰寫歌舞伎狂言（《傾城佛之原》

等），元祿上方歌舞伎蓬勃發展，近松門左衛門可說是功不可沒。一七〇三年以後，再次回歸淨瑠璃作者的身分，同年執筆的《曾根崎心中》確立了世話淨瑠璃的類別。不僅對初世、二世義太夫成功打響竹本座有極大貢獻，也是義太夫節的幕後推手。一七二四年大坂發生大火，前往天滿避難，卻不幸死於該地。享年七十二歲。淨瑠璃作品包括《冥途之飛腳》、《國性爺合戰》、《心中天的網島》、《女殺油地獄》等。

高田綾子

松尾芭蕉

一六四四—一六九四年。名宗房。俳號宗房，後稱桃青。別號坐興庵、栩栩齋、花桃夭、華桃園。江戶的深川時代之後，稱泊船堂、芭蕉翁、芭蕉洞、芭蕉庵、風羅坊等。出身伊賀國。生於無足人（鄉士）之家。在藤堂家侍大將、前伊賀上野城付的藤堂新七郎良精身邊奉公，為藤堂家嗣子良忠（俳號蟬吟）之近侍，拜北村季吟為師，學習貞門派俳諧。陪伴良忠走過幼年時期，後來離開藤堂家，一六七二年下江戶。一六七八年成為談林派宗匠，兩年後在深川的芭蕉庵隱居。一六八四年後行腳各地，撰寫《曠野紀行》、《笈之小文》、《更科紀行》、《奧之細道》等紀行俳文。五十一歲時，在前往西國的途中，病逝於大坂。芭蕉創立的「蕉風」與過去的俳諧不同，為後代俳壇帶來深遠影響。最具代表性的俳諧撰集，統整於後來出版的《俳諧七部集》。其他作品包括《嵯峨日記》等日記，《曠野紀行畫卷》等畫作。

高田綾子

注釋

1. 領知高一萬石以上者就任的官職。老中、若年寄等有九人。大老與側用人為非常置職位。
2. 領知高未滿一萬石，准許謁見將軍者就任的官職。根據一八四三年左右的史料，共登錄四百三十個官職。
3. 亦稱為越後騷動。以首席家老身分主導幕政的小栗美作一派，與認為美作想推翻主家的永見大藏（藩主光長的異母弟弟）、家老荻田主馬等人的反對派，互相對抗的政爭事件。此事件發生於一六七九年，同年十月幕府評定所進行審理，最後做出永見大藏獲得萩藩、荻田主馬擁有松江藩的裁決，事件告一段落。這是光長的堂兄弟姬路藩主松平直矩，與大老酒井忠清等人會談後做的處分。然而，一六八一年春，綱吉就任將軍時派遣的諸國巡見使報告此事，認為必須重新審理高田藩的紛爭。於是召見小栗美作、永見大藏、荻田主馬等人，在評定所重新審理。同年六月二十一日，在江戶城本丸御殿大廣間，召見御三家與在府的譜代大名們，親自裁決這場騷動。裁決的結果是松平光長改易、小栗美作父子切腹、永見大藏與荻田主馬流放八丈島，許多相關人士也獲罪處罰。
4. 更改依照該年收穫量決定年貢的方法，從過去數年間的收穫量，算出一定比例的年貢，在一定期間內課稅。
5. 捨棄依照田地生產力事先訂定的田地等級，依照該年度的實際收穫量，乘上相對應的年貢率。
6. 一八〇一—一八六八年。在幕末期擔任勘定奉行。通稱左衛門尉。出身豐後。代官所屬吏之子。後來擔任勘定方役人，誠懇勤勉，飛黃騰達。一八五五年（安政元年十二月）就任露使應接掛（負責接待俄羅斯使節），在伊豆下田簽訂《日俄和親通好條約》。外界視為開明派，因安政大獄遭到貶職。後因聽聞江戶開城而自殺。

參考文獻

大石慎三郎，《享保改革の経済政策（享保改革的經濟政策）》增補版，御茶之水書房，一九六八年
大石學，〈享保改革と社会変容（享保改革與社會變容）〉，大石學編，《日本の時代史16　享保改革と社会変容（日本的時代史16　享保改革與社會變容）》，吉川弘文館，二〇〇三年
大石學，《大岡忠相》，吉川弘文館，二〇〇六年
大谷篤藏監修，芭蕉全圖譜刊行會編，《芭蕉全圖譜》圖版編、解說編，岩波書店，一九九三年
高埜利彥，《日本の歴史13　元禄・享保の時代（日本的歷史13　元祿、享保之時代）》，集英社，一九九二年
高埜利彥，〈一八世紀前半の日本（十八世紀前半之日本）〉，《岩波講座日本通史　第13卷　近世3》，岩波書店，一九九四年
竹內誠，《寛政改革の研究（寬政改革之研究）》，吉川弘文館，二〇〇九年
塚本學，《徳川綱吉》，吉川弘文館，一九九八年
辻達也，《徳川吉宗》，吉川弘文館，一九五八年
辻達也，《享保改革の研究（享保改革之研究）》，創文社，一九六三年
根崎光男，《生類憐みの世界（生類憐憫的世界）》，同成社，二〇〇六年
深井雅海，《徳川将軍政治権力の研究（德川將軍政治權力之研究）》，吉川弘文館，一九九一年
深井雅海，《図解・江戸城をよむ（圖解　閱讀江戶城）》，原書房，一九九七年

深井雅海，《江戶城》，中公新書，二〇〇八年
深井雅海，《日本近世の歴史3　綱吉と吉宗（日本近世之歷史3　綱吉與吉宗）》，吉川弘文館，二〇一二年
深井雅海，〈宝暦天明から寛政（從寶曆天明開始的寬政）〉，《岩波講座日本歷史　第13卷　近世4》，岩波書店，二〇一五年
深井雅海，《江戸城御殿の構造と儀礼の研究（江戶城御殿之構造與儀禮之研究）》，吉川弘文館，二〇二一年
深谷克己，《田沼意次——「商業革命」と江戸城政治家（田沼意次——「商業革命」與江戶城政治家）》，山川出版社，二〇一〇年
福田千鶴，《徳川綱吉——犬を愛護した江戸幕府五代将軍（德川綱吉——愛護犬隻的江戶幕府五代將軍）》，山川出版社，二〇一〇年
福留真紀，《徳川将軍側近の研究（德川將軍側近之研究）》，校倉書房，二〇〇六年
藤田覺，《近世の三大改革（近世的三大改革）》，山川出版社，二〇〇二年
藤田覺，《田沼意次——御不審を蒙ること、身に覚えなし（田沼意次——身不覺蒙質疑）》，Minerva書房，二〇〇七年
藤田覺，《日本近世の歴史4　田沼時代（日本近世之歷史4　田沼時代）》，吉川弘文館，二〇一二年
村井淳志，《勘定奉行　荻原重秀の生涯（勘定奉行　荻原重秀之生涯）》，集英社新書，二〇〇七年
森銑三，《井原西鶴》，吉川弘文館，一九五八年
祐田善雄，《淨瑠璃史論考》，中央公論社，一九七五年

第四章
徂徠學的成立與對後世的影響

平石直昭

前言

十六世紀末的戰國時代末期，到十九世紀半的幕末維新期，稱為近世日本。這個時代的日本誕生了許多特異的思想家與學派。其中最值得關注的是十八世紀前葉，荻生徂徠創建的徂徠學，不只是近世，而是貫穿日本思想史整體的劃時代學問，對於日後的思想界影響甚鉅，可說是完成了一種精神革命。事實上，十八世紀中葉到十九世紀前期的近世後期，出現了許多不屬於國學、蘭學（江戶時代經荷蘭人傳入日本的學術、文化、技術之總稱）與任何學派的獨立思想家，徂徠學是不可或缺的催化劑。可從安藤昌益、富永仲基、本居宣長、海保青陵、蘭學者等人的思想形成，看到獨立思想的眾相。這些人與徂徠學之間演繹出的知識劇碼展現多樣潮流，引發巨大的地殼變動。

幕末維新期的日本面臨「西歐世界的衝擊」，想分庭抗禮就要形成必要的知識遺產，徂徠學透過對近世後期思想界的貢獻，達到錦上添花之效。就這一點而言，沒有徂徠學就沒有近代日本。福澤諭吉稱讚徂徠是「日本第一世界級大漢學者」，眼光之深遠令人敬佩[1]。不僅如此，從理解他人的內心、咒術式宗教意識的對象化、定義人類存在與秩序等論點來看，徂徠亦是現代思想家。他全方位地變革既有儒學，打開走向「近代」之道。由於這個緣故，徂徠學也是我等驗證是否真正理解「近代」的試金石。他的解讀有助於各位讀者重新探討自身價值與思考模式。

本章主題是分析徂徠學之成立，與對後世思想界之影響。探討順序如下：一、概觀徂徠學成立的背景，也就是近世日本社會的特色，描繪其全貌。二、回溯徂徠一生，從生活歷程解析其學問思想的形成過程。三、根據其主要著作，重新建構晚年確立的徂徠儒學說與經世策內容。四、最後比較伊藤仁齋建立的學派與徂徠學，探討後世思想家如何從批判角度繼承徂徠學[2]。

丸山真男在《日本政治思想史研究》的第一章，透過解體朱子學連續思維的過程，描繪近世思想史。根據他的說法，面對封建社會的危機，在倫理下統合各文化領域的朱子學受到古學派批判，孕育出主張政治固有法則的徂徠學。不僅如此，還開展了強調文學獨立的宣長學。各文化領域的自律化、分裂意識的出現，讓丸山見證了近代意識的成長。

關於創立徂徠學與對後世影響的議題，本章的看法與丸山不同，藉此闡述新的近世思想史全貌。

荻生徂徠（一六六六—一七二八年）

一、近世日本社會的特徵

近世日本在東亞歷史呈現出獨特樣貌。日本國內的政治體制以德川幕府為頂點，底下有兩百六十名左右的大名統治全國（幕藩體制）。比起歐洲的封建制度，幕府有權更替大名統治的領地（國替），對於大名的控制力較強，更手握外交權、軍事動員權、貨幣鑄造權、擁有全國主要礦山等，體制的集權性較高。[3]另一方面，幕府保留舊王朝勢力，在嚴密的統治之下並尊重其權威。權力與權威形成某種職責分工，換個形式延續自古以來的雙重統治。[4]比起中國皇帝獨攬權威和權力，幕府的做法進一步突顯雙重政治的特性。此外，中國宋代以後與朝鮮王朝透過科舉考試遴選出文人官僚，成為皇帝和國王掌握統治權的後盾。相較之下，日本是由武士建構幕藩體制統治階級的基礎。武士是誕生於古代末期的自我武裝集團，後來侍奉朝廷公家成為奉公人，才開始建立家族身分。從這一點來看，幕藩體制與大陸體制存在極大差異。

從對外關係來看，德川日本誕生出特有的日本型華夷秩序體系，藉此連結華夷秩序的本家「中國王朝」，建立國際關係，避免外交糾紛。另一方面，透過對馬宗家與朝鮮王朝建立對等的外交關係，每次新將軍上任便邀請通信使來訪，穩定雙方友誼。此外，更強制要求琉球王國透過薩摩島津家實施朝貢貿易。同意定居長崎的荷蘭商館長每年到江戶參見將軍，努力蒐集海外情報。准許中國商人走私貿易，但不允許他們到江戶參見將軍，利用這個方式區分中國與荷蘭的地位，成功建立以日本為頂點的特殊華夷秩序[5]。

近世日本在上述的國內與國際體制下發展經濟。十七世紀的大規模灌溉、推動新田開發、提升農業生產技術、改良品種、栽種適合土地的農作物、大量生產以沙丁魚乾製成的肥料，藉此增加農業生產力。不僅如此，更栽種菸草、木棉、藍染原料等商品作物。蓬勃發展的產業建立穩固基礎，很早就成立以三都為中心的全國性市場。京都是先進的產業區域，大坂是包括米在內的各種商品大型集散地之一，江戶則是大型消費都市。受惠於參勤交代制度，江戶每年都有來自全國各地的武士暫住一年，加上大量的工商業者、年季奉公人（契約傭工）等，使江戶擁有當時世界最多的人口（約一百萬人）。

十七世紀末，在長崎荷蘭商館擔任醫師的德國人恩格爾貝特・肯普弗（Engelbert Kämpfer），在其撰寫的江戶旅行記中，生動描繪了日本的繁榮富裕。肯普弗出生地德國因三十年戰爭生靈塗炭，在強大軍事權力控制下維持太平盛世的元祿日本，想必讓肯普弗讚嘆不已，心生嚮往[6]。住在江戶的徂徠面對如此巨大的城市，對比中國歷代的首都，寫下「未曾有」幾個字形容。然而，生活奢華帶來的治安惡化與統治階級的劣化，也帶來顯著的危機感[7]。

以上述的國內體制、經濟社會與獨特的國際關係為背景，近世日本在思想史層面也呈現獨特樣貌。日本沒有皇帝的專制權力，也沒有科舉制度，因此不像大陸政權，存在著可以指定權力者的正學體系。

十八世紀末德川幕府頒布〈異學禁令〉，重申朱子學為「正學」，但實施對象是幕府的學問所，不是針對全國發布的命令。事實上，頒布〈異學禁令〉即代表朱子學以外的學派也很活躍，呈現百花爭鳴的狀態。十七世紀中期以後，不偏好朱子學或陽明學，直接翻閱經書尋找解釋的古學派興起，近世後期受此影響，出現了各式各樣的知識潮流，這就是近世思想史如此特別的最大原因。從這一點來看，古學派，特別是徂徠學的出現極具劃時代意義。

二、荻生徂徠的一生

荻生徂徠的一生分成五個時期。(一)虛歲十四歲以前的幼年時期。(二)二十五歲以前的千葉居住時期。(三)二十五歲後期回到江戶，開設私塾的舌耕時期。(四)三十一歲半在柳澤吉保（初為保明，本章皆稱吉保）身邊工作，住在官舍裡的時期。(五)四十四歲那年的三月獲准住在町宅，直到六十三歲逝世為止的時期。以下著重於學問思想形成的過程，概觀其生活史。

(一) 幼年時期（一六六六〔寬文六〕—一六七九〔延寶七〕年）

荻生徂徠出生於一六六六年二月（以下月日與季節皆為陰曆）江戶二番町，是町醫生荻生方庵（景明）的次男。母親為旗本兒嶋正朝的養女（歸農的鳥居忠重親生女兒）。幼名傳二郎，後為雙松。諱景元。字公材，後為茂卿。通稱惣（宗）右衛門，徂徠為號。另有蘐園、赤城等別號。上有大四歲的哥哥助之丞（景晴、春竹、理庵），下有小三歲的弟弟惣七郎（觀、玄覽、叔達、北溪。以下皆稱北溪）[8]，以及小九歲的妹妹。

根據〈家傳〉，荻生家的遠祖為平安末期武將源義明嫡子，幼名三代麿。義明（一一〇九年過世）在大戰中落敗時，與母親受到外祖父物部季定（季任）庇護。成長期間繼承外祖父的姓氏，改名為荻生次郎物部季明。其子是大納言藤原經宗（一一一九—一一八九年）的家司，代代在三河擔任少目。一四八八年，遭德川家先祖攻擊而開城，逃亡伊勢，侍奉北畠家。南北朝時代幫南朝打仗，淵源頗深。徂徠後改名物部茂卿，簡稱茂卿，據傳是因為不想與德川一族十八松平之一的大給（通荻生）松平家混淆[9]。

徂徠的祖父仲山玄甫（一五八九—一六三七年）辭官退休後，從伊勢前往江戶行醫（今大路玄鑑的門下）。作客統領關宿的小笠原家，後來回到江戶，住在日本橋。修繕自家房屋時，大名還派人幫忙（《政談．卷二》）。徂徠之父方庵（一六二六—一七〇六年）在玄甫死後，拜今大路玄淵門下學醫。一六七一年，四十六歲時在館林侯德川綱吉的神田御殿任職。其與綱吉用人柘植平兵衛之間的往來，可窺見其硬骨性格（《政談．卷四》）。

幼年徂徠的興趣與學問修行

徂徠早熟，五歲時看《入學圖說》，父親問「是否識字」，他雖然只看得懂一、天、人、心等字，仍回答「看書很有趣」。其父不禁感嘆這孩子天生愛讀書。《入學圖說》是朝鮮權近（陽村）撰寫的宋學入門書（十四世紀末），十七世紀前半出版和刻本[10]。方庵深知徂徠的資質，希望他能成為儒者。從十七世紀中期，就在以林羅山為祖的林家塾學習，建立起在大名家當儒者的奉公之路。

七至八歲的時候，父親口授日錄，記下天氣、出勤、來客、談話、工作內容、家人瑣事等。十一到十二歲，未學過句讀，卻主動讀書（〈譯文筌蹄初編卷首〉，全集二）。他也是在這個時期，聽父親說醫塾同門佐佐木道安（長州藩醫）努力用功的情景，便決定要加倍學習（〈與左沕真第一書〉，《徂徠集·卷二七》，岩波）。

徂徠的家風好武義。時任老中青山大藏評其祖父不是醫生，而是「牽馬的侍從」（文武二道）。母親的親生父親是鳥居忠重，其祖父鳥居久兵衛是幕府的大番頭（《鈐錄外書·卷六》）。根據〈家傳〉內容，方庵的曾祖母是太田道灌之女，嫁給後北條家的尾崎常陸介。常陸介是足輕大將，在小田原城陷落之際戰死。徂徠的「祖母和母親都是將門之後」（〈鈐錄序〉）。雖是醫者之家，但聽了許多古今武將和戰爭的故事，身邊的老師也轉述各種逸聞。對於武家的好奇心讓他投入兵學研究，母親的養父兒嶋正朝是舟手奉行，家中體現戰國武士的禮儀作派與生活模式[11]。幼年時期的這段記憶，是日後徂徠在綱吉政權下批評驟變的武士風格的一項標準。

一六七七年正月，徂徠十二歲入林鵞峯（春齋）門下，聽其兒子鳳岡講授《書經》。兩年在學期間，讀了《史記評林》、《梅洞詩集》、《前漢書評林》、《春秋左氏傳》，聽鵞峯傳授《左氏傳序》與《西銘》，聽鳳岡講授《易》。晚年的徂徠十分讚揚鵞峯當時的林家塾教育法（五科十等），正是基於自身經驗做出的評價[12]。

徂徠的生活一直很順遂，卻在此時急轉直下。不知什麼原因，方庵在一六七九年四月貶至館林國醫，辭職引退卻被禁止住在江戶。方庵打算前往京都，在相模國大住郡酒井村逗留一個月左右。該地是山角文右衛門的領地，有菩提寺的法雲寺。山角家是江戶兒嶋家的鄰居，還有姻親關係。方庵一家也因此淵源待在法雲寺，姻親關係讓他們有了棲身之所。少年徂徠在該地親眼見證山角與領民之間深厚的信賴關係，成為徂徠心目中地頭與農民關係的理想原型[13]。

（二）千葉居住時期（一六七九〔延寶七〕—一六九〇〔元祿三〕年）

方庵一家住在酒井村期間，鳥居忠重趕來勸他們到自己居住的本納。於是他們在同年十一月移居上總國長柄郡本納村，方庵改名尾崎玄洞，專心行醫（尾崎是母方祖母的姓）。不過，後來並未定居本納，搬了四次家[14]。因此，徂徠十分熟悉千葉各地的歷史地理，不僅交友廣闊，也有許多機會借覽書籍，四處遊歷對其思想形成意義重大。

方庵一家在本納待了三年後，一六八三年二月受到武射郡下橫地村名主招攬，遷移該地。在那裡待了三年，進入一六八六年沒多久，轉往內房菊間，半年後遷至外房船頭給。住了兩年後，一六八八年在富豪招攬之下，移居岩和田。一六九〇年（元祿三年）徂徠獲赦，回到江戶[15]。

徂徠在南總時代的生活很苦，為了覓食與「牧豎耕夫」（馬夫與農民）進入深山溪谷，每天吃藜、豆葉、芹菜、藻類。遇到凶年，只能吃草根樹皮摻著一個手掌的豆類和麥子。年貢米「只能看不能吃」（〈峽中紀行〉，《徂徠集．卷一五》）。明明有米卻不能吃，根據自身經驗，徂徠學會從奉獻年貢者的角

南總（千葉）時代徂徠的居住地

度看這個世界。尤其是在他們移居本納的次年起，連續兩年遭遇大饑荒，一家人沒有食物吃，生活非常刻苦。「我家吃菜飯，若去京都，絕對不會餓死」（〈家傳〉）。徂徠母親在移居本納的次年去世，與饑荒不無關係。

儘管饑荒與貧困是自然災害引起的，但徂徠認為這是社會問題，也是主政者的統治責任。徂徠主張聖人之道的目的是安民仁政，文王（古代周王朝之祖）施政的重點是鰥寡孤獨皆有所養（《政談·卷一》）。這不是儒者的老生常談，而是切身之痛才有的體會。這是儒家理念內化，銘刻在心的範例。

漢文解讀法之考究與學問思想之進步

由於沒有師友，徂徠研究祖父生前最愛的《大學諺解》，回顧這段過程時寫道，「不靠解說也能遍讀群書」（〈譯文筌蹄初編卷首〉）。他以自己在林家塾學到的基礎知識，開創獨特的漢文解讀法。他回到江戶後寫了〈文理三昧〉，其中內容就是靠自行研究習得的方法要約。

此外，一六八二年，鳥居忠重向十七歲的徂徠傳授岡本半助的《訓閱集》（〈鈐錄序〉）。十七、十八歲時，又從加賀逃到上總居住的人那兒，聽聞加賀國實施更正非人（賤民）身分的政策，感佩地說「真仁政哉」（《政談．卷二》）。正因為經歷過饑荒，才會深有所感。移居下橫地的徂徠，向圓頓寺住持覺眼借閱《四書大全》，半年就讀完了（一六八三年，十八歲）。後來他寫道，「予十七八時，在此讀過，而中夜起，不覺手舞足蹈」（《蘐園隨筆．卷一》，全集一七）。徂徠認為「生生不息」（萬物不斷生成）是天地之道，這是程子和朱子所謂「學問的大綱領處」。想必是閱讀《四書大全》時獲得的啟發。這些都是他「十七、八歲」時的記憶，可說是其思想啟蒙期。

〈家傳〉描述其在下橫地的生活，如此寫道：「桃溪先生（方庵）經常與真言法印（覺眼）見面，談論印明（因明、佛教邏輯學）之事。學習悉曇也是在此地之事。」當時徂徠應該在一旁作陪。後來，徂徠解讀《論語》時寫道：「幼時讀《大無量壽經》，是無適無莫（指待人處事沒有厚薄偏頗之分）之文。」[16] 這本佛教經典一定是覺眼借他的。多年後，任職於柳澤家的徂徠，在綱吉面前與護持院大僧正隆光，對談《三密具闕》法問（先祖書）。也就是一名新來的儒者與將軍崇敬的祈禱僧，談論非專業的主題。若不是從千葉一路培育高深的佛學素養，且受吉保青睞，也不可能有此禮遇。

後來，方庵一家從下橫地移居菊間。一般認為覺眼同情他們一家貧困，在當上菊間的千光院住持之際，方庵一家也跟著搬到該處同住。然而，菊間的習俗不好，只住了半年就搬到外房的船頭給。當時為一六八六年，徂徠二十一歲。

船頭給與岩和田

後來在給宇都宮遯庵的書信中，徂徠寫道：「自幼在海邊讀書，蜑戶鹺丁（漁民和製鹽者）交錯處，雖有疑義，仍希望與君問答。」在書信往來的過程中，徂徠拿到遯庵寫的經史子集的標注文書，感謝遯庵賜教（〈與都三近〉，《徂徠集．卷二七》）。由此可見，徂徠住在外房船頭給與岩和田時代，讀遍遯庵的作品。因為當時他在九十九里濱，不僅捕魚也製鹽。前文描述其生活困苦時寫道「牧豎耕夫」，雖同在千葉，但環境不同。從稍偏內陸的本納、下橫地，遷移至海邊的船頭給、岩和田的期間，仍可看到徂徠遍讀群書，經史子集皆不拘的好學態度。

根據徂徠謄寫的《古今和歌集》版權頁內容[17]，一六八九年冬，二十四歲的徂徠向一位名為碧洞的人借了種玉庵（宗祇）的《古今集解》，次年春天讀完。此外，還跟長賢法印借了《古今集》兩書對照，得知和歌古今有差，與唐詩初盛（初唐與盛唐）有差是相同狀況。版權頁最後寫著「元祿庚午（三年）之春，徂徠山人平景丸」，可知當時已以「徂徠」為號[18]。荻生應為源氏卻自稱平，或許是因為方庵改名尾崎，尾崎本姓是平氏的關係。

碧洞與長賢應為岩和田一帶的連歌詩與僧侶。接觸《古今集》讓徂徠的學識更上一層樓。後來仕奉柳澤家的徂徠，經常參加吉保主辦的歌會並吟詠詩歌，而這種素養，最初正是在千葉培養的。元祿三年（一六九〇年）有一本標注孟秋（農曆七月）日期的《唐詩訓解序》（岩橋一一六頁所引），徂徠在書裡為初唐到晚唐不斷演變的詩文風格說明特色，還附上自己寫的七言律詩。《唐詩訓解》是明代書賈委託李攀龍與袁宏道編選，於十七世紀初出版的書籍，還有和刻本（日文翻譯版本）。徂徠透過這些書籍，明白和歌與漢詩皆在宣揚人的性情，屬於同一類型。不僅如此，更將此認知運用在儒學說中，後由宣長繼承其批判性思想。

總而言之，徂徠待在上總的期間深刻理解經史子集，熟知和歌的歷史變化，閱讀與唐詩有關的明代新譯本，充分顯示其學力顯著提升的過程。不僅如此，徂徠在寫給伊藤仁齋的信中，提及在上總聽過京洛地方對於仁齋作品的評論（〈與伊仁齋〉，《徂徠集．卷二七》，岩波），獲得最新的學界動向。此外，他還從退休的強盜頭目聽到許多內幕（《政談．卷一》），農村生活的實際體驗也有助於解讀中國書籍[19]。儘管徂徠生活貧困，但過得十分充實。

（三）舌耕時代（一六九〇〔元祿三〕—一六九六〔元祿九〕年）

十四歲搬到千葉的徂徠，「二十五歲獲赦，返回東都」（〈譯文筌蹄初編卷首〉）。推測應是元祿三年（一六九〇年）十月二十四日的恩赦（《德川實紀》），讓他得以回到江戶。有一說認為徂徠歸江應該是二十七歲，元祿五年（一六九二年）的事情，證據是方庵在同年六月獲得赦免。不過，沒有證據證明徂徠和父親一起回到江戶。當時流傳著一則小故事，描述徂徠回到江戶時利用卜易決定居所（《蘐園雜話》），暗示他趁著回到江戶的時候自立門戶。事實上，徂徠曾經寫道「二十五六時，還都教授」（〈與都三近〉，《徂徠集．卷二七》）。還留下有「元祿辛未三月下澣」等日期佐證的〈文理三昧序〉[20]。「辛未」為四年（一六九一年），該篇序文主要針對初學者闡述漢文解讀法。由此推估，徂徠在三年冬天返回江戶後，立刻開設私塾，投入傳道授業之路。次年春還寫了教科書（〈文理三昧〉）。他住在芝三島町豆腐店裡，之後他還奉上厚禮，感謝之前照顧過他的豆腐店，成為令人津津樂道的佳話（《蘐園雜話》）。

後來徂徠寫的這段話，如實傳達私塾熱鬧繁昌的情景，「當年紫芝社中，甚是熱鬧」（〈答卓上人第七書〉，《徂徠集．卷三〇》）。當時的門下弟子包括聖默、堅卓（後為駒込蓮光寺住持）、覺玄（後為增上寺役僧）、吉臣哉（吉田有鄰）等。《譯文筌蹄》的初稿是徂徠口述歸江當時的情景，由門下弟子筆記而成。筆記者是聖默與吉臣哉，後者是千葉生實的森川家家臣，致力於出版徂徠派相關著述。此外，蓮光寺離吉保隱居的六義園很近，吉保常與徂徠等人在該寺舉辦詩文會。門人平野金華之墓在蓮光寺，應該也是這個緣故。

學問、思想之形成

接著以回顧一、《訓譯示蒙》；二、《徂徠先生醫言》；三、《政談》為重點，探究徂徠建構學問與思想的過程。

一、《訓譯示蒙》應為徂徠塾的授課紀錄[21]。問題在於撰寫時期，吉川幸次郎認為其為徂徠塾剛成立時的作品[22]。個人推測這本書反映了徂徠返回江戶多年間，努力向學的成果。比較一六九一年春的〈文理三昧〉與《訓譯示蒙》，後者隨處可見發展得更成熟的觀點，而且還引用了許多在千葉很難參照的專業書籍。

徂徠在〈文理三昧序〉一開頭就點出參考中國人觀點解讀漢文的問題。相對於此，《訓譯示蒙》強調將唐人詞翻譯成日本詞時，必須使用日常用語，既有的和訓與返點（將漢文順序標記重寫為日式語順時所用的符號）無法達成此目標，應予廢除。可以看出徂徠致力於將難解的漢文解讀問題，轉換成不同語言間的翻譯問題。此外，學習經學以外的詩、文、佛教、醫等，也需要一定的翻譯基礎，強調沒有翻譯能力就無法成就學問。有鑑於此，徂徠希望大家都能具備經學、史學、子學、詩文學與雜書學的綜合理解。在語言世界中，萬事萬物的意義彼此相關，任何人都能充分理解經書[23]。徂徠的學問方法論，最重要的就是這一點。《訓譯示蒙》不僅接受〈文理三昧序〉點出的問題，還深入解析「翻譯」的普遍問題。

從引用書籍這一點來看，《訓譯示蒙》參考了基本的經書、史書、杜詩、〈太極圖說〉、朱子文等，以及《聯珠詩格》、《字彙》、《洪武正韻》，還有《日本紀》的和訓、對於《論語》道春點（林羅山添加的訓點）之評論。從「翻譯」觀點來看，《訓譯示蒙》涉獵許多書籍，仔細推敲字義，分門別類整理成一本書，不僅需要極高專注力，還要花費大量時間。很難想像徂徠待在千葉的時期，有能力滿足這些條件。徂徠二十五、二十六歲回到江戶後，齊備所有條件，完成《訓譯示蒙》的初稿，展現自己勤奮向學的成果。任職柳澤家後，更增補不少原稿。

二、長州藩醫中村庸軒於一六九一年拜今大路玄耆門下，委託父親舊友荻生方庵撰寫治療指南。方庵在一六九二年歸江，在一六九六年成為幕醫之前，一直是位町醫，撰寫治療指南應是這段時間的事情。庸軒閱讀宇治田雲庵的《醫學辯害》時，徂徠曾經評論該書，後來整理成《徂徠先生醫言》[24]。這本書是窺見當時徂徠思想最好的參考資料，可清楚理解他對醫學的造詣、儒醫的相違論、信奉程朱學等情況。接著介紹徂徠對於「易」的獨特理解。

《易》是五經之一，解釋《易》義理的〈繫辭上傳〉中，這段話十分有名：「易有太極，是生兩儀，兩儀生四象。」徂徠認為聖人點出了「易有太極」的「易」是天地造化的變易，其中蘊含「一完不易之理」（太極）。此外，「是生兩儀」的意思是變化來自陰陽，聖人以奇、偶二畫象徵陽陰的區別。四象、八卦也是同樣的道理。若是如此，「易有太極」與「是生兩儀」以下的文字，認知程度完全不同。前者是對天地造化變化與法則的現實認識，而後者則是聖人以畫（符號）來象徵陰陽及其變化。徂徠認為「天地之間並非真有兩儀、四象、八卦」，兩儀以下的概念是聖人的假設，「不過是模仿天地造化的運行方式，以假說示予後人罷了」。然而，世人大多將「是生兩儀」，解讀為太極創生天地，誤以為「太極」是陰陽分化前的一元氣，徂徠對此多有批評。後來，徂徠推翻了自己的早期看法，認為包括太極、陰陽、五行在內，「易」的整體概念是伏義創造的假構世界。就區分現實與假構這一點來看，可在《徂徠先生醫言》發現此觀點的起源。

三、對於認知風俗變化，「鄉下人」意識的形成也是至關重要的。

徂徠在《政談》中，回憶起一件剛出仕柳澤家的事。柳澤家的領地因飢民拋棄自己的親人發生諸多問題，吉保向儒臣諮詢該如何處置。坐在末座的徂徠表示，饑荒讓拋棄親人的百姓愈來愈多，若因此處罰百姓，其他領地也會起而傚尤。他認為有災民是代官、郡奉行和家老的責任，甚至說「其上另有究責之人」，飢民本人責任輕微。徂徠直言最大的問題應追究藩主和將軍的統治責任。徂徠經歷過饑荒，會這麼說也不難理解。吉保接受他的說法，只罰飢民支付一人扶持（約五合糙米）便了結此案。徂徠也因此功獲得肯定。

回憶此事的徂徠在上總住了「十三年」，見聞各種艱困嚴苛的生活，加上「鄉下人粗魯不羈」的作風，敢對主人說出別人不敢說的話。他回到江戶後，親眼目睹江戶風俗驟變，並結合書中道理，開始對世事有了些許理解。然而，風俗變遷是自然演變，潛移默化，因此長住江戶的厚祿高官未曾察覺，不敢進言也在情理之中（《政談．卷一》）。反過來說，鄉下的生活讓徂徠養成從外部觀察江戶變化的視角（《太平策》云「不出城廓不知城外事」[25]）。同時，他在鄉下生活養成的無拘無束，轉化成一種方法，使其能夠保持自律，不受都會武士的他者導向所影響。這種態度對於徂徠思想與學問的發展發揮了多方面的作用。例如，對於風俗變遷的理解促使他進一步認識語言的歷史變化，進而形成學習古文辭學（以古代中國語的語義來解釋經書）方法的契機。此外，鄉下人的自覺進一步轉化為日本相對於中華的「鄉下性」的自覺，從而產生一種逆向思考，正因為自己是夷人，才更能夠認識到中華所失落的「聖人之道」[26]。

（四）藩邸居住時代（一六九六〔元祿九〕—一七〇九〔寶永六〕年）

一六九六年八月，徂徠出仕柳澤吉保家，搬至藩邸內的宿舍居住。從俸祿十五人扶持的騎馬隊成員做起，次年成為儒者，一七〇〇年獲封二百石新領地（《覺》）。工作內容是與綱吉將軍切磋學問、指導綱吉心腹學問、編輯出版柳澤家相關著述、擔任隱密御用等。此外，這段時期對於其形成儒學說，具有重要意義。第一、越理解仁齋學，疑問就越大。二、開始學習唐音，留心以華語理解華語的方法意識。三、接觸李攀龍、王世貞（李王）的詩文集，投入古文辭研究等。徂徠還收了弟子。接下來介紹其工作概略，關於思想形成的論點留待後文說明。

綱吉的學問對象，指導心腹學問

綱吉將軍一上任就大量懲罰大名與旗本，肅正綱紀，鎮壓市內的不法之徒與盜賊，匡正社會秩序。此外，為了維持社會秩序的穩定，以儒學作為統治的基本理念，不僅自學儒學，還命令幕儒為官員授課，並親自向御三家以下講課。一六九〇年九月，以文武並用為「政道定理」，當面指示官員立志文道、勵精學問（《德川實紀》）。授課的政治意圖相當明顯。

另一方面，他在臣下的御成御殿開設講筵，主講經學的專業問題。柳澤家儒臣在這方面是綱吉切磋學問的對象。徂徠在出仕次月的九月十八日謁見綱吉，與其他儒臣討論司馬溫公（司馬光）的《疑孟》。林大學頭講授《孟子》的「浩然之氣」，徂徠與前輩提出許多艱深難解的問題。同月二十六日，他又被招攬至江戶城，出席綱吉講授《易》的課堂。柳澤家儒臣每個月開三次課傳授《易》，每堂課都由數名儒臣輪流出席。每次召開講筵，綱吉都發現徂徠表現出不以為然的態度，於是召他到身邊詢問意見，不禁敬佩其見解，親賜印籠（《由緒書》）。

綱吉也會教導心腹家臣儒學（首位弟子就是吉保），後來便將自己看中的人託付給吉保，由吉保指導儒學。吉保在宅邸內設置寄宿講學場，聘請多名儒者，便是這個原因。徂徠稱自己的經學造詣是受到憲廟（綱吉的廟號）的庇蔭，說道：「奉憲廟之命，審查御小姓眾對四書五經素讀是否有遺忘之處。」然而，講筵時間從每天早上六時到晚上十時，他幾乎只在吃飯、上廁所時離席，最終身心俱疲，根本無心審查。「背誦經文的人與審查背誦成果的人各做各的事，我便長年僅誦讀經文度日」。在背誦經文的過程中，他的內心湧現疑問，這些疑問成為種子，使他領悟到經學的要義（《答問書・下》，全集一）。

從這段故事可以窺見徂徠學形成的原點之一。綱吉逝世後，近習教育隨之廢止，講學場亦被關閉。最後不得不調整儒臣配置，甚至解雇，安藤東野等人就是因此辭官[27]。

文事相關的工作

一七〇一到一七〇六年，徂徠以史局負責人的身分，與志村楨幹合作[28]，出版《晉書》、《南齊書》、《梁書》、《宋書》、《陳書》等五史訓點本。這是吉保在綱吉授意下，命令藩儒執行的幕府公務。

一七〇二年十二月，徂徠重新編輯吉保日記，製作《樂只堂年錄》[29]，加俸一百石。柳澤藩邸在同年四月失火，吉保自己寫的日記也遭燒毀。於是徂徠等人蒐集資料，重新編輯。由於他們參考的都是非相關人等不能閱覽的祕書，可見徂徠深受吉保信任[30]。

一七〇五年三月五日，徂徠又加俸五十石。前一年十二月，徂徠以吉保名義撰寫《素書國字解》，加俸就是為了犒賞此功。《樂只堂年錄》收錄了以吉保名義撰寫的該書之「序」、「跋」，並將整本書歸於吉保撰述。不過，「跋」與徂徠的〈素書跋〉（《徂徠集拾遺》）內容相同。此外，宇佐美灊水曾在徂徠遺稿中發現《素書國字解》原稿，後經編輯、刪改後公開出版。因此，本書實際上可視為徂徠著述[31]。

次年一七〇六年四月，徂徠完成吉保的參禪錄《敕賜護法常應錄》，又加增五十石。本書由吉保與禪僧的禪問答等組成，並曾獲得靈元上皇的敕題、敕序。書中以漢文為正文，並標注訓點，且在一段或兩段文章之後，以夾雜假名的文章對正文進行解說，並補充關於文中人物、典故、慣用語等的注釋。徂徠將此書列為自己獨力完成的作品（《覺》），可以確定的是，他參與了訓點、解說與注釋的工作。本書也反映了徂徠對禪宗典籍與相關故事的博學多聞。

同年九月，四十一歲的徂徠與同事田中桐江到甲斐國辦事，回到江戶後向吉保呈上《風流使者記》。根據宇佐美灊水的說法，徂徠在四十歲左右拿到李王的詩文集，潛心古文辭研究[32]。《風流使者記》是次年的作品，文體深具唐宋八大家的色彩（吉川，一一六頁）。然而，三年後的一七〇九年，徂徠修改《風流使者記》內容，完成《峽中紀行》（《徂徠集．卷一五》），還向朋友告知將會出版此書[33]，可見他在這段期間仍持續研究古文辭。

一七〇七年撰寫《孫子國字解》。一七五〇年出版時，柳澤信卿（吉保之孫）寄來的序文中，還引用了故老之言，表示吉保在藩中整修軍備時，徂徠奉上本書。吉保是在一七〇七年七月整備藩的軍令法制，因此本書應該是那段期間寫成的。金谷治十分讚賞本書品質（岩波文庫版《孫子》解說）。

接著，徂徠在一七一四年編輯綱吉將軍的一代記《憲廟實錄》有功，加俸一百石。很久以前，日光准后（寬永寺住持）建議吉保製作綱吉一代記，直到家宣將軍逝世後才開始編輯，在這一年正月的綱吉忌日完成。徂徠製作手寫原稿，與吉保心腹服部幸八（後改名南郭）、谷口新助（元淡）一起校正完稿[34]。同年十月獻給准后，那天也是徂徠加俸一百石的日子。吉保於次月逝世。也就是說，在臨終前，柳澤家當主吉里接受了吉保的遺命，為徂徠增祿。以陪臣儒者來說，總計五百石的俸祿實屬特例，吉保曾對重臣宣告，「家中的門面裝飾，如惣右衛門（徂徠）這樣的儒者，恐怕連幕府公儀之內也找不到第二人」，說明奉以厚祿的原因（引自《源公實錄》）。足以顯示吉保對徂徠的高度評價。

學習唐音的過程

徂徠對於華音（中文）的興趣，可從一六九一年〈文理三昧〉裡的「就華人之正」看出端倪。正因如此，他才會見長崎人石原鼎庵[35]。鼎庵在一六九八年逝世，因此兩人會面在此之前。然而，卻找不到任何證據，證明徂徠曾向鼎庵學習唐話。他在五史訓點的工作過程，發現最難處理的是中國俗語，這一點也讓他深刻體會到學習華音的必要。此外，鞍岡蘇山、安藤東野、中野撝謙是他學習華音的同好[36]。根據《樂只堂年錄》內容，一七〇三年二月綱吉御成之際，鞍岡用唐音傳授《大學》的〈小序〉，徂徠則擔任通事。由此可見，徂徠的唐話實力具有一定水準。由於鞍岡協助處理一七〇一年開始的五史訓點工作，可以推斷徂徠也是從那個時候學習唐音。一七〇五年二月御成時，包括徂徠在內的柳澤家儒臣，發表了討論「中」的意義的唐音問答集。可見此時已經有許多儒臣學習唐音。

後來住在町宅的徂徠於一七一一年十月創設「譯社」，聘請岡嶋冠山當講師，方便自己與弟弟北溪等人學習華音。冠山透過同樣出身長崎的中野撝謙，結交徂徠與東野。與悅峰、香國等中國僧侶交流時，這一點對徂徠十分有利。

綜合上述內容，徂徠從一七〇一年接下五史訓點任務起，就向鞍岡蘇山學習華音，兩年後已經達到一定程度。接著又與安藤東野、中野撝謙和岡嶋冠山等人交流，進一步提升華音實力。

關於隱密御用

除了表面上的工作之外，徂徠也擔任隱密御用。諸如前文提及的飢民事件，建議如何處置赤穗浪士亦為工作內容之一[37]。不過，除了這些政治案件之外，還有許多文事（文德教化之事）相關案件。舉例來說，《素書國字解》以吉保名義發表，代表徂徠認為這是隱密御用的工作[38]。此外，靈元上皇為吉保的參禪錄敕題、敕序，吉保還獻上「謝表」，但這份「謝表」很可能是徂徠寫的[39]。此外，轉封甲斐的吉保將甲府城東北定為自己的壽藏之地，自己寫碑文，派遣徂徠等人確認碑文描寫的山川景勝是否和實景相符。個人認為此碑文也是徂徠寫的。

（五）町宅居住時代（一七〇九〔寶永六〕－一七二八〔享保十三〕年）

一七〇九年一月綱吉去世後，吉保引退，移居六義園，還命令徂徠住至町宅。徂徠在市中人面廣，有日本無雙的名儒美譽，吉保如此安排也是為社會盡一份心力（《由緒書》）。此後，徂徠的活躍表現令人讚賞，包括成立私塾、撰寫與發行著述、構築新儒學說、擔任幕府的隱密御用等。以下介紹幾個徂徠的主要功績。

首先統整徂徠的住所。一七〇九年秋，徂徠住在茅場町，開設蘐園塾。後來為了保養身體，一七一一年左右搬到牛込若宮小路的新家（租借書院番眾宅地）。一七二〇年五月，遷移至赤城下同心屋敷地，後來遭遇火災，於一七二四年夏天遷至市之谷大住町[40]。此外，徂徠結了兩次婚，兩位妻子皆先他而去。首任亡妻的葬儀根據《文公家禮》（朱子撰寫的冠婚喪祭指引書）操辦，第二任亡妻的墓採用孔子認可（《禮記．檀弓篇》）的馬鬣封。岩橋遵成從中觀察徂徠的思想演變[41]。

古文辭研究過程與創立蘐園

徂徠從藩邸時代就開設家塾，山縣周南、安藤東野、田中桐江等皆為門人。周南從一七〇五年入門，正好是徂徠開始提倡古文辭學的時候，回到萩之後參與藩校的設立，促進徂徠學的普及。東野在石原鼎庵和中野撝謙旗下學習唐音[42]，後來投入徂徠門下。東野是徂徠最喜愛的弟子，可惜英年早逝。桐江是徂徠最欣賞的同事，《風流使者記》記錄了兩人親切熱絡的對話。一七一三年，桐江斬殺吉保嬖臣亡命天涯，徂徠與東野還幫助他逃亡[43]。晚年的桐江留下《愚聞漫抄》，記錄從老師那兒聽聞的事情。由於內容與《蘐園隨筆》有許多共通點，可以推測其師父就是徂徠[44]。

《徂徠集》卷一八收錄了一系列名為「會業引」（研究會的宗旨書）的文獻，可推測與家塾召開的古文辭研究會有關。〈左史會業引〉認為，由於六經裡的文本水準都很高，因此應先研究《左傳》與《史記》。〈六經會業引〉的主旨是希望參與成員能通過閱讀六經成為真儒，並具備王佐之才（輔佐君主的才能）。〈四子會業引〉批評以《論語》、《孟子》為標準來評斷六經之儒者（意指仁齋），另一方面又讚賞宋儒為「聖人之精粹」。然而，下一篇〈韓非子會業引〉中，卻提到關洛（二程與張載的故地）承襲了禮樂、創立了法治，可看出與宋學保持距離的意圖。徂徠的《讀韓非子》似乎是此研究會的產物，一七〇九年初秋書信裡寫著「韓非子解亦成」[45]。若是如此，「會業引」系列可以當成是一七〇五—一七〇九年左右完成的。

家塾的試卷〈私擬策問一道〉（《徂徠集．卷一七》）是一七〇七年的作品，內容與《讀荀子》〈性惡篇〉的評論互為表裡，亦可推定《讀荀子》是當時寫的[46]。重要的是這本書對於〈天論篇〉的評論。徂徠對於荀子主張天人不相關，以及無須窮盡與天地無關的知識深有同感[47]。一七一四年出版的《蘐園隨筆》站在宋學立場批評仁齋，這也表示徂徠早在此之前就對宋學有不同的想法。

蘐園塾的弟子包括服部南郭、太宰春台、平野金華、三浦竹溪、根本武夷、山井崑崙、石川大凡、越智雲夢等。南郭是和學者，接觸漢詩文後打開另一個世界，師事徂徠，其創作的詩文後來風靡一時。春台在京會見仁齋，他原本是中野撝謙的弟子，與東野是同學，經東野勸說進入徂徠門下。後來還開設家塾，受到大名和武士的敬仰崇拜。崑崙看了《譯文筌蹄》後，從東涯門下轉至徂徠門下，參考足利學校收藏的宋版《五經正義》等，致力於校訂經典。《七經孟子考文》就是成果之一，加上徂徠弟弟北溪（幕儒）的補遺後公開發行，在中國也大獲好評[48]。

最知名的大名門人包括黑田琴鶴（直邦）與本多猗蘭（忠統）。兩人皆為綱吉的小性（姓）出身，善於文事，在吉宗政權也深受重用。琴鶴擔任下館藩主時，藏匿了逃到仙台的桐江[49]。此外，猗蘭住進柳澤藩邸的寄宿講學場，後來拜入徂徠門下。吉宗政權下盛行律令研究，徂徠基於此背景組織明律研究會，製作《明律國字解》。這些很可能是吉宗授意琴鶴等人，鼓勵徂徠做的[50]。

著述公刊與交友廣闊

徂徠交友廣闊有兩個契機。第一個契機是一七一一年的韓使（朝鮮通信使）訪日，山縣周南在下關與韓使互贈詩文，文名遠揚，徂徠十分歡喜。讚賞周南的人是對馬藩的雨森芳洲（↓第二章）和松浦霞沼，由於這個緣故，他們開始來往。此外，徂徠在味木立軒（廣島藩儒）的要求下，撰寫《廣陵問槎錄》的序文。另一方面，出版以關西為主的詩文贈答集時，針對是否採用周南等人的詩文，與仁齋門派產生爭執。在此之前，徂徠寫信給仁齋卻沒收到回信，仁齋死後出版的《古學先生碣銘行狀》卻逕自刊載徂徠的信，讓徂徠這一方感到不受尊重。這件事讓徂徠等人厭惡仁齋門派。基於分庭抗禮的心態，蘐園相關人士出版了與韓使的詩文集《問槎畸賞》。

另一個契機是一七一四年的《蘐園隨筆》，與次年發行的《譯文筌蹄初編》。徂徠很早就是知名的詩文家，《風流使者記》稱其為「當世韓柳」，關西豪商入江若水還來求他修改自己的詩。若水將徂徠的《樂書》（一七一〇年）獻給仙洞御所（靈元上皇）獲得褒揚，更居中牽線京的出版商與徂徠，成功出版《蘐園隨筆》。另一方面，徂徠的家族兄弟香洲利用其行腳僧的身分，也居中協調完成了《譯文筌蹄》的發行。這本書按照同類詞、同義詞等分類蒐集漢字，解說不同意義，對於漢文解讀與作文十分有幫助。這兩本作品幾乎同時間上市，進一步提升徂徠的文名，主動登門的人絡繹不絕，包括熊本的藪震庵、福岡的竹田春庵、廣島的堀景山、水戶的安積澹泊等。徂徠透過這些人逐漸擴展交友範圍[51]。

轉向新儒學說、上呈政策、逝世

在《蘐園隨筆》中，徂徠從宋學的立場，批評崎門（山崎闇齋門流）與仁齋學兩者（尤其是後者），在不滿兩派的宋學者之間大獲好評。其對於「太極」、「所以然之故」、「本然之性」等程朱學基本概念的解釋獨樹一格[52]，並且短短兩年便提出新學說。事實上，江戶學者之間在《蘐園隨筆》發行後的第二年，就流傳著關於徂徠新學說的傳聞[53]。享保二年（一七一七年）七月完成的《辨道》，是為初學者統整的作品。相較之下，《蘐園十筆》是公認從《蘐園隨筆》發展為定論的過渡期中，經過反覆推敲與試驗探索後的產物。

徂徠創立新學說後，受到吉宗將軍召見諮詢，提出《太平策》、《政談》。《太平策》是統整自己的學問方法論和聖人之道基礎的作品，接受進一步諮詢後，透過《政談》提出具體的制度改革方案。儘管兩本著作有重複之處，但重點放在不同地方。根據個人淺見，《太平策》是一七二一年秋，《政談》是以一七二六年為主撰寫編輯後獻上的作品[54]。此外，幕府還委託徂徠完成其他文事任務，並依其貢獻在江戶城公開表揚。一七二七年四月，徂徠謁見吉宗。徂徠身為陪臣，獲得前所未有的禮遇，可見吉宗對他極為讚賞。

一七二七年正月，徂徠出版《學則》，接著又統整了《鈐錄》。前者是徂徠方法論的概要，帶有與勒內・笛卡兒（René Descartes）的《談談方法》（*Discours de la méthode pour bien conduire sa raison, et chercher la vérité dans les sciences*）分庭抗禮的意味。後者從「軍旅為治國一大事」的立場強調「節制之法」，打破軍事學者不切實際的空談，對比戚南塘的軍法與信玄、謙信的軍略，想要闡明長短得失。這是徂徠兵學研究的集大成，補足不觸及軍制的《政談》。不僅如此，同年還出版了《徂徠先生答問書》，本書以和文撰寫徂徠學的要點，希望有助於普及徂徠學[55]。

徂徠於次年一月死去，葬在三田的長松寺。養子三十郎（道濟、金谷。兄春竹之子）繼承家督。徂徠將遺囑託給南郭，南郭便與高弟等人在徂徠沒後，出版《徂徠集》、《辨道》、《辨名》、《論語徵》等漢文著作。

三、荻生徂徠的儒學說與經世理論體系

如前文所述，徂徠在一七一七年撰寫的《辨道》闡述了新學說的概要。當時為五十二歲，想起孔子曾說過「五十知天命」，寫下自己太晚知天命[56]。不僅如此，還透過《辨名》等書籍，有條不紊地發展學說體系，以新觀點解讀經典，最後向吉宗將軍獻上學問論與改革的具體對策。以下討論相關內容。

古文辭學之成立與背景

新儒學說是古文辭研究的成果，與年輕的徂徠回到江戶時獲得的方法啟發有關。也就是說，人生活在某種「群體」中，不走出來就無法理解「群體」。徂徠將此概念應用在漢文解讀上，主張不走出和語群體就無法理解華語。事實上，徂徠指出和語及華語原本就不同，「是以和訓回環之讀，雖若可通，實為牽強」，強調一定要認識華語的「本來面目」。然而，華人也不明白的華語的面目，因為他們待在華語群體中[57]。同樣情形也能在和人自己身上看到。一般而言，當人走出自己的語言、價值觀和思考框架（群體）外，就要在對方的環境中努力理解他人，展開從客觀角度理解自我與他人的道路。

年輕的徂徠明白語言在地理上的差異，接觸古文辭，才深刻體會華語本身也有時代差異。此外，他也注意到以後世的「今言」，解讀「古言」書寫的經典，一定會產生不可避免的誤解。還說「世載言以遷，言載道以遷。道之不明，職是由之」，精準地將彼此之間的關聯套入公式之中（《學則二》，全集一）。聖人取「名」（名稱）作為「物」的記號，透過約定俗成使「名」成為萬民生活的一部分。然而，上述認知也會在不久之後，因為名與物產生乖離，讓人愈來愈不清楚「道」的真義[58]。因此，徂徠察覺必須遵守古言古制的方法解釋經典，才打開了新儒學說之道。

基礎概念之再定義與天之超越化

外界常將重新定義天人相關說的基礎觀念（太極、陰陽、五行），視為徂徠儒學說最具有劃時代意義的重點[59]。宋學認為陰陽五行是天地自然變化的主因，太極為貫穿變化的不變終極實體。不過，徂徠否定了宋學的看法，他認為「太極在聖人，不在天地」。根據其說法，聖人在創作《易》時，觀察到天道以一陰一陽交替運行，太極成為「創生易的樞紐」。《易．繫辭上傳》只說「『易有太極』」，而非『天地有太極』」，就是這個道理[60]。同樣，所謂「陰陽」也是「聖人作《易》，以成天道」，徂徠認為「學者以陰陽為準，據此觀察天道的運行、萬物的自然變化，則或許可以較為接近窺見其本質」。換言之，陰陽是用來理解天地自然的近似認識標準。此外，聖人「立五行以作為萬物秩序之綱紀」，徂徠則「視五行為治理繁雜事務的方法」（《辨名．陰陽五行》）。

徂徠在《蘐園隨筆》中，從宋學的天人相關理論解讀陰陽五行。但看過上述徂徠的主張，就知道那並非實存於客觀對象之中，而是聖人為了認識與整理世界所建構的框架。換言之，徂徠區分認知的對象與框架，將過去認為實際存在於客觀世界的事物，視為人類（聖人）建構的觀念。這就是具有劃時代意義的否定傳統天人相關說。同時，徂徠的立場也一百八十度轉變，轉換至全新的角度。他將天地自然從太極、陰陽、五行等觀念中剝離，將其置於人類認知之外，使其成為某種「物體本身」。事實上，在徂徠學發表之後，對於被排除於人類既有認知之外的自然，蘭學和國學開始以不同於儒學的方式進行研究，並在十八世紀中葉之後，促成百花爭妍的思想大爆發（參照本章「本居宣長」、「蘭學者」條目）。

此外，將陰陽五行等視為聖人建構的框架，代表聖人自己也不知道其認知的對象，亦即天地自然究竟為何？這導致了「天之不可知化」以及「聖人地位的超越化」。因此，徂徠認為「天道不可知」，並強調聖人「畏天」的原因（《辨名．天命帝鬼神》）。徂徠的聖人信仰由此而生。因為若天道不可知，那麼唯有聖人才能確保道之所在。事實上，徂徠被問到輪迴轉生相關問題時，都會回答此為佛說之事，應去問僧侶，「我這愚老不信仰釋迦，而是信仰聖人」（《答問書．中》）。這是對宋學理性主義中衍生出的一種非理性主義。誠如丸山真男所述，日本對於近代理性主義的包容度，很可能蘊藏在徂徠（以及後來的宣長）的非理性主義，打破了宋學基於天人相關說的連續性理性主義，從而在思想內部創造接受現代理性主義的可能性[61]。這對於思想史發展中的一種矛盾現象是極為深刻的觀察與精闢的評論。

聖人的「窮理盡性」與「道」之創制

徂徠並非完全主張非理性主義，否則「聖人之道」就會失去其普遍妥當性的客觀基礎。那麼，該如何確保妥當性？只要探究其描繪的聖人樣貌即可理解。聖人敬畏天道，他們同時也被描述為「有聰明睿智之德，達通天地之道，充分理解人物之性，並能創制禮法」（《辨名．聖》）。最令徂徠注意的是「窮理盡性」之說（《易．說卦傳》）。這原本指的是伏羲創作《易》的過程，但後世聖人在制定禮與義時，也是「唯聖人能窮理，可立極」（《辨名．理氣人欲》），因此徂徠將「窮理盡性」進一步擴展為聖人立「道」的行為。透過「窮理盡性」，聖人能夠觀察天地自然，發現「天地之道理」和萬物在生活中具有的實用特質，同時能夠解析人的本性（人性）與心理傾向性（人情）。在此基礎上，聖人為了使自然與人類雙方的條件互相契合，取其中庸創制符合天地與人性的「道」。

「天地之道」包含如新陳代謝、貴少賤多的法則性與規則性。而「人情」展現出一種傾向——若無加以約束，生活將趨向奢華與浮華。根據徂徠的觀念，對應這些規律與傾向的制度包括：君主手握拔擢人才之大權（《政談．卷三》），制定符合身分的物品用度禮制（《政談．卷二》）。此外，他認為「相愛、相養、相輔、相成之心，以及運用、經營、作為的才能」是所有人共通的「性」（《辨名．仁》），談及個體的差異性時，指出「性因人而異」（《辨名．德》）。與萬人共通的「性」相對應的是「孝、悌、忠、信」等適合萬人的「中庸德行」；而與個性相適應的則是「智、仁、勇」這類為統治者設立的大德[62]。

「聖人之道」的普遍妥當性，其根據在於聖人闡釋的「天地之道理」、「人物之性」、「人情」的恆常性，這些原則貫穿古今，始終不變。徂徠認為天道最終是不可知的，但聖人憑藉其聰明睿智，仍在某個範圍內從自身經驗理解天之法則。由此可知，徂徠的「道」是聖人基於「窮理盡性」所建立的一種框架。換言之，古文辭學作為一種解釋古典的方法理論，與聖人創「道」的製作理論，從方法上來看呈現出平行關係。

根據徂徠的觀點，「道」並非一成不變，將隨歷史發展而演進與變化。伏羲、神農、黃帝等太古聖人創建的是「利用厚生」之道，例如農業、漁業、狩獵等獲取食物的手段，製作衣服、興建房子、發明工具、醫術等，皆屬此類。然而，直到堯舜時代，才首次建立「正德」之道，即創建禮樂制度。之後歷代先王便依據禮樂，統治人民，維持長年以來社會秩序與民風穩定。徂徠曾說，孔子在編纂《書經》時，刪減了堯舜以前帝王的記述，正是因為那些時代尚未確立「正德」之道（《辨名．聖》）。

若將禮樂視為優越的統治手段，我們該如何理解禮樂隨著改朝換代出現演變的事實？徂徠認為，禮樂之道始於堯舜，「待禹洽（深入周延）之」（《徵．丁》，全集三）。也就是說，堯舜之後發展的禮樂統治，到了禹王時代已普及社會生活各個層面。禹建立的夏朝禮制，成為之後歷代王朝創建禮制的典範，但這不代表殷商與周朝墨守夏朝之禮。因為各個王朝皆依照各自的歷史條件，建立與其時代相適應的禮樂制度。這就是孔子所謂的「損益」（《論語．為政》）之意（《徵．甲》，全集三）。

從以上內容可以看出，徂徠思考的「條件適合性」包含兩個層面。第一個層面是，堯舜所創立的禮樂統治模式符合天地之道、人性與人情，因此具有普遍適用性，能夠貫穿萬世而不變，在這個意義上，「堯舜之道」被視為永恆妥當的準則。除此之外，徂徠認為，各王朝會依自身所處的歷史條件，建立適合當代的禮樂制度。開國君主在立國之初，須具備遠見卓識，預知數百年後的發展並建立制度，以維持王朝命脈，確保人民過著安居樂業的生活（《辨名．道》、《辨名．聖》）。

這一點在徂徠對孔子以四代禮樂答顏淵之問（《論語．衛靈公》）的解釋中得到了充分體現。徂徠認為，儘管孔子想盡辦法維護周王朝的統治命脈，但另一方面，他也將當時視為具有革新意義的變革時期。因此，孔子還暗自構思適合取代周朝的新王朝禮樂，將心中所想告知他的高徒顏淵（《徵・辛》，全集四）。事實上，為新王朝創建禮樂制度也是徂徠的重要課題，提出《政談》的意義就在於此。徂徠一方面認可「堯舜之道」的普遍性，另一方面又提出各王朝開國君主應主動創制符合自身時代需求的制度。

自然、文明、鬼神

前文闡述了聖人創建道的學說，接下來要思考這件事對於現在的意義。徂徠寫道，伏羲創作《易》的時候，人類尚未建立認識天地的框架，也沒有禮樂秩序。因此，伏羲直接觀察天地自然，據此創作了《易》的理論（《辨名・天命帝鬼神》）。伏羲的《易》可說是最原始的框架，也是人類文明的原型。徂徠描繪的伏羲樣貌，實際上反映了他自身對人類文明史起源的探究，即他試圖回溯到文明誕生之前，站在文明之外來審視其形成過程。

徂徠的鬼神論與文明形成的問題密切相關。根據他的說法，「鬼神」的概念是聖人創立的。「鬼」是祖先神，當聖人將祖先神與天「神」相結合時，便成了「鬼神」（《辨名・天命帝鬼神》）。聖人讓人們祭祀鬼神，建立起連結世代的紐帶，原本與禽獸無異的人類也能因此累積文化，進而發展文明。[63]此外，民眾通常偏向保守，遇到新事物容易猶豫不決，於是聖人發明卜筮說服民眾，並以「鬼神」之意，引導人們接受新的制度與發展新事業（《答問書・下》）。

聖人創立的「鬼神」是連接天地自然與人類的虛構媒介。仁齋從道德自律的立場，試圖將鬼神排除在人類世界之外（參照本章「伊藤仁齋」條目）；徂徠則認為，鬼神正是文明形成的起點，由聖人所創造。換句話說，仁齋從道德的角度否定了巫術，徂徠則恰恰相反，他認為在文化秩序的建立過程中，巫術發揮了創造性的作用。不過，徂徠並非將鬼神神祕化。相反的，徂徠揭開了聖人為了達到安定人民、推行仁政之目的，創造出鬼神這個虛構媒介，其實是剝奪了鬼神的神祕性。因此，徂徠才會一方面強調聖人敬畏天道，另一方面卻又表示聖人能夠「熟知鬼神的情狀」（《辨名．天命帝鬼神》）。

人們透過卜筮了解的是「鬼神之命」而非「天命」，就是這個道理。聖人認為天是超越性的，天命是單方面降臨於人間的，但鬼神是聖人創造出來的，因此聖人能夠理解鬼神的旨意。這意味著，徂徠一方面透過將天道超越化，將儒學提升為一種普遍宗教，另一方面則從鬼神與卜筮等巫術性世界中抽離。宋學所代表的理性主義在徂徠的思想中被顛覆，但這同時也帶來了對巫術宗教意識的解放。在此背景下，一種新的精神誕生了，即人類開始將自身與自然之間的「二次環境」（文明）加以客觀化。這正是個人認為徂徠學在當今最具價值的意義所在——透過不斷回歸這種精神，我們得以將語言、制度、風俗等圍繞自身的二次環境加以客觀分析，並在此基礎上確立邁向理想文明的出發點。

「格物致知」論

最後來探討徂徠的「格物致知」論。《大學》裡的格物致知，在宋學理論中與《易》的「窮理」同義，即窮究事物之理的知性活動。然而，根據徂徠的說法，「窮理盡性」和「格物致知」是兩種不同的行為，因為它們在主體上或對象上並不相同。如何連結這兩個概念，正是理解徂徠學問的關鍵所在。

如前文所述，「窮理盡性」是聖人為了立道，以天地自然為對象進行的探索行為。與之相對，「格物致知」是學者以「物」為對象進行的學習活動。宋學的「物」定義為天地萬象，包括人事在內的一切現象。然而，在徂徠的思想中，「物」是「夫六經物也，道具存焉」（《學則三》，全集一），指的是聖人作為「教化條件」所立下的經典（《辨名．物》）。因此，徂徠認為聖人將天地自然視為「窮理」的對象，學者應當以聖人創立的「六經」為對象，進行「格物致知」。

格致的目的是自得「道」，成為君子。那麼，學者如何自得「道」呢？這是「物」（六經）與「道」的關係中，最大的問題。徂徠認為聖人將「義」、「理」（狹義的「道」）涵蓋在「物」的「六經」（《詩》、《書》、《禮》、《樂》、《易》、《春秋》）之中。這就是「夫六經物也，道具存焉」之義。簡單來說，聖人將人們該遵守的「義理」規範，涵蓋在學者該學習的（具有規範性意義）「六經」之中。

值得注意的是，徂徠將其分成三個層次。（一）聖人視為「窮理」對象的「天地自然」；（二）學者視為「格物致知」對象的「物」，即為「六經」；（三）認為「六經」為「物」的聖人，將「義理」（狹義之「道」）納入「六經」之中。此三個層次在學者眼中，具有兩大規範性，亦即學習對象的「六經」具有的規範性，以及生活該遵守的「義理」之規範性。

重點在於，有時「六經」不一定點出生活上的規範命題。舉例來說，《詩經》是古代文學，不會直接傳達道德或政治性的命題。那麼，為何《詩經》會列入六經之一呢？這是因為統治人民必須了解人類的性情。因此，徂徠曾說《詩經》加上《書經》稱為「義之府」（《左傳．僖公二十七年》），原因在於，人們可以通過閱讀這兩本經書，理解先王如何根據人類的性情來進行治理（《辨名．義》）。類似的情況也適用於《春秋》。《春秋》記錄了人間各式各樣的惡事，正因如此，仁齋曾警告說，一定要先學習《論語》、《孟子》以建立道德準則，否則會迷失方向。[64] 從另一角度來看，「六經」也包含「禮」的行為規範。然而，古代的禮制並非能夠直接適用於後世或不同地區的行為規範。

那麼，聖人為何將這些「物」當成「教化的條件」？徂徠認為，這是為了讓學者透過對「物」的學習，面對現實，並能靠自己的力量判斷善惡。另一個觀點則是認為，學者熟稔「禮樂」，能夠在實踐中默識其中所蘊含的「義理」（《辨名．禮》）。語言所能傳達的意義總是有限，相較之下，禮樂作為一種「不言」的教義，能讓學者透過身體實踐來思考「義理」，並在親身體驗的過程中默識「道」的整體內涵。

徂徠對於宋學的四書中心主義與仁齋的《論語》至上主義之批評，皆根源於此。徂徠認為程朱與仁齋是藉由四書與《論語》學習原理，但從直接教人「義理」這一點來看，則陷入「義理孤行」的狀態（《辨道》、《辨名．禮》）。相對於此，聖人建立的學習方法，則是讓學者在熟悉「物」（「六經」）的過程中達成「義理」的自得。兩者的差異在於「義理」是以抽象的形式直接教授或被涵蓋在「物」中供學者體悟。徂徠說：「六經為物，《論語》為義。……若廢六經，《論語》便成議論空言。」徂徠批評仁齋「將六經置於《論語》之下，視《論語》是至高無上之書」，這種做法就如同「不習劍術卻空談勝負之理」（《經子史要覽．全集一》）。徂徠的古文辭學，重視禮樂、歷史、文學等「物」的世界，而仁齋的古義學則強調道德原理，二者的差異極為明顯。

徂徠認為，「格物致知」就是學者經過長年學習，自然與六經融為一體（來物），並在其中體悟聖人所蘊含的義理，最後獲得「德慧術知」（至知）的行為。這個過程也是學者擺脫自幼以來不知不覺養成的世俗習慣（群體）（〈復水神童第二書〉，《徂徠集．卷二四》，岩波）。古文辭學的方法論在其中發揮了重要作用。凡是極為優秀的學者，皆可透過「格物致知」學習聖人創建的文化、秩序之原理，並最終達到「禮樂之原」（《辨名．學》。《徵．己》，全集四）的境界，也就是說，他終將獲得製作禮樂制度的方法。徂徠的制度變革論，正是建構在此一方法論的基礎之上。

徂徠的經世理論體系

徂徠在《太平策》中，將治道比喻成醫道，例如聖人之道宛如神醫治療傷病，老子之道就像中醫，拙劣醫者頭痛醫頭、腳痛醫腳的權宜療法是最下策。根據徂徠的說法，一治一亂是不可避免的天運循環，即使是奉行聖人之道的三代王朝（夏、商、周），最後也難逃覆滅的命運。然而，這些王朝仍能持續六百到八百年。反之，未奉行聖人之道的後世王朝，最久只存續了三百年。兩者差異在於治理方式（治療方法）不同所導致的。

徂徠將「王朝長久存續」作為研究課題，並從歷史變化的法則性總結出以下的循環模式：太平盛世↓生活持續奢靡↓上下貧富懸殊與隔絕↓盜賊橫行、治安惡化↓亂世再現。在這一循環中，最大的問題是如何抑制人性中自然出現的「奢靡化」，禮樂是最好的方法。徂徠認為，禮樂是一種從「風俗」的根源入手、幫助社會秩序撥亂反正的大道術，與僅靠命令強制修正的法度截然不同。

不過，徂徠也說若恣意制定禮樂，反而會造成弊害。相反的，就如同一名高明的醫者，無須知道妙法也能治癒病人，在制度變革之前，奉「安民、知人」（《書經．皋陶謨》）兩大原則來施政，成效十分卓著。徂徠將這種方式比作老子之道＝中醫，不過，他所說的老子無為並非完全不作為，而是指不創建制度或改革，但仍會進行如拔擢與任用人才（知人）之事，從這一點來看，徂徠的想法與春台理解的老子無為不同，後者是什麼都不做，僅僅維持現狀。徂徠一方面提倡禮樂制度的建設，另一方面又在《太平策》中評價老子無為，而春台的著作中也有類似評論，因此有人認為《太平策》可能是偽作。但既然兩人對無為的解釋不同，僅憑此點來質疑《太平策》的真實性，便不成立。[65]

總的來說，徂徠認為，創建制度之前，應先重視「安民知人」。他甚至認為，「充分了解及運用安民、知人這兩大原則，並做好準備」，則至少在此後二十年間，還保有改革制度的餘裕（《太平策》）。此外，徂徠還將創建制度分成兩個階段。首先，他將「井田法」解釋為「使萬民扎根於土地，以鄉黨之法使民風重恩義，成風俗之術也」。此為「王道之本」、「王道之地」。接著，徂徠又說「加上以禮樂治心，王道至極。非禮樂無法正風俗，亦無法儉約。是聖人妙術也」（《太平策》）。禮樂的具體政策則詳見《政談》，卷二。

綜合上述內容，徂徠的經世理論可概括為三階段的構想，先以安民知人打好基礎，再用井田法使萬民扎根於土地，最後建立禮樂制度。其晚年向吉宗提出的《政談》，就是在此構想下撰寫的具體施政內容。徂徠面對貨幣經濟滲透、商人抬頭、人口集中於江戶、傳統人際關係的崩壞（各自為政）、社會流動性高、治安與財政惡化、風俗趨於奢靡華美、政府組織的不合理性、拔擢人才的僵硬化（固定家族）等各種問題，提出全方面改革方案，包括土著井田法、禮樂制作、人才拔擢、行政組織合理重編等主要政策。儘管其改革方向是對於現狀的反彈，但從認識整體社會的方法和提出改革方案這兩點來看，創下了前所未有的成就[66]。《政談》可說是日本政治思想史上不朽的經典。

伊藤仁齋（一六二七—一七〇五年）

伊藤仁齋原是京都的町眾，與角倉、里村家等上層町人為姻親關係。從宋學入門，接觸陽明學和佛老等學問，卻陷入精神危機，轉向以《論語》、《孟子》為中心，直接閱讀四書，經過各種嘗試，建構基於古義的儒學，為古義堂學派之祖。徂徠十分讚賞仁齋，曾譽其為「日本的偉大豪傑」[67]。以下就其與徂徠新儒學說之關係，探討兩大重點：（一）擺脫巫術的宗教意識；（二）嚴格區分道德與政治。

仁齋的鬼神與卜筮論

不只是近世，綜觀整個日本思想史，仁齋學皆具有劃時代意義，關鍵便是從「道德」立場定義巫術，以及讓人界擺脫巫術這兩點。與此相關的問題便是仁齋的鬼神論。根據仁齋的觀點，「鬼神」是「天地山川宗廟五祀之神，及一切神靈能為人降福禍者」（《語孟字義．鬼神》）。另一方面，他認為「天道」可分為流行與主宰。主宰是天道之所以為天道的原因。誠如「天道福善禍淫」（《書經．湯誥》）之命題，天命是降臨在人類身上的東西。基於此，他將「命」定義為「命乃上天監臨人之善惡淑慝，而降之吉凶禍福」（《語孟字義．天命》）。

比較「天命」和「鬼神」之定義，兩者的共通點是降福禍於人類，鬼神沒有「監臨人之善惡淑慝」

之要素。也就是說，即使天命的降臨是超然性的，但其判斷標準仍然基於善惡，鬼神降禍福於人的原因則與善惡無關。在仁齋眼中，鬼神可說是欠缺道德性的。

人可以透過卜筮和祭祀接觸鬼神。卜筮是一種探知鬼神意志，根據吉凶決定行為的巫術手段。在這種情境下，人們關注的重點是事情的成敗和利害損益。因此，仁齋是以福禍等功利價值定義鬼神，其對卜筮抱持否定態度也很合理。事實上，他是從二擇一的立場看待義理（道德規範）與卜筮，表示「從義則不欲用卜筮，用卜筮則不得不捨義」（《語孟字義．鬼神》）。換言之，仁齋堅持道德自律，排斥卜筮與鬼神，認為「義當生則生，義當死則死。取決於己，絕非待卜筮決定之」。這就是「孔孟未曾言卜筮之因」（《語孟字義．鬼神》）。

仁齋的政治和道德之分

在上文提及孔孟的部分，這與「孔子相對於三代聖人（堯、舜、禹）的劃時代意義」這一論點有關。《孟子．公孫丑上》中對孔子有一段高度評價，「賢於堯舜遠矣」。仁齋將此事與鬼神、卜筮的問題相結合加以解釋。《論語》中與鬼神有關的記述只有幾條，如「敬鬼神而遠之」（《論語．雍也》）。然而，《禮記》、《書經》等經典卻有許多關於祭祀、卜筮的內容。仁齋根據此現象認為，三代聖王遵循民之所好、信之所處，「以天下心為心」治理天下，「故民崇鬼神時則崇，民信卜筮時則信」。但這種做法最終導致弊害。對此，孔子的看法是「專以教法為主，明道、曉義，從民不惑」。仁齋認為孔子比堯舜賢能的原因便在於此。「故過去認為愚，是三代時教法未立，學問未闡，直到孔子，始嶄新開闢」。有鑑於此，仁齋表示三代以前的經書與孔孟之書，都應根據不同意旨來加以理解（《語孟字義．鬼神》）。

根據仁齋的觀點，三代聖人與孔子雖同為儒教，但在歷史發展上處於不同階段。三代聖人站在政治立場，只要人民相信鬼神與卜筮，聖人便順應民意，以此統治天下，最終產生弊害。對此，孔子注重確立道德層面的教法，盡可能將鬼神與卜筮排除在人界之外。因此，仁齋認為《論語》是「最上至極宇宙第一書」[68]。《論語》將普遍的道德原理制式化，應被視為比六經更重要的著作。仁齋描繪的孔子樣貌是自身站在道德自律的立場，將巫術及與之相連的政治領域對象化。這是極具劃時代意義的創見，其價值應當在日本思想史整體脈絡中加以評價。

由此可見，仁齋明確區分了政治與道德這兩個領域。丸山真男以後的學者，大多說荻生徂徠將這兩個領域區分開來（請參照《日本政治思想史研究》第一章）。然而，從仁齋對三代聖人與孔子的區分來看，真正從原理上區分這兩個區域的其實是仁齋。仁齋認為，政治工作應當交由當代的統治者，而他的使命是承繼孔子的理念，將道德教法傳授給天下萬世。他不接受大名招攬，選擇以市井儒者的身分留在民間，正是出於他對政治與道德分工的自覺意識。相反的，徂徠曾說「孔子所道，即先王安天下之道也」（《辨道》），強調先王與孔子的同一性，與仁齋觀點站在對立面。

伊藤東涯（一六七〇—一七三六年）

伊藤東涯是仁齋的長子，也是古義堂的第二代堂主。弟弟仕奉大名家，他則以市井儒者度過一生，這種人生選擇正體現他對父親學統的承襲。根據入門帳的內容，東涯的門生來自各地，超過千人。他致力於編輯出版父親的遺著，以推廣仁齋學派。此外，他在語言學研究、歷史考證領域亦大放異彩。其文獻實證的功力十分扎實，受到南郭與春台等學術競爭者高度評價，對於推動學術進步有極大貢獻。例如，他所撰寫的《制度通》是日本第一部系統性的制度史，其內容涵蓋中國古代到明代（部分內容涉及清代）的制度發展。

《古今學變》是東亞史上第一部思想史專著，地位尤為重要（〈一七二二年序文〉）。該書系統追溯儒學的核心概念，探討其最初是由誰、從何時、在什麼歷史背景下提出？發展過程中又如何隨時代演變？東涯指出，古代儒學經歷漢代、宋代兩次重大變革，當代學者卻不回溯源頭，不願綜觀整體，只在宋明學的框架內討論儒學。為了消除這種認知上的局限，東涯採用「闡述從唐虞到宋明學問教法之異同，找出演變緣由」的方法（《古今學變．序》）。相較於仁齋和徂徠建構獨立的思想體系，東涯的研究重點在於全面考察儒學的歷史變遷，以幫助讀者可以從歷史相對化的視角審視自己的觀點，從而跳脫受到當代制約的思考框架。

《古今學變》提及東涯採用的方法，是由幾個分析觀點構成：

（一）調查與確認儒學的主要概念首次出現的時代與經典。例如，考察五行、明德、仁、中庸、性、誠、仁義禮智等概念在經典中的最早記載，就其文脈釐清意義。此外，東涯也表示宋學的解釋皆與最初的原意不同。舉例來說，東涯指出「仁義禮智信」為「五常」的表現，首次出現在西漢董仲舒〈賢良對策〉。當時流行五行災異說，數字「五」成為一種常見的分類方式。因此，董仲舒將孟子的「仁義禮智」加上「信」，將其統稱為「五常」。然而，董仲舒未將五常與五行相對應，也未將五常視為「性」的本質。直到東漢的鄭玄才有「五常之性」的說法。不過，這裡的「性」是稟性（宋學所說的「氣質之性」）之意。到了北宋，程頤（程伊川）才將五常詮釋為「未發之性」（《古今學變》，三九一、三九七—三九八、四一六頁）。由此可見，宋明理學將仁義禮智信之五常視為本然之性，並對應於自然五行的說法，其實是漢代以後才形成的觀念，並非古代聖人或孔子的本義。東涯透過歷史方法，成功打破了宋學體系內部的固定觀念。

（二）追查儒學經典的真偽，出自假經典的詞句若無其他證明佐證，則可視為後人假稱。相反的，若有其他證據可證明，則可當成假經典採用流傳下來的古言。例如，《書經》有兩個系統，包括「今文」和「古文」。《古文尚書》一度失傳，後來在東晉時期重新出現，因此朱子等人懷疑其為假書。此外，《易》在本經之外還有十篇「傳」，一般認為出自孔子之手，但宋朝的歐陽修等人質疑其真實性。其實在東涯之前，就存在這類史料批判的觀點。然而東涯的特色在於，作為一名研究儒學史的學者，他特別重視考證概念的最早出處，堅持運用史料批判的方法來檢驗文本的真偽。例如，他考察了「人心、道心」、「放心」、「仁」等概念的最早出現時期（《古今學變》，三一四、三三四頁）。其中，關於「仁」的討論頗具代表性。「仁」出現在《書經．仲虺之誥》中，意指仁的概念在殷商時朝已經存在。但東涯認為〈仲虺之誥〉是偽古文，不相信這個說法，斷定孔子是第一個將「仁」確立為修己治人的核心原則的人。

（三）在解釋觀念意義時，一貫考慮該觀念與時代思潮的關聯。例如，關於「中」這一概念，東涯認為，堯傳位給舜時，所說的「中」是指「事物不可過與不及」，並非宋學主張的哲學意義「心體的未發之中」。堯舜時代沒有仁義觀念，沒有心性之說，自然不可能有「未發之中」這類討論（《古今學變》，三〇六—三〇七頁）。此處可以看出某觀念與時代思潮相關的解釋方法。

（四）東涯認為新學說並非突然出現，而是慢慢變化，最終才導致重大演變。因此，他試圖將各個學說置於歷史脈絡中進行定位。例如《禮記．樂記》，有一篇文寫道「春夏為仁、秋冬為義；仁近於樂，義近於禮」。東涯認為五行與五常相對應的觀點萌生於此，將《易》的元亨利貞對應於仁義禮智的做法，最早見於唐代的孔穎達，到朱熹時才得以完成。這說明自《禮記．樂記》之後，歷經曲折才終於在朱熹手中完善（《古今學變》，三七九、四三〇頁）。另外，東涯也強調，即使思想不斷變遷，仍有可能保留部分古意，而不完全喪失其原有內涵（《古今學變》，三九六頁等），反映東涯留意變化的連續性與非連續性兩個層面，關注其細微變化，也綜觀整體。

由此可見，《古今學變》不僅關注「何為正統儒學」這一規範性問題，同時也致力於歷史脈絡中追溯儒學思想的變遷。該書透過探究歷史內在的發展軌跡，試圖揭示思想變化的規律。從思想史學的發展來看，它具有開創性的學術價值，可視為思想史研究中的先驅之作。

安藤昌益（一七〇三－一七六二年）

安藤昌益出生於秋田二井田村的上層農民家庭。後來成為醫生，在八戶開師門收弟子。後來返鄉繼承家業，指導村內上層社群改革村政。過世之後，被當地人奉為「守農大神」，但卻遭到寺僧、修驗者搗毀碑石。他幾乎批判所有既存的思想體系，構思了一個沒有剝削、壓榨的烏托邦社會，在日本近世思想史上占有獨特地位。下文將探討其思想獨特性及與徂徠學說的關聯性。

昌益思想的核心主題是顛覆並嘲笑聖人的仁政論。他認為，聖人不事生產，是「一無所有」者，為何又能施行仁政呢？昌益追溯這種顛倒現象的根源，認為聖人與釋迦牟尼等人為了寄生他人勞動，揑造各種教義，欺騙人們（《統道真傳．糺聖失卷》）。換言之，儒家與佛教是聖人們為了正當化自己的私利而創建之邪說，是對自然之道的顛倒與扭曲。這種批判手法，典型地屬於「思想暴露」的方法。

昌益的思想與古代中國諸子百家之一「農家」學派相通。根據從儒家轉向農家的陳相之師許行說的話（引自《孟子．滕文公上》），賢者與民並耕而食，饔飧而治，這才是真賢者。然而，滕文公有倉廩府庫，是苛待人民以自養，不能說是真正的道。昌益的思想似乎受到這種理念的啟發。但他與農家學派的關鍵區別在於，他的自然社會中，完全沒有君與民的分裂，也沒有統治行為。其描繪的理想國度是在平原、山區、海濱的居民各自勞動，生產出不同的特產，然後透過交易來互補互助。在這個國度裡，沒有上下之分，也沒有支配壓抑，所有人共同建立有機一體的世界[69]。昌益依此主張「聖人為了將自己置於上位，不惜偷盜個人命名的直耕之道，以政之名實施政治術法」（《統道真傳．糺聖失卷》）。這種對政治的全盤否定，在日本思想史上可謂劃時代的論點。

昌益對於儒家的批判，與他透過徂徠學了解與批評儒家有密切關聯。昌益認為五倫的人倫關係和士農工商的身分制度，都是聖人創建的制度。這種觀點很容易被視為承襲自徂徠學說，但兩者的差異，在於徂徠認為聖人利用此制度建構民生安定的基礎；昌益則認為這是聖人為了滿足私利創建的制度。儘管兩者的評價完全相反，但唯一的共通之處皆認為社會制度是「聖人作為」。不過，徂徠認為聖人讓人類從野蠻邁向文明；昌益則批評聖人是將人類從原有的自然狀態（自然世）脫離，墮入階級歧視與壓抑的現在世（法世）漩渦之中的罪人[70]。

昌益對徂徠的批判，最根本的在於對「作為說」的哲學基礎進行顛覆性批判，這一點從他對《易》的解釋中可見一斑。根據昌益的說法，伏羲創立的《易》，經過禹、文王、周公、孔子等人的增補而成，但所有內容皆是附著於「天地為二，上尊下卑之位」的虛假學說，這種觀念本身就背離了「自然之道」。這些聖人偷盜轉道（直耕之道），立於眾人之上，無視自然，迷惑下人。徂徠認為《易》是聖人通過觀察天地與人性所創作出來的文化原型。然而，昌益從反方向解讀徂徠學說，認為《易》是最早扭曲自然秩序的根源，在《易》的基礎上建構的農學、曆學、醫學等所有既有學問，皆是虛假之學（《統道真傳．糺聖失卷》）。

另一方面，昌益的學說仍保留了某些徂徠否定的古老天人相應說思想。例如，昌益堅信「五行」是存在於自然世的實體，形成天地，「合於中土為五形、五穀、人之五體、五象、五性、五情」（《統道真傳．糺聖失卷》）。此理論重塑了漢代以後「人體＝小宇宙論」的思想，換個包裝重新推出。

根據昌益的說法，日本是「日輪運回之本」（太陽在天空繞一圈後回到的起點），生活必需品皆可自給自足的安樂之地。日本為何在這一千年間遭遇各種天災兵亂？昌益如此說道，儒佛等異國邪說流入，遮住了人人皆有的神靈，心中充滿妄欲和邪慮。邪心之氣從呼出的氣息入侵天地運氣，玷汙了自然天神。因此，正直的天神受到人類邪欲的影響，失其常度，怒氣衝天，運氣狂荒，導致天災兵亂。昌益進一步主張，若能消滅來自他國的邪說，就能讓自然恢復到最初的天神國狀態，回歸沒有天災兵亂的安住地（《統道真傳．萬國卷》）。這種思想，本質上是對中國古代「天人感應」觀念的一種改編與延續，與傳統的「天譴論」極為相似。

綜合來看，益昌的思想混合了各種要素，包括承襲了農家學派以生產勞動為基準的平等主義；從反向解讀徂徠學，批判儒佛等既有教義；重新詮釋傳統天人感應思想等。十八世紀中葉後的日本思想界，在徂徠學開闢的思想史基礎上，各個新思潮陸續萌發。昌益在某種程度上繼承又批評徂徠學的理論，可說是新思想的先驅。

富永仲基（一七一五—一七四六年）

富永仲基是大坂富商富永芳春的第三子。芳春致力於創建懷德堂，仲基跟著初代學主三宅石庵學習儒學。此外，他還向徂徠親友田中桐江學習詩文，年紀輕輕便潛心研究佛典。他三十二歲時英年早逝，但其學說深獲東洋學者內藤湖南讚賞。仲基最知名的是以「加上」為中心的思想史方法論。根據仲基的說法，新學說的提倡者，往往會從先驅中抬出古人名諱，將自己的理論託付於古人身上，增加自身學說的真實性。然而，後人看不清內情，誤以為新學說是淵源已久的古學說（《翁之文．第九節》）。

仲基在主要著作《出定後語》中運用「加上」理論，分析佛教諸派經典的歷史發展軌跡。本居宣長讀了此書後，感佩地說：「真是令人耳目一新啊！」（《玉勝間．卷八》，本居宣長全集一）。仲基也用此方法來解釋古代儒家的開展，以及儒家、墨家之關係。孔子祖述堯舜，憲章文武，闡述王道，是為了打破當時諸侯尊崇霸道的體制而提出。墨子與孔子同樣尊崇堯舜，但進一步強調「夏之道」，便是以孔子的文武憲章為基礎提出自己的理論。也就是說，墨子為了超越孔子，抬出周朝以前的夏朝禹王（《翁之文．第一一節》）。仲基根據此見解，批評宋儒、仁齋、徂徠等人對儒學史的理解「存在嚴重的誤判與謬誤」（《翁之文．第一一節》）。

就關注歷史變化這一點來說，仲基與東涯的觀點相近。不過，仲基將問題的重點放在新學說提倡者的動機，即這些學者是如何為了超越前人，而刻意包裝自己的學說，而非追究思想的內在變化。這與安藤昌益提出的「思想暴露」看法相通。與此同時，還能看到徂徠的影響。根據徂徠的論點，孔子所集大成的聖人之道，在子思、孟子以後開始分裂，原因在於子思等人為了在思想競爭上取勝其他學派，必須強調道的一部分。仲基承襲此「論爭性觀點」，並進一步將其一般化，發展出「加上」理論，作為思想發展的基本法則[71]。

仲基另一個重要主張，是他所提倡的「誠之道」，這一點同樣是建立在徂徠開創的思想史視野之上。仲基認為，神、儒、佛三教皆不適合當時的日本，因為這些教義產生於不同的地區或時代，其語言、衣食住、制度、風俗等，都與當時日本格格不入。既然這些教義在當代日本無法實行，那麼它們就不該被視為道（《翁之文‧第一—五節》）。取而代之，仲基提出可在當時日本實行的「誠之道」，概要內容是：使用當代的文字語言、衣食住等用品，遵從當代的習慣、規則，和當代社會的人交流，不做各種惡行，積極行善等（《翁之文‧第六—七節》）。儘管仲基提出的都是常見的通俗道德，但他真正的獨特性在於不借助聖人權威，以自己的創見提出誠之道。雖然內容不同，但其方法與主張「自然真營道」的安藤昌益的思想立場相似。

昌益批評伏羲以降的聖人們創建的《易》錯誤百出，這表明他可能認為自己與這些聖人至少是對等的，甚至超越了他們，因為既然能夠指摘聖人的過失錯誤，那麼自己必須在聖人之上才行。同樣的情形也發生在批評神儒佛三教的仲基身上。他的主要著作《出定後語》，通常被讀作「シュツジョウ・コウゴ（SYUTUZYŌ KŌGO）」，但水田紀久認為「出定」是開悟後說的話，因此應該念成「シュツジョウゴ・ゴ（SYUTUZYŌGO GO）」（出定後之語）[72]。由此可看出他自認已達到釋迦境界的自負心態。若將此關係應用於儒家，那麼定義「誠之道」的仲基，便是將自己置於徂徠所說的「創建道」的聖人立場之上。

十八世紀中期以後的近世思想史中，有許多批判性地繼承徂徠學的思想家陸續出現，包括本居宣長、海保青陵、杉田玄白等豪傑。此處指的「豪傑」都是不待文王而後興者（《孟子‧盡心上》）。仲基與昌益皆站在與聖人相同的立場發言，正是這些豪傑的先驅者，而他們的湧現推動了近世後期思想的多樣化開展。

本居宣長（一七三〇—一八〇一年）

本居宣長出生於伊勢松阪的町人家庭。老家沒落後，來到京都學醫，以此維生。此外，他在堀景山的私塾學習漢詩文，接觸契沖等人從事的中世和歌及物語（故事）的研究。三十五歲後，在賀茂真淵的勸說下，開始研究《古事記》。宣長集大成的近世國學，在東亞思想史上具有獨特意義。日本固有之道與儒佛等外來教義不同，宣長的目標就是恢復日本固有之道。然而，促成本居宣長學說形成的關鍵因素之一，正是與其思想對立的徂徠學。以下從三方面對此加以探討。

古典研究的方法論

徂徠的古文辭學作為理解其他學派的論點，具有優越的普遍適用性。下文接著探討蘭學者如何運用此法，宣長則將其應用於《古事記》等古代文獻的解釋方法。他區分心、言、事，認為三者的關聯隨著歷史而變化，並試圖透過了解古代日本的語言與事蹟，來理解其精神（《初出踏》，全集一）。由此可見，他將徂徠用於研究古代中國的研究法，應用於日本研究之中。

此外，宣長提醒初學者在理解記載「神之道」記紀（日本最古老史書《古事記》與正史《日本書紀》的統稱）的神代、上代的事蹟時，千萬不要陷入「漢意」所謂「千有餘年，深植世人心中之痼疾」。他將此「漢意」視為一道「垣內」（圍牆），使人不自覺地束縛了思想和價值觀（《初山踏》。《直毘靈》，全集九）。可見宣長接受徂徠的「城牆」論。徂徠認為，若不踏出日本語這道城牆，就無法真正理解中國的古文辭。宣長反過來運用此觀點，認為日本人長期接受中國的思想與制度，導致「漢意」已深植人心，因此若不主動跳脫「漢意」，就無法真正理解「神之道」。這可說是將敵人武器納為己用的完美範例。

日本神道的解讀法

徂徠透過自身的鄉下生活經驗，體會到古禮保存在鄉村之中，古語則存留在方言裡。若將此觀點擴展至整個東亞，那麼便可說，身為文化中心的中國，古道雖已失傳，但古道仍存留於周遭的日本。基於此，徂徠認為，日本神道之所以將一切交給神鬼決定，是夏周時期的「古道」傳入日本，並在此地保留下來發展而成[73]。

年輕的宣長重複謄寫與上述相同意旨的徂徠派主張（《本居宣長隨筆》，全集十三），可看出其十分重視此見解。而從思想史角度來看，宣長的「神道」觀繼承徂徠見解，卻將其傳播方向完全顛倒。也就是說，徂徠認為「古道」是從中國傳入日本，宣長則主張徂徠的「古道」實際上誕生於日本，輸出至全世界。「我並不是不知道漢代也有神……，很可能是古代流傳下來的」[74]。《古事記》正是「古道」的紀錄，研究「古道」的宣長就是想要解開人類共通的最古之道。他之所以投入《古事記》的研究，就是想完成前所未有的事情。

察覺天地奇怪的認識論

宣長將「神道」置於世界史脈絡中解讀，幾乎同時也發現了一項重要的認識方法，亦即相對化並否定「陰陽」等儒家概念。在其思想發展的早期，宣長批判垂加神道這類神儒折衷的見解，認為上代日本人憑藉感覺對世界的理解與儒家不同，然而，他又認為陰陽具有客觀實在性（《石上漫錄》，全集十三）。換言之，當時宣長尚未完全理解徂徠主張的觀點——即陰陽等概念，並非客觀存在於世界之中，而是聖人建構的認識框架。

然而，沒多久宣長便察覺「天地奇怪」之論點，於是他突破此一立場，最終走向陰陽等概念的相對化。他表示人們之所以不覺得天地奇怪，是因為早已習慣，進而對自己的固定觀念提出質疑[75]。在此，呈現出一種指向事物本身，而不依賴「陰陽」等賦予意義的主觀態度。由此可知宣長受到了徂徠的影響[76]。不過，宣長既繼承徂徠學說，卻做出了與徂徠不同的價值判斷。徂徠認可聖人具有「窮理」的能力，宣長卻斥責這是「自以為是」，並主張上代日本人那種直觀的理解方式才是正確的[77]，於是他在日本古典書籍中發現了認識世界的其他框架。

否定陰陽，連帶否定了儒家的天、天理、太極等概念。宣長根據《古事記》，提出以產靈（MUSUBI，創造天地萬物之神）、直毘（NAOBI，消災解厄之神）、禍津日（MAGATSUHI，厄運災禍之神）等作為解釋萬物萬象的原理，以取代天的概念。一般來說，這相當於以原始的泛靈論來對立於以天、陰陽五行為中心的儒家形而上學。此外，宣長尖銳地批判儒家天命論的矛盾。他指出，儒家根據天命正當化君主的權力，又用天命來解釋善人遭受不幸，這實際上是一種自我矛盾的說法。面對此神義論的問題，他提出「禍津日」的惡神觀念，將世界萬物萬象解釋為善惡兩神的對立，並認為日本的古傳說比儒家更為真實（《葛花．上卷》，全集八）。

宣長在向自己最大的對手徂徠學學習時，提出了與儒家不同的統一世界觀。宣長的思想形成過程，充分顯示了國學在與先行思想的激烈對抗中，如何發展成一套獨立的學問體系。

蘭學者

十八世紀中葉以後興起的蘭學與國學，是推動近世後期思想史的一大要因。重點是徂徠學在各種面向扮演了這兩門學問的催化劑。從這個意義上來看，蘭學和國學皆為徂徠學所孕育的一對雙胞胎。以下將探究蘭學的情況。

徂徠提倡以華語理解華語，後來被轉化成以蘭語理解蘭語，成為學習荷蘭語的指導原則。志筑忠雄（一七六〇—一八〇六年）在寫給初學者的著作寫道，「誠如物氏《譯筌》說道，學習漢學必須先了解文字的原本面目，蘭學也是同樣的道理」（〈蘭學生前父自序〉）[78]。「物氏《譯筌》」指的就是徂徠的《譯文筌蹄》。此外，大槻玄澤（一七五七—一八二七年）也引用某人主張，認為漢土之書若不用該國語言閱讀，很難真正理解。「若用倒著念就能理解，便是牽強附會」。就像西方文字也要「從頭直讀而下」（《蘭譯梯航》），這一觀點便是承襲自徂徠的「雖說以和訓迴環的方式閱讀也能通，但實際上很牽強」

（《蘭譯梯航》，一六四頁）。這些例子都充分顯示了徂徠的「翻譯」觀念對於蘭學者所產生的深遠影響。

此外，徂徠強調必須全面理解古代中國語和現實之間的關聯。若將此方法套用在蘭學，有助於理解整個歐洲社會。前野良澤（一七二三—一八〇三年）踏上此道，抱持著「通達該語言，致力於理解西洋事務，盼能遍讀該國群書」之志向（《蘭學事始》中杉田玄白之證詞）。此志向明顯與徂徠的古文辭學方法相通。由此，良澤在許多蘭學者採取「擇善而從」或「區分應用」的方式（即將政治、道德與自然科學區分對待，前者仍遵循儒家思想，而後者則向西方學習）之際，嘗試從整體上理解並評價包含政治與宗教在內的西方社會（《管蠡秘言》）。這種做法後來成為渡邊華山，乃至福澤諭吉等人研究西洋事務的先驅。

徂徠的人體不可知論成為蘭學者接受歐洲近代醫學的媒介。誠如注76所述，徂徠認為天地之奧妙難以知曉，闡述「人與鳥獸，初未嘗異」。批評根據「陰陽五行」進行解釋的理學家只是在推測，並不能稱之為真正的知識。受此影響，古醫法家吉益東洞（一七〇二—一七七三年）提倡人體結構不可知論，醫術限縮於「依據病症進行治療」的經驗範疇。由於病因本身不可知，因此醫學範圍應限於疾病與藥效之間的經驗知識（《醫事或問》）。

相較於此，杉田玄白（一七三三—一八一七年）透過《解體新書》的翻譯過程，得知「真正醫理」在荷蘭（阿蘭）。因為在荷蘭，「醫術本源為精密探究人身平素之體形、內外機會，此道之大要也」（《形影夜話》）。換言之，透過玄白提倡的西洋近代醫學，讚賞徂徠探究不可知的人體結構，其科學性的實證方法被認可為真理的準則。玄白在某封書簡中，以蘭學說闡釋眼可視物、舌可靈活運用的機制，接著感動地表示「其精為三千年來未說之所」（《和蘭醫事問答》）。

主張不可知論的徂徠與主張可知論的玄白，站在完全相反的立場。然而，俯瞰十八世紀前葉以來約一百年間的近世日本思想史，便可發現，正是徂徠將人體及天地自然從宋學理論的框架中解放，將自然視為自然進行研究，才開闢了通往西洋近代自然科學認識自然之道。就這個意義上來看，玄白站在徂徠開拓的思想史平臺上，從徂徠的觀點而言，一位新聖人已現身於近代西方社會的醫學領域之中。於是，以徂徠學為起點，透過近代科學的實證性超越不可知論，日本的「近代」便在內在脈絡中逐步建立起來。

其他人物

服部南郭

一六八三—一七五九年。荻生徂徠在詩文和經術兩個領域達到高度成就，但到了弟子那一代，卻開始分裂成兩派。服部南郭擅長詩文，太宰春台是經術的代表。南郭出身自京都町家，很早就到江戶，在柳澤吉保身邊當歌人。後來拜徂徠門下，成為漢詩文家。在吉保晚年成為書記，吉保過世之後，南郭辭去官職，後半生全心投入詩文創作。有人認為他是使文學私人世界獨立於政治與公共世界的先驅，並被評價為江戶後期的文人原型。[79]

南郭在政治上十分韜晦。個人認為，他在與政治不同的領域上帶有一種公眾的使命感。在這一點上，徂徠對經學與詩文關係的處理具有啟發性。徂徠在《辨道》創立新儒學說的三年前，也就是一七一四年發下豪語，「大東文章，俟我以興」（〈與縣次公第二書〉，《徂徠集拾遺》）。他與其說專注於經學，當時的他更想從明代古文辭學習詩文，並立志以詩文自立。南郭可說是繼承了徂徠的這個想法。若南郭得知清末的俞樾高度讚賞自己的詩，[80]他一定會很高興，將此視為日本文學已達世界水準的證明。

從歷史來看，正如古代大學宿舍設有明經道與紀傳道一樣，經學與文章並非簡單地對立為公共與私人。反而將詩文創作與儒典素養並陳，視為君子的必要條件。徂徠學習的林家塾「五科」中，也沿襲此思想。由於詩文帶有公共性，外界稱南郭為「老師」，在大名顯貴之間頗受敬重。

另一方面，誠如有人評論南郭「不顧慮他人，是個自私之人」[81]，可見其生活態度堅持強烈的文學性與美學性的自我意識。可說是對徂徠學主張「氣質不變化說」所體現的個性觀的承襲。此外，南郭與高野蘭亭等人為先驅形成的詩文結社，在江戶後期出現廣泛的文藝公共圈，直到幕末日本面臨危機之際，部分詩文結社轉型為政治公共圈，培養改革運動的有志之士。

太宰春台

一六八〇—一七四七年。原為信州飯田出身的武士。在江戶入中野撝謙門下，到出石藩任官，後來未經許可辭官，受到懲罰，在京阪地方苦學。撤銷懲罰後，在安藤東野的勸說下拜徂徠為師。原在生實藩奉公，辭官後成為浪人。他的個性耿直，同門之士不待見他，讓他感到孤立。春台承襲徂徠的經學和經世論，然而，卻在這兩個領域發展出不同見解。在經世論方面，徂徠主張抑制商業發展，恢復自然經濟，春台則提出截然不同的對策。對於幕府手握全國政治，徂徠勸戒以「一味無為」為旨，「放置成行而不理」。就像治療重病首先須養病人元氣，自元祿之後，老子無為適合治理士民窮困之衰世（《經濟錄．無為》）。春台建議各藩生產特產品，建立專賣制度。如今為「金銀世界」，大名和武士都需要金銀，而達成此目的的最佳方式便是商品交易。春台列舉諸藩透過專賣外國貨物和藩特產品，藉此獲取利益的案例，評此做法為「當時救急一術」，為自己的商業理論增添立論基礎（《經濟錄拾遺》）。面對商品經濟的滲透，春台比徂徠更具妥協態度。從其對應之道也能看出與他對聖人之道的見解有關。春台將聖人之道比喻為五穀，而諸子之道是因五穀不當飲食所導致的疾病之藥。若是如此，只要依照病情不同，選擇無為或功利之術來治療即可（《經濟錄．無為》）。

春台在經學上也提出獨特的見解。他根據自己的觀察，重新定義人性。批評孟子的四端說，認為人類原本就沒有「善惡之心」、「辭讓之心」，真正有的是和禽獸一樣的欲望與「競爭心」。聖人的教誨就是要利用禮與義控制真正的人性，從而使「道」徹底外在化，主張「聖人教誨為由外入內」的方法，「不問其人內心如何」。只要用禮法控制惡念，不做不善之事就是君子（《聖學問答》）。將「道」外在化的觀念，在幕末維新期的洋學者中得到進一步發展，他們批評儒家的德治主義，認為政刑統治才是正道，接受近代西洋政教分離的觀念[82]。由此可看出徂徠學派與近代西方思想之間也存在某種契合點。

石田梅岩

一六八五—一七四四年。梅岩出身農民，在京都商家一邊工作，一邊自學。後來師事精通神儒佛老莊的小栗了雲，經歷過與天地的神祕合一。他以此經驗提倡石門心學，可見近世中葉以後庶民階級的社會自覺日益高漲。促成其成立的先行三大知識要素如下：

第一、在近世初期，與向統治者宣揚儒學的藤原惺窩和林羅山等學者並行，松永尺五、中江藤樹等則向所有受到統治的萬民傳播儒家思想。此思想系譜中，萬民不受身分拘束，就「心靈尊嚴」這一點上發展出平等的觀念，並進一步被石門心學所繼承。

第二、町人、農民中的知識分子，將自己職業與身分必須具備的知識和情報系統化，表現出新的人生觀及職業觀，包括宮崎安貞的《農業全書》、三井高房的《町人考見錄》、西川如見的《町人囊》等。這些由被統治者的生活經驗所孕育出的思想，成為石門心學的基礎。

第三、古代經典將庶民視為君主之臣（《孟子．萬章下》），與徂徠的萬民役人論結合，進一步深化了梅岩對庶民社會角色的意義詮釋。根據徂徠的說法，士農工商四民是古聖人建立的制度，四民盡力完成自己的職責，彼此幫助，維持社會秩序。因此，「天下萬民皆是人君之民的父母，是提供協助的役人」（《答問書．上》）。宛如呼應此觀念，梅岩表示，「士農工商助天下之治，……輔佐君主為四民之職。士為有位之臣，農為草莽之臣，商工為市井之臣。相君為臣之道，商人買賣為天下之相」（《都鄙問答．卷二》）。

梅岩透過這種方式為各種身分加以意義化，主張「商人買利」與工人的工錢、農民的農間收入、士之俸祿，同樣皆為「通行天下之祿」（《都鄙問答．卷二》）。換言之，針對將商業視為投機行為的負面評價，他提出，若無商品流通，就不可能促進社會生活，因此商人讓商品流通的獲利應當被正當化。透過統一市場決定「當時行情」，是評斷利益正當與否的標準，這樣的社會背景正是梅岩主張受到認可的原因。

海保青陵

一七五五—一八一七年。徂徠晚年弟子宇佐美灊水的弟子。他曾擔任丹波篠山青山家的儒學講師，熱愛旅行、詩文與繪畫，後半生以浪人之姿遊歷諸國。晚年根據其人生經驗，建構獨特的社會思想。青陵貫徹春台重新定義的人性觀，描繪出「人性為愛己」的利己主義人類樣貌（《老子國字解》）。這一觀點反映了商品經濟下，人從共同體脫離出來，成為追求個人利益者。春台的學說以孔子權威為前提，青陵面對此權威，透過觀察商品社會，重新定義「天」與「天理」，創建獨特的經世政策。

根據其觀點，儒家的道德規範不過是聖人因「人之性皆願自身得利」而創立的「名目」（《善中談》）。此外，主張「天為計算」，認為商品買賣本身便是「天理」，只買不屑賣的武士氣質，以及儒者的棄利賤貨思想，皆是不合理的（《養蘆談》）。認同「君臣市道」也是從相互計算對方利用價值的立場，解讀君臣關係的緣故（《稽古談》）。進一步而言，他基於「不失衡、無偏頗」的天理觀，主張財富應在社會內部均衡分配（《善中談》）。

此外，青陵的「天理」建立在一種個人主義之上，並可作為倫理規範之用。人從天獲得智慧與身體，應當能夠「獨立生存」，克服飢寒。因此，唯有像相撲和將棋那般，著重「智慧之輕重與衣食之輕重」互相平衡，才能稱為真正得自天的衣食。即便天子亦應如此（《養蘆談》、《善中談》、《洪範談》）。天被視為能夠解體世襲身分制度的原理就在此。

青陵主張的天繼承徂徠學的特有理念，認為每個人各有命之所好。若是如此，以自愛為本性的人們，只要依照所好選擇職業即可（《洪範談》）。他描繪的是可自由選擇職業的社會樣貌。違反秩序的人只是愛自己的方式拙劣，若接受教育，就能理解秩序是成就自愛的必要條件（《老子國字解》）。青陵著眼於潛在的公眾自愛心，提出不同於徂徠階級秩序觀的社會秩序觀。近世後期，在幕藩體制下社會交流日益頻繁，或可想見這就是青陵主張的背景。

注釋

1. 福澤三八，〈父三題〉，《談父諭吉》，福澤先生研究會編、發行，一九五八年。
2. 閱讀本章請參考以下凡例。

一、人名無論尊稱、號、實際名字等，皆採用最通用的寫法。

二、徂徠著作《辨名》、《辨道》、《太平策》引用原則依據下述（二）；其他著作未在（三）—（十）中列舉書名者，則依據（一）。（一）提供書名與全集卷數。（二）視情形簡記為「岩波」，附頁數。此外，《徂徠先生答問書》簡稱為《答問書》、《論語徵》簡稱為《徵》。

（一）Misuzu書房，《荻生徂徠全集》。（二）岩波書店「日本思想大系」第三六卷，《荻生徂徠》。（三）《徂徠集》、《徂徠集拾遺》，引自PERIKANSHA，《近世儒家文集集成》第三卷。《徂徠集》中選錄至岩波《荻生徂徠》，標記為「岩波」。（四）《政談》依據東洋文庫版《政談——服部本》。（五）《讀荀子》依據徂徠的親筆稿影印版（東京大學綜合圖書館所藏）。（六）《孫子國字解》依據早稻田大學出版部編輯、發行《漢籍國字解全書》第一〇卷。（七）《素書國字解》依據宇佐美灊水改補校訂之明和六年刊本。並參考注31。（八）《風流使者記》依據河村義昌譯注之雄山閣版（與《峽中紀行》合訂）。（九）《徂徠先生醫言》使用京都大學附屬圖書館貴重資料數位典藏版。（十）《鈐錄》、《鈐錄外書》依據河出書房新社出版的《荻生徂徠全集》第六卷。

三、本文提及由徂徠編撰著作的書誌如下：

（一）《柳澤吉保公參禪錄——敕賜護法常應錄》，中尾文雄訓讀編輯，永慶寺發行，一九七三年。簡稱《參禪錄》。

（二）《樂只堂年錄》（柳澤吉保之公務日誌），宮川葉子翻刻、校訂，第一卷至第九卷刊行（全十卷），八木書店。簡稱《年錄》。（三）《常憲院贈大相國公實紀》，史籍研究會編，汲古書院，一九八二年。本書是根據吉宗將軍指示，刪改正德四年（一七一四年）編纂的原本之影印版。原本即《憲廟實錄》，個人利用的是東大綜合圖書館藏寫本［索書號H20:1924］。（四）五代史中徂徠負責編撰的是《晉書》、《南齊書》、《梁書》（《晉書》與志村楨幹共同分工編纂）。收錄於長澤規矩也編纂的「和刻本正史」系列，汲古書院，一九七〇—一九七一年。

四、徂徠傳記相關之資料類如下：

（一）徂徠親筆之〈親書類〉、〈覺〉、〈古今和歌集奧書〉（皆為荻生家藏），影印版收錄於《墨美》二八四號（一九七八年）。〈古今和歌集奧書〉在《墨美》僅刊載部分內容，個人則參考了東京女子大學丸山真男文庫藏的影印版之全部。

（二）〈徂徠先生年譜〉。關西大學泊園文庫藏寫本。記載至徂徠十八歲，亦即一六八三年為止。作者不明，但內容值得信賴。影印版收錄於大庭修編著的《享保時代的日中關係資料三〈荻生北溪集〉》，關西大學出版部，一九九五年。如無特別注明，十八歲以前之事蹟，皆依據此〈年譜〉書。（三）荻生義堅的《先祖書》及《荻生家的舊記》。傳給徂徠弟荻生北溪之子孫家荻生正子家，是了解荻生家先祖之系譜、事蹟，以及千葉時代荻生方庵一家動向的珍貴史料。未特別說明者，本文引自〈家傳〉事蹟皆來自此二書。義堅為荻生北溪之孫，擔任幕府的書物奉行。《先祖書》成書於一七九四年，《荻生家的舊記》推定為同時期作品。兩部資料皆收錄在上述的〈荻生北溪集〉。（四）荻生鳳鳴（徂徠之孫）撰《由緒書》（該書可參照後述岩橋著作第一二四—一二七頁之引用內容）。（五）《蘐園雜話》。收錄徂徠及蘐園周邊人物之逸聞，作者不明，但應為徂徠孫弟子世代所撰。收錄於《續日本隨筆大成》第四卷，吉川弘文館，一九七九年。參考比對東大綜合圖書館藏的寫本《蘐園雜話》以進行校勘。

五、關於徂徠傳記研究如下：

（一）岩橋遵成，《徂徠研究》，關書院，一九三四年（一九六九年復刻版）。簡稱「岩橋」。（二）今中寬司，《徂徠學之基礎研究》，吉川弘文館，一九六六年。（三）吉川幸次郎，《仁齋．徂徠．宣長》，岩波書店，一九七五年。簡稱「吉川」。本書為「日本思想大系」第三六卷《荻生徂徠》中〈徂徠學案〉解說的改訂版，並收錄其他徂徠研究論文。（四）平石直昭，《荻生徂徠年譜考》，平凡社，一九八四年。簡稱《年譜考》。（五）日野龍夫，《服部南郭傳考》，PERIKANSHA，一九九九年。雖是南郭傳記，也有許多徂徠及入江若水相關資訊。（六）山寺美紀子，《國寶〈碣石調幽蘭第五〉之研究》，北海道大學出版會，二〇一二年。是了解徂徠古樂研究實際情況的珍貴研究成果。（七）澤井啟一等譯注，《徂徠集　序類》，全二卷，東洋文庫，二〇一六—二〇一七年。（八）荒井健、田口一郎譯注，《荻生徂徠全詩》，第一卷（刊行中，全四卷），東洋文庫。（七）、（八）為《徂徠集》中序類與詩的譯注，投注龐大心力的成果，從傳記研究的角度來看，收錄許多珍貴資訊。
六、伊藤仁齋的引用主要依據岩波書店「日本思想大系」第三三卷，《伊藤仁齋　伊藤東涯》（一九七一年），標示書名與條目。東涯的引用則依據同書所收錄的《古今學變》，並標明頁數。太宰春台的引用主要依據岩波書店「日本思想大系」第三七卷，《徂徠學派》（一九七二年）。石田梅岩的引用依據岩波文庫版《都鄙問答》（一九六八年）。安藤昌益的引用依據岩波文庫版《統道真傳》上下卷，（一九六六—一九六七年）。富永仲基的引用依據岩波書店「日本古典文學大系」第九七卷，《近世思想家文集》（一九六六年）所收錄的〈翁之文〉。本居宣長的引用依據筑摩書房《本居宣長全集》，標示書名與全集卷數。海保青陵的引用依據藏並省自編《海保青陵全集》（八千代出版，一九七六年），標示書名。蘭學者的引用依據各自的典籍，標示書名。

3. 石井紫郎以獨特的「家職國家」觀念，說明高度集權性。〈近世武家與武士〉，《日本人的國家生活》，東京大學出版會，一九八六年。

4. 「雙重統治」引自《丸山真男講義錄〔第七冊〕日本政治思想史一九六七》，第一章第三節〈政治諸觀念之「原型」〉，東京大學出版會，一九九八年。

5. 羅納德．托比（Ronald Toby）著，速水融等譯，《近世日本的國家形成與外交》，創文社，一九九〇年。

6. 恩格爾貝特．肯普弗（Engelbert Kämpfer）著，齋藤信譯，《江戶参府旅行日記》，東洋文庫，一九七七年。

7. 〈送岡仲錫之常遷徙之序〉（《徂徠集．卷一一》，岩波）。

8. 有一說北溪出生於一六七〇年，若是如此，北溪比徂徠小四歲。根據《先祖書》的記載，延寶五年（一六七七年）九歲時，北溪在神田御殿謁見淨光院（綱吉正妻）。寶曆四年（一七五四年）正月病逝，享年八十六歲。反向推算，兩者皆符合一六六九年出生。另一方面，幕府的《寬政重修諸家譜》記載，北溪死於寶曆四年正月，享年八十五歲（第二二卷，三二二頁），成為一六七〇年出生的根據。不過，此記載與延寶五年九歲的記載矛盾。因此，無論採用哪種說法都有問題，但是在沒有其他確切證據的狀況下，從初次謁見淨光院與逝世這兩件重要大事計算年齡，採用《先祖書》的記載較為恰當。如此一來，北溪在一六六九年出生，與徂徠差三歲。八五這個數字可能是筆誤，記載了比實際年齡小一歲的歲數（順帶一提，繼承北溪家督的清，於次年寶曆五年三月逝世，得年二十七歲）。

9. 根據《屈景山宛第二書》（《徂徠集．卷二七》，岩波）內容，由於荻生城屬於德川宗室所有，加上還有名為荻生的閣老，徂徠不希望被混淆，因此自稱物部。這位閣老就是大給松平氏第十代的松平乘邑（一七二三年就任老中）。此外，徂徠在柳澤家的歌會中，以前便自稱物部，「閣老」云云可能是後世附加的理由。

10. 《入學圖說》一開頭就是「天人心性合一之圖」，刊載象徵人體的圖，在人心性上解說理氣善惡之差異。知「天」字的徂徠以此圖進行回應。收藏這類書籍，顯示出方庵的儒學素養。

11. 一、女子出生後，四到五歲左右起，每年都要做一到二件嫁妝（《政談．卷二》）。二、大坂陣時，領二百石，馬二匹，供侍七到八人（《政談．卷一》）。三、為了追捕逃亡的奉公人，在起居間懸掛放入米與錢，與鞋子綁在一起的打替袋（《政談．卷一》）。各家自給自足、喜好軍職、做好緊急時刻的準備等，舉出不少例子。

12. 《學寮了簡書》與《政談．卷四》記載了「五科十等」的評價，關於制度可參照揖斐高《江戶幕府與儒學者》（中公新書，二〇一四年）的第八章〈林家塾的教育體制〉詳細解說。近世前期的林家塾建構競爭制度，深獲徂徠好評，備受注目。

13. 「百姓對文右衛門的敬仰與愛戴無以復加。文右衛門德行樸素，不拘小節，舉止如同鄉下人一般」（《政談．卷一》）。其他流傳版本的《政談》中未見此內容。

14. 坊間流傳著上總時代的徂徠一直住在本納，勤勉好學的故事。設置在東京三田長松寺門前的東京都教育委員會告示板，記載著「史蹟　荻生徂徠之墓」。同寺的西村實則住持表示，每年有一千人造訪徂徠之墓，悠閒地散步探訪（《讀賣新聞》二〇一九年四月二日出刊的晚報報導〈探訪史書　《政談》〉）。為了避免散播假消息，希望可以更正內容。

15. 關於千葉時代的事蹟，若沒有特別說明，引自注2的〈徂徠先生年譜〉與《荻生家的舊記》。

16. 〈與下館侯第二書〉（《徂徠集．卷二〇》）。此例突顯了徂徠博覽強記的特質。後來覺眼委託徂徠，元祿十五年（一七〇二年）十二月十五日，撰述〈興復上總國武射郡山邊莊南鄉松谷村萬德山勝覺寺之釋迦堂並四天王像緣起〉（《徂徠集拾遺》）。根據此資料，覺眼在本山智積院修行後，歷任千葉諸寺的住持，節衣縮食，致力於復興寺塔，成功重建勝覺寺釋迦堂。徂徠在結尾寫道：「在世居官者，若如居法印寺則不愧職責。」由此可看出，徂徠心目中統治者的理想形象，是為了安民和眾，粉身碎骨在所不惜。

17. 此頁內容十分有用，介紹如下。「去冬借取種玉庵古今集解於碧洞子，而讀之。尋患眼疾，弁髦架上，今春少差，氣體復初。繙卷花前，倣吟烏邊。寔病後一勝事也，然苦其題闕而人逸，故又借取白文於長賢法印，而合觀。然後彼此相照，詞義易通，始信唐詩和歌其興不遠，又知和歌之有古今，猶唐詩之有初盛也。遂染筆，暇日謄寫白文，今二月二十二日，得終其功」。之後還有三首七言絕句。

18. 根據奧書所附的附錄（另筆），「景丸」署名旁蓋有「雙松」二字之印，「景丸」應為「徂徠最初之名。《詩經》中有徂徠之松，也有陟彼景山（登上那座景山），松柏丸丸之語。因此，景丸可能作為和歌之名，讀作カゲマロ（Kagemaro）」。似是抄錄自大田南畝《蒭言》之考證。

19. 注7〈送岡仲錫之常遷徙之序〉。中國士人走遍各地，嘗遍艱難，接觸山川秀氣，這些經歷都反映在他們的文章之中。

但江戶士人卻困在狹小的江戶城內，浸淫在浮華的世俗之風，因此即使閱讀中國人的書籍，也無法真正理解其中的意義。然而，在鄉下生活的自己，「未染京城士人的世俗風氣，習得地方民間之事，以此為基礎來閱讀書籍，能看懂內容」。回到江戶後，與京城學者議論時，曾勝過對方並獲得虛名。這一切拜「南總之力」所賜。因此，相較於自己從綱吉那裡得到的恩惠——如在藩邸接見時所受到賞識，更重要的是，因綱吉的命令而被逐出江戶，這才是對自己影響最深遠的恩惠。

20. 收錄在《譯文筌蹄後編》開頭處。《全集》二。

21. 《訓譯示蒙》之書誌請參照《全集》二末尾，由戶川芳郎撰寫之「解題、凡例」。

22. 吉川，九八—一〇〇頁。吉川認為徂徠塾之所以受到好評，除了其努力向學之外，更排除和訓講解，提出「翻譯」的新方法。此見解應與徂徠閱讀的《大學諺解》是用中國口語寫的注釋書，成為他研究中國語的出發點（九五頁）有關，但沒有任何證據可以證實。個人認為吉川回到江戶後，將徂徠發展出來的見地投射在千葉時代。

23. 雖說「經學為本」，但「不讀史學，有體無用；不讀子學，無法說理；不讀詩文學，無法解字義」。另一方面，「詩文之學若無經學，便不細密」。此外，若不熟悉雜書，便無法確定何為真理，「不涉獵雜書，則無法通達」。《訓譯示蒙》，《全集》二。

24. 此資料最早由淺井允晶於〈關於荻生徂徠與荻藩醫中村家〉（《史泉》五〇號，一九七五年）中介紹，隨後藍弘岳從徂徠學中兵學與醫學的重要性這一觀點進行探討（《漢文圈的荻生徂徠》，第一章）。詳細內容暫且不論，但個人對藍的見解，以及藍引用的山田慶兒《氣之自然像》（岩波書店，二〇〇二年）對徂徠的論述，持不同看法。

25. 《太平策》（岩波，四四八—四四九頁）提及。鄉下人談論都城之事也無法理解，但是在都城生活二至三年，自然就能成為都城人。差異在於是否受都城生活所影響。同樣的道理，也適應於理解聖人之道上。「這一切皆因所有人待在此國沾染現今風俗，心性與智慧運作都無法超脫其影響」。

26. 徂徠曾在孔子肖像上題字，自署「日本國夷人物茂卿拜手稽首敬題」（〈題孔子真〉，《徂徠集·卷一四》，岩波）。此舉曾被外界批評其崇尚中華，事實上，其中蘊含徂徠的自負——聖人之道在中國已然衰亡，而身為夷人的我，卻重新發現了它。對此，吉川的洞察十分敏銳（吉川，二四一頁）。

27. 關於徂徠作為綱吉學問對象的活動與寄宿講學場的內容，請參照《年譜考》的注8等資料。

28. 《東金市史　史料篇四》（東金市役所，一九八二年），一〇四三—一〇四六頁中，徂徠的〈勝覺寺緣起〉被轉載至《房總鄉土研究資料》。該文末尾還有「川越左羽林府提舉史局事　荻生宗右衛門茂卿」之署名。「提舉」是主管特定職務之意，表示徂徠為史局負責人。添加訓點的標注工作是由其他儒臣共同參與的，徂徠與楨幹負責統籌整個企劃，相當於責任編輯的角色。此外，根據千葉縣立中央圖書館千葉縣鄉土室的調查，上述《研究資料》為第二九號。特此感謝提供協助的鄉土室。

29. 《常憲院殿御實紀附錄》卷中記載，在中國二十一部正史中，尚未由幕府刊行的部分，綱吉命令吉保藩儒荻生、志村等人為其添加訓點並刊行（《新訂增補國史大系》第四三卷，《德川實紀　第六篇》）。

30. 辻善之助，〈柳澤吉保的一面〉，《修訂人物論叢》，雄山閣，一九四七年。

31. 灊水刪減《素書國字解》中的宋學說並公開發行，然而，據推測，在此之前仍保留原貌的寫本曾存在，片岡龍對此進行了介紹。同著〈關於荻生徂徠初期兵學書〉之注7，《東洋的思想與宗教》一五號，一九九八年。

32. 根據《蘐園雜話》中灊水的說法，徂徠三十九到四十歲曾購買大批書籍，其中包括李王的詩文集，這就是徂徠學習古文辭的起源。另一方面，山縣周南於一七〇五年，徂徠四十歲時入門，當時記載「此時（徂徠）師父開始提倡復古學」（〈先考周南先生行狀〉，《周南文集》）。可以推估徂徠是在四十歲時開始研究古文辭。此外，可參照吉川，一一九—一二〇頁的考證。

33. 〈與香律師第三書〉（《徂徠集．卷三〇》）。此為一七〇九年初秋徂徠離開藩邸，暫住旅館時的書簡，寫道：「《峽中紀行》已全部整理完，可以問世。」

34. 《柳澤史料集成》第一卷《源公實錄》，柳澤文庫保存會，一九九三年。本書為吉保重臣藪田重守撰寫的吉保傳（一七四〇年），並附有谷口元淡的序文。根據此書內容，服部南郭是吉保晚年的「御側組頭」，參與吉保剃髮受戒儀式，還記錄其遺言，可見深受信賴。元淡是南郭的同事，其身分經常處理機密事務。

35. 一七〇七年九月，徂徠與黃檗宗第八代住持悅峰（中國僧），在芝的瑞聖寺會面。根據筆談紀錄，徂徠年輕時聽聞長崎東明精舍有一位多才多藝的和尚，名為貞一（澄一）。後來與其弟子鼎庵在江戶見面（石崎又造，《近世日本的支那俗語文學史》，弘文堂書房，一九四〇年）。

36. 〈送前往野生之洛序〉（《徂徠集．卷一〇》）。徂徠一直很嚮往唐通事所在的崎陽（長崎的別稱），這份心意似乎得到了神明的引導，使他首先師從來自長崎的鞍岡蘇山，接著又從石吳峯學習，後來則結識了安藤東野，最終與中野撝謙老師成為好友。

37. 根據《源公實錄》中堀井壽郎的「解說」，大正年間國書刊行會出版的《列侯深秘錄》收錄之《柳澤家秘藏實記》，其實是省略了《源公實錄》下卷的刪減版。問題在於徂徠扮演的角色，兩本著作有很重大的差異。其中一個關鍵差異，便是關於赤穗浪士處決的記載。《秘藏實記》記載，在老中會議決定對赤穗浪士施以斬首之刑後，徂徠向吉保提出意見，最終改為切腹處分，並發揮了決定性的作用。然而，《源公實錄》並無此記載，且根據堀井的考證，《秘藏實記》中這段文字的文體與《源公實錄》其他部分有所不同。因此，堀井推測，這一段可能是與徂徠關係密切的谷口元淡在抄寫藪田重守版本時額外增添的（二四八頁）。對於堀井的考證，個人表示認同。然而，需要注意的是，藪田本未記載此事，並不代表徂徠未曾提出建議。如果此事屬於幕府機密御用，那麼吉保對藪田保密，僅向徂徠與志村諮詢，乃是理所當然的。而且，作為吉保的書記，谷口與南郭皆有機會接觸此類秘事。因此，個人認為谷口將這些情報寫入《源公實錄》的抄本之中。過去，田原嗣郎曾在《秘藏實記》的記述可信度不足的基礎上，對於徂徠曾獻策此事持懷疑態度（《赤穗四十六士論》第二章之一，吉川弘文館，一九七八年）。然而，如今已確認該信息的來源為吉保晚年的書記谷口元淡，這反而使徂徠的獻策更加明確。

38. 吉保在德川綱豐（後來的將軍家宣）尚未正式確認為將軍繼承人之前，就在從事相關的政治運作。個人推測，其命令徂徠撰寫《素書國字解》，是為了獻給綱豐作為統治指南書之用。該書以吉保名義出版，是為了獻給下一代將軍，由於這項工作十分重要，因此增加了五十石的俸祿。

39. 《譯文筌蹄初編》〈和〉一節寫道，「參考皇宋、皇元、皇明之例，吾國家應稱皇和，然自古未聞此稱號。近年茂卿開始在文中使用」（《全集》二）。個人推測徂徠在撰寫此文時，腦中想的應為「謝表」，因為吉保《參禪錄》開頭的「謝表」就出現「皇和」兩字。此外，正親町公通（擔任與靈元上皇與吉保之間的聯絡人）寫給吉保的書簡記載，上皇對謝表內容十分滿意，稱讚「文章明備，意趣不凡」，命令公通一定要告知吉保（請參照注30，辻善之助〈柳澤吉保的一面〉）。這一評價，可能也對吉保的加封產生影響。

40. 關於離開藩邸後徂徠的居所，請參照《年譜考》注13。

41. 岩橋，一四三—一四六頁。徂徠的第一任妻子於一七〇五年十月逝世，第二任妻子於一七一五年亡故。徂徠在《蘐園二筆》，批評《文公家禮》欠缺聖人之禮的真正意義（《全集》十七）。此外，他以馬鬣封作為墳墓形制，代表他在此之前對於宋學的立場已經改變。

42. 太宰春台記載，石原鼎庵在醫方、華語、書法等領域表現十分優秀，卻不為世人所知，因此鬱鬱而終。又寫道「吾友安東壁（安藤東野）少時曾跟隨鼎庵學習。除了醫方之外，其餘各道皆得其真傳」（《紫芝園漫筆．卷四》）。由此可知，與注36徂徠所說，東野的華音之師「石吳峯」就是鼎庵。

43. 關於這一點，請參照《年譜考》與同書注16。

44. 吉田鋭雄編《田中桐江傳》（池田使談會，一九二三年）的附錄〈愚聞漫抄〉，定義了天地間的人類，認為禮樂具有維持秩序的功能，重視周濂溪的主靜說等，基本主張與《蘐園隨筆》共通。可以說他信奉徂徠學派的宋學。

45. 請參照注33引用的〈與香律師第三書〉。

46. 慶應義塾圖書館藏《徂徠集稿》的〈私擬策問一道〉，標題下有「家塾試問人丁亥春」，卻遭刪除（關於《徂徠集稿》，請參照《年譜考》）。「丁亥」是一七〇七年。徂徠在策問中介紹孟子性善說以後出現的種種「性」論，追問宋學本然之性、氣質之性的說法是否正確。另一方面，在《讀荀子》〈性惡篇〉的評論中，徂徠認為，孟子所說的「性善」，指的是人性中氣質變化，裁成輔相（協助天地的人類作為）的部分。這與眾人皆說的生來氣質不同。然而，荀子使用與眾人認知相同的「性」，將其視為人的本質，並認為人性本惡。荀子之所以如此，是因為性善說的缺點是使人廢學（若天生是善，就沒必要勤奮向學了）。程朱補足思孟學派的缺點，提出「義理之性」、「氣質之性」的概念。此評論與策問內容相呼應，推測《讀荀子》與策問是同時期的作品。

47. 《讀荀子》〈天論篇〉的評論中，徂徠認同荀子批評以陰陽五行論為主軸的天人相關、天譴災異，主張天人不相關說，並進一步批評楊倞的注解。徂徠解釋道，儘管至人（聖人）之智博大精深，卻守天人之分，不追求與統治無關的天地智慧，而是專注於人道，從而得以參天地。此外，徂徠將〈天論篇〉評價為「古奧可玩」（古風深奧，應深入吟味），代表他認為聖人之道的核心，在於以禮樂為主軸的統治作風。

48. 關於南郭與春台，請參照本章各相關條目。關於崑崙，除了參考文獻列舉的末木恭彥《徂徠與崑崙》，亦可參照狩野直喜的〈山井鼎與七經孟子考文補遺〉，收錄於《支那學文藪》（Misuzu書房，一九七三年）。森銑三，〈山井鼎與七經孟子考文〉，收錄於《森銑三著作集》第八卷（中央公論社，一九七一年）。

49. 請參照《年譜考》注16。琴鶴為吉保的女婿，最適合擔任調解人。

50. 根據〈由緒書〉的內容，吉宗成為將軍後，一七一六年五月與十二月，本多伊予守（猗蘭）、黑田豐前守（琴鶴）分別因「學術之儀」造訪徂徠。外界認為這兩次造訪與獻上《太平策》和〈學寮了簡書〉有關，但《太平策》推測是一七二一年的作品（請參照注54）。〈學寮了簡書〉中，林鳳岡仍被稱為「內記」之職名（《全集》一），可知是他退休後，一七二三年以後的著作。若是如此，這兩人拜訪徂徠或許是以公儀御用的身分，委託研究《明律》，或是探詢徂徠擔任幕府儒臣的意願。

51. 關於交遊廣闊的實情，請參照《年譜考》相關內容。

52. 一言以蔽之，「理」是「氣之理」，「太極」非宇宙的終極實體。此外，他以「大心」、「大知」為核心概念，也與此觀點有關。

53. 一七一七年初，藪震庵（程朱學派學者）會見徂徠。但在見面前，聽聞他人轉述徂徠學說，推測其近期見解應與《蘐園隨筆》不同。後來兩人書信往返，確認學術立場的差異，最終得出結論「不出我所料」（請參照《年譜考》注20引用的〈寫於物茂卿往復書後〉）。此事顯示，在《蘐園隨筆》公開出版後僅兩年，至一七一六年中，徂徠的新立場已逐漸在學者間流傳開來。

54. 關於撰寫《太平策》與《政談》的背景和時期，請參照《年譜考》注25、注31的考證。

55. 外界認為《徂徠先生答問書》是寫給庄內藩的水野元朗、疋田進修的書信，但實際上寫給他們的只有最後三封信，其他信件的收信人不明。個人認為，徂徠考量一般武士很難看懂以漢文寫的主要著作，因此可能以虛構的收信人為名，用和文撰寫《答問書》，是為了推廣徂徠學。請參考拙稿〈《徂徠先生答問書》考〉，東大社會科學研究所，《社會科學研究》四五卷三號，一九九三年。

56. 〈與富春山人第七書〉（《徂徠集．卷二二》）。此書簡寫於一七二〇年，徂徠在信中對富春山人（桐江）說「足下為吾黨之祭酒」，以此表達自己的新立場。

57. 〈譯文筌蹄初編卷首〉，〈題言十則〉，《全集》二。

58. 在《讀荀子》〈正名篇〉的評論中，徂徠係根據荀子主張，認為「名」原本就是為了方便而創立的。先王制定物品的記號或定名，與人民約定俗成，久而久之便成為慣例習俗，建立名實相宜。然而，正因為「名」原本只是為了方便使用，隨著時間流逝，容易出現名實乖離的現象。此見解就是《辨名》一開頭所說，依據六經來認識「物」，透過秦漢以前的典籍來理解「名」，從而獲得聖人之道。

59. 根據個人所見，從寶永年間到《蘐園隨筆》發表前，徂徠在公開刊行的書籍中採用宋學派天人相關說，然而在私下的研究中，卻傾向荀子的天人不相關說，可說是處於一種分裂狀態。他的新學說之所以得以確立，正是因為他以不同於荀子的方式，對天人不相關說進行了理論化。

60. 《蘐園七筆》，《全集》一七。徂徠曾在《醫言》闡述「《易》有太極」，是指天地造化的變化存在某種固定之理。這意味著「天地有太極」。然而，徂徠此時推翻此見解，將「太極」視為聖人所創造的《易》的樞紐。因此，他批評朱子將太極視為「造化樞紐」，並反問「造化之中，豈有樞紐乎？」這樣的批評是理所當然的結果。

61. 丸山真男，《日本政治思想史研究》新裝版，東京大學出版會，一九八三年。

62. 本文闡述的學術關聯，請參照拙稿〈徂徠學的再構成〉，《思想》七六六號，岩波書店，一九八八年。

63. 〈私擬對策鬼神一道〉（《徂徠集．卷一七》）。請參考注62引用的拙稿。

64. 《語孟字義》〈總論四經〉，岩波書店「日本思想大系」第三三卷，《伊藤仁齋　伊藤東涯》。

65. 根據徂徠的說法，「盛世在賢才上，衰世在賢才下」為「常理」，如今上有許多愚庸之人，是「在下渴求賢者之時」（《太平策》，岩波，四七〇—四七一頁）。另一方面，春台道：「如今世道士氣萎薾，風氣諂媚，如何尋求英雄豪傑？」（《經濟錄》，收錄於《日本經濟大典》第九卷）因此，他主張的「老子無為」不包含拔擢人才也是理所當然的。

66. 《政談》的詳細內容分析，請參照《政談——服部本》之「解說」。

67. 〈答問書附卷〉，《全集》一。

68. 《論語古義》〈總論〉，關儀一郎編，《日本名家四書註釋全書》第三卷（鳳出版，一九七三年）。

69. 《自然真營道》〈自然世之論〉，岩波書店「日本古典文學大系」第九七卷，《近世思想家文集》（一九六六年）。

70. 《自然真營道》〈法世物語、諸鳥會合、論法世〉，同前。

71. 水田紀久指出，「勝而上之」這一表達方式與「加上」相似，而「加上」一詞可見於徂徠的著述中。詳見岩波書店「日本思想大系」第四三卷，《富永仲基　山片蟠桃》（一九七三年）的補注「加上」。

72. 水田紀久，〈《出定後語》與富永仲基的思想史研究法〉，同前。

73. 徂徠在《政談》中舉例，上總百姓家還保留古代日本朝廷所傳承的聖人古禮（卷四）。如果將此現象一般化，就能讓在中國消失的聖人之道仍留存在周遭的日本。他指出「以祖配天，以神道設教，刑政爵賞自廟社降下，三代皆然。此為吾邦之道，即夏商之古道也」，這便表明了這一關聯（《徵．戊》，全集四）。《太平策》也有相同見解（岩波，四五二頁）。

74. 《玉勝間》卷一（全集一）。其他還有《葛花》上卷（全集八）。

75. 「第一奇怪之物，是現在的天地萬物。天地之間沒有任何一物是不奇怪的。然而，人們不以為奇，是因為其為常見之物」（《葬庵隨筆》，全集一三）。「看看現在的世道，春秋時序更迭，劃過天空的月日。眼睛看不見的風勢流動、雲霧雨雪，都令人驚異，此外，還有鳥兒飛過天空，魚在水底遨遊等，甚至是人們說的話，只要仔細思考，就知道天地間無一事不奇妙」（《古事記雜考》，全集一四）。

76. 「不僅風雲雷雨，天地之妙用非人智所能及。無論是草木開花結果、流水奔流、群山矗立、鳥飛獸跑、人類的言行舉止，皆不知其運行之精巧奧妙」（《答問書．上》，全集一）。這與注75宣長的觀點相似，皆論述了不可知論。宣長在京都遊學時讀過《答問書》，應是受到其書影響。

77. 「若所有異國之說，皆聖人以自己之智慧推測創建而成，故如陰陽乾坤之理，雖聽來似有道理，然實則淺薄」（《古事記雜考》，全集一四）。

78. 〈蘭學生前父自序〉請參照大島明秀，〈蘭文和譯論之誕生——志筑忠雄《蘭學生前父》與徂徠、宣長學〉，《雅俗》一八號，雅俗之會，二〇一九年。

79. 日野龍夫，〈擬古主義與自戀〉，《徂徠學派》，筑摩書房，一九七五年。同前《服部南郭傳考》。

80. 俞樾《東瀛詩選》（佐野正巳編，汲古書院，一九八一年）之卷三，專門收錄南郭之詩，認為其經學雖不及徂徠，但對其詩大加讚賞。「其詩頗有青出於藍之嘆……在東國詩人中，確實卓然特立，自成一家者」。此外，俞樾也很肯定徂徠《論語徵》的「議論通達」，表示自己甚為喜愛，並認為徂徠滿腹經綸，使其詩超越凡俗，甚至改變東國之詩風。在經學與詩文兩個領域，他皆給予高度評價（卷二，「物雙松」條目）。

81. 湯淺常山，《文會雜記》卷之一．上（《日本隨筆大成》第七卷，吉川弘文館，一九二七年）。

82. 西周，《百一新論》（《西周全集》第一卷，宗高書房，一九八一年再版）。

參考文獻

黑住真，《近世日本社会と儒教（近世日本社會與儒教）》，PERIKANSHA，二〇〇三年

小島康敬，《徂徠学と反徂徠（徂徠學與反徂徠）》增補版，PERIKANSHA，一九九四年

子安宣邦，《「事件」としての徂徠学（「事件」的徂徠學）》，青土社，一九九〇年

子安宣邦，《徂徠學講義》，岩波書店，二〇〇八年

末木恭彥，《徂徠と崑崙（徂徠與崑崙）》，春風社，二〇一六年

高山大毅，《近世日本の「礼楽」と「修辞」（近世日本的「禮樂」與「辭修」）》，東京大學出版會，二〇一六年

田尻祐一郎，《荻生徂徠》，明德出版社，二〇〇八年

田原嗣郎，《徂徠学の世界（徂徠學的世界）》，東京大學出版會，一九九一年

中村春作，《徂徠学の思想圈（徂徠學的思想圈）》，PERIKANSHA，二〇一九年
野口武彥，《荻生徂徠》，中公新書，一九九三年
藍弘岳，《漢文圈における荻生徂徠——医学・兵学・儒学（漢文圈的荻生徂徠——醫學、兵學、儒學）》，東京大學出版會，二〇一七年

第五章

朝鮮實學

川原秀城

前言

儒學思想在朝鮮王朝時期（一三九二—一九一〇年）蓬勃發展，包括朝鮮朱子學與朝鮮實學。這兩門學問的內容緊密相關，朝鮮前中期的朱子學已在第七卷第八章大致說明，以下將重點討論十七至十八世紀的後期朱子學，並以十八世紀的實學為中心進行論述。

朝鮮王朝朱子學的發展可分為三個時期：第一期（前期）為王朝初期到李滉以前；第二期（中期）為李滉到宋時烈以前；第三期（後期）為宋時烈到王朝末期。各時期最具代表性的學者分別是鄭道傳、權近；李滉、李珥；宋時烈、李瀷、洪大容。

本章主題在探討第三期的朝鮮實學，但要理解這一學術流派的豐碩內涵，還必須分析早於實學、並對朱子學進行相對化的一股強烈保守主義思想。本章基於此原則，具體聚焦於第三期朱子學內部的對立思潮，尤其是十七世紀保守主義者宋時烈，以及十八世紀實學家李瀷、洪大容，從而闡明朝鮮王朝後期儒學思想的全貌和特徵。

朝鮮王朝後期

若要討論第三期（朝鮮王朝後期）的思想演變，必須先從倭亂，也就是豐臣秀吉發動的萬曆朝鮮之役（文祿慶長之役）說起。宣祖二十五年（一五九二年），秀吉派遣大軍侵略朝鮮。此戰役包括休戰期在內，前後歷時七年（一五九二—一五九八年），是為倭亂。此外，仁祖時期也發生了兩次（一六二七年、一六三六—一六三七年）後金（清）軍入侵朝鮮的戰事，此被稱為胡亂。倭亂與胡亂所帶來的戰禍前所未有，朝鮮國土遭到蹂躪，基礎建設崩壞，農業荒廢，人口驟減，民生塗炭，導致朝鮮社會發生了重大變革。朱子學作為朝鮮王朝前中期的統治思想，其權威大幅衰弱，失去了在政治、社會及思想領域的影響力。

社會動盪引發嚴重社會危機，在政治思想上通常有兩種對應方法。其一是肯定傳統價值，重視歷史脈絡，重新編制與強化保守主義的統治原理及學術思想；另一個則是理性的絕對信賴，採取革新主義的統治原理與學術思想之變革。在朝鮮王朝後期，前者重視理念，將朱子學絕對化；後者則直面現實，對朱子學進行相對化。

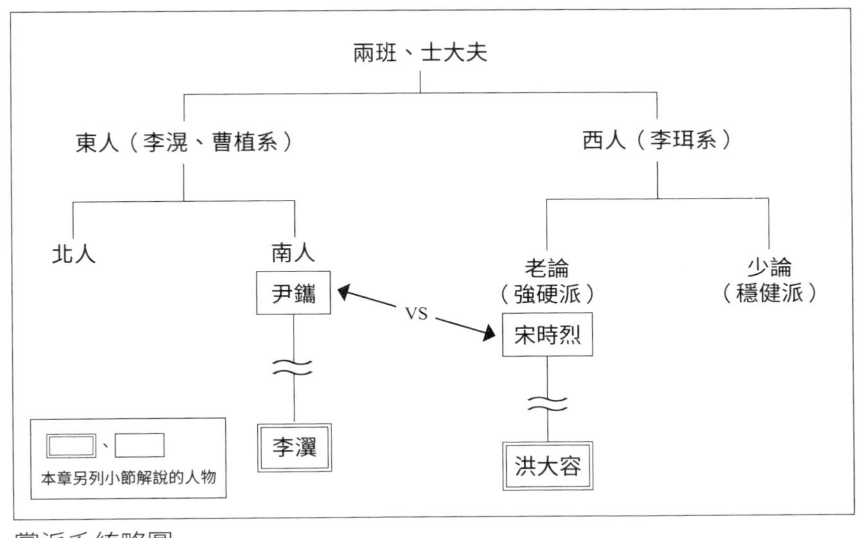

黨派系統略圖

朱子學的絕對化

朝鮮思想史上，第一個有系統地將朱子學絕對化與教條化的人，非宋時烈莫屬。宋時烈重視朱子學的理論原則，並試圖將其絕對化，也就是（一）透過理論建構的方式，證明朱子學的絕對正確性與無謬性；（二）在整體社會廣泛普及朱子學，使其成為社會運行的絕對指導原則；（三）回歸朱子學的根本理念，追求嚴格的實踐與適用，希望透過這些手段來克服當時朝鮮社會的危機。宋時烈自許的使命是「明天理正人心，闢異端扶正學」（權尚夏，〈尤庵先生墓表〉）。

眾所周知，造成朱子學絕對化的一個重要原因，就是王朝內部的黨爭。追根究柢，承襲真德秀、程敏政之朱子心學流派的李滉（號退溪），以及趙光祖之朱子道學流派的李珥（號栗谷），建構了朝鮮朱子學的理論框架。朝鮮朱子學的兩大學派是退溪心學（嶺南學派）與栗谷道學（畿湖學派），李滉和李珥前後發揚了朝鮮朱子學，發展至巔峰後，朱子學固有的排他性日益顯化。這一特徵在兩大學派中皆有體現，其內容幾乎沒有差異。然而，朝鮮王朝的學術與政治的主導者幾乎完全一致，學術上的學派與政治上的朋黨（如西人、南人等）密不可分。這種政治與學術的緊密結合導致了負面效應，朱子學在學術上的排他性直接影響到政治上的黨爭，從而使學術靈活性喪失，而學術靈活性的缺乏又進一步激化了政黨之爭。無窮無盡的黨爭嚴重影響學術研究，但最大的影響還是政治上的正邪二元思考，席捲了學術界。政治上的二元思考限制了學術研究的風格，將程朱學的排他性推到極致。倭亂前這種趨勢還不明顯，但倭亂之後，區分正統（正、善）和異端（邪、惡），加速程朱學的僵化，阻礙了學術的自由發展。這正是本章所說的朱子學絕對化。

畿湖學派由宋時烈為代表，政治動機益加強烈，獨尊程朱學的趨勢明顯，並以執政黨的身分主導政治，同時從理論上整合朱子本體論。十八世紀後，權尚夏門下的韓元震與李柬，激烈爭論人性（人的本性）和物性（動植物的本性）之同異，波及周遭的朱子學者，是為「湖洛論爭」。主張人物異性的韓元震等人大多來自湖西（忠清道），稱為湖學；認同李柬學說，主張人物同性者，大多聚集在漢城（洛下），稱為洛學，因此得名。

主張保守的朱子學原理主義的當然不是只有遵從宋時烈（學統上的大家是李珥）的畿湖學派。對於宋時烈將退溪學與栗谷學折衷綜合的做法，李滉的後學也提出反對，並將朱子學的諸多理念絕對化，以排他的態度深究朱子學的原理和原則。這就是李玄逸以降的嶺南學派。李象靖與李震相等人遵循李滉的學說，強烈主張理的能動性。

朱子學的相對化

另一方面，革新主義的朱子學者面對倭亂與胡亂後的社會思想危機，直視社會矛盾，拒斥教條（獨斷學說），而將朱子學相對化，試圖透過促進思想自由與靈活的社會包容性，來克服這種嚴重的危機。因為朱子學已經失去活力，明顯衰退，很少有人還會原封不動地信奉其教義，也很難再期待它發揮體制性的教化作用。然而，更高層次的「義理」（理義）本身卻與此相反，是天下共有之物，擁有無窮無盡、無限的可能性。

尹鑴與朴世堂等人和宋時烈一樣，十分清楚朱子言論的同異矛盾，於是以朱子定論（主要見於《四書集注》的學說）為基礎重新考察，或是將朱子定論與其他朱子言論相較，發展出與定論不同的獨有學說，並主張其正當性。他們所探究的並非否定朱子學，而是朱子學的相對化、柔軟化。此外，鄭齊斗深入研究陽明學，將研究成果應用於解讀「四書」等領域。是否應將他視為陽明學者，尚無定論。至少可以確定的是，在獨尊朱子學的朝鮮社會中，他將朱子學說在某種程度上變的相對化。

朝鮮王朝後期的朱子學相對化，並不單單起因於危機四伏的時代現狀，學術本身的內在問題也是原因之一。這與朝鮮朱子學的特性來自於元學（中國元朝的朱子學）有關。本來，從政治層面觀察，朝鮮朱子學的兩大學派只是互不相容的敵對勢力，但從學術層面來看，李珥曾師從李滉，因此他也具有作為李滉後繼者的一面。不僅如此，退溪學和栗谷學在學術性格上也有許多相似之處。這便可以被稱為朝鮮朱子學的整體性特徵。

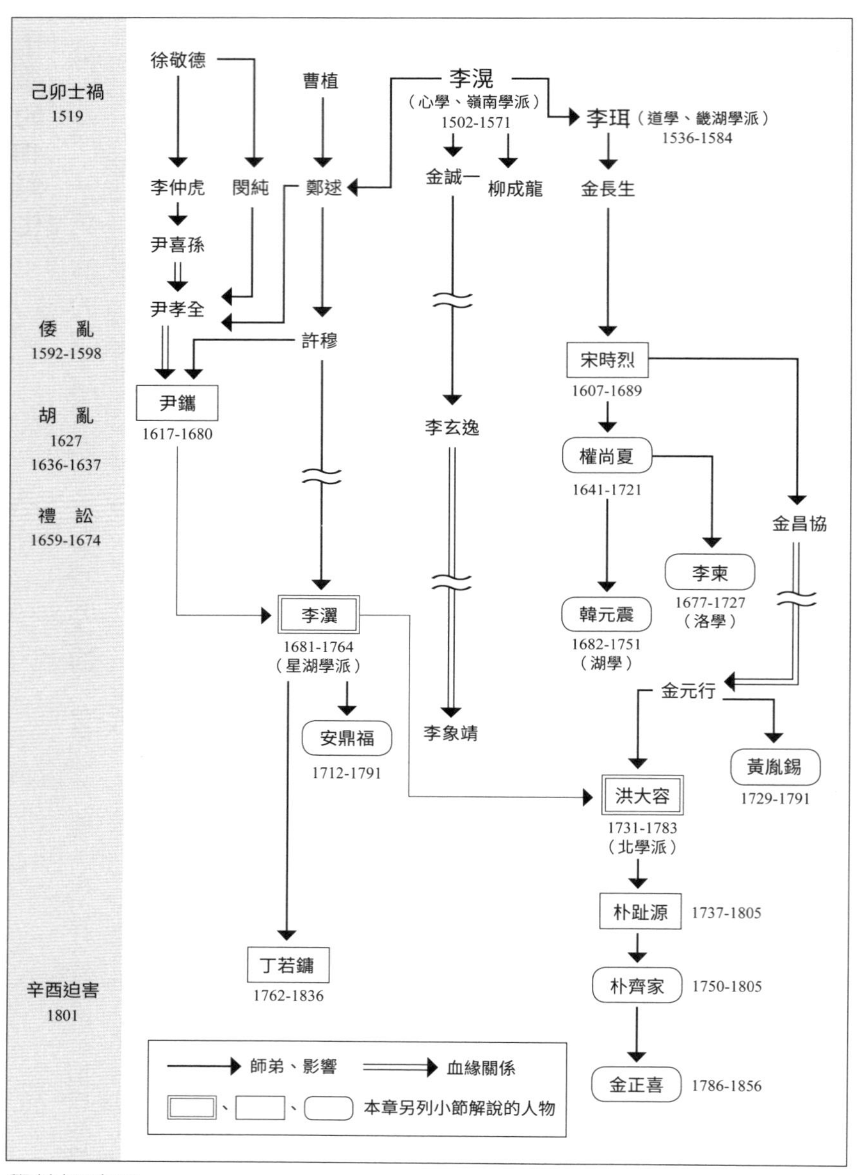
己卯士禍
1519
倭　亂
1592-1598
胡　亂
1627
1636-1637
禮　訟
1659-1674
辛酉迫害
1801
徐敬德
曹植
李滉
（心學、嶺南學派）
1502-1571
李珥（道學、畿湖學派）
1536-1584
李仲虎
閔純
鄭逑
金誠一
柳成龍
金長生
尹喜孫
尹孝全
許穆
宋時烈
1607-1689
尹鑴
1617-1680
李玄逸
權尚夏
1641-1721
金昌協
李柬
1677-1727
（洛學）
韓元震
1682-1751
（湖學）
李瀷
1681-1764
（星湖學派）
金元行
安鼎福
1712-1791
李象靖
黃胤錫
1729-1791
洪大容
1731-1783
（北學派）
朴趾源
1737-1805
丁若鏞
1762-1836
朴齊家
1750-1805
金正喜
1786-1856
師弟、影響
血緣關係
本章另列小節解說的人物
學統概略圖

當然，朝鮮朱子學還有諸多（整體）特徵，其中朝鮮朱子學重視《心經附註》，與陽明學以降的中國朱子學基本態度相對立，尤其值得關注。《心經附註》由明朝程敏政撰寫。書中明顯受到元朝朱子學的影響，摸索朱熹（朱子）之學與陸九淵之學（後來的陽明學源流）合流歸一的可能性。然而，陽明學（明朝中葉）以降的中國朱子學，主張朱子學與陸王學本質上不同，將《心經附註》視為異端，極力排斥。另一方面，李滉以後的朝鮮朱子學，將陸王學視為異端，程敏政是異端學者。儘管如此，（充滿元學特色的）朝鮮朱子學仍重視《心經附註》，將其當成實踐朱子學的教科書。

朝鮮朱子學所具有的這種折衷主義特徵，可歸因於朝鮮王朝的科舉制度。世宗時期，引入明初的框架。充分顯示朝鮮朱子學深受元末明初科舉之學的影響，亦即具有價值相對主義傾向的元朝朱子學的強烈影響。從這一點來看，朝鮮實學的學術態度十分特別，原則上排除異端，實質上卻推動了對異端的研究。朝鮮朱子學特有的折衷主義，使朱子學者能夠學習定論以外的命題，最終導致朱子學的相對化。由此推測，朱子學的相對化與絕對化，同樣都是朝鮮朱子學發展的必然結果。

《四書大全》、《五經大全》、《性理大全》，奠定了朝鮮王朝科舉考試的學術框架，進而確立了朱子學的

革新主義與實學

早期的革新主義者以朱子學的經世濟民論為自身學說的依據，跨越既有領域，構思社會矛盾的解決對策。但若將其視為社會改革論，質與量皆不充分。真正的社會改革論是十八世紀登場的實學。實學之名取自以實用學問為志向，實學者一方面嚴守朱子學框架與正統異端觀念，另一方面則主張，即使是異

端言論，只要值得學習就要學習。突破朱子學範疇，專注於研究包括實用技術在內的廣泛領域的知識。

特別值得注意的是，實學重視與愛好西學（從西歐傳入的學問）。南人李瀷（號星湖）等人透過中國的西學漢譯本，學習亞里斯多德的《論靈魂》（*De Anima*），與西歐醫學的生理知識，將其應用於四端七情的解釋中，活化朱子學，突破思想界限，阻止學問僵化，這便是星湖學派。一段時間之後，屬於老論（李珥、宋時烈系統）的洪大容等人，基於西歐十七世紀的宇宙體系，批評華夷論，據此展開價值相對主義思想，主張應當學習清朝的先進學術，這便是北學派。若觀察星湖學派與北學派的發展過程，就會發現朱子學的相對化在受到西學的影響後達到巔峰。

朝鮮實學在十九世紀後朝多樣化發展。總體而言，朝鮮實學無法形成龐大的思想潮流，無法被列入當時的顯學之列，但其內容與主張具有一定的先見之明，如若放大時間跨度，其學術意義並不小。李瀷、洪大容之後的代表性實學者包括丁若鏞、金正喜、崔漢綺、金正浩、李濟馬等。丁若鏞深受星湖學派的影響，摸索朱子學理論與天主教教義的完美融合，並提出許多社會改革理論，因此常被稱為實學的集大成者。金正喜承襲北學派的問題意識，與清朝考據學者交流，標榜漢宋折衷，追求漢學的實事求是精神。崔漢綺提升了東亞固有的氣之哲學，積極解讀西方天文學與醫學等廣泛領域的新知識，將其融入自身的哲學體系，建構出一個完整的理論體系，那便是「氣學」。金正浩是《大東輿地圖》的作者。《大東輿地圖》被譽為朝鮮王朝古地圖中最頂尖的傑作。李濟馬創立了四象醫學，將人體體質分成太陽人、少陽人、太陰人、少陰人，並將其應用在疾病治療上。時代雖然遲疑逡巡，但仍一步一步地穩步邁向後朱子學時代。

李瀷（一六八一——一七六四年）

一、強烈的道統意識與異端研究之並存

李瀷，字子新，自號星湖。原籍（氏族的發祥地名）為京畿道驪州，是朝鮮王朝後期具有代表性的在野朱子學者，被譽為繼李滉之後的第一人。以嚴謹的考證精神與嶄新的主張獲得學術肯定，不僅吸引大量的直接門生，還有許多透過書籍產生共鳴的崇拜者與私下欽慕者，形成了所謂的「星湖學派」。

李瀷的一生正值十七世紀末黨爭激化之時，作為兩班知識分子，他深受政治動盪之苦。其家族出身於科舉合格者眾多的南人名門。[1]父親李夏鎮曾任司憲府大司憲，但在肅宗六年（一六八〇年）西人發動南人大肅清（史稱「庚申大黜陟」）中遭貶，被流放至平安道雲山。

李瀷於肅宗七年（一六八一年）十月十八日（月日皆為陰曆，以下同）出生於其父李夏鎮被流放之地。母親為續弦安東權氏。次年李夏鎮過世，李瀷隨著母親移居祖先墓地京畿道廣州瞻星里。李瀷資質聰穎，出類拔萃，可惜天生體弱，從未離開家門就學，很長一段時間都是由二哥李潛傳授學業。

然而，二哥李潛在肅宗三十二年（一七〇六年），因上奏控訴老論金春澤企圖危害世子，要求撤換老論右議政、李頤明，激怒肅宗，糾問後杖殺。黨爭導致二哥慘死，李瀷備受衝擊，無心世事，放棄科

舉之路，轉而投身於三哥李漵、堂哥李瀍（其叔父李殷鎮之子）的門下，向為己之學（為自己做的學問，意指純粹的學問研究）邁進。李瀷二十七歲以後的生活，完全是一心求道的在野學者，晝夜不休地跪坐在書房，天天讀書和寫作。英祖三年（一七二七年），他受到舉薦擔任繕工監假監役，但他婉拒並未任官。英祖三十九年十二月十七日（一七六四年一月十九日）逝世，享年八十三歲。[2]

在學術方面，李瀷（一）承襲朝鮮朱子學李滉一派；（二）正確評價西歐傳入的新知識（西學），並依此展開新的研究；（三）受到李珥、柳馨遠等人經世論的影響，提出多項社會改革論。

李瀷的學問根基是朱子學（性理學），學統承襲李滉↓鄭逑↓許穆等近畿南人體系。不過，李瀷不僅師承李滉一派，在個人情感上也秉持強烈的道統意識，打從心底尊慕李滉的學德。他效法朱子學的入門書《近思錄》的體例，編輯李滉的言行，撰成《李子粹語》，又辯護李滉的四端七情論，撰寫《四七新編》，並從李滉遺集中擷取有關論禮的書信，分門別類編纂成《李先生禮說類編》。李瀷也透過直接研究經書和性理學著作，力求達到對真理的認識，並將之運用在社會實務上。他留下了大量針對《詩經》、《尚書》、《周易》三經，《論語》、《孟子》、《大學》、《中庸》四書，以及《家禮》、《近思錄》、《心經》、《小學》等書的讀書筆記，充分體現了這一點，其代表作包括《詩經疾書》、《書經疾書》等。

李瀷還有數百卷文集著作，其中尤以《星湖僿說》最為重要。該書內容從天文地理人道，到草木禽獸昆蟲、醫藥卜筮巫覡、老佛仙道方技、經史百家賦疏詩歌等，雖屬日常生活的隨錄（隨筆），但因其博學多聞、觀點新穎，對後世產生了極大影響力。[3]

李瀷將繼承與發展程朱學說視為終生職志（換言之，就是以朱子信奉的「宗朱」、「信朱」為學術規範）。但即便面對程朱提出的命題，只要心生疑問，一定反覆論辯，絕不依樣畫葫蘆（盲目追隨），主張獨立思考、深刻理解與原創性。此外，西學／西教雖為異端，[4]但李瀷認為只要是值得學習的內容就要虛心借鑑。[5]他主動積極學習異端西學，果斷利用西學知識來詮釋儒學經文，提出領先時代的見解。儘管作為正統朱子學者，理應會為了振興正學排除異端，但李瀷卻是例外，[6]將學習異端西學視為學者的應有之舉與必然之事。從正統朱子學者的立場來看，不得不說這個做法可視為違反學者本分（即「攻朱」、「反朱」）的行為。但從星湖學「宗朱」與「攻朱」並存的學術風格來看，毫無疑問，李瀷實際上已將朱子學的相對化推向了極致，這一點絕對值得肯定。

二、星湖西學之概要

朝鮮王朝景宗四年（一七二四年）春，慎後聃（號遯窩，一七〇二—一七六一年）拜訪李瀷，得以接觸「西洋之學」，數度與李瀷就星湖與西學展開論爭，這些討論過程被記錄在《遯窩西學辨》之中，大致分成（一）〈紀聞編〉、（二）〈靈言蠡勺辨〉、（三）〈天主實義辨〉、（四）〈職方外紀辨〉。《靈言蠡勺》、《天主實義》、《職方外紀》都是在華耶穌會，為了宣揚基督教而編纂的書籍。〈紀聞編〉的撰寫目的是要介紹星湖西學之概要。

根據慎後聃在〈紀聞編〉的記述，可以指出李瀷西學的幾個基本特徵。第一個特徵是李瀷雖然最終否定了西教（天主教）的神學體系，但他並不將西教視為耶穌會的陰謀，反而將西學與西教列入分析研究的對象。例如，當慎後聃批評「天堂地獄之說」等西教教義荒誕無稽時，李瀷則強調西學的「實用之處」與有用性，並為「利西泰（Matteo Ricci，利瑪竇）之學」（西學與西教）辯護。這種態度，是透過接受教學一致的李之藻所編《天學初函》的結果，與洪大容無視西教的做法形成鮮明對比。

第二個特徵是，將「腦主知覺說」，即「頭部有腦囊，主司感覺與思考（頭有腦囊，為記含之主）」，與「三魂論」，即「草木有生魂，禽獸有覺魂，人有靈魂」，視為西學的核心命題。甲辰年（一七二四年）春，慎後聃問李瀷，西學「以何為宗？」李瀷便以前述的兩說作為「論學之大要」加以回答，這一點毋庸置疑。到了戊申年（一七二八年）春，慎後聃又向李翊衛確認，李瀷仍堅持這兩項命題。

「腦主知覺說」主述「腦囊有知（思考）與覺（感覺）的中樞」。李瀷在《星湖僿說類選》〈西國醫〉一文中，參考湯若望（Adam Schall）的《主制群徵》（一六二九年），論述了「腦囊有知與覺的中樞」的觀點。他試圖將西醫的「腦主知覺說」與東醫的「心主知覺說」折衷，從人類的兩大精神作用中，得出「感覺作用在腦，思考和理性的作用在心臟」之結論。此外，他還主張，一身流行之「形氣」很宏大，主掌思考的「氣」（心臟之氣）極其微細，兩者大小不同。

「三魂論」則源自西方歐洲亞里斯多德以來的《論靈魂》。該理論主張，草木只有生魂（生長之心，anima vegetabilis），禽獸有生魂與覺魂（知覺＝感覺之心，anima senseitiva），人類有生魂、覺魂與靈魂（理義之心，anima rationalis）。《星湖全集》卷四十一的〈心說〉、卷五十四的〈跋荀子〉，以及《星湖僿說類選》的〈荀子〉等資料相互對照，可以看出李瀷三魂論的理論基礎，與《靈言蠡勺》、《天主實義》

的論靈魂，以及《荀子．王制篇》寫道：「水火有氣而無生（營養攝取和繁殖能力），草木有生而無知（感覺和運動能力），禽獸有知而無義（推論明辨的能力），人有氣、有生、有知，亦且有義，故最為天下貴也。」兩者在思想上極為相似，這一點幾乎毋需懷疑。

第三個特徵是，李瀷評論「天文籌數之法」、「星曆象數之學」，為「前人未發明之處」，或「古來未見之發明」，極度讚賞。乙巳年（一七二五年）秋，李瀷提出「十二重天」、「溫帶涼帶」、「地圓」、「日月行度」、「去極遠近」、「地球、月、太陽的大小」、「日行、月行、經星行、緯星行」、「金星之雙耳」等說法，並強調西學對於日月蝕預報的準確性。他還指出鄭玄的「地蓋厚三萬里」與西曆的「地圍九萬里」彼此暗合。

除了〈紀聞編〉之外，還可找到許多李瀷推崇西方歐洲數理科學之評論。例如，根據安鼎福《天學問答》的附錄，李瀷曾表示，西方歐洲的「天文推步、器皿製造技術、算數等術，中夏（中國）遠遠無法企及」，他更是大讚「如今的時憲曆法，可謂百代無弊」、「西國曆法，非堯時之曆所能相比」。

三、李瀷的四端七情論

李瀷的「心情論／四端七情論」雖是自李滉以降，朝鮮朱子學內在性發展的優越成果，同時在性理學上的命題，也能看出西方歐洲亞里斯多德哲學之影響。

李瀷的「四端七情論」，在延續李滉以來的「理氣典範」中，承繼了奇大升首次強調、李珥加以集大成的「心發理氣不相離」（理與氣無論何時皆不分離）之基本原理。基於此原理，他重新詮釋李滉所提出的「理氣互發說」（主張四端理發、七情氣發），並為其注入新的生命力。李瀷撰寫此理論的目的，正是為了論證李滉「理氣互發說」的合理性。然而，若從心情論提及的「心之機能與構造」來看，李滉根據宋朝張載提出的「心統理性與情（心統性情）」命題，從「性」與「情」的觀點論心。而李珥受元朝胡炳文「性發為情、心發為意」之說的啟發，進一步強調「意」的作用，與性、情並重。李瀷則除了性、情、意之外，還將「知覺（感覺作用）」納入討論範疇，顯示其論點的拓展與視角的轉變。這一點與朝鮮朱子學逐漸擴展並轉變其性質的學術趨勢一致。

亞里斯多德《論靈魂》之影響

李瀷為了證明李滉理氣互發說的適當性，提出知覺（感覺）與思考區分的公私二情論，將人心（七情）歸類於「知覺之心（私情）」，道心（四端）歸類於「理義之心（公情）」。此外，為了驗證這種以公私區分人心道心說之適當性，李瀷對照了草木之心、禽獸之心與人類之心，藉此分析人類具備的心之結構[7]。

對於「心說」，李瀷如此表示：土石是無心的，「人與草木相較，皆有生長之心，與禽獸相較，皆有知覺（感覺）之心。草木禽獸卻未有義理之心」。「人擁有生長及知覺（感覺）之心，固然和禽獸相同，但只有人具備理義之心」。根據李瀷的說法，植物、動物和人類之心，是由以下結構形成：

草木之心：只有生長之心。

禽獸之心：有生長之心與知覺之心。

人之心：有生長之心、知覺之心與理義（義理）之心。

李瀷認為，知覺之心就是人心＝七情，理義之心就是道心＝四端。

李瀷所提出的草木、禽獸再到人的逐層進化心論，結構非常特別，而且一目了然。內容與結構基本上和亞里斯多德的《論靈魂》相同。此外，誠如先前所述，李瀷透過《靈言蠡勺》、《天主實義》學習西方歐洲哲學的心情論。由此可以推斷，李瀷的公私心學確實受到亞里斯多德哲學的影響。

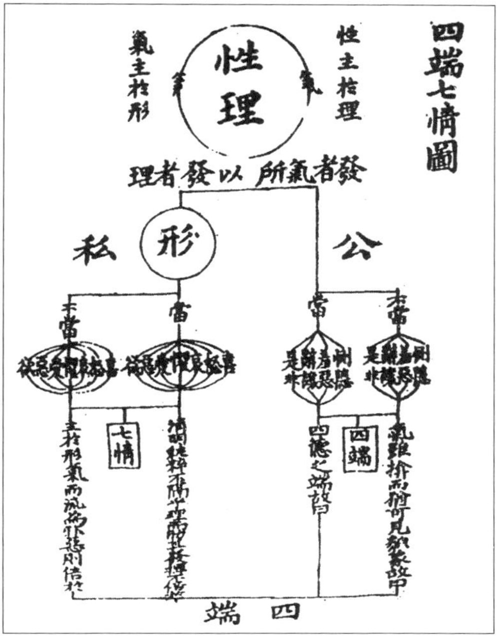

引自李瀷《四七新編》

西方歐洲醫學腦囊論之影響

李瀷在四端七情論中也提到，心情具有「發現路徑」和「感應路徑」。發現路徑是由道心＝四端之理發（理之直接發動），與人心＝七情之氣發（形氣之發動）的二條路徑構成。而在發現路徑之後的感應路徑，則是由理氣共發的「理發氣隨」這唯一路徑構成。

李瀷認為最初性是「感於物而動」，由此產生「性之欲也」（《禮記・樂記》），無論四端或七情，原則上都是相同的。然而，「當吾性感受外物而動，與吾形氣不相干者，屬於理發。外物觸吾形氣後，吾性始感而動者，屬於氣發」（《四七新編》第八）。「四端不因形氣而直發，因此屬於理發。理因形氣而發七情，則屬氣發」（《四七新編．重跋》）。根據李瀷的說法，理發是理之直發，氣發是外物接觸形氣（身體），身體有感覺（外部刺激產生身體感覺），傳達至心，發理而有情之發動（請參照李瀷親手繪製的「四端七情圖」）。李瀷認為，「氣發」這一名詞是源於它是從感觸形氣（身體）而發，但從發的主體來說，依舊屬於理發。

根據李瀷的論點，心的發現路徑是由理發（理之直發）和氣發（形氣之發）二路構成，但緊隨發現路徑而來的感應路徑只有理發氣隨（理應氣隨）一路。「理發氣隨，四七同然。而若七情，則理發上面更有一層苗脈。所謂形氣之私是也」（《四七新編．重跋》）。「心之感應，只有理發氣隨一路而已。四七何嘗有異哉！」（〈答李汝謙庚申〉）。星湖心學的心發構造如下：

四端＝道心（道德感情）　理發氣隨

七情＝人心（透過知覺產生的感情）　生於形氣之私↓理發氣隨

李瀷的發現二路與感應一路的心發說值得注意的是，「發現」講的是「理氣互發」，「感應」講的是「理氣共發」。表面看來，兩者理論互相矛盾，實則不然。李瀷表示，七情氣發之氣是形氣，與理發氣隨的氣不同。七情的氣發，是理發氣隨的知覺，因形氣而發。「氣有大小，形氣之氣屬身，氣隨之氣屬心。形（形氣）大，心（心氣）小」（〈答慎耳老辛酉〉）。形氣（一身混淪之氣）與心氣（神明之氣），在大小和靈妙皆不同，作用上也有根本性的差異。

李瀷二情論的特徵在於二情的絕對區別。雖然二情在最終的感應路徑（思考）相同，但不同之處在於發現路徑（知覺與思考）不同，而且知覺與思考的作用部位也不相同。李瀷雖未明言，但可以說他的理論背後潛藏著一種心理學的命題：（一）與微細的神明之氣有關的心↕思考↕理發氣隨，以及（二）欠缺靈妙、粗粒的形氣相關的腦↕感覺↕氣發之心理二重構造，是他理論的邏輯前提。

如前所述，李瀷分析《主制群徵》中介紹的西方歐洲醫學知識，從中學習到：（一）氣有大小粗細之別，且大小不同，具備的機能各異；（二）感覺與思考是作用於不同部位的精神活動。無論哪個命題，都能強烈感受到李瀷的人心道心論及親和性。李瀷在建構公私心學時，很可能援用上述論點作為思想上的前提加以應用。心發的發現二路與感應一路模型指出：（一）「知覺（感覺）之心」的一身流行形氣（的大小）較大，「理義之心」的心氣則較為細小；（二）感覺與思考是作用於不同部位的精神活動。這些觀點完美對應於當時西歐的醫學理論。

四、中西會通與西學的理論優勢

李瀷作為朱子學者，一方面相信儒學整體的無謬性，另一方面又作為西學者，追求十七至十八世紀西學者共通的理想「中西會通」（即融合中華與西學兩種學問），並在更高層次上加以統一。因此，其論述的目標是以東亞視角，致力於實現東西理論的完美統一，並以經學理論為尊，進行整合與折衷。前述的四端七情論與論文〈天行健〉、〈跋職方外紀〉中探討的命題就是一例。

「天動說」

在《星湖僿說．天地門》的論文〈天行健〉，李瀷以《易經》乾卦大象「天行健，君子以自強不息」為根據，說明西方歐洲傳入的「天動說」在理論上是正確的，亦即月輪天、水星天、金星天、日輪天、火星天、木星天、土星天、三垣二十八宿天、宗動天等，都是圍繞宇宙中心、永遠不動的地球公轉。李瀷的主要論點如下：

（一）《廣雅》記載「天之距地二億一萬六千七百八十一里」，耶穌會傳教士湯若望則主張是「五億三千三百七十八萬里有奇」。兩方說法哪一個正確，目前尚不可知，但可以確定的是，雙方都主張天是巨大的物體。

（二）既然天是巨大物體，那麼質疑它是否能一日環復（一天繞行一周），也並非無理。事實上，中國戰國時期的莊周也對「天動說」提出疑問，他問道：「天其運乎？地其處乎？（天在運轉嗎？地是靜止不動嗎？）」（《莊子．天運》）。從理論上看，即使採用「地動說」，也能對天文現象做出合理解釋[8]。

（三）但中國宋朝的朱子針對相同命題提出質疑，「安知天運於外，而地不隨之以轉耶？」他認為天一日轉一圈，地隨天而轉，只是速度略慢於天。他最後得出的結論是「今坐於此，但知地之不動耳」（《朱子語類》八六）。朱子之語（根據李瀷的文脈，屬於否定「地動說」）需再深入探討。

（四）再進一步思考，《易經》乾卦大象記載「天行健」，既然是聖人的著述如此記載，而「聖人無所不知」，那麼自然無需質疑「天行健」，亦即天會自己運行的自然現象。「我們應當信從這一點」。

總的來說，李瀷以經書的一句「天行健」來否定科學命題中的「地動說」，並大肆宣揚當時西學的定說「天動說」。

「地圓說」

在《星湖全集》卷五十五的〈跋職方外紀〉中，李瀷也根據《中庸》子思之語，主張地圓（地球）說的合理性，這與他支持天動說的論述可說是同一脈絡。《職方外紀》是由耶穌會傳教士艾儒略（Giulio Aleni）增譯，明末楊廷筠編纂的五卷本世界地理書，完成於明朝天啟三年（一六二三年），後收錄於李之藻編的《天學初函．理篇》。

李瀷在〈跋職方外紀〉一開始就引用《中庸》第二十六章「振河海而不泄（大地容納河海而不使之外溢）」[9]，並進一步說道：

（一）子思之語（前半部）的意思不是陸地浮在大海上，而是陸地容納並承載著大海。即使是溟海與渤海之外的海洋，皆有海底，這些底部也都是由陸地形成的。這一點與西方學者的詳細說明一致，絲毫沒有差異。

（二）大地容納海水而不洩漏，是因為大地位於天圓中心。天東升西降，一天繞行一周，因此在旋轉內部之物體皆受到強烈向心力的影響，往中心聚集。陸地不會下墜也不會上升，以及四面八方皆以地為下、天為上，原因也都在於此。

（三）從大海依附於陸地這一點來看，不難推導出「地圓」的命題。航海至極西之地後，最終仍會回到東方。此外，在航行途中觀測星象，不同地點所見的天頂各異，像是低緯度可看見南方星辰，但在高緯度則不可見。

（四）《職方外紀》是西方人士親身經歷的航海紀錄。書中描述閣龍（Cristóbal Colón，哥倫布）尋訪東方之地（實際上是亞墨利加「美洲」），而墨瓦蘭（Ferdinand Magellan，麥哲倫）又從東方（實際上是亞墨利加）抵達中國大地（實際上是亞細亞馬路古，即麻六甲），繞行地球一周。墨瓦蘭繞行世界一周的事情傳開後，「子思所指遂由此而明確，西方人士環繞世界以救世之意，不可謂毫無助益」。

李瀷借子思之語否定「大地載水而浮」（張衡「渾天儀」），亦即傳統的渾天說／天圓地方說，並大力推展源於歐洲的地圓說。然而，《中庸》第二十六章僅僅提到「振河海而不泄」，李瀷卻以「振河海而不泄」來論證「地圓」的理論，其說法甚至比「天行健」來證明「天動說」還要過於強辯。

西學優勢的主張

李瀷比較研究東西方科學理論時，將兩者完美統一、以經學理論為尊進行整合與折衷，當成自己的目標。但當時朱子學理論並未充分發揮作用。面對異端西歐科學理論的絕對優勢，他承認傳統科學並不完備，還簡單扼要地向國內知識分子說明西學內容與其先進性。解說日蝕和月蝕形成原因的〈日月蝕辨〉，與闡述東西歲差、南北歲差的〈跋天問略〉即為一例。

李瀷讚賞從歐洲東漸而來的星曆象數之學，主張西歐科學確實比東亞傳統科學優秀。包括〈日月蝕辨〉、〈跋天問略〉在內，他在《星湖僿說．天地門》的〈中西曆三元〉也說道，「中華的曆法完全比不上西國之曆，歐洲（泰西）最好，伊斯蘭（回回）次之」，同樣在〈曆象〉中也闡述，「現行的《時憲曆》是西洋人湯若望創建的，《時憲曆》讓曆道發展至巔峰。日蝕月蝕沒有誤差，即是聖人再生也只能依循此法」。此外，儘管李瀷在一些論述中並未明言西學優勢，但其論述幾乎都是以西學優越為前提，包括〈北極高下說〉、〈論周禮土圭〉、〈地毬〉等。

從西學優勢地位的主張來看，即使那些表現得東西方思想一致、但語焉不詳的說法，實際上也可以被理解為是在承認西學的相對優勢之後，再指出儒學或朱子學中也有類似觀點的表述。在李瀷的科學論中，西學優勢是一個不言而喻的邏輯前提。李瀷作為典型的東亞西學研究者，其「中西會通」的理念，應被視為對十八世紀西學東漸所帶來的巨大世界觀或範式轉換的一種回應與理解，這無疑是一股思想潮流或理念趨勢。

五、李瀷的社會改革論

李瀷雖是在野學者，卻提出許多社會改革理論，這是因為他真心信仰朱子學理論。當時這類社會改革理論通常被稱為經世致用論、更張論等。李瀷的社會改革論大多集中在其專著《藿憂錄》，另外在《星湖僿說》、《星湖文集》等雜著也有零星記載。整體而言，他的改革分析多集中於田制、官制、稅制、兵制與學制等方面。

李瀷最關心的是重建疲弊的農村。他作為農本主義者，主張實行均田制度正是出於此意。李瀷指出，國家應調查每戶的農地，配予各戶限定一定面積的永業田。永業田不許買賣，若私下買賣將處以罰則。不過，永業田以外的農地是私田，可依法買賣。儘管不是立即見效，但是當貧民不賣永業田，猾吏豪商不兼併土地，即可達到「默默完成均田制」之目的。此外，為了健全農業經濟，他還主張在科舉中創設力田科、獎勵農業生產、推廣樸素儉約、抑制工商業發展、減縮貨幣流通、限制奴婢（奴隸）的擁有、推動末技遊食者（商賈、僧尼、倡優之屬）服兵役、淘汰無能冗官、推行士農合一等措施。

另一方面，李瀷表示「朋黨由爭鬥而生，爭鬥因利害而起」。朝廷官職嚴重不足與科舉取士人數急遽增加，為了爭奪有限的權力，黨爭是必然結果。此外，他指出科舉以文藝取才（科舉是競爭文藝優劣的制度），與實際施政能力無關，為降低科舉弊害，提議科舉出身者的試用與舉薦（推薦）制度並行。

李瀷十分注重經濟實用之學，但支撐其批判體制、以達治平之術的理論根基，實為退溪心學。從星湖學的整體特徵來看，李滉的朱子學基本觀點也影響了李瀷的社會改革論，這一點是顯而易見的，從《藿憂錄》的結構來看，也無庸置疑。《藿憂錄》是批評國政的政策論著，其章目包括「經筵」、「育才」、「立法」、「治民」、「生財」、「國用」、「捍邊」、「兵制」、「學校」、「崇禮」、「式年試」、「治郡」、「入仕」、「貢舉私議」、「選舉私議」、「錢論」、「均田論」、「朋黨論」、「科舉之弊」等。內容大致如前所述，但《藿憂錄》開頭第一句，即引用李滉的命題「國之治亂，繫乎人主一心」，並在書中也引述李滉的戊辰年的啟箚（奏疏）。此外，第二主題「育才」則引用了孟子之言，闡述用人以德行為先。可以說，李瀷致力於改革朝鮮王朝的朱子學體制，其經世論的基礎正是以朱子學理念為根本的退溪心學。「宗朱」與「攻朱」的微妙平衡，以及內在的矛盾性，都是李瀷社會改革論的一大特徵。

六、星湖學派

星湖學派是指李瀷的學術傳承體系。但李瀷雖以退溪後學的立場信奉朱子學，卻研究異端西學，並徹底批判朱子學的缺點。他透過西學西教一體的《天學初函》，學習歐洲新知識，評價西學的科學理論，否定西教的宗教教義。這種「宗朱與攻朱」、「信西與攻西」之間的微妙平衡，正是星湖學的最大特徵。

然而，星湖學特有的微妙平衡，亦可視為只有憑藉李瀷的廣博學識，才能提出的一種獨特解析法和思考方式。星湖學派日後分裂成左右兩派，正是這種方法論上的微妙平衡被打破所導致的結果。累積豐富學術訓練的主流派（右派）信奉退溪學，確立自學基礎。並同時學習西歐的哲學與科學，獲得新的視角，廣泛應用於國學研究之中。但富有銳氣的青年學者（左派）除了學習西歐的哲學與科學，更接受西歐宗教，成為天主教徒，甚至有人公然否定朱子禮學體系。右派的年長學者正視南人黜陟的處境，依舊堅信朱子學原理的普遍適當性；左派的青年學者則在政治上遭受懷才不遇後感到絕望，轉而從西學西教的新知識中尋求精神寄託。雙方最大的分歧，在於如何評價「西教」（基督教），學派分裂使世代衝突檯面化，星湖學派內部針對基督教教義和朱子學原理的理論鬥爭愈演愈烈。

安鼎福、慎後聃、尹東奎（一六九五—一七七三年）、李重煥（一六九〇—一七五六年）、李秉休（一七一〇—一七七六年）等人，是星湖學派的中流砥柱，每個都是學問淵博的學者。若論顯著的學術成果，安鼎福與慎後聃融會朱子學的經驗論，批評天主教義的荒誕無稽。兩者的破邪論批判在華耶穌會士提出的補儒論（即以西教教義補足儒學的理論），而且理論水準很高，是卓越的宗教批判論，至今仍具有參考價值。安鼎福在輕視國史的風潮中，撰寫以考證嚴謹、名分分明而聞名的編年體史書《東史綱目》。愼後聃和尹東奎曾與李瀷討論四七理氣說，撰寫大量經說，尤其以其獨特的易說著稱。李重煥是李瀷的族孫（祖父四哥之孫），曾遊歷全國三十多年，撰寫《擇里志》，詳述自己觀察到的山脈水勢、風氣民族、財賦資源、水陸交通等情況。李秉休則是李瀷的姪子（四哥李沉之三子），對易學與禮學的造詣頗深，被視為是星湖學的繼承人。

構成星湖左派的，是那些傾慕天主教或曾有過學習、信仰經驗的權哲身（一七三六—一八〇一年）、權日身（一七四二—一七九一年）、李檗（一七五四—一七八五年）、李家煥（一七四二—一八〇一年）、李承薰（一七五六—一八〇一年）、丁若銓（一七五八—一八一六年）、丁若鍾（一七六〇—一八〇一年）、丁若鏞等。他們大多是對西學感興趣，透過閱讀書籍接受西教信仰，但也有不少人，如李家煥、丁若鏞等，因面對與朝鮮禮制的矛盾，最終選擇棄教的人。大多數青年學者成為純祖元年（一八〇一年）辛酉迫害等事件中，老論僻派迫害西教的犧牲者，尚未完成學問便去世了。不過也有例外，如李家煥和丁若鏞，他們很快就回歸當時的主流學術體系，成績斐然，遠遠超過其他星湖後學。李家煥是正祖朝的刑曹判書，李瀷的姪孫（四哥之孫），家學深厚。其最大功績是奉王命參與《春官志》、《國朝寶鑑》、《大典通編》、《奎章全韻》之編纂。丁若鏞是正祖朝的刑曹參議，著作等身，最有名的是經世論著作《經世遺表》、《牧民心書》、《欽欽新書》等。

洪大容（一七三一—一七八三年）

一、洪大容小傳

洪大容，字德保，號湛軒。原籍為京畿道南陽，是朝鮮王朝後期代表性的朱子學者與實學者。

洪大容生於英祖七年（一七三一年），比李瀷晚出生五十年。李瀷與洪大容不僅出生時代不同，其所處的政治環境和教育環境也不相同。李瀷出身於沒落南人，洪大容則是出自權勢傾天的老論系南陽洪氏，是功臣後裔[10]，屬於名門之後。母親為清風金氏[11]。英祖十八年（一七四二年），洪大容以「古六藝之學」為志，拜入金元行（號渼湖，一七〇二—一七七二年）門下學習。金元行為金昌協（號農巖）之孫，是老論系洛論的代表性學者，也與南陽洪氏有親戚關係[12]。朝鮮朱子學有兩大學派，分別是退溪學派與栗谷學派，師事金元行代表其屬於栗谷學派，以李珥為模範，研究朱子學。

洪大容

洪大容活躍於英祖、正祖朝，正值朝鮮王朝躍起之時，積極引進西學，因此出現許多對西學造詣深厚的學者。當時最具代表性的西學者是李瀷與洪大容，但兩人接受西學的特質有顯著不同，可以說是因所屬黨派立場而有本質上的差異。李瀷主要關注於包括天主教在內的哲學，洪大容花費大量時間研究科學知識，特別是曆算學。洪大容之所以不研究西方宗教，並非純粹因為西教屬於異端，或當時社會只需研究西學，更與他的家學傳承有關。南陽洪氏家族世代與觀象監關係密切，洪大容鑽研的《律曆淵源》本身的性質，與李瀷研究的《天學初函》根本上不同。《天學初函》是探討西學西教一體的哲學書，《律曆淵源》則是論述西方歐洲曆學和數學的專業書籍。

洪大容在英祖三十八年（一七六二年）製作並完成了一座大型天體觀測儀器「渾天儀」，規格詳細記載於《籌解需用》的〈籠水閣儀器志〉。英祖四十一年（一七六五年），他以書狀官洪檍（父親的么弟）所推薦的子弟軍官身分，隨著冬至使節前往中國清朝的京師（燕都）。次年造訪南天主堂，與德國籍耶穌會士會談，會談內容詳細記載於《燕記》的〈劉鮑問答〉中。他還與杭州文人嚴誠、潘庭筠、陸飛進行學術交流。與杭州文人的交流不僅密切且持續，《杭傳尺牘》精準記載其會面經過、往返書信、筆談內容。回國後，洪大容主張，真心交友（道義之交、性命之交）「為何要受限於形式上的距離與疆域的限制呢？」（〈答朱朗齋文藻書〉）。洪大容之言是在勸戒那些一味主張北伐的朝鮮知識分子，應謙虛地向北方的中國學習。英祖五十年（一七七四年），洪大容受惠於蔭補[13]，官拜世孫翊衛司侍直，負責教育東宮（後來的正祖）。正祖元年（一七七七年）任泰仁縣監。正祖四年（一七八〇年）任榮川郡守。正祖七年（一七八三年）五月辭官，同年十月二十三日去世，享年五十三歲。

二、燕行與思想革命

洪大容與朱子學

洪大容的實學思想，亦即燕行（出使中國）後的思想，與一般朝鮮兩班不同，顯現出價值相對主義的色彩，極富批判精神，似乎比李瀷更能跳脫朱子學的束縛，超越其規範，思想更自由。然而，他在燕行前卻是個頑固堅守朱子學正統、幾乎讓人誤以為是老論派領袖宋時烈再世的人。

例如，在《湛軒書》外集卷三〈乾淨衕筆談〉丙戌年（一七六六年）二月二十三日中記載，洪大容對來自王陽明故鄉的中國知識分子說：

> 我至今從未讀過陸九淵的文章，不知其學深淺，因此不敢對陸學妄加評論。不過我私下堅信，朱子學是中正無偏的，真正繼承孔子孟子之正統脈絡。若陸九淵的論述與朱子不同，後學將其排斥也很理所當然。

表現出完全不想聽陸學和陽明學的態度。

但是燕行後，他這種固執鄙陋的思想便不再出現。在《湛軒書》內集卷二〈桂坊日記〉中記載，英祖五十一年（一七七五年）二月十八日，東宮（正祖）稱讚洪大容對理氣的理解不受學派所束縛，極為中肯：

> 桂坊（洪大容）之言極為正確。從此言來看，桂坊不再堅持那些頑固的學說了。

由此可見，透過燕行的經歷，洪大容的思想信條發生了重大巨變[14]。

思想革命

洪大容的思想信念在燕行前後的變化，在某種程度上是非常顯著的，但相關資料有限，很難具體指出究竟發生了哪些變化。因此，本節將分析焦點集中於《詩經》小序和朱子《詩集傳》的詮釋關係上。觀察洪大容在經由與浙江杭州的讀書人議論後，對此產生怎麼樣的理解轉變。

本分析目的在於，透過洪大容與思想信念不同的浙人的筆談，可以看出他對於構成其思想基幹的朱子學產生部分懷疑。

筆談I

根據《湛軒書》外集卷二與卷三的〈乾淨衕筆談〉，洪大容與浙人對於朱子《詩集傳》評價的議論，是從嚴誠（字力闇，號鐵橋）於二月八日的以下發言開始的。

嚴誠說，朱子往往喜歡背離《詩經》小序的說法。但從現在的觀點來看，小序中其實有許多值得遵循的內容。因此，學者們不能全然相信朱子的見解。清朝的朱彝尊撰寫了《經義考》二百卷，糾正朱子的錯誤。自那以後的論證主張，朱子對小序的更動，大多出於其門人之手筆。

嚴誠吸收當時清朝知識分子對朱子學的批判，主張應當遵從《詩經》小序，批評朱子編寫《詩集傳》（修訂本＝今本）時，引用鄭樵說法，刪除小序，從而成為破壞經典的元凶。這也是對那些拘泥於《詩集傳》的攻序派學者所提出的批判。

筆談 II

對此，洪大容在二月十日寫了以下信件（〈與力闇書〉），反駁嚴誠。

《詩集傳》修正小序的偏限之見，根據詩文內容與義理加以解釋，使詩意生動鮮明。（……）也就是說，朱子深深領會詩人之意，提出前人尚未揭示之處。（……）我也大致看完小序的說法，（……）完全不符文理。朱子的解釋具備辯證性，小序的內容則多為因襲剽竊與強意立言。我曾試著依據小序的觀點閱讀《詩經》，卻如啃食木頭，毫無餘韻。自欺欺人，莫此為甚。（……）至於認為《詩集傳》非朱子手筆，而是出自門人之手的說法。如今距離朱子離世的時代並不久遠，前輩們對於義理的闡明沒有絲毫模糊不清之處。即使是如此主張者，也一定知道《詩集傳》是朱子親筆之作。只是見世人皆尊朱子，難以正面挑戰，所以才採用一種以圓滑辭令假意尊崇，表面附和、實則批判的方式，在暗中削弱其地位的方式。

嚴誠在二月二十三日回覆洪大容這封二月十日寫的〈與力闇書〉。嚴誠對於洪大容的反駁，冷冷回道「小序斷不可廢，朱子詩注有太多沒必要的反對意見，不敢苟同」。潘庭筠也表示贊同嚴誠的立場，表示「朱子廢小序，大多根據鄭漁仲（樵）的說法」。此外，陸飛也說「你尊崇朱子是極好的事情，但絕對不可強辯朱子廢小序一事」。同時還引用馬端臨的說法，指出朱子《詩集傳》的缺點，並總結道「我認為朱子有許多注書，其中一定包括門人代筆之作」。三人的主張都是基於當時清朝新興的考證學成果，論述雖不偏激，卻堅定不移。對此，洪大容回應，「此事無法靠言詞爭論，回家後詳細研究內容，若有妄見，再來回覆」。表示他未能接受他們的主張。

筆談Ⅲ

二月二十六日，洪大容以事前準備的文章闡述自己的學說，一如往常地堅定認為，「朱子最得意的就是刪除小序，對聖門多有助益。聽聞諸位先生們的議論，絲毫沒有豁然開朗之感，反而深覺悵然若失」。三位學者又再次反駁洪大容的回應，還說「來往書信太多次」。

出乎意料的是，論戰之後洪大容主動承認自己的理論錯誤，向三人表明自己心境上的變化。

東國（朝鮮）的人們只知朱子之注，不知其他。我這些逐一陳述的話，當然不是以為自己提出了什麼不可動搖的論點。關於小序，當初我只讀過一次就捨棄，並未再次深入探究，回國之後我會詳細加以檢討。

對於論戰圓滿落幕，〈乾淨衕筆談〉寫道，「眾人皆感欣慰」。

燕行後的朱子學批判

洪大容透過與中國清朝知識分子的筆談，接觸到了新的學術思潮，進而產生思想革命，儘管不是全面性，但也開始對於建構自己思想基礎的朱子學部分內容展開批判。

這種轉變最明顯地體現在《毉山問答》等作品中。洪大容在燕行之後，思想立場一方面仍尊奉老論的朱子學，但同時也勇於面對朱子學末流的弊害，亟思改革。此外，他的主張也缺乏一般朱子學者常見的道學固陋與牽強之風。

換言之，洪大容的思想帶有一種價值相對主義，建立在「信奉朱子（宗朱）」與「批判朱子（攻朱）」的微妙平衡上。

三、洪大容的基本思想

洪大容的基本思想，亦即燕行後的形成的思想，與李瀷相同，是建立在宗朱與攻朱的微妙平衡上。如對其思想內容加以整理，可歸納為以下三點：

第一，批評形式化、空洞化的朝鮮朱子學，主張「實學」，亦即立足於現實的、實用性的學問之必要性。

第二，支持中國的睦鄰外交開放政策，並走在時代前端地實踐了「北學」，積極吸收外國先進的文物與學術。

第三，提出「以天視物（從天的角度看待萬物）」的價值相對主義觀點。

實學

第一點的「實學」觀，很可能受到其恩師金元行的思想影響。根據《湛軒書》內集卷四〈祭渼湖金先生文〉（一七七二年），洪大容曾這樣記述金元行的教誨：

> 學問研究的要諦在於「實心」，行動指南在於「實事」。只要以「實心」來實踐「實事」，就能減少錯誤，事業也能圓滿完成。

又根據《湛軒書》外集卷一〈答朱朗齋文藻書〉（一七七九年）寫道：

> 東國儒學的「實學」，原本就應是這樣的。近世道學之矩度，即建立學派、排斥異說、傲慢自大、自我中心的私情，僅僅是為了爭勝逞強，沒有比這個更令人生厭。唯有以「實心」與「實事」為根本，並每日實踐於「實地」之上，才能把握學問的真義本質，學會「主敬致知」、「修己治人」之術，不會落入空虛表象的學問之中。

由此可見，洪大容所提倡的實學並不是全盤否定朱子學，而是要探究真正的朱子學。事實上，他自金元行門下求學以來的朋友黃胤錫，其代表作《理藪新編》，也正是大量引用實學書與西學書，發展出近似《性理大全書》風格的理論體系。

洪大容因撰寫作為實學一環的曆算專著《籌解需用》而聞名。他在曆算學方面的知識遠遠超越當時水準，尤其在西算知識上表現出驚人的見識。他是朝鮮史上首次介紹西歐三角法、並闡述地球自轉說的人。雖然沒有直接的紀錄，但其師金元行曾鼓勵洪大容從事曆算研究。這從黃胤錫《頤齋亂稿》中英祖三十三年（一七五七年）九月五日的記載可見，文中提到金元行曾引用朱子與宋時烈的史事，鼓勵黃胤錫進行數術研究等。此外，洪大容在其諸多主張中否定了華夷論，主張中華與夷狄之間並無本質差異，這也是極具現代化的觀點。這一思想同樣可以推測受到金元行的影響。金元行作為老論系洛論的代表人物，其哲學核心觀點之一就是「人物性同論」，即人類與禽獸的本性在本質上是相同的。

北學

第二點所謂的「北學」，即中國文化重視論，主張應當積極學習清朝（尤其是其中所包含的西學）先進的文物與學術，從朝鮮王朝力求掌握《時憲曆》這一點來看，也可視為回應時代風潮的體現。

朝鮮王朝接受西學，主要透過以下兩個途徑實現：（一）由在華耶穌會傳教士與其中國助手共同編撰、具有傳道甚至強制文化輸出性質的漢譯科學書；（二）每年出使北京的燕行使團，藉由與耶穌會傳教士的直接接觸來了解西學。當時耶穌會傳教士從未踏上朝鮮土地，因此朝鮮對西學的接受大多經由中國強烈的文化濾鏡過濾之後輸入，儘管有少數例外，但這一點仍是朝鮮王朝接受西學的主要特徵。

朝鮮王朝的知識分子開始接觸西學，幾乎與利瑪竇（Matteo Ricci）到中國的時間相同。光海君六年（一六一四年），芝峰李睟光撰寫《芝峰類說》，向朝鮮社會介紹了西歐情況，這是朝鮮接受西學的確切證據。不過，李睟光本人對西學的研究並未進入深入階段。

朝鮮的統治者在中國頒布《時憲曆》（一六四五年）前後，對西學研究頗感興趣，並將其視為政策上的一項重要課題。根據指引朝鮮政治的朱子學觀點，朝鮮既是清朝的朝貢國，就有義務實施清朝曆法。因此，仁祖二十三年（一六四五年），「觀象監提調金堉請求使用西洋人湯若望所制定的《時憲曆》」，經過觀象監官金尚範等人大約十年的努力，從孝宗四年（一六五三年）正月起，開始實施《時憲曆》（湯若望法）。然而，當時觀象監尚未製作常用曆附加之五星位置表。實際上，肅宗三十四年（一七〇八年）之後才真正施行「時憲曆五星法」。此外，英祖元年（一七二五年），朝鮮效法中國改曆，改用《新修時憲七政法》——《曆象考成》之康熙甲子元法（梅穀成法）。英祖二十年（一七四四年），再次將「躔離交食」的計算，改成噶西尼（卡西尼，Giovanni Domenico Cassini）法——《曆象考成後編》的雍正癸卯元法（《增補文獻備考．象緯考》）。由於必須及時因應清朝頻繁改曆，因此可以說，朝鮮王朝在外交層面上正式提倡並實踐北學，是毫無疑問的事實。

另一方面，北學也是洪大容違背當時燕行應有之舉與習慣、親身實踐的學問。洪大容為了學習最先進的學問，儘管有所限制，但仍努力練習中國語（北京話）會話，並與依據朱子學（名分論）來看應當羞恥的——編著辮髮的漢人知識分子交流，還和提倡邪說的在華耶穌會外國傳教士面談。此外，為了促進朝鮮社會改革，他調查中國的「市肆（市街商店）」、「飲食」、「屋宅」、「巾服（衣服）」、「器用」、「兵器」、「樂器」、「畜物」等，詳細記錄其構造與規格。[15]

但客觀來看，洪大容追求與異民族的和解，歸根結柢是呼應了中國清朝的睦鄰對外開放政策，對朝鮮王朝老論朱子學（華夷論）所主張的不務實清朝敵視政策（北伐論）構成批判，也意味著宋時烈提倡的僵化自尊政策的失敗。洪大容回國後，老論主流派的北伐論者斥責洪大容與清人交流之事，認為這是違反朱子學、帶有價值相對主義色彩的交友行為。從當時兩國的外交背景來看，這可說是無可避免的反應。

以天視物

第三點價值相對主義的視角，主要展現在《毉山問答》、《林下經綸》中。洪大容闡述自身的基本觀點如下：

> 從人（人類）的視角看物（禽獸草木），人貴而物不貴；從物的視角看人，物貴而人不貴。然而，從天的視角來看，人物無貴賤，完全平等。

他主張不應該建立在以人類為中心的價值觀之上（《毉山問答》）。「人物均論」的基礎是「以天視物（從天的視角看待萬物）」的觀點。人物均論與洪大容所屬的老論、洛論學派中主張之「人物性同論」的立場基本一致，因此無論他是否自覺，應視為受其影響所形成的觀點。

洪大容不僅是「以天視物」，不對人類和禽獸的本質加以區分而已，他還將這種價值相對主義的視角應用在人類社會的各種理論之中，認為「從天來看，無內外之分」。其代表性理論如下：

> 孔子為周人，當時周王室勢力衰微，諸侯亦不強。吳楚亂中夏，寇賊禍亂不止。《春秋》為周朝的史書，嚴格區分內外實屬當然。然孔子周遊海外，居住九夷，以夏文化變夷。若周道在域外興起，就內外之分與尊攘之義而言，必定（根據新理）寫域外春秋。這就是孔子之所以為聖人的原因。

其主張是從華夷論的思考解放，批判藐視異民族的心態（《毉山問答》），即所謂「域外春秋說」。洪大容又根據相同視角，也構想出一個不以能力劃分身分地位、萬民皆勞的社會理想（《林下經綸》）。

四、價值相對主義與西學知識

燕行後的洪大容，在現實與思想，或朱子學與反朱子學的矛盾糾葛中度過人生，也正是這兩股不同方向的力量之間的微妙平衡，成為洪大容形成價值相對主義的基礎。然而，《毉山問答》闡述的價值相對主義，並非消極脆弱的學說，其中充滿了提倡實學的強烈思想性，以及全面否定虛學的堅定自信。這種自信之所以成立，是因為洪大容的主張有堅定穩固的理論基礎支持。

地球說與第谷的宇宙體系

根據洪大容的《毉山問答》，支撐人類社會的責任、價值相對主義的理論基礎究竟是什麼？當然是來自西歐的科學知識[16]，也就是地圓說與第谷．布拉厄（Tycho Brahe）的宇宙體系。原因在於「人物之生本於天地」。

洪大容認為，大地是球形的，說道：

> 中國與西洋的經度相差一百八十度。因此，中國人以中國為正界，以西洋為倒界；西洋人以西洋為正界，以中國為倒界。事實上，載天履地，無論哪一界，既無橫豎也無正倒，均為正界。

此外，根據第谷的宇宙體系，其內容如下：

滿天星宿各自構成一個世界。從其他星界來看，地球（地界）也不過是眾多星體之一。如果宇宙（空界）中散布著無數世界，哪有地球位於宇宙中心的道理？

因此，第谷認為不應將地球視為宇宙的中心（空界之正中）。

價值相對主義的社會理想與天地相對性

洪大容運用西歐的科學知識，釐清天地的相對性後，進而論及「人物之本」、「古今之變」、「華夷之分」等主題。當人們意識到中國不是天下的中心，地球也不是宇宙的中心時，就沒有必要再尊崇中華，也無需再遵守華夷秩序。

價值的相對化是必然趨勢。洪大容懷著對自己國家遙遠前途的堅定信念，主張價值相對主義的社會理想，他的熱情無疑會跨越時代，傳達給後世的讀者。

五、北學派

北學派狹義來說是指老論系的洪大容到朴趾源一脈的思想傳承。洪大容是第一個主張學習中國高度文化，改革本國弊端的實學者，而將其學說發揚光大，掀起一場大型思想運動的推手則是洪大容的朋友朴趾源，及其弟子李德懋（一七四一—一七九三年）、柳得恭（一七四八—一八〇七年）、朴齊家等。

洪大容透過燕行，完成思想改革。歸國後，提出價值相對的社會思想。引領洪大容萌生新思想的，是他與清朝知識分子意氣相投的交流，而支撐他理論基礎的，是東亞新引入的歐洲數理科學知識。然而，洪大容的後繼者們，（一）通過熟讀《燕記》、《杭傳尺牘》，與洪大容共享海外旅行和學術交流之感動；（二）親自體驗燕行，確信北學的重要性；（三）各自實踐獨具特色的北學嘗試。從北學的理論發展來看，北學派源自個人的朋友關係，欽羨洪大容與異國知識分子交流，感嘆嚴誠（一七三二—一七六七年）之早逝，這些共通經驗成為這場思想運動的基礎與原動力。

北學派別名「利用厚生派」，就主張而言，此名稱十分適當。朴趾源撰寫《熱河日記》，闡述利用厚生（實用與富民）的重要性，完成北學的理論化。此外，他還寫了小說〈兩班傳〉、〈虎叱〉等書，揭露兩班階層的腐敗墮落。另一方面，朴趾源的弟子朴齊家、柳得恭、李德懋皆為庶孽（庶子）出身。他們都親身體驗過社會的差別待遇，對社會改革有強烈的願望。朴齊家於正祖二年（一七七八年）寫完《北學議》，後年獻給正祖，懇切地闡述北學之必要性。柳得恭著有《渤海考》，主張渤海應屬於朝鮮史的一部分。李德懋博覽強記，著有《入燕記》、《青莊館全書》等。

正祖（在位期間一七七六—一八〇〇年）的西學造詣頗深，經常拔擢實學者。正祖時期實學的興盛，與其說是受到洪大容、朴趾源的思想影響，不如說是時代趨勢的帶動更為恰當。正祖設置王室圖書館「奎章閣」，在以朱子學為正統學問的同時，廣泛鼓勵學術發展。在此背景下，當時除了朴齊家、柳得恭、李德懋之外，還出現了徐命膺（一七一六—一七八七年）、徐浩修、徐有榘（一七六四—一八四五年）、洪良浩（一七二四—一八〇二年）、成海應（一七六〇—一八三九年）、丁若鏞等大名鼎鼎的實學者。這些人或可被統稱為廣義的北學派。

其中尤以少論的徐命膺、徐浩修、徐有榘一家三代的學術成就最為突出。徐命膺的《考事新書》介紹約翰・納皮爾（John Napier）的策算，這是官員都該具備的數學知識；《考事十二集》則介紹了歐洲的筆算法。徐浩修精通「曆象之學」，著有《渾蓋通憲集箋》、《數理精蘊補解》、《律呂通義》等書。他擔任觀象監提調期間，負責監修《國朝曆象考》、《七政步法》。徐有榘經常上疏農業政策，透過經營改善與技術革新，努力提升王朝的農業生產力。他也為此編纂大量農業書籍，其中最具代表性的就是《林園經濟志》，別名《林園十六志》。

宋時烈（一六〇七—一六八九年）

尤庵略傳

宋時烈是李滉、李珥以降最重要的朱子學者。外界尊稱為宋子。字英甫，號尤庵、華陽洞主等。原籍為忠清道恩津。

宣祖四十年（一六〇七年）十一月十二日，生於忠清道沃川郡九龍村，是司饔院奉事宋甲祚的第三子[17]。光海君十年（一六一八年），宋甲祚告誡他，「朱子為後孔子、栗谷為後朱子，學習孔子當從栗谷開始」，並親自將李珥的《擊蒙要訣》傳授給他。仁祖八年（一六三〇年），宋時烈拜入李珥嫡傳弟子金長生（一五四八—一六三一年）門下[18]。

仁祖十一年（一六三三年），宋時烈參加生員考試，考上一等（狀元）合格。仁祖十三年（一六三五年），受到拔擢成為鳳林大君的師傅，負責授業一年多。鳳林大君就是後來的孝宗（在位期間一六四九—一六五九年）。

然而，仁祖十四年（一六三六年），後金改國號為「清」並稱帝，要求朝鮮朝貢與派兵協助。十二月，清兵突然入侵，爆發丙子戰爭（丙子胡亂）。宋時烈當時隨著仁祖逃往南漢山城避難並固守。次年正月，仁祖向清朝降服，向太宗（皇太極）宣示臣服，此為三田渡之屈辱。朝鮮除了巨額賠款之外，還被迫將昭顯世子與鳳林大君送往清朝作為人質。宋時烈暴怒，辭官返鄉。

仁祖二十七年（一六四九年），孝宗即位後，祕密計畫北伐，立刻拔擢金尚憲[19]等，並試圖排除金自點等親清勛臣。宋時烈接到召命後即刻入朝，受命成為進善、掌令、執義等官職。他上奏〈己丑封事〉，論述君德與政務，力陳尊崇明朝的大義與復仇雪恥的重要性。次年，孝宗元年二月，金自點一派為了剷除新進士林，向清密告國情，包括宋時烈在內的士林被迫還鄉。

孝宗九年（一六五八年）七月，宋時烈受命為贊善，九月被任命為史曹判官。在君王的絕對支持下，歷經將近一年祕密執行的北伐計畫終於啟動[20]。孰料，次年五月，孝宗突然薨逝，顯宗（在位期間一六五九—一六七四年）即位，北伐計畫遂告失敗。

孝宗去世後，宋時烈無意參與國政，遠離朝廷。儘管如此，他仍有極大的政治影響力，一言一句都能左右公論，可說是山林宰相（山林指的是學問見識與志操高尚的學者，發揮領導作用的人物）。雖然時間很短暫，但宋時烈仍曾受顯宗任命為右議政（一六六八年）與左議政（一六七二年），實際參與政務。

然而，顯宗朝也是黨爭，亦即執權黨和對立黨政治抗爭最激化的時期。宋時烈作為西人和老論的領袖，與南人發生激烈對立，導致毀譽參半，度過波瀾萬丈的人生。

最初引發嚴重對立的是「禮說」（服喪之禮）的爭論。孝宗十年（一六五九年）孝宗薨逝後，兩黨在仁祖繼妃慈懿大妃的服喪期間激烈爭訟，此即所謂的「禮訟」。宋時烈等西人主張服喪一年，南人尹鑴等人主張服喪三年。領議政鄭太和支持一年之說，廷議決定服喪一年。但在顯宗元年（一六六〇年），南人許穆與尹善道再次上疏，指責一年之說的謬誤，並彈劾宋時烈等人。雖然許穆與尹善道提出的彈劾案以失敗告終，但南人仍持續上奏，攻擊西人的禮說。到了顯宗十五年（一六七四年）二月，孝宗王妃仁宣大妃逝世，慈懿大妃的服制再次成為議題。同年八月，顯宗昇遐（駕崩），肅宗（在位期間一六七四—一七二〇年）即位，南人終於成功糾彈西人犯下「誤禮」、「亂統」之罪。

肅宗元年（一六七五年）一月，宋時烈遭流放德源，六月改流放長鬐。肅宗五年（一六七九年）四月，遭強制移居至巨濟。宋時烈根據《春秋大全》隱公四年條例指出，「春秋之法，治亂臣賊子之前，先治其黨羽」，主張不僅應懲處主惡（張本），也要處罰從賊（從犯）（《言行錄》）。南人也提出相同主張，力陳應將宋時烈處以死刑，盡除西人。許穆、尹鑴等人便是代表人物，此派被稱為「清南」。

然而，肅宗六年（一六八〇年）四月，西人金錫胄、金萬基、金益勳等告發南人謀逆，不只南人領袖許積，就連與事變無關的尹鑴也遭到處刑。此事導致南人大舉失勢，被稱為「庚申大黜陟」或「庚申換局」。同年六月，宋時烈獲得赦免，十月被任命為領中樞府事。宋時烈再次被召回朝廷，聲望一時震動朝野，與拒斥南人的功臣勛戚們結成一派。肅宗八年（一六八二年），西人勛戚派在宋時烈的默許下，[21] 誣告無辜南人，企圖獨攬權勢，反遭西人清議派彈劾。勛戚派與清議派反目的結果，次年西人分裂成老論與少論。以宋時烈為首，企圖徹底去除南人的是老論；標榜穩定和平現實主義的是少論。

肅宗十五年（一六八九年）一月，西人不分老論或少論，集體反對冊封昭儀張氏（朝鮮三大惡女之一張禧嬪）所生的王子（後來的景宗）為元子（世子），這觸怒了國王，大批西人因此遭到罷黜。結果南人再次掌權，並對過去遭受的政治迫害展開報復。宋時烈遭到拔官，貶至濟州，金壽恒被流放至珍島，這場政局變動稱為「己巳換局」。宋時烈於同年六月八日，在井邑服毒身亡，[22] 享年八十三歲。

宋時烈留下許多作品，除了文集《宋子大全》之外，還有學術著作《文公先生記譜通編》、《小學諺解》、《朱子大全劄疑》、《程書分類》、《朱子語類小分》、《心經附註釋疑》、《朱文抄選》、《節酌通編》、《論孟或問精義通考》、《朱子言論同異考》、《退溪書劄疑》等。

西南黨爭最終在肅宗二十年（一六九四年）的「甲戌換局」上演大結局。肅宗透過政權再調整，使西人再度掌權，恢復宋時烈（已故）等人的官爵，南人遭受致命性的打擊，此後再也無法掌握大權。黨爭就在南人徹底沒落的情況下收場，宋時烈嚴格執行排除異端政策，大獲全勝。

李珥嫡傳與退栗合璧

《朝鮮王朝實錄》的〈卒記〉對宋時烈的學問評價為，「其學以朱子為主，若論東儒（朝鮮儒學）則必推李珥為第一。其言行語默、出處進退，道遵朱門程法。若論其學問成就，高遠宏大非近世群儒所能及」。

宋時烈當時受到的高度評價，來自於他作為政治執政者，實踐了朱子學的絕對化，即思想上的全面統制，獨尊朱子學，並藉此成功克服倭亂胡亂後的社會危機。宋時烈之所以創下偉大成就，在於他不僅將朱子學精神廣泛普及於朝鮮社會，還嚴格施行其原理，大肆宣揚春秋大義的政治理念。宋時烈闡述的春秋大義是「明理正倫」與「尊華攘夷」。「明理正倫」是指闡明天理、端正人心，達成去除異端、扶持正學的目的。宋時烈打擊異端時，主張除了主惡（主犯）之外，連從賊（從犯）也必須懲罰，並將朱子學的改革者稱為「斯文亂賊」，果斷懲處。「尊華攘夷」即尊周大義與為明復仇，這也是宋時烈主導的北伐論的思想依據。

宋時烈立志透過道學政治來克服危機，其政治思想強烈表現出李珥嫡傳的道學性格。然而，朱子學的學術研究由訓詁學和哲學兩部分構成，宋時烈在這兩方面的研究中，皆繼承了李珥學說，還呈現「退栗合璧」的傾向——試圖綜合與折衷退溪學和栗谷學兩大學派的學說，完成朝鮮朱子學的集大成。

宋時烈繼承李珥學說，徹底批判李滉學說的謬誤，其代表作如《退溪四書質疑疑義》（一六七七年）便屬此類。但若說他最犀利的批判，莫過於對李滉「四端七情理氣互發說」的質疑。宋時烈在《朱子言論同異考》中，引用李珥學說，主張「理氣互發」的理論並不成立。也就是說，李滉建立學說的根據是《朱子語類》中的「四端是理之發，七情是氣之發」。然而，實際上有以下幾點可以駁斥這一觀點。（一）在七情中，舜之喜與文王之怒等，明顯是純善之情感；（二）《禮記》、《中庸》對七情的討論是統言而論，在此情形下，七情皆源於性，亦即出於理（理發）；（三）孟子從七情中摘取純善者，命名為四端。以上三點與李滉提出之「理氣互發說」相互矛盾。由此可見，《朱子語類》中所記，很可能是記錄者的筆誤云云。

另一方面，尤庵學亦可見其企圖綜合、折衷李滉系和李珥系等以往一切學術研究，從而對朝鮮儒學進行總結和整合。在訓詁學方面，《節酌通編》是李滉的《朱子學節要》與其再傳弟子鄭經世的《朱文酌海》之合訂本；《朱子大全劄疑》是對李滉門下《朱子書節要記疑》的補充版本；《心經附註釋疑》是對李滉弟子李德弘《心經質疑》的補充本。可見宋時烈對李滉在訓詁學上的依賴是無法否認的。

宋時烈的「直」之哲學，也能發現退溪學的深遠影響。宋時烈臨終之際曾誡勉弟子，「天地萬物之所以生，聖人萬事之所以應，唯有直。孔孟以來相傳，唯此一直字。朱子臨終，也以直告門人」。實現「直之道」的方法，為「敬以直內」、「直以養氣」。然而，若要力行「敬以直內」，必須以敬為本，這也是李滉敬之哲學的根本命題。因此可以認定，宋時烈在退溪學的影響下，開創了屬於自己的「直之哲學」。

尹鑴（一六一七—一六八〇年）

白湖略傳

尹鑴是朝鮮朱子學史上最大的改革思想家，也是第一位被稱為「斯文亂賊」的人。字希仲，號白湖。原籍全羅道南原。

光海君九年（一六一七年）十月十四日出生，父親為大司憲尹孝全、母親為慶州金氏。南原尹氏為小北家系[23]。祖父尹喜孫在李仲虎門下求學，父親尹孝全師從閔純與鄭逑。李仲虎和閔純是徐敬德的高足弟子、鄭逑拜曹植與李滉為師。徐敬德和曹植是為朱子學注入新風的清隱學者。此外，母系的慶州金氏也與清隱學者成運（號大谷）有血緣關係，因此與正統朱子學者的學風略有不同。光海君十五年（一六二三年），仁祖發動「反正」。參與反正的臣子視尹孝全為奸臣（助長光海君惡政），因此革去其官爵。不過到了仁祖七年（一六二九年），尹鑴上奏為父親申冤，才恢復官爵。仁祖十四年（一六三六年）爆發丙子胡亂，次年宋時烈告知屈辱的談和內幕，不禁痛哭，決定不再當官。此後三十九年，閉門專心研究朱子學。尹鑴雖屬南人，但從不談論黨派立場，廣泛結交當代名儒，包括南人權諰、許穆，以及西人宋時烈、宋浚吉、尹宣舉、俞棨、李惟泰等。

孝宗十年（一六五九年）己亥，孝宗（仁祖第二子）昇遐。仁祖繼妃慈懿大妃的服喪年限激化了西南黨爭，宋時烈等執權黨的西人主張服喪一年，對立黨南人許穆等主張三年。針對此事引發的「禮訟」

持續數年，最終於顯宗十五年（一六七四年）甲寅，隨著肅宗即位才告一段落，史稱「甲寅禮訟」。南人勝利之後，宋時烈等己亥年主導議禮諸臣遭到問罪，西人的執權體制就此告終。然而，這場禮訟不僅是西南黨爭，也意味著宋時烈與尹鑴在學術上的對立和理論鬥爭。因為宋時烈提出服喪一年，尹鑴則提出服喪三年。此外，西人尹宣舉等人反對領袖宋時烈的政治判斷，仍持續與尹鑴保持交流（與尹鑴的關係最終導致西人分裂成老論與少論），這一點也使宋時烈對尹鑴的評價十分嚴苛。宋時烈認為問題不只出在尹鑴的政策，更指向其思想本質，因此認定其為「斯文亂賊」。

肅宗元年（一六七五年）正月，尹鑴不顧自己已屆五十九歲，接下成均館司業一職，踏上官途。這是因為他在前一年聽聞清朝爆發吳三桂三藩之亂，認為這是興明雪恥的最佳機會。尹鑴當官後頻頻破例升職，五月任司憲府大司憲，六月任議政府右參贊，七月升任吏曹判官。然而，肅宗六年（一六八〇年）四月，爆發庚申換局。五月二十日，西人指控尹鑴向肅宗進言「應監察慈聖大妃之動靜」，認為尹鑴此舉是意圖離間國王母子，因此依此罪名判處尹鑴死刑，享年六十四歲。

尹鑴的學術思想

白湖學的核心精神為思考、詮釋的自由，正如當時所說，他相信「天下義理無窮」。朱子學以排他性與絕對性為信條，但白湖學試圖相對化朱子學，摸索將朱子學中的異說與非定論命題納入正統體系之中。尹鑴的思想並非異教思想，而是屬於朱子學框架內的異端，完全是在朱子學的基礎上進行深入考察。他的思想實驗可說是退溪學思想折衷主義的極致體現，或者說是其對源於清隱學的回歸。

若舉出尹鑴的典型學術實踐，則不得不提《讀書記》的〈中庸說〉、〈大學後說〉。尹鑴以朱子的定論「《大學》與《中庸》互為表裡」的前提，指出《大學》提出「明德至善」卻不言性，《中庸》言性情卻不言心（兩書並無文字上的承襲），因此解釋說兩者實則互為補充。《大學》雖未詳述性命之理，但《中庸》有詳述之；《中庸》雖未詳論格致義理，但《大學》有詳述之。尹鑴藉此大幅擴展了朱子的理論體系。

具體來說，他採取了以下方法：（一）分章。他為了明示兩書之間互補的關係，修改朱子的章句分法，甚至刪除原本的章句體系。以《大學》為例，將章句的「經一章、傳十章」的架構，重新編排為四個節。分別是上節（由章句的經一章、傳五章構成）、二節（傳六章、傳三章後半）、三節（傳一章、傳二章、傳三章的前半、傳四章）與四節（傳七章、傳八章、傳九章、傳十章）。至於《中庸》，他將章句的三十三章重構為十章二十八節（例如二章二節是由章句的二章、三章構成），各章的主要命題和分章大旨為天命、中庸、費隱、行遠、文王、博學、自成、聖人、仲尼、尚絅等。（二）詮釋方法。主張朱子的格物不等於窮理，將「格」訓釋為「感通」，並認為格物兼具窮理（道問學）與明善（尊德性）雙重意義。（三）後說。將自己對《中庸》、《大學》的詮釋，收斂統整於朱子的〈白鹿洞規〉，將「格物致知」的具體實踐方式定為「博學、審問、慎思、明辨」，之後依序說明「誠意、正心」的修養方法，乃至於「修身、齊家、治國、平天下」的具體實踐之道。

是否應該接受朱子定論以外的命題，成為評價尹鑴的分歧點。如果將他對朱子學相對化的嘗試視為一種有意義的思想實驗，那麼「白湖學」無疑可稱得上是一個精彩的思想體系。

朴趾源（一七三七—一八〇五年）

燕巖略傳

北學派理論的完成者。字仲美，號燕巖。原籍為全羅道潘南。

英祖十三年（一七三七年）二月五日出生於漢城。父親為處士朴師愈，母親為李昌遠之女。雖是大族後代，但很早就喪父，由祖父朴弼均養育成人。祖父憐孤，不嚴格管教，教育方式相當自由。他真正勤奮向學是在英祖二十八年（一七五二年），娶了李輔天之女為妻，並拜妻舅、弘文館校理李亮天為師，學習書史與文章。爾後發憤圖強，努力學業多年後，已能通曉經史百家之言。

朴趾源的個性豪放磊落，放棄科舉功名，恣意譏斥當權者與偽學欺世之輩，毫不留情，絕不妥協。結果，長期未曾謀得一官半職，生活極為窮困。當時的碩學俊才愛惜其學識，如李德懋、柳得恭、朴齊家等人皆拜其門下。正祖元年（一七七七年），為了躲避權臣洪國榮的迫害，移居黃海道金川的燕巖峽，字號便源自此地名。正祖四年（一七八〇年），跟著官拜進賀兼謝恩使正使的三堂哥朴明源燕行。前往熱河，在大學館下榻，並與中國知識分子交流對談。他的《熱河日記》即為燕行紀錄。

正祖十年（一七八六年），擔任繕工監假監役，之後歷任司僕寺主簿、義禁府都事、齊陵令、漢城府判官等職。正祖十五年（一七九一年）冬，官拜安義縣監，滿秩六年即辭職。正祖二十一年（一七九七年），再度就任沔川郡守。正祖二十四年（一八〇〇年），調任襄陽府使。次年以年老和健康問題為由辭職。純祖五年（一八〇五年）十月二十日去世，享年六十九歲。

燕巖學

根據金澤榮的《燕巖傳》，朴趾源之學為「雖周流百氏，而根柢在乎六經。文章疏蕩典潔，上追司馬遷、韓愈，而餘波浸淫乎蘇軾。屹為本邦第一名家。旁涉兵農錢穀、天文地理、書畫聲律，下至百工之技巧」。由《燕巖傳》以文學為主體來看，燕巖學的一大特徵無疑就是其文學性。代表作品包括〈兩班傳〉、〈虎叱〉、〈許生傳〉、〈烈女咸陽朴氏傳〉等。其中〈許生傳〉是一本小說（稗官奇書），講述一名儒生透過經商累積巨額財富，並建立理想社會的故事。內容多有諷刺孝宗和宋時烈的北伐論之處。〈虎叱〉則借老虎之口揭露儒者的偽善，斷言「儒即諛（諂媚之人）」，批判當時顯學，亦即朱子學禮說的本質卑屈與其維護身分制度的傾向。

燕巖學另一個特徵是，不僅詳述車制（車輛制度）等北學的具體內容，更從理論層面加以說明。朴趾源在《熱河日記》中主張，「應全面學習中華之遺法，改變我俗之椎魯（缺點）」，並指出北學的首要課題應為耕蠶陶冶、通工惠商（〈馹汛隨筆〉）。他還說明應重視工商業的理由，是因為《書經．大禹謨》所列的「三事」（利用、厚生、正德）中，以利用最為重要（〈渡江錄〉）。

此外，朴趾源在〈擬請疏通庶孽疏〉中，斥責朝鮮風俗狹隘固執，指摘遺棄人才的愚蠢，主張應廢除庶民階層的身分限制。

丁若鏞（一七六二—一八三六年）

茶山略傳

星湖學派最後的偉人。字美庸、頌甫，號茶山、與猶堂、三眉、俟菴。原籍為全羅道羅州。英祖三十八年（一七六二年）六月十六日出生於廣州馬峴。父親為晉州牧使丁載遠，母親為海南尹氏、德烈之女。父母皆出身於南人名門。羅州丁氏以大司憲丁胤福為八世祖，旁系的丁時翰（胤福的曾孫）也是繼承畿湖學統的碩學，名氣頗高。外家海南尹氏是與宋時烈進行禮訟論戰的禮曹參議尹善道之後孫。兄弟有四人，長兄若鉉、二哥若銓、三哥若鍾，若鏞是么弟。兄弟親戚包括丁若鍾在內，不少人與朝鮮基督教史有關，例如長兄的內弟李檗、女婿黃嗣永（一七七五—一八〇一年）、丁若鏞的妹夫李承薰等。

英祖五十二年（一七七六年）上京後，追隨李家煥、李承薰等人，閱讀李瀷的遺稿，欣然立志向學。正祖七年（一七八三年）通過增廣監試，成為生員，遊歷大學。正祖十三年（一七八九年）科舉考試以甲科第二名及第，被任命為奎章閣抄啓文臣。歷任司諫院正言、司憲府持平等職，正祖十六年（一七九二年）升任弘文館修撰。奉正祖之命規劃水源城制，設計起重機、滑輪等，大幅降低建築成本。正祖十八年（一七九四年）成為京畿暗行御史，祕密調查並告發地方官員的罪行。次年歷任司諫院司諫、同副承旨，再升任兵曹參議。可謂「寵愛嘉獎超越同僚，前後受賞不可勝記」。不料，中國神父周文謨被發現潛伏在漢城，丁若鏞受到僻派攻擊，被降職為忠清道金井察訪。次年雖返回朝廷任職，但僻派的攻擊並未停止。正祖二十一年（一七九七年）就任外職黃海道谷山府使。正祖二十三年（一七九九年）擔任兵曹參知、刑曹參議，僻派仍不斷攻擊他「提倡邪教、密謀造反」。

正祖二十四年（一八〇〇年）六月，正祖駕崩，純祖即位。老論僻派掌握政權，於純祖元年（一八〇一年）發動辛酉邪獄，嚴禁西教，徹底鎮壓南人時派。李承薰、丁若鍾等人遭到處死，李家煥、權哲身等人慘死獄中。丁若銓與丁若鏞分別被流放至全羅道薪智島與慶尚道長鬐。殘酷的邪獄激怒了黃嗣永，向北京主教書寫密信，請求派遣西歐艦隊以援助信徒，不料東窗事發，此即著名的「黃嗣永帛書事件」。事件最終以丁若銓被發配至全羅道黑山島，丁若鏞被發配至全羅道康津收場，告一段落。

丁若鏞流放康津長達十八年。流放當初，他幽居於東門外一家酒店的狹小後房中。純祖八年（一八〇八年），移居至萬德山（茶山）麓的尹慱山亭（稱為茶山草堂）。尹慱是尹復的六世孫，是丁若鏞母親的遠房親戚。得尹氏資助，丁若鏞藏書千餘卷，專心研究與著述。純祖十八年（一八一八年）被放還後，他返回馬峴舊居，繼續過著學究生活。憲宗二年（一八三六年）二月二十二日，在馬峴與猶堂過世，享年七十五歲。

茶山學

丁若鏞共留下五百餘卷著述，被認為是朝鮮史上產出最多文獻者，這些著作收錄在《與猶堂全書》中。他在〈自撰墓誌銘〉對茶山學作了解釋，「六經四書，以此修己。一表二書，以此治天下國家。蓋備本末之道也」。「一表二書」指的是他的代表作《經世遺表》、《牧民心書》、《欽欽新書》。

丁若鏞的六經四書之學，以朱子學相對化的極致來形容，最恰當不過。他一方面堅守朱子學宏大的理論架構，另一方面卻對其中個別命題的邏輯矛盾提出徹底批判（亦即統合信朱與攻朱並昇華至更高層次），這是他最大的特徵。具體而言，在星湖學左派思想的影響下，他試圖摸索朱子學理論與基督教教義的矛盾與調和，同時援引清朝考證學的方法論，使朱子學的經解更具嚴謹性。他對朱子學個別命題的毫不保留地批判，正反映出他對朱子學的深入研究。他曾自述，「鏞在謫十有八年，專心經典」，「以此修己」（旁注黑點為筆者所加），並留下包括《陶山私淑錄》等多部專門研究朱子學的著作，顯示他對朱子學研究之深。「修己」正是朱子學的基本原則之一。此外，受到北學派影響，他重視「利用厚生」，主張應學習中國的實學與技藝（〈技藝論〉）。然而，丁若鏞不像李瀷和洪大容具備正確的西學（中國新式妙制之源流）知識，而是始終停留在人文學的理論建構層面，這一點也是理解茶山學的重點。這主要是因為流放生活讓他錯失接觸西歐漢譯科學書籍的機會，但也突顯了茶山學在主張實學時所面臨的理論限制。

丁若鏞的基督教式朱子學理論，基本上源自於在華耶穌會所提出的補儒論（以基督教教義獨立詮釋，作為對儒學的補充），但他提出的某些命題甚至超越了此理論。以《中庸》開宗明義最基本的句子「天命之謂性，率性之謂道，修道之謂教」的解釋為例，丁若鏞基本上雖然遵循朱子的詮釋，即「天命之謂性，率性之謂道，修道之謂教」，但對於章句中的命題「天以陰陽五行化生萬物，氣以成形，而理亦賦焉……」則明確反對。具體來說，（一）朱子學認為天有自然之天、主宰之天（上帝）和義理之天，丁若鏞原則上不承認義理之天，他認為天指的是上帝（《中庸自箴》）。（二）「太極為天地未分之先，渾敦有形之始，是陰陽胚胎、萬物太初」。生成萬物的太極為「元氣」、第一質料，不能視為無形之理（《易學緒言》）。（三）理之原義為「玉石之脈理」，假借為「治理」之意。從訓詁學來看，理從來就不是形而上的概念，朱子學的理只是借用了佛教「無始自在，輪迴轉化」的概念罷了（《孟子要義》）。（四）氣為四元，亦即四大（火、氣、水、土）之一。「後世理氣之說是極其錯誤的」（《孟子要義》）。（五）根據亞里斯多德的《論靈魂》，他否定朱子學的重要命題「性即理」，主張人與物的本然之性並不相同（《孟子要義》）。

丁若鏞以「修己」為學問的根本，潛心探究六經四書，同時也深入研究「治人」之道。「修己治人」正是朱子學的核心結構。他的《經世遺表》、《牧民心書》、《欽欽新書》便是其治人學的具體體現。《經世遺表》的原名是《邦禮草本》。闡述國家官制的改革方案，擴及田制與賦貢制。原則上官制參考《周禮》，將天地春夏秋冬等六官為基礎，設立六曹，並大幅減少官員人數，各曹只有二十人（總數由三百六十人減至一百二十人）。議政府置於六曹之上，判書可自行裁決大事，所屬官員專司各項業務。並提議新設官職，如掌管北學的利用監等機構。田制則提倡古代的井田制，將十結田中的一結作為公田，由農民共同耕作。《牧民心書》為地方行政的改革方案。主張「牧為民有也（官為民設）」，強調地方官應遵循「律己、奉公、愛民」三項紀律，寫作目的在於去除地方官員的積弊。《欽欽新書》為司法制度的改革方案。

崔漢綺（一八〇三—一八七七年）

惠岡略傳

東亞氣哲學的集大成者。字芝老，號惠岡、浿東、明南樓等。原籍為京畿道朔寧。

純祖三年（一八〇三年）出生於開城，父親為處士崔致鉉，母親為清州韓氏。出生後不久，過繼給昆陽郡守崔光鉉當養子。出身並非名望家族，朔寧崔氏的十五世祖崔恒，於世祖朝升任領議政，但家族在中世一度沒落，到了曾祖父時才再次成為兩班，屬於新興的士族階層。

純祖二十五年（一八二五年），他以式年試生員第三等五十一名合格。不過到了中年，他放棄了科舉學業及仕途，致力於研究學問，專心讀書與著述。著作數量龐大，涵蓋數學和醫學等各個領域，主要整理於《明南樓叢書》、《明南樓全書》。高宗十四年（一八七七年）六月二十一日過世。

惠岡學

惠岡學的本質為氣學、氣一元論。在他看來，「氣」是一種具有「活動與運化」性質的微小有形物質，為「實理之本」。他不僅認為自然界中包括神（精神）在內的所有物質都是由「氣」構成的，還主張「理是氣的條理」、「理存在於氣之中」。

惠岡的氣學強調實用與經驗，重視數量化與驗證。他認為人在認識事物時，會經歷（一）「推測」，

（二）「驗證」與「變通」這兩個過程。也就是說，人類透過經驗與思考，認識外部世界的法則性，此為「推測」。但因「推測」的特性是「易入虛雜」，若光憑推測無法獲得正確結論。根據崔漢綺的說法，透過「驗證」與「變通」，得到客觀性（運化之理）時，若此時推測之理與運化之理一致，便能達成正確的認識。

崔漢綺討論氣之運動（活動與運化）時，將其區分成「三等運化」——（一）大氣運化、（二）統民運化、（三）一身運化。「大氣運化」指的是自然界氣之運動，「統民運化」是人類社會氣之運動，「一身運化」則是人類身體氣之運動。「三等運化」的理論，被他視為學術研究的基本原則，在其氣哲學（代表書籍為《氣測體義》）的統攝之下，分別對應到數理科學（代表書籍為《星氣運化》）、社會科學（代表書籍為《人政》）、生命科學（代表書籍為《身機踐驗》）等領域，主張探究真理、追求實用。但崔漢綺不只製作氣學的草圖，他也援用當時最先端的知識納入氣學的各個子領域，並試圖以氣的概念來詮釋這些最新知識。例如，他大量引進西洋科學知識，並將其作為氣學的一部分來進行論述。

以《星氣運化》（一八六七年）為例，雖然本質為一部氣學著作，但內容主要根據英國著名天文學家威廉・赫雪爾（Frederick William Herschel）的原著，由偉烈亞力（Alexander Wylie）翻譯成漢文，再由李善蘭加以刪訂的《談天》所編撰而成。書中不僅介紹了克卜勒（Johannes Kepler）的橢圓軌道理論，還闡述了哥白尼（Nicolaus Copernicus）的地動說，並以牛頓（Sir Isaac Newton）的萬有引力定律來說明天體運行，充分描述了當時西歐天文學知識之概要。

然而，這種試圖將各門學科納入氣學體系的學術取向，是在惠岡學後期所建立的觀點，與他早期偏重實用的科學研究風格有很大不同。而且，氣學體系內的科學理論，存在一些問題：（一）東方與西方科學的混合融合未臻完善；（二）常省略基礎理論與原理性的敘述；（三）不同理論之間出現矛盾與不一致的情況。因此，若以純粹的科學理論標準來衡量，難免遭到「不夠完善」的批評。

李濟馬（一八三七—一九〇〇年）

東武略傳

四象醫學的開創者。字懋平、子明，號東武。原籍為全羅道全州。

憲宗三年（一八三七年）三月十九日出生於咸鏡道咸興，為進士李攀五的庶子。朝鮮太祖李成桂的高祖父次子，安原大君李珍的十九世孫。少年時期喜好騎馬射弓，夢想將來成為武人。高宗十二年（一八七五年）登用武科。次年，任武衛別選軍官，擔任武威將。高宗二十三年（一八八六年）成為鎮海縣監，高宗二十七年（一八九〇年）再次上京任職。高宗三十二年（一八九五年）回到咸興，次年建陽元年，崔文煥叛亂危及咸興，李濟馬平定叛賊，因功被授予正三品通政大夫宣諭委員。光武元年（一八九七年）任高原郡守，光武二年（一八九八年）辭官，次年在咸興萬歲橋附近開設保元局，治療病人。著作包括《東醫壽世保元》、《格致藁》等最為著名。

東武學

東武學是指李濟馬的哲學體系，整體而言可稱為四象哲學，但因其論述以醫學為主，或許稱之為四象醫學更為恰當。高宗三十一年（一八九四年），他五十八歲時完成了四象醫學的完整架構，正是他寫完《東醫壽世保元》定稿之年。

《東醫壽世保元》將人的體質分成四類，分別是「太陽人」、「太陰人」、「少陰人」、「少陽人」，並依據器官構造、氣質與疾病差異進行說明。以「太陰人」為例，其體質特徵為：形貌肌肉結實，體型端正，臟腑肺小肝大。性情浪樂深喜，欲靜不欲動。病症為胃寒而外感寒症，肝受熱而內熱等。「太陽」以下的名稱來自《易》的「四象」理論[24]。這一點可以從以下兩處明確看出：（一）《東醫壽世保元》的四端論提到，「五臟之心為中央的太極，五臟的肺脾肝腎為四維之四象」；（二）《格致藁》卷二引《易．繫辭上傳》的「易有太極，是生兩儀，兩儀生四象，四象生八卦，八卦定吉凶，吉凶生大業」，並解釋說「太極即是心」。至於四象人的人口比例，根據李濟馬的觀察，太陰人占總人口的百分之五十，少陽人占百分之三十，少陰人占百分之二十，而太陽人極為稀少，幾乎不存在。

基本上，疾病的治療是根據東漢張仲景《傷寒論》所列出的六種病症來進行分類：（一）太陽病、（二）陽明病、（三）少陽病、（四）太陰病、（五）少陰病、（六）厥陰病。李濟馬大致將太陰病、少陰病和厥陰病列為少陰人的病症，將少陽病列為少陽人的病症，將太陽病和陽明病列為少陽人、少陰人和太陰人的病症。概括來說，他主要是參考《傷寒論》等中國臨床書中詳細記載的病症分類與對應處方來進行治療。

其他人物

一、理學者略傳

權尚夏

一六四一——一七二一年。李珥畿湖學派的嫡傳弟子。字致道，號遂菴、寒水齋、黃江等。原籍為慶尚道安東。權氏為安東大姓。

仁祖十九年（一六四一年）五月八日生於漢城，父親為執義的權格，母親為咸平李氏、楚老之女。顯宗二年（一六六一年）中進士，同時拜入宋時烈、宋浚吉門下。顯宗十二年（一六七一年）權格過世，重新確認父親遺命後，遵照遺命絕意仕途，專心研究為己之學。肅宗元年（一六七五年）移居忠清道清風，繼續閉關向學。肅宗六年（一六八〇年）庚申換局後西人掌權，他立刻探望宋時烈。之後十年，大半時間在其門下一同分類二程語錄，並校正《朱子大全劄疑》等書。肅宗十五年（一六八九年）己巳換局，南人掌權，宋時烈遭到處死，臨終時託付遺命給他。肅宗二十年（一六九四年）甲戌換局，西人復權，宋時烈也得以恢復爵位。朝廷內外的士人多歸附老論，首重權尚夏。但也有如尹拯等少論派厭惡宋時烈嚴苛的排他性，因此權尚夏致力於實踐宋時烈的遺命，針對外界的責難為其辯護。景宗元年（一七二一年）八月二十九日過世，享年八十一歲。

權尚夏是公認的宋時烈高足。宋時烈遺命之一是「釐清春秋大義（尊王）」。他在華陽宋時烈舊宅的南方興建萬東祠，並於明毅宗（崇禎帝）殉國的甲申年（崇禎自縊於一六四四年〔甲申年〕，經一甲子六十年後，一七〇四年又來到了甲申年）舉辦神宗（萬曆帝）、毅宗的祭祀儀式。同年上言肅宗，建議在王宮內設置祭壇，以國家儀典奉祀明神宗，以報其再造之恩，稱為大報壇。不過，比起宋時烈強烈的思辨哲學思想，權尚夏論學更偏向承襲精密的訓詁學。他完成了宋時烈為朱子學研究所編的多部著作。若沒有權尚夏的補訂，則難有《朱子大全劄疑》、《程書分類》、《朱子語類小分》、《心經附註釋疑》、《論孟或問精義通考》、《退溪書劄疑》等經典之作的完成。他代表性的學術貢獻之一〈四七互發辨〉也可感受到細讀編纂的訓詁學風格。例如解釋《中庸》序的「人心……生於形氣之私」一句時指出，「氣字指的是耳目口鼻」；而解釋四端七情說的「七情之氣發」時則說「氣字指的是心」。他主張語言簡明、理義清楚，明確批判了李滉學派將形氣之氣與氣發之氣（心上之氣）視為同一的互發說。

韓元震

一六八二—一七五一年。宋時烈心學的嫡傳人物，主張「性相異論者」，為湖學的重要代表人物之一。字德昭，號南塘。原籍為忠清道清州。

肅宗八年（一六八二年）九月十三日出生，父親為韓有箕，母親為咸陽朴氏、崇阜之女。清州韓氏為古朝鮮王箕子後裔。開國功臣領議政韓尚敬之後孫。肅宗二十五年（一六九九年），韓元震十八歲時自許聖賢之學。肅宗二十八年（一七〇二年）二十一歲時，聽聞宋時烈嫡傳弟子權尚夏在黃江講學，韓元震前往從學。肅宗四十三年（一七一七年），因學行優異被推薦任寧陵參奉。景宗元年（一七二一年）擔任翊衛司副率，但遭遇辛丑換局，老論失勢，遂自行請辭。英祖元年（一七二五年），老論復權，他也官復副率，擔任宗簿寺主簿，拔擢成為經筵官。但因反對英祖採行老少並用的蕩平策，攻擊少論，至英祖三年（一七二七年）丁未換局後，少論掌權，他便回鄉隱居。英祖十七年（一七四一年）授命復職，要他擔任司憲府掌令（一七四三年）、執義（一七四七年）等職，但皆未赴任，專心投入學術研究。英祖二十七年（一七五一年）二月八日過世，享年七十歲。

南塘學的概要為：（一）奉行宋時烈提倡的春秋大義；（二）主張人物之性有偏全之別（即人與物之性質有本質區別）。具體來說，（一）韓元震認為，春秋大義強調的是「明理正倫」和「尊華攘夷」，即「清明天理、端正人心、去除異端、扶持正學」。他更主張中華與夷狄本質不同，對於一些學者推尊元朝朱子學者許衡為聖門真儒，批評其為「華夷無分之說」，加以駁斥。（二）修正朱熹的理氣心性定論，提出「性三層說」，將本然之性分為二種，合為三層。第一層對應《太極圖說》的「無極而太極」，為超越形氣、萬物皆同性的「一原本然之性」。第二層對應於《中庸章句》的「健順五常（之性）」，依氣質而異，強調人的本然之性與物的本然之性（禽獸之本性）在根本上是不同的，屬於理分殊的本然之性。第三層為氣質之性，因為參雜了氣質，所以人與人、物與物之間皆不相同（萬殊）。根據韓元震的看法，李柬等人主張「人物之性，同具五常」，是不區分人與獸（華與夷）的謬論。此外，如果否認第二層的存在，儒學的心善主張（李柬的「心體本善論」）便與佛教的「本心說」沒有差別，從而導致儒與佛（正統與異端）無區別。

簡言之，韓元震的「人物性相異論」可被視為是在繼承宋時烈嚴格的「華夷論」邏輯下，對李珥理氣心性論所作的修正與發展。

李柬

一六七七—一七二七年。繼承李珥「理氣心性論」的代表人物之一，主張「人物性俱同論」，是洛學的代表論客。字公舉，號巍巖、秋月軒。原籍為慶尚道禮安。

肅宗三年（一六七七年）六月二十三日出生於忠清道溫陽巍巖里。父親為郡守李泰貞，母親為全州柳氏、曼之女。祖父為水軍節度使李璞，從隨昭顯世子前往瀋陽，經歷罕見事件。李柬自幼聰明過人，四歲入學（相比之下，韓元震自述「八歲始入學，口讀甚鈍」）。五歲時出繼伯父，成為副護軍李泰亨的養子。養母為慶州李氏，副司正溦之女。肅宗二十二年（一六九六年），立志研究為己之學，潛心經籍（相比之下，韓元震自述「泛覽諸家，盡得綱領」）。肅宗三十三年（一七〇七年），李柬拜權尚夏門下學習，門下英才輩出，世人稱「江門八賢」（江為黃江的簡稱），其中包括李柬、韓元震等人。肅宗三十六年（一七一〇年），李柬因學行出眾被推薦為莊陵參奉，但未就任。肅宗四十一年（一七一五年），擔任世子侍講院諮議。肅宗四十三年（一七一七年），被任命為宗簿寺主簿。英祖元年（一七二五年），老論復權，拜懷德縣監、經筵官。次年（一七二六年），拜忠清都事兼海運判官、翊衛司翊衛，但他提出辭呈未赴任。英祖三年（一七二七年）閏三月十四日過世，享年五十一歲。

李柬聽聞韓元震的「性三層說」後提出反駁，因為該說違反朱熹的定論「人物之性，本無不同」。李柬的「巍巖心性論」僅承認本然之性與氣質之性，否認性有第二層的存在。具體來說，本然之性（單指理）是萬物一原，以太極、五常為實體，具有「理同」、「理通」的特徵，不存在人物之間偏全的差異。而氣質之性（兼指理氣）則因氣質不同而變化，具有「氣局」的特徵，不僅人與物有偏全之異，人與人之間也有聖凡不同。

李柬雖是權尚夏的門生，但實際上受宋時烈↓金昌協一脈的思想傳承。一般來說，人們認為「湖學」始於權尚夏，「洛學」源於金昌協。儘管金昌協與權尚夏同門，但金昌協偏好思辨哲學，與權尚夏注重訓詁學的方法論有別，體現宋時烈學說的另一面向。

二、實學者略傳

柳馨遠

一六二二—一六七三年。南人派經世思想家，朝鮮實學始祖。字德夫，號磻溪。原籍為黃海道文化。光海君十四年（一六二二年）生於漢城，父親為檢閱柳䜁，母親為李志完之女。文化柳氏是名門世族，以高麗太祖統一三韓功臣柳車達為始祖，至朝鮮世宗時有右議政柳寬，為柳馨遠的九世祖。柳馨遠受學於伯舅李元鎮家學，李元鎮是《耽羅志》的作者，博學多聞，聲名遠播[25]，世人稱「太湖先生」。根據李瀷的說法，磻溪學「源自太湖」。仁祖二十二年（一六四四年），明朝滅亡後，他「自視為明之陪臣，秉義不出，隱於愚磻山谷中」（俞漢雋，〈傳〉）。孝宗四年（一六五三年），移居全羅道扶安縣愚磻洞。

閉關勤於著書的同時，也密藏鳥銃與弓箭，儲備大船與駿馬，為北伐悄然準備。「若其尊周攘夷之義，如此之深，是根植於天性之中」（洪啟禧，〈傳〉）。顯宗十四年（一六七三年）過世，享年五十二歲。他著述甚豐，包括《理氣總論》、《論學物理》、《經說問答》、《朱子纂要》、《東國文鈔》等，以理學書為主，但除了《磻溪隨錄》之外，其餘多未流傳於世。

朝鮮實學的源流是李珥、柳馨遠的「經世論」，其中柳馨遠的「經世論」的影響尤其深遠。其代表作《磻溪隨錄》篇幅宏大、條例縝密，被譽為朝鮮經世論的白眉（特別出眾之意）。該書由以下幾個部分構成：田制（二卷）、教選制（二卷）、任官制（一卷）、職官制（二卷）、祿制（一卷）、兵制（一卷）。柳馨遠將「田制改革」置於經世論的核心，認為「土地為天下大本」、「田制不正，最終無法穩定民生、平均賦役、明戶口、整軍伍、止詞訟、省刑罰、遏賄賂、厚風俗」。他的社會改革論以公田制、土地國有為基礎，主張由國家給每位農民（一夫）一頃（一百畝）土地，受給者去世後必須將土地歸還國家。此外，國家以土地為基準，命令人民繳稅和當兵。關於教選制度，他提倡廢除以文學為主的科舉，轉而實施貢舉制。

安鼎福

一七一二—一七九一年。星湖學派的重要人物。字百順，號順菴、漢山病隱、虞夷子、橡軒等。原籍為京畿道廣州。屬南人。受封為廣成君，謚號文肅。

安鼎福很早就放棄科舉仕途，終生致力於學問研究。雖曾在英祖、正祖兩朝為官，但除了擔任世子翊衛司翊贊、木川縣監外，大多為閒曹散官。

其學問受到注目之處有三點：第一，他繼承了李瀷↓李瀷一脈的學統，深化朱子學的研究。安鼎福效法李瀷的代表作《朱子書節要》，編纂《朱子語類節要》（一七七五年）。他也校訂了李瀷從李瀷〈粹美之語〉中精選而成的《李子粹語》（一七五三年），並編訂了李瀷的隨筆《星湖僿說》，刪繁取要，成為《星湖僿說類編》（一七六二年）。此外，他還著有《下學指南》（一七四〇年）、《家禮集解》（一七八一年）等多部重要著作，因而被譽為星湖學派的代表碩學。

第二，他對朝鮮史學的貢獻亦極為突出。安鼎福以《三國史記》、《高麗史》、《東國通鑑》等東國史書，以及《史記》、《漢書》等中國史書為資料，考證史實，撰寫從箕子元年到高麗末的編年體史書《東史綱目》（一七五九年）。該書最大特色是仿照《資治通鑑綱目》的體例，釐清各王朝的正統系統，將箕子朝鮮↓馬韓視為正統，三國並立時代為無統，認定自統一新羅（文武王九年）與新羅投降（太祖十九年）以後的高麗為正統政權。正祖命令進呈與抄錄此書（一七八一年），並在直齋請作者校正，藏於內閣（一七八三年）。安鼎福還撰寫了史書《列朝通紀》，作為《東史綱目》的續篇，記述從李朝建國至英祖五十二年（一七七六年）之間的歷史。

第三，他以朱子學文為依據，批判天主教教理。根據「年譜」記載，正祖九年（一七八五年）三月，安鼎福著有《天學考》，敘述天主學的來歷，並撰《天學問答》，論證其學術不正。其去世後的純祖元年（一八〇一年），純祖朝為「明正學，熄邪說」，追贈他為議政府左參贊、兼知義禁府事、五衛都總府都總管，亦足以顯示安鼎福的「排耶論」在當時所產生的巨大影響力。

黃胤錫

一七二九—一七九一年。朝鮮的百科全書派。字永叟，號頤齋、西溟散人等。原籍為慶尚道平海。

英祖五年（一七二九年）四月二十八日出身於湖南名門。祖父為黃載萬，父親為黃壥，母親為金伯衡之女。祖父的弟弟黃載重為金昌協（一六五一—一七〇八年）門人，聲名遠播。

英祖十八年（一七四二年），「始留意聖賢之學（理數）」。英祖二十年（一七四四年），著手編纂《理藪新編》。英祖三十五年（一七五九年），謁見金元行，「納贄，定師生之義」。金元行為金昌協的孫輩，是老論系洛論的代表學者之一。

英祖三十五年春二月，他進士覆試合格，但文科應試屢戰屢敗。英祖四十二年（一七六六年）因隱逸之名被授予莊陵參奉之職。之後他「有官則進，無官則退」，歷任全義縣監等下級官職。正祖十一年（一七八七年），辭官回鄉。正祖十五年（一七九一年）四月十七日與世長辭，享年六十三歲。

黃胤錫的專長在於學術研究，涉獵範圍相當廣泛，留下大量著作。著名的有《頤齋遺稿》、《頤齋亂稿》等，但代表作則是他自述「一生心力所繫」的《理藪新編》共二十三卷。

《理藪新編》的基本敘述風格，是按主題條目引述《性理大全》中闡述「理」的命題與言論，作為其基礎理論，可視為對《性理大全》理學的增補與擴展。但增補內容，即本論部分，也包含大量有關「數」的命題。例如，卷二至卷六引用許多《天原發微》、《星宗命格》、《天機大要》等術數書，還有《史記．曆書》、《漢書．律曆志》等中國的精密科學著作，以及《簡平儀說》、《職方外紀》等西歐漢譯科學書。

可見黃胤錫的「理數學」既包含「理」也包含「數」，思想範圍相當廣泛。近似康熙帝御製的《性理精義》、《律曆淵源》中所體現的理數學，具有強烈的百科全書風格。由於本書廣泛著重「數」的命題，因此與其說他是在擴充《性理大全》，不如說這是他依據其獨特的「理數觀」所著成的一部綜合理數學的哲學著作，更為恰當。

徐浩修

一七三六—一七九九年。英祖、正祖時期的實學者。字養直，號鶴山樵夫。原籍為慶尚道大邱（達城）。大邱徐氏是少論名門。

英祖十二年（一七三六年）九月二十五日出生，父親為判中樞府事徐命膺，母親為李廷燮之女。父親徐命膺與其子徐有榘，皆為北學派的實學者，名望頗高。徐浩修於英祖三十二年（一七五六年）通過進士試，成為生員。英祖四十年（一七六四年），參加七夕泮製以首席合格。次年，英祖四十一年（一七六五年），在式年殿試中也以甲科第一擢第。歷經英祖、正祖兩朝三十餘年，官階至正憲，官位為吏曹判書。正祖二十三年（一七九九年）正月十日過世，享年六十四歲。

徐浩修對英祖和正祖期的文化事業貢獻頗大。英祖四十六年（一七七〇年），參與編纂記載朝鮮古今文物制度的《東國文獻備考》。正祖五年（一七八一年），撰修奎章閣漢籍目錄《奎章總目》。正祖二十二年（一七九八年），主導編纂正祖文集《弘齋全書》（未完成便過世）。但他最擅長的領域是西歐數理科學，著有《數理精蘊補解》、《渾蓋通憲集箋》、《律呂通義》等重要著作。論者評專門絕藝，但朝廷若有星曆著作，皆以徐浩修的裁定為準。他曾擔任觀象監提調，監修《國朝曆象考》（一七九六年）與《七政步法》（一七九八年），被譽為傑出的曆算專書。以《數理精蘊補解》為例，此書是高等數學著作，解說康熙帝御製、介紹西歐數學理論的《數理精蘊》中的基本演算法。徐浩修從中選出幾個重要的西歐算法，例如借根方比例等，再加以「補解」。所謂「借根方比例」，是源自西歐數學的一種筆算法，用以透過根數（未知數）、方數（根數的累乘）計算實數。雖然記號方式不同，但本質與現行的記號代數學的基本方法接近，和東亞傳統的天元術也沒有太大區別。值得一提的是，第一位將西歐筆算引入朝鮮的人就是他的父親徐命膺。此外，徐浩修還解釋了比例規（比例圓規）的原理，也解說了根據對數比例做出來的假數尺。其他著作還包括《海東農書》、《燕行紀》等。

朴齊家

一七五〇—一八〇五年。北學派的代表思想家。字在先、修其、次修，號楚亭、貞蕤閣、葦杭道人等。原籍為慶尚道密陽。

英祖二十六年（一七五〇年）十一月五日生於漢城，是承政院右副承旨朴坪的庶子。英祖四十四年（一七六八年），師事朴趾源，並與李德懋、柳得恭、李書九等人交遊。正祖三年（一七七九年），正祖設立奎章閣檢書官，拔擢庶子出身的朴齊家等人。朴齊家在奎章閣任職十四年，前後四次跟隨燕行使出行，與包括紀昀、袁枚、翁方綱等清代頂尖學者交流。與文人的詩文往返與書信，全都收錄在《縞紵集》中。第一次燕行（一七七八年）歸國後，執筆《北學議》內外篇。正祖十年（一七八六年），呈上〈丙午所懷〉。歷任軍器寺正、扶餘縣監、五衛將、永平縣令等職。正祖二十二年（一七九八年），正祖下詔勸農政、求農書，朴齊家便修訂並上疏《北學議》內外篇，是為進疏本《北學議》。純祖元年（一八〇一年），受辛酉邪獄連坐波及，被流放至咸鏡道鍾城府。純祖五年（一八〇五年）三月，赦免流放，回到家鄉。四月二十五日過世，享年五十六歲。

《北學議》為朴齊家的代表作，也是理解北學思想全貌最重要的資料。內篇為車、船、城、瓦、宮室、道路、橋梁、畜牧、貨幣、文具等項目，記述「其（中國）日用之俗，可以引進本國（朝鮮）、便利百姓之事物」。具體記錄三十九個分類目的「數」與「法」。外篇則包括農蠶總論、科舉論、北學辨、財賦論、通江南浙江商船議、兵論、喪葬論、尊周論等，說明應該學習北學的理由和目的。朴齊家的思想要點總結如下：（一）當時的中國，亦即乾隆、嘉慶年間的清朝，經濟繁榮、學術文化極盛，屬於先進國家。（二）聖人教義（萬事萬物的原理與技法）透過清朝世俗文化中的器物和技術而流傳，必須誠懇學習器物制度和技術細節。（三）學習清朝技術與制度，「改船而益漕也，行車而陸運也，屯田而訓農也」，藉此累積財富，使國家更富強。具體目標為「在京師儲備三十萬斛米粟，以實根本」。（四）透過廢除科舉等社會改革，淘汰無為徒食的儒者，去除身分階級歧視等。《北學議》的北學說最大特性，在於其論述十分具體與具實踐性。

金正喜

一七八六—一八五六年。朝鮮實事求是派的巨擘。字元春，號阮堂、秋史等。原籍為慶尚道慶州。

正祖十年（一七八六年）六月三日出生於忠清道禮山，父親為判書金魯敬，母親為杞溪俞氏。後來成為伯父參判金魯永的養子並繼承家系。純祖九年（一八〇九年）通過增廣生員試，隨冬至兼謝恩副使金魯敬燕行。在燕期間，師事當世鴻儒翁方綱、阮元，深研清朝考證學，並與曹江、徐松、朱鶴年、李鼎元等多位學者交流。純祖十九年（一八一九年）文科及第，歷任藝文館檢閱、奎章閣待教，之後出任忠清右道暗行御史，經承政院同副承旨。憲宗二年（一八三六年）升任大司成，隨後授予兵曹參判。然而，憲宗六年（一八四〇年），遭獄事連坐波及，被流放至濟州島大靜（至一八四八年），又於哲宗二年（一八五一年），再度被流放至咸鏡道北青（至一八五二年）。哲宗七年（一八五六年）十月十日去世，享年七十一歲。著作有《阮堂全集》等。

阮堂學即為考證學。金正喜主張學問最根本的原則與方法論，應該是「當以實事求其是，不可以虛論遁於非」（〈實事求是說〉）。他不僅強調文獻考證的重要性，並指出天下學術數百年必變，分析「元明以來，儒者固守程朱之說，就像隋唐儒者固守鄭（鄭玄）服（服虔）一樣」（〈學術辨〉）。這種觀點，在當時朱子學一統思想的朝鮮社會中，其對朱子學的相對化具有深遠意義。雖然多數考證性論文被焚毀，未能流傳（〈小傳〉），但仍有如〈格物辨〉等文章留存。金正喜透過引用許多範例，考證《禮記．大學》篇中「格物」的「格」是「至止」之意，表示「『格物』與『止至善』、『知止』、『止於仁敬』皆為一義，並無二解」。他還指出鄭玄並非像章句那樣將「明明德」解釋為「明德而明之」，而是讀作「使德明明」（〈雜識〉）。並且考證《易．明夷卦》中的「箕子」其實是「其子」的誤植（〈其子考〉），同樣也是極為出色的考證成果。

另一方面，金正喜也開拓了金石學領域，著有《金石過眼錄》。此外，他的書法秀逸，自創風格獨特的「秋史體」。儘管他曾師事朴齊家，被視為後期北學派之人，但他對「利用厚生」的關心不大，幾乎未提出社會改革方面的主張。

金正浩

生卒年不詳。《大東輿地圖》的作者。字伯元、伯溫、伯之，號古山子。原籍為慶尚道清道。其具體生平不詳。簡要記述如下，大約出生於純祖四年（一八〇四年）的黃海道，幼時移居漢城。純祖三十四年（一八三四年）編纂地理誌《東輿圖志》，並製作地圖《青邱圖》（橫約四．六公尺、直約八．七公尺。彩繪手抄本）。哲宗二年（一八五一年）編纂地理誌《輿圖備志》。哲宗七年（一八五六年）左右製作地圖《東輿圖》（二十二帖加目錄。彩繪手抄本）。哲宗十二年（一八六一年）完成地圖《大東輿地圖》（二十二帖。刊本）。高宗二年（一八六五年）左右，完成地理誌《大東地志》共三十二卷十五冊。最後兩部作品是金正浩地理學的集大成之作。

《大東輿地圖》為刊本，全圖橫約三．八公尺、直約六．七公尺，內容精密準確，被譽為朝鮮古地圖的最高傑作。從實際使用角度而言，《大東輿地圖》具有明顯的地圖冊性質。其製作特點如下：（一）測量方式：採用方格圖法（類似座標系統），以南北一百二十里、東西八十里的方格，對全國土地進行分割測量，結果全國被劃為南北二十二行。（二）繪圖方式：比例尺約十六萬分之一。各行的南北長（相當於一百二十里）約三十．五公分。（三）裝訂方式：將各行橫向長形地圖折疊成一帖，共二十二帖合成一冊。

此外，在繪圖時使用了「地圖符號」，例如用「〇」表示邑治、「□」表示鎮堡、「△」表示書院等，稱為「地圖標」，這也是劃時代的創舉。

注釋

1. 曾祖父李尚毅為議政府左贊成，祖父李志安擔任司憲府持平。
2. 本章在陰曆（朝鮮曆）與陽曆（西曆）的換算上，並非採用慣例的年分對應方式，而是根據詳細的月日資訊，進行精確的年分換算。
例如，有些書籍將李瀷的卒年記為陰曆英祖三十九年的一七六三年，但他其實是在陽曆一七六四年一月十九日過世，因此本章將卒年寫為一七六四年。
3. 這一點從傳記資料的廣泛流傳和摘要版本（如《星湖僿說類選》的存在）等情況，可以充分推測得出。
4. 根據安鼎福《天學問答》附錄，李瀷對西學、西教的看法，認為「此決是異端，專是佛氏之別派也」。
5. 安鼎福《天學問答》附錄中收錄的李瀷言論指出，「異端之書，其言是則取之而已」。
6. 根據姪子李秉休的〈家狀〉內容，李瀷博覽群書，但他從未讀過「佛氏異端」、「術家小技」、「稗官雜說（小說）」三類書籍，可見李瀷重視西學屬於例外狀況。
7. 李瀷自述四端七情論是李滉理氣互發說的變體，但實際上是完全不同的心情論。李瀷的聰明才智令人讚賞。
8. 李瀷巧妙地根據「地動說」說明天文現象，即將「地球在天內動，日月星辰環繞轉動」的現象，比喻為「搭船時若船隻旋轉，人只會看見船繞著岸邊在動，不會感覺自己的身體在旋轉」。

9. 《中庸章句》謂「振，收也」。

10. 始祖為高麗時期任金吾衛尉別將同正的洪先幸，十一世祖為朝鮮弘文館副提學洪泂，九世祖是吏曹判書洪曇，六世祖是判中樞府事洪振道，祖父為司諫院大司諫洪龍祚，父親是羅州牧使洪櫟（一七〇八—一七六七年）。

11. 郡守金枋之女。

12. 金元行娶了洪大容祖父洪龍祚的三哥洪龜祚之女為妻。

13. 受惠於父祖功績而獲得官職任命。

14. 肖像畫精妙地重現了洪大容燕行時的容貌與服裝，由嚴誠所作。收錄於《鐵橋全集》〈日下題襟集〉。

15. 意思是捨棄中華正統傳統，而去追隨夷狄習俗。

16. 洪大容比其他人更早吸收了西歐科學知識，並應用在自己的社會思想中，但就科學理論本身而言，幾乎沒有提出獨創性的見解。朴星來，〈洪大容《湛軒書》의 西洋科学 발견（洪大容《湛軒書》的西洋科學發現）〉（《震檀學報》七九，一九九五年）。

17. 宋時烈是儀賓府都事宋應期之孫。恩津宋氏並非名門。母親為善山郭氏，是郭自防之女。

18. 金長生死後，宋時烈師事其嫡子金集（一五七四—一六五六年）。

19. 金尚憲主張對清抗戰、反對與清和解。

20. 雖說是北伐計畫，但實際上只是致力於民生安定、富國強兵而已。

21. 考慮到當時的政治情勢，實際上很可能是宋時烈教唆的。

22. 肅宗賜宋時烈毒藥，逼迫他自殺，亦可稱為「賜死」。

23. 尹鑴的悲劇歸根結底，是因其出身於小北。雖然小北學派在學術上繼承徐敬德與曹植，主張靈活開明的思想，值得高度評價，但作為朋黨，卻因光海君的執政與仁祖的反正而被消滅。

24. 《易》的卦象由太極生兩儀，再生四象，進而生八卦、六十四卦。這是指在生成過程中出現的「四象」。當陽爻⚊與陰爻⚋進行組合時，會形成⚌、⚍、⚎、⚏這四種象，稱為「四象」，分別對應為「太陽」、「少陽」、「少陰」、「太陰」。《易．繫辭上傳》曰：「易有太極，是生兩儀，兩儀生四象，四象生八卦，八卦定吉凶，吉凶生大業。」

25. 李瀷在〈從祖叔父太湖公行錄〉中，對其博學表示「凡聲律陰陽兵陣卜筮星經地理書射計數之類，皆極臻之妙」。

26. 根據黃胤錫的〈行錄〉，稱「從禮樂書數、洪範九疇太玄、星曆兵陣、三式筆畫、醫藥風水、農刑仙佛，到東國的度量權衡、方言譜系、天下山川、郡國人物，皆觸類旁通（自禮樂書數範疇太玄星曆兵陣三式筆畫醫藥風水農刑仙佛之書，以至我國衡尺方言譜系及天下山川郡國人物等說，靡不貫穿）」。

參考文獻

阿部吉雄，《日本朱子学と朝鮮（日本朱子學與朝鮮）》，東京大學出版會，一九六五年

李佑成著，旗田巍監譯，《韓国の歴史像（韓國的歷史像）》，平凡社，一九八七年

小川晴久，《朝鮮実学と日本（朝鮮實學與日本）》，花傳社，一九九四年

川原秀城，《朝鮮数学史——朱子学的な展開とその終焉（朝鮮數學史——朱子學的展開與終焉）》，東京大學出版會，二〇一〇年

川原秀城，〈朝鮮実学——東西学説の融合と李退渓の規範（朝鮮實學——東西學說的融合與李退溪的規範）〉，《朝鮮學報》

二五一輯，二〇一九年
姜在彥著，鈴木信昭譯，《姜在彥著作選 第Ⅳ卷 朝鮮の西学史（姜在彥著作選　第Ⅳ卷　朝鮮之西學史）》，明石書店，一九九六年
高橋亨著，川原秀城、金光來編譯，《高橋亨　朝鮮儒學論集》，知泉書館，二〇一一年
全相運著，許東粲譯，《韓国科学史——技術的伝統の再照明（韓國科學史——技術的傳統再照明）》，日本評論社，二〇〇五年
中純夫，《朝鮮の陽明学——初期江華学派の研究（朝鮮的陽明學——初期江華學派之研究）》，汲古書院，二〇一三年
中純夫，〈韓元震と湖洛論争——人物之性同異論を中心に（韓元震與湖洛論爭——以人物之性同異論為中心）〉，《韓國朝鮮文化研究》十七號，二〇一八年
藤塚鄰著，藤塚明直編，《清朝文化東傳之研究》，國書刊行會，一九七五年
山內弘一，《朝鮮からみた華夷思想（從朝鮮看華夷思想）》，山川出版社，二〇〇三年
琴章泰，《韓國實學思想研究》，集文堂，一九八七年
裵宗鎬，《韓國儒學史》，延世大學出版部，一九七四年（日譯：川原秀城監譯，《朝鮮儒學史》，知泉書館，二〇〇七年）
李丙燾，《韓國儒學史略》，亞細亞文化社，一九八六年
張志淵等，《朝鮮儒教淵源》，明文堂，一九九五年再版
한국철학회（韓國哲學學會）編，《韓國哲學史》全三卷，동명사，一九八七年

崔英成，《韓國儒學思想史》全五卷，亞細亞文化社，一九九四—一九九七年

琴章泰著，韓梅譯，《韓國儒學思想史》，中國社會科學出版社，二〇一一年

崔英辰著，邢麗菊譯，《韓國儒學思想研究》，東方出版社，二〇〇八年

第六章

前所未有的盛世結局

——清朝全盛期

谷井陽子

前言

清朝原本不過是東北亞的一個貧窮小國，十七世紀初建國後，大約半世紀之間急速成長，到了十八世紀已成為東亞超級大國。中國本土因明末以來的戰亂成為焦土，在清朝統治下日益復興，受內部紛爭影響而臣服於清朝的蒙古，也在清朝建立的秩序下安定下來。隨著日本進入鎖國體制，臺灣納入清朝版圖，來自海洋的威脅也隨之消失。原本因為戰爭與饑荒減少的人口逐漸增加，經濟活化，進出口貿易再次繁盛起來。

十八世紀中葉，西藏和東突厥斯坦陸續納入清朝統治範圍，原本歷代清朝皇帝或許無意識中進行的大業，亦即重整東亞世界，於焉完成。在過去歷史上，中國與亞洲內陸遊牧民族勢力的對立關係解除，為東亞世界帶來政治穩定的新局面。清朝的核心領土中國，經濟上也進入前所未有的活絡景況。十八世紀前半即位的乾隆皇帝，自稱在位時是「國家全盛時期」，許多同時代的人也贊同這一點。

「國家全盛」的體現

乾隆朝的「國家全盛」不僅僅對應於一位皇帝的在位期間，也與乾隆皇帝個人人格特質緊密相連。清朝的傳統是由皇帝親自對行政或軍事的細節作出指示，但乾隆皇帝頒布的諭旨充滿個人見解，可看出皇帝本人就是推動國政的幕後推手。因此，所有施政上的成果和軍事勝利，自然而然地被視為乾隆皇帝的個人功績。

乾隆皇帝實施好幾次大規模減免租稅，平民百姓都知道國庫充沛與皇帝恩德。乾隆多次大陣仗微服出巡，每次都讓皇帝威嚴深植當地民眾心中。此外，他時常展示自己的詩文創作，留下墨寶，還會舉辦圍獵活動，獵捕野獸，種種華麗作為都與這個繁榮富裕的時代相得益彰。乾隆皇帝不僅是一位獨裁君主或有能力的政治家，更是「國家全盛」的象徵與體現。

和平與繁榮之後

乾隆皇帝體認國家正值全盛時期，不再覺得有進一步發展的必要，他追求的是完善已經建立的國家秩序。當時斷續發生地區紛爭與小規模反叛，但他每次都憑藉大量軍費加以鎮壓。乾隆皇帝嚴密監視可疑的宗教教團與反清活動，為維持臣民的「淳良」風紀，進行言論與思想的控制。姑且不論個別政策的對錯，這種採取保守路線的施政方針雖能穩定政局，但也會給人閉塞感。乾隆皇帝已經厭倦沒有發展性的政治活動，最終喪失認真執政治國的企圖。

十八世紀清朝的全盛狀態，為混亂的東亞世界帶來政治秩序。然而，這種秩序無法保證永遠延續，也正因為乾隆朝的全盛本身，反而催生了前所未有的新問題。

在逐漸膨脹的世界之中

和平與經濟繁榮的生活，讓清朝境內的人口急速增加。十八世紀初的中國人口約一億五千萬人，到了世紀末已經超過三億人。雖然人口增加是好事，但在以農民為主的中國，農地不足卻成為中國的嚴峻問題。人們移居未開發的山區、東北、內蒙古或海外。移民者在開拓地區發生移民之間的衝突，以及與先住民的對立，最後演變為反清運動。

十八世紀也是全世界人口普遍增加的時期，人們積極擴展活動領域。清朝境內的人民前往邊疆或遷移海外的同時，也有許多人從國外來到清朝追求利益。清朝建立之初，俄國已開始入侵幾乎無人居住的北方邊境；在西南邊境，統一後的緬甸與尼泊爾的廓爾喀勢力與清朝發生摩擦；海上又有新崛起的英國積極尋求擴大通商。世界人口增加與經濟活動擴大，從內部與外部同時對清朝施加壓力。

乾隆朝的人們並未試圖洞察這股因人類活動膨脹所帶來的變化，只要滿足現狀，中國人並不願意接受新情勢與新思維。乾隆皇帝象徵的全盛時期，不僅隨著清朝與乾隆皇帝一同繁榮，也一同走向衰老。

乾隆皇帝（一七一一—一七九九年）

一、明君的登場

清高宗，法天隆運至誠先覺體元立極敷文奮武孝慈神聖純皇帝，諱弘曆。出生於一七一一年（康熙五十年八月十三日），是雍親王胤禛（後來的雍正帝）的第四子[1]。母親為鈕祜祿氏。一七二二年（康熙六十一年春），十二歲時[2]謁見祖父康熙皇帝[3]，深受康熙喜愛，因此被帶入宮中養育。康熙皇帝在這一年十一月駕崩，儘管弘曆待在祖父身邊的時間很短，但他終其一生都崇敬偉大的祖父，以祖父為模範。

父親即位成為雍正帝後，弘曆未來繼位的可能性明顯增加。康熙皇帝曾嘗試冊立太子，結果並不理想，因此雍正皇帝決定不立皇太子，而是以密封詔書指定繼位者。祕密建儲時，雍正尚存的皇子有弘曆、弘時、弘晝、福惠等四人。但弘時和福惠不久相繼逝世，雍正皇帝在世時新生的皇子過於年幼，未被納入考量。弘晝是與弘曆同年的弟弟，但「聖祖（康熙皇帝）最為鍾愛的孫子」（雍正皇帝的遺詔）顯然是弘曆。因此，與上一代皇子間激烈的皇位之爭不同，弘曆和弟弟們之間並未發生奪嫡政爭。

弘曆在一七三三年受封為和碩寶親王，受雍正皇帝之命代行郊祀、處理苗族反叛等國事。雍正皇帝臨終之際，正式確立弘曆為繼承人。一七三五年（雍正十三年九月三日），二十五歲的弘曆即位為帝。

根據雍正皇帝的遺命，任命親王、大臣各兩名輔政。然而，乾隆皇帝已經成年，雖然沒有處理國政的經驗，執政時卻從未表現出對輔政大臣的依賴。乾隆相信自己的能力，即位之初就自信地主導國政。

在即位大典之前，乾隆皇帝早在八月二十六日列出應優先處理的政治課題。那就是鎮壓貴州苗族的反叛及處理準噶爾的問題。這兩個不僅是亟待解決的要務，也是歷史性的課題。

苗族與猺族等居住在中國西南諸省的少數民族，自元朝以來皆由朝廷任命其首領階層擔任土司、土官等世襲官職，由這些人治理自己的民族。然而，隨著愈來愈多漢人移居，明朝朝廷開始推行廢除土司、土官制度，改由中央派遣官員（流官）直接統治，稱為「改土歸流」政策。此政策延續至清朝，雍正時期積極推動，使得貴州有一半的土地被劃為直轄地。驟然實施直轄化制度，引起苗族反彈，一七三五年（雍正十三年二月）以後，貴州省古州所屬的苗族也跟著響應，發起反叛運動。加入反叛的苗人一時之間達到兩萬人，不少漢人難民逃至周邊地區。

乾隆皇帝

苗族的反叛運動也令雍正皇帝感到震驚，不少朝廷官員主張放棄苗族居住地，然而，乾隆皇帝堅持執行改土歸流政策，他認為苗族反彈的原因不在政策本身，而是執行者手段笨拙，態度粗暴所致。在次年秋天平定叛亂之前，乾隆皇帝宣布永久免除該地苗族的賦稅，苗族人之間的糾紛可依其習慣法則裁決。清朝統治苗族是為了「一起享受太平之福，而不是利用其土地與人民」。另一方面，乾隆皇帝也在當地駐紮軍隊，避免再次發生叛亂事件。接著決定在當地設置屯田[4]，籌措軍費。不過，有些反對者指出這項政策的隱憂，包括屯田等同奪取苗族的土地，軍隊也很可能使役與鎮壓苗人。乾隆皇帝認可他們的反對理由，但最後決定嚴格約束與取締軍人行為，便不會發生嚴重問題。

乾隆皇帝不強制苗族薙髮留辮，也不實施強硬的同化政策。但原因不是尊重固有文化，而是乾隆認為只要諄諄教誨，苗族自然就會與滿族同化。實際上，苗族、漢族移民與官憲之間衝突不斷，到處發生小規模叛亂事件。不過，整體而言，乾隆皇帝接收到的報告是苗族「日日馴化」、「穩定安居」，讓他相信自己的政策並沒有錯。於是在四川、廣西推動改土歸流，將少數民族的居住地納入直轄地。

康熙朝以來，清朝對準噶爾出兵，讓歐亞大陸東部的遊牧勢力捲入其中，在乾隆朝面臨最終結局。歷史上，蒙古出現過許多強大的遊牧國家。十四世紀後半以來沒有穩固的統一勢力，十七世紀初期疲於抗爭的部分蒙古部族，開始尋求滿洲的保護。一六三五年，內蒙古各部全都臣服滿洲，外蒙古的喀爾喀四部在準噶爾入侵後，於一六九一年投靠清朝。為了保護外蒙古，清朝必須武力對抗準噶爾。

準噶爾是天山山脈北方瓦剌諸部統一後，成立的遊牧國家。國力無法與清朝相比，但由於離清朝根據地很遠，在邊界的對抗不分軒輊。清朝攻打準噶爾必須派出大軍遠征，對清朝造成極大負擔。不過，遊牧民族擅長遁逃，很難給予決定性的一擊。康熙皇帝曾經御駕親征，暫退準噶爾，但準噶爾重整旗鼓後，不斷在西邊作亂，一七三一年再次入侵外蒙古。清軍與準噶爾軍隊的戰爭在你來我往之後，處於勢均力敵的狀態，一七三四年（雍正十二年八月）進入和平斡旋的階段。

乾隆皇帝接下談判的棒子，訂定今後對準噶爾的基本施政方針。簡單來說，清朝不主動攻擊，固守邊關。這是考慮過主動攻擊的風險所採取的對策，並非消極態度。乾隆皇帝寫信給前線將軍慶復，表示雙方僵持不下，對清朝不利。然而，準噶爾必須與清朝進行貿易往來才能獲取中國財物，雙方長期膠著也會讓準噶爾感到困擾。最後準噶爾在一七三九年讓步，訂定阿爾泰山脈為邊界，兩年後更簽訂貿易條約。

清朝與準噶爾的和平維持了十年以上，乾隆皇帝並不以此感到滿足。準噶爾不時提出超乎規定的貿易要求，這讓乾隆皇帝覺得憤怒，同時也警戒準噶爾和西藏的關係。清朝在一七二〇年出兵干預，讓準噶爾退出西藏，但雙方有佛教淵源，依舊維持往來交流，清朝擔心準噶爾再次侵略西藏，更加努力掌握準噶爾動向。

清朝內政也有隱患。清朝的主要境內，亦即中國本土經濟活躍，但物價，特別是糧食價格高漲，狀況十分嚴峻。各地傳來米價騰貴的消息，偶有暴動和掠奪等狀況。由於農作有豐收和歉收之分，歉收之年的米價較貴，人們都能理解。然而，豐收之年米價也不曾下降，就使當時的人們無法理解。乾隆皇帝對這一點抱持懷疑，問責向上報告的總督，就連乾隆本身也「反覆考究」，包括懷疑有人壟斷稻米，想藉此大賺一筆，因此頒布禁令。國家購買糧食儲備也會減少稻米在民間流通的量，於是下令減少儲備量。另一方面，也有觀點認為，糧價上漲是由於人口增長導致糧食相對短缺所致，最終乾隆帝接受了這一看法。

若是因為人口增加導致糧食不足，權宜之計並沒有效，只能增加糧食生產，為此必須擴大農地。清朝從乾隆皇帝以前就鼓勵開墾土地，但等不及鼓勵，那些沒有土地的農民便積極開墾山區和沖積平原，或是移居到人口稀少的西南、東北地區。遷徙引發後來人口與先住民之間的衝突，治安也日益惡化。此外，清朝的發祥地東北地方和蒙古牧地，也並非可以無限開發的土地。乾隆皇帝明白移民的必要性與移民導致的弊害，但仍盡可能採取寬容的態度允許移民活動。一七四〇年他曾頒布禁令，禁止在「滿洲根據地」——山海關外進行新的移民開墾，但並不積極驅逐移民，甚至在災害導致流民增加的年分，也下令官員默許人口移入。雖然不樂見長城以外古北口地區的移民，但仍表示「若強行禁止，是虐民行為」，容許他們留在當地。

沿襲中國傳統的經濟思想，乾隆皇帝認為與其積極推行富國強民政策，更重視不阻礙生產活動。「政治之道在於讓百姓休養生息，而休養生息的關鍵在於除去使百姓受苦的因素」。乾隆即位後不久，便下令將此前年度百姓所滯納的租稅全部免除，受災地區或因皇帝巡幸而受影響的地方也予以減稅。一七四五年乾隆首次推行全國性的「錢糧普免」政策，亦即一律免除地丁銀（土地稅）[5]。以這種方式減少人民負擔，讓其自由發展生產活動，期望人民能夠自然而然地富足起來。

乾隆皇帝在清朝統治體制穩定後繼位，是其幸運之處。從他執政以來，便特別警惕安定時期容易出現的政治鬆弛現象。即位之初，乾隆皇帝就宣示「寬大而不放縱，該嚴格則嚴格」的基本方針。在乾隆眼中，「寬大」與「廢弛」看似很像，其實是完全不同的概念。姑息罪惡、不執行刑罰、怠惰行政，不能稱之為「寬大」。政策可以持寬厚之道，但實施時必須嚴格。乾隆對於文武百官的報告或提議，經常加上嚴厲的評論，以表明自己對政務的掌控。

乾隆朝治世期間，朝廷曾多次爆發大規模貪瀆案件，第一次爆發重大瀆職事件是在一七四一年。該年三月，山西省同時爆發布政司薩哈諒與學政喀爾欽貪瀆，同月還有浙江巡撫盧焯、兵部尚書鄂善遭到御史彈劾。調查證實上述事件皆為事實，涉案官員被判處死刑（部分緩期執行）。其中，鄂善是先皇倚重的重臣，更是乾隆皇帝公開說過「信任」的滿洲尚書之一[6]，鄂善貪瀆不僅打擊乾隆，也是一大恥辱。儘管鄂善曾是親信，乾隆帝仍嚴格秉公辦案，最終將其定罪，明確宣示乾隆「無論何人，絕不姑息貪腐」的態度。因此，乾隆皇帝的統治以一種帶有年輕君主銳氣的緊張氛圍揭開了序幕。

二、國家的全盛時期

乾隆皇帝的軍事功績並非都有好的開始。乾隆朝首次大規模出兵，是始於一七四七年（乾隆十二年四月）的大金川、小金川討伐之役。這不是對外戰爭，也不是鎮壓反清勢力，而是攸關四川省西部嘉絨藏族土司地位的武力抗爭，即平定少數民族的內訌行動。然而，兩金川頑強抵抗清軍，不屈不撓，更利用險峻地形造成清軍極大損傷。乾隆皇帝投入大軍和巨額軍費，才終於在一七四九年（乾隆十四年二月）讓元凶大金川投降。

對清朝來說，兩金川地處偏僻，是毫不起眼的零碎勢力。之所以不能放任他們內亂，是因為兩金川位於中國本土連接西藏的主要道路沿線，很可能威脅人員往來的安全。由於西藏佛教界的影響力遍及整個蒙古，清朝必須掌握西藏才能穩定統治蒙古。

一七二八年以來，手握西藏政權的頗羅鼐（Miwang Polhanai），對清朝表達恭順之意，清朝派駐藏大臣監視其一言一行，但乾隆皇帝信任頗羅鼐，嘉許其「忠誠」之心，賜予郡王稱號。孰料，一七四七年頗羅鼐逝世，次子珠爾默特．那木札勒（gyur med mam rgyal）繼位後就想脫離清朝自立，親近準噶爾。乾隆皇帝看出珠爾默特．那木札勒「不如其父恭順」，手中只有一百名士兵的駐藏大臣也壓制不了新王，但乾隆認為郡王既有權也有尊榮，應該不會做出反叛清朝這種「損人不利己」的事情。

一七五〇年，駐藏大臣傅清上報當地出現了叛亂跡象，乾隆皇帝完全不相信，反而告誡大臣不可妄下斷言，也不要輕舉妄動。傅清與同僚拉布敦先發制人，將珠爾默特．那木札勒叫出並加以殺害，但他們也被珠爾默特．那木札勒的黨派殺死。接到通知的乾隆皇帝立刻命令四川總督、提督出兵。不過，當地局勢已被達賴喇嘛七世平定，清朝無須再派兵武力鎮壓。

儘管事情發展出乎意料，乾隆皇帝卻認為這是永保西藏安寧的絕佳機會。他很明白將權力集中在一人身上有多危險，決定西藏未來須由四名大臣合議統治，重要大事一定要與駐藏大臣協議，最後取得達賴喇嘛的同意。為了確保此制度順利運作，在西藏駐紮軍隊，還設置了拉薩與北京之間的通訊設備。西藏就在這樣的狀況下納入清朝的管理體制。

西藏局勢告一段落後，一七五三年準噶爾三名首長投降清朝。乾隆皇帝將他們迎至熱河（承德）的避暑山莊[7]，得知掌握準噶爾政權的達瓦齊失去民心，與達瓦齊對戰落敗的輝特汗阿睦爾撒納希望歸順清朝。乾隆認為這是一個良機，決定派遣大軍討伐準噶爾，希望達成永保西北邊疆安寧的目標。次年，阿睦爾撒納正式投降，告知當地詳情，乾隆皇帝因此提前發動軍事行動，改以投降的瓦剌兵為主力攻打準噶爾。

一七五五年（乾隆二十年二月）出發的遠征軍，有阿睦爾撒納的兵在前，還有定北將軍班第、定西將軍永常等率領清軍壓陣，如此既不會使清朝固有軍隊受損，還能創下平定之功。達瓦齊聽說清軍攻來，並未認真應戰，準噶爾諸部紛紛爭相投降，清軍於五月便攻占準噶爾根據地伊犁。

然而，乾隆皇帝評估「光靠投降的瓦剌勢力與少許內地兵力，就能完成多年未竟之功」，他的想法過於樂觀。乾隆平定準噶爾後，擁立四汗，分四部實施間接統治體制。但阿睦爾撒納的規劃與乾隆相反，他希望由自己一人統治準噶爾。班第與他見面後心生疑竇，祕密上奏，乾隆皇帝下令逮捕阿睦爾撒納，但被阿睦爾撒納察覺逃走，此後走上反叛清朝之路。此時，占據伊犁的清軍大部分已被撤回，原因在於大軍駐紮在缺乏糧食的伊犁，清朝需花龐大費用和勞力補給前線。結果，留守伊犁的班第寡不敵眾，面臨窮途末路，最終以自盡收場。

之前投降清朝的瓦剌諸部再度謀反，加上一七五六年（乾隆二十一年七月）外蒙古部分王侯也背叛清朝，乾隆皇帝的西北政策遭遇挫折。不過，乾隆皇帝將此情形視為根本解決西北邊疆問題的「天意」象徵。準噶爾原本就不能算是強敵，戰亂後民生凋零，只要派遣大軍就能鎮壓。最重要的是，預測後來發展的「遠略」。乾隆皇帝利用察哈爾、吉林、索倫等直屬清朝的兵力增強討伐軍的實力，一盤散沙的瓦剌諸部立刻落荒而逃，舉白旗投降。阿睦爾撒納從哈薩克領土逃亡至俄羅斯，沒多久便罹患天花而亡。

討伐準噶爾期間，乾隆皇帝與皇太后二次巡幸江南，趁著欣賞名勝風光的空檔聽取報告。對乾隆來說，平定準噶爾沒有任何懸念，問題在於之後的因應。瓦剌等遊牧民族最擅長的是遇到大軍壓境就遁逃，等風頭過去後又回來侵擾。為了不讓這次逃跑的瓦剌族返回生事，清軍直接駐紮當地，由維吾爾族農民和綠營（漢人部隊）士兵開墾土地，供應駐紮軍糧食。但就在清軍留下來經營占領的土地之際，遭遇了受到準噶爾統治的維吾爾族反抗，乾隆不得不先處理這當務之急。

乾隆皇帝平定準噶爾後，考慮將準噶爾版圖全部納入清朝之下。包括瓦剌族居住的天山以北，亦即新疆北部，以及十七世紀後半被噶爾丹征服的天山以南綠洲地區。該地居民主要是信奉伊斯蘭教的維吾爾族，接受準噶爾的高壓統治。乾隆皇帝認為維吾爾族一定會感謝清朝讓他們擺脫準噶爾的統治，向清朝報「恩」。然而，從維吾爾族的角度來看，當他們脫離準噶爾統治的那一刻，就要歸順清朝，又要再次成為「他人的奴隸」。一七五七年（乾隆二十二年五月）爆發維吾爾族叛亂事件，他們並不像乾隆皇帝最初低估的那麼脆弱，最後在一七五九年（乾隆二十四年十月）被平定。

收到平定維吾爾族捷報的次日，乾隆皇帝向天下頒布了一篇名為〈御製開惑論〉的文章，總結這長達五年的軍事行動，並誇耀自己終於成功解決自康熙、雍正兩朝以來懸而未決的「準噶爾問題」。至

乾隆皇帝時代的清朝疆域

此，清朝多年的外患已全部清除，乾隆建立了一個以清朝為中心的世界秩序。乾隆皇帝認為，如今「我皇清之中夏」，已非漢、唐、宋、明時期的「中夏」可比。元朝後裔與其臣僕瓦剌族也歸順清朝，清朝再無任何外部勢力可擾亂邊疆。不過，乾隆也察覺到，平定準噶爾之後，若再出現足以對抗清朝的勢力，先前的努力就白費了。乾隆皇帝為了「一勞永逸」，即使承受一時的痛苦，也要往永續安逸之路邁進。

朝廷內部也熱烈討論如何處理準噶爾的舊領土。準噶爾的舊領土實在太遠，許多官員認為長期駐守將極為困難，乾隆皇帝也認同這一點。然而，投降的瓦剌族首長們「多為畏威降服，內心難以完全信任」，因此將統治權交給他們並不安全。乾隆皇帝認為，他們的本性與野獸相同，即使劃定邊界，允許貿易，未來也很可能再次開戰。基於此考量，乾隆決定在天山南北的新領土「新疆」長期駐軍，由滿洲將軍統轄治理。天山南部的維吾爾族居住地實施既有官制，任命在地的權威人士擔任伯克（官吏名稱）。考量當地局勢設置官職，並建築城寨、設置驛站，逐步完備統治體制。

直轄統治新疆在財政上並不划算。新疆本就貧窮，還因戰爭與疾病人口驟減，無法收取足夠的稅賦維持行政組織與駐軍開支。不過，乾隆皇帝依舊對這廣大新疆的潛在生產力抱有極大期待。設置屯田是在地籌措軍費的常用方法，因此乾隆在新疆各地推行屯田，貼補駐軍財政。一七五八年，乾隆派了一萬數千名屯田兵進駐新疆東部的烏魯木齊一帶，也在西部的伊犁開發屯田。一七六〇年，乾隆收到報告，商人頻繁往來烏魯木齊與鄯善等地，聚落也日益發展。

乾隆皇帝得知新疆開發進展順利後，將此與內地日益嚴重的人口過剩問題聯繫起來。他注意到，連長期被視為貧瘠的古北口外，如今都有來自內地的數十萬農民墾殖。新疆的發展必能吸引甘肅等鄰近省分的無地貧民前往開墾。如此一來，不僅能穩定供應軍隊糧食，也為無產農民開拓其他的維生之道。

同時，當時接收最多國內移民的四川省，也因為治安惡化上奏朝廷，請求限制移民數量。乾隆皇帝強烈批判，形容這種做法猶如「因噎廢食」。當國家長期處於太平盛世，人口就會逐漸增加，待在故鄉的貧民無法維持生計，必須遷移他方想辦法糊口，這是「合乎情理」的常態，不應強行限制，只需嚴厲懲治罪犯者即可。如今人口愈來愈多，各省土地卻不可能增加，應該促進人口「遷徙流動」，才能養活貧民。乾隆皇帝表示，「地方大官應通觀大局，根據百姓的實際需求，制定最合適的政策」。

在乾隆皇帝眼中，剛剛開發的新疆是最適合讓內地貧民「流通」移居的地方。當時，朝廷徵召維吾爾族農民、運送流放囚犯至伊犁開墾，乾隆認為遲早有一天，會有大量內地移民遷徙至此。「凡有利之處，即使禁止也無法阻止人們前往」。

面對人口過剩的難題，乾隆皇帝的對策是盡可能不干預人民的自然流動。人會自然地朝「有利之處」移動，糊口維生，乾隆就是要靠人口「流通」解決問題。儘管有些地方訂定法律限制人口流入，乾隆皇帝仍直言禁令毫無意義。在他看來，剩餘人口透過自由移居的方式，順利養活自己。此外，乾隆認為，自己征服新疆的功績不僅為大清擴張了疆域，也為未來不斷增長的人口提供了一片廣闊的容納之地。從他的角度來看，預期增加的人口已不再是讓他煩惱的原因。

糧食價格高漲是乾隆朝初期十分嚴峻的課題，即便到了乾隆二〇年代（一七五五—一七六四年）情況也不見好轉。然而，乾隆一〇年代（一七四五—一七五四年）頻繁爆發的糧食暴動，卻逐漸減少，甚至不再被上呈報告。根據曾在乾隆年間於江蘇、浙江各地生活的汪輝祖（一七三〇—一八〇七年）所述，一七四八年米價騰貴之際，人們不僅挖草根、剝樹皮充飢，甚至有人挖類似粉末的土壤食用，最後因此喪命。然而，從那之後到乾隆末期的一七九四年之間，米價上漲一倍以上，人民生活反而更加安穩。這是因為不僅米價上漲，所有物價都同步提高，使得農民或小商販的收入也有所增加，因此能維持生計。換言之，十八世紀後期的米價高漲，並非糧食不足所致，而是經濟繁榮帶來的物價普遍上漲的結果。

事實上，這段時期國內生產與流通蓬勃發展，海外出口增加，大量白銀流入，全國經濟呈現空前繁榮景象。然而，乾隆皇帝與當時的大臣對此現象的理解程度不得而知。他們關注生產與流通，確保人民獲得足夠的生活必需品，特別是糧食。他們不在意增加財富，也不注重海外貿易。一七五六年，過去只去廣東的歐洲商船來到浙江省寧波，朝廷收到此報告卻未將其當成擴大貿易的好機會，反而感到警戒，提高警覺。原來對歐洲人而言，寧波可以買到比廣東更便宜的貨物，且靠近蘇州、杭州等大型市場，朝廷只要不干預，絕對能吸引更多外國商船造訪。朝廷擔心浙江成為外國人的一大居留地，容易引發各種紛爭，影響社會治安惡化。

乾隆皇帝最初想採用提高寧波關稅的做法，降低外國商船造訪的意願，但在實施前重新考慮。即使關稅上漲，外國商船還是會基於廣東商品較貴、管制較嚴等原因，選擇停泊寧波。此外，廣東有一大半沿海居民倚賴海外貿易，若強行轉移貿易中心，必須考慮他們的生活。一七五七年，乾隆下令歐洲商船只能到廣東，並驅逐前往浙江的外國船隻。這個時期，造訪中國的英國商船因茶葉貿易而大幅增加，他們被迫只能在廣東進行交易，儘管心有不滿，也只能遵守。在施加不利條件的狀況下，歐洲商船依舊絡繹不絕，海外貿易蓬勃發展。此外，限定廣東為貿易港口，不只保證了廣東居民的經濟利益，也讓負責將茶葉等出口商品，從產地運送至廣東的內陸運輸業因此恩惠獲利。

乾隆朝中期，中國社會普遍感受到整體社會的富裕與繁榮，這種感受無論在朝廷還是民間都得到了共鳴。乾隆皇帝曾說，「君主以養民為要務」。如依此標準，他已經充分盡到身為君主應盡的責任。

一七七〇年，乾隆皇帝頒布第二次錢糧普免，上諭寫道「國家全盛，財政有餘無不足，國庫儲備逐年增加。思天地創造財貨，與其積囤於國庫，不如流通至貧民小屋」。乾隆皇帝在之後的一七七八年、一七九〇年，以及成為太上皇的一七九六年，大概每隔十年就會實施錢糧普免。在南方徵收的「漕糧」（運往京城的稅米），也從一七六六年起三度全免。這些大規模減稅政策，促進民間資金的流通，使經濟更加活絡，對當時的人們而言，都強烈感受到「國家全盛」的輝煌氣勢。

三、知識世界的帝王

滿洲人在進入十七世紀之後，開始學習書寫自己的語言，這對草創期的國家治理有極大幫助。不過，用滿文書寫的文件內容僅限基本的紀錄和書信公文，並不能作為獲取高深知識和文化教養的工具。清朝在統治中國之前，就致力於翻譯漢文典籍，也開始讓滿人子弟接受漢文教育。與受過教育的蒙古人學習藏文以研習佛典不同，滿洲人是自己選擇漢語和漢文化作為其主要的知識體系。滿洲人移居中國本土並開始統治漢人後，學習漢語的必要性大幅提升。征服中國後的第二代滿洲人幾乎全部掌握了漢語，一六七一年各官員普遍能夠直接使用漢語，不需要翻譯人員，因此正式廢除通事一職。

順治皇帝以降的清朝皇帝都接受漢語教育，同時學習傳統漢文化。皇帝身為統治中國的主體，這是不可或缺的能力，中國統治機構的轉動原理深植於漢文化的傳統之中，若不理解漢文化，便無法順利統治中國。康熙皇帝特別熱中研究漢語的學問與文藝，子孫後代也沿襲其態度。

乾隆皇帝不僅精通中國傳統學問，甚至自認知識淵博超乎一般漢人官員，對於創作詩文與書法也頗具信心。與此同時，乾隆十分熟練掌握滿洲語，並對滿洲人逐漸遺忘固有語言與文化傳統感到憂慮。這不只是身分認同的問題，乾隆皇帝相信，滿洲文化之中有超越漢文化的優越之處。但這不代表他認同擁有獨特價值的異文化可以並存。乾隆皇帝相信存在超越種族的普遍價值體系，而由他所接受的教育來看，這一體系必然根植於中國的傳統思想。即使他本人沒有意識到這一點，他的觀念、論法與世界觀仍深受中國傳統文化的影響。不過，乾隆認為中國傳統思想非漢人獨有，接受漢文化不代表屈居於漢文化之下，也不需要捨棄自己的文化。相反地，滿洲人將漢人偏狹的普遍價值體系，提升至更高的境界。乾隆皇帝時常提及，漢人理想的古代社會風氣仍存在於滿洲風俗中，得以保存和延續。

作為一位以中國傳統思想為根基的帝王，乾隆皇帝自覺肩負教化人民的責任，他時常頒布敕諭教導臣民，並熱中於保護與發展作為教化基礎的學術。從登基之初便校勘十三經與歷代正史，宮中還刊印各類典籍，其中規模最大、影響最深遠的就是《四庫全書》的編纂工程。

一七七二年，乾隆命令各省總督、巡撫、學政等人，廣泛蒐集古今重要書籍。之前也曾下令蒐集被埋沒的經典著作，但這次的計畫是具規模與組織性，目標為整理這些書籍，並據此編纂史上最龐大的叢書。一七七三年，乾隆將此叢書命名為《四庫全書》。花了十年的徵集與整理，每本書皆增添解題，並依據其重要性分成：可出版的、需謄抄的、僅記錄書名的。全文謄抄的三千四百五十七部書，每部書各製作七部抄寫本，收藏在國內七處書庫。其中，設置在江南的揚州、鎮江、杭州的書庫是為人民所建，允許一般民眾閱覽。

廣泛蒐集古今名著，將其傳至後世，一般人都能閱覽相關書籍，這絕對是一項極具價值的文化工程。然而，編纂《四庫全書》也伴隨著大規模的取締禁書。對乾隆皇帝而言，傳承優秀書籍與禁絕有害書籍是相輔相成的，兩者都是為了維護純正的學術思想。眾所周知，將清朝和滿洲人藐視為「夷狄」的著作皆遭查禁，凡是乾隆皇帝認定無節義者，其著作內容無論是否含有不當言論，都會被下令銷毀。此外，在乾隆皇帝統治初期，同時代的謝濟世撰寫的經書注釋書，曾因「貶損程子與朱子」而被燒毀。清朝尊朱子學為正學，無知之人若受此異說蠱惑，便違反「一道同風之義」。「一道同風」指的是遵循相同道理，接受一致教化。無論是政治或學問，真實之道只有一個，而這個真實之道必須由清朝皇帝決定。

文字獄是箝制言論自由的鎮壓政策，清朝統治中國之後，實施過好幾次。乾隆皇帝就連無重大政治背景的散言碎語也加以針對，施以包含死刑在內的嚴刑峻法。使得知識分子普遍禁聲，不僅不敢評論時事，更畏懼提筆寫書。這種嚴格的言論控制，很自然地導致學術發展停滯，但對乾隆皇帝而言，學術整體是否因此變得缺乏生氣、充斥陳舊迂腐之作，也完全沒有任何問題。從這一點來看，乾隆並非單純地以維護清朝統治體制和既有秩序為最優先處理的要務。

乾隆皇帝愛好學問和文藝，但他並不關注當代學者是否能夠取得具有創造性的學術成果，他只在意自己的表現。乾隆不只聆聽經書講解，自己也闡述評論，經常發表閱讀見解。二十歲這一年，乾隆已編纂詩文集《樂善堂集》，熱心創作詩文，御製文集收錄的文章就有一千三百五十餘篇；而御製詩集中的詩作更高達四萬一千八百餘首。此外，他對於書畫的熱愛超乎常人，致力於蒐集和鑑賞古今名品。乾隆不時將自己創作的詩賜予大臣，樂於聽取眾人的讚賞，看到學識淵博的大臣無法辨識其詩作中引用的典故出處時，他更是得意不已。作為一國之君，能夠兼具學者與藝術家的身分，可說是最理想的狀況。乾隆皇帝也認為，只要臣下讚美他在學問和文藝上創造的成就，便足以證明當代文化繁榮昌盛運。

不只是在學問和文藝的領域，乾隆皇帝對於同時代任何超越自己的知識權威都不予承認。例如，乾隆皇帝公開宣稱自己「崇敬佛法」，學習佛典，前往五台山參拜，並在北京雍和宮、承德普寧寺等建立佛寺，但他對僧侶的崇敬之情卻相當淡薄。清朝皇帝從建國之初雖然信奉佛教，但普遍不信任僧侶。皇太極曾嘲笑蒙古人妄信僧侶，並認為人民服兵役、服勞役才是報效國家，反對其剃髮出家的作為。乾隆皇帝的態度基本上和皇太極一樣，不僅嚴格監管僧侶，更表示自己不會像元朝皇帝一樣「諂媚番僧」。

乾隆皇帝的這種態度，也不能單純解釋為他的佛教信仰流於表面，或是輕蔑僧侶。實際上，他相信只有他自己才是真正「護持正教」的人，而不是任何高僧。像是藏傳佛教的活佛轉世制度，由於活佛轉世只在特定家系「轉生」，實質上是世襲制，乾隆皇帝對此表示不滿，下令改用金奔巴瓶制——即透過抽籤來決定轉世靈童的人選。皇帝個人甚至斷言，根本不存在所謂的佛轉世，但考慮到數萬名僧侶需要有信仰皈依，恐產生煩擾，他仍然設法減少佛教私有化的可能性。

乾隆皇帝表示：「夫定其事之是非者，必習其事而又明其理，然後可。」也就是說，他認為自己學過藏傳佛教經典，所以有資格評斷藏傳佛教。對乾隆皇帝而言，他是整個知識世界的第一人，理應指導萬民，他的自信不只是他作為皇帝的身分，更來自他有信心充分理解所有事物。因此，他夙夜匪懈，除了滿洲語和漢語之外，也勤學蒙古語、維吾爾語、西藏語等，終生讀書，從不怠惰。在他看來，無論是漢人儒者或西藏僧侶，都是局限在自身狹隘知識體系的人。與這類知識偏狹的人相較，他自認擁有更加廣博的視野與更深遠的見解。不僅在政治領域，乾隆皇帝在知識的世界中也以帝王之姿君臨天下。

四、停滯與自滿

乾隆朝後期雖然平穩，但內外仍出現了一些問題。乾隆朝後期發生的第一件國家大事就是與緬甸的戰爭。剛剛完成統一的貢榜王朝企圖對外擴張勢力，一七六五年冬入侵清朝雲南邊境。對此，乾隆皇帝輕信新上任的雲貴總督楊應琚的樂觀意見，決定積極整備進攻緬甸，而非僅僅防守。一七六八年，清軍進攻緬甸卻慘遭大敗，但乾隆皇帝不但不撤軍，還增加兵力馳援。即使如此，清軍仍未能扭轉劣勢，乾隆最終不得不放棄原有目標，接受和談。此後，緬甸以向清朝朝貢的形式開始通商，從而保住了清朝表面上的體面，但實質上這場清緬戰爭清朝吃了敗仗。乾隆皇帝將自己最信任的大臣兼義弟傅恆派往前線，主導清緬戰爭，孰料他在異地染病，客死他鄉，乾隆痛失重要的左右手。

乾隆皇帝曾說「準噶爾恃遠，金川恃險」。無論是征戰遠處或擊破占據險地的敵人，都是難度極高的事情。明知攻打的困難之處，還堅持攻打，耗費大量金錢，使士兵長年受苦，反而容易受敵輕侮。乾隆皇帝認為，任何敵人與富強的清朝相比，都只是「小醜」，正因如此，他也謹慎避免投入過多的費用和人力。其實在遠征緬甸之前，乾隆便提及費用效益問題，至少展現了應避免戰爭長期化，速戰速決的判斷力。

儘管如此，乾隆皇帝有足夠的理由，必須出兵攻打又「遠」又「險」之處。一七七一年，大金川、小金川蠢蠢欲動，逼得乾隆皇帝不得不出兵。第二次金川之役耗時四年四個月才結束。之後約十年間，除了一些小規模反叛行動外，整體來說大致和平穩定。然而，一七八六年臺灣發生林爽文之亂，一七八八年清朝出兵介入越南政變，一七九一年廓爾喀族入侵西藏，導致清軍進行了二次戰爭。到了乾隆在位的最後一年——一七九五年，乾隆初年平定的貴州苗族再次發動大規模叛亂。

國內的開發區域，持續有移民進入，使得以前隱忍未發的問題浮上檯面。四川、湖廣、江西等新開墾地區的移民數量過多，後來的移民被迫過著極度貧困的生活。這些移民有的集結成群，掠奪施暴，特別是四川的嘓嚕以及陝西、湖北交界地區的棚民，都是臭名遠播的無賴團伙。[8] 移民社會中各種「邪教」橫行，乾隆皇帝很早就擔心出問題，並下令嚴加取締。然而，到了乾隆朝末期，以四川、陝西、湖北交界區域為據點的白蓮教派，勢力迅速擴張。

在新疆，雖然政府支持移民發展，並積極推動開墾，但進展卻不如乾隆皇帝期待的那麼順利。新疆氣候嚴酷，水資源有限，適合農耕的土地早就開墾殆盡。儘管從內地過來的移民不多，但烏魯木齊早在一七八五年就出現土地不足問題。從數字上來說，原本要靠屯田與民間租稅來供應駐紮軍的糧食支出，但當地上報根本入不敷出，乾隆皇帝對此產生了懷疑與不安。

不過，對於新出現的外敵和長期懸而未決的問題，乾隆皇帝並未感到危機。不僅僅是因為這些問題並非迫在眉睫，更是因為他開始將接連發生的問題與難以解決的局勢視為常態。一七七七年的一份上諭指出，前往地方赴任的總督、巡撫都說，「若赴四川必討伐啯嚕，若赴貴州必平定苗族，若赴江蘇必須禁止稻米出口海外，但這些都是官員的慣用語」。過了一段時間後，這些問題就會被遺忘，後繼者再次提出相同的問題。乾隆已不期待這些官僚能有多少處理問題的決心。

壯年期的乾隆皇帝喜歡「一勞永逸」這句成語，著手鎮壓苗族叛亂和討伐準噶爾等重大問題時，他經常以此作為指導方針。不圖姑息的解決之道，即使一時受苦，也要為將來的安逸奠定基礎。不過，即使他精心策劃並鼓舞大臣努力去做，仍很難達到「永逸」的目標。到了乾隆晚年，面對苗族再度叛亂時，他感嘆道「自古無一勞永逸之策」。就算成功鎮壓叛亂，處刑首謀者，苗族還是可能再次危禍作亂，但屆時再視情況對應即可。

事實上，中國本土大部分地區一直到乾隆朝後期皆處於和平穩定、經濟活絡的狀態。江南地區依託富饒的農村與發達的工商業，城市更是極度繁盛。乾隆皇帝一生六度下江南，親眼見證江南「山川佳秀、民物豐美」的景象。江南作為國家「財賦大區」，其繁榮對乾隆而言，正是「國家全盛」的表徵。不過，乾隆也關注到江南風俗過於奢華鋪張，為了讓百姓長久享受「昇平之福」，他屢次訓誡人民戒除奢靡之風。除了江南之外，乾隆也好幾次前往盛京祖陵、山東、河南與山西等地，在上述地區都沒看到特別嚴重的問題。相較之下，凡是奏報貧困與治安惡化的，幾乎都是偏遠地區，這使得乾隆帝認為這些問題僅限於特殊地域的局部現象。

晚年的乾隆皇帝寵愛佞臣和珅，導致官場腐敗，而聲名狼藉。實際上，和珅並非操縱皇帝實施苛政，而是憑藉其對皇帝旨意的揣測與迎合而得以飛黃騰達。並利用這層關係，從想要分享權勢餘蔭的人們那裡聚斂財富。和珅積累的巨額財富，正體現了朝廷上下對擁有絕對權力的皇帝間接逢迎的巨大潮流。儘管乾隆皇帝所信任的重臣曾因貪汙而多次被罷黜，但在乾隆生前，卻無人敢彈劾和珅，僅有御史繞過和珅，指控其家人而已。當時的官場氛圍使得任何與皇帝意志相悖之事，皆無人願意冒險去做。滿足於現狀，迴避問題，不願主動提出改革並加以解決的態度，已在當時的朝野蔓延開來。

隨著年齡增長至七十歲、八十歲，乾隆皇帝耽溺於自己的政績，自吹自擂的狀況益發嚴重。《御製古稀說》寫道，三代（夏、商、周）以下，為天子而壽登古稀者，才得六人。明君僅元世祖和明太祖，他們雖是朝代創始者，政治上仍有不完備之處。相較之下，乾隆治世「至乎得國之正，擴土之廣，臣服之普，民庶之安」，可謂「小康」。然而，從前後文來看，「小康」不過是表面的謙遜之詞。一七九二年，乾隆八十二歲，第二次廓爾喀之役結束，創下即位以來的第十次軍事勝利[9]。撰寫誇耀武功的〈御製十全記〉，矗立石碑，碑上用滿、漢、蒙古、西藏等四種文字刻字。在其撰述的十全武功中，也包含第一次金川之役、緬甸戰爭、越南戰爭等實際上未取得完全勝利的戰役，但最終都以降服敵人總結，一律計入勝利之列。乾隆引用唐太宗以對外戰功鞏固和平的例子，並強調與唐朝相比，唐朝邊境有幾個距離都城長安很近的小小敵對勢力，自己則連遠在天邊的西藏境外強敵廓爾喀族都能展現「兵威」。一七九三年，乾隆說康熙皇帝曾進行一次錢糧與漕糧的普免，那是前所未有的創舉，但他至此已施行錢糧四次、漕糧兩次普免，暗示其善政超越前朝。他不再關注國家財政收支，認為為人民好就是為國家好，昭告子孫不可忘記「愛養百姓」之心，不可受制於那些呼籲遵守國家財政預算的大臣之言。

乾隆皇帝不僅享有八十餘歲的高壽，子嗣繁茂亦成為他引以為傲之事。一七九一年秋，乾隆在避暑山莊讓子孫比試射箭，年僅八歲的玄孫射中靶心，令他十分喜悅。他想起自己十二歲時，在康熙皇帝面前射中五箭，大獲表揚。如今，他親眼見證從祖父到玄孫共七代，「為史冊稀有盛事」。

乾隆皇帝在邁入古稀之前，便計畫在位滿六十年之際退位，這是為了不超過康熙皇帝的在位期間所做的決定。一七九五年（乾隆六十年九月），正式冊封第十五子嘉親王永琰（改名顒琰）為皇太子，下令次年改元為嘉慶元年。乾隆自負「精神強固」，宣示即使當太上皇帝，也要親自處理「軍國重務，用人、行政大端」。即位後的嘉慶皇帝遇到重要大事，只能遵從太上皇帝的「訓政」。

一七九八年，年屆八十八歲的太上皇儘管已難策馬射獵，仍自豪身體康健，不料冬至後，健康狀況急轉直下。次年元旦一如往常接受群臣朝貢，但次日病情惡化，正月三日駕崩。

乾隆皇帝的遺詔中，陳述自己即位以來，沒有一天怠惰，努力完成君主之職，更列舉治世之業。他還勉勵嘉慶皇帝，若能深體「朕之心」，「必能如朕之福」，讓萬民咸樂昇平。對乾隆皇帝而言，天下太平即意味著他的治世能夠代代相傳至後世子孫，綿延不絕。

乾隆皇帝去世後，其治世繁榮已成後人傳頌的傳說，許多人都懷抱著憧憬與懷舊之情反覆述說。後世也很認同乾隆自詡其治世為「國家全盛時期」。然而，正因乾隆時期已達全盛，嘉慶朝以後的人們普遍意識到，國勢已無法再超越過往的輝煌。

雍正皇帝（一六七八—一七三五年）

清世宗，尊號為「敬天昌運建中表正文武英明寬仁信毅大孝至誠憲皇帝」，諱胤禛。一六七八年（康熙十七年十月三十日）出生，是康熙皇帝的第四子[10]，母親為烏雅氏。

康熙皇帝最初立二皇子胤礽為皇太子，但因任性粗暴、性喜奢華，在朝廷結黨營私，於一七〇八年一度被廢。然而，就在胤礽成為廢太子不久，朝中有人推舉八皇子胤禩為新皇太子，康熙大感震驚暴怒。在康熙看來，這是某些黨派企圖擁立胤禩，以便加以操控的陰謀，而且無論是皇太子或其他皇子身邊，都已形成懷抱私心的黨派。

清朝皇帝從建國之初就極度厭惡結黨營私，因為黨派之爭容易引發內亂，內亂則可能導致王朝自取滅亡。推舉胤禩造成反效果，加上皇太子有改過之心，於是康熙讓胤礽復位。但在一七一二年，皇太子又因為不思悔改、故態復萌，再次被廢。康熙皇帝此後不再冊封皇太子，但也因為這個緣故，有意角逐大位的皇子，在檯面下的較勁愈來愈激烈。

一七二二年（康熙六十一年十一月十三日），康熙皇帝在臨終前指定傳位於胤禛。同月二十日，胤禛登基，成為清朝第五代皇帝。雍正皇帝的繼位並非所有人的預期或期待，不少皇子和大臣對此感到失望落寞，雍正也明白這一點。雍正年輕的時候，父親規勸他情緒起伏太大，且不容許下屬輕視自己。即位後不久，他聽到「流言」說自己特別偏愛某位皇弟，便認定此「妄議」來自康熙朝以來的黨派陰謀。一七二四年，雍正皇帝訓斥自一七〇八年以來，「朕之無知兄弟數人，種種妄行，以至皇考暮年憤懣」，至今未思反省，結黨營私，貪圖私利。他先針對允禩（雍正皇帝即位後，為了避諱，將「胤」改成允）進行整肅，指出數宗罪刑，包括從以前就勾朋結黨，包庇虧空公款的官僚以換取私恩圖利，還故意讓祖宗牌位製作粗劣，以此來羞辱雍正皇帝等，允禩遭削爵圈禁。允禟、允䄉、允禵（康熙皇帝的第九、十、十四皇子）同樣獲罪，其黨羽均遭到嚴厲刑罰。

皇帝近親獲罪在清初政治並不罕見，通常在此過程中，會將對方的過去言行翻出，或是加上幾宗欲加之罪論處。不過，在康熙朝，隨著皇權的穩固，已經看不到宗室成員因政治罪名而遭嚴厲懲罰的例子。雍正皇帝不僅幽禁了允禩，還將其改名為阿其那、將允禟改名為塞思黑（這兩個詞的意思眾說紛紜，但確定是帶有貶義的惡名）[11]，如此羞辱宗室，即使在清初也從未出現過。兩人在被幽禁後不久便相繼去世，結局相當悲慘。

然而，對雍正皇帝而言，對弟弟們的懲罰是勾朋結黨（重罪）的正當處罰。結黨營私不只違反祖訓，也不見容於雍正本身的政治信念。一七二四年（雍正二年七月）頒布的《御製朋黨論》，正式闡述了他的政治理念。根據雍正的看法，「為人臣者，義當唯知有君則其情固結而不可解」。近年黨派之害蔓延，錄用一人就說是受到某人的提拔，貶黜一人就說是遭到誣陷。當臣子們開始在意的不是朝廷而是黨派評價時，到最後君主的權力也會遭到擠壓與扭曲。朋友之間的情誼確實很重要，但那只適用於民間社交，一旦當官，在君臣之間應以公義為重，摒棄朋友私情。朕即位以前，從不以私恩結交官員，拒絕欲在門下出入者。皇考康熙皇帝就是看到朕公正無私的態度，才會讓朕繼承皇統。想要依賴黨派立足者，請謹記這麼做毫無益處，期望今後諸臣一心盡忠誠。

君臣「一心」恰恰是結黨營私的對立面，亦為清初以來的基本國策。當國家規模尚小時，皇帝與重要大臣聚在一處商議國政，從而達成君臣一心。隨著國家疆域的擴大，皇帝與臣下之間不僅在地理上的距離拉遠，在政務處理的程序上亦變得繁瑣。為了縮短君臣之間的距離，雍正皇帝採取了許多方法，其中最有名的是靈活運用奏摺制度。

奏摺是臣下呈給皇帝的私信，無須透過官廳，可直接送到皇帝手邊，最適合用來聯絡機密事項。康熙朝允許中央大臣與總督、巡撫等地方大官使用奏摺，雍正皇帝進一步擴大可以使用奏摺的官員範圍。此外，所有送到雍正手邊的奏摺，他都會親自閱讀，並在上面批示意見或指示後再送回。奏摺就像皇帝和全國各地主要官員之間的熱線，大大加強彼此之間的溝通聯繫。對雍正皇帝而言，奏摺是君臣直接連結，達成一心的重要手段。

奏摺從全國各地送來，數量十分龐大，無疑對皇帝而言是一種沉重的負擔。親自批閱所有奏摺，不僅是雍正皇帝展現勤政的方式，更是在行動上體現出他與臣下共治天下的決心。白天，他忙於接見大臣、決策政務、審核官員任命，或參與祭祀、典禮等儀式，十分繁忙，批閱奏摺的工作往往拖延至深夜。除了偶爾前往圓明園、暢春園內的恩佑寺之外，幾乎不曾遠行，每天勤於政務。就連過去康熙皇帝每年固定到避暑山莊的傳統，雍正皇帝也予以取消，即使在酷暑的天氣，仍終日待在宮裡執行政務。他以自己為例，斥責官員們工作怠惰、效率延遲。

雍正皇帝不眠不休地勤政，不只是為臣下樹立勤勉工作的榜樣，更創造出許多實質成果。他致力於財務改革，將徵收地丁銀時由地方官裁量徵收的附加稅定額化，避免地方官恣意徵收。在預防地方官貪贓枉法的同時，他支付養廉銀等津貼，保障官員有足夠的收入，減少貪汙腐敗的動機。此外，他還廢除各地以樂戶、惰民等名義保留的賤民身分，消除其與一般百姓之間的差別待遇。在西南少數民族居住地，推動直轄地化（改土歸流）。修訂承襲自明朝的律法與條例，使其更符合當時的社會與制度需求。外政方面，雍正皇帝平定青海，在西藏設置駐藏大臣，監視當地居民。與俄羅斯簽訂《恰克圖界約》，劃定國境，訂定貿易條件。儘管雍正皇帝的統治僅有十三年，但他推行的許多改革，都為清朝的後續發展奠定了重要基礎。

雍正皇帝盡最大的努力執行帝王政務，從客觀上來看，他確實取得了值得肯定的政績。然而，一七二八年的曾靜事件（曾靜受到清初學者呂留良華夷思想的影響，勸說川陝總督岳鍾琪舉兵反清而被捕的事件），突顯出「清朝作為『夷狄』統治中國違反天理」這一觀點，在漢人之間仍具有一定的說服力。雍正皇帝一一反駁曾靜的論述，將說服始末收錄在《大義覺迷錄》中，刊印並發布至全國各地。

根據雍正的說法，成為天下君的資格在於有德無德、慈民虐民之分，和出身無關。「不知本朝之為滿洲，猶中國之有籍貫。舜為東夷之人，文王為西夷之人，曾何損於聖德乎？……明代自嘉靖以後，君臣失德，盜賊四起，生民塗炭，……本朝定鼎以來，掃除群寇，寰宇乂安，政教興修，文明日盛，萬民樂業，……至於漢、唐、宋全盛之時，北狄、西戎世為邊患，從未能臣服而有其地。……自我朝入主中土，君臨天下，并蒙古極邊諸部落，俱歸版圖，是中國之疆土開拓廣遠，乃中國臣民之大幸，何得尚有華夷中外之分論哉！……況明繼元而有天下，明太祖即元之子民也。以綱常倫紀言之，豈能逃篡竊之罪？至於我朝之於明，則鄰國耳。且明之天下喪於流賊之手，是時邊患肆起，倭寇騷動，……猶有目睹當時情形之父老，垂涕泣而道之者。且莫不慶幸我朝統一萬方，削平群寇，出薄海內外之人於湯火之中……」。

清朝的統治之所以被接受，是因為這一事實已經成立，而且大部分臣民承認清朝的統治權。但雍正皇帝認為，仍有必要向天下說明，清朝作為滿洲王朝，其成為中國正統君主的合法性。「中國」不僅僅是漢人的國家，而是代表一個統一的文明世界，那麼滿洲人作為君主並無不妥。客觀來看，清朝的施政遠勝前朝，理應成為天下之主。雖說現實狀況不允許有人反對此論點，但雍正皇帝選擇以理論而非武力來說服天下，使清朝的統治獲得認可。

雍正皇帝繼承父祖基業，無論從制度上或理論上，皆確立了清朝的統治制度。然而，一七三五年（雍正十三年八月）五十八歲駕崩後，很少有人追慕其人品與治世，反而負面評價悄然傳播開來。儘管雍正行事始終如一，但他的極端言行很難真正獲得臣下共鳴。事實上，在清朝統治已然穩定的這個時期，他仍抱持著「稍有鬆懈就可能滅國」的悲壯政治態度，已不適合這個時代。雍正皇帝辛勤努力、竭力推動的施政成果，全由年輕的乾隆皇帝接收，為其繁華治世奠定基礎。

準噶爾汗國

一六七七年，準噶爾部琿台吉（首領）噶爾丹（Galdan）統一了天山山脈以北的瓦剌諸部，建立統一政權。噶爾丹征服塔里木盆地周邊的各城，並與哈薩克作戰，擴張統治區域，但當他想要入侵外蒙古時，遭到清朝康熙皇帝的阻撓。與噶爾丹作對的姪子策妄阿拉布坦（Cëwang Arabtan），趁著噶爾丹不在奪取政權，一六九七年穩固統治者的地位。

策妄阿拉布坦往西擴張版圖，將西突厥斯坦的部分區域納入勢力範圍，但因為在這些城市實施高壓政策，使得某些東部城市歸順清朝。清朝也趁機出兵，使其勢力逐漸滲透進東突厥斯坦的東部邊界。一七一七年，策妄阿拉布坦出兵拉薩，殺害統治西藏的青海和碩特部首領拉藏汗。此舉引來清朝干預，於一七二〇年將其逐出西藏。

策妄阿拉布坦去世後（一七二七年），其子噶爾丹策零（Galdan Tseren）繼位，一七三一年再次入侵外蒙古，在和通泊（Khoton Lake）大勝由傅爾丹率領的清軍。傅爾丹輕信遭到清軍俘虜的準噶爾兵（準噶爾間諜）的情報，準備突襲敵人，假裝戰敗的準噶爾軍誘敵深入，將清軍打得落荒而逃。

不過，這場勝利並未給準噶爾帶來轉機。雖說清朝因主帥失策吃下敗仗，但開戰前已在外蒙古西部的科布多築城當作據點，穩固了對外蒙古的控制。噶爾丹策零被歸順清朝的喀爾喀族擊敗，被迫撤軍，雙方和談，以阿爾泰山脈為界。之後定期與清朝進行貿易，同時將軍事重心轉向西方，不斷入侵由哈薩克統治的綠洲地帶。

準噶爾全盛時期的版圖從地圖上來看確實很廣闊，但大部分地區是人口稀少的沙漠與草原地帶。突厥斯坦的綠洲城市因地處連結東西歐亞大陸的要衝而繁榮一時，後來東西貿易的主幹線移往海路，內陸的商隊貿易逐漸衰弱。準噶爾所能獲取的財富十分有限，導致其對城市居民的掠奪極為嚴苛，因此招致民怨。儘管準噶爾積極與清朝進行貿易，但綠洲地帶的產物和遊牧民族的剩餘牲畜產量有限，反而變成清朝傾銷的單方面貿易。若要克服不利處境，必須展示軍事力量，但不可諱言的，準噶爾的軍力根本無法對清朝這樣的大國形成足夠的壓力。

十八世紀的內陸亞洲，東有清朝、西有俄羅斯，兩大勢力正在擴張。準噶爾可以在兩大勢力之間生存下來，就是因為它距離兩大國的核心領地都很遙遠。儘管清朝皇帝視準噶爾為眼中釘，但若真要出兵，就必須將大軍送到遙遠的地方，不僅造成財政極大負擔，讓舟車勞頓的士兵深入敵營，風險相當高。權衡利弊，清朝並不會輕易發動大規模軍事行動。

準噶爾在周邊大國伸手不可及的範圍逐步擴張勢力，但它終究是一個傳統的遊牧政權，政權形態始終停留在遊牧部族聯盟的階段，並未發展成更高層級的中央集權政府，因此無法推行強而有力的統治，也無法制定長遠規劃以蓄積國力、發展國家。清朝能夠從偏僻的小型部族發展成強盛帝國，而準噶爾卻無法突破遊牧部族的局限性，這就是準噶爾與清朝的決定性差異。在準噶爾這類聯盟政權中，各部首領維持獨立性，一旦首領之間發生利益衝突，政權就很容易分裂。過去許多遊牧政權都是在此狀況下分裂及消失的。

一七四五年噶爾丹策零去世後，準噶爾內部立刻發生內亂，各部相繼造反。部落首領達瓦齊再也無法維持統一，挑戰達瓦齊失利的各部領袖們歸順清朝後，乾隆皇帝決定討伐準噶爾。一七五五年，清軍占領準噶爾根據地伊犁，擄獲逃跑的達瓦齊，並將其押解至北京。

準噶爾政權自此滅亡，但曾協助清朝討伐達瓦齊的阿睦爾撒納（Amursana）企圖自立，迫使乾隆皇帝再次出兵。儘管阿睦爾撒納戰敗，但清朝深知，若放任這片遠離中央的土地不管，將來仍可能再次出現新的準噶爾式政權。於是，乾隆皇帝不顧財政負擔沉重，難以維持駐紮軍隊和行政機構等種種艱難，決定在準噶爾的故地「新疆」設置伊犁將軍、烏魯木齊都統等官職，正式將該地區納入清朝的統治範圍。「地理距離」是內陸亞洲遊牧國家唯一可以維持獨立生存的最後屏障，最終也被擁有強大經濟實力與組織能力的清朝所克服。

鄂爾泰（一六八〇—一七四五年）／張廷玉（一六七二—一七五五年）

鄂爾泰，姓西林覺羅。滿洲鑲藍旗人。先祖無顯赫官職，鄂爾泰二十歲時就任旗人限定的官職，過了四十歲還是一名小官。雍正皇帝繼位後，升任江蘇布政使。一七二五年擔任雲貴總督。次年前往當地就職，武力鎮壓反抗清朝的苗族，很快建立軍功，受到嘉獎。當時雲貴總督統轄的雲南、貴州各地，是由少數民族擔任土司享有自治權，但鄂爾泰積極推動「改土歸流」政策，將土司管轄地改成由清朝直接統治，因而受到雍正皇帝的讚賞。之後仍持續推行改土歸流，開發當地也有不錯成效，成為雍正皇帝最信賴的總督之一。一七三二年回到中央，成為內閣大學士，獲賜可世襲的伯爵爵位。

一七三五年（雍正十三年五月），貴州爆發苗族大規模叛亂事件，鄂爾泰自認施政有失，負荊請罪。雍正皇帝雖認同這是鄂爾泰的失策，但也認為自己支持其政策亦有責任，只以輕罪論處。八月，雍正皇帝駕崩，鄂爾泰根據遺詔輔佐新帝乾隆。此時與鄂爾泰一起被任命為輔政大臣的還有張廷玉。

張廷玉是安徽桐城人，父親張英在康熙朝中期位列大學士，是朝廷重臣。二十九歲考上科舉，進入翰林院，在內廷工作。他以學問和文采在康熙皇帝身邊工作，還在刑部與吏部兼職，工作能力超群。雍正皇帝繼位後，繼續在翰林院執掌文書工作，也成為皇子們的老師，深受皇帝信賴。一七二六年擔任內閣大學士，策劃出兵準噶爾，處理軍機要務，逐步確立了在政府中樞的重要地位。

張廷玉在內廷的繁重事務中勞心勞力，記憶力絕佳，只要有人問官員的姓名、籍貫，甚至是考上科舉的時間都能隨口答出。他擅於揣摩上意，經常能做出符合君主心意的決策。

鄂爾泰與張廷玉是雍正皇帝最為信賴的左膀右臂。乾隆朝時，他們共同在軍機處任職長達十年，但彼此個性卻不合。即使在同一處辦公，很多時候一整天沒交談過一句話。當鄂爾泰出錯，張廷玉還會意有所指，刻意讓他難堪。有一天很熱，鄂爾泰在辦公時脫下帽子，略顯失儀，他環顧四周說：「這頂帽子該放哪裡好呢？」張廷玉笑著回答：「還是放在自己頭上最為適合吧。」這讓鄂爾泰心生不快，鬱悶了好幾天。

儘管如此，兩人始終沒有在朝堂上公開對立，更未曾各自結黨抗衡。然而，在官場上，鄂爾泰是滿人，張廷玉是漢人，通常滿洲官員會自然地傾向鄂爾泰那一邊，漢人官員則大多靠近張廷玉。乾隆皇帝雖一再強調自己不因滿人漢人而有差別待遇，但他也毫不隱藏希望滿人官員能成為朝廷的中流砥柱，加上實際制度對滿人有利，因此對於漢人而言，他們的地位明顯屈居滿人下風。漢滿之間逐漸形成各自的派系，私底下對立的情形所在多有。此外，兩人也多次擔任科舉考官，將中舉者納為門生培養人脈，這種情況也難以避免。但清朝皇帝絕不容忍以兩人為核心形成獨立的政治勢力。

乾隆皇帝對自己做的決策十分在意外界傳聞，例如不願讓人議論某項決定「是鄂爾泰推薦才成的」、「是張廷玉評論後才決定的」。他曾在鄂爾泰的請求下從輕發落某位罪人，後來得知這件事傳了出去，乾隆認為是鄂爾泰擅自洩漏消息，於是責罵鄂爾泰。有時乾隆想拔擢某個人，若察覺可能被誤認為是張廷玉的舉薦，便會刻意暫緩決定。由此可見，乾隆皇帝盡可能排除二人在朝中的個人影響力。

根據雍正皇帝的遺詔，鄂爾泰與張廷玉死後合祀於太廟。鄂爾泰在一七四五年過世後，依照規劃入祀太廟，也供奉於賢良祠。然而，一七五五年，門生胡中藻和外甥鄂昌因文字獄問罪，朝廷認為鄂爾泰形成的黨派勢力是造成其惡行的原因，於是將他的牌位從賢良祠除名。張廷玉於一七四九年辭官，並被允諾未來將合祀太廟，卻被乾隆斥責未親自入宮謝恩。更有甚者，早在斥責諭旨送至張廷玉手中前，張廷玉已先入宮謝罪，乾隆因此認定朝中有人洩密，進一步指控他培植黨羽（最後從輕發落，張廷玉死後仍得以入祀太廟）。

在乾隆皇帝看來，權臣結黨營私與宦官、外戚干政並列自古以來的弊害，清朝也未能完全倖免。鄂爾泰與張廷玉「雖知慎身，仍免不了存有黨派思想」。兩人在極度厭惡政治黨派的雍正皇帝麾下受到重用，自然是戰戰兢兢，避免自己被當成黨派領袖。然而，僅憑他們在官場上的影響力，就足以讓乾隆皇帝懷疑其為潛在的權臣。

白蓮教徒

白蓮教是元末民眾起義的精神支柱，但在明朝建立後被列為禁教。清朝延續此方針，嚴禁以「彌勒佛」、「白蓮社」等名義結社，認為其「以邪道教義迷惑人民」。由於白蓮教已成為邪教代名詞，沒有教派敢自稱「白蓮」，但陸續出現大乘教、收元教等教派，宣揚末世將至，救世主將降臨拯救信徒等類似教義。

清朝皇帝十分在意「邪教」的存在，乾隆皇帝也積極取締，認為若坊間出現即將發生大亂的預言，會擾亂人心，敗壞風俗。因此，地方官不得不嚴加掃蕩，到乾隆中期以前，各地都有零星舉發邪教的例子，逮捕過程大致和平。接受訊問的傳教者中，有些人以末世將近的預言恫嚇百姓，從而向善行善，而大多數信徒單純相信只要唱誦經文，積極行善，就能獲得救贖。直到乾隆末期的一七九〇年代，信徒的武力抗爭仍僅為局部地區，且較為罕見。

讓清朝真正感受到白蓮教的威脅，是從一七九六年（嘉慶元年正月）爆發的五省大規模叛亂開始的。這場叛亂擴及湖北、河南、陝西、甘肅、四川等五省，核心地區是湖北、陝西、四川三省邊界的山區。這地區在清朝因移民進入，土地開發迅速。早期移民相對容易取得土地，但後來的移民則被迫長期處於貧困狀態，有些人甚至無法定居，不斷遷移。部分貧困移民面臨饑荒，集結起來搶奪富戶糧食，或是練習武術，形成盜賊團伙。四川、湖北等山區原本就人口稀少，清政府在當地的行政管理較為薄弱，加上地形險峻，官府難以有效控制，因此這些地區成為私鹽販子和違法鑄造銅錢的罪犯躲避官方追緝的避難所。

一七七〇年代後期以後，流入這些地區的人口過多，治安日益惡化。無論是新移民或舊移民，他們所處的環境都日益惡化。就是在這個時期，白蓮教教義開始在百姓之間流傳開來。湖北省是最早爆發武裝起義的地方，一七九三—一七九四年之間信徒暴增，而在叛亂勢力最盛的四川，遭到逮捕的許多人都是在叛亂爆發的前幾年才加入白蓮教的。

白蓮教系的宗教都有「真空家鄉、無生父母」的真言，教義也很接近，因此官府將相關教派統稱為「白蓮」。事實上，他們沒有統一的組織和教義，在傳播過程中，教義內容也發生一些細微的變化。根據一七九四年遭到舉發的信徒供述，他們相信將來「五魔」降臨，水火災厄四起，「七天七夜的黑風黑雨」將籠罩人間。還有預言指出，彌勒佛將轉世，拯救「牛八（「牛八」二字取自明朝皇姓「朱」字的拆分，暗指明朝後裔）」。甚至在當時，已有人自稱是彌勒佛轉世或牛八。隨著移民社會的情勢愈來愈不穩定，信徒們對末世到來與世界變革的信念變得越發深刻。

造成白蓮教叛亂的直接導火線是官府的嚴格取締，以及基層官吏藉取締之名的非法壓迫，這一點連官方史料也予以承認。雖然他們模糊地追求「改天換地」，但並未提出具體目標，例如推翻清朝後建立一個理想國家。因此，這場叛亂很難被視為是有組織性、計畫性的行動。反叛軍基於血緣或地緣關係形成各自的作戰團體，但這些散兵游勇一會兒集結、一會兒逃散，根本無法在統一指揮下推進戰事。

儘管如此，官府出兵討伐依舊遭遇重重困難。反叛軍雖說是民間百姓，但都長期居住在治安惡劣的環境中，早已習慣暴力抗爭和反抗官府。設置在險峻山區的城寨易守難攻，且反叛軍逃入山中後極易躲藏蹤跡。即便一八〇〇年官軍大勝反叛軍後，反叛軍仍以游擊戰的方式持續抗爭了數年。清朝提督以下不少將領士兵戰死，投入巨額軍費，最後不得不依靠地方義勇軍「鄉勇」的力量，直到一八〇五年左右才勉強平定叛亂。

叛亂平息後，白蓮教系的教派並未滅絕。一八一三年，以林清等人為首的天理教，率領信徒在光天化日之下入侵北京紫禁城，引發轟動。備受衝擊的嘉慶皇帝下令嚴厲鎮壓，次年直隸的清茶門教也被查禁，並遭官府大動作鎮壓。之後，仍有不少與白蓮教系統不同但教義相似的民間宗教在暗中散播著，並不時爆發叛亂行動。清朝禁壓「邪教」付出極大代價，效果卻不彰。

第一代馬戛爾尼伯爵（一七三七—一八〇六年）

喬治・馬戛爾尼（George Macartney）出生於北愛爾蘭的古老家族，取得都柏林三一學院的學位後，進入倫敦律師學院進修。二十五歲以後，歷任駐俄公使、下議院議員等職務。出任西印度群島和印度馬德拉斯（今清奈）總督，在政治、外交、殖民地行政等各方面累積豐富經驗。一七九二—一七九三年以英國使節的身分前往中國，歸國後繼續擔任外交使節和殖民地總督。一七九八年辭官，一八〇六年逝世於倫敦郊外的自宅。

十八世紀後半葉，英國受惠於工業革命，棉織品等商品的生產突飛猛進，亟需拓展海外的銷售通路。當時的英國從中國進口大量茶葉，卻沒有相對應的商品可以販售，導致巨額貿易逆差。此外，清朝從一七五七年以降，與歐洲的海上貿易限定在廣州港，並規定只能通過特許商人（公行）執行貿易業務，訂定許多貿易限制，讓英國感到極為不便。英國方面即便想與清朝當局交涉，也無法直接與廣州的官員對話。英國政府內部開始有人主張派遣使節，直接向清朝皇帝提出交涉。

馬戛爾尼奉英國政府之命，一七九二年九月二十一日率領總計九十五人的使節團出發至中國。一行人不在廣州靠港，而是直接前往北京，一七九三年七月二十四日抵達渤海灣沿岸的大沽。當時清朝宮廷駐蹕在熱河的避暑山莊，馬戛爾尼遂經由北京陸路前往熱河，於九月十四日謁見乾隆皇帝[12]。

馬戛爾尼使節團的目標之一，是盡可能與清朝締結友好同盟條約，並互設常駐公使，方便發生問題時可即時協商。英國期待在貿易方面，清朝可以廢除諸多限制、降低關稅和手續費、開放廣州以外港口、設置和澳門一樣的通商據點、增加英國商品的進口等。

最後，上述要求全都被拒絕。清朝當局回覆「天朝物產豐盈，無所不有，原不藉外夷貨物以通有無。特因天朝所產茶葉、瓷器、絲斤為西洋各國及爾國必需之物，是以加恩體恤，在澳門開設洋行，俾得日用有資，並霑雨潤」。不認為需要改變現狀。關於常駐公使制度，清朝官員不了解西方外交制度，甚至無法理解其意義。（馬戛爾尼對某位清朝大臣說，自己以公使身分在俄羅斯待了三年，清朝大臣十分驚訝，竟然在異國待那麼久，還能有事可做嗎？）

乾隆朝的經濟繁榮，在一定程度上也得益於貿易帶來的利潤，但清朝從未將貿易置於重要位置。對清朝而言，與外國的關係著重於以清朝為核心的國家秩序，以及邊境地帶的治安問題，而非通過貿易積極賺取財富。即使擴大貿易能夠增加經濟利益，也沒必要特別禮遇英國，更遑論因此而動搖其中華思想所建構的世界觀。當時歐洲世界的世界觀是兩個對等國家盡力斡旋，以爭取對自己國家最有利的條件。馬戛爾尼的提議完全符合此觀念，因此兩國談判從一開始就注定了失敗的結果。

然而，儘管歐洲世界觀與中華世界觀在各自的獨斷性上不分軒輊，但馬戛爾尼代表的英國政府，其對世界格局的宏觀眼光明顯勝過清朝。當時，地球上包括新大陸在內的遼闊土地，正歷經超乎想像的大規模人口和物資流動。英國等歐洲各國趁著這股潮流，從世界各地吸收財富，擴張海外勢力，並推動工業發展，強化軍事力量。與此同時，即便是與中國一樣擁有古老文明的印度，其曾盛極一時的蒙兀兒帝國也敵不過英國的軍事力量，屈服於英國統治之下。

無論談判是否成功，馬戛爾尼一行人都盡可能蒐集相關情報，以做好未來進軍中國的準備。他們最初先測量記錄澳門到渤海灣的水路，回程時還進行了三個月的內陸旅行，趁此機會增廣見聞、聆聽並詳細記錄。他們的努力沒有白費，最終獲得了關於清朝兵力、科學技術水準、統治狀況等各個方面的豐富情報。

馬戛爾尼察覺漢人極度厭惡滿人，聽聞每年國內都有地方發生叛亂。他預測這個老朽大國若是由無能君主統治，即使沒立刻沉沒，也會開始漂流。英國估計，只要派出兩到三艘巡防艦，就能在兩到三週內破壞中國沿岸的海上交通。甚至還考慮以孟加拉為基地，威脅西藏邊境，或切斷臺灣與大陸的聯繫，認為要從根本上動搖清朝統治並非難事。但如果與清朝爆發全面衝突，印度殖民地的對華貿易一定會遭受嚴重打擊，導致英國本國的出口事業停滯，而作為生活必需品的茶葉進口也將被迫中斷。因此，英國政府認真考量其利弊得失，規劃未來的對華政策。

以馬戛爾尼代表當時的英國，甚至是歐洲列強的全球戰略，雖然充滿強烈的掠奪性，卻是基於廣闊世界和未來所做的規劃。相較之下，清朝一心只想維持國家穩定，沒有其他目標，在這一大勢之下終將束手無策，被西方列強全面壓制只是時間的問題。

曹雪芹（一七一五／一七二四—一七六三／一七六四年）

本名曹霑，雪芹為別號。祖先為清朝建立初期被編入八旗的漢人，高祖父隨著清朝移居中國本土，歷任地方官。曾祖母孫氏曾為康熙帝乳母，一家受到特殊恩寵，從曾祖父曹璽開始，三代被委以江南織造（負責製造與調度宮中使用的衣料，同時擔任諜報工作，將江南情勢密報給皇帝）重任。祖父曹寅是名氣頗高的文人，經常贊助有才能者，熱中於藏書與出版。一家居住的南京織造署，裝飾擺設極其奢華，康熙皇帝巡幸江南時都會住在這裡。

織造一職的收入豐厚，支出也可觀。若是遇到皇帝巡幸，更要投入龐大經費。有時還會虧空公款填補開支，明白實情的康熙皇帝十分寬大，睜一隻眼閉一隻眼。但康熙皇帝駕崩後，雍正皇帝即位，曾受寵遇的曹家立刻遭到嚴厲徹查，一七二七年家主曹頫以虧空公款、隱匿財產等罪名被治罪判刑，家產充公。

曹雪芹是曹寅的孫子，父親不知是曹寅的親生兒子曹顒或養子曹頫，關於其生卒年也沒有定論。生年可能是一七一五年或一七二四年，即便是一七一五年生，在曹家敗落的一七二七年，也不過十三歲，對曹家繁榮鼎盛的記憶只存在其幼年時期。可以肯定的是，後來一家移居北京，一定經常提及當年熱鬧奢華的日子。一般認為，曹雪芹的小說《紅樓夢》描繪的上流階級生活，正是曹家昔日生活的寫照。

移居北京的曹雪芹生活清貧，但因精通詩文作畫，獲得一些人的賞識，然而，關於他的生平，詳細情況不明。他大約於一七六三—一七六四年之間去世，據說因兒子夭逝悲慟不已而過世。享年四十或不到五十歲。曹雪芹生前不過是無名文人，直到《紅樓夢》廣傳於世，他的名聲才遠揚。

《紅樓夢》（亦題名為《石頭記》）採取傳統的章回小說形式，沿襲過去的小說風格，但具體且詳細地描述登場人物細膩的情感交流與風雅的生活方式，為中國文學作品開創一個前所未有的世界。最遲在一七五四年左右，作者身邊的人已看過抄寫本《紅樓夢》，一七九一年《紅樓夢》首次出版，一時間洛陽紙貴，甚至出現稱為「紅迷」的狂熱愛好者。不僅陸續出版續集，還改編成戲劇，以《紅樓夢》為題材的商品熱銷不斷，熱烈迴響形成社會現象。

《紅樓夢》男主角賈寶玉出生在世襲公爵之家，先祖是開國功臣。由於寶玉的姊姊入宮成為皇帝嬪妃，一家更顯尊貴。寶玉與親人、諸家姊妹共同生活在方便賢德妃（賈寶玉姊姊賈元春）省親而建造的「大觀園」中，寶玉才華洋溢，但厭惡讀書，尤其談到科舉考試用的八股文時還說「這原非聖賢之制撰」，並對年輕女性懷有一種近乎崇拜的獨特情感，是個言行異於常人的少年。在嚴謹的父親賈政眼中，賈寶玉是個不成材的兒子，但祖母史太君十分寵愛賈寶玉，無論賈寶玉做什麼都包容原諒。

賈府表面富貴榮華，但一家的頹廢衰敗早在《紅樓夢》開頭便已埋下，並最終在結局時走向沒落。不過，比起家族衰敗，更讓人感到悲劇性的，是寶玉與家族、社會之間的矛盾。寶玉最希望達成的兩個夢想是依照自己的價值觀生活，以及與心愛的林黛玉共結連理，可惜最終皆未能如願。故事大半篇幅描述寶玉在大觀園裡過著自由自在的生活，但這種日子從一開始便注定是有期限的。雖然從當時的主流價值觀與道德觀來看，這種結局合乎情理，但能讓讀者真切感受悲劇的淒涼感，都要歸功於作者懇切描繪出主角的感性與心情。

即使是任何人都認可、無可挑剔的真理，不一定與內心的真實相符，作者並未大聲疾呼這個觀點，而是透過登場人物的見聞思想，傳達給讀者。乾隆朝的中國，對於正統書籍的審查相當嚴格，壓制了寫作風氣，但純粹用來打發時間，表面上沒有任何政治立場的小說，則不會成為思想審查的對象。因此，作者得以毫無顧忌地藉由「假（虛構、想像。主角姓氏「賈」就是暗喻）」，闡述內心真實。

《紅樓夢》的流行曾被認為是一種軟弱的風潮，引起不少人的反感，直到二十世紀初期的王國維與胡適，才將其視為真正的文學作品，給予高度評價。然而，無論評價如何，《紅樓夢》深受許多讀者喜愛，在人們心中展現出一個甜美豐富的小說世界。

揚州八怪

十八世紀活躍於揚州的畫家派別，通常包括以下八人：李鱓（一六八六—一七六二年以前）、汪士慎（一六八六—一七五九年）、高翔（一六八八—一七五三年）、金農（一六八七—一七六三年）、黃慎（一六八七—一七七二年以前）、鄭燮（一六九三—一七六五年）、李方膺（一六九五—一七五四年）、羅聘（一七三三—一七九九年）。華喦、高鳳翰等人有時也被歸入此流派，部分學者不局限於「八」這個數字，而以「揚州畫派」來稱呼他們。他們大多擅長書法詩文，並且經常將這些藝術元素結合於作品之中。

揚州位於大運河沿岸的水運要衝，鄰近國內最大的製鹽廠，成為鹽業的集散地，十分繁榮。織品、染色、香料等產業也很興盛，當地不少富裕的工商業者。放眼經濟顯著發展的十八世紀中國，揚州依然是最為繁華的城市之一。尤其在兩淮（淮河南北地區）製鹽業最鼎盛時期，掌握售鹽權的鹽商累積巨額財富，並憑藉龐大資本，仿效知識階層享受風雅生活。大多鹽商建造好幾處名園，蒐集珍稀古籍與書畫名品，邀集文人舉辦詩會和書畫鑑賞會。遇到知名文人造訪，還會爭相舉辦宴席招待，拿出高額謝禮，希望對方創作詩文書畫。

被稱為揚州八怪的畫家們幾乎全來自外地，因為仰慕揚州的環境而來。他們的畫屬於文人畫，與職業畫家發揮精巧技術繪製的畫作不同，著重於描繪對象本質和個人的內心世界，崇尚「寫意」。他們喜歡繪製花鳥，這是傳統文人畫的題材，但卻打破制式寫意畫的框架，展現強烈個性與激烈情感，例如枝幹曲折奇特的梅花、被風吹動的竹子、在水裡奔放游動的魚等，表現風格新穎獨特，這也正是他們被稱為「怪」的原因。

文人畫原本是收入穩定的知識分子，因為個人作為藝術修養與興趣的創作。但揚州畫派的畫家並不富裕。例如金農、汪士慎、高翔雖是知識分子，但無意仕途。黃慎是一名窮書生，父親早逝，生活窘迫。一生從未當官，以販售自己的畫作維生。金農曾說自己的作品「和蔥蒜一起在街上賣」，絲毫不因為畫作與蔬菜一樣的商品價值感到恥辱，反而覺得這才是自信和自豪的表現。鄭燮和李方膺費盡千辛萬苦才謀得一官半職，卻未在官場飛黃騰達。李鱓等人因畫風不合而被逐出宮廷畫壇。對這些人而言，有人願意出資購買自己的作品，代表自己的能力受到肯定，感到不勝欣喜。因此，儘管「仕途受挫」、「賣畫餬口」等說法可能帶有負面意涵，但他們的畫作毫無陰鬱或悲壯感，反而展現出悠然闊達的風格。

堂堂正正賣畫的文人畫家在當時的揚州備受肯定，鄭燮在自己的畫作上標明價格，例如「大幅六兩、中幅四兩、小幅二兩」，還貼出廣告文宣，「凡送禮物食物，總不如白銀為妙。蓋公之所送，未必弟之所好也。送現銀，則中心喜樂，書畫皆佳」。這篇廣告詞，打破了「文人畫家應超然於世俗」的刻板印象，展現出這篇廣告文坦率爽朗，在藝術愛好家之間大受歡迎。

書畫可以成為商品，讓沒有特定金主的畫家能夠靠賣畫維生，意味著揚州的藝術品市場十分蓬勃。更重要的是，畫風新奇的揚州八怪能夠大獲好評，代表書畫買家不只是憑藉財力購買裝飾品，而是擁有明確的藝術品味與喜好。揚州八怪的成功，正是依靠那些喜歡突破既有風格、不拘泥於傳統文人形象的藝術贊助者。由此可見，當時的揚州已經達到相當成熟的文化水準。

揚州城的全盛期大約在一七八〇年代左右。一七八四年乾隆皇帝最後一次巡幸江南，看到揚州城街道的繁華勝景，令許多居民後來回憶起來仍充滿感慨，留下文字紀錄。嘉慶年間之後，揚州日漸衰退。作為城市繁榮支柱的鹽業，受到私鹽横行、水害潮害導致鹽量減產等影響，使得鹽商迅速沒落。到了一八二〇年代，已不見往日榮景，老字號店家紛紛倒閉、知識階層陷入貧困、工人竟連餬口度日都很困難。昔日富商建造的壯麗屋宅和華麗庭院荒廢破敗，夏季草木叢生，只聽得見蟬鳴聲。揚州八怪中最年輕的羅聘於一七九九年過世，正是揚州開始衰退的起點。

其他人物

袁枚

一七一六—一七九八年。字子才，浙江錢塘人。由於住在南京小倉山隨園，故世稱隨園先生。二十四歲考上科舉，歷任江南知縣。雖有政績，但不久便決定退出官場，之後每天過著創作詩文、著述、旅行、交友的生活。詩作抒情平易，深受喜愛，其記錄詩壇趣聞的《隨園詩話》亦廣為流傳，擁有許多讀者。各地文人紛紛來訪，投詩請教，隨園內裝點風雅，經常舉行詩會，盛況空前。雖然有些人斥責邀集女弟子教授詩藝不合禮教，但袁枚仍享有極高的聲譽，直至八十二歲逝世為止，仍為當代一流文人，備受世人推崇。

袁枚的著作不僅限於詩文與隨筆，還有記錄烹飪方法的《隨園食單》、蒐集怪談故事的《子不語》，內容相當廣泛，皆廣受好評。他在《小倉山房文集》收錄的信件中所闡述的法律論點，更曾受到清末著名法學家薛允升的讚賞。辭官後，袁枚專心賣文維生，特別是應人所託撰寫的傳記或墓誌銘，酬勞相當高，足以讓他維持奢華的生活與交際費，甚至還有盈餘。此外，他也很擅長理財，據說死後留下三萬兩白銀的財產，堪稱是個才華洋溢的人。

紀昀

一七二四—一八〇五年。字曉嵐。直隸獻縣人。三十一歲時考上科舉，在翰林院任職。一七六八年，姻親兩淮鹽運使盧見曾受到處罰時，因洩漏消息給其家人，遭流放烏魯木齊。一七七〇年獲特赦回家，之後謁見乾隆皇帝時，皇帝要他以「土爾扈特全部歸順」[13]為題作詩。他很快寫完並上呈，獲得皇帝賞識，復職翰林院。

《四庫全書》開始編纂後，紀昀被任命為總纂官，他花費十餘年全力完成書籍整理與編纂。將收錄書籍的內容摘要，彙編為《四庫全書總目提要》二百卷，雖說是由眾人分工撰寫，並由紀昀和陸錫熊修訂，但實際上是紀昀一肩扛起。

紀昀的個人著作中，以蒐集怪談的《閱微草堂筆記》最為知名。然而，他並未留下學術性著作，甚至創作的許多詩文也沒有保存下來，受人委託撰寫的碑文、傳記等，原稿也銷毀，未曾刻意留存。《紀文達公遺集》是紀昀過世後，由他人蒐集其佚文編纂而成。他未曾主動保留自己的詩文，其原因不明。但在乾隆朝嚴厲的言論控制之下，不少知識分子不敢撰寫觸及爭議的文字，甚至隱匿或燒毀自己的作品。

陳宏謀

一六九六—一七七一年。字汝咨，廣西臨桂人。一七二三年，二十八歲考上科舉。一七二九年就任江南揚州府知府以來，擔任地方官長達三十多年，赴任的地方遍及十二省。一七四一年起歷任管轄各省行政的巡撫，視察各地，解決水利、食糧儲備、災害對策、貨幣政策等各種問題。推動艱難事業，途中轉任時，一定會向朝廷報告政務進度，確保後繼者能夠順利接手。直到年屆七十歲，一七六三年才在中央宣召下回京，擔任內閣大學士。但因年邁多病，不久就上疏請辭，在回鄉途中逝世。

清末出版的《聖朝鼎盛萬年清》是一本荒誕無稽的虛構小說，內容描述乾隆皇帝微服出巡江南，與市井好漢交往，共同懲治惡人的故事。小說中，陳宏謀與同事劉墉（實際上兩人活動時期並不完全重疊）留守宮廷，協助皇帝代行政務。這類讀物呈現出來的人物形象，不僅讓乾隆皇帝深受後世百姓愛戴，亦顯示陳宏謀在民間已被視為乾隆時期的代表性名臣。

和珅

一七五〇－一七九九年。鈕祜祿氏，滿洲正紅旗人。年少時期貧窮潦倒，仕途坎坷，後以三等侍衛的身分，隨侍乾隆皇帝巡幸，有機會與乾隆皇帝交談，才華受到賞識，被破格拔擢為御前侍衛。後來獲得皇帝信任，迅速高升，官至軍機大臣、內閣大學士。

和珅受到乾隆晚年的寵愛，因獨攬大權、累積私財而惡名昭彰，但他其實並未做什麼窮凶惡極的事情。乾隆皇帝並未對和珅言聽計從，而是和珅阿諛奉承，拍皇帝的馬屁，藉此發揮影響力中飽私囊。然而，當時朝廷內外到處都是想要藉機出名，貪圖個人私利的人。就像張廷玉回絕一百兩白銀賄賂成為美談，可見位居政權中樞的大臣只要願意，自然就有龐大獻金流入口袋。

朝廷上幾乎沒有與和珅勾結之人，包括皇太子嘉慶皇帝在內的許多人，對和珅深感不滿，卻不願輕舉妄動，只能默默等待乾隆皇帝（後來的太上皇）崩逝。一七九九年太上皇駕崩後，嘉慶皇帝立刻下令，指控和珅二十宗大罪，賜死獄中。「二十宗大罪」大多為不敬與失職之罪，雖然指控他擁有巨額財富，但其中並未包括收賄和盜用公款之罪。據說，和珅家產遭抄沒，財產高達八億兩白銀，也有一說超過十億兩。這筆龐大財富與其說是源於和珅的個人貪欲，不如說是乾隆盛世財富過剩與官場風紀敗壞的結果。

注釋

1. 實際上是第五個出生的兒子，但二皇子弘盼因早夭而未排序，因此弘曆成為皇四子。
2. 虛歲。以下年齡皆為虛歲。
3. 「康熙帝」請參照第七卷第九章。
4. 清朝沿襲明朝的屯田制度，讓部分軍隊耕作屯田，充當軍糧。但由於駐軍不親自耕作，而是將土地出租給佃農，引發不小糾紛。甚至還有逕自賣掉農地，管理困難等諸多問題，於是內地陸續廢除屯田制度。然而，在邊疆新領土，屯田制度是可以減少朝廷對駐軍的補給負擔、降低駐軍費用的良策。除了軍人耕種，有時也會招募民眾開墾，但除了面臨上述問題外，還發生了奪取先住民土地、耕地與農耕方式不匹配等其他問題，使屯田運作變得更加困難。
5. 錢糧普免是康熙皇帝即位五十年時，實施的空前大規模減稅措施。乾隆皇帝也仿效推行。雖說是一律免除，但並非一次性的在全國同步實施，而是每年只有三分之一的省分全免，分三年依次執行。此外，除了地丁銀以外，許多其他賦稅並未被納入免除範圍。
6. 清朝在中央政府的重要官職上，同時任用滿洲人與漢人。六部長官，即尚書，則於各部設置滿、漢各一人。乾隆皇帝在一七三九年的上諭中提到，相較於難以完全信任的漢人尚書，他認為「滿尚書雖非仕堯舜之名臣，至少還算不錯」。
7. 熱河（承德）位於北京北方的高原地區，自從康熙皇帝興建避暑山莊後，清朝皇帝每年夏天都會在此度過。在熱河避暑期間，皇帝在此執行政務，從事狩獵活動兼軍事訓練，並召見蒙古王侯會面。

8. 嘓嚕是十八世紀前半期，朝廷派至四川後失業的士兵與苦力組成的暴徒組織；棚民則是在移居地搭棚居住而得名，是生活貧困的移民。這兩類人不時掠奪、襲擊平民百姓，因此清朝當局視其為嚴重的社會問題。

9. 根據〈御製十全記〉記載，十全武功包括二平準噶爾、二定金川、一平回部、一靖臺灣、一征緬甸、一征安南與最後的廓爾喀之役。由於廓爾喀之役發生了兩次，因此總計為十次。

10. 實際上是第十一個孩子，但因早殤者未被計入，故排名第四。

11. 有一說認為「阿其那」、「塞思黑」在滿洲語的意思是「狗」、「豬」，這種說法自蕭一山《清朝通史》提出後便廣為流傳。但沒人知道滿洲語中與之對應的詞彙。目前除了推測這名稱是帶有貶義的惡名之外，並無定論。此外，沈原認為這是雍正皇帝下令允禩、允禟為自己起的新名字，不一定是貶稱（〈「阿其那」、「塞思黑」考釋〉，《清史研究》一九九七年第一期）。但也有人認為，正因為是自行取名，他們才需要刻意表現出悔改與自我貶低的態度，以示忠誠。

12. 相當於中國曆法的八月十日。本章原則上年分採用西曆、月分與日期使用中國農曆。由於本條目有許多與歐洲人馬戛爾尼相關的內容，因此月日也以西曆表示。

13. 土爾扈特部屬於瓦剌族的一支，十七世紀上半葉遷徙到俄羅斯境內窩瓦河下游地區。清朝平定準噶爾後，該地變得空曠，加上俄羅斯的壓迫日益加劇，於是在一七七一年整個部族決定移居伊犁，歸順清朝。

參考文獻

井上進，《明清学術変遷史——出版と伝統学術の臨界点（明清學術變遷史——出版與傳統學術之臨界點）》，平凡社，二

〇一一年

岸本美緒，《清代中国の物価と経済変動（清代中國的物價與經濟變動）》，研文出版，一九九七年

孔飛力（Philip Kuhn）著，谷井俊仁、谷井陽子譯，《中国近世の霊魂泥棒（叫魂：一七六八年中國妖術大恐慌）》，平凡社，一九九六年

後藤末雄，《乾隆帝傳》，生活社，一九四二年（後為《乾隆帝傳》，新居洋子校注，國書刊行會，二〇一六年刊，附加〈円明園の研究（圓明園之研究）〉後再版）

杉村勇造，《乾隆皇帝》，二玄社，一九六一年

周汝昌著，小山澄夫譯，《曹雪芹小傳》，汲古書院，二〇一〇年

馬戛爾尼著，坂野正高譯注，《中國訪問使節日記》，東洋文庫，一九七五年

宮崎市定，《雍正帝——中国の独裁君主（雍正帝——中國的獨裁君主）》，岩波新書，一九五〇年（後收錄於《宮崎市定全集》一四，岩波書店，一九九一年出版，中公文庫亦於一九九六年再版）

宮脇淳子，《最後の遊牧帝国——ジューンガル部の興亡（最後的遊牧帝國——準噶爾部的興亡）》，講談社，一九九五年

山田賢，〈地方社会と宗教反乱（地方社會與宗教叛亂）〉，《岩波講座世界歴史13　東アジア・東南アジア伝統社会の形成（岩波講座世界歷史13　東亞、東南亞傳統社會之形成）》，岩波書店，一九九八年

周遠廉，《乾隆皇帝大傳》，河南人民出版社，一九九〇年

第七章 經歷西山叛亂　南北越最終統一

多賀良寬／今井昭夫
川口洋史／北川香子

前言

一七七一年，越南中部發生西山叛亂[1]，波及東南亞大陸的鄰近各國與中國的清朝，震撼了十八世紀末的亞洲世界。這場動亂的中心，有兩位對比鮮明的英雄，一位是西山地區的傑出領袖，因卓越的軍事能力而有「越南拿破崙」之稱的阮惠；與其對峙的是因西山叛亂而滅亡的廣南阮氏王族，後來的阮朝開國君主阮福暎[2]。

由兩名英雄和捲入當時局勢的人們交織出的故事，猶如長篇歷史劇般波瀾壯闊。以下將從越南、東南亞大陸、全球視角三個層面，探討這場歷史大戲的背景設定和各個關鍵人物在其中的角色定位。

從南北對立到統一國家的誕生

十七至十八世紀的越南，名義上由「黎朝」皇帝統治，但實際上政權已被兩大對立勢力分裂，國土一分為二。北部由擁立黎朝皇帝的鄭氏掌握實權，中南部則由廣南阮氏以半獨立政權的形式保持勢力。一六七二年，廣南阮氏政權和鄭氏軍達成停戰協議後，阮氏政權開始向南擴張，逐步蠶食占婆族和高棉族的土地。「南進」的結果，使得過去以北部為中心的京族（今越南主要民族）活動範圍，在十八世紀後半葉已延伸至湄公河三角洲的南端。

一七六〇年代，位於順化的廣南阮氏宮廷，因大臣張福巒專權亂政，招致社會極度不滿。西山叛亂就是為了推翻張福巒暴政而發動的農民起事，起事軍從歸仁地區開始迅速壯大，先是滅亡廣南阮氏（一七七七年），接著北上擊潰鄭氏（一七八六年），並徹底瓦解黎朝體制（一七八九年）。至此，持續兩百多年的南北分裂被打破，越南歷史邁入全新階段。在此一過程中，阮惠在湄公河三角洲擊敗暹羅（泰國）軍隊（一七八五年），在昇龍（今河內）擊退清朝大軍（一七八九年），橫掃整個越南戰場。

廣南阮氏在西山叛亂中滅亡後，王族唯一倖存下來的阮福暎，以嘉定（今越南南部）的西貢（今胡志明市）為據點，與西山軍長期抗戰。經歷多次戰敗和流亡，阮福暎終於獲勝，於一八〇二年建立阮朝，登基稱帝，史稱嘉隆帝。阮朝成立之後，使得大致相當於今日越南版圖的地區，首次統一於單一王朝的統治之下[3]。

東南亞大陸的秩序重整

西山叛亂與阮朝建立，是十八世紀後期至十九世紀前期，東南亞大陸在政治與社會發生一系列變革的其中一環。此變動始於緬甸的貢榜王朝成立，引發暹羅（今泰國）一連串王朝更迭，最後導致拉達那哥欣王國的建立，越南則從一七七〇年代開始，持續了長達三十年左右的大動亂時代。在此背景下，西山軍與阮福暎之戰，也擴及中南半島周邊地區。與西山軍對峙居於劣勢的阮福暎，在拉達那哥欣王國開國君主拉瑪一世的幫助下逃往曼谷，度過一段逃亡的日子。後來，阮福暎與同樣受到西山軍侵襲的柬埔寨、寮國合作，在中南半島建構反西山軍包圍網。這一時期，拉達那哥欣王國對阮福暎的政策，也受到緬甸貢榜王朝的威脅所影響，這反映出東南亞大陸歷史的相互聯繫與一體性。[4]

這場政治與社會秩序的重組，也與十八世紀東南亞經濟的擴張同步發展。十八世紀的東南亞，受中國市場擴大的帶動，邁入前所未有的開發時代。包括來自中國大陸的華人在內，以及其他追求新經濟機會的人們，紛紛進入山區與海洋邊境地帶，積極開發資源，從事貿易活動。不同社會階層與民族背景的人群在這些邊境地帶相互接觸、對立與共存，激盪出新的活力。阮惠從小在歸仁府西山地區長大，阮福暎的勢力範圍在湄公河三角洲到暹羅灣一帶，皆屬於這種邊境地帶的一部分。雙方勢力的對抗，牽連到來自山地的民族、占族、華人、高棉人、寮國人、暹羅人與歐洲人等多種族群。可以說，西山軍與阮福暎的戰爭正是邊境社會動態發展的結果。

歷經這樣的動亂時代後，直到十九世紀初，東南亞大陸形成了三大王朝並立的局面，包括緬甸的貢榜王朝、暹羅的拉達那哥欣王國與越南的阮朝。從統治領域廣大、中央集權的行政體系和強大軍事力量

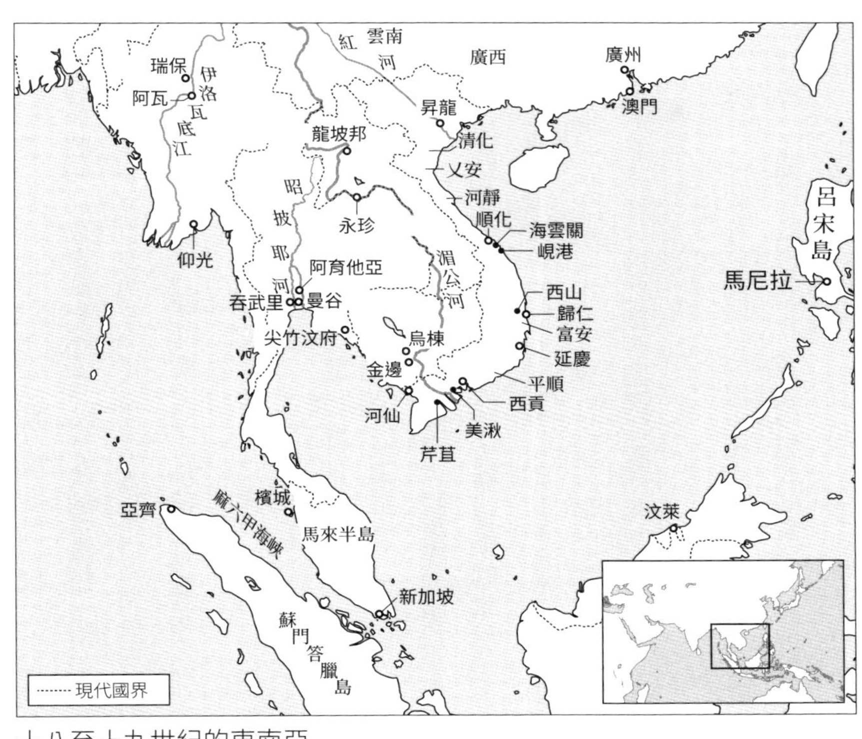

十八至十九世紀的東南亞

這三點來看，這三大王朝都在各自國家歷史上具有劃時代的意義。此外，各王朝推動的國家統合，也對後來形成民族國家產生深遠的影響。[5]例如，若沒有阮朝第二代皇帝明命帝推動的行政改革，現代越南的形態或許會與今日截然不同。國家統一的進展，也與各地區文化、身分認同的統合同步發展。越南的阮攸用喃字（又稱字喃，以漢字為基礎的越南民族文字）撰寫的古典文學傑作《金雲翹新傳》，也是在這個時期問世。

隨著緬甸、暹羅、越南三大政治勢力的崛起，十八世紀後半葉起，柬埔寨和寮國便成為這些強權之間的緩衝地帶。這兩個地區的各個王權也利用強國之間複雜的利害關係，想辦法在夾縫中維持自身統治與生存空間。本章特別關注此時期統治柬埔寨的三位君主，即：安英、安贊與安東。看他們如何在暹羅和越南日益加劇的干預中，努力維持王國的獨立性，展開了一場艱難的鬥爭。

十八至十九世紀前半的東南亞，常被視為殖民地時期前的停滯與衰退期，有許多負面描述。[6]但本章所要討論的歷史人物的生存之道，卻清楚地顯示，這一時期的東南亞充滿活力，並發生了重要變革，深深影響後世。

在全球化世界之中

本章的登場人物生存於十八世紀末至十九世紀初，此時正是世界各地既有的政治體制與價值觀出現動盪的變革時代。在這個時代，歐亞大陸東邊的中南半島動亂，與歐亞大陸西邊的歐洲革命密切相關。

眾所周知，有不少歐洲人加入阮福暎的軍隊，巴黎外方傳教會的傳教士百多祿（Pigneau de Behaine）也是其中之一。百多祿為了從法國獲得軍援，帶著阮福暎的長子阮福景前往革命前夕的巴黎。百多祿謁見法王路易十六，簽訂支援阮福暎的《法越凡爾賽條約》。由於阮福暎早在西山起事中，親身經歷過弒君事件，因此後來聽聞路易十六在法國大革命遭到處決的消息，可能加深他對歐洲的負面印象。[7]

最終《法越凡爾賽條約》並未履行，阮福暎也未從歐洲任何國家獲得正式支援。歐洲勢力對阮福暎的貢獻，主要來自傳教士、商人所組成的廣泛人脈，以及效忠於他個人的人們。對阮福暎來說，百多祿等法國人的幫助固然重要，[8]但同樣不能忽視以果亞、澳門為據點的葡萄牙人勢力。[9]阮福暎透過與歐洲勢力的關係，拿到先進的武器，還學會製造船艦、興建城堡的知識技術，這些都在與西山軍的戰爭中，發揮極大作用[10]。阮福暎的勝利與建立阮朝的背景，都與軍事技術的全球化傳播密切相關。

阮朝成立後，亞洲從一八二〇年起出現了與全球經濟一體化相關的重要改變。中國清朝的白銀危機代表全球貨幣流通的轉變[11]，而新加坡的興起則帶來了自由貿易體系的擴展，十九世紀前半葉是亞洲經濟史的重要轉換期。此外，隨著商業活動的發展，人口移動增加也帶來了疫病傳播的風險。一八二〇年，孟加拉爆發霍亂，蔓延至越南，導致許多人死亡[12]。人口、貨物、錢幣流通的變化在十九世紀前半葉益加明顯，為明命帝推動的國家統合計畫帶來不小影響。

這些經濟變動的背後，是西方勢力加速進軍亞洲的歷史進程。早在馬來半島站穩腳步的英國，一八二四—一八二六年與貢榜王朝發生衝突（第一次英緬戰爭），一八四〇年又與清朝爆發鴉片戰爭。這些事件也記載在阮朝正史《大南實錄》之中，從中可窺見當時朝廷對於世界認知的一隅。

在這三個交錯變動的歷史階段中，本章登場人物在亂局之中各自走過動盪多舛的人生。他（她）們的故事在其過世後仍持續下去。十九世紀末以降，隨著近代學識之形成、民族主義之發展、政治體制之變化，本章人物的生平與事蹟被不斷研究、評價和想像，成為各國人民形塑自身認同的重要歷史參照標準。這個過程有時會讓同一個人物產生截然不同的歷史評價，並延續至今[13]。即使在他們已逝世約兩百年後，這些人物的歷史意義依然未曾消逝。

多賀良寬

阮惠（一七五三—一七九二年）

阮惠（別名阮文惠）在西山叛亂中嶄露頭角的領袖之一，後來成為光中帝，統治越南北部至中部的大部分地區。他在近二十年的軍旅生涯中，經歷了與拉達那哥欣王國和清朝的決戰，並贏得了主要戰役，被譽為軍事天才。

阮惠如今被奉為越南的民族英雄，深受人民敬重，但外界對他並不了解。十九世紀由阮朝史官編纂的人物傳記《大南正編列傳初集》卷三〇〈偽西列傳〉（西山列傳）中，對阮惠的人格特質有以下簡短描述：

> 阮文惠為阮岳之弟。聲音宏亮如鐘，雙眼炯炯有神。狡猾善鬥，人人畏懼。[14]

〈偽西列傳〉是基於阮朝史觀撰寫的史料，將西山軍視為「逆賊」。儘管如此，依舊可從記述中窺見阮惠具備的過人精力和軍事才能。這位在十八世紀末的越南驟然登場、掀起風暴的人物，究竟經歷了怎樣的一生呢？

家族與故鄉

阮惠出生於一七五三年，歸仁府西山地區的堅城邑。父系祖先原本姓胡，住在乂安。十七世紀中葉，阮惠的四代先祖遷居西山地區。作為開拓移民，遷至西山地區的胡氏一族努力開墾農地。一直到阮惠父親那一代，生活狀況已改善許多。阮惠的父親結婚後，將姓氏從「胡」改為「阮」。阮惠還有兩位兄長，名為阮岳與阮侶[15]。三兄弟後來被稱為「西山三傑」，並在歷史上掀起了驚滔駭浪。

阮惠的故鄉西山地區，位於歸仁的海岸平原與越南中部高原之間。原本「西山」這個地名，即為歸仁府的「西方山區」。十八世紀的西山地區分為上道與下道兩區，如今屬於嘉萊省範圍內的西山上道，位於山中盆地。周圍山區蘊藏著香木、犀角、樹脂、檳榔等豐富的森林資源，主要居住著與京族不同的山地民族。阮惠的祖先最先遷徙定居在西山上道，從西山上道越過山脊朝東行進，就能抵達現今平定省境內的西山下道。西山下道的堅城邑是連接平原和山地的重要商業樞紐。阮惠的父親帶著一家移居此地，不僅務農，也開始從商。起事之前，阮岳是很活躍的檳榔商人，也在西山地區貿易場所擔任徵收賦稅的官吏。這一地理環境和商業背景，促使西山起事能夠迅速匯集來自各方的力量，包括山

阮　惠

地民族、華人商人等，使其得以急速擴張勢力。

爆發西山叛變

阮惠生長在十八世紀中葉，統治越南中南部的廣南阮氏政權已是風雨飄搖。當時日益加重的賦稅、貨幣政策失敗引起的通貨膨脹，加上掌握朝政實權的國傅（攝政）張福巒一味追求個人私利，導致政權的控制力迅速衰弱。

一七七一年，阮岳因未徵足賦稅定額遭到上級嚴厲追究，於是以西山上道為據點發動叛亂，這就是史上著名的西山叛變。自此之後，阮惠與兄長們投身戰場。反叛軍（西山軍）在山區鞏固勢力後，進軍平原，一七七三年攻下歸仁府的府城。西山軍受到不同族群與社會階層的百姓支持，其聲勢很快擴及周邊地區。

此時，北方也產生了新變動。看穿對手困境的鄭氏，打破長達百年的停戰狀態，往南出兵。鄭氏軍在一七七五年占領順化，失去都城的廣南阮氏王族退避南方。持續南下的鄭氏軍，正面對決從歸仁北上的西山軍。形勢不利的西山軍選擇歸順鄭氏軍，盡全力殲滅南方殘存的廣南阮氏勢力。

儘管阮惠在後來立下不小戰功，但在西山起事初期，長兄阮岳的領導力特別突出。阮惠直到一七七五年在富安之戰擊退廣南阮氏軍，才充分發揮指揮官的才華，嶄露頭角。

南方戰事

一七七五至一七八五年間，以歸仁為據點的西山軍，不僅和撤往南方嘉定的廣南阮氏軍奮戰，隨後又與阮福暎勢力纏鬥。阮惠在南越戰場屢建戰功，戰績輝煌。

一七七七年，阮惠初次攻擊嘉定，這趟遠征滅亡了執政超過兩百多年的廣南阮氏政權，王族中只有阮福暎倖免於難，逃過虐殺。沒多久，阮福暎趁著西山軍主力返回歸仁的時機，重新奪回西貢。為了應對此局勢，阮惠在一七八二年與一七八三年兩次遠征西貢，並都拿下勝利。

阮福暎戰敗後，向拉達那哥欣王國的拉瑪一世求援。拉瑪一世允諾幫忙，派遣由兩萬士兵與三百艘戰艦組成的暹羅軍前往南越。暹羅與阮福暎的聯軍陸續占領湄公河三角洲，準備奪回西貢。阮惠則親自率領水軍南下，在美湫駐紮，準備迎頭痛擊敵軍。面對兵力遠勝自己的敵軍，阮惠策劃了埋伏奇襲的攻擊方案。他選擇在貫穿東西的美湫河與瀝涔、吹蔑兩條支流交會的流域埋伏，阮惠成功地將暹羅水軍引誘至美湫河，毫無防備的暹羅軍直接沿著河川東進，隨即遭到西山軍伏兵猛烈砲擊，幾乎全軍覆沒。這場戰役發生在一七八五年一月十九至二十日，被認為是決定民族興亡的決定性戰役之一（瀝涔—吹蔑之戰）。

向北方進擊

在南方戰場獲得勝利後，西山軍往北擴張勢力。一七七五年起，鄭氏軍在順化駐紮，控制歸仁以北的地區。一七八六年，阮惠在阮岳的授命下，越過海雲關，擊敗順化的鄭氏軍。接著又接受從鄭氏倒戈的阮有整之建議，順勢攻打敵人的根據地「昇龍」。西山軍打著「扶黎滅鄭（扶持黎朝，消滅鄭氏）」的旗號大舉進攻，鄭氏軍潰不成軍，走向衰亡。一七八六年七月，阮惠順利攻進昇龍城，謁見黎朝皇帝顯宗，宣示復興黎朝。顯宗將自己當時十六歲的女兒黎玉昕許配給阮惠[16]。顯宗年事已高，沒多久便駕崩，由其孫黎維祁即位，是為昭統帝。

與兄長的爭執

阮惠攻打昇龍的決定，事前並未獲得阮岳許可。事後收到報告的阮岳立刻動身前往昇龍，帶著阮惠返回南方。回到歸仁後，阮岳決定將獲得的領土進行劃分。阮岳自封中央皇帝，以歸仁為據點，統治海雲關以南地區；阮侶封為東定王，統治嘉定；阮惠封為北平王，統治順化及海雲關以北地區。

此時阮惠與阮岳的關係已明顯惡化，根據各種史料的記載，兩人不和的原因包括阮岳玷汙了阮惠的妻子，阮惠獨吞在昇龍獲得的戰利品，未與兄長分享等。但真相為何，至今仍不明。更有可能的是，阮惠因戰功顯赫，感到無比自信，想要脫離兄長，自立門戶；阮岳則試圖維持對阮惠的控制，導致雙方的矛盾加劇。

阮岳不信任阮惠，企圖先發制人討伐阮惠，沒想到阮惠反而率軍攻打歸仁，將阮岳圍困數月。被逼到絕路的阮岳在城門上哭喊著弟弟，希望可以和解，阮惠被這一舉動打動，撤回軍隊，兄弟倆就這樣握手言和。此事發生於一七八七年初，自此，阮惠實質上已脫離阮岳的掌控。

昇龍動盪與黎朝舊臣

昇龍的情勢在這段期間大幅動盪。在昭統帝請求下掌權的阮有整，開始在昇龍專斷朝政。阮有整才幹出眾卻野心勃勃，阮惠從以前就對他心存戒心。在與兄長阮岳和解後，阮惠派遣部下武文任前往昇龍，討伐阮有整。阮有整戰敗被處死，昭統帝逃出昇龍。

一七八八年，武文任似有反叛之意，阮惠親自率兵出征昇龍，處死武文任。這是阮惠第二次進入昇龍城，他趁著這個機會延攬黎朝舊臣，包括吳時任、潘輝益等，這些人後來成為阮惠的重要智囊，協助他統治北方以及與清朝進行外交斡旋。

在黎朝官員中，阮惠最想招攬的是當時最知名的知識分子——乂安隱士阮浹[17]。為了說服阮浹加入，阮惠寫了好幾封信給他，第二次出征昇龍的途中，特地前往乂安親自拜訪。剛開始阮浹對於協助阮惠態度消極，後來負責乂安地區建造新首都的計畫，並參與將儒家經典翻譯為喃字的文化事業。

與清朝的決戰

阮惠結束第二次遠征昇龍，返回順化時，國境北側發生了一件足以撼動越南歷史的重大變局[18]。逃出昇龍的昭統帝與其家人向清朝求援，時任兩廣（廣西、廣東）總督的孫士毅將其請求傳至北京，主張應介入越南內戰。由於黎朝長年是清朝的朝貢國，乾隆皇帝（↓第六章）接受昭統帝的請求，決定以復興黎朝的名義出兵。一七八八年十一月，在孫士毅的指揮下，約二十萬（此為〈偽西列傳〉所載數字，清朝史料記載的兵力遠少於此）清軍跨越邊境，往昇龍前進。清軍不到一個月就攻入昇龍城，成功扶持昭統帝復位。

清軍占領昇龍的消息很快就傳入人在順化的阮惠耳中。一七八八年十二月，阮惠宣告黎朝的命運已盡，自行登基，稱光中帝，並立刻揮軍北上（以下統一稱其為光中帝）。抵達乂安的光中帝即刻招募新兵，從昇龍撤退的將士也到此會合，總兵力達十萬人左右。此時正是農曆年底。雖說西山軍也加強了兵力，但清朝軍隊的人數明顯占據優勢，若正面進攻，西山軍難以取勝。於是光中帝想出一個計策，要在新年前抵達昇龍，趁清朝軍隊沉浸在農曆正月的節慶氣氛時發動突襲。

西山軍離開乂安後，快馬加鞭地北進，趁著過年伊始偷襲清軍。遭到偷襲的清軍一片混亂，在西山軍的大象部隊與火器攻擊下潰不成軍。戰勝清軍的光中帝，於農曆正月初五進入昇龍城，據說當時他的軍服還被火藥的煙塵染黑。這場發生於一七八九年初的決戰，以主戰場取名為「玉洄—棟多之戰」（清史稱為清越戰爭）。戰敗的清軍痛失許多將士，孫士毅和昭統帝逃往中國。至此，長達三個半世紀左右的黎朝歷史宣告落幕。

光中帝（阮惠）的統治

雖說戰勝了清軍，但光中帝的處境不容許他有半點遲疑。北方方面，戰敗的乾隆很有可能再次出兵越南；南方方面，奪取西貢的阮福暎，其勢力日漸穩固。此外，在西山軍統治下的越南北部，黎朝遺族試圖發動叛亂，並企圖與寮國勢力合作。而在阮福暎與寮國勢力的背後，還有拉瑪一世領導的拉達那哥欣王國在伺機而動。

面對如此艱難的險境，光中帝決定先改善自己與清朝的關係。光中帝向北京表達談和之意，請求乾隆皇帝冊封自己為新的「安南國王」。作為冊封的條件，乾隆皇帝要求光中帝親自前往中國，參加一七九〇年舉辦的八旬萬壽盛典（祝賀乾隆皇帝八十歲壽誕的慶典）。光中帝接受此條件，清朝於一七八九年秋派遣冊封使前往越南。原本清朝使節主張按照慣例，在昇龍舉行冊封儀式，但光中帝堅持在順化受封[19]。最後折衷，由光中帝的替身在昇龍接受冊封。同樣的策略也用在乾隆皇帝的八旬萬壽盛典上。在清朝地方官的默許下，光中帝派遣自己的替身前往中國，在熱河離宮覲見乾隆皇帝。被蒙在鼓裡的乾隆皇帝，還特地破例款待越南使節團。除了改善與清朝之間的關係，光中帝還命令麾下將軍二度遠征寮國（一七九〇年與一七九一年）。

擊退清軍、黎朝滅亡後，光中帝的統治範圍擴大至越南中部的中心區域，以及越南北部全區。在內政上，光中帝重視農業生產的恢復與人口的統計管理。在文化政策上，過去喃字一直被視為比漢文低等的文字，光中帝不僅在王朝公文使用喃字，也將其用於科舉考試中。正如前文提到，光中帝命阮浹負責監督儒家經典的喃字版翻譯事業。在經濟政策上，特別值得一提的是大量鑄造錢幣，確保政府財政運作和市場交換經濟有足夠的貨幣可以使用。光中帝在位期間鑄造的錢幣（光中通寶）在西山朝滅亡後仍持續流通，甚至在廣東、福建乃至臺灣等地都有使用的紀錄[20]。

更大的野心與猝死

穩定國內局勢後，光中帝還想實現更多野心。根據《皇黎一統志》的記載，光中帝在接受清朝冊封後愈來愈自負，試圖拉攏在兩廣地區活動的華人海盜和四川省的祕密結社，以此增強軍備，謀劃進攻中國[21]。近年的研究進一步揭示，光中帝確實授予華人海盜官職，將他們納入西山朝的水軍體系[22]。此外，還有傳聞表示，光中帝曾派遣使節前往清朝，向乾隆皇帝求娶公主、割讓兩廣地區，不過這些傳聞是否為真，尚有待考證[23]。

此時，光中帝還計畫殲滅盤據西貢的阮福暎勢力。一七九二年後，光中帝計畫遠征西貢的消息傳到了南部。阮福暎獲得的消息顯示，光中帝在北部徵調二十至三十萬軍隊，準備從水陸夾擊西貢[24]。

不料，一七九二年九月光中帝在虛歲四十歲（實歲應為三十八歲或三十九歲）時猝死，上述野心全都來不及實現。〈偽西列傳〉中關於光中帝的疾病記述明顯經過粉飾，不可盡信。但其中說道某天晚上，光中帝「暈眩」昏倒，身體狀況急速惡化，最終病死。這段敘述具有一定的真實性[25]。光中帝過世後，其遺骨埋在順化的香江南方。

光中帝死後，由他的親生兒子阮光纘即位，是為景盛帝。此時他只是個九歲孩子，西山政權欠缺強勢領袖，激烈的內部鬥爭弱化了政權。這段期間，阮福暎加強了對西山朝的攻勢，一八〇二年進入昇龍城，消滅西山勢力。始於一七七一年，影響亞洲史甚鉅的西山起事運動，在光中帝死後十年畫下了句點。

從逆賊到成為民族英雄

在十九世紀阮朝所建立的歷史認識中，西山朝是滅掉廣南阮氏的逆賊，阮惠（光中帝）是阮氏王朝開國君主阮福暎的宿敵，並且是最令人厭惡的人物。從阮朝史官以「偽西」指稱西山朝即可充分體現阮朝對西山政權的敵視態度。

然而，隨著阮朝在法國殖民統治下逐漸喪失影響力，這種將西山朝視為逆賊的歷史觀必然會出現相對化的轉變。一九二〇年代以後，出現了阮惠（光中帝）被譽為「越南拿破崙」、「民族英雄」的新認知[26]。二次大戰後，越南擺脫殖民統治，民族主義意識迅速崛起。在這一過程中，阮惠（光中帝）成為民族獨立的象徵性人物。特別是在北越（越南民主共和國），面對法國與美國的戰爭時，光中帝擊敗暹羅與清朝的歷史被強調，將其塑造成保衛民族獨立的英雄。

一九八〇年代以後，學界對於西山起事的理解比過去豐富許多。然而，阮惠（光中帝）在越南民族認同的崇高地位，至今仍未動搖。

多賀良寬

阮福暎（一七六二—一八二〇年）

一八〇二年，在長達四分之一世紀的爭戰之後，阮福暎終於攻入昇龍城。這不僅意味著阮福暎打倒

阮福暎

宿敵西山朝，也是實現廣南阮氏一族悲壯心願的瞬間。一五五八年，廣南阮氏政權的始祖阮潢離開昇龍，往南遷至越南中部。在兩百多年後，該族後裔從嘉定北進，再次踏上昇龍之地。與西山朝浴血纏鬥，最終成立阮朝的阮福暎，來自南方的強大力量與開創新越南的過程，正好與其一生完美重合[27]。

倖存的皇子

一七六二年二月八日，阮福暎出生於順化，是廣南阮氏的宗室成員。其父早逝，是廣南阮氏政權的第八代君主——武王阮福濶的第二子，因此阮福暎是武王的孫子。一七六五年武王崩逝後，廷臣張福巒善用謀略擁立幼君即位，掌握宮廷實權。阮福暎的少年時代正是張福巒專權，導致廣南阮氏政權開始逐漸衰弱的時期。

一七七一年爆發西山叛亂，嚴重衝擊廣南阮氏的統治。趁著廣南阮氏陷入困境，宿敵鄭氏軍打破長年的休戰協議，揮軍南下，於一七七五年占領順化。王族們逃離順化，前往越南南部避難，當時才剛滿十三歲的阮福暎也在其中。然而，逃往南方的廣南阮氏於一七七七年遭西山軍攻擊，就此覆滅。主要的王族成員皆遭西山軍殺害，唯有阮福暎逃過一劫。廣南阮氏一族的命運全都託付在這位年僅十五歲的少年身上。

死裡逃生的阮福暎逃往暹羅灣後，隨後返回湄公河三角洲，舉旗反抗西山軍。關於這段歷史，《大南實錄》記載極為簡略。但是根據歐洲的史料記載，阮福暎能逃過西山軍的追殺，是因為受到在河仙鎮（河僊鎮）—柬埔寨地區傳教的巴黎外方傳教會傳教士百多祿等人的保護[28]。回到越南南部後，阮福暎率軍擊退西山的駐留軍，於一七七八年初奪回西貢。一七八〇年在此地稱王即位，同年迎來長子阮福景的出生。

一七八一年，舉兵以來的功臣杜清仁，其擁有強大私人武裝力量，逐漸變得驕傲自大。阮福暎十分為難，但最終決定將他處死。這起事件嚴重削弱了阮福暎的軍事實力。一七八二年，西山軍再次發動攻勢，阮福暎戰敗，失去西貢。雖然一度收復西貢，但又在一七八三年敗給西山軍，逃往暹羅灣。阮福暎一行人奇蹟似地逃過西山軍的追擊，卻因為缺乏軍糧，路途十分艱險。

逃亡暹羅與回歸嘉定

輾轉之下，阮福暎最後受到拉達那哥欣王國開國君主拉瑪一世的庇護[29]。拉瑪一世在曼谷接見阮福暎，答應出兵討伐西山軍。一七八四年七月，拉瑪一世派遣水兵兩萬人、戰船三百艘的大軍前往越南南部，兵力占優勢的暹羅與阮福暎聯軍，占領湄公河三角洲各地，企圖奪回西貢。為了迎戰聯軍，阮惠打算派兵在美湫埋伏，計畫突襲敵軍並加以殲滅。一七八五年一月，暹羅軍不察，中了阮惠計謀，遭遇大敗。阮福暎從海路逃回暹羅，此時與他隨行的僅有群臣三十人、士兵兩百人和五艘軍艦。在此期間，阮福暎委託百多祿回法國斡旋，希望能從歐洲獲得軍事援助。作為談判的「人質」與誠意的象徵，他還將自己年幼的長子阮福景託付給百多祿，隨其前往法國。

一七八五年五月，抵達暹羅的阮福暎一行人，在曼谷城外落腳。阮福暎待在曼谷實施屯田，確保軍糧，一步步地準備東山再起。此外，他還出兵幫助拉瑪一世，抵禦入侵暹羅的緬甸軍隊。在此期間，西山軍消滅了鄭氏，勢力大幅擴張至北部。但阮岳與阮惠的矛盾很快就浮上檯面，西山軍陷入內訌。阮福暎原本期待暹羅軍援卻逐漸落空，於是決定趁此機會主動出擊。一七八七年八月，他留下一封信給拉瑪一世後，離開了曼谷。阮福暎率領軍隊回到越南，在當地受到熱烈歡迎，迅速擴大兵力，接連擊退駐守在南方的西山軍。一七八八年九月奪回西貢，終於實現回歸嘉定的悲壯心願。

次年，一七八九年七月，百多祿與阮福景相隔四年後，從法國回到越南。儘管當初的目的（請求法國國王軍援）並未實現，但百多祿帶來了武器彈藥和一批歐洲義勇軍，為阮福暎的軍隊注入新的戰鬥力。

阮福暎勢力的特色

從一七八八年到一八〇一年奪回順化為止，阮福暎以嘉定為根據地，持續對抗西山軍。嘉定時代的阮福暎勢力有一個特色，那就是成員的出身各有不同。阮福暎不僅獲得地方勢力的支持，也有不少倒戈的西山軍或逃兵加入。從他與百多祿之間的關係即可得知，他與基督教勢力也很友好。

阮福暎勢力的多樣性充分體現在其軍隊包含了不同民族與背景的人，例如湄公河三角洲的高棉族組成「暹兵屯」部隊，在與西山軍的對戰中立下汗馬功勞。十七世紀以後定居越南南部的華裔住民，以及活躍於南海到暹羅灣的華商和海盜，也是支持阮福暎的重要後盾。此外，阮福暎的軍隊還包括馬來人、平順地區的占族、寮國和暹羅士兵。

為阮福暎做事的百多祿等歐洲人也是此民族集團的一部分。歐洲義勇軍的貢獻不僅僅是提供戰力，更重要的是帶來了軍事技術[31]。以法國軍官為例，他們引進西方常用的沃邦式築城技術（Vauban Fortification）[32]，在西貢與延慶（今芽莊市）興建堅固城塞。阮福暎受到西方軍艦的啟發，命令在西貢的造船廠建造西式軍艦。雖然多數歐洲人在一七九〇年代初期離開阮福暎，但百多祿招募的法國海軍士官讓—巴蒂斯特．沙依諾（Jean-Baptiste Chaigneau，越南名字為阮文勝）、菲利普．瓦尼埃（Philippe Vannier，越南名字為阮文震）等人，在阮朝成立後依舊留在越南，在當地成家立業，在朝當官至一八二〇年代[33]。

由於百多祿獲得重用的關係，阮福暎與法國的關係最為人所知。但實情要更加複雜。協助阮福暎的歐洲人，除了法國人，還有葡萄牙人、西班牙人和英國人，而且他們並非立場一致。此外，阮福暎在與法國攜手的同時，也積極與在果亞、澳門設置據點的葡萄牙勢力聯繫，推進軍事援助的談判[34]。

受到來自不同背景人士的支持，阮福暎在嘉定的勢力益加穩固。他透過屯田制擴大糧食生產，並加強出口商品的生產與採購，如砂糖和森林物產，以換取西式火器和彈藥。阮福暎的創舉在於，他不僅與造訪嘉定的歐洲商船貿易，還派遣官船前往亞洲各地，積極展開官方貿易。官船主要是由歐洲軍官率領，航行至東南亞和南亞的歐洲殖民城市，負責出售越南物產並採購各式武器[35]。除此之外，阮福暎在嘉定時代推行的政策，還包括實施人口調查、整頓行政機構、重新舉辦科舉考試等。

關於嘉定時期的阮福暎，有不少外國人撰寫的紀錄留存下來，提供了許多越南史料中未見的珍貴資料。

外國人眼中的阮福暎

一七九二年，英國派遣馬戛爾尼使團前往清朝，英國人約翰．巴羅（Sir John Barrow）跟著使團途經西山朝統治的峴港時，獲得一些關於阮福暎的資訊，並大致記述如下。「在最嚴格的意義上，阮福暎是個十足的軍人」，比起稱自己為「國王」，他更偏好「將軍」這個稱號，不僅覺得親切，也認為這是稱讚。約翰．巴羅的記述十分正確，阮福暎能記住大多數士兵的名字，和士兵們說話是他最開心的事情。他會仔細詢問士兵的妻小狀況，例如孩子是否有上學，孩子長大後希望從事什麼行業等。阮福暎對待外國人也很友善，尊重基督教義，但他最重視的是孔子作品裡記載的孝道，在母親面前表現得像是在老師面前的弟子。他不僅通曉中國典籍，透過百多祿翻譯成漢文的《百科全書》，對於歐洲技藝和科學也具備一定程度的知識。有一次他為了了解歐洲的造艦技術，購入一艘葡萄牙船，將其解體後再重新組裝。阮福暎十分勤奮，王朝內的所有大小事都由他決定。他每天的生活就是，早朝時接見官員並審閱公文，親自視察造船廠並在現場簡單用餐。小寐片刻後，處理政務至深夜。他不喝酒，飲食只吃魚、米、蔬菜、水果，吃得很簡單。體格略高於平均水準，氣色很好，由於長時間待在戶外，皮膚晒得相當黝黑。[36]

有趣的是，在西貢曾有一群日本人拜會阮福暎。一七九四年，從日本東北石卷出發的大乘丸，在運米前往江戶途中遭遇暴風雨，漂流近三個月，來到越南南部的海岸。大乘丸的船員獲救後被送往西貢，謁見阮福暎及其子阮福景等人。阮福暎厚待這些日本漂流民。一七九五年，這群日本人搭乘葡萄牙船前往澳門，經由廣東、乍浦，最後回到長崎。他們回到日本後，將在越南的遭遇寫成漂流記（《南瓢記》）出版，他們在長崎奉行所的供述也彙整成書，傳至後世[37]。

反攻西山朝與統一越南

在嘉定蓄積軍力的阮福暎，開始反攻仇敵西山朝。兩者的戰爭以中部沿海地區為主戰場，如何有效運用水軍成為第一要務[38]。阮福暎在嘉定組織水軍，利用每年六至七月從西南方吹過來的風，朝北方的西山朝領土前進，負責火砲攻擊、運送兵員與軍糧等任務。西山朝也不甘示弱，吸收華人海盜勢力來強化水軍。不過，阮福暎的水軍引進西方軍事技術，比西山朝的水軍更為強大。一七九二年，阮福暎攻打歸仁外港施耐，對西山朝的水軍造成嚴重損害。這一年，阮福暎最大的勁敵阮惠逝世，戰爭局勢開始出現變化。

阮福暎不只從南方進攻，還尋求從西方夾擊西山軍的戰略。他注意到可以經由寮國的山路，從背後攻擊清化、乂安地區的西山軍。回歸嘉定後，阮福暎頻繁地與拉瑪一世、寮國的萬象王國聯繫，想要促成從西方山路攻打西山軍的計畫。西山朝擴張勢力對暹羅和寮國同樣構成威脅，因此到了一七九〇年代末期，整個中南半島形成包圍西山朝的軍事聯盟。

一七九九年，阮福暎第三度遠征，成功攻陷歸仁。一八〇一年攻擊順化，迫使西山軍逃往北方。儘管與西山朝的對戰已大勢底定，但此期間阮福暎陸續失去了身邊的重要人士。一七九九年，長年支持阮福暎的百多祿身染痢疾病逝；一八〇一年三月，長男阮福景因天花過世，年僅二十歲。

一八〇二年五月，阮福暎終於準備進攻越南北部。此時群臣上奏，希望阮福暎登基為皇帝，更改年號[39]。阮福暎認為登基為時尚早，不同意這個請求[40]，但同意改元，遂於一八〇二年六月建立新年號「嘉隆」。制定年號等於宣示新王朝「阮朝」誕生。同月，阮福暎從順化出發，開始北伐，一路上並未遭遇強烈抵抗，一八〇二年七月順利進入昇龍城。逃至北方的西山軍殘餘勢力全數遭到殲滅。至此，完成了統一越南的歷史大業。

作為皇帝的統治

一八〇二年阮福暎創建阮朝（即位後被尊稱為嘉隆帝，以下統一稱為嘉隆帝），是越南歷史上第一個統治領土幾乎涵蓋今日越南全境的君主。嘉隆帝選擇廣南阮式的舊都城，位於越南中部的順化作為新王朝的首都。一八〇五年開始建造順化都城（京城），皇宮以北京紫禁城為藍本，周邊圍繞沃邦式城郭設計，呈現獨特的建築風格。雖然京城的建築群在第一次印度支那戰爭與越南戰爭遭到嚴重破壞，但經過後續的修復與保護，一九九三年正式被聯合國教科文組織列為世界文化遺產。

嘉隆帝統治廣大且複雜的領土，採用接近聯邦制的政治體制。他將首都圈的中部地區直接置於順化的直轄，北部地區設置北城、南部地區設置嘉定城這兩個廣域行政機構，賦予其最高長官——北城總鎮與嘉定城總鎮極大的權力。此外，嘉隆帝下令編纂最新律例，作為統治的基本法則。一八一五年頒布《皇越律例》，共有三百九十八條。嘉隆朝的政治體制中，權力中樞掌握在那些曾為王朝建立功勞的功臣手中，尤其是與嘉隆帝一同經歷曼谷流亡時期同甘共苦的舊臣們（曼谷功臣），他們在南北總鎮等重要職位上發揮了關鍵作用。

與之前的諸王朝一樣，嘉隆帝登基後，將穩定與清朝的關係，視為最優先的對外政策。儘管清朝自冊封阮惠之後，一直將西山政權視為朝貢國，但並無意再度介入越南內部的權力爭奪。因此，嘉隆帝推翻西山朝後，欲獲得清朝冊封為越南國王，清朝內部也沒有不同聲音。嘉隆帝於一八〇二年六月正式展開與清朝的外交談判，過程中對於國號的意見不一。[41]根據傳統，中國歷代王朝都冊封越南王朝為「安南國王」，但嘉隆帝不想要「安南」這個稱呼，希望清朝使用新國號「南越」進行冊封。清朝方面認為，「南越」會讓人聯想到統治廣東、廣西到越南北部一帶的南越國（前二〇三—前一一一年），拒絕了嘉隆帝的請求。嘉隆帝態度強硬，表示清朝若不使用新國號，他將拒絕接受冊封，雙方僵持不下。為了打破僵局，清朝提出以「越南」取代「南越」的折衷方案，嘉隆帝接受這個提議，最後新國號決定為「越南」。現在通用的英文「Vietnam」，來自「越南」國號的當地發音（Việt Nam）。

與暹羅拉達那哥欣王國之間的關係，也是嘉隆帝極為重視的外交課題。在與西山朝的戰爭中，嘉隆帝受到拉瑪一世的庇護和軍援，拉達那哥欣王國的地位接近宗主國。一七八八年回歸嘉定後，阮福暎送金銀花樹（Bunga Mas）給拉瑪一世。金銀花樹是屬國進貢宗主國的代表貢品，由此可看出雙方的不對等關係。阮朝成立後，嘉隆帝不再獻上金銀花樹，試圖與拉達那哥欣王國建立對等關係，拉瑪一世也接受了這一轉變。直到一八〇九年拉瑪一世崩逝為止，兩人持續透過國書建立深厚交情[42]。

拉瑪一世崩逝後，柬埔寨問題使得越南與暹羅的關係益加複雜。在西山起事越南陷入混亂時，柬埔寨曾經受到暹羅統治。一八〇六年柬埔寨國王安贊即位，他試圖向阮朝靠攏，以對抗暹羅的壓迫。然而，安贊的弟弟受到暹羅支持，反對安贊的做法，安贊被迫逃亡西貢（一八一二年）。嘉隆帝為了避免與暹羅開戰，決定將安贊送回柬埔寨，維持柬埔寨同時臣屬越南與暹羅的狀態。然而，嘉隆帝去世後，繼位的明命帝對柬埔寨問題採取強硬政策，導致越南與暹羅的關係從此惡化。

嘉隆朝統治期間，來自法國、英國、美國等歐美國家的船艦陸續前來越南，試圖建立商貿和外交關係。嘉隆帝沒有拒絕歐美船艦造訪，但也未跟任何一個西方國家正式建交。嘉隆帝以儒家治國，但因曾與百多祿相交甚篤，對基督教信仰採取寬容態度。

逝世與後世評價

嘉隆帝與西山朝的纏鬥最終獲得勝利，建立統一南北的王朝，晚年卻因為繼位者的問題引發功臣派系之間的鬥爭，使得政權的運作變得更加困難。根據《大南實錄》記載，病痛纏身的嘉隆帝在一八二〇年二月三日崩逝於順化（法國人留下的文獻顯示，嘉隆帝逝世於一八二〇年一月二十五日）。

在越南脫離殖民地統治後的一九五〇—一九六〇年代，關於嘉隆帝和其創建的阮朝，出現各種截然不同的評價。北方的越南民主共和國將阮惠視為民族英雄，對嘉隆帝的評價卻十分負面。特別是嘉隆帝與西山朝對戰時，接受外國勢力的支援，讓法國人進入越南等，諸多作為讓人民從民族主義的立場對其進行嚴厲批判。在馬克思主義史觀的影響下，阮朝更被描述為鎮壓具有進步價值的西山運動的反動政權，因此遭到批判。相較之下，嘉隆帝以西貢為根據地統一全國，因此南方的越南共和國，對於嘉隆帝和其王朝給予正面評價。這種史觀的分歧，使得一九六〇年代南北越的學者之間爆發了一場激烈的辯論，爭論的焦點是「統一越南的究竟是阮惠還是嘉隆帝？」[43]一九七五年，隨著越戰終結與南北越統一後，北部史觀成為越南的主流觀點。

一九八六年越南開始改革開放（引進市場經濟，主張對外開放的越南共產黨改革政策），這也促使人們重新審視過去被負面評價的歷史人物與王朝。在這樣的背景下，自一九九〇年代以後，越南學術界開始擺脫過去意識形態的束縛，試圖從不同角度重新評價嘉隆帝和阮朝，這一趨勢持續至今。[44]

多賀良寬

百多祿（一七四一—一七九九年）

巴黎外方傳教會的法國傳教士，本名為皮埃爾·約瑟夫·喬治·皮尼厄（Pierre Joseph Georges Pigneau）。因協助阮福暎與西山朝對戰，是眾所周知的阮朝創立功臣。[45]越南史書將他的名字記錄為「百多祿」，這是Pierre的葡萄牙語發音Pedro的漢字翻譯。

一七四一年十一月二日，百多祿出生於法國奧里尼—昂蒂耶拉什（Origny-en-Thiérache）的一個富裕家庭。從巴黎外方傳教會（Missions étrangères de Paris）的神學校畢業後，一七六五年，二十四歲時以傳教士的身分前往亞洲。百多祿第一個傳教地點是交趾支那教區（包括南越與柬埔寨部分地區）的河仙。河仙是一座來自雷州半島的華人鄚玖所建立的城市國家，十八世紀時是暹羅灣地區十分繁榮的商業和文化中心。

從歷史的發展來看，傳教士是在十六至十七世紀陸續抵達越南。早期的傳教士中，法國的耶穌會傳教士羅歷山（Alexandre de Rhodes，一五九一—一六六〇年）貢獻最大。一六二四年，羅歷山來到越南，創建將越南語轉成羅馬拼音的拼寫法，並編纂第一本越南語、拉丁語和葡萄牙語的三語辭典。羅歷山後來回到歐洲，致力於推動加強亞洲傳教活動的組織建設。在他的努力推動下，一六五八年巴黎外方傳教會正式成立。雖然比起葡萄牙和西班牙的傳教組織，法國的起步較晚，但巴黎外方傳教會在越南的影響力迅速擴大。羅馬教廷將越南劃分為多個宗座代牧區（Apostolic vicariate）來管理，但除了部分地區外，大多數宗座代牧區的宗座代牧（Apostolic Vicar）都由巴黎外方傳教會的傳教士擔任。

離開法國的百多祿，首先來到法國在印度的據點邦狄哲利（Pondichéry）。由於當時法國與印度支那地區沒有直接關係，百多祿選擇經由葡萄牙的據點澳門，再前往河仙。這條以澳門為中心的傳教士與商人網絡，對於百多祿後來的活動發揮了重要作用。

一七六七年，抵達河仙的百多祿在鄚天賜（鄚玖的兒子）的保護下，負責管理神學校。不久之後，鄚天賜與暹羅吞武里王國達信大帝彼此對立，使得河仙情勢極度惡化。神學校在動亂中遭到破壞，百多祿與同僚、神學生一起逃到邦狄哲利（一七七〇年）。百多祿在邦狄哲利持續經營神學校，同時也編纂了越南（喃字）—拉丁語辭典。這段期間，百多祿被任命為阿德蘭（Adran，今土耳其布爾薩省奧爾漢埃利區）主教，以及交趾支那宗座代牧區的宗座代牧（一七七一年）。

一七七五年，百多祿回到印度支那，在河仙—柬埔寨地區活動。此時，越南正處於西山起事日益激烈的階段。一七七七年逃往越南南方的廣南阮氏，在西山軍的攻勢下滅亡。僥倖逃脫的阮福暎，經由湄公河三角洲逃至河仙附近，在那裡受到百多祿和越南基督徒的庇護[46]。此後，長達二十多年，百多祿一直是阮福暎最堅定的支持者。一七七八年，阮福暎奪回西貢後，百多祿也以顧問的身分隨行輔佐。

一七八三年，阮福暎敗給西山軍且失去西貢，最後逃亡至曼谷。此時百多祿也在暹羅的尖竹汶府避難。一七八四年底，仍在逃亡的阮福暎與百多祿會面，拜託他回到法國尋求支援，更將自己的長子阮福景託付給百多祿，作為談判人質[47]。一七八七年二月，百多祿與阮福景一行於抵達巴黎，從異國來的王子，在巴黎上流社會引起騷動。百多祿和阮福景謁見法王路易十六，一七八七年十一月二十八日，外交大臣蒙莫林伯爵（Armand Marc, comte de Montmorin de Saint Herem）與阮福暎的代理人百多祿，簽訂了《法越凡爾賽條約》。此條約明訂法國提供軍事援助，阮福暎同意割讓峴港、崑崙島，給予法國人貿易特權作為回報。

儘管雙方簽訂《法越凡爾賽條約》，但當初對阮福暎而言，法國不過是尋求軍援的同盟國家之一。在簽訂條約之前，百多祿也想與同為基督教國家的西班牙和葡萄牙接觸。百多祿重視基督教發展和幫助阮福暎獲勝，遠比法國的國家利益來得重要。在討論殖民地時期的歷史敘述中，對百多祿的評價多是「盡力擴大法國權益的愛國者」、「取得殖民地的先驅」，這些言論不一定符合真實狀況[48]。

一七八八年五月，百多祿一行帶著條約回到邦狄哲利，會見法國總督托馬斯·康韋（Thomas

Conway）。蒙莫林伯爵將軍援的最終決定權交給康韋，由於派兵需付出龐大的軍費，能獲得的利益又有限，最終康韋決定取消對阮福暎的軍援[49]。失去法國的軍援後，百多祿自行募集資金、武器彈藥和志願軍，帶著阮福景回到嘉定（一七八九年七月）。

回到嘉定後，發生了一件令百多祿和阮福暎關係惡化的事情。在百多祿影響下，阮福景接受基督教信仰，並拒絕參與越南傳統的祭拜祖先儀式。這一舉動在公開場合發生，引起阮福暎與幕僚大臣的震驚和不滿。最後，百多祿被解除教育阮福景的職務。與此同時，百多祿和歐洲志願軍之間，也對阮福暎不積極攻打西山朝的作為感到不滿。到了一七九二年左右，雙方關係降至冰點。百多祿打算離開嘉定，但阮福暎誠心慰留，兩人終於破冰和解。百多祿重新擔任教育阮福景的角色，每次阮福景遠征時，百多祿一定同行。

阮福暎之所以重用百多祿，是因為他認為要擊敗西山軍，必須借助百多祿的力量。百多祿既是傳教士，也加入武器製造與軍事書籍的翻譯工作。此外，百多祿跟著阮福景遠征時，甚至還參與戰場指揮，並且充當歐洲商船與阮軍之間的貿易中介，確保武器供應路線暢通。百多祿的工作已經超越宗教活動的範圍，有時還會受到其他傳教士的責難。

一七九九年，阮福景與百多祿一同參加歸仁圍城戰，但因過度疲勞和嚴酷氣候，百多祿感染痢疾，同年十月九日逝世。享年五十七歲。當時照顧他的傳教士表示，百多祿臨終前留下了以下遺言：

啊，我終於要結束這顛沛流離的一生了。雖然覺得厭倦，但我真的奔波太久了！啊，苦難終於要結束，幸福即將開始了！我欣然離開這個世界。在世人眼中，我或許被認為是幸福的。我受眾人敬重，受達官顯貴照顧，受君王尊崇，但我一點也不眷戀這些榮耀，那不過是虛榮和煩惱罷了。死亡將帶給我安息與平靜，這是我唯一的心願[50]。

多賀良寬

百多祿的遺體被送到西貢，阮福暎為他舉辦了盛大的國葬。阮福景帶領的送葬隊伍超過四萬人[51]。阮福暎為表彰百多祿的功績，追封他為「太子太傅．悲柔群公」（悲柔是Pigneau的漢字讀音），諡號「忠懿」。百多祿的遺體葬在其生前位於西貢的宅邸附近，之後在此建造了一座宏偉的墓園[52]。

明命帝（一七九一——一八四一年）

明命是阮朝的第二代皇帝，與十五世紀的黎朝聖宗並列，皆是在越南形成國家的過程中，具有重要影響性的君主。

明命諱阮福膽，是阮福暎（後來的嘉隆帝）的第四子，一七九一年出生於嘉定。明命的少年時期，正值阮福暎勢力以嘉定為根據地，逐步確定對西山朝的優勢。一八〇一年，阮福暎奪回順化時，明命僅十歲。與在戰場上和武將度過青春歲月的父親不同，明命是在順化宮廷接受儒學家的教育長大。一八一六年，明命成為皇太子。作為第四子，他之所以成為太子，是因為長子阮福景及其他兄長都夭折了。掌握實權的功臣中，也有人建議冊封阮福景的長子（嫡孫）為太子，但嘉隆帝反對，選了明命為太子[53]。

一八二〇年即位後，明命廢除嘉隆朝的分權統治體制，仿效中國建立集權統治機構[54]。這項改革的重點是一八三〇年代前期實施的大規模地方行政改革。一八三一年，明命帝廢除了北城總鎮，次年又廢除嘉定城總鎮，並將全國重新劃分成三十個「省」，確立各省直接隸屬於順化（中央政府）的體制[55]。此外，在少數民族居住的北部山區，原本負責地方治理的土官（世襲的地方首領），也被來自順化的中央官僚所取代。集權化統治體制依賴精細的文書行政，皇帝透過地方官上奏的奏摺，詳細掌握全國各地的情況[56]。統治體制的變革亦伴隨著統治階層的世代交替。嘉隆朝時期，掌權者主要是開國功臣的武將，而在明命帝時期，則是具備儒學教養、通過科舉考試的文人官員進入政壇。此外，隨著儒家在國家體制中確立了核心地位，嘉隆帝時期被容許存在的基督教，此時期則遭到打壓[57]。

明命帝的集權化政策削弱了地方的自治性與既得利益，南北兩地皆掀起大規模叛亂。南部地區有前嘉定城總鎮黎文悅義子黎文儴率領的叛亂行動（一八三三—一八三五年），連過去受到黎文悅庇護的基督教徒、北部流放犯與華人也參與叛亂[58]。與此同時，泰裔少數民族首長農文雲在北部山區起兵反抗朝廷，當地山區居民和華人礦工也共同對抗明命帝的統治[59]。

在對外政策方面，明命帝與暹羅發生衝突的同時，擴大了對寮國、柬埔寨的影響力，使版圖達到歷代王朝最大。一八三〇年代後期，明命帝占領柬埔寨，實施直轄統治，但強硬的同化政策引起當地激烈反彈。一八四〇年，明命帝制定新國號「大南」，在與清朝交涉時，他仍以「越南國王」自稱，但在對周邊國家的外交場合中，則使用「大南」國號。

一八四一年明命帝崩逝，後世對其統治的評價十分複雜。在法國殖民時期形成的歷史敘述，明命帝因打壓基督教，常被描繪為「反西方的頑固專制君主」。然而，根據《大南實錄》等史料記載，明命帝非常重視西方的軍事、科學技術，也很關注當時的世界局勢。例如，他曾下令建造以西洋船艦為模型的軍艦，並進行蒸汽船的試製與試航[60]。此外，明命朝曾派遣官船到新加坡、巴達維亞（今雅加達）、馬尼拉等西方殖民城市，進行航海訓練、蒐集資訊與貿易活動[61]。

有人說明命帝實施「鎖國政策」，但從阮朝的各種史料來看，這種說法並不符合實際情況。明命統治時期，南部區域的稻米走私與鴉片流入問題日益嚴重，因此，朝廷特別針對越南人與居住在國內的華人，嚴格取締海外貿易行為。另一方面，航行至越南的中國商船與東南亞商船，只要不涉及違禁品交易、基督教傳教活動，並且履行必要的申報程序與納稅，即可合法從事貿易。雖然明命帝拒絕與歐美各國建立正式的外交關係，但對於只想進行貿易活動的歐美商船，特別指定越南中部的峴港為貿易港口[62]。除了民間的經濟活動之外，阮朝更透過官船的海外派遣與委託華裔商人等方式，積極推動國營貿易。

對於集權化政策引起地方社會的強烈反彈，對照當時的國際情勢，應該還有重新審視的空間。明命帝在位的一八二〇—一八四〇年代，正值亞洲經濟出現重大變革，其中包括與全球化貨幣流通密切相關的中國白銀危機，以及新加坡開港創造了新的貿易結構。這些變化導致白銀外流嚴重、國內銀價上升，並且完全超乎了政府對稻米和鴉片的控制範圍，這些問題同樣對明命朝時期的越南產生無法忽視的影響[63]。此外，隨著貿易財富促成地方勢力的壯大，對以順化為中心的中央政權，也可能帶來極大的政治風險[64]。因此，明命帝的集權化政策，也可以視為一種對於廣域經濟變動帶來的離心效應進行控制，以維持順化為中心的國家統一的對應措施。

從省級行政區劃等方面來看，當今越南的國家框架，很大程度受益於明命帝的改革成果。如果沒有明命帝，後來的越南史可能會變得完全不同。

多賀良寬

阮攸（一七六五—一八二〇年）

阮攸是越南古典文學傑作《金雲翹新傳》的作者。字素如，號清軒。

其家族世代出了許多科舉人才，父親阮儼（一七〇八—一七七六年）擔任黎朝宰相等重要官職。父親的故鄉是中北部河靜省宜春縣僊田村，但有一說認為阮攸出生於昇龍。異母長兄阮侃（一七三四—一七八六年）通過進士科考試，是在黎朝統治的北部地區掌握實權的鄭森之子鄭棕的心腹。

一七七四年，父親阮儼奉命討伐與鄭氏對立、統治中南部的廣南阮氏，鄭軍占領順化，但一七七六年阮儼病逝。阮攸隨長兄生活，一七八三年參加科舉鄉試，通過三場（秀才）考試，但未參加下一級考試。

一七八六年，阮攸開始當官。同時，崛起於中南部的西山軍占領順化，並繼續北上推翻鄭氏政權。在黎朝擔任高官的兄長阮侃與阮條也起兵對抗西山軍，結果戰敗，並於同年相繼逝世。一七八八年，黎朝昭統帝逃離昇龍，請求清朝支援，清軍占領昇龍。同年年底，西山軍的阮惠在順化登基，是為光中帝。次年初，阮惠北進大敗清朝大軍。黎昭統逃亡中國，黎朝覆滅。

兄長阮堤（別名阮儞）在西山朝當官，同父異母的哥哥阮迥組織反西山的義軍，遭到逮捕處死（一七九一年）。一七九六年，阮攸也試圖發動起事，卻東窗事發，被捕入獄三個月。釋放後回到鄉里，自稱「鴻山獵戶」，過著打獵、釣魚、創作漢詩的生活。

一八〇二年，阮福暎滅掉西山朝，登基為嘉隆帝，創建阮朝。招攬阮攸，擔任知縣。之後陸續升官，歷任東閣大學士、廣平省該簿等職務。一八一三年以正使的身分出使清朝，歸朝後晉升為禮部右參知（相當於禮部次官）。在此期間，阮攸多次申請休假回鄉，可看出他在阮朝當官的複雜心境。一八二〇年嘉隆帝崩逝，明命帝即位，阮攸再次被任命為出使清朝的正使，但因病去世。

阮攸在黎朝末期到阮朝初期的亂局中出仕二朝，也留下了不朽的文學作品，包括《清軒詩集》、《南中雜吟》、《北行雜籙》等漢詩集。《北行雜籙》是他以正使身分出使清朝時所寫的「燕行文學」作品。

阮攸所處的時代，正是以漢字為基礎，發展出民族文字「喃字」文學發展成熟的時期，他的《金雲翹新傳》（亦稱《斷腸新聲》）是最具代表性的作品。此作品改編自中國的青心才人（或稱才子）原著《金雲翹》，共三千二百五十四行的長篇韻文詩，描述一位良家女子為了父母賣身，歷經波瀾起伏的人生故事。從阮朝時期至今，《金雲翹新傳》是家喻戶曉的經典作品，法國殖民時期著名的知識分子范瓊（Phạm Quỳnh），在戰期間開始推廣《金雲翹新傳》，說道：「翹傳存，我語存；我語存，我國存。」將其譽為「國粹國魂」。

今井昭夫

其他人物

拉瑪一世

一七三七—一八〇九年。暹羅拉達那哥欣王國的開國君主，與成立阮朝的阮福暎（嘉隆帝）交情匪淺。一七八二年，後來成為拉瑪一世的昭披耶．扎克里（Phra Phutthayotfa Chulalok）在柬埔寨與廣南阮氏對峙時，其主君暹羅吞武里王國的達信大帝（中文名鄭昭）被叛亂者推翻退位。扎克里立刻與阮軍議和，隨後回到京城，剷除達信及叛亂勢力，自行登基稱王（拉瑪一世）。另一方面，阮岳、阮惠等率領的西山軍持續攻打廣南阮氏的領袖阮福暎，一七八四年阮福暎從西貢逃到曼谷。拉瑪一世庇護阮福暎，派兵協助阮福暎奪回西貢卻失敗。阮福暎還參與暹羅與緬甸的戰爭。一七八八年，拉瑪一世在阮福暎回到西貢後仍持續援助，提供大量的火藥及其原料硝石。此外，拉瑪一世讓逃亡曼谷的安英（Ang Eng）於一七九四年返回柬埔寨，扶持其成為柬埔寨國王。由於緬甸多次進攻，拉瑪一世無法派援兵給阮福暎，後來終於在一八〇二年派兵，與寮國的永珍王國軍隊一起攻入越南北部。同年，阮福暎滅掉西山朝，創建阮朝，之後與拉瑪一世維持交換國書的關係。兩位君主之間有深厚的恩義，而越南由親暹羅政權統一，對於必須與緬甸一戰的拉瑪一世來說，是一個有利的局勢。拉瑪一世在位期間，暹羅與越南維持相對穩定的關係。

川口洋史

安英

一七七三－一七九六年。柬埔寨國王，在位期間一七七九－一七九六年。他是烏迭二世的兒子，也是後來的柬埔寨國王安贊（Ang Chan）與安東（Ang Duong）的父親。烏迭二世讓位給安農二世，在安農二世遭到殺害後，烏迭二世的兒子安英被推舉為國王。然而，當時柬埔寨政局不安，高官持續對立，最終由掌握權力的召華穆擔任宰相，輔佐年幼的安英王執政。但召華穆的政敵與湄公河東岸的占茅（馬來）人勢力結盟，進逼金邊（百囊奔），召華穆帶著安英王逃亡曼谷。在國王缺位的情況下，與召華穆對立的高官轉而與西山朝勢力聯手。此時，支援阮福暎的拉瑪一世命令召華穆持續與支持西山朝的勢力交戰。當阮福暎奪回西貢後，召華穆也成功壓制敵對勢力，完全掌控了柬埔寨的政權。一七九四年，拉瑪一世讓安英王回到柬埔寨，同時封王國西部的馬德望為暹羅的朝貢國，任命召華穆為太守。兩年後，安英王病逝，暹羅王下令將遺體運至曼谷。然而，遺體離開王都烏棟後，暹羅方面又派來新使者，要求將遺體送回烏棟，並派遣柬埔寨援軍協助對抗緬甸。攝政召華波遵從暹羅國王的命令派出援軍後，隨後在烏棟為安英王遺體舉行火葬，並在烏棟聖山東側興建新的佛塔，供奉其遺骨。

北川香子

安贊

一七九一－一八三四年。柬埔寨國王安英崩逝後，長子安贊（在位期間一八〇六－一八三四年）年幼，拉瑪一世任命召華波為攝政。安贊在召華波逝世後正式即位，一八〇九年拉瑪一世崩逝，安贊開始親近越南阮朝的嘉隆帝。在位期間，柬埔寨經歷了兩次暹越戰爭。戰爭期間，安贊王在越南阮朝的幫助下逃亡西貢，而他的三位弟弟則逃至曼谷依附暹羅。第一次戰爭結束後，嘉隆帝以防禦暹羅為名，將安贊王移往金邊，派遣越南高官常駐金邊，實際掌控柬埔寨政務。第二次戰爭結束後，安贊王在返回金邊途中病逝。越南明命帝派遣高官攜帶禮物到柬埔寨，協助處理國王葬禮，並扶持安贊王的次女安眉（Ang Mey，越南名字為玉雲）即位。然而，在阮朝史料中，玉雲並未被稱為「真臘國王」，而是被稱為「真臘郡主」，延續父王的治世，實際的統治權掌握在常駐金邊的越南高官手中。

北川香子

安東

一七九六—一八六〇年。安東（在位期間一八四八—一八六〇年）是安英王的幼子。第一次暹越戰爭爆發時，與異母兄安贊王分道揚鑣，和同母兄弟一起逃亡曼谷。一八四〇年，當安眉女王等人被帶到越南時，柬埔寨各地爆發反越運動。暹羅國王響應叛亂，派遣博丁德差（Chao Phraya Bodindecha）將軍率軍護送安東回到柬埔寨。暹羅與越南之戰久戰不決，雙方疲於戰爭，最後達成議和，推舉安東成為柬埔寨國王。安東王致力於重建因戰爭而荒廢的王都烏棟，及開放暹羅灣岸的貢布港，重啟與新加坡的貿易，修建陸路，將王都與貢布港直接連接，經由貢布港從英國進口機械來鑄造銀幣。他還改革宮廷儀式與官僚體系，積極振興佛教。安東王修建的陸路網，成為現在柬埔寨國道網的基礎；他建立的地方制度，成為現行「郡」制度的雛形。安東王臨終之際，下令釋放三百多名奴隸，並遺囑要求將自己的遺體肢解，餵食鳥獸。安東王的母親與子女遵照遺言，從遺體割下肉，放在銀盤上給鳥獸啄食，然後將剩下的遺體火化。根據現在的《柬埔寨王國憲法》規定，為安東王、諾羅敦王（安東王之子）、西索瓦王（亦為安東王之子）後裔的王族，年滿三十歲以上，均擁有王位繼承權。

北川香子

注釋

1. 西山原為越南中部的地名。一七七一年，阮岳、阮侶、阮惠三兄弟在此起事，便將這股反叛勢力稱為西山軍。
2. 阮惠和阮福暎雖為同姓，但兩人之間沒有血緣關係。
3. 從西山叛變到阮朝建立之間的越南史，有許多優秀的研究成果。建議先參照日文文獻：嶋尾稔，〈西山朝之成立〉（櫻井由躬雄責任編輯，《岩波講座東南亞史4》，岩波書店，二〇〇一年）；Dutton, George, *The Tây Sơn Uprising: Society and Rebellion in Eighteenth-Century Vietnam,* Honolulu: University of Hawai'i Press, 2006. 以及 Durand, Maurice, *Histoire des Tây Sơn,* Paris: Les Indes savants, 2006. 也是許多人閱讀的西文文獻。還有許多以越南文撰寫的相關文獻，最具代表性的是 Tạ Chí Đại Trường, *Lịch sử nội chiến ở Việt Nam từ 1771 đến 1802,* Hà Nội: Nhà xuất bản Tri thức, 2012（1st edition, 1973）。
4. 川口洋史，〈拉瑪一世與阮福暎（1782-1802年）〉，《愛知大學國際問題研究所紀要》一五五，二〇二〇年。
5. Lieberman, Victor, *Strange Parallels: Southeast Asia in Global Context, c. 800-1830. vol.1: Integration on the Mainland,* Cambridge, U.K.: Cambridge University Press, 2003.
6. 從一九九〇年代末，東南亞研究學者之間便積極重塑歷史樣貌，直到現在。
7. Mantienne, Frédéric, *Pierre Pigneaux: Évêque d'Adran et mandarin de Cochinchine, 1741-1799,* Paris: Les Indes savantes, 2012.

8. 以下文獻詳細記載包括越南在內，法國人在十八世紀印度支那地區的活動。Mantienne, Frédéric, *Les relations politiques et commerciales entre la France et la péninsule indochinoise*（*XVIIIe siècle*）, Paris: Les Indes savantes, 2003a.

9. Manguin, Pierre-Yves, *Les Nguyễn, Macau et le Portugal: aspects politiques et commerciaux d'une relation privilégiée en Mer de Chine, 1773-1802,* Paris: École française d'Extrême-Orient, 1984.

10. Mantienne, Frédéric, "The Transfer of Western Military Technology to Vietnam in the Late Eighteenth and Early Nineteenth Centuries," *Journal of Southeast Asian Studies,* 34-3, 2003b.

11. 豐岡康史、大橋厚子編，《銀的流通與中國、東南亞》（山川出版社，二〇一九年），網羅了這個主題最新的研究成果。

12. 嶋尾稔，〈阮朝〉，齋藤照子責任編輯，《岩波講座東南亞史5》，岩波書店，二〇〇一年。

13. 以下文獻針對越南的事情加上詳細分析。Wilcox, Wynn, *Allegories of the Vietnamese Past: Unification and the Production of a Modern Historical Identity,* New Haven: Yale University Southeast Asia Studies, 2011.

14. 撰寫本項內容時，以《大南正編列傳初集》（慶應義塾大學言語文化研究所影印本）卷三〇〈偽西列傳〉為基本史料。此外，以越南文撰寫的阮惠人物傳，參照以下著作。Hoa Bằng, *Quang Trung*（*1788-1792*）, Hà Nội: Nhà xuất bản Dân trí, 2014（1st edition, 1944）; Phan Huy Lê, *Quang Trung Nguyễn Huệ: Con người và sự nghiệp,* Qui Nhơn: Sở văn hóa và thông tin Nghĩa Bình, 1988; Đỗ Bang, *Những khám phá về hoàng đế Quang Trung,* Huế: Nhà xuất bản Thuận Hóa, 2003. 西山叛亂的展開過程參照注3列舉的各文獻。

15. 關於三兄弟的出生順序，唯一可以確定的是阮岳年紀最長，不同史料對於阮侶和阮惠誰較年長，則有不同記載。本項的考證參照「前書Đỗ Bang」，將三兄弟的順序定為岳、侶、惠。

16. 與黎玉昕結婚之前，阮惠已有妻子范氏，兩人育有嫡子阮光纘。

17. 阮浹的「羅山夫子」名號名聞遐邇。阮浹（羅山夫子）一生及他與阮惠的關係，參照名著Hoàng Xuân Hãn, *La Sơn Phu Tử*, Hà Nội: Nhà xuất bản Khoa học xã hội, 2016（1st edition, 1952），其中介紹許多阮惠與阮浹的書信往來。

18. 以下文獻記載許多黎朝末期至西山朝的中越關係：鈴木中正，〈黎朝後期與清之關係〉（山本達郎編，《越南中國關係史》，山川出版社，一九七五年）。

19. 根據〈偽西列傳〉的記述，阮惠以昇龍沒有「旺氣」（風水觀念中的好氣）為由，要求在順化受封。真正原因應是阮惠認為離開順化可能有危險。

20. 多賀良寬，〈19世紀阮朝的通貨統合政策與越南錢幣的廣域流通〉，《南方文化》三八，二〇一一年。

21. 陳慶浩、王三慶編，《越南漢文小說叢刊　皇黎一統志》，法國遠東學院、臺灣學生書局，一九八七年。

22. Murray, Dian, *Pirates of the South China Coast, 1790-1810*, Stanford, Calif.: Stanford University Press, 1987. 以及豐岡康史，《從海盜角度看清朝》，藤原書店，二〇一六年。

23. 前書「Hoa Bằng」將這段過程記載得很詳細。此外，〈偽西列傳〉記述「壬子年（一七九二年），阮惠要官員撰寫表文（外交文書），派遣使節出使清朝，請求聯姻（與公主結婚），除了探詢清朝皇帝的意思，也想以此為藉口發動戰爭。結果（阮惠）生病，最後沒有派遣使節」。

24. 《大南實錄》（慶應義塾大學言語文化研究所影印本）正編，第一紀，卷六，二葉裏—三葉裏。

25. 〈偽西列傳〉記載阮惠於農曆九月二十九日崩逝，對照其他史料，實際死亡的日子很可能是農曆七月二十九日。即陽曆一七九二年九月十六日（Hoàng Xuân Hãn，同前）。

26. Marr, David, *Vietnamese Tradition on Trial, 1920-1945,* Berkeley: University of California Press, 1984.

27. 撰寫本項時以《大南實錄》正編第一紀為基礎史料，整體參考的先行研究除了注3列舉的各文獻，還有Maybon, Charles, *Histoire moderne du pays d'Annam*（*1592-1820*）, Paris: Plon-Nourrit, 1920. 以及Đỗ Bang, Nguyễn Minh Tường, *Chân dung các vua Nguyễn,* tập 1, Huế: Nhà xuất bản Thuận Hóa, 2001, phần 1（1st edition, 1996）。

28. Mantienne，同前二〇一二年。

29. 在此之前，由於阮福暎勢力間接支持了拉瑪一世清除達信的行動，兩者之間已經奠定了合作的基礎（川口，同前二〇二〇年）。

30. Wilcox, Wynn, "Transnationalism and Multiethnicity in the Early Nguyễn Ánh Gia Long Period," in Nhung Tuyet Tran and Anthony Reid（eds.）, *Việt Nam: Borderless Histories,* Madison: University of Wisconsin Press, 2006.

31. Mantienne，同前二〇〇三年b。

32. 沃邦（一六三三－一七〇七年）是活躍於路易十四時期的法國軍人與工程師。將星形要塞（稜堡式城郭）的築城法體系化，為後世帶來極大影響。

33. 關於讓－巴蒂斯特．沙依諾與其家族，以下文獻還有詳細討論。Salles, André, "Jean-Baptiste Chaigneau et sa famille," *Bulletin des Amis du Vieux Hué,* n°1, janvier-mars 1923. 此外，沙依諾與越南妻子育有一子，兒子長大後前往法國，將當時在順化的生活寫成回憶錄（Chaigneau, Michel Đức, *Souvenirs de Hué,* Paris: Imprimerie Impériale, 1867）。

34. Manguin，同前。

35. 陳荊和，〈關於阮朝初期的「下洲公務」〉（《創大亞洲研究》一一，一九九〇年）以及「Mantienne，同前二〇〇三年b」。

36. Barrow, John, *A Voyage to Cochinchina, in the Years 1792 and 1793*, London: T. Cadell and W. Davies, 1806.

37. 吉開將人，〈江戶時代漂流民與「安南國王」阮福暎〉，細田典明編著，《旅與交流》，北海道大學出版會，二〇一五年。

38. Vu Duc Liem, "The Age of the Sea Falcons: Naval Warfare in Vietnam, 1771-1802," in Charney, Michael W., and Kathryn Wellen（eds.）, *Warring Societies of Pre-colonial Southeast Asia*, Copenhagen: NIAS Press, 2018.

39. 在此之前，阮福暎雖自稱國王，但仍沿用黎朝年號。

40. 正式舉辦皇帝即位典禮是在一八〇六年。

41. 清朝與阮朝針對國號的談判，在「鈴木，同前」及吉開將人〈「南越國長」阮福暎〉（《史朋》四〇，二〇〇七年）有詳細記載。

42. 阮朝與拉達那哥欣王國交換的國書，請參照川口洋史，〈十八世紀末到十九世紀前半的「國書」〉（松方冬子編，《國書締結的外交》，東京大學出版會，二〇一九年）。

43. Wilcox，同前二〇一一年。

44. Lockhart, Bruce, "Re-assessing the Nguyễn Dynasty," *Crossroads*, 15-1, 2001.

45. 未特別注記者，本項記述參照百多祿最新傳記（Mantienne，同前二〇一二年）。

46. 一七七六年，百多祿在鄭天賜的幫助下，逃至湄公河三角洲。他與阮福暎很可能是在此時第一次見面。

47. Maybon，同前。

48. Wilcox，同前二〇一一年。

49. Maybon，同前。

50. Mantienne，同前二〇一二年。

51. Maybon，同前。

52. 一九七五年越戰結束，南北越統一後，百多祿的墳墓遭到越南政府破壞。其遺骸被送回故鄉法國，一九八三年埋於巴黎外方傳教會的地下聖堂（Wilcox，同前二〇一一年）。

53. Choi Byung Wook, *Southern Vietnam under the Reign of Minh Mạng*（*1820-1841*）*: Central Policies and Local Response,* Ithaca, N.Y.: Southeast Asia Program Publications, Cornell University, 2004.

54. Woodside, Alexander, *Vietnam and the Chinese Model: A Comparative Study of Vietnamese and Chinese Government in the First Half of the Nineteenth Century,* Cambridge, Mass.: Harvard University Press, 1988（1st edition, 1971）. 以及 Nguyễn Minh Tường, *Cải cách hành chính dưới triều Minh Mệnh*（*1820-1840*）, Hà Nội: Nhà xuất bản Khoa học xã hội, 1996.

55. 這段期間明命帝的地方行政改革，對於南部地區的影響，詳細記載於「Choi，同前」。

56. 阮朝時期編纂的大量行政文書被稱為《阮朝硃本》，被聯合國教科文組織列入「世界記憶名錄」。

57. Ramsay, Jacob, *Mandarins and Martyrs: the Church and the Nguyen Dynasty in Early Nineteenth-Century Vietnam,* Stanford, Calif.: Stanford University Press, 2008.

58. 嶋尾稔，〈關於明命期（1820-1840）越南的南圻地方統治之考察〉，《慶應義塾大學言語文化研究所紀要》二三，一九九一年。

59. Vũ Đường Luân, "The Politics of Frontier Mining: Local Chieftains, Chinese Miners, and Upland Society in the Nông Văn Vân Uprising in the Sino-Vietnamese Border Area（1833-1835）," *Cross-Currents,* 11, 2014.

60. 李貴民，〈越南阮朝明命時期（1820-1841）海防體系的改革與運作〉，《亞太研究論壇》六二，二〇一六年。

61. 陳荊和，同前一九九〇年。

62. 〈阮朝硃本〉留下許多在明命時期，前往越南的中國船與西洋船繳納港稅的紀錄。多賀良寬，〈19世紀越南之租稅銀納化問題〉，《社會經濟史學》八三—一，二〇一七年。

63. 參照收錄在藤原利一郎，《東南亞史之研究》（法藏館，一九八六年）第二部的多篇論文。關於銀的問題，多賀良寬，〈近世越南的經濟與銀〉（豐岡康史、大橋厚子編，《銀的流通與中國、東南亞》）有詳細評論。

64. 最具代表性的人物是黎文悅，他在南部貿易中心西貢建立了半獨立的勢力。

參考文獻

石井米雄、櫻井由躬雄編，《新版世界各国史5　東南アジア史Ⅰ　大陸部（新版世界各國史5　東南亞史Ⅰ　大陸部）》，山川出版社，一九九九年

伊藤毅編，《フエ——ベトナム都城と建築（順化——越南都城與建築）》，中央公論美術出版，二〇一八年

川口洋史，〈一八世紀末から一九世紀前半における「プララーチャサーン」（十八世紀末到十九世紀前半的「國書」）〉，松方冬子編，《国書がむすぶ外交（國書締結的外交）》，東京大學出版會，二〇一九年

川口洋史，〈ラーマ一世王と阮福暎（1782-1802年）（拉瑪一世與阮福暎（1782-1802年））〉，《愛知大學國際問題研究所紀要》一五五，二〇二〇年

北川香子，《カンボジア史再考（柬埔寨史再考）》，連合出版，二〇〇六年

阮攸著，竹內與之助譯，《金雲翹》，講談社，一九七五年
櫻井由躬雄責任編輯，《岩波講座東南アジア史4　東南アジア近世国家群の展開（岩波講座東南亞史4　東南亞近世國家群的展開）》，岩波書店，二〇〇一年
Andaya, Barbara Watson, and Leonard Y. Andaya, *A History of Early Modern Southeast Asia, 1400-1830,* Cambridge: Cambridge University Press, 2015.
Li Tana, *Nguyễn Cochinchina: Southern Vietnam in the Seventeenth and Eighteenth Centuries,* Ithaca, N.Y.: Southeast Asia Program Publications, Cornell University, 1998.
Li Tana and Nola Cooke（eds.）, *Water Frontier: Commerce and the Chinese in the Lower Mekong Region, 1750-1880,* Lanham, Singapole: Rowman & Littlefield, Singapole University Press, 2004.
Mai Quốc Liên, Nguyễn Minh Hoàng Biên khảo, *Nguyễn Du Toàn tập-TẬP I,II,* Hà Nội: Nhà Xuất Bản Văn Học, 2015.
Ngaosyvathn, Mayoury, and Pheuiphanh Ngaosyvathn, *Paths to Conflagration: Fifty Years of Diplomacy and Warfare in Laos, Thailand, and Vietnam, 1778-1828,* Ithaca, N.Y.: Southeast Asia Program Publications, Cornell University, 1998.
Reid, Anthony, *A History of Southeast Asia: Critical Crossroads,* Chichester, West Sussex: Wiley Blackwell, 2015.
Taylor, Keith Weller, *A History of the Vietnamese,* Cambridge: Cambridge University Press, 2013.

第八章 威脅大英帝國的十八世紀南印地方政權

太田信宏

前言

十八世紀，英國、法國等西歐各國的東印度公司在印度的貿易活動愈來愈蓬勃，為了擴大並維持各種權益，各國都在當地努力接近掌權者。西歐各國彼此激烈對立，也捲入當地掌權者之間的爭鬥，逐漸擁有自己的軍事力量。到了十八世紀後半，英國與法國開始運用這些軍事力量，使當地掌權者成為傀儡，或者直接消滅掌權者，統治該地。一七五七年，英國在普拉西戰役中擊敗法國與孟加拉納瓦卜（相當於總督）的聯軍，之後擁立傀儡納瓦卜，獲得孟加拉地區的行政與徵稅權。這一事件確立了英國對法國的優勢地位，也讓英國東印度公司從單純為貿易而設立的商業機構，開始正式轉型成為擴大與維持殖民統治的機構。此後，英國急速擴大統治領域，到十九世紀初期為止，英國可說是幾乎完全建立了對整個印度的殖民統治。

英國在印度擴大殖民地統治權，其最大的威脅之一是印度南部的邁索爾王國（Kingdom of Mysore）。該王國的實質統治者是海德爾．阿里（Hyder Ali），他從一七六〇年代起主政約二十年。本章的主角正是他。本章的目的之一，就是重新探索讓英國苦惱的海德爾．阿里與邁索爾王國強盛的祕密。[1]

地方政權的興起與權力的商業化

十八世紀的印度常被視為夾於蒙兀兒帝國與英國殖民地帝國兩大帝國之間的「黑暗時代」，而這段時期的歷史通常被敘述為英國逐步擴張勢力，並最終確立殖民地統治的過程。然而，近年的歷史研究對十八世紀被看作單純衰退與混亂的看法持否定態度，認為蒙兀兒帝國式微後，各地紛紛成立獨立的地方政權，帶來了嶄新的政治與經濟發展。其中一個新發展便是「權力的商業化」。

自十五、十六世紀以來，隨著國際貿易蓬勃發展，印度的胡椒等辛香料和棉布等產品出口至世界各地，作為交換，大量的金銀流入印度。受此影響，印度的貨幣經濟進一步發展，連帶影響國家的統治之道。歷來印度各國都是以徵收地稅的方式，在財政上支援國家運作，如今開始改以貨幣形式徵收，而且廣泛採用包稅制。[2]此外，在國家派軍參戰的情況下，士兵直接收取現金報酬而非土地（或土地稅收權）的比例逐漸上升。這樣的趨勢在蒙兀兒帝國全盛時期便已出現，到了十八世紀，在各地的地方政權中則變得更加顯著。掌權者想要實現有效統治，需要與手握貨幣的商人和金融業者（印度語稱為「薩夫卡爾」〔sahukar〕）合作，而收取現金組建軍隊的「傭兵隊長」（印度語稱為「賈馬達爾」〔Jamadar〕）則是左右軍事行動成功與否的關鍵。像這樣，手握貨幣的人們以及利用貨幣進行的買賣，在國家治理上扮演重要角色的現象，在這裡被廣義地稱為「權力的商業化」。同時，貨幣經濟的擴展也帶來了社會的流動性，不只促進人們遷移變得更加頻繁，還有人利用貨幣經濟發展帶來的機會，實現了社會階層的上升。本章主角海德爾．阿里，正是以這個方式飛黃騰達的人之一。

蒙兀兒帝國式微後，印度各地出現了許多地方政權，無論是統治階層的社會出身或政治屬性，這些地方政權都各不相同。他們在超越彼此差異的「權力商業化」這一整體趨勢中，透過武力行使與收取「納貢」等形式的交涉，彼此建立並更新關係，這就是十八世紀印度政治的樣貌。雖然蒙兀兒皇帝的權威並未完全消失，但權力秩序的維繫，不再仰賴特定宗教的意識形態或文化價值，而是透過與貨幣這一種在文化與宗教上中立的媒介來進行聯繫或約束。這樣的權力秩序，使得各種權力主體的活躍成為可能。從某種意義上來說，英國在印度的政治與軍事上的崛起，甚至最終建立穩固的殖民地統治政權，上述的權力秩序功不可沒。

本章的舞臺邁索爾王國，其居民大多是印度教徒，王國的統治階層主要也是由本地印度教地主階級的後代所組成。如果沒有前述那種特殊的權力秩序存在，身為穆斯林的海德爾．阿里很難在邁索爾王國成為軍事指揮官，並最終攀升至最高統治者的地位。就此意義來看，回顧「時代寵兒」海德爾．阿里的一生，藉此勾勒十八世紀在印度史中的一個重要側面，正是本章的另一個目標。

海德爾．阿里（約一七二〇—一七八二年）

一、前半生（約一七二〇—一七四六年）

海德爾．阿里沒有正式的傳記

相傳海德爾．阿里不識字，也不會寫字。或許受此影響，他對於保護和鼓勵文學藝術並不熱中、甚至頗為冷淡。歷代邁索爾國王都會保護並鼓勵梵語和康納達語[3]的學術文化，並且有不少以國王生平為題材的宮廷文學創作。而在印度的穆斯林政權中，盛行波斯語的文學與歷史著作，記錄君主傳記也相當普遍。但海德爾似乎對這些語言的學術技藝都毫不關心，因此幾乎沒有來自宮廷的學者文人撰寫海德爾傳記。這使得關於他的一生，尤其是前半生的經歷與祖先的出身背景，至今仍有許多不為人知之處。在此狀況下，有一本在海德爾過世後兩年以康納達語寫的傳記《海德爾回憶錄》（*The Hyder-Nāma*）便顯得異常珍貴。這本書應該是負責文書管理的官員所寫，內容融入了許多王國統治者特有的視角與資料。此外，《南印度的歷史素描》（*Historical Sketches of South India*）是英國擊敗海德爾的兒子蒂普蘇丹，將邁索爾王國納入殖民地後撰寫的史書，作者馬克．威爾克斯上校（Colonel Mark Wilks）是英國駐當地

海德爾・阿里

官員。[4]這本書記錄了他從熟知海德爾時代的高階軍官和官員那裡聽聞的故事與資訊。這兩本書的內容雖然不能完全照單全收，但仍可視為了解海德爾一生的基本文獻來源。

海德爾的一生大致可分成三個時期。第一期是從出生到成為邁索爾王國部隊長的前半生；第二期是在邁索爾王國以軍人與政治家的身分逐步崛起，最終掌握王國實權的階段；第三期則是權傾天下、君臨王國的時期。

父母與祖先

海德爾的早年生活充滿謎團。他的父親為法塔赫納亞卡（Fateh Nayaka，又稱法塔赫・穆罕默德〔Fateh Muhammad〕），約一七二〇年左右，海德爾的母親在卡納塔卡地區東南部生下他，但具體的出生年分與地點無法確定。當海德爾出生時，他的父親法塔赫納亞卡在蒙兀兒帝國於卡納塔卡南部設立的行政中心錫拉擔任長官的部下。

蒙兀兒帝國受到奧朗則布去世後的王位繼承戰爭等事件影響，迅速江河日下。十八世紀前半，帝國各地的高官，包括總督和長官紛紛自立門戶。現代研究學者稱這些由蒙兀兒帝國高官建立的地方政權為

「繼承國家」。南印度也出現了如德干地區總督建立的尼扎姆政權[5]，或坦米爾地區長官建立的阿科特納瓦卜[6]政權等「繼承國家」。歷任錫拉長官也試圖自立，但常受到強鄰尼扎姆與阿科特納瓦卜等勢力的干涉。

法塔赫納亞卡在那樣一位勢力薄弱的錫拉長官麾下工作，他名字中的「納亞卡」起源於梵語，意思是「領導者、首長」。在十六世紀達於鼎盛時期、統治幾乎整個南印度的毗奢耶那伽羅王國，「納亞卡」是指那些作為地方長官或戰場將領，輔佐國王的權力人士。但在後來的繼承國家中，「納亞卡」則多是負責動員與指揮步兵隊的部隊長。蒙兀兒帝國與其繼承國家的軍事體制相當重視騎兵，步兵隊及其部隊長的地位相對較低。因此，法塔赫納亞卡剛在錫拉長官身邊工作時，很可能只是地位不高的步兵隊長。

在海德爾·阿里成為邁索爾王國的重要部將之前，別人也跟稱呼他父親一樣，叫他「海德爾納亞卡」。即使在他成為王國的實質掌權者後，那些敵對和批判他的勢力及人們仍故意稱呼他「海德爾納亞卡」或「納亞卡」。他們似乎是想將「納亞卡」當成海德爾的汙點強加在他身上，但海德爾本人是否那麼在意就不得而知了。據說他原本更偏好別人稱呼他「巴哈杜」（Bahadur），意思是「勇者」。

關於法塔赫納亞卡的祖先，存在多種說法，共通點就是他或他父親那一代是在不久前從卡納塔卡北部的比賈布爾[7]（Bijapur）一帶遷居至卡納塔卡南部。不過在那之前的說法不一，有人說他的祖先來自印度西北部的旁遮普地區或德里，也有人主張他的祖先是伊斯蘭教的高層宗教人士，甚至有人稱他與先知穆罕默德同樣出身古萊什族，但這些說法的真偽無從證實。

根據康納達語撰寫的傳記，法塔赫納亞卡跟著父母和兩位弟弟，從比賈布爾移居南方。父母過世後，他自己成為錫拉長官的部屬，大弟海德爾在邁索爾王國領地馬德吉里擔任長官，小弟阿里則投身於蒙兀兒帝國另一位長官麾下，三兄弟各自在不同勢力下任職軍人。兄弟們分別投效未來可能成為敵人的掌權者，是亂世中的人們為了尋求飛黃騰達的機會而採取的一種策略。若將一族的命運全押在同一位掌權者身上，當這個掌權者出事，全族就會跟著覆滅。與其冒著如此大的風險，不如讓兄弟跟著不同長官，增加存活下來的機率。以當時的風潮來說，軍人、官員的人事調動不太考慮出身貴賤或宗教信仰，也不過分重視忠誠心，從這一點來看，他們的選擇十分務實。

海德爾的母親同樣出身於一個為尋求發展機會而遷徙的家族。她出生於印度西海岸臨阿拉伯海的康坎地區，屬於納瓦亞特（Nawayat）家族。納瓦亞特是從阿拉伯半島移居過來的氏族，由於這個關係，在印度穆斯林社會擁有崇高的地位。家族中有不少人在蒙兀兒帝國等穆斯林國家當官，第一代阿科特納瓦卜薩達圖拉汗[8]（Sa'adatullah Khan）也來自納瓦亞特家族。海德爾母親的家族可能正是為了追求由納瓦亞特出身的統治者所統治的阿科特地區的發展機會，才決定離開康坎。當他們經由陸路東西橫貫半島前往阿科特的途中，率領家族的父親遭到盜賊襲擊，不幸身亡。他的兒子易卜拉欣・薩哈布（Ibrahim Sahib）繼續帶著家族前進，當他們接近目的地、進入坦米爾地區時，便將妹妹嫁給了法塔赫納亞卡，成為他的第二任妻子。不料妹妹不久後去世，法塔赫又娶了小姨子作為第三任妻子，並育有兩子，即沙赫巴茲（Shahbaz）與海德爾兄弟。

與父親訣別

到了一七三〇年代後半，法塔赫為了擊退入侵錫拉的敵軍而戰死，失去重要支柱的家族陷入困境。錫拉長官還要求遺族償還法塔赫留下的債務，但孤兒寡母無力償還，最後是法塔赫的弟弟海德爾出手相救。海德爾透過自己任職的邁索爾王國地方長官，請求當時掌握王國實權的德瓦・拉賈（Deva Raja）將軍提供資金償還債務，孤兒寡母才得以脫身。這可說是兄弟各自效忠不同勢力的生存策略奏效。

臣子為了保護自己戰死，卻要求臣子遺族償還債務（是否有這筆債還未可知）的主君；請求親人幫忙，想辦法還債以求生存的臣子；出面幫臣子還債，期待臣子未來有所回報的另一為主君——這三個人物共同構成的這段故事，充分體現出當時國家統治階層之間的關係是如何深受金錢左右。對主君與臣子而言，累積財富、在關鍵時刻能夠籌得所需資金的人脈關係，以及擁有讓他人願意提供資金的信用，這些可說是攸關生死的重要關鍵。

償還債務、重拾自由的法塔赫遺孀與孩子，接著前往叔父海德爾所在的邁索爾王國領地。沙赫巴茲進入叔父率領的部隊，並在叔父去世後接任部隊長。海德爾選擇與兄長不同的道路，他並未加入叔父的部隊，而是較為自由、隨性地成長為青年。一七四〇年代前期，海德爾在兄長的介紹下，與錫拉的一位伊斯蘭教法學者的女兒成婚，但他的第一任妻子生下長女後不久，就因為生病導致無法走路。

二、作為邁索爾王國的軍人（一七四六—一七六一年）

第一步

當海德爾在一七四〇年代於邁索爾王國成長為青年之時，南印度的戰亂益發激烈。當時，馬拉塔王國派遣了大遠征軍，以壓制阿科特納瓦卜勢力的擴張，遠征軍殺害了第二代納瓦卜多斯特·阿里·汗（Dost Ali Khan），導致納瓦卜政權失去凝聚力而迅速衰弱。隨後圍繞納瓦卜之位的內鬥不斷，不僅馬拉塔王國，連尼扎姆也插手干預，使得爭鬥規模擴大且時間拉長。最後，由尼扎姆支持的瓦拉賈家族的安瓦魯丁·汗（Anwaruddin Khan）確保了納瓦卜之位，但英國與法國因奧地利王位繼承爆發了戰爭（第一次卡那提克戰爭），納瓦卜領內的局勢依然遠未達到政治穩定。

邁索爾王國剛開始對阿科特納瓦卜爭奪戰保持距離，趁著主要國家與勢力進入坦米爾地區交戰的空檔，再攻打鄰近小國，逐步擴張統治範圍。當時邁索爾王國東部地區，有一些分立的小王國在德瓦恩哈爾利（Devanahalli）設立了軍事據點，為了攻下此處，一七四六年八月，邁索爾王國派出軍隊，海德爾就在此次率領一支由五十名騎兵和兩百名士兵組成的部隊（部隊的規模大小眾說紛紜）出征。

德瓦恩哈爾利是座堅固的城堡，由於當時在南印度各地轉戰的馬拉塔軍協助防禦，使得這場攻防戰變成了持久戰。但最終在一七四七年四月，邁索爾軍隊攻陷城池，贏得勝利。海德爾的軍功受到這次率領遠征軍的邁索爾王國總帥南迦・拉賈（Nanja Raja）的賞識，從此踏上了作為王國軍人的晉升之路。

兩場繼承戰爭

次年，即一七四八年，南印度的戰爭突然風雲告急。稱霸二十多年，在德干、南印度擁有絕大影響力的首任海德拉巴（Hyderabad）君主「尼扎姆・穆勒克」（Nizam-ul-Mulk）逝世，其次子納西爾・姜格（Nasir Jung）與外孫穆扎法爾・姜格（Muzaffar Jung）開始爭奪王位。同時，先前爭奪阿科特納瓦卜失敗，被監禁在馬拉塔王國首都薩塔拉（Satara）的嬋達・沙希布（Chanda Sahib）獲釋，開始對現任納瓦卜安瓦魯丁・汗開戰，企圖奪回納瓦卜之位。納西爾・姜格與安瓦魯丁・汗結成同盟，穆扎法爾・姜格與嬋達・沙希布聯手，前者的組合有英國支持，後者則有法國作為後盾。一七四九年八月，雙方陣營在安布爾戰役中爆發激戰，安瓦魯丁・汗戰死，嬋達・沙希布登上阿科特納瓦卜之位。安瓦魯丁・汗的兒子穆罕默德・阿里（Muhammad Ali）逃往坦米爾的內陸要衝蒂魯吉拉伯利（Tiruchirappalli），繼續戰鬥。

一七五〇年十二月，留在坦米爾地區作戰的納西爾・姜格遭到法軍突襲，加上原先的戰友（三位阿富汗裔納瓦卜）[9]突然倒戈，最終戰死。穆扎法爾・姜格在法屬印度總督約瑟夫・弗朗索瓦・杜布雷（Joseph François Dupleix）庇護下，於邦狄哲利（Pondichéry）宣示成為尼扎姆，南印度的戰亂看似即將結束。然而，新任尼扎姆從邦狄哲利前往德干根據地奧蘭加巴德（Aurangabad），途中遭到阿富汗裔納瓦卜策劃暗殺身亡。已故尼扎姆・穆勒克的三子薩拉巴特・姜格（Salabat Jung）在法國支持下，繼任

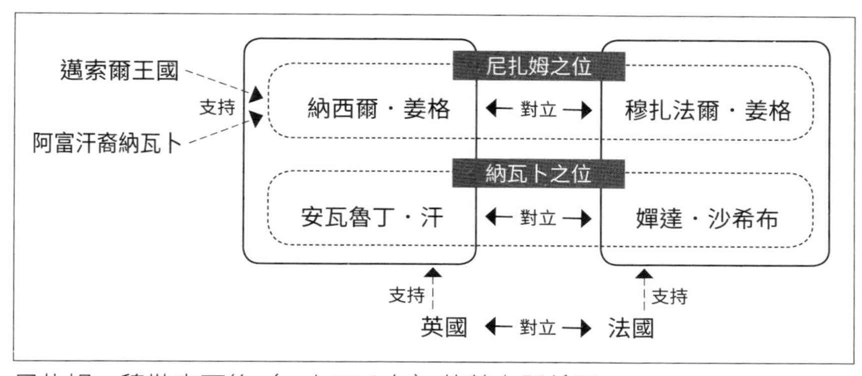

尼扎姆・穆勒克死後（一七四八年）的勢力關係圖

尼扎姆之位。另一方面，嬋達・沙希布和穆罕默德・阿里在坦米爾地區持續對立，兩軍在蒂魯吉拉伯利周邊僵持不下。

獲得軍資金

一七四九年，從德干前往坦米爾的納西爾・姜格遠征軍，邁索爾王國軍在其指示下隨同[10]，海德爾與其部隊也在其中。納西爾・姜格臨終之際，並在阿富汗裔納瓦卜背叛導致戰場混亂之時，海德爾趁亂獲得裝載在十五頭駱駝背上的大量金幣。回到王都後，德瓦・拉賈將軍要求上繳戰利品，但在總帥南迦・拉賈的居中斡旋下，海德爾得以免除上繳，並保有這些金幣作為個人財產。

翻開史書，經常可見十五世紀以後，出現在南印度各地的當權者家族，其家祖在某種超自然力量或神祇的引導與保佑下，發現埋在土裡的財寶等傳說故事。家族祖先往往藉由這筆意外獲得的財富作為資本，開啟建設王國的歷程。與其說這是史實，倒不如說這是建國神話的一部分。然而，這些神話顯示出十八世紀以前的南印度人民，早已明白金錢與權力之間密不可分的關係。至於海德爾當時是否真的在戰場上獲得大量金幣，如今已不可考。但記錄這段軼事的康納達語傳記作者的意識裡，很可能潛藏著充滿南印度色彩的建國神話模式。在這一版本中，財富不在大地裡，而是在戰場上；幫助主角獲得財富的，不是神祇或超自然力量，而是政治上的上級，這種轉換可說是與十八世紀「權力商業化」的時代背景相呼應的神話「改寫」。

大約就在這次遠征坦米爾的前後，海德爾娶了出身名門，但在當時不受阿科特納瓦卜青睞的米爾．阿里．禮薩．汗（Mir Ali Reza Khan）之妹法蒂瑪．貝格姆（Fathima Begum），這是他的第二任妻子。法蒂瑪在一七五〇年生下海德爾日後的繼承者，也就是長子蒂普蘇丹（Tipu Sultan）。至於海德爾與那些曾動搖尼扎姆王位的阿富汗裔納瓦卜結為姻親，則是更晚之後的事情了。

前往命運之地蒂魯吉拉伯利

在坦米爾地區圍繞阿科特納瓦卜之位的爭奪戰持續到一七五一年九月，總帥南迦．拉賈率領的邁索爾王國軍，為了救援被嬋達．沙希布（與法國結盟）包圍的穆罕默德．阿里，軍隊朝向蒂魯吉拉伯利進軍。邁索爾之所以出兵馳援，是因為穆罕默德．阿里已經許諾，只要打敗嬋達．沙希布，就將蒂魯吉拉伯利割讓給邁索爾王國。海德爾也參加了這次遠征軍，他率領著在納西爾．姜格戰死的混亂局勢中獲得的大量金幣因而壯大的部隊。

邁索爾王國軍抵達蒂魯吉拉伯利之後，戰況開始轉為對英國支持的穆罕默德．阿里有利。嬋達．沙希布放棄包圍蒂魯吉拉伯利，轉進附近的斯里蘭格姆（Srirangam）籠城抗戰。但在一七五二年六月，嬋達．沙希布遭人設計殺害。贏得納瓦卜之爭的穆罕默德．阿里，並未打算兌現將蒂魯吉拉伯利割讓給邁索爾王國的承諾，假借商談割讓事宜，誘騙只帶幾名隨從的南迦·拉賈進入蒂魯吉拉伯利城內。在一行人走進城門時，前後道路立刻就被封鎖，並遭到開槍突襲。隨行的海德爾挺身奮戰，成功救出了南迦·拉賈。

蒂魯吉拉伯利的割讓之約就此破裂，邁索爾王國軍進攻由穆罕默德·阿里與英軍守衛的蒂魯吉拉伯利，雙方再次展開攻防戰。攻方還得到了馬拉塔部將戈爾帕德家族的穆拉里·拉奧（Murari Rao）部隊的支援。穆罕默德·阿里率先呼籲進行和平談判，但談判毫無進展。一七五二年底，南迦·拉賈到斯里蘭格姆建立新的據點，正式全面進攻蒂魯吉拉伯利。到了一七五三年六月，邁索爾王國與法國結盟，法軍也加入圍攻行動。

在這段期間，海德爾·阿里向打敗仗的嬋達·沙希布軍中收購遺棄的火砲，分發給自己的士兵，持續強化軍隊實力。其部隊擴大到包含兩千名騎兵在內約達一萬人的規模。他還在與盟軍法國軍隊附近駐紮，觀察並學習西歐式的部隊編制與軍事訓練方式。當時印度本地勢力的軍隊以騎兵為主，但大量收購火砲的海德爾似乎已開始強烈意識到，建立以持槍步兵為主體的西歐式軍隊，才是未來的戰力關鍵。在雙方攻防戰持續期間，總帥南迦·拉賈前往附近寺院參拜時，支持納瓦卜的英軍突然從蒂魯吉拉伯利要塞中衝出，並發動火砲攻擊。不過在海德爾等人的迅速反擊下，南迦·拉賈再次死裡逃生。

泥淖般的攻防戰

隨著攻防戰陷入膠著狀態，原本積極推行反英政策的法屬印度總督杜布雷，於一七五四年八月被召回本國。同年十月，英法之間簽署休戰協定，法軍從蒂魯吉拉伯利撤退，只留下少數兵力[11]。同時，馬拉塔部將穆拉里．拉奧也被穆罕默德．阿里收買，從攻防戰中撤離。這使得邁索爾軍隊遲遲找不到攻打蒂魯吉拉伯利的破口。時間來到一七五五年，攻防戰已過了兩年半，局勢大幅轉變。大規模長期出兵造成的經濟負擔，讓邁索爾王國政府感到極大壓力，甚至無法準時發放軍餉。傳言更指出，穆罕默德．阿里正試圖收買邁索爾軍的部分將領，使得軍中氣氛開始變得不穩。一七五五年四月，消息傳來，尼扎姆薩拉巴特．姜格率領的軍隊正接近王都斯里蘭加帕塔納（Srirangapatna），總帥南迦．拉賈決定從蒂魯吉拉伯利撤軍。

為了安撫士兵的不滿情緒，南迦．拉賈從蒂魯吉拉伯利附近的王國領地官署調度現金，支付了部分積欠的軍餉。隨後，遠征軍終於在一七五五年八月返回王都。從最初出發前往蒂魯吉拉伯利算起，至此已將近四年了。當遠征軍抵達王都時，尼扎姆軍在王國允諾支付鉅額貢金後撤軍。這筆貢金總額高達五百六十萬盧比[12]，但因財政窘迫，見底的國庫只能支付三分之一現金。作為剩餘三分之二的抵押，多名「人質」被交給薩拉巴特．姜格。然而，剩餘款項最終並未支付，被帶走的人質中，有些成功脫逃，但其餘則死於途中。

前往丁迪古爾

從蒂魯吉拉伯利撤軍時，海德爾並未返回王都，而是在總帥南迦．拉賈的命令下，前往坦米爾中部的丁迪古爾（Dindigul）。南迦．拉賈將該地賞賜給海德爾作為「賈吉爾」[13]，海德爾可以徵收地租並自由運用，負擔所率部隊的維持費用。一介部隊長，如今竟被授權統治王國領土中的一個地區，雖然位處邊境，但這是他首次掌握地方的統治全權。

儘管蒂魯吉拉伯利的攻防戰曠日持久，但多數時間雙方僵持不下，並未發生太多可以立下戰功的正面交戰。在這樣的局勢中，海德爾以靈敏的應變能力救出南迦．拉賈，獲其信賴。另一方面，海德爾也與其他將領合作，直接向南迦．拉賈要求盡速返回王都並支付軍餉，顯現出他逐漸累積的政治實力。據說，從蒂魯吉拉伯利撤退時，向附近官署調度現金、支付部分軍餉的點子就是海德爾想出來的。不畏懼困難的膽識、果敢的行動力、出色的交際手腕，是海德爾逐漸走上「飛黃騰達」之路的關鍵。

海德爾雖然脾氣暴躁，但充滿活力，容易親近，給人一種信賴可靠的感覺。平時的生活樸素無華，成為王國的實質掌權者後，也絲毫沒有掌權者常見的奢華之風與裝模作樣的沉默寡言。海德爾自然不做作、坦率且不計較的個性，從他在丁迪古爾與第三任妻子相戀的過程便可窺見一斑。相傳有一天，海德爾獨自騎馬外出時，遇到一位看起來性情溫和善良的山地民女幫丈夫送飯。海德爾開口說：「把你手上的食物給我。」這位不知道他是當地長官海德爾的鄉下女子便粗聲回應：「這是給我丈夫吃的，你又不是我丈夫。」海德爾回說：「你若同意，我就當你丈夫。」女子應允，就這樣進入海德爾的後宮，賜名「瑪蒂娜．貝格姆」（Madina Begum）。這段故事記載在康納達語的傳記裡，沒人知道真實性有多高。但傳記作者很可能與海德爾有私交，也認為這是海德爾「會做的事」。由此可見，海德爾在當時人們的心中，是一個可以隨意親切與他人來往、攀談，擅長臨機應變，充滿魅力的人。

王國面臨滅亡危機

正當海德爾俐落地統治丁迪古爾之際，邁索爾王國中樞卻日益深陷亂局之中。從一七四〇年代起，總帥南迦・拉賈與其兄德瓦・拉賈將軍，輔佐年幼的克里希納・拉賈二世（Krishnaraja Wadiyar II），掌握國政實權。然而，出兵蒂魯吉拉伯利以失敗告終，龐大的軍費支出與對薩拉巴特・姜格的高額貢金等，使國家財政窘迫，大大動搖了兄弟倆的權威，成年國王開始試圖奪回實權。為了對應國王的舉動，兄弟兩人之間也產生嫌隙。一七五六年八月，兄長德瓦・拉賈突然宣布辭去國政責任，率部隊離開王都，退居坦米爾地區的薩蒂亞曼加拉（Sathyamangala）。弟弟南迦・拉賈雖然獨攬大權，但支撐他權力的王國，卻已面臨存亡危急之秋。

局勢雪上加霜的是，約在一七五七年四月，馬拉塔王國的佩什瓦（Peshwa，相當於宰相）巴拉吉・巴吉・拉奧（Balaji Baji Rao，又名納納・薩赫布〔Nana Sahib〕率領的馬拉塔軍包圍王都斯里蘭加帕塔納，要求納貢三百二十萬盧比作為議和條件。除了現金之外，南迦・拉賈還搜括寶石，總共才籌得六十萬盧比。為了彌補不足的兩百六十萬盧比（具體金額說法不一），他不得不將王國領土中的十三個地區的統治權（包括地租徵收權）暫時讓渡給馬拉塔王國佩什瓦，當作「抵押品」。事實上，馬拉塔王國經常利用自己的優勢軍力，向對手索取鉅額貢金，並在對方款項尚未結清前，以「抵押品」的名義占領對方部分領土，這是馬拉塔王國在印度各地擴張勢力時的慣用策略。此時，邁索爾王國也迫切感受到遭馬拉塔王國併吞的危機。由於國庫空虛，遲發軍餉，部分深感不滿的將士開始集結於王都，在王宮與南迦．拉賈宅邸前靜坐抗議，要求立即支付軍餉。

前往首都斯里蘭加帕塔納

此時能拯救王國的唯有海德爾一人。南迦．拉賈命海德爾．阿里回國，途中他繞道薩蒂亞曼加拉，半強迫地帶著德瓦．拉賈一起返回王都。回到王都後，在海德爾的催促下，一七五八年六月德瓦．拉賈與弟弟南迦．拉賈達成和解，但不久便去世。面對將士的不滿情緒遲遲無法平息，國王與南迦．拉賈懇求海德爾收拾殘局。海德爾先是將從王國官員強徵來的金銀財物分給將士，待他們放鬆警戒之後，再派出自己掌控的忠誠部隊發動突襲，將鬧事者一舉剿滅。平定軍隊內部的鬧事分子後，海德爾立刻掃蕩在王國內肆意掠奪的馬拉塔軍。至此，海德爾已將許多歐洲軍人和部隊（包括葡萄牙人佩沙特）納入麾下。至於暫時抵押給馬拉塔王國佩什瓦的十三個地區，他也於一七五八年十二月透過談判成功收回。海德爾任命親信坎德．拉奧（Khande Rao）擔任王國宰相，成為王國的實質掌權者。海德爾最喜歡的稱號「巴哈杜」，也是此時由國王和南迦．拉賈授予的。南迦．拉賈很快地就被排除在王國權力中樞之外，被迫前往作為其賈吉爾（封地）的地方居住。

親信的背叛

海德爾成為王國實質統治者後，其地位卻開始受到親信坎德．拉奧的威脅。一七六〇年八月，海德爾派出主力部隊前往坦米爾地區，支援第三次卡那提克戰爭[14]中與英軍作戰的法軍。海德爾只帶著少量兵力駐紮在王都的城堡外圍。王都斯里蘭加帕塔納位於高韋里河（Kaveri River）中的河中島上，王宮與城堡位於島的西側，東側有大片空地可供軍隊駐紮。八月二十四日（此日期有不同說法）清晨，坎德．拉奧突然從城堡向海德爾的駐地開砲。王國高層早已不滿海德爾專斷獨行的行為，包含國王克里希納．拉賈二世在內，事後都被認為當時應是支持或默許了坎德．拉奧的「謀反」。坎德．拉奧甚至聯合再度來犯的馬拉塔軍將領維吉．克里希納（Visaji Krushna），周密策劃了這次叛變。為了防止海德爾逃出河中島，還事先命人將所有船筏拉到陸地。

突然遭受砲擊的海德爾，帶著幾名親信和身上僅有的現金，逃離王都所在的河中島。據說他們將一個舊竹籠改造成船筏，渡過了高韋里河。費盡千辛萬苦，他最終抵達邦加羅爾[15]（Bengaluru），在當地金融商人協助下籌得資金，開始重新召集士兵，並召回之前派去坦米爾地區的部隊，做好反攻準備。一七六〇年十二月，海德爾吹起反攻號角，向王都邁進，沒想到卻被坎德．拉奧擊敗，最後是南迦．拉賈將海德爾從危難中解救出來。之所以有這個結果，正是海德爾的個人魅力得到了充分展現。

對海德爾來說，南迦是曾經提拔自己的人，但最後卻被自己奪去權力。他此時若要求助，對一般人來說，肯定都會猶豫不決。但海德爾一如既往地不拘小節，毫不掩飾地向南迦懺悔自己過往的錯誤，並請求幫忙。海德爾對南迦說：「請原諒我的罪過，請庇護我。」南迦回答：「你曾是我的部下，受我提拔，卻背叛我，甚至對我開砲。如今，你被自己的部下坎德．拉奧砲擊，是自作自受。」海德爾回應：「我已經為我犯的罪受到懲罰。今後，我這輩子絕對不會再背叛主人了。」南迦．拉賈最終伸出援手，或許有他的政治盤算與性格特質影響。但不可否認，海德爾開口求助，那種讓人難以拒絕的個人魅力，也是重要因素之一。

在獲得南迦．拉賈提供的資金與兵力支援後，一七六一年三月，海德爾再次與坎德．拉奧在戰場上交鋒。這次海德爾運用自己最擅長的謀略贏得勝利，重新奪回實權。六月二十日，海德爾押解坎德．拉奧回到王都斯里蘭加帕塔納，站穩自己在王國實質統治者的地位。王族中的女性貴族請求海德爾從輕發落坎德．拉奧，海德爾則向她們保證，會給予坎德．拉奧和她們飼養的鸚鵡一樣的待遇。沒多久，海德爾準備了一個巨大的籠子，像養鸚鵡一樣將坎德．拉奧關在籠子裡，每天只給米飯和牛奶充飢，以此度過餘生。

三、成為王國的統治者（一七六一—一七八二年）

邁索爾王國周邊的各股勢力

海德爾成為邁索爾王國實質統治者後，將其餘生大多投入於征戰上，在多個方向上擴展王國的領土。唯一無法拓展的區域是東南方向，那裡與由英國支持的阿科特納瓦卜所統治的領土接壤。

海德爾掌握實權時，邁索爾王國周邊存在著規模、起源、統治組織作風皆不相同的政治勢力。首先，王國東側有數個由當地強勢農民種姓「奧卡利加」（Okkaliga）族群各自統治的小王國分立存在。這些小王國旁是由阿富汗系卡達帕（Kadapa）納瓦卜所統治的地區。王國北方盤踞著獵人種姓「維達」

（Bedar）和牧人種姓「庫魯巴」（Kurumbar）族群所構成的納亞克（Nāyaka）政權[16]。其中以奇特拉杜爾加（Chitradurga）為據點的政權實力最強。這些納亞克統治區的北側，則是馬拉塔部將戈爾帕德（Ghorpade）家族起源地古提（Gutti）。往西北方向，則是與邁索爾王國並列為卡納塔卡南方強國的克拉迪納亞卡（Keladi Nāyaka）領土。其勢力範圍不只橫跨德干高原，也延伸到臨阿拉伯海的平原地區。從迪納亞卡領土德干高原的迪納亞卡領土北方，是阿富汗系薩瓦努爾（Savanur）納瓦卜的勢力範圍。從迪納亞卡領土西海岸平原往南，即進入馬拉雅拉姆（Malayalam）地區，此處的北部到中部之間，分布著科拉蒂裡（Kottayam）王國、科澤科德（卡利卡特，Kozhikode）王國與科奇（柯欽，Cochin）王國等地方政權分立。同時，英國、法國與荷蘭等也在當地擁有據點。

位於德干高原北部的馬拉塔王國與尼扎姆政權，對於邁索爾王國及其周邊勢力，長期以來都主張擁有上位權力。自十八世紀前期，這兩股勢力就一直派遠征軍占領部分地區、施加武力威嚇，並用各種名目強行徵收金錢。尤其是馬拉塔王國，歷代佩什瓦積極在卡納塔卡南部扶植自己的勢力，佩什瓦也多次率軍南征。對佩什瓦家族來說，卡納塔卡南部長期以來就如同一塊可以在需要時輕鬆榨取現金的勢力範圍。因此，這地區若出現更強大勢力崛起時，馬拉塔軍為了維護自己的地盤，自然無法置身事外。像是海德爾征戰時，就曾因為馬拉塔軍來襲，不得不中止或撤退。

征服戰爭與矗立在眼前的馬拉塔高牆

海德爾的征服戰爭從王國東部開始，那是其父親法塔赫曾經效力過的錫拉總督管轄地，後來被馬拉塔王國納入麾下。後來，海德爾又陸續征服鄰近的小王國，至一七六二年春，結束東邊的擴張計畫。接著，海德爾揮軍向西北方邁進，一七六三年一月（也有一說是三月）擊敗了克拉迪納亞卡王朝，並滅亡其政權。他將首都比達奴爾（Bidanur）改成與自己名字相近的海德爾納迦拉（Hydernagara，意為「海德爾之城」），不僅興建製造兵器和火藥的工廠，還建築新宮殿，讓自己的家人住在裡面。有別於王國首都斯里蘭加帕塔納，海德爾將這座城市當成個人權力基地使用。海德爾持續派兵北伐，擴大占領區，擊敗薩瓦努爾納瓦卜，強迫其納貢。

馬拉塔王國不可能忽視海德爾的一系列舉動，佩什瓦馬達夫．拉奧（Madhav Rao）親自率軍南下，並於一七六四年五月左右，與邁索爾軍正式交戰。海德爾率領主力部隊在拉蒂哈里（Rattihalli）擺陣迎擊，但在兵力處於劣勢的情況下，只好撤退，之後則陷入苦戰。馬拉塔軍進逼海德爾納迦拉，海德爾知道自己已無力抗戰，遂於一七六五年三月放棄部分領土，並支付賠償金，與馬達夫．拉奧講和。這是海德爾掌握實權後，第一次與馬拉塔王國佩什瓦正面對決，結果卻是幾乎全面性的敗北。

吃下敗仗的海德爾，將征戰的目標轉向馬拉塔王國無法觸及、位於西海岸的馬拉雅拉姆地區。一七六五年底，邁索爾軍離開海德爾納迦拉，次年滅亡了科拉蒂裡王國，隨後繼續南下，四月時包圍了科澤科德。儘管海德爾對科澤科德國王表現出和善的樣子，但悲觀絕望的國王放火燒掉宮殿，並結束了自己的生命。海德爾合併了科澤科德王國的領土後，繼續南下，向科奇國王徵收納貢。在這次遠征期間，克里希納．拉賈二世逝世，但海德爾沒有返回王都，而是讓留在王都的親信主導安排，為已故國王的兒子南迦．拉賈進行即位灌頂儀式。

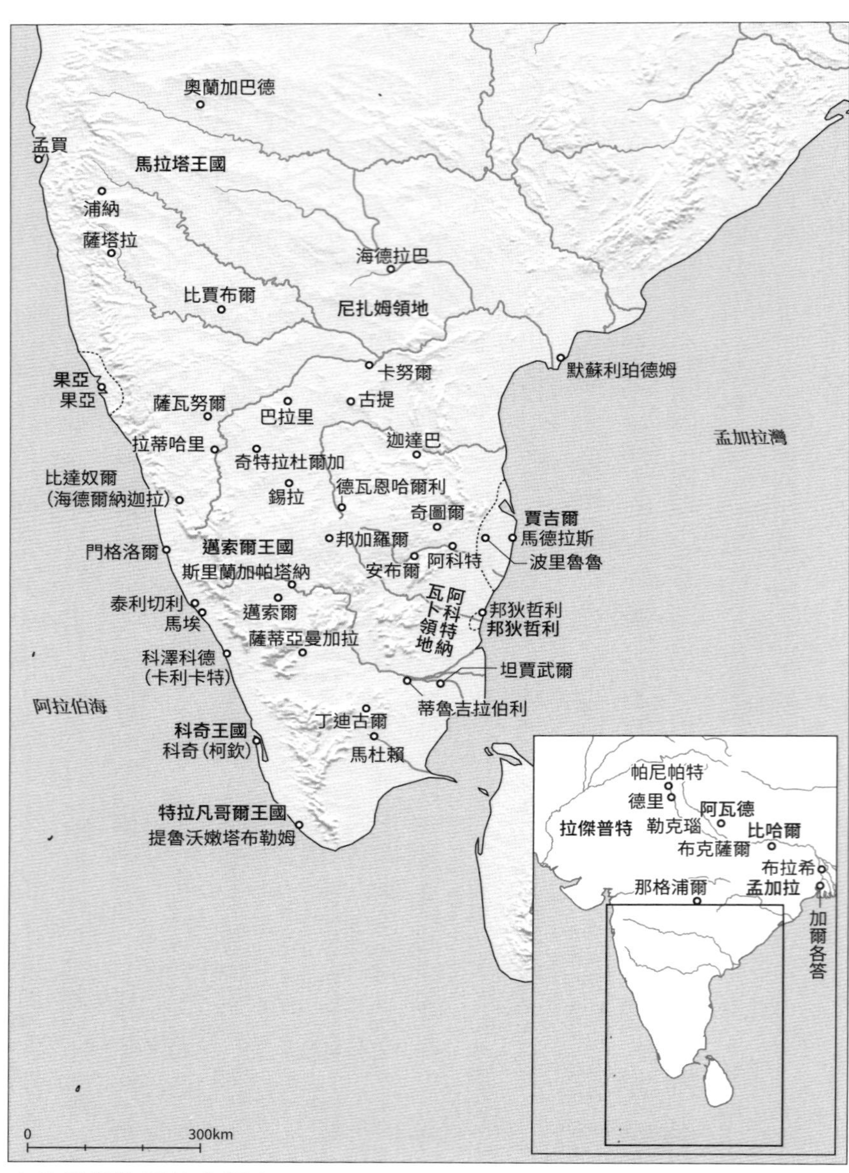
奧蘭加巴德
孟買
馬拉塔王國
浦納
薩塔拉
海德拉巴
比賈布爾
尼扎姆領地
默蘇利珀德姆
卡努爾
果亞
果亞
薩瓦努爾
古提
巴拉里
孟加拉灣
拉蒂哈里
迦達巴
奇特拉杜爾加
比達奴爾
（海德爾納迦拉）
錫拉
德瓦恩哈爾利
奇圖爾
賈吉爾
門格洛爾
邁索爾王國
邦加羅爾
馬德拉斯
阿科特
波里魯魯
斯里蘭加帕塔納
安布爾
泰利切利
瓦阿卜科領特地納
邦狄哲利
邦狄哲利
馬埃
邁索爾
薩蒂亞曼加拉
科澤科德
（卡利卡特）
坦賈武爾
阿拉伯海
蒂魯吉拉伯利
丁迪古爾
科奇王國
科奇（柯欽）
馬杜賴
特拉凡哥爾王國
提魯沃嫩塔布勒姆
帕尼帕特
德里
阿瓦德
拉傑普特
勒克瑙
比哈爾
布克薩爾
布拉希
那格浦爾
孟加拉
加爾各答
0
300km
十八世紀後半的南印度

一七六七年初，馬拉塔王國的佩什瓦馬達夫．拉奧率領大軍再次南下，進逼錫拉。當時統治錫拉的是海德爾的義兄米爾．阿里．禮薩．汗，但他突然向佩什瓦投降，馬拉塔軍趁勢攻下錫拉周邊各城市。由於馬拉塔士兵人數遠勝於自己的部隊，海德爾決定不與其對戰，準備在王都布署防守，準備固守。他同時預測馬拉塔遠征軍的行軍路線，撤離路途上的村落人民和牲畜，燒光未收成的農田和草木，實施焦土策略，不讓馬拉塔遠征軍補充糧食。就在戰爭看似要進入持久戰的時候，一七六七年五月，雙方議和，海德爾同意支付納貢，遠征軍撤軍。至於馬達夫．拉奧為何突然接受議和，原因尚不明朗。但據說，當時有來自王國的消息指出，他的叔夫拉古納特．拉奧（Raghunath Rao）動向可疑，企圖奪取佩什瓦，才讓他必須趕快回國。

與大英帝國全面對決

馬拉塔遠征軍的威脅消失後，海德爾下一個鎖定的軍事目標就是阿科特納瓦卜。十七世紀後半葉以來，入侵阿科特納瓦卜統治的坦米爾地區，一直是邁索爾王國的目標。因蒂魯吉拉伯利事件中遭到納瓦卜穆罕默德．阿里背叛的記憶猶新，儘管王國的統治權已從總帥南迦．拉賈交到海德爾．阿里手中，但奪下蒂魯吉拉伯利、進攻坦米爾地區仍是王國的當務之急。此外，在蒙兀兒帝國的體制裡，納瓦卜名義上隸屬於尼扎姆。此時擔任尼扎姆的尼扎姆阿里[17]以此為藉口，正在找機會進攻納瓦卜統治的坦米爾地區。利益一致的尼扎姆與海德爾結盟，一七六七年八月開始進攻坦米爾地區。開戰之前，尼扎姆與海德爾的目標只是推翻現任納瓦卜，並將此消息告知英國，避免英國介入戰爭。然而，英國不只在納瓦卜領地內設置馬德拉斯（今清奈）等重要貿易據點，且援助納瓦卜的軍事支出（因為英國曾與納瓦卜締結軍事協議，要求由納瓦卜負擔軍費），英國握有大量對納瓦卜的債權。因此，英國一定要保全納瓦卜的地位與權益。最終，英國捲入了與尼扎姆—海德爾聯軍的戰爭（第一次英邁戰爭）。

剛開戰時英軍火力全開，海德爾損失多名麾下大將，戰況對聯軍很不利。一七六七年十二月，因不滿戰局進展，尼扎姆決定撤軍。一七六八年後，英軍進攻邁索爾王國統治的西海岸平原地區，擴大占領區，形勢倒向英軍。但海德爾率領軍隊轉進西海岸，並於同年五月從英軍手中奪回西海岸主要都市門格洛爾[18]（Mangalore）。海德爾在西海岸作戰期間，英軍則從坦米爾地區往西進軍，朝邁索爾王國東部的中心城市邦加羅爾邁進。海德爾從西海岸回到邦加羅爾後，同年八月，在霍薩科特（Hoskote）近郊，突襲來犯的英軍與馬拉塔部將穆拉里・拉奧聯軍，給予痛擊。邁索爾軍藉此機會反攻，奪回被英軍占領的城市和堡壘。同年底起，海德爾派騎兵隊前往坦米爾各地，發揮其機動性，對英軍後方造成擾亂和破壞。一七六九年三月，海德爾長子蒂普率領騎兵隊，進逼英國一大據點馬德拉斯近郊，感到強烈危機的英國終於決定議和。同年四月，雙方締結《馬德拉斯條約》，約定互相撤離占領地、交換戰俘等條件，英國和邁索爾王國第一次全面對決畫下句點。

第一次英邁戰爭彼此都無法給對方致命的打擊，以平手告終。儘管英國在開戰時充分發揮火器戰力，但軍隊後勤補給體制不夠完備的情況下仍擴大戰線，深入邁索爾王國境內，導致局勢逆轉。英軍無法確保運輸糧食和武器的役畜而陷入困境，行軍的疲勞和饑餓、彈藥不足的問題，甚至比戰鬥本身更為嚴重。另一方面，海德爾在開戰初期，面對英軍火力和戰術運用時遭遇不少挫折。但他之後謹慎避開與英軍主力對戰的機會，轉而利用騎兵隊的機動性，進行強襲並攪亂後方，其策略最終奏效。然而，與英國戰爭的代價也不小。一七六八年，舊科澤科德王族在馬拉雅拉姆地區叛亂，海德爾無力鎮壓叛亂，只能放任科澤科德王國復國。

再次矗立眼前的馬拉塔高牆

與英國和談數月後，海德爾．阿里向東北方展開遠征，並以「納貢」名義，向王國領土周邊的地方統治者徵收大量金錢。對一向自認為是這些地方統治者上位權力者的馬拉塔王國佩什瓦來說，海德爾向他們徵收「納貢」的行動是不可接受的。一七六九年底，佩什瓦馬達夫．拉奧決定教訓海德爾，展開了第三次邁索爾遠征。但途中馬達夫．拉奧病情加重，於一七七〇年四月回國，遠征行動由特里揚巴克．馬馬（Trimbak mama Pethe）指揮繼續前進。

馬拉塔軍攻陷各地堡壘，一七七一年三月成功地在邦加羅爾西邊，突襲海德爾率領的邁索爾軍主力。邁索爾軍往斯里蘭加帕塔納撤退的途中，緊追不捨的馬拉塔軍射出的火箭砲[19]，擊中了邁索爾軍的彈藥，引發爆炸。就在邁索爾軍隊伍陷入混亂之際，又遭受馬拉塔騎兵隊突襲，導致邁索爾軍徹底潰敗。海德爾騎馬突破重圍，擺脫數百名馬拉塔騎兵的追擊，才逃回王都斯里蘭加帕塔納，但跟著他回來的騎兵僅有二、三十騎。海德爾在這場大敗失去了許多親信和重要將領，包括其兄沙赫巴茲的女婿拉拉．米揚（Lala Miyan），他的義兄米爾．阿里．禮薩．汗也遭到俘虜。乘勝追擊的馬拉塔軍包圍王都兩個月，之後轉向坦米爾地區，繼續掠奪邁索爾王國的領土。

一七七二年後，雙方展開正式的議和談判。馬拉塔王國受到佩什瓦馬達夫·拉奧病重影響，積極談判，最後達成協議，邁索爾王國支付六百五十萬盧比的賠償金，並割讓錫拉及其周邊地區，雙方簽訂和平條約。同年六月，由特里揚巴克·馬馬率領的馬拉塔遠征軍撤出邁索爾王國。

馬拉塔軍包圍斯里蘭加帕塔納前後，南迦·拉賈逝世，由其弟弟貝塔達·查瑪·拉賈（Bettada Chama Raja）繼位。關於南迦·拉賈逝世的真相，根據馬克·威爾克斯上校的史書記載，國王試圖串通特里揚巴克·馬馬，想將王國實權從海德爾手中奪回，事跡敗露後，海德爾命人趁著南迦·拉賈沐浴時將其絞殺。目前仍不清楚串通與絞殺是否為真，但可以確定的是，海德爾認可新王繼位，顯示他並未打算廢除邁索爾王室，而是希望維持名義上由國王統治、實際權力由自己掌握的現狀。

父子爭執

馬拉塔之戰也是海德爾與其長子，亦即接班人蒂普之間出現嫌隙的轉折點。受到馬拉塔軍突襲而撤軍的海德爾，在撤退途中因傳達命令上的混亂，海德爾曾粗暴地辱罵蒂普，甚至搶過身旁侍衛的長杖，毫不留情地責打。之後，在王都遭到包圍之際，海德爾指示蒂普擾亂馬拉塔軍的軍營並掠奪其物資，事後又以掠奪物資究責，科以罰金。猜測當時蒂普向海德爾提交了一份誓約書，發誓自己將遵守命令，不再做出失當行為或竄改紀錄等。此誓約書應該也是海德爾對蒂普的懲處之一。此外，馬拉塔之戰前後，蒂普正在議親，但蒂普心儀的不是海德爾為其挑選的對象，而是戰死的拉拉·米揚之女。最後海德爾妥協，讓蒂普同時娶兩人進門，這件事也使父子關係更加緊張。

這不是最後一次，蒂普因在軍事行動中，做出不當言行惹父親生氣。或許看在海德爾眼裡，蒂普欠缺作為接班人應有的資質。不過在此之前，父子之間應該早就性情不合。與父親相比，蒂普更具備穆斯林君主應有的教養與學識，對伊斯蘭信仰也格外虔誠。蒂普的個性與父親完全相反，兩人可能是在蒂普滿二十歲之後，才強烈意識到彼此的精神距離有多遠。

再次發動征服戰爭

一七七三年下半年，海德爾派軍攻打科澤科德王國，次年一月再次併吞該王國。海德爾再次起兵，收復第一次英邁戰爭中，被迫撤軍放棄的西海岸馬拉雅拉姆地區。四月，遠征並消滅統治西高止山脈丘陵地區的庫格（Kodagu）王國。在此期間，馬拉塔王國內部因為爭奪佩什瓦之位，產生激烈鬥爭。一七七二年十一月，馬達夫·拉奧病死後，其弟納拉揚·拉奧（Narayan Rao）繼位，卻在次年八月遭到暗殺。傳聞這次暗殺的幕後真凶，是從以前就覬覦佩什瓦之位的叔父拉格納斯·拉奧（Raghunath Rao）。不少重臣和部將強烈反對拉格納斯·拉奧繼位佩什瓦，轉而支持納拉揚的年幼兒子薩瓦伊·馬達夫·拉奧（Sawai Madhav Rao）。馬拉塔王國高層分裂成「支持拉格納斯派」與「反對拉格納斯派」，這對海德爾來說是千載難逢的好機會。於是海德爾暗地裡和拉格納斯·拉奧接觸，趁機將一七七二年和約中割讓給馬拉塔的領土中的「反對拉格納斯派」勢力驅逐，並在一七七四年十月將這些地區重新收復為王國領土。

一七七五年十一月，尼扎姆王族的巴薩拉·榮格（Basalat Jang）包圍位於尼扎姆領地和邁索爾王國之間的納亞克政權據點巴拉里（Ballari）。海德爾收到消息後，立刻率軍從王都出發，奇襲包圍巴拉里的尼扎姆軍，將他們逐出巴拉里後趁勢攻陷巴拉里的堡壘，將納亞克領地納入邁索爾王國版圖。海德爾軍隊繼續東進，包圍戈爾帕德家族根據地古提要塞。包圍戰長達數個月，直到一七七六年三月，戈爾帕德家族首領穆拉里．拉奧開城投降，其統治區域遂被納入邁索爾王國。海德爾攻下古提後，轉向西邊進軍，要求位於馬拉塔王國勢力範圍與邁索爾王國領地之間的交界地帶，即克里希納河流域一帶的中小政權統治者納貢。同年八月，他凱旋返回王都。

貝塔達．查瑪．拉賈在海德爾攻下巴拉里和古提前後崩逝。有傳聞說，他跟先王南迦．拉賈一樣，都是被海德爾暗殺而死的（這次是毒殺），不過無法證實真偽。由於王室近親中沒有合適的繼承人，海德爾就從王室遠親中選定一位當時只有三歲的卡薩．查瑪．拉賈（Khasa Chama Raja），過繼給已故克里希納．拉賈二世的王妃拉克什米．阿瑪尼（Lakshmi Ammani），將其推上王位。在完全掌握實權的十五年後，海德爾依舊無意改變傀儡國王的現有體制。

站上權勢巔峰

一七七六年底，馬拉塔王國內的反對拉格納斯派與尼扎姆同盟，進逼邁索爾王國北境。後來遭受邁索爾軍砲擊與騎兵隊的突襲，犧牲慘重，以失敗收場。次年一七七七年一月，馬拉塔軍與尼扎姆軍再次進攻邁索爾王國，但聽到海德爾親率軍隊從王都出征的消息後，又立刻撤軍。此時海德爾下令邁索爾王國北境的當地統治者派兵支援，但奇特拉杜爾加的納亞卡王、卡達帕的納瓦卜並未聽從，拒絕提供軍事協助。

確認馬拉塔與尼扎姆軍隊已撤退後，海德爾於同年七月揮軍奇特拉杜爾加，以懲罰拒絕出兵的納亞卡王。面對海德爾的進攻，納亞卡王堅守在牢固的要塞裡負隅頑抗，加上受到馬拉塔軍轉移注意力的佯攻干擾，海德爾進攻奇特拉杜爾加並不順利。然而，海德爾用計逼迫馬拉塔軍撤退，聯合與奇特拉杜爾加的納亞卡王有姻親關係的周邊納亞卡勢力，進一步強化了圍堵奇特拉杜爾加的力道。到了一七七九年三月左右，納亞卡王治下的阿富汗裔士兵與海德爾勾結，攻陷城池，俘虜納亞卡家族，納亞卡領地亦被納入邁索爾王國版圖。攻打奇特拉杜爾加之際，海德爾與兒子蒂普之間再次起爭執。海德爾囚禁蒂普，將他遣送回王都，並沒收其封地。而且還處置了與蒂普密會的商人們，處以高額罰金。這與一七七〇年代前半馬拉塔戰爭時類似，懷疑蒂普侵占戰利品，但真相未明。

攻下奇特拉杜爾加的海德爾，繼續進攻拒絕支援馬拉塔戰的卡達帕納瓦卜，陸續攻陷主要要塞。一七七九年五月，納瓦卜阿卜杜勒．哈利姆．汗（Abdul Halim Khan）投降，其統治地區亦被併入王國。

海德爾實現邁索爾王國史上最大規模的領土擴張，結束了長達約兩年半的遠征後，風光回歸王都斯里蘭加帕塔納。王都舉辦了盛大的慶典，包括三場盛大的婚禮，海德爾次子阿卜杜拉．卡里姆．汗（Abdul Karim Khan）迎娶薩瓦努爾納瓦卜阿卜杜勒．哈基姆的女兒；女兒蘇丹娜．貝古姆嫁給薩瓦努爾納瓦卜的兒子；另一個女兒則嫁給地方軍政長官哈菲茲．阿里．汗。統治地區夾在馬拉塔王國與邁索爾王國之間的薩瓦努爾納瓦卜，隨著兩大國的衝突加劇，他對邁索爾的依附也日益加深。尼扎姆．穆勒克過世後，阿富汗裔納瓦卜左右了後續尼扎姆之爭的走向，而當時的海德爾不過是一介部隊長。歷經三十年過後，局勢完全逆轉，卡達帕納瓦卜投降海德爾軍，薩瓦努爾納瓦卜為了延續勢力，答應與海德爾的政治聯姻。在先前進攻奇特拉杜爾加時惹怒海德爾的蒂普也獲得赦免，並參加了弟妹們的婚禮慶典。此時的海德爾正處於其權勢的巔峰。

與大英帝國的最後決戰

一七八〇年六月，海德爾與馬拉塔王國、尼扎姆以及法國聯手，展開了對抗阿科特納瓦卜及其背後支持者英國的戰爭。早在海德爾掌權之前，邁索爾王國就一心想攻打坦米爾地區，因此與統治該地的納瓦卜之間的對戰幾乎是無可避免的。另一方面，英國對海德爾來說，與其說是不共戴天的死敵，不如說只要利益一致，便可成為結盟的對象。對英國來說亦是如此，與海德爾結盟，是英國在一七七〇年代外交政策上的選項之一。不過，由於阿科特納瓦卜積欠英國太多錢，要英國放棄納瓦卜，轉而與海德爾結盟並不現實。此外，英國不顧海德爾的警告與抗議，在一七七九年三月占領西海岸馬拉雅拉姆地區的港都，同時也是法國領地馬埃（Mahé），此處是海德爾獲取歐洲武器等物資的重要通道。這件事使得海德爾與英國的關係徹底決裂。

馬拉塔王國內的佩什瓦之爭尚未落幕，其與海德爾的關係也在此時急轉直下。在此之前，海德爾與拉格納斯．拉奧的關係不錯，但拉格納斯．拉奧在馬拉塔王國內的支持度較低時，選擇與英國結盟，並持續爭奪佩什瓦之位[20]，於是反對拉格納斯派便轉向曾是敵人的海德爾，提出組成反英同盟的邀請，海德爾也欣然接受。尼扎姆的尼扎姆．阿里亦受到政權內鬥的影響，對於英國支持政敵，也就是自己的弟

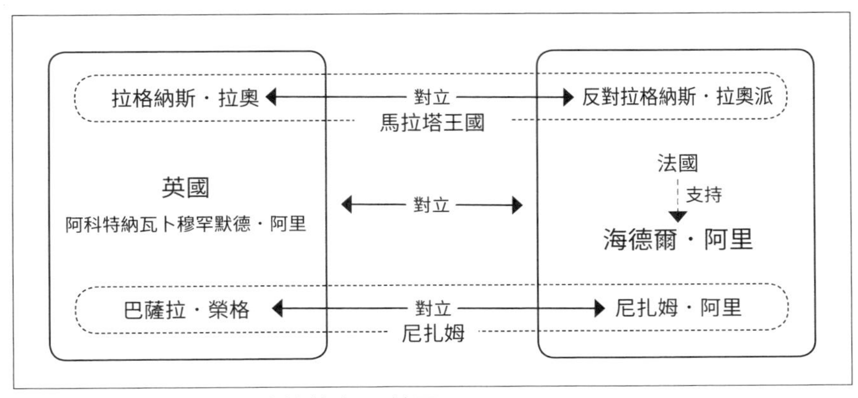

第二次英邁戰爭開戰時的勢力關係圖

弟巴薩拉・榮格極為不滿，因此決定加入反英同盟。三方達成協議，在各自不同的戰線對英國展開戰鬥。海德爾於一七八〇年七月下旬，率軍進攻坦米爾地區（第二次英邁戰爭）。

開戰之初邁索爾軍取得優勢，海德爾發揮騎兵隊的機動力，突襲包括東海岸港都的納瓦卜統治城市；而海德爾親自率領的主力部隊也沿途攻陷各地中小型要塞，一路東進。八月下旬包圍了納瓦卜政權首都阿科特。在九月的波里魯魯之戰（Battle of Pollilur）中，海德爾軍擊敗由培里（William Baillie）將軍率領的英國東印度公司軍隊，俘虜許多英國官兵。這場戰役是邁索爾王國對戰英國最大的軍事勝利，後來在王都斯里蘭加帕塔納郊外興建的夏季離宮，還有描繪這場戰役的壁畫以茲紀念。相反的，這場戰役對英國來說，是殖民地戰爭中最大的危機之一，並長久地被視為屈辱而刻印在英國的歷史之中。

雖然英國在戰爭初期屈居下風，但在孟加拉總督黑斯廷斯（Warren Hastings）的指揮下，逐漸扭轉戰局。波里魯魯之戰只是局部地區的小戰役，並未決定整場戰爭的走向。主戰場從坦米爾地區擴展到西海岸的馬拉雅拉姆地區。英軍雖然人數較少，但仍集中兵力，意圖與海德爾率領的邁索爾主力部隊一決勝負。然而，邁索爾機動力更強，不給英國反攻的機會，持續展開小戰役，逐漸演變為長期消耗戰。

和第一次英邁戰爭一樣，英軍後勤補給的問題依舊存在，實戰部隊經常陷入挨餓與彈藥不足的窘境，以致無法完成作戰計畫。另一方面，雖然海德爾在部隊人數上占優勢，卻經常在局部性的小戰役陷入苦戰。來自法國本土的援軍終於在一七八二年二月經由海路抵達戰場，但軍隊規模遠低於預期，和邁索爾軍隊的合作也不夠緊密。此外，海德爾徹底實行焦土策略，讓英軍難以取得糧食，同時又活用騎兵，阻礙後勤補給，卻仍無法完全切斷英軍透過海路，從其他地區向戰區附近的英國軍營輸送物資和人員，讓英國得以保留一線生機。從這個角度來看，對海德爾來說，英國與宿敵馬拉塔王國、尼扎姆不同，是戰力更勝一籌的強敵。

為了突破陷入膠著的戰局，海德爾召開軍事會議。在會議中，海德爾對於英國源源不絕的物資補給感到訝異，也意識到若想擊敗英國，不只要結合印度內部的力量，更需與歐洲的多方勢力聯手，形成穩固的包圍網。蒂普也參加了這場會議，但他在會議上鼓吹繼續奮戰，以決戰來贏得最終勝利。海德爾為自己兒子的愚昧感到痛心，斥責其思慮不周。

一七八二年五月，英國與馬拉塔王國簽訂《薩爾拜條約》（*Treaty of Salbai*）達成和解。六月，也向海德爾試探議和的可能性。不過，海德爾重新提出指責，即阿科特納瓦卜穆罕默德．阿里原本同意將蒂魯吉拉伯利割讓給邁索爾王國，後來卻反悔，並堅持以割讓該地作為議和的條件。由於此時戰況已逐漸對英國有利，無法接受以割讓戰略要地蒂魯吉拉伯利為議和條件，因此談判破裂。

臨終

開戰後兩年，海德爾在坦米爾各地征戰，持續在前線指揮，卻沒想到病魔已悄悄找上他。他的背部長出腫瘤，但具體病因不詳，也有人認為是癌症，但沒有確切證據。海德爾生病的消息很快就在軍隊內部傳開，甚至還謠傳他已經去世。海德爾為了遏止謠言，親自下令嚴懲造謠者，鎖定四名元凶，其中兩人被處以象踏之刑，另外兩人則以大砲轟殺，展現毫不留情的懲處。

另一方面，海德爾祕密召集主要的親信，指定由蒂普作為自己的繼承人。又下令自己死後，要立刻召回在西海岸與英軍作戰的蒂普，在蒂普抵達邁索爾軍大本營坦米爾地區之前，絕對要對外保密其死訊。儘管他過去曾多次對長子蒂普表現出嚴厲的態度，但次子卡里姆的能力遠遜於蒂普，因此海德爾絕對不可能讓卡里姆繼位。

一七八二年十二月七日，海德爾在奇圖爾附近的軍營對親信留下遺言，要求他們要像輔佐自己一樣輔佐蒂普，說完便嚥下最後一口氣。海德爾過世時約六十歲，在當時的印度不算短命。但他的仇敵阿科特納瓦卜穆罕默德·阿里一直活到七十五、七十六歲，而海德爾卻不得不將重任託付給一個他不太放心的兒子，這對海德爾來說無疑是過早且遺憾的死亡。

四、海德爾・阿里的政治與軍事才能

海德爾是一位革新者嗎？

海德爾掌握邁索爾王國實權長達二十年左右，保守估計王國領地在這段期間擴大了兩倍以上。海德爾與英國爆發了兩次戰爭，均展現出不亞於甚至超越英軍的戰力，這與同時期其他地方勢力與英國對戰時絕對慘敗的結局形成鮮明對比。許多當代研究者認為，海德爾能在政治和軍事層面創下傲人功績，主因在於他的政策創新與改革精神。若從此觀點來看，邁索爾王國的歷史可以分成海德爾之前與海德爾之後兩個時期。海德爾之前的王國統治體制，對他的成功沒有直接關係。確實，若沒有海德爾的才智與手腕，邁索爾王國絕對不可能在政治和軍事層面嶄露頭角；但同時，也不應將一切功績完全歸功於海德爾的個人能力，這樣的評價同樣失之偏頗。

舉例來說，海德爾統治的一項特徵便是中央集權化。通常海德爾會在新收編的王國領土實施新政，不只廢除原有的統治者，連原先介於統治者和農民之間、負責執行徵稅等統治任務的中間階層——在印度歷史上泛稱為「扎明達爾」（Zamindar，土地所有者），也一併廢除，改由王國政府任命並派遣官員取而代之，全面負責地方統治任務。廢除國家與生產者之間的中間人，權力集中於王國政府，是邁索爾王國從十七世紀末起的一貫政策。至少這一點上，將海德爾前後視為連續的政策延續，而非徹底的斷裂，才更為恰當。

海德爾之前的邁索爾王國

邁索爾王國在十七世紀初建國後，有一段時間王國領地內的部分領主階級與王族通婚，締結同盟關係，他們保有一定的領地與政治獨立性。這種地方分權的結構在十七世紀末被重整，原本由領主統治的地區全面收歸王國政府。整個王國領土重組為以「縣」為單位的行政區中心，由中央政府派遣官員駐守縣政府。與王族締結同盟關係的舊領主階層，則被納入一個以王族為頂層、名為「Urs」（王、統治者之意）的種姓組織，同時被給予政府官職。海德爾掌權前實際控制王國實權的將軍德瓦．拉賈與總帥南迦．拉賈兄弟，即出身於這個被重新整編的「Urs」種姓中的卡拉雷（Kalale）家族。

透過集權化、組織化擴大的統治機構，不只有上述的Urs和當地婆羅門支持，來自王國以外地區的人們也是後盾之一。例如，在徵稅等行政業務中，大多由來自馬哈拉什特拉的婆羅門負責。此外，隨著集權化使國庫充盈，軍隊的核心部隊逐漸由國家花錢聘雇的「傭兵」組成。在此變革中，自行組織軍隊並指揮作戰的「賈馬達爾」（傭兵隊長）在王國的地位日漸重要。海德爾的叔父應該也是賈馬達爾之一。王國的軍事力量，遂以專門作戰的常備軍隊，取代半農半兵、農忙期無法行動的軍隊，成為王國對外戰爭的主力。一七五〇年代出兵蒂魯吉拉伯利，導致國家財政窘迫，最後以失敗告終。不過，事實上能夠持續將龐大軍隊派到離王國中心很遠的地方長達數年，這對於一個世紀前的邁索爾王國來說幾乎是不可能實現的。

十八世紀的邁索爾王國已建立穩固的中央集權統治制度，但由於幼年國王和養子國王的陸續即位，使國王的地位逐漸淪為象徵性地存在。一七三〇年代，確立了位高權重者擔任總帥或將軍，主導王國政治的統治體制。海德爾．阿里的崛起與掌握實權，正是在這種王國政治結構的延續之上，從這一點來看，海德爾之前與之後的時代，政治上都具有連續性。

海德爾統治下的變化

事實上，海德爾掌握實權後，王國的統治機構並未出現重大變化。地方統治的核心依舊是縣政府，各縣負責統治與軍事的官員是由中央政府任命派遣的。縣的名稱從源自當地康納達語「斯塔拉」，改成源自波斯語的「塔魯克」；而治縣官員名稱也從原本的「珀爾帕蒂亞加拉」，改成「阿馬拉達爾」（徵稅官），軍事長官從原本的「格里卡拉」，改成「基拉達爾」（城池長），只是將部分名稱改掉，實質內容絲毫未變。

海德爾沿用現有制度的作為，從他所發行的貨幣圖像上也可見一斑。克拉迪納亞卡王朝曾將海上貿易獲得的黃金，打造成有印度諸神形象的優質金幣「寶塔幣」[21]，在都城比達奴爾發行。海德爾占領比達奴爾後，繼續發行寶塔幣，正面圖像依舊是印度教神祇，反面文字則是用波斯文刻印海德爾名字的首字母[22]。

海德爾掌權時，邁索爾王國的國家財政因長期遠征及多次支付賠款而極度困窘，甚至無法按時發送士兵軍餉。因此，重整國家財政、強化財政基礎成為當務之急。海德爾針對既有制度的漏洞和缺失進行改正，即便是集權統治體制，但真正讓組織運作的，仍是組織裡的每一位官員。若組織體系紊亂，就會使官員藉機貪汙，導致上繳國庫的金錢減少。海德爾為了避免官員「中飽私囊」，藉由以貪瀆為由懲罰官員，或進行帶有懲罰性的人事調動，以強化官員的自律性，確保財物正確地納入國庫。可以說海德爾是利用某種「恐怖政治」來掌控整個統治組織。

恐怖政治

海德爾懲罰官員、軍人的各種理由（或者說是藉口）多種多樣，懲罰手段不僅限於解任或降級，還可能伴隨高額罰金。例如，普拉丹那．文卡帕亞曾歷任中央與地方要職，在一七七〇年代後期還兼任錫拉在內的六縣徵稅官。但他的一位親屬對海德爾表現不敬的態度，海德爾便以此為由囚禁普拉丹那，並解除他所有徵稅官職務。

甚至連海德爾最得力的親信之一普爾納亞也曾被課以高額罰款，還遭到監禁。後來，普爾納亞是在其他重臣幫忙求情，又有富商代繳罰款後，才得以復職。從他被課以高額罰款、且繳納罰款後立刻復職的情形來看，推測海德爾處罰普爾納亞的原因應該是貪汙。被以貪汙為由處罰的官員，只要繳納罰金就能復職，可見金錢在維繫君臣關係上扮演重要角色。

法茲盧拉是海德爾在軍事上最得力的部將之一。為了表揚其功績，海德爾讓他上朝時，和自己共用一把有靠背的椅子，破例給予尊榮待遇。但有人指出，兩人身為君臣，在宮廷裡共享一個座位的行為不妥，於是海德爾取消了部分尊榮待遇。法茲盧拉對此深感憤恨，公開表示不再參與宮廷事務。面對法茲盧拉的公開抗議，海德爾怒不可遏，對他處以八十萬寶塔幣的巨額罰款。聽說法茲盧拉因此終其一生都過著清貧的日子。

對於最親信的部下都如此冷酷無情，若將高額罰款的徵收一併考慮，這也可被視為海德爾的國家經營方式之一環——透過具有警示效果的人事懲罰來加強對部將、官員的掌控，同時利用對他們徵收罰款來填補國庫。那是個親信倒戈十分常見的時代，海德爾也曾被義兄米爾・阿里・禮薩・汗和堂兄弟穆罕默德・阿明背叛，他們倒戈了遠征而來的馬拉塔軍。後來這兩人又背叛馬拉塔軍，回到海德爾麾下。正因為在一個背叛司空見慣、不注重政治忠誠度的時代，所以才沒有絕對可信賴的「親信」，他唯一能信賴的只有金錢。

邁索爾王國從十七世紀末以來，在各地設置通信廳（通訊機構），負責管轄中央和地方之間的消息往來與驛傳制，當然也包括諜報活動在內。海德爾充分發揮通信廳的功能。他在各縣安排兩名婆羅門作為「通信使」，負責回報人民對徵稅相關官員的抱怨和不滿，避免官員貪汙或壓榨人民。一七七〇年代前期，就任通信廳長官的沙邁亞[23]（Shamaiya）揭發當權官員疑似貪汙，將他們一一拉下臺。當海達爾試圖以「恐怖政治」來控制他無法親自監控的龐大官僚體系時，由負責掌管諜報活動的親信濫權專行，或許也是不可避免的結果。

康納達語的傳記指出，海德爾的少數缺點之一，就是容易聽信讒言，隨意處置部將和官員。海德爾究竟是聽信讒言，還是巧妙地利用了讒言？我們不得而知。但無論如何，海德爾看似專斷的人事調動、擅權專政，是維持以他為頂點的集權統治體系所不可或缺的。

海德爾是軍事天才嗎？

海德爾不僅是神槍手，也是作為印度統治者，最早便注意到以步兵和砲兵為主、使用槍砲作戰的西歐式軍隊的優勢。他雇用了歐洲軍官，尤其是葡萄牙人和法國人，組成西歐式部隊編制與進行軍事訓練，這常被視為他在軍事上具有遠見之明的證明。

然而，回顧海德爾一連串的戰役，也能窺見他在軍事上的局限。姑且不論他無法戰勝英國，就連與地方勢力對戰，也並非屢戰屢勝。在與馬拉塔王國的戰爭中，他屢次陷入苦戰，甚至被逼入絕境。好多次都是因為馬拉塔王國的內部問題，才讓海德爾有機會脫困。例如，馬拉塔王國若沒在一七六一年帕尼帕特戰役中，被侵略北印度的阿富汗軍隊擊敗，那麼原本支持倒戈宰相坎德．拉奧的馬拉塔軍也不會回到本國，說不定就能阻止海德爾重新掌權。又如，企圖在南印度擴大勢力的佩什瓦馬達夫．拉奧，若非在壯志未酬之際罹患重病，包括邁索爾王國在內的南印度政治，將可能出現驚天翻轉。當然，我們不能單純地將海德爾的成功歸因於好運，正是因為他布下縝密的情報網，探查各方勢力的動靜，並在適當時機談判獲取政治利益，才能把馬拉塔王國內部局勢轉為對自己有利的局面。

即使海德爾在面對馬拉塔王國以外的地方勢力時，也充分發揮自己在情報戰中擅長談判與策略的實力。特別是攻陷敵軍大本營的堅固要塞時，他通常運用計謀而非單靠武力達成目標。與其說海德爾是能在戰場上調兵遣將、靈活運用戰術的將領，不如說他是擅長評估敵我戰力、綜觀整體戰局、操控情報戰，並以謀略達成「不戰而勝」的戰略。海德爾積極增強兵力，也反映其重視戰前準備的戰略家思維。為了動員兵力、調度軍馬，他不惜派遣人力攜帶資金遠赴德干高原北部。

與英國對戰時，海德爾也發揮戰略家的才能，並取得了一定的成果。憑藉士兵數量、機動力與後勤補給等強項，他成功避免與英國正面決戰，而讓戰爭進入消耗戰、持久戰。然而，當英國透過海路從其他地區運送物資與人員時，這是過去印度戰爭中前所未有的戰略，使得海德爾的戰略無以為繼。海德爾無法臨機應變，重新調整，最後敗北。

海德爾的人物形象

海德爾不會寫字，也不識字，但除了母語印度斯坦語（烏爾都語）之外，他還會說康納達語、馬拉提語、泰盧固語、坦米爾語等語言。他具備只需聽取包括數字在內的報告或文件，就能正確掌握內容的能力。他的腦筋也很靈活，可以同時處理好幾件事。儘管缺乏正式學識，但他憑藉自己豐富的經驗和敏銳觀察力，鍛鍊出卓越的洞察能力。另一方面，他沒有出眾的外表，也沒有無礙的辯才。他的臉部特徵與大多數穆斯林不同，下巴和臉頰不蓄鬍、膚色黝黑、鼻子微翹、下唇較厚，身高也只是一般水準。唯一的長處是身體健壯，無論徒步或騎馬，都能忍受長時間的行軍。

在前文中已介紹了海德爾爽朗、討人喜愛的個性。他與部分親信、重臣之間，似乎建立了類似盟友的關係，而非僅止於主從關係。文獻中經常可見其與意氣相投的同志們輕鬆互動的小故事，包括一些毫無分寸的開玩笑和揶揄嘲諷。例如，足智多謀的賈基．沙赫與海德爾私交甚篤，海德爾甚至開玩笑地允許他寫信給自己的後宮女子，兩人還能聊與女性有關的話題。某次，不曉得是否忌妒心作祟，海德爾想以其人之道，還治其人之身，寫了一封信給住在錫拉的賈基．沙赫妻子，謊報賈基．沙赫的死訊。雖然只是開玩笑，但深愛丈夫的賈基妻子誤信謊言，服毒自殺。這件玩笑釀成的悲劇雖震撼人心，但兩人之間的關係卻未因此出現重大變化。

無論好壞，海德爾既有充滿人情味的一面，有時也會展現出凶暴殘酷的一面。前文介紹過海德爾嚴厲處罰部將、官員甚至親族的事例。在鎮壓叛亂時，他也經常採取絕不放過一人的嚴酷態度。例如，一七六六年在科澤科德鎮壓武裝起義時，逮捕了超過一萬名的叛軍，海德爾強迫他們遷移到與西海岸馬拉雅拉姆地區風土文化截然不同的王國其他地方，進行強制移民。據說最後活下來的人不到兩百人。在與卡達帕納瓦卜對戰時，被俘的納瓦卜軍隊裡的阿富汗士兵發動暴動，攻擊海德爾所住的帳篷。逃過一劫的海德爾捕獲參與暴動的士兵後，將他們的手腳剁碎後埋在河岸邊，刑罰相當殘忍。

相傳海德爾從印度內外搜羅了七百位美女，納入自己的後宮，可說是名符其實的「英雄好色」之人。他對美色的沉迷有時會變得過於極端，甚至展現出他殘酷冷血的一面。例如，當他聽聞某位官員有一位美麗的女兒時，便會強加罪名拘捕那名官員，強迫對方將女兒嫁給他。根據康納達語傳記的內容，海德爾有三大缺點之一就是「無論美女在哪裡，都會想盡辦法帶入後宮」。剩下的兩大缺點，一個是前文提過的輕信讒言，並對人施以殘酷懲罰。另一個則是背叛曾向他投靠的人，導致對方滅亡。傳記寫道，「若沒有這三大缺點，海德爾可說是全世界最好的人」。雖然稱不上「全世界最好的人」這個程度，但傳記作者基本上將海德爾視為「好人」，是「無論過去、現在、未來，都無人能與之比肩」的統治者。對作者而言，海德爾成就的一切，遠遠彌補了他身上的三大缺點。此外，作者很可能曾經近距離觀察海德爾所做的一切，顯然也受到海德爾具備的某種特質的影響，簡單來說就是個人魅力，讓人無法苛責其缺點。

蒂普蘇丹（一七五〇—一七九九年）

海德爾·阿里的長子。父親死後繼位，成為邁索爾王國實質統治者長達二十年左右。與沒有受過教育的父親不同，蒂普熱中於波斯語的各種學術與藝術，並親自用波斯文寫書。此外，蒂普對伊斯蘭教的信仰十分虔誠，日常行為也遵守伊斯蘭教義，這一點深深影響他的統治風格。

蒂普在第二次英邁戰爭期間繼承父位，雖然一時陷入苦戰，但後來反轉戰局，一七八四年簽訂《門格洛爾條約》（*Treaty of Mangalore*），與英國議和。儘管暫時交好，但雙方都很清楚，未來勢必再戰。在兩次對戰中，邁索爾王國皆讓英國陷入苦戰，這使得英國普遍對邁索爾王國提高警覺。尤其是第二次英邁戰爭時，英國戰俘遭到殘酷的對待，也引起英國輿論群情激憤，誓言復仇。

為了應對與英國再次交戰的準備，蒂普進行全面性的「國家改造」。在統治方面，他整頓了地方行政機構，建立了地方中心「縣」與中央政府之間的行政區劃。他還針對地方官員，訂定包括徵稅在內的各種統治規定。這些改革的目標是為了強化中央對地方治理體系的掌控，提升官員的自律性，避免貪汙腐敗。在軍事方面，蒂普編寫了軍事訓練與作戰方法的手冊，重整軍隊組織並強化軍人紀律。在外交方面，蒂普積極派遣使節，出使蒙兀兒帝國、鄂圖曼帝國等印度內外的穆斯林國家，以及傳統上關係友好的法國。

總結來說，蒂普的改革就是透過合理的制度與規範來實施國家治理，以強化財政和軍事。問題在於，蒂普的構想和制度設計，大多是紙上談兵。從對外派遣使節以爭取軍援對抗英國這一點來看，幾乎未有具體成效。此外，改革已有百年歷史的地方治理體系，必須謹慎再謹慎，但蒂普的做法過於急躁。尤其任命許多毫無行政經驗的穆斯林，在地方政府負責執行徵稅和統治實務，使問題更加惡化。

蒂普將宣傳與護持伊斯蘭教置於國家治理的核心位置，在人事任命上，他優先考量宗教背景，而不考慮能力和適任性。除了原為海德爾．阿里的心腹大臣，如印度教徒普爾納亞等少數例外，幾乎所有文武百官都是穆斯林。蒂普和他父親一樣，會徹底鎮壓叛亂，但蒂普有時會強迫被捕的叛亂分子改信伊斯蘭教。他與英國的戰爭被賦予了對抗異教徒的宗教意義，結果限縮了透過談判與妥協來避免衝突的空間。

蒂普繼承王位時，正是邁索爾王國版圖最大的時候，北方鄰接馬拉塔王國和尼扎姆統治區，蒂普很難再擴大領地。為了鞏固對克里希納河以南的地區的統治，蒂普於一七八五年出兵，卻招致與尼扎姆結盟的馬拉塔王國的反擊。雖然蒂普對戰聯軍最終取得勝利，並於一七八七年二月簽訂和約，但完全沒達成擴大領地的目標。一七八九年，蒂普將征服的目標轉向西海岸馬拉雅拉姆地區南部的特拉凡哥爾王國。然而，特拉凡哥爾王國是英國的盟國，正好給了英國出兵邁索爾王國的理由（第三次英邁戰爭）。

一七九〇年，英軍從東邊攻打邁索爾王國，先是攻陷東部中心城市邦加羅爾，接著圍困王都斯里蘭加帕塔納。與前兩次英邁戰爭相比，英軍的後勤補給已大有改善，但還不夠完備，最終英國未能徹底推翻蒂普勢力，選擇議和。一七九二年簽訂《斯里蘭加帕塔納條約》（*Treaty of Seringapatam*），蒂普除了割地賠款之外，還屈辱地交出自己的兩個兒子作為履約人質，交給英國監管。

一七九二年後，蒂普準備第四次和英國對戰，全力推動國家改造。在地方統治方面，將既有的「縣」拆分成更小規模的「地區（圖卡迪）」，並設立負責統管二十至三十個「地區」的上級行政單位，任命「首長（阿桑夫）」加以管理。據推測，蒂普高度細分與龐大化統治機關，是為了徹底掌握所有可徵稅資源，不讓任何稅收有所遺漏，但是否真的達成預期目標，令人存疑。此外，由國家壟斷白檀等王國特產的貿易，並設立負責貿易業務的官方部門。國內外設置了多處商館，試圖利用貿易賺到的錢，強化財政基礎。然而，印度過去沒有以國家主導貿易的傳統，想要順利推行由國家主導的壟斷貿易，並不容易。一七九六年，卡薩・查瑪・拉賈國王崩逝時，蒂普反對新王即位，自此名符其實的成為邁索爾王國的君主。這一廢除印度王族的行動，象徵蒂普所推行的國家改造已達到完成階段。

蒂普持續派遣使節以爭取外國的軍事援助，與法國、阿富汗杜蘭尼王朝的斡旋，始終未取得具體成果。而且他還誤信印度洋的法國殖民地法蘭西島（今模里西斯）有大批法軍駐紮，因此派出使節招募士兵，準備與英國對戰。這項行動成為他的致命錯誤。英國得知蒂普的募兵行動後，以其違反《斯里蘭加帕塔納條約》為由，一七九九年出兵攻打邁索爾王國（第四次英邁戰爭）。英軍早已做好萬全準備，與馬拉塔王國、尼扎姆組成反蒂普同盟，蒂普無計可施，王都斯里蘭加帕塔納再次遭到圍困。一七九九年五月四日，蒂普親上前線指揮部隊時中彈身亡，邁索爾軍隨即投降，戰爭就此結束。雖然蒂普有兒子可以繼承王位，但英國推舉卡薩・查瑪・拉賈的年幼遺孤為新王，即克里希納・拉賈三世（Krishnaraja Wodeyar III），並與其締結軍事保護條約，使邁索爾王國成為英國的殖民地。蒂普的遺族則被送出王國外，在監視下領取年金度日。

關於蒂普的評價，自其同時代起，特別是在英國人當中，大多認為蒂普是一位狂熱的穆斯林君主，不顧現實，急著實現自己理想的夢想家，評價並不高。然而，近年來的研究指出，蒂普的宗教與文化政策具有靈活性，並傾向於將他的一連串改革視為某種廣義的「現代化」嘗試，重塑正面的人物形象。這種對蒂普重新評價的趨勢，與對英國殖民時代以來主導印度歷史研究的「英國視角」與意識形態的批判密切相關。儘管這種人物形象的再評價是否會穩固尚未可知，但可以確定的是，在印度歷史上，蒂普無疑是一位最容易引起爭議、毀譽褒貶不一的歷史人物之一。

馬達夫·拉奧（一七四五—一七七二年）

出身於十八世紀前半開始世襲馬拉塔王國佩什瓦職位的巴特家族。巴特家族屬於奇特帕萬婆羅門（Chitpawan Brahmin）種姓，起源於印度西部靠近阿拉伯海的康坎地區。他的父親巴拉吉·巴吉·拉奧（Balaji Baji Rao，又稱納納·薩赫布〔Nana Saheb〕）是世襲佩什瓦的第三代，他是家裡的次子，繼承父親成為佩什瓦。在位期間為一七六一年至一七七二年。

在十八世紀，馬拉塔王國在巴特家族歷任佩什瓦的領導下，將勢力從德干高原的根據地擴展到印度各地。納納·薩赫布時代，甚至將統治範圍擴展至蒙兀兒帝國首都德里周邊的印度北部。但是一七六一年的帕尼帕特戰役，使馬拉塔王國的榮光蒙上陰影。同年一月十四日，馬拉塔軍在德里北部的帕尼帕特，與從阿富汗入侵的艾哈邁德沙．杜蘭尼（Ahmad Shāh Durrānī）和阿瓦德納瓦卜聯軍的戰鬥中遭受重大失敗。包括納納．薩赫布的長子兼繼任者維什瓦斯．拉奧（Vishvas Rao）、家族兄弟薩達希瓦．拉奧．巴烏（Sadashiv Rao Bhau）等許多有力將領都戰死沙場，馬拉塔王國在印度北部的霸權土崩瓦解。同年六月，納納．薩赫布在戰敗的失意中去世。之後，馬達夫．拉奧以亡兄的替代者身分繼承了佩什瓦之位。

年僅十幾歲的馬達夫．拉奧就任佩什瓦後，成功重整因帕尼帕特戰役慘敗而動搖的馬拉塔王國，重新確立了對印度北部的霸權。然而，在他短暫的佩什瓦任期內，也面臨帝國內部衝突的困擾，尤其是與叔父拉格納斯．拉奧的不和，後者毫不掩飾自己對佩什瓦之位的野心。馬達夫．拉奧被任命為佩什瓦後不久，拉格納斯就為了爭奪佩什瓦之位，與尼扎姆聯手發起了一場軍事行動。局勢一再變化，叔姪一度聯手，但最終在一七六三年十月，馬達夫．拉奧將尼扎姆的軍隊趕出馬拉塔王國，成功保住佩什瓦之位。但是其與叔父的對立並未消解。一七六八年六月，拉格納斯因拒絕服從遠征印度北部的命令而被捕軟禁。次年九月，馬達夫．拉奧遭遇刺殺未遂事件，據傳拉格納斯是這起事件的主謀。

馬達夫．拉奧為重建馬拉塔王國的體制，所採取的其中一項措施就是重建財政。帝國軍隊在帕尼帕特戰敗後遭受重大打擊，為了增強軍隊的實力，必須加強財政基礎。馬達夫．拉奧身為前佩什瓦的次子，是一位深諳文書行政的能幹官員型掌權者。他親自審查財政收支，致力於提高統治效率和剷除貪汙，對於貪汙的官員不惜給予罰款等嚴厲處置。此外，一七六七年一月，他在遠征邁索爾王國期間，舉行了一次突襲式閱兵，懲罰未能達到規定兵力的將領。他透過加強對文武官員的監督和提升紀律，強化對政府和軍事組織的控制，這一點與海德爾·阿里的國家治理方式可謂如出一轍。

重建體制的另一個支柱是建立制度，釐清政府與有功將領之間的關係。在馬拉塔王國的建立和擴張過程中，率領軍隊遠征各地並負責治理占領地區的強大軍事統帥，扮演極為重要的角色，但是他們與中央政府之間的關係卻存在著許多模糊空間。為了加強王國的向心力，發動團結一致的軍事行動，就需要改善有權有勢的將領與中央政府——更具體地說，是代表中央政府的佩什瓦——之間的關係。馬達夫·拉奧和得力將領之一賈諾吉（Janoji），於一七六九年三月簽署了《卡納卡普爾協議》，這是朝著這個方向邁出的重要一步。賈諾吉出身於蓬斯爾家族（該家族與馬拉塔王室同名，但沒有直接血緣關係），以那格浦爾（Nagpur）為根據地，在印度中部和東部勢力強大。一七六〇年代前半，當尼扎姆軍隊入侵時，他們甚至曾經與尼扎姆軍隊合作，魯莽不羈的舉動引人注目。根據這項協議，馬達夫·拉奧承認蓬斯爾家族對那格浦爾的統治權，賈諾吉則承認佩什瓦在政治地位上高於蓬斯爾家族，並同意服兵役與納貢。

毫無疑問地，這些重建政策取得了一定的成效。面對南印度時，馬達夫·拉奧親自指揮了幾場遠征，成功的牽制了海德爾·阿里的行動。之前受到叔父拉格納斯的干擾，錯失了給海德爾·阿里致命一擊的機會。馬達夫·拉奧於一七六九年底再次出征南方，以扳倒海德爾·阿里。與此同時，他派遣了一支由拉姆昌德拉·加內什（Ramchandra Ganesh）和維吉·克里希納率領的遠征軍前往北方，以重新奪回在印度北部的霸權。遠征軍擊敗了印度北部的在地勢力賈特人（Jats）軍隊，並占領了阿格拉（Agra）、馬圖拉（Mathura）等主要城市。更進一步，他們還擊敗了自帕尼帕特戰役以來一直統治印度北部的阿富汗裔納瓦卜軍隊，並於一七七一年二月成功占領德里。次年三月，接替馬達夫．拉奧繼續南征的特里揚巴克．馬馬的軍隊，大破海德爾．阿里的邁索爾軍。就在馬拉塔王國即將實現南北霸權之際，身患肺結核的馬達夫．拉奧，病情惡化。

一七七二年十一月十八日，馬達夫．拉奧去世，年僅二十七歲。他的英年早逝對馬拉塔王國來說是一個巨大的打擊。他死後，帝國內部陷入佩什瓦之位的政爭，以佩什瓦為核心的政治體制遭到破壞。隨著佩什瓦權力弱化，馬拉塔王國轉變為強勢將軍的聯盟形態，一般稱為「馬拉塔聯盟」。馬拉塔與英國之間的三場戰爭，都是發生在這之後的事情。

在馬達夫．拉奧的葬禮上，舉行了正妻拉瑪拜（Ramabai）的殉夫儀式，即娑提（sati，投身於丈夫火葬之火的行為）。在當時馬拉塔王國的統治階級中，寡婦殉死極為罕見，至今仍不清楚拉瑪拜為何會這麼做。

華倫．黑斯廷斯（一七三二—一八一八年）

英國的殖民地行政官。曾任孟加拉總督（一七七二—一七七四年，Governor of Bengal）和第一任印度總督（一七七四—一七八五年，威廉堡省總督〔Governor-General of the Presidency of Fort William〕）。

一七五〇年，移居印度東部孟加拉地區，擔任英國東印度公司的文員，最初負責採購棉花和絲綢並出口至英國的工作。一七五七年，他以志願軍的身分參加普拉西戰役。英國戰勝後，英國扶植新的孟加拉納瓦卜宮廷，他被派往宮廷擔任駐在官，負責監視納瓦卜並與公司政府保持聯繫。此後，孟加拉納瓦卜與英國的關係惡化。一七六四年，英軍在布克薩爾戰役中擊敗了孟加拉納瓦卜和阿瓦德納瓦卜的聯軍。這場勝利使英國將孟加拉納瓦卜徹底變成傀儡，並於次年（一七六五年）從蒙兀兒皇帝那裡正式獲得對孟加拉地區的行政和徵稅權。戰前對納瓦卜表現出妥協和綏靖態度的黑斯廷斯因此失勢，一度離開印度。

一七六九年，黑斯廷斯以馬德拉斯委員會成員身分返回印度。一七七二年，他被任命為孟加拉總督，隨後在根據《北方監管法案》（*North's Regulating Act*）設立的東印度公司最高管理職位——印度總督（最初稱為威廉堡省總督）中，被任命為首任總督。在此之前，該地區的行政管理和稅收主要由東印度公司任命的當地人負責，但在成為孟加拉總督和威廉堡省總督後，黑斯廷斯改弦易轍，由東印度公司直接管理和徵稅。

黑斯廷斯實施「五年承租制」作為徵收孟加拉地區土地稅的方法，具體做法是：針對孟加拉地區的徵稅預定額推出標案，出價最高者得標，並由得標者獲得為期五年的稅收承包權。這也是當時公司政府的主要收入來源之一。但一七七〇年孟加拉地區發生嚴重饑荒，農村社會滿目瘡痍，五年承租制因收稅負責人對農民進行殘酷徵收，導致該制度宣告失敗。之後，公司恢復了過去的稅務官制度，與他們逐年簽訂徵稅協議。

隨著公司政府財政惡化，儘管公司內外普遍要求放棄代價高昂的殖民戰爭，但黑斯廷斯在擔任威廉堡省總督期間，仍捲入了兩次大規模殖民戰爭：第一次馬拉塔戰爭和第二次英邁戰爭。事件始於馬拉塔王國佩什瓦之爭，東印度公司將此視為擴大其在印度西部利益的大好機會，遂介入這場爭端。目前不知道黑斯廷斯最初設想的參與程度為何，但隨著佩什瓦之爭曠日費時，東印度公司介入的程度愈來愈高，最後演變成同時與馬拉塔王國和邁索爾王國這兩大王國作戰的局面。

由於戰爭導致財政狀況變得更加窘迫，黑斯廷斯對他的當地盟友採取了殘酷的措施。此時，公司政府已與統治孟加拉西部地區的阿瓦德納瓦卜，以及恆河沿岸聖城瓦拉納西的領主締結條約，約定英方負責保衛其領土，作為交換，他們需向英方繳納貢金。一七八一年，為了確保持續戰爭所需的收入，黑斯廷斯以違反納貢義務為由，吞併了瓦拉納西領主的領土，並對阿瓦德納瓦卜派軍進駐其宮廷，除了掠奪現金，還搜刮後宮女子的珠寶。

雖然英軍沒能在與馬拉塔和邁索爾兩個強國的戰爭中獲勝，但對黑斯廷斯而言，沒有戰敗也可視為是一項功績。當時正值英法兩國在全球進行殖民戰爭最激烈的時期，黑斯廷斯在印度對抗由法國支持的敵人之際，英國卻在由法國支持的美國獨立戰爭中遭遇失敗。然而，黑斯廷斯發動殖民戰爭，進一步加劇公司政府的財政窘迫，引來國內強烈批評。一七八五年二月，第二次英邁戰爭結束後的次年，黑斯廷斯辭去印度總督一職，返回英國。

回國後等待黑斯廷斯的不是歡迎殖民戰爭英雄的正面反應，而是對他挑起無謂戰爭，讓東印度公司陷入政治和財政危機的強烈譴責。此外，和許多從印度回國的東印度公司高官一樣，黑斯廷斯也被指控於任職期間貪腐。在這種嚴厲批判的輿論壓力之下，黑斯廷斯最終在一七八七年被送上彈劾法庭。由英國下議院議員、著名保守主義思想家埃德蒙·伯克（Edmund Burke，一七二九—一七九七年）主導這場彈劾審判。該審判不僅是對黑斯廷斯政策的合法性和貪腐疑雲的檢驗，更重要的是，輿論對於「大英帝國應有樣貌」而爆發的兩種理念也在這場審判中激烈交鋒。

這場審判持續了近十年，直到一七九五年才以無罪判決定讞。黑斯廷斯在審判中投入大量金錢，被指控非法聚斂的財富也所剩無幾。然而，東印度公司發現他的困境後，向他提供了經濟援助，讓他無憂無慮地度過了二十多年的漫長退休生活。

十八世紀後半，當英國東印度公司被迫從貿易公司轉型為殖民統治機構時，黑斯廷斯在這一轉型過程中扮演了重要角色。儘管他未能成功建立穩定的土地稅徵收制度，但他為公司政府的行政和司法制度奠定了基礎，功不可沒。值得注意的是，黑斯廷斯十分認可負責實際治理的印度當地官員，反而對英國官員的能力和紀律抱持懷疑態度。他也對印度當地的語言和文化表現出積極的興趣，並不僅僅是出於統治上的實用考量。在他擔任孟加拉總督和威廉堡省總督期間，將法院所需的印度教和伊斯蘭教法典翻譯成英文，還將印度教經典《薄伽梵歌》翻譯成英文。這種探索讓當地人參與殖民統治的方式，成為後續殖民官員，例如曾任馬德拉斯總督的托馬斯·芒羅爵士（Thomas Munro）所繼承並延續的政策方向。

其他人物

一、與海達爾・阿里交戰的人們

穆拉里・拉奧・戈爾帕德

約一六九九—約一七七八年。出生於馬拉塔王國強權武將家族之一戈爾帕德家族。十七世紀末，當蒙兀兒帝國與馬拉塔王國在主戰場德干高原南部激烈交戰時，戈爾帕德家族的桑塔吉（Santaji Ghorpade）率領騎兵部隊展開游擊戰，立下無數戰功，從而奠定該家族在印度南部的權力基礎。穆拉里・拉奧是桑塔吉弟弟的孫子，以古提為據點，一度占領了坦米爾地區的戰略要地蒂魯吉拉伯利，成為當地強權。他常以接受高額報酬提供兵力的「傭兵隊長」形式行動，行事毫無忠誠度與節操可言，經常使印度南部的各勢力陷入混亂。隨著馬拉塔王國的佩什瓦權勢滔天，戈爾帕德家族漸與中央政府保持距離。但穆拉里・拉奧仍協助佩什瓦馬達夫・拉奧遠征邁索爾王國，並被授予馬拉塔王國的「將軍」職位。後來，古提遭到攻陷，穆拉里・拉奧被海達爾・阿里俘虜監禁，最終客死他鄉。

穆罕默德・阿里・汗・瓦拉賈

一七一七—一七九五年。瓦拉賈家族的第二任阿科特納瓦卜。在位期間為一七四九—一七九五年。為瓦拉賈家族的第一任阿科特納瓦卜的第三個兒子。他的父親戰死後，繼任成為納瓦卜。儘管其納瓦卜之位經常受到嬋達．沙希布和兄長馬福茲．汗（Mahfuz Khan）等人威脅，但他與英國密切合作，藉此維持自己的地位。為了獲得英國的軍事支援，一七六三年他將馬德拉斯附近的欽格勒帕特（Chengalpattu）地區，以「賈吉爾」的名義交給英國管理，並將部分地區的行政與徵稅權讓渡給英國，協助鞏固英國在印度南部的殖民統治。他那靈活甚至被視為狡猾的政治外交作風，連一些英國民眾也對其表示批評。他積極模仿西方文化，例如舉辦英國式的家族婚禮等社交聚會，還允許自己的二兒子成為共濟會成員；但同時也堅信自己因伊斯蘭信仰而受到真主的庇佑。他活到了近八十歲，最終因一次洗澡時意外弄傷了腳趾，症狀加重後逝世。

嬋達．沙希布

?—一七五二年。別名侯賽因．多斯特．汗（Hussain Dost Khan）。納瓦亞特家族第二任阿科特納瓦卜多斯特．阿里．汗（Dost Ali Khan）的外甥和女婿。對於阿科特納瓦卜往南擴張貢獻頗大，從一七三六年起以蒂魯吉拉伯利為據點，成為半獨立國家。然而，因為馬拉塔王國一直在防範阿科特納瓦卜的勢力擴張，於一七四一年發動大規模遠征軍，俘虜嬋達．沙希布，並將其帶往馬拉塔王國控制的德干北部地區囚禁。一七四八年，第一代尼扎姆——尼扎姆．穆勒克去世後，他被釋放。其後，他企圖奪回原本屬於納瓦亞特家族，後來轉由瓦拉賈家族掌控的阿科特納瓦卜之位，並與法國等勢力結盟展開戰鬥。他一度成功占領阿科特，宣布自己為納瓦卜，並將穆罕默德．阿里逼入蒂魯吉拉伯利，但最終遭到突襲而被殺害。

二、邁索爾王國的人物

南迦・拉賈

約一七〇四—約一七七三年。出身於以邁索爾王室為中心的種姓集團Urs族，屬於「卡拉雷」家族。「卡拉雷」意指「劍」，因此一般會冠上「卡拉楚里」之名。一七三九年前後，他繼承已故親戚（他們的祖父輩是兄弟）且同名的南迦・拉賈的總帥之位，與兄長德瓦・拉賈將軍共同掌握國家實權。他的女兒普坦曼妮（Putaja Ammani，又稱德瓦賈・曼妮〔Devaja Ammani〕）是克里希納・拉賈二世的王妃。即使在被海達爾・阿里趕出權力中心後，他仍被授予賈吉爾，維持一定的政治影響力。但從一七六七年起被囚禁，幾年後無聲無息地逝世。他篤信印度教主要神祇之一的濕婆神，對王國最具代表性的濕婆神廟之一、位於楠姜古德（Nanjanagudu）的南君德什瓦拉神廟（Nanjundeshwara Temple）進行擴建和修繕，使其更加宏偉。此外，他積極保護和推廣梵語、康納達語與泰盧固語的文學和學術活動，並親自創作許多作品，享有文學聲望。

普爾納亞

約一七四六—一八一二年。普爾納亞（Purnaiah）是邁索爾王國的官員。出生於坦米爾內陸地區主要城市哥印拜陀（Coimbatore），父親是來自馬哈拉什特拉地區的婆羅門。年輕時，他在一位商人手下擔任會計，之後透過商業往來的關係，被引薦進入邁索爾王國當官。他的公務生涯始於中央政府部門金融局，擔任康納達語帳簿主管的下屬文員，後來歷任帳簿主管等職，最終成為海德爾．阿里的親信之一，甚至還在他去世時送他一程。即使在蒂普蘇丹的統治下，他仍然以印度教徒的身分，破例在以穆斯林為主導的中央政府擔任重要職務。一七九九年第四次英邁戰爭結束後，邁索爾王國成為受英國殖民統治的藩王國，他在英國人的要求下擔任宰相，代理年幼的國王克里希納．拉賈三世執政。直到一八一一年，國王成年後，普爾納亞正式從政界退休。

埃洛伊．何塞．科雷亞．佩沙特

生卒年不詳。葡萄牙軍人。因葡萄牙視馬拉塔王國為敵人，他奉葡屬果亞的總督之命，前往馬拉塔王國後方的邁索爾王國提供軍事支援。從一七五八年八月起，為海德爾．阿里效力。作為歐洲軍隊的指揮官，他支持海達爾掌握實權並展開初期的遠征行動。但在一七六七年第一次英邁戰爭期間，他受到一位被俘的歐洲天主教神父的勸說和引導，離開了邁索爾軍隊，前往馬德拉斯。起初他在馬德拉斯受到熱烈歡迎，但當他拒絕加入英國軍隊，便遭到冷遇。無法返回果亞或葡萄牙的他，一七六九年在法國士兵的引介下，再次為海達爾效力。一七七〇年八月，邁索爾仍與馬拉塔王國遠征軍交戰的期間，他前往西海岸的泰利切利（Thalassery）募兵，此後便離開了邁索爾王國。

注釋

1. 邁索爾是英語Mysore發音的音譯，在當地康納達語的發音為Maisūru。
2. 針對某一地區的稅收，透過定期招標等方式決定稅額和承包人的制度。在印度多種語言中，這種制度通常被稱為Ijarah。
3. 康納達語是卡納塔卡地區的主要語言，該地區曾是邁索爾王國的中心地區。與梵語、印地語不同，屬於達羅毗荼語系。如今是印度卡納塔卡邦的官方語言，並使用獨特的康納達文字書寫。
4. 英國將一些實質上置於殖民統治之下的藩王國轉為保護國，並在當地派駐英國官員，作為英國與殖民地政府之間的聯絡人。
5. Nizam在波斯語中是「制度、組織」的意思。蒙兀兒帝國的德干總督喀瑪爾烏丁汗（Qamar-ud-din Khan）被蒙兀兒皇帝封為「尼扎姆．穆勒克」（意為國家的組織者），並於一七二〇年代開始走向自主，建立了自己的政權。他的繼承者後裔也世代採用「尼扎姆．穆勒克」的稱號，並從十八世紀後半葉將根據地從奧蘭加巴德遷至海德拉巴，因此這一政權通常被稱為「海德拉巴的尼扎姆」。
6. 「納瓦卜」是波斯語naib的敬語複數形式nawab的音譯，意思是「地區長官」。蒙兀兒帝國高級官員走向獨立後建立的政權，其君主通常被稱為「納瓦卜」。印度南部權勢最大的是位於阿科特的納瓦卜，其地處英國東印度公司的據點馬德拉斯（今清奈）以西。
7. 比賈布爾是德干高原中北部的主要城市之一，自十五世紀以來便是穆斯林君主統治的王國首都。直到十七世紀末該王國被蒙兀兒皇帝奧朗則布滅亡以前，比賈布爾一直是德干高原穆斯林文化的中心之一，十分繁榮。

8. 穆斯林使用的稱號和人名中的Khan中的ha音，在印度多數語言中常被發音或書寫為ka。

9. 三位阿富汗裔納瓦卜分別以薩瓦努爾（Savanur）、卡達帕（Kadapa）和卡努爾（Kurnool）為根據地，統治周邊地區。當時被稱為「帕坦」（Pathān）的阿富汗系士兵，因其驍勇善戰威嚇四方。這三個納瓦卜家族能成功建立繼承政權，要拜這些士兵的實力所賜。

10. 蒙兀兒帝國在奧朗則布皇帝統治時期，將印度南部大部分地區納入版圖後，邁索爾國王在帝國體制下被定位為「扎明達爾」（世襲領主），須負擔納貢和服軍役。形式上，邁索爾王國的領土處於管理德干地區、印度南部的德干總督（尼扎姆）的指揮之下。

11. 因尼扎姆．穆勒克逝世後的繼承權糾紛而爆發的英法戰爭，一直持續到一七五四年簽訂停戰協議為止，稱為第二次卡那提克戰爭。

12. 盧比是對應銀幣的基本貨幣單位。蒙兀兒帝國使用金、銀、銅三種貨幣，但金幣主要用於儀典與贈送，銀幣才是日常流通的主要貨幣。在印度南部，歷史上曾以金幣為主要貨幣，但隨著蒙兀兒帝國勢力的擴張，到十八世紀為止，盧比銀幣也逐漸與傳統金幣並行流通。關於當時邁索爾王國的收入，幾乎沒有可靠的文獻資料，但估計在一千兩百萬盧比左右。十九世紀上半葉，印度南部的米價雖然年年波動，但平均每一盧比約可購得二十五公斤大米。參考印度其他地區的例子，可以假設十八世紀後半印度南部的米價也大致處於相同水準。

13. 在蒙兀兒帝國，「賈吉爾」是指皇帝依據軍人與官員的等級（manṣab），分配給他們的土地或地區。皇帝允許軍人和官員從賈吉爾中徵收土地稅作為自己的收入，但需履行服軍役等服務義務。邁索爾王國並沒有針對軍人和官員實施等級制度，但仍有部分高官和有力將領可拿到以「賈吉爾」名義分封的土地或地區，其徵收的稅金就是他們的薪餉（將領可用來維持自己的軍隊）。

14. 指的是一七五六年歐洲爆發七年戰爭後，延伸至印度南部的英法戰爭。法國與已故嬋達．沙希布的兒子拉扎．沙希布（Raza Sahib）等人結盟，對抗英國和阿科特納瓦卜的聯軍。一七六一年一月，法國主要據點邦狄哲利陷落，英國取得勝利。

15. 現今卡納塔卡邦的首府邦加羅爾，在十八世紀邁索爾王國中，是其東部的中心城市。邦加羅爾為英語Bangalore發音的音譯，康納達語發音為Beṅgaḷūru。

16. 從十六世紀下半葉起，效力於毗奢耶那伽羅王朝（Vijayanagara Empire）的將領（納亞克），紛紛在印度南部各地自立，並對特定地區實行世襲統治。此外，在毗奢耶那伽羅王朝衰落之際，部分在地方建立自立政權的統治者，即使與王朝沒有直接關係，也自稱「納亞克」。

17. 指的是第一任尼扎姆（尼扎姆．穆勒克）的第四子，他於一七六二年廢黜其兄長薩拉巴特．姜格後即位。

18. 門格洛爾是英語Mangalore發音的音譯，康納達語發音為Mangalūru。

19. 長棍頂端安裝一個圓筒，在筒子裡填充炸藥，原理類似現代的煙火火箭，點燃後利用推力發射火藥，以攻擊遠處敵人的武器。此種武器在十八世紀的印度被稱為Burner，廣泛使用，但精準度很低，爆炸效果也不穩定。十九世紀初，英國人威廉．康格里夫（William Congreve）根據相同原理「開發」出了火箭砲。

20. 英國與拉格納斯．拉奧結盟，從一七七五年開始與馬拉塔王國的反對拉格納斯派交戰，稱為第一次馬拉塔戰爭。

21. 寶塔幣（Pagoda）是南印度的傳統金幣之一。Pagoda是英文名稱，當地語言稱為「瓦拉哈（Varaha）」。除了瓦拉哈金幣之外，還有重量為瓦拉哈金幣十分之一的哈納（Hana）金幣也廣泛流通。在海達爾掌權前的邁索爾王國，曾發行過幾種哈納金幣，但沒有發行瓦拉哈金幣。雖依種類不同，但基本上一枚寶塔幣（瓦拉哈金幣）可兌換三到四枚盧比銀幣。

22. 從貨幣上使用印度教圖像可以看出，海德爾治理國家的特徵之一是靈活務實、不拘泥於原則，而是根據當下情勢採取任何可用之策。例如，海德爾有時會允許被征服的統治者繼續管理部分原統治區，條件是對方要率領一定數量的軍隊加入邁索爾軍。

23. 通稱「安什・沙邁亞」（Anche Shamaiya）。名字前面的Anche源自康納達語，是「通信廳」中的「通信」（通訊）之意。

參考文獻

太田信宏，〈イギリス人の見た南インド村落——地税制度の導入をめぐって（英國人眼中的南印村落——關於引進地稅制度）〉，辛島昇編，《ドラヴィダの世界（達羅毗荼的世界）》，東京大學出版會，一九九四年

太田信宏，〈支配と共存の論理——近世インドにおける国家と社会（支配與共存的邏輯——近世印度的國家與社會）〉，田邊明生、杉原薫、脇村孝平編，《現代インド1　多様性社会の挑戦（現代印度1　多樣性社會的挑戰）》，東京大學出版會，二〇一五年

辛島昇編，《世界歴史大系　南アジア史3——南インド（世界歷史大系　南亞史3——南印度）》，山川出版社，二〇〇七年

渡邊建夫，《インド最後の王——ティプー・スルタンの生涯（印度最後的王——蒂普蘇丹的一生）》，晶文社，一九八〇年

Guha, Nikhiles, *Pre-British State System in South India: Mysore 1761-1799,* Calcutta: Ratna Prakashan, 1985.

Habib, Irfan, (ed.), *Confronting Colonialism: Resistance and Modernization under Haidar Ali and Tipu Sultan,* London: Anthem Press, 2002.

Hayavadana Rao, C., *History of Mysore (1399-1799 A.D.),* 3 vols., Bangalore: The Government Press, 1943-1948.

Kirmani, Meer Hussein Ali Khan, *The History of Hydur Naik, otherwise styled Shums ul Moolk, Ameer ud Dowla, Nawaub Hydur Ali Khan Bahadoor, Hydur Jung; Nawaub of the Karnatic Balaghaut,* W. Miles (tr.), London: The Oriental Translation Fund of Great Britain and Ireland, 1842.

M. M. D. L. T., *The History of Hyder Shah, alias Hyder Ali Khan Bahadur, or New Memoirs concerning the East Indies, with Historical Notes,* repr., Calcutta: Sanders, Cones and Co., 1848 (originally published London, 1784) .

Marshall, P. J., "Hastings, Warren(1732-1818)," in H. C. G. Matthew and Brian Harrison (eds.), *Oxford Dictionary of National Biography,* vol.25, Oxford: Oxford University Press, 2004.

Sardesai, Govind Sakharam, *New History of the Marathas,* repr., 3 vols., New Delhi: Munshiram Manoharlal Publishers, 1986 (originally published Bombay: Phoenix Publications, 1946-1948).

Sen, Asok, "A Pre-British Economic Formation in India of the Late Eighteenth Century: Tipu Sultan's Mysore," in Barun De (ed.), *Historical Dimensions (Perspectives in Social Sciences 1),* Calcutta: Oxford University Press, 1977.

Śivalimṃgayya, Ji. E., (ed.) , *Yādāstu Haidara Nāmā,* Beṃgaḷūru: Karnāṭaka Rājya Patrāgāra Ilākhe, 2011.

Wilks, Mark, *Historical Sketches of the South of India, in an attempt to trace the History of Mysoor,* 3 vols., London: Longman,

Hurst, Rees, and Orme, 1810-1817.

Yazdani, Kaveh, "Haidar 'Ali and Tipu Sultan: Mysore's Eighteenth-century Rulers in Transition," *Itinerario,* vol.38-2, 2014.

第九章
英屬印度時期的近代化與傳統回歸

臼田雅之

前　言

拉姆．莫漢．羅伊（Ram Mohan Roy，在其母語孟加拉語發音為Rāmamōhana rāya）被稱為「近代印度之父」，因為他為近代印度指出一條道路，並為其奠定基礎。人們幾乎不會懷疑他是一位近代人。然而，本章將根據近年歷史學的新研究成果，嘗試呈現一個不同的視角：羅伊其實活躍於「近世」，他之所以被稱為「近代印度之父」，是因為他為隨後展開的近代印度發展奠定了方向。

當初羅伊被稱為「近代印度之父」時，還沒有出現「近世」這一歷史時代的稱呼。當時人們普遍認為，自文藝復興之後便是近代時期，而且相信印度在英國統治開始之後，是從中世紀直接邁入近代的。隨著二十世紀末對十八世紀印度的研究迅速發展，人們逐漸發現，十八世紀並非過去想像的是一個政治動盪、經濟停滯、社會墮落的時期，而是邁向近代、充滿活力的時代。於是歷史時代的劃分也隨之重新編整，將「近世」的時代區分引入印度歷史之中。儘管至今尚未完全定論，但目前較廣泛接受的觀點認為，印度的近世時期始於蒙兀兒帝國第三任皇帝阿克巴大帝即位之時（十六世紀中葉），並持續至十九世紀中葉。本章將印度民族起義（印兵譁變，一八五七—一八五八年）作為印度從近世進入近代的分水嶺。雖然目前全球歷史所提出的時代劃分模型日益主流，但也不容忽視每個文明的獨特背景與發展脈絡。將印度民族起義視為印度近世與近代的轉折點，主要有以下三個原因：

一、印度民族起義後，印度由東印度公司主導的近世式統治結束，轉變為英國政府的直轄殖民地（一八七七年正式成為「印度帝國」）。儘管背負著殖民地的枷鎖，但也逐漸建立起近代國家的制度框架。

二、這場以印度人民為主體性的起義行動，觸發了時代的變遷。與日本的明治維新、中國的太平天國相呼應，表明當時亞洲主要文明都是由內部主動因素引領進入近代，這是極具啟發性的現象。

三、印度民族起義後，交通、通訊網絡迅速發展，還出現火車奔馳的近代化光景。

近來對東印度公司歷史的研究，強調該公司具備現代跨國企業的特徵的意義，但這一面向在十九世紀上半葉僅是一個背景因素，處於次要地位。若將東印度公司視為統治印度的組織，它可以類比法國的舊政權（Ancien Régime），壓制和反轉了十八世紀印度社會逐步展開的宗教融合與超越種姓的變革趨勢，是一種具有近世反動色彩的體制。

從上述觀點出發，拉姆·莫漢·羅伊顯然是一位實際上活躍於近世的人物，可以被視為構思近代印度之路的先覺者。

精英與邊緣／下層社會

收錄在人物傳記裡的主角大都是精英中的精英。十九世紀前半到中葉的印度歷史通常被描述為「宗教與社會改革運動的時代」。據估計，一八八五年約有五萬五千人接受英語教育，他們是這場改革運動的主要推動者。若參考一八八一年的人口普查資料，印度總人口為一億五千七百萬人，換算下來，這些人只占總人口的百分之〇．〇三強。而被視作改革運動的目標、包括印度各語系識字群體的中產階層，同樣以一八八一年人口普查資料為計算基準，比例也只略高於百分之四。一八八五年成立的全印度民族運動論壇——印度國民大會黨（Indian National Congress），就是建立在這樣的社會階層之上。當時的印度總督曾譏諷他們是「在顯微鏡下才看得見的少數人」，這種說法雖尖酸刻薄，但並非完全沒有根據。

正因為對上述事實的反思，近年來有些通史開始以「改革與叛亂」為題，來描述英國統治初期至印度民族起義期間。這段期間，以少數族群與農民社會等邊緣或下層階層為主體，出現了一系列針對英國統治的抵抗與叛亂。若僅從英國統治的擴張與強化的角度來看，絕對無法真正理解為什麼近世末期（十八世紀後半至十九世紀前半）的印度充滿著混沌而強烈的生命力，下層社會在反抗壓迫的同時，也展現了非凡的自我主張。然而，到了十九世紀後半葉，隨著殖民地近代國家體系的建立與中產階層主導的民族運動的開展，「近代西歐的價值觀」成為評價一切的標準，那些與其不符的大眾文化不再受到重視。不可否認的，宗教與社會改革運動導致大眾文化式微。另一方面，民族運動為了壯大自身基礎，開始積極爭取大眾參與。

以下將介紹的這些精英人物，一方面與英國統治者展開複雜的談判，另一方面則背負著如暗黑大海般深沉湧動的廣大印度社會的壓力，努力奮戰。此外，英國人雖是殖民社會中最頂層的精英，但他們對印度社會的態度與對應方式，也會隨其社會地位與定位，在各時期呈現出顯著的變化。

本章將試圖追溯這些精英的歷程，在不忽略邊緣與下層社會的狀況下，描繪西歐文明壓迫在亞洲悠久的偉大文明印度時，所激起的漣漪。

拉姆・莫漢・羅伊（一七七四—一八三三年）

一、印度社會對於英國統治的反應

宗教與社會改革運動的定位

外界對於拉姆・莫漢・羅伊的印象是知名的宗教與社會改革運動家。從他活躍的十九世紀初，歷經印度民族起義，再到一八七〇年代為止，這段時期的印度社會，經常被視為「宗教與社會改革運動的時代」。領導印度民族運動的，則是那些形成殖民政府下級官僚來源的中產階層。因此宗教與社會改革運動，基本上是屬於這個中產階層的運動。

雖然常說是「英國統治印度」，但更精確地說，當時統治印度的是東印度公司。雖然東印度公司獲得英國政府賦予的特權，但本質上仍是一家私人企業。當然，英國政府並非全然袖手旁觀，而是逐漸加強干預力道。東印度公司一開始在印度的統治就極端失常。例如一七六九－一七七〇年，孟加拉地區遭遇大饑荒，據說約有三分之一的人口餓死，但東印度公司依然照常徵收稅收。對於被統治者來說，尤其是農民和工匠，無法接受這樣的壓迫統治，自然會透過起義和叛亂來群起反抗。因此，近年來歷史學界傾向將這段時期描述為「起義、叛亂和改革運動的時代」。

拉姆・莫漢・羅伊

這一新的視角，部分也來自於印度獨立後，中產階層主導的民族運動面臨瓶頸，無法再突破的反思；同時，也受到馬克思主義史學與底層研究的影響，這些學術潮流將非精英階層的動向當作一種獨特的政治領域加以研究。

此外，歷經印度民族起義進入近代之後，近代西歐文明的影響比以前更加顯著，而下層社會的傳統文化被迫退居次要地位，甚至被排擠到看不見的邊緣。同時，下層社會的歷史也沉入遺忘的深淵，不再受到關注。因此，有必要從最近的研究成果出發，重新探討下層社會如何認識與回應英國的統治。

值得注意的是，過去對於起義、叛亂與宗教、社會改革運動這一時代的理解，往往將其放在「西歐近代文明的壓倒性影響是推動歷史的驅動力」這一背景下，並將印度社會描繪成主要是處於防禦或被動對應的位置。然而，近年來的研究趨勢日益關注印度人的主動性與行為主體性（agency）。我們當然不能忘記當時西方以壓倒性的軍事力量帶來的巨大壓力與威脅，以及支撐這種力量的西方感性與知性所形成的霸權地位，但我們也不能忽視印度與亞洲對於現實處境所展現出的主動回應。

不過，在探討印度方面的對應之前，有必要先概觀英國方面如何對應殖民統治這一新局勢。據說當初在面對統治印度（最初只是印度的極小部分）這件事時，英國就像一艘沒有航海圖的船。經歷了前所未有的管理不善導致孟加拉大饑荒之後，英國政府開始介入東印度公司的統治事務（一七七三年的《北方監管法案》）。根據這項法令，華倫．黑斯廷斯（一七三二－一八一八年）成為統籌管理英屬印度地區的首任印度總督。他在辭去總督職務後，被指控不當對待印度統治者與受賄嫌疑，遭到國會的彈劾（最後被判無罪）。彈劾過程中，最激進的批評者是埃德蒙．伯克（Edmund Burke，一七二九－一七九七年），他主張英國必須以印度人民「委託者」的身分來管理印度。評價英國對印度的統治之所以困難，是因為英國存在著這種基於正義原則的理性理論。即使英國依靠奴隸貿易而經濟繁榮，但國內也有輿論強烈譴責奴隸制度是不人道的，最終輿論獲勝了。拉姆．莫漢．羅伊歡迎英國統治印度的原因，正是基於對英國社會的這種根本信任。對於很早就成為英國殖民地的印度來說，「英國威脅論」並不奏效，問題在於能從英國的統治中得到什麼。早期的印度民族運動尋求和本國一樣的統治形式，可說是順理成章的發展。

黑斯廷斯雖然被伯克彈劾，但他也是一位精明的總督，同時對印度文明的特質有著敏銳關注與敬意。此外，他在建立司法與行政原則時，將印度社會分為印度教社會和穆斯林社會，並進一步將占多數的印度教（當時「印度教」一詞尚未廣泛使用）社會以種姓細分階級，進行治理與了解。而且這種理解在英國統治時期被延續了下來，結果使得近世印度在嘗試進行超越宗教和種姓界線的社會運動時遭到阻礙，印度陷入了被稱為「宿命」的宗教衝突，並最終被固定在一個種姓分裂的社會中。另一方面，人們追尋古代印度文明的高水準，在黑斯廷斯的支持下，威廉．瓊斯（William Jones）成立了以研究古印度為主軸的「孟加拉亞洲協會」，並取得了豐碩的成果。十九世紀以孟加拉為中心的印度文化發展被稱為「文藝復興」，正是因為當時開始重新審視並回歸印度古典文化研究。接任印度總督的韋爾斯利（Richard Colley Wellesley，在位期間一七九八—一八〇五年）沿襲了黑斯廷斯尊重印度古典文化的東方主義傾向，在加爾各答成立了教育機構威廉堡學院（Fort William College），要求派駐印度的英國行政官員學習印度語及了解風俗民情。

穆斯林社會的改革運動

印度的宗教與社會改革運動首先興起於穆斯林社會。十八世紀後，蒙兀兒帝國的國力迅速衰退，此時出現了兩位思想家，分別是穆罕默德．哈亞特．辛迪（Muhammad Hayyat al-Sindhi，卒於一七〇五年）和沙阿．瓦利烏拉（Shah Waliullah），他們將蒙兀兒帝國的衰退視為穆斯林的沒落，提倡伊斯蘭改革。

蒙兀兒帝國的瓦解導致各地相繼成立繼承國家，但到了十八世紀中葉，英法東印度公司也作為領土型國家加入霸權鬥爭，加深了當時政治局勢的混亂。直到二十世紀末，人們都認為近世大帝國蒙兀兒帝國的解體導致了英國殖民統治的到來，印度社會因此陷入了暴政和迷信的泥淖中。然而，此後學界積極重新評價十八世紀，呈現出與以往截然不同的時代形象。認為十八世紀的印度在經濟和文化上都很活絡，社會上也開始出現超越宗教和種姓束縛的動向，可說是從近世邁向近代的轉變。那些在蒙兀兒帝國解體期間出現、沿襲蒙兀兒統治體制，並在地方上站穩腳跟的繼承國家，也可被解讀為民族國家的建立雛形。瓦利烏拉等人領導的改革運動，不僅是對蒙兀兒帝國解體的危機感，亦可視為對伊斯蘭信仰混入印度教趨勢的一種危機意識的表現。

到了沙阿・瓦利烏拉的兒子沙阿・阿卜杜勒・阿齊茲（Shah Abdul Aziz）的時代，蒙兀兒帝國的衰敗已顯而易見，而由英國東印度公司推動的殖民統治，也在韋爾斯利總督的領導下迅速擴張。一八〇三年，德里周邊地區成為東印度公司的統治區後，阿卜杜勒・阿齊茲發布教令，稱印度北部為「戰爭之家」，呼籲對異教徒發動戰爭，明確表達與英國對抗的立場。他的弟子賽義德・艾哈邁德・巴雷爾維（Syed Ahmad Barelvi）在一八二〇年代中期於印度西北部山區（與後來蓋達組織藏身地相同地區）發起聖戰，回應了阿卜杜勒・阿齊茲的呼籲。這場聖戰士運動，在巴雷爾維殉教後仍然持續，對手也從錫克教徒變成了英國殖民政權，直到一八六〇年代被鎮壓為止。

印度其他地區也發生了穆斯林反抗英國的暴動和叛亂。十九世紀上半葉，西孟加拉邦有提圖・米爾（Titumir）率領的穆斯林農民發起了塔里克・穆罕默德迪亞運動（Tariqah-i-Muhammadiya，一八二七—

一八三一年），以及東孟加拉邦（今孟加拉人民共和國）出現了法拉伊茲運動（Faraizi Movement），並從一八四〇年代起轉型為武裝農民運動。印度西北部的聖戰士運動和東西孟加拉邦的農民起義，皆以印度教地主和殖民政府為目標，並試圖使參與其中的穆斯林停止做出與印度教徒相似的宗教行為，努力將他們淨化為「純正」的穆斯林。印度次大陸的伊斯蘭化並非一次完成，首先是透過與聖者接觸等形式實現伊斯蘭化（第一次伊斯蘭化），然後是此時期出現的第二次伊斯蘭化，印度獨立之後則繼續推動第三次伊斯蘭化的改革。總之，這些起義、叛亂和改革運動都是由同一群體推動，這是當時穆斯林社會的一大特徵。

在印度南部喀拉拉邦的馬拉巴爾沿海地區，從一八三六年到一九二二年間，被稱為「馬皮拉」（Mappila）的穆斯林組織，長期發動了一系列針對印度教大地主和殖民政府的暴動。其中，一九二一年至一九二二年間的叛亂規模最大、最為著名。

印度教社會對英國統治的對應

首先，從印度教和穆斯林的舊統治階層，如何對應英國的統治看起。這些舊統治階層有的被征服後消失了，有的則接受了英國的宗主權，保留名義上的獨立，但放棄外交權利，允許英國派代表常駐該國。反對英國統治的舊統治者，經常支援對新土地制度不滿的農民發動叛亂。典型的例子包括一七七八年至一七八一年的巴納拉斯（Maharaja）國王查特・辛格（Chait Singh）的叛亂，以及十八世紀至十九世紀持續超過二十五年的阿瓦德（貝拿勒斯〔Varanasi〕，位於今瓦拉納西西北方的一個地區）紛爭。在印度南部，一七九九－一八〇五年間，被稱為「波利加爾」（Poligar，小國統治者）的地方首領激烈反抗英屬馬德拉斯政府，這段歷史最為有名。

農民也因反對新稅收制度的重稅壓迫而發起暴動。一七八三年的朗布爾（Rangpur，孟加拉北部）叛亂，正是在陳情活動無疾而終的情況下爆發的。印度教和穆斯林農民都起來反抗，卻遭到政府軍的殘酷鎮壓。農民起義常常與宗教密切相關。一七六三年至一八〇〇年，由於反對東印度公司政府的高額土地稅、取消免稅土地和商業壟斷，引發了震動整個北孟加拉的苦行僧—法基爾叛亂（Sannyasi Fakir Rebellion），這場叛亂是由印度教的流浪僧人和穆斯林的蘇非教團（強調守貧、虔誠和禁欲）共同武裝領導的。十八世紀的印度存在大量這類流動武裝團體，東印度公司政府對他們強力鎮壓，目的是建立一個穩定規律的社會秩序。對於生活在一個以農業為根基、傳統地主階級（貴族和紳士）支配社會的英國人來說，這是他們自認「自然」的選擇。

苦行僧—法基爾叛亂遭到鎮壓之後，在東孟加拉邊境丘陵地區，仍有由穆斯林宗教人士帶領的反抗行動，領導加羅族（Garo）和哈詹族（Hajan）等印度教化的少數民族，反抗來自扎明達爾（Zamindars，地主）的壓迫。這些地主在殖民地政府引入新的土地制度後擴大了他們的領地。這類對抗迪庫（Diku，外來壓迫者）的起義，在印度東部喬塔納格布爾高原（Chota Nagpur Plateau）地區屢次發生，由當地的蒙達族（Munda）和桑塔爾族（Santal）所主導。印度民族主義歷史學家試圖將這些運動視為民族主義鬥爭的前史，但實際上印度內部精英與邊緣群體之間的矛盾也很明顯，這反映了民族主義本身具有的問題。

在十九世紀領導宗教與社會改革運動的印度教中產階級，十八世紀時還沒登上歷史舞臺。正如迪庫利用殖民制度擴大自己的權力一樣，日後構成中產階級主體的印度教上層種姓群體，則是在中世與近世時期，透過為穆斯林王權服務以維持其社會勢力。為此，他們必須掌握波斯語，這是穆斯林君主國的官方語言。英國統治初期仍沿用波斯語，因此這些印度教的上層種姓，在不熟悉印度的英國人和印度群眾之間，擔任居中協調的角色，支撐了殖民地政權的下層結構。到了一八三〇年代中期起，歷經約二十五年，官方語言從波斯語逐漸轉為英語，這些上層種姓也迅速從波斯語轉向英語。他們可以說是使用外語（母語以外的語言）作為職業語言的專家，並將自己塑造成連結英國統治者和印度群眾之間的中間人。

除了起義和叛亂之外，以往沒有受到太多關注的下層民眾，在這段時期也出現了值得關注的動向。就像日本近世末期大量民間宗教的擴散現象尤其明顯，如天理教、金光教等神道教派別的出現，主張批判政治權力、否定身分階級制度、強調平等、現世中心主義、具有普世宗教取向等鮮明特徵。同樣地，十八世紀後半至十九世紀初的近世晚期，印度孟加拉地區也出現了許多小規模神祕教派，其教義混合了霎哈嘉（Sahaja）、怛特羅密教（Tantra）、毗濕奴派（Vaishnavism）和蘇非派等要素。這些教派之所以形成，源自侵蝕農村的長期債務、地主壓迫以及饑荒頻仍等問題。也就是說，這些宗教運動是下層社會對於殖民化帶來的壓迫與困境所做出的回應之一。

在這些眾多教派之中，首先探究最具勢力與影響力的科塔博賈派（Kartabhaja）。科塔博賈派興起於十八世紀前半，吸引愈來愈多印度教徒和穆斯林加入。它與一種融合印度教和伊斯蘭教元素的吟遊宗教團體「包爾」（Baul）關係密切，其吟唱的歌謠大量使用與市場（貿易）相關的用語為基本詞彙，反映了東印度公司控制下的社會狀況。科塔博賈派的教義具有深厚的人性，以崇拜科爾塔（意為教主）為中心，標榜普遍性，不承認傳統經典（Shastra）的權威，否定基於種姓制度的階級歧視與性別歧視。這些特徵與日本幕末維新時期的民間宗教非常相似，明確展現了從近世過渡到近代的特質。此教派最有名的科爾塔是杜拉昌德（Dulalchand，一七七六—一八三三年），他活躍於十九世紀初，是一位精通孟加拉語、梵語、英語和波斯語的學者，致力於教義的完備與發展，被譽為「民間的拉姆．莫漢（Folk Rammohan）」。

在印度西部的古加拉特邦（Gujarat）地區，斯瓦米．納拉揚（Swaminarayan，一七八〇—一八三〇年）在少數民族和下層種姓之間，宣揚捨棄婆羅門式的繁文縟節儀式，轉而獻身皈依毗濕奴的宗教。此教派吸收了大量被迫失去生存空間的遊牧民族和士兵作為信徒，協助信徒成為農民，重建生活。這類因應英國統治而伴隨自我變革的顯著例子，值得關注。

二、拉姆．莫漢．羅伊與他的時代

拉姆．莫漢．羅伊的一生大致可以分為以下五個時期：

第一時期：一七七四—一七九七年　嶄露頭角之前的時期

第二時期：一七九七—一八〇三年　在加爾各答從事金融業的時期

第三時期：一八〇三—一八一五年　接觸東印度公司，在孟加拉各地工作的時期

第四時期：一八一五－一八三〇年　定居加爾各答時期

第五時期：一八三〇－一八三三年　旅居英國時期

有關最初兩個時期的詳細資料尚不清楚。作為印度代表性知識分子的活躍時期是在最後兩個時期；而第三個時期則可視為這段活躍期的準備階段。

第一時期：一七七四－一七九七年　嶄露頭角之前的時期

關於羅伊的出生年分，主要有兩種說法：一七七二年和一七七四年。兩種說法都曾是史學界主流，但近年來許多學者傾向支持R．C．瑪朱穆德（R. C. Majumdar，一八八八－一九八〇年）論證的一七七四年說。羅伊出生於巴爾達曼縣（Bardhaman，今劃歸胡格利縣）拉德納戈爾村（Radhanagar），該地屬於孟加拉傳統文化中心拉爾（Rarh）地區。著名的維迪亞薩加爾（Vidyasagar）和拉瑪克里斯納（Ramakrishna）也出生自巴爾達曼縣的村落，三人都是印度種姓制度中儀禮等級最高的庫林婆羅門（Kulin Brahmin）。

關於羅伊的家族，有兩點值得注意。一是自他五世以前，亦即十七世紀末開始，羅伊家族的族長就不再擔任祭司，而是為孟加拉的納瓦卜服務。他們選擇學習波斯語，以便進入王宮服務。這一轉變發生在納瓦卜脫離蒙兀兒皇帝，準備建立獨立的繼承國家的前夕，當時納瓦卜積極吸納本地印度教的政治勢力，羅伊家族也不能置身於這股潮流之外。「羅伊」是納瓦卜授予的頭銜。他的祖父布拉賈比諾德（Brajabinode）憑藉自己的聰明才智積累財富，而他的父親拉姆坎塔（Ramkanta）則向政府租借土地。

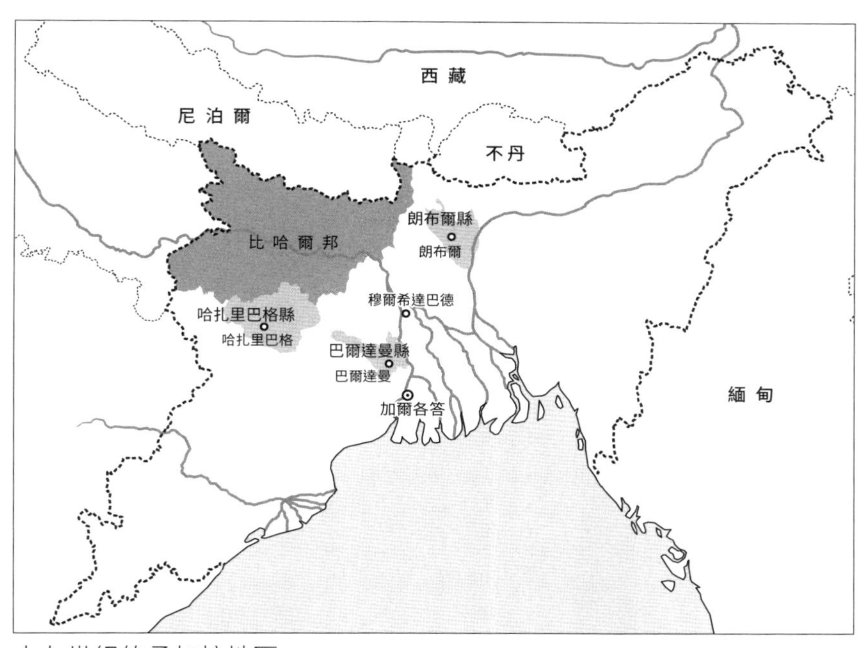

十九世紀的孟加拉地區

他還曾管理孟加拉最大扎明達爾、巴爾達曼王母親的土地，但這件事後來成為與王室產生紛爭的導火線，直到拉姆．莫漢兒子那一代紛爭才結束。

第二個要注意的是家庭的信仰。羅伊家族是虔誠的毗濕奴派，但母系卻是夏克提（Shakti）派，信仰女神的力量，奉行怛特羅密教修行。這種跨宗派的婚姻很少見，而母系家族長期從事傳統祭司職務，這與父系家族的情況形成了強烈對比。羅伊的母親依照印度教妻子的習俗，完全接受丈夫的信仰。一般認為家族歷史中信仰不同的這個背景，也許正構成了拉姆．莫漢思想形成的「磁場」。此外，儘管羅伊家族崇拜偶像，但他們除了家神加拉吉．拉傑肖爾外，並不禮拜其他神祇，這也被認為影響了拉姆．莫漢後來堅持的一神信仰。

在村子裡的帕薩拉（Patshala，私塾）學習孟加拉語後，少年的拉姆．莫漢被送往當時伊斯蘭教育的中心巴特那（Patna）。由於羅伊家族曾在納瓦卜宮廷任職，他們希望給表現卓越的孩子提供最好的教育，是理所當然的事情。當時的官方語言是波斯語，因此他首先被送到波斯語教育中心巴特那。他在那裡學習波斯語和阿拉伯語，似乎也透過阿拉伯語學習了歐幾里得幾何學和亞里斯多德哲學。他還研讀了《古蘭經》和蘇非派著作，被神的一元性思想所吸引，進而形成他對唯一無形之神的信仰觀。這也表明，伊斯蘭教早在基督教之前，便給予拉姆．莫漢．羅伊一神論的思想，之後還與印度教的傳統結合。這一複雜的思想過程，體現出印度文明在面對近代西歐文明衝擊時所展現的文化層次與演變。

羅伊在晚年寫的一本小自傳中提到，他十六歲左右時曾撰寫了一篇批評偶像崇拜的草稿。這份草稿已經散失，但這件事讓他與家人的關係冷淡，於是他開始出遊。他大多數的時間在印度境內旅行，但據說也曾前往印度以外的地方，有許多關於他去西藏的故事。這很可能意味著他並沒有到訪拉薩等西藏腹地，而是前往岡仁波齊峰（Mount Kailash）朝聖並停留了一段時間。因此，羅伊並未受到藏傳佛教的影響。這段長途旅行的背後，極可能與他在十四歲時認識的一位長他約十歲的導師農多庫瑪．比達隆卡爾有關。農多庫瑪後來出家，取名哈里哈拉南達．蒂爾塔斯瓦米．庫拉瓦杜塔（以下使用孟加拉語的簡稱「霍里霍拉儂達」），他與羅伊長期共同生活，對羅伊的宗教思想產生了很大影響。

在他二十歲左右時，他被父親召回家中。一七九六年十二月，他的父親拉姆坎塔在生前將財產分配給三個兒子。經由這次父親生前的家產分割，拉姆．莫漢獲得了加爾各答喬拉桑科（Jorasanko）的一座豪宅。據推測，這證實了拉姆．莫漢已經在加爾各答的這座豪宅中從事金融業務。

第二時期：一七九七—一八〇三年　在加爾各答從事金融業的時期

一七九七年九月，拉姆．莫漢將他的兩個妻子（在庫林婆羅門中，一夫多妻是常見的）託付給母親，搬到加爾各答。他從事的是金融業，搬到加爾各答後不久，就貸款高達七千五百盧比給一位東印度公司政府的文官，這筆數額在當時可說是鉅款。他還負責處理東印度公司的票據買賣業務。

從一七九六年到一七九九年，拉姆．莫漢管理他父親拉姆坎塔的土地，並於一七九九年以三千一百盧比和一千兩百五十盧比的價格，購買了兩塊地，分別是戈比恩德普爾—塔爾克（Govindpur and Taluk）與拉梅紹普爾（Rameshwarpur），這兩塊土地為他日後的財產奠定了基礎。

大約在一八〇〇年初，拉姆．莫漢前往巴特那與貝拿勒斯的旅程。途中，他的長子於七月出生（另有不同說法）。

一八〇一年，他遇到了後來成為他終身好友的約翰．迪格比（John Digby），約翰是東印度公司政府的文官。次年，他貸款給另一位政府文官托馬斯．伍德福德（Thomas Woodford）五千盧比。一八〇三年，伍德福德擔任達卡（Dhaka）縣的收稅官（Collector）時，任命羅伊為德萬（Dewan，印度首席事務官）。由此可看出，金融業對他的職業發展起到了決定性的作用。

第三時期：一八〇三－一八一五年
接觸東印度公司，在孟加拉各地工作的時期

大約兩個月後，伍德福德被解雇，羅伊也辭職。他隨即經由加爾各答前往巴爾達曼。他在那裡陪伴父親走完人生最後一程，辦完葬禮（shraddha）後。八月調任為穆爾希達巴德（Murshidabad）上訴法院登記官（Registrar）伍德福德的私人祕書（private munshi）。

在穆爾希達巴德工作期間，他出版了第一本書《給一神論者的禮物》。這本小冊子以波斯語撰寫正文，阿拉伯語寫前言，可看出羅伊在接觸西方思想之前的宗教觀。此時，他已經具備足夠的英語能力開展業務，但還沒有達到能用英語寫作的程度。強調知性和理性，認為宗教本質在於信仰根植於人性中唯一、全能且絕對的神，但習慣和訓練卻讓人們偏離了這一信仰，走向多神論和偶像崇拜的道路，這些認知皆已構成羅伊思想的骨架。從羅伊用波斯語寫作即可看出他的論點受到伊斯蘭教思想，特別是重視理性的哲學影響。然而，他對於伊斯蘭教中消滅偶像崇拜者的傾向感到質疑，儘管他不認可父親崇拜偶像的論點，但從未失去對父親及其信仰的尊重，羅伊的這種態度是重要的。一般來說，印度教男性對於比自己地位或輩分高的人，尤其是父親，抱持著絕對尊重的心態，羅伊的態度顯示出他已將這種心態昇華至倫理層面。早已讀過吠檀多派文獻（《奧義書》和基於其發展的哲學文獻）的羅伊，知道世間存在著無形、無屬性的絕對神的思想，但此思想想要真正具體化，還需要十年左右的時間。此時的羅伊還是個青年，敏銳地揭露了現有宗教充滿虛假的事實，這讓人聯想到曾經嘲笑石頭和樹木之神的男孩福澤諭吉，展現出相同性質的精神。

羅伊在一八〇四年的動向不明。一八〇五年，迪格比被派往哈扎里巴格縣（Hazaribag，位於比哈爾邦〔Bihar〕）的縣府所在地拉姆加爾（Ramgarh），擔任治安法官（Magistrate）辦公室的登記官，而羅伊可能以他的私人祕書身分隨行。此後，羅伊與迪格比一起共事十年。迪格比在拉姆加爾待到一八〇七年底，之後轉任傑索爾（Jessore）、巴加爾布爾（Bhagalpur），接著回到傑索爾，並於一八〇九年六月調任北孟加拉邦的朗布爾，在當地待到一八一四年或一八一五年。

羅伊可能是在一八〇九年九月被派往朗布爾，擔任刑事法院的謝里斯塔達爾（Sheristadal，印度人首席事務官）。三個月後，迪格比任命他為德萬，這是當時印度人所能擔任的最高職位。順帶一提，私人祕書的月薪是十四錫卡盧比（Sicca Rupee，略低於十五盧比），謝里斯塔達爾的月薪是四十錫卡盧比（超過四十二．五盧比），而德萬的月薪是一百五十錫卡盧比（約一百六十盧比）。然而，稅務局（Board of Revenue）拒絕了這項任命。迪格比勃然大怒，要求對方重新考慮，但他被指責粗魯無禮，這件事不了了之。

儘管這個決定會讓自尊心強的羅伊感到屈辱，但他並沒有因此離開迪格比，可能有以下兩大原因：第一，與迪格比共事的日子，讓羅伊累積了難得的經驗。迪格比十分欣賞羅伊的才華，允許他審閱自己的所有文件和閱讀定期寄來辦公室的刊物。與迪格比及其他英國人對話，也有助於提高羅伊的英語能力與教養。羅伊透過報紙，掌握了歐洲的局勢。他對法國大革命的精神產生共鳴，熱愛自由精神。而且，朗布爾雖然只是一個小小的地方城市，但居民中有不少穆斯林，精通波斯語的羅伊很受人尊敬，還有機會和馬爾瓦里商人交流，學習有關耆那教的知識。在這種平靜的環境下，羅伊的思想逐漸成熟。

羅伊年少時期的老師霍里霍拉儂達（哈里哈拉南達）也來拜訪他，與他共同生活，一起閱讀和討論梵文文獻。羅伊與聚集在他身邊的人交談、思想交流，並形成了一個小型的思想團體。團體成員認同羅伊反對偶像崇拜的想法，討論如何像吠陀聖賢那樣冥想無限的唯一者。這個思想團體可說是他之後在加爾各答成立的阿特米亞．沙巴協會（Atmiya Sabha〔Society of Friends〕）的雛形。

在公家機關工作對羅伊的生計來說並不重要，因為他每年可從自己的兩塊地，拉梅紹普爾和戈比恩德普爾賺到五千五百盧比的收入。此外，他還在一八〇三年至一八一〇年間，購入四塊派特尼塔魯克（patni taluk）土地，年收入增加五千到六千盧比。不僅如此，一八一一年或一八一二年，羅伊的哥哥賈格．莫漢（Jag Mohan）過世，繼承其財產的兒子當時只有十幾歲，無法繳納土地稅，因此由拉姆．莫漢買下這些土地。然而，這給交易也給拉姆．莫漢帶來了困擾，因為他媽媽無法原諒兒子放棄了家族的毗濕奴派信仰，所以引發了一場訴訟。無論如何，他也委託他人經營加爾各答的金融業，應該還有來自那方面的收入，完全不需要為了德萬的薪水而費神、執著。一八一四年，羅伊在加爾各答的西姆拉（Shimla）用一萬三千盧比，買了一棟兩層樓花園洋房（有大庭院的豪宅）；還在主要街道喬林基街（Chowringhee），以兩萬三百一十七盧比購入一棟兩層樓宅邸，為接下來的加爾各答時期做準備。此外，羅伊還在馬尼克特拉（Maniktala）購買另一棟花園洋房。一八三〇年羅伊移居英國時，推估他的年收入約為一萬盧比，總資產已遠超過二十萬盧比。

第四時期：一八一五—一八三〇年　定居加爾各答時期

一八一五年，羅伊在加爾各答定居，成立了一個名為「阿特米亞．沙巴」的協會。他的言行很快吸引了人們的注意，那些認同他說法的人聚集在一起，形成了每週一次的聚會。這個聚會可視為上述朗布爾團體的延伸，形式近似歐洲近世的沙龍，但並非模仿，而是自發形成的。聚會通常在羅伊的宅邸舉行，主要討論宗教話題。集會者包括開明的扎明達爾、有進取心和有影響力的公民、渴求知識激盪的中產階級，以及擔任顧問的婆羅門（霍里霍拉儂達與羅伊聘雇的婆羅門學者希夫普拉薩德．米斯拉〔Sivaprasad Misra〕）。這個協會由一群核心班底與臨時加入的成員組成。由於當時的加爾各答是英印兩國合資做生意有可能實現的時代，有許多來自歐洲各國的畫家、演員、歌手、藝人等頻繁進出，使這座城市充滿了異國交流的活力。像德瓦爾伽納塔．泰戈爾（Dwarkanath Tagore）這類的企業家，與羅伊意氣相投，共同討論時代課題，使這個論壇成為推動印度邁向近代化的重要力量。阿特米亞．沙巴協會不是一個封閉的社團，是一個關係密切、有影響力的公民聚會，也是羅伊活動的源泉。

批判印度教

該協會的核心目標是消除偶像崇拜，與復興古代的唯一神信仰。羅伊的思想也挑戰了婆羅門的特權和種姓秩序，自然會遭到激烈的反對和拒絕。他推動變革的首要措施是翻譯成為新思想基礎的吠檀多派文獻，以及出版解說吠檀多哲學的書籍。此時必須考慮到，殖民統治下，宗教是唯一一個保障印度人思想自由的領域。羅伊在一八一〇年代後期陸續將《由誰奧義書》（*Kena Upanishad*）、《石氏奧義書》

（*Katha Upanishad*）、《剃髮奧義書》（*Mundaka Upanishad*）、《自在奧義書》（*Isha Upanishad*）等經典翻譯成孟加拉語和英語，還加上解說，具有重要意義。這是《奧義書》第一次被翻譯成通俗語言，而翻譯成英語既是對印度其他地區精英的呼喚，同時也是將印度教視為世界宗教介紹給國際社會的先聲。在當時代的脈絡中，羅伊是試圖以《奧義書》所體現的一神論來對抗（而不是否認）基督教。

一八一〇年代後期，羅伊否定偶像崇拜並批評當前印度教形式的主張，引發了與反對羅伊的保守派婆羅門之間的一場書面論戰。雖然引起許多爭議，但為了回應來自馬德拉斯（今清奈）的一位婆羅門尚卡拉．夏斯特里於一八一六年底發表的一篇英文批評文章，羅伊於次年（一八一七年）以「捍衛印度教一神論」為題進行了反擊。雙方爭論的問題包括是否允許偶像崇拜、聖典是否可以翻譯，以及是否只有特定種姓或性別才能獲得與神有關的知識等問題。同年，威廉堡學院的班智達（pandit，婆羅門學者）姆裡圖恩賈耶．維迪亞蘭卡（Mrityunjay Vidyalankar）出版了一本小冊子，用辱罵性的言詞猛烈批評羅伊。他身後是保守派領袖拉德哈坎塔．德布（Radhakanta Deb），同時也可見塞蘭波爾（Shreerampore）的基督教傳教團體暗中影響的影子。羅伊避免陷入「以眼還眼」的泥淖。值得注意的是，班智達嘲笑羅伊超越個人啟蒙，承擔起關心人民的職責，而羅伊則強調自己對人民的責任。

與基督教的對話

一八一三年，在羅伊定居加爾各答的兩年前，英國允許基督教在英屬印度傳教。此前，總部設在丹麥領地塞蘭波爾（Serampore）的浸信會傳教團已經活躍，而許多新的傳教團體也在此後迅速展開布教活動。這些傳教士對印度教和伊斯蘭教的謾罵、宣揚基督教優越性的傲慢態度，以及透過物質利益進行誘導式傳教，引起了極大爭議。

此時羅伊早已確立重視理性的唯一神信仰，他是如何對應基督教的呢？在一八二〇年出版的《耶穌的教義——通往和平與幸福的指引》一書中可見一斑。他採取獨特的方式，而不是急於對這種強制性的傳教方式進行情緒性反擊或抗議。這本小冊子主要是摘錄《符類福音》（*Synoptic Gospels*，即《馬太福音》、《馬可福音》和《路加福音》的合稱），只引用道德教義，沒有提到奇蹟或預言，也忽略了任何有關耶穌神性的暗示。這一取向實際上批評了傳統基督教的三位一體教義，否認耶穌神性，強調神的一元性（unity）。

這與後來明治時期的知識分子對於基督教道德層面的關注有相似之處，但不同的是，羅伊不僅僅將道德視為人與人之間的關係，更理解為人對神應盡的義務。

正如羅伊否定墮落的民間印度教，認為少數精英所擁護的一神教吠陀信仰才是正統的印度教一樣，他也否定以三位一體理論為基礎、為世人所接受的基督教，支持宣揚神唯一性的知識分子「一位論派」（Unitarianism）的立場。他認為「一位論派」是一種不會陷入基督教派衝突，改革後能與印度宗教和解，並且能夠與西歐學術和科學相容的信仰形式。

來自浸信會傳教團的威廉．亞當（William Adam），就是一位十分欣賞羅伊並改信一位論派的傳教士（他被正統基督徒諷刺為「第二個亞當」。他在一八四〇年代撰寫了著名的《亞當報告》，內容闡述孟加拉的教育現狀）。

羅伊也透過書信與歐美的一位論派交流，歐美的一位論派教會成立時間不長，來自亞洲的羅伊的支持對他們而言也是一種莫大的鼓勵。

改革印度教

寡婦殉夫（娑提〔satidaha〕，已故丈夫屍體火化時，未亡人跳進火裡陪葬）是自古就有的習俗，但被認為是特殊的例外行為。然而，從十八世紀末到十九世紀，英屬印度首都加爾各答及周邊地區，娑提案件數量迅速增加。這種現象不僅發生在上層種姓之間，也擴散到農民種姓之中。人們認為這是由於殖民統治帶來的社會變革所導致的結果。然而，在英國人眼中，娑提是印度教社會野蠻和墮落的表現，也成為基督教傳教士在傳教解禁後，批評印度教的理由。

禁止娑提運動

羅伊想恢復健全的印度教社會，娑提也是一個他絕對不可忽視的重大問題。一八一一或一八一二年，他的兄長賈格·莫漢去世，其中一位妻子（羅伊所屬的庫林婆羅門因極端的一夫多妻制而臭名昭著）進行了娑提，據說他遭受了很深的心靈創傷。一八一八年，他撰寫了一篇反對娑提的孟加拉語社論。

這引發了羅伊派和保守派印度教徒之間的激烈爭論，前者要求在法律上禁止娑提，後者認為娑提是一種具有傳統意義的儀式，不應受到殖民政府的干涉。前者的目標是盡可能從英國的統治中汲取「好處」，以推動印度社會的改革，從而實現印度與世界一流國家平起平坐的國家復興。後者則接受在英國統治的前提下，致力於使殖民政府對印度社會的干預減至最低。後者試圖透過與東印度公司政府合作來獲取利潤；而前者則與批評東印度公司的英國自由貿易主義者建立了聯繫。同時，圍繞娑提產生的對立，也成了一場應該以哪部印度教聖典作為依據的爭論。

正如女權主義者批評的那樣，這場娑提爭辯只不過是精英男性之間的爭執，並未真正顧及那些被燒死的寡婦本身。

東印度公司隨著對殖民地管理信心的增強，為了回應英國國內的輿論抨擊，決定禁止被視為「野蠻習俗」的娑提。這就是孟加拉總督本廷克（Lord William Henry Cavendish-Bentinck）頒布的《娑提禁止法》（*The Bengal Sati Regulation Act*，一八二九年）。一八三三年，孟加拉總督更名為印度總督，本廷克成為首任印度總督，這也象徵時代的重要轉變。

加爾各答的印度社會因此禁令分裂成兩派，分別是由拉德哈坎塔·德布領導的達爾摩會所（Dharma Sabha），呼籲廢除該禁令；以及羅伊派領導的梵天聚會所（Brahmo Sabha），支持禁令。雙方的請願之戰最終打到了英國樞密院。羅伊晚年前往英國，正是為了在這次審判中為禁令辯護。

此外，在這段時期（一八三〇年代初期），加爾各答出現了第三勢力「青年孟加拉」（The Young Bengal）。他們在印度教學院（Hindu College）年輕教師德羅齊奧（Henry Louis Vivian Derozio）薰陶下成長的一群知識分子，批判達爾摩會所與梵天聚會所過於溫和，訴求更激進的西方化改革。

梵天聚會所

在一般的歷史敘述中，Brahmo Sabha通常稱為Brahmo Samaj（梵社），羅伊是創始人，使得羅伊作為「近代印度之父」的形象更加熠熠生輝。然而，在同時代的資料中，這一組織被稱為「梵天聚會所」（Brahmo Sabha）或「齊托普爾街協會」（Chitpur Street Society），「梵天聚會所」這個名稱只在一次布道的標題中出現過。因此，本章認為作為有組織化運動的「梵天聚會所」，實際上是由德本德拉納特・泰戈爾（Debendranath Tagore）所創立的。

羅伊自從待在朗布爾之後，就一直在尋找適合與自己信仰理念相符合的祈禱場所。在加爾各答，羅伊採用了阿特米亞・沙巴協會的形式展開活動。一八二一年，威廉・亞當信仰「一位論派」時，羅伊成立了一位論派委員會，以確保其活動空間，還出資維持運作。該委員會包括英國律師和醫生等知識分子，以及羅伊及其支持者德瓦爾伽納塔・泰戈爾與普拉桑娜・庫馬爾・泰戈爾（Prasanna Kumar Tagore）等有影響力的印度公民，還經營學校，附設印刷廠。但在宗教上的發展並不深入，最終逐漸式微。不過在此時間，羅伊開始與歐美的一位論派通信，並逐步從他們那裡獲得資金支援。

一八二八年，羅伊成立了接近自己理想的梵天聚會所。這是一個以一神信仰為核心，立足於印度教的傳統基礎上，同時追求普遍性的宗教形式。禮拜儀式包括誦讀吠陀經典、以孟加拉語進行釋義和講道、唱誦梵文讚歌等，形式效法基督教的崇拜方式，會眾不分國籍、種族或種姓。即便如此，他也沒有忽略對印度教規範的尊重，邀請婆羅門朗讀《吠陀經》。

一位論派的亞當批評說，羅伊追求信仰唯一真神、否定偶像崇拜，他實際上不相信《聖經》或《吠陀經》的神聖權威。但另一方面，亞當也認可羅伊的改革嘗試，認為相較於來自傳教士的外部批評，羅伊從印度教社會內部發起的改革更具滲透力。

儘管羅伊的宗教改革在當時沒有立即產生效果，但隨著時間推移，他的精神逐漸被接受，並成為近代印度社會的基礎之一。

新聞事業、教育、政治

羅伊最重視的是尊重自由的價值。如前所述，在殖民時期的印度，宗教是印度人唯一受到自由保障的領域。像羅伊這樣擁有獨立精神、才華出眾的印度人，自然會將努力焦點放在宗教領域上。然而，就像福澤諭吉一樣，他的擅長之處，與其說是宗教，不如說更接近法律、政治和經濟等實務面。以下將簡要概述羅伊在這些領域的活動。

新聞事業

羅伊首先是一位思想家和作家。但當時的孟加拉語，不僅文學作品，就連哲學著作都是用詩歌寫成的。散文僅限於書信、契約文書和某些宗教文獻等用途，尚未成熟。英國統治之後，開始要求使用散文文體，羅伊所處的時代正是探索與過渡的階段。他出版了《孟加拉語文法》（一八二六年），並撰寫大量有關孟加拉語的考究文章。在同時代作家中，他創造出一種簡潔明晰、複合詞較少的平實文體。

羅伊的文章透過印刷廣為流傳。英國統治之前，印度書籍還處於手抄本的時代，但十八世紀後半引進了印刷機。到了一七八〇年代，已有孟加拉語鉛字出現，一八一〇年代後半也開始發行孟加拉語報紙。一八二一年，羅伊創辦了孟加拉語週報《月光報》，但後來在與保守派報紙《月華報》的競爭中敗下陣來而停刊。不過不久後便復刊，於一八三〇年改成雙週刊。一八二二年，羅伊創辦了印度第一份波斯語報紙《新聞之鏡》，報導愛爾蘭事務和希臘獨立戰爭等國際事務，但一年後停刊，未再復刊。停刊原因並不是因為經營困難，而是抗議一八二三年頒布的《報業條例》。宣布休刊的社論中，提出了關於言論自由與個人尊嚴的重要主張，成為歷史性文獻。一八二九年，羅伊與德瓦爾伽納塔．泰戈爾等孟加拉人、英國人一起創辦了《孟加拉先驅報》（*Bengal Herald*）及孟加拉語版《孟加拉公告報》，但兩者皆未能持續超過一年就停刊。

「印刷、出版和報紙」在印度歷史中長期被視為現代化的象徵，但如果考慮到歐洲和日本的歷史，這三者應該被視為從近世就已出現、互有關聯的三個指標。

教育

雖然羅伊接受的是傳統教育，但他自學了英語，並且透過在阿特米亞協會的交流討論，確信印度未來的高等教育中，英語教育應該優先於古典語言教育。在羅伊的努力下，印度教學院於一八一七年成立。儘管反對羅伊的保守勢力將他排除在創辦學校的計畫之外，但值得注意的是，印度教學院是在加爾各答改革派或保守派的公民一致共識下建立的成果。

羅伊在加爾各答定居後不久，建立了一所英語學校，提供免費且自由的教育，約有兩百名學生在那裡學習。這是由印度人自行建立的第一所英語學校。一八二二年，該校更名為盎格魯印度教學校（Anglo-Hindu School），在一位論派委員會的督導下運作。德本德拉納特．泰戈爾也曾在這所學校學習。學校的營運費用由羅伊和幾名孟加拉人、英國人共同出資。

一八二三年，羅伊寫信給孟加拉總督阿美士德（William Pitt Amherst，在位期間一八二三—一八二八年），反對在加爾各答建立梵語學校（次年開辦，名為梵語學院），主張應引入實用的西方教育。若對照日本明治初期的選擇，羅伊的主張顯得格外合理，其邏輯與當時日本引進聘請西方教師，推動西式高等教育的做法相似。有趣的是，當殖民政府採取東方主義立場時，羅伊則已帶頭採取英國主義（Anglicist，主張採用英式教育）立場。羅伊的選擇並非西方崇拜的結果，這一點從他於一八二六年創立吠檀多學院的用意就可以看出，該學院旨在將印度古典文化的精髓與近代西方學術和科學相結合。

與此同時，羅伊還積極協助蘇格蘭傳教團（Scottish Mission）的年輕傳教士亞歷山大．達夫（Alexander Duff，一八〇六—一八七八年）建立學校，並提供校舍。這所學校就是現今仍在運作的蘇格蘭教會學院（Scottish Church College）。總體而言，印度以英語為媒介的西式教育並非由殖民政府主導，而是在十九世紀初，主要由民間，特別是印度人（無論是改革派或保守派）主動推動的成果，這是值得注意的一點。

政治

一八二九年十二月十五日，在東印度公司每二十年更新一次特許狀的四年前，具有影響力的富豪們在加爾各答市政廳（Town Hall）召開了一次公民會議。這次集會是為了抗議英國政府未批准放寬歐洲人在印度的居留條件。這是英國自由貿易派人士和羅伊、德瓦爾伽納塔．泰戈爾等「進步改革派」公民，向東印度公司政府提出的重要訴求。羅伊等人認為，引進英國資本和技術將有助於印度的發展。然而，東印度公司政府擔心這樣的開放會種下衝突和叛亂的種子。印度教保守派則反對歐洲定居者在印度種植靛藍植物，理由是這會排擠稻米作物，導致糧食短缺。這次抗議也造成東印度公司政府和支持它的「保守派」印度人，與批評政府的英國自由貿易主義者和「進步改革派」印度人之間的衝突。批評東印度公司政府的英國人和印度人，參加了這次抗議活動。

在集會上，德瓦爾伽納塔．泰戈爾提出動議，要求取消歐洲人在印度定居的限制，羅伊發表演說支持。此外，為準備更新一八三三年的特許狀，會中還通過了幾項決議，要求完全廢除東印度公司在印度的貿易特權，並取消印度向英國出口的商品所面臨的高額關稅。由於所有訴求都是以英印聯合的形式，向東印度公司提出，使得這場集會具有重要的歷史意義。

進入近代後，再也沒有英印聯合提出政治要求這樣的舉動。這次具指標性的政治活動，反映英國人尚需要與印度人合作的英國近世殖民體制。而羅伊和德瓦爾伽納塔．泰戈爾當時仍在強調英國人推廣種植靛藍的啟蒙性，對照十九世紀末因為英國強制種植靛藍的政策，在印度引發農民暴動的情形相比，顯得時代迥異。儘管如此，這次集會的議事進行方式，與十九世紀下半葉近代民族運動的操作模式相同，說明了印度人已開始學習英國式的政治運動形式，這也展現了與近代之間的連續性。

這場集會所提出的訴求，包括全面終止東印度公司的貿易活動、取消對歐洲人定居印度的限制等，最終都在一八三三年的更新特許狀中得以實現。這與近代印度民族運動中的政治訴求往往被無視，或僅達到部分實現的現象，形成了鮮明對比。

雖然這是上層公民的政治活動，但印度人能與英國人一起舉辦向殖民政府提出政治要求的集會，正是前文所述新聞事業與學校教育發展成果的具體表現。

第五時期：一八三〇—一八三三年　滯留英國時期

羅伊從年輕時起，就夢想去英國親眼見識西方社會的實況。在印度教徒禁止出國旅行的時代，這是一個很難實現的夢想。直到《娑提禁止法》通過，他在加爾各答的主要任務告一段落時，終於迎來一個千載難逢的機會。蒙兀兒皇帝任命羅伊為特使，要他前往英國，向英國國王請求增加津貼。除了皇帝的使命外，羅伊訪問英國還有其他重要目的，一是保護《娑提禁止法》，使其免受保守派要求廢除該法的請願影響；二是在討論更新東印度公司特許狀的會議上，要求改善印度現況。一八三〇年十一月，羅伊啟程前往英國。

蒙兀兒皇帝的使節

在一八〇五年的條約中，蒙兀兒皇帝保住了亞穆納河西岸的幾塊領土（mahar），但英國政府派遣德里常駐官員（resident）實際治理那些地方，然後每月支付大幅縮水的「俸給」給蒙兀兒皇帝，以取代地租收入。四分之一世紀後，皇帝向殖民政府提出增加俸給，以與實際地租相符的要求，但與殖民政府交涉多年無果。最終決定派遣使者前往英國，直接與英國國王談判，羅伊就是被遴選出的特使。一八二九年二月，羅伊被正式任命為皇帝使節，並被授予王侯（羅闍）稱號。

關於羅伊作為皇帝使節的角色，在歷史上常被視為微不足道的插曲。但當我們讀到由他親筆撰寫、阿克巴・沙二世（Akbar Shah II）致英王喬治四世（George IV）的信件時，可看出他一方面表現謙虛，另一方面又不失體面地稱呼英國國王為兄弟，展現出了一種即使處於從屬地位也絕不屈服的氣概。

蒙兀兒帝國末期歷經眼盲的沙・阿拉姆二世（Shah Alam II，在位期間一七五九－一八〇六年）、阿克巴・沙二世（在位期間一八〇六－一八三七年），到最後一位皇帝巴哈杜爾・沙二世（Bahadur Shah II，在位期間一八三七－一八五八年），從政治史上來看，他們已淪為只擁有德里附近領土的英國傀儡皇帝。然而，正如在政治上同樣無力的日本朝廷，在光格天皇（在位期間一七八〇－一八一七年）時期，藉由歌道、朝儀等文化權威來尋求重返政治權威之路。蒙兀兒帝國末期的皇帝們也嘗試透過禮儀和詩歌（尤其是二行詩加扎勒〔Ghazal〕的創作與傳播）來提升文化權威，作為恢復政治影響力的努力。也正是這樣的文化與象徵背景，在印度民族起義中，蒙兀兒皇帝才會被推舉為反英的象徵性共主。

在擔任蒙兀兒皇帝特使的過程中，羅伊充分表現出他作為「近世之人」的特質。同樣值得注意的是，在印度民族起義之前，幾位表現突出的「近世型」君主，也曾親自向英國政府請願要求恢復年金，但都被拒絕。就羅伊的情況來說，東印度公司並不承認羅伊為皇帝特使的身分。但是羅伊抵達英國後，受到負責監督英屬印度統治的印度督察局局長查爾斯·格蘭特（Charles Grant，一七七八－一八六三年，同名著名人物的長子）的賞識，並於一八三一年九月以「大使」身分列席英王威廉四世的加冕典禮。至於增加皇帝津貼一事，在格蘭特的協助下，最終實現年額增加一百五十萬盧比的成果。

關於印度實情與提出改革方案

羅伊赴英後，接受印度督察局的邀請，就稅收制度、司法體系、社會概況、歐洲人定居問題、農民處境等議題釋疑，指出印度目前存在的問題，並闡述自己的改革方案。誠如前文所述，比起宗教人物，羅伊更是一位具有務實才幹的現實主義者。對於稅收和司法制度，借鑑現實生活中的艱難經驗，他提出了實際的見解和具體的改革建議。當時英國正進入一個以「法律改革」為主軸的「改革時代」，從近世延續而來的元素與近代多元化的各種因素相互碰撞的場域中，來自殖民地的提案也參雜其中，為自己發聲。

羅伊作為一個現實主義者，認為當前的問題不是印度自治，而是確保citizens正義原則及生命財產安全。至於他所說的citizens到底包括哪些人，對他的評價也會因此而有所分歧。若將citizens翻譯為市民，應該包括羅伊等加爾各答的知識分子，也就是富裕的加爾各答市民與在外地主扎明達爾；若翻譯成國民，就代表範圍更廣的人民，包括農民在內。外界對於羅伊的評價，正是基於這兩種翻譯的理解而有分歧。這也與我們是從其所處的時代背景來看待他，或是從通往現在的歷史脈絡中來看他，是有所關聯的。

在此先不急著下結論，不妨先看看羅伊所提的司法改革提案究竟落實到什麼程度。羅伊最推崇的是司法與稅收分離的原則。但在一八三一年的司法改革中，縣級收稅官（Collector）兼任治安法官（Magistrate），在最觸及印度人利益關係的地區建立了羅伊最厭惡的「稅收與司法的合體」。

不過，羅伊的努力也創造許多豐碩成果。羅伊主張將法庭用語從波斯語改為英語，羅伊的一些同事則主張採用孟加拉語。結果從一八三九年起，最高民事法院使用英語，地方法院則使用當地語言（其中包括孟加拉語）。羅伊也主張提高印度律師的地位，殖民政府因此實施提高律師獨立性、改善報酬的改革。這一點也導致中央和地方法院之間的律師待遇差距擴大。關於陪審團制度，一八二六年的法律規定，最高民事法院的陪審團中對印度人採取差別待遇。這一點讓加爾各答和孟買的印度知識分子激烈反彈，展開了反對運動並提出修正案，但東印度公司的理事會否決了修正案。當時正在英國的羅伊為此展開論戰，最終成功廢除歧視印度人的法律。

羅伊在英國慷慨激昂的辯論風采大獲好評，他向英國社會展現出印度人的能力，儘管對他的批評從不間斷，但這一點無疑具有劃時代的意義。遺憾的是，羅伊於一八三三年在布里斯托（Bristol）去世，客死異鄉。

近代化與傳統回歸

羅伊是一位在近世末期構思近代印度的人。他的思想中最重要的一點是，推動這一近代化的原動力，並非來自統治殖民地印度的英國。羅伊認為建立一個沒有偶像崇拜的一神信仰是近代化的關鍵，早在他接觸基督教之前，羅伊就透過伊斯蘭教獲得此一思想。後來，他在已從日常生活中逐漸消失的《奧義書》中發現了同樣的想法。而在學習英語後，他發現一位論派也有著相同思想。支撐他這一認知的關鍵，是以理性進行思考，做出合理判斷的精神。這種思想看起來是他與生俱來的特質，在成長過程中被磨練得更加敏銳，並在接觸伊斯蘭教的理性思想後得以確立。羅伊出身婆羅門階層，其作為看似在一定程度上繼承了Hinduism（印度教，這個名詞當時才剛剛確立）中逐漸退居幕後的《奧義書》思想，但他並未執著Hinduism本身。他信奉普遍和自由的思想，能接受他所遇到的每種思想，因此也不屬於任何一種。正因如此，才能夠正面展現自己作為婆羅門的身分。

總而言之，羅伊是一位在複雜文明背景下出現的思想家。他所掌握的多種語言，也奠定了他多元的存在樣貌的基礎。雖不遵循印度教社會的儀式和習俗，但仍盡可能遵守婆羅門的禮儀。他與穆斯林婦女生活在一起，穿著蒙兀兒貴族的衣服，是一位被穆斯林尊為學者的傑出人物。他一方面以祖先曾在孟加拉納瓦卜宮廷任職為榮，另一方面卻厭惡前近代穆斯林政權的專制統治。即使如此，他仍出任了蒙兀兒皇帝的使者，甚至獲得「拉者」（Raja）的稱號。即使在學習英國法律時，他也深受保守派權威布萊克斯通（Sir William Blackstone，一七二三—一七八〇年）和嚴厲批評布萊克斯通的邊沁（Jeremy

Bentham，一七四八—一八三二年）之影響。這種表面的矛盾是生活過程中自然發生的事情，對於既能接納各種觀點，又保持自由立場的羅伊來說，更是如此。

羅伊不是一個依附既有傳統的思想家，而是一位目光投向未來的思想家，著眼於印度該如何因應即將到來的近代。他也是一位現實主義者，在所處環境中探索現實的可能性。他交友廣闊，名氣遠播歐美，這固然歸功於他的卓越學識，但也很大程度上和他身處近世末期有關。無論是一位論派或印度學，在歐美都處於草創期，精通英語的博學婆羅門的論點，對它們的發展有很大貢獻。羅伊的吠檀多學說並非威廉·瓊斯（Sir William Jones）或科爾布魯克（Henry Thomas Colebrooke）等人「傳授」給他，是羅伊的研究開啟了印度學的新局面。

此外，羅伊所處的時代，即使是英國統治印度，仍需要印度人的協助與合作。羅伊利用這樣的局勢來累積財富，並以此為基礎展開國際性的思想活動。當然也有一些英國人和印度人對羅伊感到不滿，各方勢力產生許多衝突。近世末期特有的相對開放的空間，隨著十九世紀下半葉進入近代以後，也逐漸封閉起來。

三、近代初期（十九世紀後半）的宗教與社會改革運動

羅伊去世後，殖民政府也加快腳步邁入近代。掌管殖民政府的東印度公司是一個獲得英國國王特許的壟斷公司，具備典型的近世企業特徵。儘管如此，該公司在治理印度的過程中，承擔了超出一般私人

企業的範疇，並受到國家機器的干預，使私人企業的性質發生變化。也有觀點指出，該公司具有現代企業集團的特徵，但這些特徵在當時仍屬於次要背景。直到印度民族起義之後，殖民地印度才採用近代國家的體制。

印度民族起義促使印度從近世邁入近代。此後英國對印度的統治可說達到鼎盛時期，整個十九世紀皆維持穩定狀態。但正如高掛天頂的太陽也有日落西山的時候，印度民族起義後的英國統治，也無可避免地逐步、穩定且加速地走上了撤退之路。例如，印度人在參事會（一九一九年後改為政府）的比例變化便是一個明證，因為整個十九世紀民族運動持續對英國統治施加壓力，導致了上述結果。印度民族起義使英國取代東印度公司，直接統治印度，這也代表近世的統治體制已經無法支撐下去。

近代民族運動的先鋒隊是所謂的中產階級，他們接受西方教育，在殖民地行政機構擔任基層人員。他們位於英國統治者和印度群眾之間，是為兩邊居中協調的中間階層。中產階級的政治動員早在一八三〇年代就開始。一八三七年成立了地主協會（Landlords' Society），一八四三年中產階級成立孟加拉英屬印度人協會（Bengal British India Society），一八五一年這兩個組織合併，成為「英屬印度人協會」（British Indian Association）。

印度民族起義後，英屬印度人協會由印度人（其實是孟加拉人）擔任代表，成員為地主和中產階級。在印度民族起義結束後不久，以歐洲人為主的靛藍園主強迫農民種植靛藍而非糧食的行為，引起軒然大波，結果爆發了孟加拉靛藍起義。當時代表地主利益的英文週刊《印度教愛國者》（*Hindoo Patriot*）立即發表了支持起義的評論文章。週刊編輯哈里希・錢德拉・穆克吉（Harish Chandra

Mukherjee，一八二四—一八六一年）是梵天聚會所的成員。印度民族起義剛結束之際，地主階級還處於主導地位，但中產階級迅速崛起。隨著殖民統治機構的近代化與組織擴張，中產階級的規模也日益壯大。一八六六年，梵社（前身為梵天聚會所）分裂為德本德拉納特．泰戈爾領導的「阿迪梵社」，和克夏勃強特拉聖（Keshab Chandra Sen）領導的「印度梵社」。克夏勃強特拉聖的梵社並沒有自稱「英屬印度」，而是直接稱作「印度」，這象徵著中產階級逐漸抬頭。大扎明達爾德本德拉納特．泰戈爾領導的阿迪梵社與地主友好，而印度梵社親近中產階級。不過，許多地主接受教育後轉化為中產階級，因此兩者無法明確劃分為截然不同的類別。

隨著一八七六年印度人協會（Indian Association）的成立，中產階級抬頭後，終於有機會在政治上大顯身手。由此可見，近代初期（十九世紀後半）的宗教和社會改革運動，為後來的政治運動鋪平了道路。不過，印度的宗教與政治之間的關係相當複雜，因此不能輕率地認為「因為是印度，政治自然會與宗教糾纏在一起」。

在此先將時間點往回推，探討羅伊過世後，宗教和社會改革運動產生了什麼樣的變化。羅伊過世約十年後，梵天聚會所已成為有名無實的組織。一八三九年，德瓦爾伽納塔．泰戈爾的長子、詩人羅賓德拉納特．泰戈爾（Rabindranath Tagore）的父親，德本德拉納特．泰戈爾成立了真知會（Tattva-bodhini Sabha），旨在宣揚《奧義書》的真理。一八四二年，真知會與梵天聚會所合併。在他的努力下，梵天聚會所從單純的聚會轉變為一個宗教組織，也就是後來的梵社（Brahmo Samaj）。

一八四〇年代後半，梵社因《吠陀經》的無誤性起爭執。這件事起因於相信《奧義書》（構成《吠陀經》最後部分的哲學著作）無誤性的精神領袖德本德拉納特，與立場接近自然神論、機關刊物《真智雜誌》編輯阿克夏・庫馬・杜塔（Akshay Kumar Dutta，一八二〇—一八八六年）等年輕知識分子之間的辯論。最後他們派出研究團隊前往瓦拉納西，揭示了《奧義書》中各種論述的矛盾，德本德拉納特也因此放棄了《吠陀經》無誤論。

這場爭論可以看作是羅伊思想中，對近代西歐理性思考的信仰，與以《奧義書》為信仰基礎的立場之間所發生的衝突，亦可說是一場近代西歐思想與復甦的古印度哲學，互相激盪與對話的重要論爭。不難理解德本德拉納特強烈反對基督教傳教活動。雖說是根據《奧義書》，但德本德拉納特並沒有採用商卡拉（Shankara）主張的梵我一如的「不二一元論」，而是在被崇拜的神與崇拜者分立的「二元論」基礎上建立了自己的信仰生活。

在這場論爭中，伊斯瓦・昌德拉・維迪亞薩加（Ishwar Chandra Vidyasagar）和阿克夏・庫馬・杜塔站在同一陣線。伊斯瓦・昌德拉・維迪亞薩加是梵文學院的學生，精通英語，還是不可知論者的大學者，雖未加入梵天聚會所，卻與梵天聚會所的運動志同道合。他推動的寡婦再婚運動也具有梵天聚會所的風格，並得到梵天聚會所成員的支持。他會見印度總督時，梳著奧里亞轎夫式髮型，身穿傳統的簡樸服裝，散發出班智達的堅毅精神，就連英國高官也對他抱以敬意。

一八五七年，克夏勃強特拉聖加入梵社後，魅力十足的兩大臺柱讓梵社蓬勃發展。但如前文所述，具有大地主心態的德本德拉納特・泰戈爾，與立足於中產階級青年的克夏勃強特拉聖，存在著顯著差異。導致梵社在一八六六年出現第一次分裂，從而誕生了「印度梵社」。克夏勃強特拉聖與其支持者推動寡婦再婚、跨種姓婚姻和消除種姓歧視等改革，但德本德拉納特・泰戈爾始終保持謹慎態度。此外，克夏勃強特拉聖深受基督教影響，和德本德拉納特・泰戈爾之間的差異很難彌合，因為德本德拉納特不接受神與信徒之間存在著基督或上師等中介者。直接導致兩人分裂的導火線，是爭辯上臺主持儀式的婆羅門，是否可佩帶代表種姓特權的聖繩。值得注意的是，受西歐影響較大的克夏勃強特拉聖，比堅守民族傳統文化的德本德拉納特・泰戈爾，更積極推動民族主義運動。

一八六〇年代中期到一八七〇年代中期的十年間，是克夏勃強特拉聖的全盛時期。在此期間，克夏勃強特拉聖積極利用鐵路和海路，想盡辦法前往印度各地巡迴演講。德本德拉納特・泰戈爾也曾遊歷印度各地，並建立幾處梵社分支機構，但他的旅行動機，主要是在秋季的難近母節（Durga Puja，又稱杜爾迦女神節）祭典期間，避開偶像崇拜的氣氛，在安靜的地方進行冥想。克夏勃強特拉聖則是更明確地為了宣揚梵的教義而遊歷各地。他的英語演講精采絕倫，所到之處萬人空巷，不僅催生梵社分部，還有一些受其影響的宗教團體也陸續成立。

然而事實上，大約三十年前，在羅伊的影響下，有「馬哈拉什特拉之父」之稱的詹卜姆菲卡（Bal Shastri Jambhekar）也曾推動啟蒙運動。

一八六七年，克夏勃強特拉聖訪問孟買後，阿特馬拉姆・潘杜朗（Atmaram Pandurang，一八二三—一八九八年）等人成立了祈禱會（Prarthana Samaj）。一八七〇年在浦納（Poona，今稱Pune）設立分會。次年馬哈德夫・戈文德・拉納德（Mahadev Govind Ranade）加入後，祈禱會的活動更加蓬勃。參加祈禱會的知識分子承襲馬哈拉什特拉邦毗濕奴的聖人流派，仍為印度教徒，與其說是宗教改革，他們更致力於社會改革。這也符合他們務實的作風。在印度國民大會黨召開後，拉納德在議場內推動成立「印度國民社會會議」（Indian National Social Conference），試圖擴大社會改革，但時代潮流早已轉向不同的方向。

即便如此，由於印度的面積與歐洲（不包括北歐）相當，因此位於印度南部邊緣的安德拉地區，改革運動仍相對滯後。直到十九世紀末至二十世紀初，梵社的分會數量才不斷增加。其中的核心人物是拉賈赫穆恩德爾伊的維爾薩林加姆（Kandukuri Veeresalingam）。安德拉邦的改革運動不僅受到孟加拉的影響，也受到馬哈拉什特拉邦祈禱會的影響。

梵社的影響力不僅靠克夏勃強特拉聖等成員的巡迴演講，還有不少人親自前往加爾各答並受到啟發。日後創立雅利安社（Arya Samaj）的陀耶難陀・薩羅斯薄底（Dayananda Saraswati）就是其中之一。他於一八七二年造訪加爾各答，結識了克夏勃強特拉聖，並深受其影響。一八七五年，陀耶難陀・薩羅斯薄底創立了雅利安社，以「回歸吠陀經」為口號發起復古運動。宗教和社會改革運動的共同點是復古，而復古運動則是讓這些運動的另一個共同點——以近代西歐文化為標準的價值觀，逐漸退居次要地位。這場運動單純以《吠陀經》及其形成時期的社會為基準，摒棄當前宗教和社會中的惡習（偶像崇拜、種姓制度、童婚、性別歧視），結果就是朝向建立近代化社會的目標邁進。雅利安社便是在這樣的背景下誕生，並以北印度，尤其是旁遮普至今日的北方邦為中心，穩步擴大其勢力。

梵社的克夏勃強特拉聖則愈來愈重視信仰中的「行」（修行），這使他開始吸收印度教的元素，導致與梵社中尊重理性、自由與平等等近代價值的成員產生了鴻溝。一八七二年，在克夏勃強特拉聖的努力下，頒布了允許婆羅門以民事婚姻形式結婚的《印度人婚姻法》（*Native Marriage Act*，俗稱《婆羅門婚姻法》）。然而，他卻違反法律（雖然他本人不認為違法），將年幼的女兒嫁給科奇比哈爾土邦國王，使得梵社再次分裂，並成立了「薩達蘭梵社」（Sadharan Brahmo Samaj）。一八八〇年，克夏勃強特拉聖將他所領導的梵社改名為「新攝理派」（Nabo Bidhan, Navavidhan）。

在這樣的歷程中，克夏勃強特拉聖一派讚頌那些雖沒有受過教育，卻用美妙的比喻宣揚偶像崇拜的印度教聖者，並發現能夠透過修行的力量看到神靈，自由地進入專注忘我境界的聖人拉瑪克里斯納（Ramakrishna），於是積極地向世人宣揚他的事蹟。求道心甚篤的年輕知識分子，紛紛圍繞在拉瑪克里斯納身邊，其中就包括維韋卡南達（Swami Vivekananda）。他早年曾連續聽了克夏勃強特拉聖多場演講，卻未能獲得內心的滿足，最終轉向拉瑪克里斯納的門下。通過維韋卡南達的推動，拉瑪克里斯納的教義成為一種以印度教經典為基礎、理論更為簡潔精確的教說。他所弘揚的近代印度教內涵，不是依據被遺忘的《吠陀經》中的偶像崇拜信仰，而是立基於廣泛使用的《往世書》（*Puranas*）中重塑偶像崇拜信仰。曾將德國浪漫主義思想帶到英國，並成為牛津大學教授的馬克斯・繆勒（Max Müller），也出版了一本關於拉瑪克里斯納的著作，對近代印度教的國際化貢獻良多。

西方對印度的關注由來已久，而與近代印度特別相關的一個獨殊團體，便是「神智學協會」（Theosophical Society）。神智學協會由出生俄羅斯的布拉瓦茨基夫人（Helena Petrovna Blavatsky，海倫娜・彼得羅芙娜・布拉瓦茨基）和美國人奧爾科特（Henry Steel Olcott）於一八七五年在紐約創立。一八八〇年左右遷往印度，並在馬德拉斯設立總部。神智學協會宣揚「科學、宗教和哲學的統合」，由於其世界觀與印度思想相似，且拒絕西方思想，因此在民族主義盛行的印度，特別是印度南部，受到知識分子的支持。神智學協會的第二任會長安妮·貝贊特（Annie Besant，一八四七－一九三三年）曾於一九一七年擔任印度國大黨主席。

我們從穆斯林社會的改革運動開始撰述，現在也以觀察近代穆斯林社會的動向作為結尾。在印度民族起義中，穆斯林社會失去了最後的象徵——「蒙兀兒皇帝」，穆斯林的上層階級被迫改變政策，不再排斥殖民政府。當時他們採取的策略，與半個世紀之前印度教上層階級所採用的策略相同，亦即接受英國統治，將其視為天賜的恩惠，並改革自身社會以適應殖民統治的環境。主導這場改革的是賽義德·艾哈默德·汗（Sayyid Ahmad Khan），並以運動的根據地命名為「阿里格爾運動」（Aligarh Movement）。其發展區域與雅利安社的勢力重疊，兩個組織經常激烈交鋒。遲了半個世紀才開始的阿里格爾運動，由於採取親英立場，在民族主義思潮高漲的近代印度，最終與民族主義的主流形成對立。

克夏勃強特拉聖（一八三八－一八八四年）

宗教和社會改革家。孟加拉語發音是Kēśaba candra sēna。出身於加爾各答一個博伊德（醫生）種姓的顯赫家庭。他的祖父拉姆卡馬爾（Ramkamal Sen，一七八三－一八四四年）是一位保守派知識分子，曾擔任孟加拉銀行財務主管、孟加拉亞洲協會祕書長、印度教學院院長等重要職務。

一八五六年畢業於印度教學院。一八五七年加入梵社。不久便受到梵社領導者德本德拉納特·泰戈爾青睞，成為核心領導人。克夏勃強特拉聖四十五歲去世，但他短暫的一生就像一隻飛過洶湧大海的海燕般激昂奔騰。他是一位具有華麗辯才的演說家，以口才聞名，甚至在英國也很受歡迎。雖說他以「能言善辯的印度人」之名為世人所熟知，但他認為自己是一名實踐者，事實上他的行動與影響力的範圍相當廣泛，令人驚訝。

克夏勃強特拉聖致力於批評種姓制度，一八七二年頒布的《婆羅門婚姻法》，實現了不同種姓間的通婚和寡婦再婚等主張。這在當時是一種極為激進的社會改革行動，因此引起大扎明達爾家族族長德本德拉納特的警惕。

此外，克夏勃強特拉聖的宗教觀強調愛和普遍的人類同胞意識，這一點深受基督教影響，也刺激了對基督教傳教活動感到警惕的德本德拉納特和保守派領導層的不安和反感。

結果，一八六六年，克夏勃強特拉聖脫離梵社，成立印度梵社（Brahmo Samaj of India）。這是第一個從組織名稱去除「英屬」（British）標籤的團體，象徵克夏勃強特拉聖作為近代印度的先驅，為印度指引了未來發展的方向。他一生中出版了十一種期刊，其中包括《印度鏡報》（*Indian Mirror*，一八六一年），這與一八六〇年代印度民族運動中新聞媒體的形成密切相關。他還利用新建的鐵路網在全國各地進行演講，並在英國也取得非常成功的演說活動，使他成為不僅是孟加拉的改革者，更是代表整個印度的近代首位思想家和活動家。

一八六六年，一股巨大的「奉愛」（Bhakti）浪潮向克夏勃強特拉聖襲來，奉愛指的是熱烈皈依神的意思。他一向強調知性與靈性的結合，但這波偏向情感化的宗教熱潮，與偏重知性的婆羅門信仰形成對比。這一運動強調的是帶有印度色彩的修行與情感投入，也進一步激發了熱烈的愛國主義。「知性」與「修行／情感」之間的衝突，再加上克夏勃強特拉聖違反《婆羅門婚姻法》的精神，將年幼的女兒嫁給科奇比哈爾土邦國王一事，導致一八七八年梵社的第二次分裂。克夏勃強特拉聖所領導的「新攝理派」，利用土邦國王的權威，強調修行／情感勝於知性，被視為印度民族運動的右派。但同時，其超越印度、走向世界的目標，與詩人羅賓德拉納特．泰戈爾對民族主義的批評相契合。總體而言，其一生可說是在接受西方近代的同時，試圖立足於印度精神文化的知識分子的典型軌跡。

拉瑪克里斯納（一八三六－一八八六年）

全名為拉瑪克里斯納．帕拉瑪漢薩（Ramakrishna Paramahamsa）。近代印度著名的聖人。他與拉姆．莫漢．羅伊和維迪亞薩加一樣，出身於孟加拉前近代文化中心拉爾地區的一個最高級庫林婆羅門家庭。他從小就被強烈的宗教體驗所撼動，無法接受婆羅門應有的正式教育。一八五五年，在長兄的牽線下，他在加爾各答郊區的達克希涅斯瓦寺（The Dakshineswar Kali Temple）出家為僧（purohita），並終身在那裡修行。這座寺廟是由一位來自科博爾德（Koibarta，農業種姓）的富有寡婦在加爾各答郊區建造的，因其顯著的「界線性和邊緣性」特徵而受到關注，也與拉瑪克里斯納本人在社會中的邊緣身分重疊。

他在三十歲之前經歷了極端艱苦的修行期。他的修行法並非源於特定宗派，也沒有導師，完全是源自內在驅動、全憑個人風格。透過他專心致志、莽撞無謀、不顧世俗眼光，以近乎瘋狂般的專注進行修行，終於實現了與迦梨（Kālī）女神的「見神體驗」。

二十五歲時，他遇到恒特羅密教女性苦行僧尤格甚瓦里（Yogeshwari）。在她的指導下，他完成了恒特羅密教的六十四種修行法。這次的機遇使他開始將自己的修行置於印度教神祕主義的系統之中。同時，尤格甚瓦里確信拉瑪克里斯納是神的化身。

從此，他開始實踐各種宗教和教派的修行。首先接觸的是毗濕奴派，其修行之道以神與信徒分離為前提。

約一八六五年，他遇見一位吠檀多派的遊方僧托塔・普里（Tota Puri）。他拜托塔・普里為師，隨之出家，賜名「拉瑪克里斯納」。拉瑪克里斯納在托塔・普里的指導下繼續修行，體驗了「無形、無相、永恆的梵我合一的三昧境界（梵＝宇宙的根本原理，我＝與之合一的自我）。這種被稱為「無分別三昧」（nirvikalpa samādhi）的體驗，讓他在印度教神祕主義的傳統中獲得了堅實而穩定的定位。

三十歲時，他開始從事教學工作，但他仍持續體驗其他宗教。一八六六年，他實踐伊斯蘭神祕主義（蘇非教派）的修行，並宣稱見到了先知穆罕默德。一八七四年，他又體驗了基督教的見神體驗。

實踐多種宗教和教派的修行，經歷各種不同的至神之道，他的結論是：神是一體的。這種寬容的普遍主義已成為近代印度教的一大特色。拉瑪克里斯納不是只透過單純的思辨，而是透過實際身體的修行，來獲得梵我一如的究極體驗，因此吸引了對理性與知識信仰感到不滿足的中產階級知識分子。這一切的轉機來自他與克夏勃強特拉聖的相遇，讓他將近代西歐的理性（知）與印度本土的實踐（行）結合在一起。在克夏勃強特拉聖的引薦下，許多接受近代英語教育的知識分子圍繞在拉瑪克里斯納身邊。拉瑪克里斯納雖是一位沒有接受正規教育的婆羅門，卻向那些受過英語教育的中產階級精英們傳授教義。

根據拉瑪克里斯納的語錄和行誼所編纂的《不朽之言》（全五卷，日文版由田中嫺玉翻譯），生動地展現了拉瑪克里斯納直率、樸實的語言風格，以及他與周圍年輕知識分子們互動的氛圍。

維韋卡南達（一八六三—一九〇二年）

對近代印度教的成立做出巨大貢獻的宗教家。俗名是納倫德拉納特．達特（Narendranath Datta，孟加拉語的發音為Narēndranātha datta）。他出生於加爾各答，父親是富有的卡雅斯塔（Kāyastha）律師，母親是虔誠的印度教徒，相信她的兒子是濕婆神恩賜給她的。他接受以英語為媒介的近代教育，一八八四年獲得加爾各答大學B. A.（文學士）學位，後又研讀B. L.（法學士）課程，修滿所需學分，但沒參加結業考試。在學期間和其他知識青年一樣參加梵社，但始終無法滿足見神的願望。

後來是拉瑪克里斯納實現了他的見神願望。一八八二年，當他遇見拉瑪克里斯納時，由於具備近代理性思想，他並沒有立即崇拜這位聖人。在嚴格審視聖人言行後，才接受其指導。據說他在一八八六年達到終極頓悟的境界，其父親在一八八四年過世，當時他正經歷經濟和精神上的雙重困難時期。

一八八六年，拉瑪克里斯納去世，委託他處理後事。他出家為僧，取名為維韋卡南達（Vivekananda），與師兄弟商討後，組成了修道團體。如果拉瑪克里斯納是教派創始人，那麼維韋卡南達就是整備教義、建立教團組織的教派奠基者。就這樣，從未曾接受正規教育、飽含宗教甘露的創始人手中，交棒給了受過近代西方教養的繼承者。

一八八八至一八九三年間，他徒步遊歷了印度各地，這是他一位接受西方教育的青年，為了真正扎根於印度這塊土地所進行的修行。一八九三年，維韋卡南達在南印度追隨者的資助下，參加了在芝加哥舉行的世界宗教大會。他在大會上演講，以其令人矚目的儀表和流利的英語口才，給現場聽眾留下深刻印象，認為他是一名體現真正宗教的印度教徒，也讓他一舉成為世界知名人物。隨後他周遊歐美各地進行演講、出版英文著作，同時籌集活動資金。

一八九七年回國，給人一種凱旋歸來的感覺。同年，他創立了拉瑪克里斯納機構（The Ramakrishna Mission），與其說是社會改革，不如說他開始了社會服務事業，其活動延續至今，影響深遠。次年，他在加爾各答郊區白魯爾（Belur）興建白魯爾廟（Belur Math）。一八九九至一九〇〇年，他再度遊歷歐美各國。一九〇二年，他在白魯爾廟離世。

維韋卡南達完成了近代印度的印度教復興運動，可以說近代印度教在他手中獲得了明確的形貌。他的思想強調社會服務和印度的精神覺醒，對民族運動影響深遠。此思想特徵在於融合西方物質文化與東方精神文化，並強調印度在這其中擔負的角色。民族主義的時代就此來臨。

陀耶難陀・薩羅斯薄底（一八二四－一八八三年）

他是來自古加拉特地區的婆羅門苦行僧、宗教改革家和雅利安社的創始人。在多愁善感的少年時期，他看到一隻老鼠在濕婆神的神像上爬行、翻找供品，深感震驚。於是他開始懷疑什麼才是真正的宗教，這位婆羅門男孩立志探求宗教的真理。二十二歲時，他因逃避別人安排的婚姻而離家出走，開始了長達二十年的四處行腳修行。二十四歲時，他加入薩拉斯瓦蒂教團（Saraswati samaj），正式成為一名苦行僧。在流浪修行期間，他也接觸了基督教和伊斯蘭教。

從一八六五年起，他積極宣揚自己的立場，強調「回歸《吠陀經》」。一八七二年，他遇見克夏勃強特拉聖，克夏勃強特拉聖鼓勵他用民眾語言講述教義的現代教學方式，他深表認同。一八七五年，在孟買成立雅利安社。

陀耶難陀透過雅利安社主張四部《吠陀》經典的無誤性，即一切正確知識和宗教真理都源自《吠陀經》，並否定《吠陀經》沒有提到的制定與習俗，例如種姓制度、多神信仰、偶像崇拜、禁止寡婦再婚與其他性別歧視、童婚、禁止海外旅行等。

這些主張，其實梵社早已致力推動相關改革，但梵社深受近代西歐價值觀的影響。相較之下，雅利安社排除外來因素，將《吠陀經》視為印度的絕對經典，並強烈表達在國內解決上述問題的意圖。這不僅是一場宗教改革運動，更是一種排斥其他宗教，認為只有改革後「應有」的印度教才是唯一正統的，本土的、激進的民族主義運動。

一八八〇至一八九〇年代，雅利安社以旁遮普地區和聯合省（今北方邦）西部為核心地帶，迅速將勢力擴展至印度各地。這一現象與當時印度民族運動開始邁向全國性集結、明確展現民族主義的趨勢並行，也預示著民族運動的中心從孟加拉向印度北部轉移。

梵社雖將分會網絡擴展到恆河沿岸城市，但其組織多由派駐在當地的孟加拉中產階級組成，並非當地民眾自發聚集而成，因此當地人對其感到疏離，甚至視其為應被排除的外來團體。相較之下，陀耶難陀以適合宗教討論的印地語風格傳教，讓語言成為溝通工具，使得雅利安社成為貼近民眾、親切感更強的組織。

雖然陀耶難陀於一八八三年過世，但雅利安社仍持續發展，不僅取代梵社成為主要的改革運動推手，更成為支撐印度民族主義的後盾。這股力量雖朝向印度邁向，但也有排除國內其他宗派的傾向。

賽義德・艾哈默德・汗（一八一七—一八九八年）

穆斯林社會的改革家。他出身於德里一個沒落的貴族家庭。在反英傾向濃厚的穆斯林上層階級中，對於參與英國殖民行政常懷排斥態度，但為了重振家業，他不顧周遭反對，擔任東印度公司政府的司法官員，後升任副法官，並於一八七六年退休。

一八五七至一八五八年的印度民族起義，導致蒙兀兒帝國名實俱亡，穆斯林的反英攘夷立場也開始產生變化。艾哈默德・汗正是這一轉變的推動者。他出版了英文著作《印度人叛亂的各種因素》（*The*

Causes of the Indian Revolt），目的是與英國和解（儘管他也毫不保留地批評英國）。他尊重英國的自由主義思想，呼籲聯合省西部與旁遮普地區的穆斯林上層與中產階級，捨棄舊有的對英統治的敵對觀念，提倡接受近代教育、參與殖民地行政。

為實現這一訴求，他在一八六〇年代至一八七〇年代成立了多個改革與教育機構，包括成立科學協會（一八六四年）、開辦烏爾都語啟蒙雜誌《道德的淨化》（*Tehzeeb-ul-Akhlaq*，一八七〇年），還有在阿里加爾創設穆罕默德—盎格魯—東方學院（Muhammadan Anglo-Oriental College，今阿里加爾穆斯林大學〔Aligarh Muslim University〕）。以這所學院為基地，推動穆斯林社會和文化的近代化，並採取親英路線，此即為阿里加爾運動。

另一方面，一八六〇年代殖民政府鎮壓被視為瓦哈比運動的武裝起義和聖戰運動，到了一八七〇年代，殖民當局改變對穆斯林的政策，認為穆斯林是需要保護避免遭受敵人傷害的少數群體。政府進一步藉由穆斯林與占社會多數的印度教徒之間的對立，試圖牽制逐漸興起的印度民族運動。這樣的策略與阿里加爾運動的親英路線不謀而合。印度教徒與穆斯林之間的對立，從此成為印度次大陸歷史的基本政治結構，直至一九四七年的印巴分治。

艾哈默德．汗的宗教觀念，不依賴烏理瑪（研究伊斯蘭諸學的知識分子）之間的共識來解釋伊斯蘭教傳統，而是以啟示經典《古蘭經》為基礎，從現代主義立場重新詮釋宗教。他主張西方自然科學與伊斯蘭教不衝突，並指出宗派衝突弱化了穆斯林的社會經濟力量，主張克服這些分裂。這可說是民族運動形成初期的典型特徵。他強調「自助自立」的倫理道德，正是全球現代精神的體現，也與明治初期的日本呈現出相似特色。

艾哈默德．汗在文章中闡述了近代自由主義所需的個人倫理，並強烈要求克服「舊習俗」，其使用的語言是他自創的、簡明易懂的烏爾都語文體。在近代烏爾都文學史上，他被視為首位將近代思想融入此語言體系的人。

到了一八八〇年代，隨著民族運動形成全國性論壇（印度國民大會黨）時，艾哈默德．汗批評這是印度教徒領導的反穆斯林運動，並於一八八八年結合印度教大地主、藩王和英國人，共同組成「統一印度愛國協會」（United Indian Patriotic Association）。一八八六年艾哈默德．汗創建「穆斯林教育會議」（Muslim Educational Conference），也可視為對印度國民大會黨的回應與對抗。

其他人物

威廉．瓊斯

一七四六—一七九四年。比較語言學創始人，孟加拉亞洲協會創辦人。他出生於倫敦一個數學家家庭，具備希臘語和拉丁語素養，還在牛津大學學習阿拉伯語和波斯語，並撰寫《波斯語文法》，展開東方學家的職業生涯。不過，由於經濟因素，他進入法律界工作。此後，他身兼律師和東方學家雙重身分，累積各種實務經驗。一七八三年被封為爵士，因精通波斯語和法律知識，被任命為加爾各答高等法院法官。次年，即一七八四年，他成立了孟加拉亞洲協會，奠定了涵蓋廣泛學術領域的東方學重鎮。當時，在孟加拉總督黑斯廷斯的主導下，正在進行作為殖民審判依據的「印度教法典」編纂作業。瓊斯在研究梵語後，將《摩奴法論》翻譯成英語，貢獻卓著。在學習梵語時，他發現梵語與希臘語、拉丁語有相似之處，也進一步察覺到波斯語與歐洲諸語的親緣關係，由此開創了以印歐語系為研究對象的比較語言學領域。

馬克斯・繆勒

一八二三—一九〇〇年。近代歐洲「比較宗教學」學術體系的創始人，該體系既使歐洲相對化，同時又視歐洲為優越者。父親是撰寫《冬之旅》的詩人威廉・繆勒（Johann Ludwig Wilhelm Müller），從母親那裡承襲了對音樂的熱愛，在一個結合德國古典學、文獻學和浪漫主義藝術的文化環境中成長。長大後，他師承法國印度學泰斗歐仁・比爾努夫（Eugène Burnouf），一八五一年成為牛津大學教授，是十九世紀西歐代表性的知識分子之一。他著手校訂《梨俱吠陀》，並在印度學的廣泛領域取得成就，也曾向西方介紹拉瑪克里斯納等同時代的印度聖人，表現出對當代印度的深厚關注。以其在比較語言學的研究為基礎，他的興趣延伸到印度以外的地區，一八七三年出版了《宗教學序說》，書中建立了深受進化論影響的科學化比較宗教學體系。宗教進化的過程是以古印度為典範構想出來的。他主編的英譯叢書《東方聖典》，涵蓋伊斯蘭、波斯、印度和中國等主要宗教文獻，象徵了近代西歐人文學科的偉大成就。

本廷克

一七七四—一八三九年。他在任期間（一八二八—一八三五年）曾於一八三三年推動將東印度公司治理下的印度最高長官的稱號，從孟加拉總督改為印度總督。在他執政的七年裡沒有發生戰爭，局勢相對和平。這是因為他一方面對藩王國採取不干涉政策，另一方面又針對英屬領內所謂的「野蠻」習俗，一改傳統的不干涉方針，開始轉向干預政策。一八二九年孟加拉頒布的《娑提禁止法》在印度社會引起軒然大波。本廷克的政策帶有自由主義色彩，給予印度人一定程度的權限和便利。但同時，他將原有尊重印度文化的東方主義政策，轉向以英國文化優越為基礎的英國主義政策，這一點從他在行政和教育方面強調英語的使用就可以看出。這種轉變也反映了英國對其在印度的統治日益增強的自信。他也推動了符合印度統治進入新階段的各項改革，並利用鴉片專賣所帶來的稅收增加，成功解決財政赤字問題。

麥考利

一八〇〇—一八五九年。麥考利（Thomas Babington Macaulay）為英國著名文學家、輝格黨政治家。一八三〇年成為國會議員，並擔任印度監督局次長（一八三二—一八三三年）。後來前往印度擔任總督參事會的首任法律顧問（一八三四—一八三八年），協助本廷克推動一八三三年的統治體制改革。他是印度刑法編纂委員會的負責人，起草成為《印度刑法》（一八六〇年）基礎的草案。一八三五年發表了著名的《教育備忘錄》，提出教育的目的應培養「種族上是印度人，但文化修養上如同英國人」的階層。在任期間，喜愛閱讀希臘和拉丁古典文學，對印度文化毫無興趣，是典型的西方優越主義者，但他也支持言論自由，以及英國人和印度人在法律面前人人平等的理念，這在本廷克總督身上也可看到這種矛盾二面性。回國後，他於一八三九年至一八四一年擔任陸軍大臣，同時也是出版優秀著作的文人。他撰寫的《英格蘭史》（全四卷）成為暢銷書，還翻譯成多種歐洲語言版本。

德瓦爾伽納塔・泰戈爾

一七九四—一八四六年。十九世紀上半葉，孟加拉最具代表性的大企業家。大聖（maharshi）德本德拉納特的父親。諾貝爾獎得主詩人羅賓德拉納特・泰戈爾的祖父。深諳英語和波斯語，以律師身分展開職業生涯，並在負責鹽和鴉片的政府機構擔任會計官，累積財富。一八二九年，成立聯合銀行（The Union Bank）。一八三四年，與英國人共同創立凱爾與泰戈爾公司（Carr, Tagore. & Co.）。他從事的行業非常廣泛，包括保險、水運、煤礦和靛藍生產業。他是第一個創辦和管理大型企業的孟加拉人。在社會活動方面，他慷慨支持盟友羅伊的計畫。除了參與設立英語授課的高等教育機構（印度教學院）外，他還積極推動孟加拉語教育。一八四二年前往英國旅遊，結識許多歐洲各界名人，其中包括教宗、維多利亞女王和普魯士王儲。他奢侈的生活方式廣為人知，甚至被冠以「王子」的頭銜。他最後在倫敦去世。後來其事業因金融危機爆發而破產了。

德羅齊奧

一八〇九—一八三一年。出生於加爾各答的一個葡萄牙裔歐亞混血家庭。在一所英國人經營的私塾念了八年書，直到一八二二年，在此期間對文學和哲學產生興趣，長期在多元文化交融的氛圍中讓他喜歡上印度。一八二六年，成為印度教學院的教師。他激進理想主義的教育方式，加上個性善良，對待學生如兄長一般，深受許多學生愛戴。受到自由思想覺醒的學生很快變得激進，並發表否認傳統印度教社會的言論。他們被稱為德羅齊奧人（Derozians）或青年孟加拉（The Young Bengal），經常在週刊《帕德嫩》（*The Parthenon*）發表言論。在此之前，印度教社會存在著羅伊率領的進步派，和拉德哈坎塔．德布領導的保守派兩股勢力，青年孟加拉的出現成為第三勢力，對歐洲的激進主義產生共鳴。德羅齊奧後來被學院解雇，不久因霍亂去世，得年二十二歲。他的學生「青年孟加拉」繼續在各個領域發揮了進步的影響力。

拉德哈坎塔．德布

一七八四—一八六七年。加爾各答著名的剎帝利（Kshatriya，卡雅斯塔）名門紹巴巴賈爾．德布家族的族長。是一位學者，也是加爾各答印度教保守派的領導人。不過，他努力普及教育，包括女子教育，主動參與創立與經營加爾各答學校協會（Calcutta School Society，一八一七年）、加爾各答教科書協會（Calcutta School Book Society，一八一八年）和印度教學院（Hindu College，一八一七年），對印度農業園藝協會（Agricultural and Horticultural Society of India，一八一八年）從成立之初就積極參與。晚年，他還擔任近代政治團體先驅——英屬印度人協會（一八五一年）的會長，這項職務直到逝世才卸任。由此可見，他不只是傳統的保守派。然而，他反對《娑提禁止法》（一八二九年）、批評梵社的成立等被認為是倒退之舉。另一方面，其作風也被評為反對殖民地政府介入印度社會事務的民族主義早期表現。他也是民間表演藝術的贊助人。作為學者，最重要的成就是編纂了八卷本的梵文辭典《*Sabdakalpadruma*》（*An Encyclopaedic Dictionary of Sanskrit Words*）。

德本德拉納特・泰戈爾

一八一七—一九〇五年。大企業家德瓦爾伽納塔・泰戈爾的長子。梵社的實際創辦人。由於卓越的宗教性，授予「大聖」尊號。他從父親那裡繼承了社會地位和巨額債務，但他將所有債務還清。父親的破產意味著，在英屬印度首都加爾各答發展一家由印度人經營的近代化企業難以存續。他精心管理剩餘的土地（zamindari），並將財力投入宗教和文化事務。自十九世紀中葉的一個世紀，泰戈爾家族在印度學術與藝術文化中發揮了核心作用。德本德拉納特正式恢復並重組拉姆・莫漢・羅伊的梵天聚會所，改名為梵社（一八四三年），並於同年推出了機關刊物《真智雜誌》。他的立場是使印度教回歸《奧義書》中的無形唯一神信仰，在社會上展現出與其大地主家主身分相符的保守傾向，導致梵社分裂（一八六六年）。他所領導的派系被稱為「阿迪梵社」。諾貝爾獎得主詩人羅賓德拉納特・泰戈爾是他的第十四個孩子。

伊斯瓦爾・錢德拉・維迪亞薩加

一八二〇—一八九一年。孟加拉的班智達（婆羅門學者）、教育家、作家、社會運動家。三十歲時，成為梵文學院校長。一八五〇年代，擔任孟加拉南部的督學，致力於初等教育的發展。一八六〇年代，擔任英文週刊《印度教愛國者》的主編，積極參與輿論的形成。他還創立大都會學院（Metropolitan College），用心推廣高等教育。在其參與的眾多事業中，最值得關注的是推動寡婦再婚運動。童婚在上層種姓中很普遍，婦女不允許再婚，加上男性死亡率高，導致眾多的處女寡婦無所依靠。為了幫助這些女性，他研究如何為寡婦再婚提供法律支持，公開發表研究成果，促成一八五六年通過《寡婦再婚法》。即使法律頒布後，社會對寡婦再婚的禁忌仍然根深柢固，他仍不遺餘力地為寡婦再婚的實現提供支援。維迪亞薩加在學習古典語言的同時，也掌握英語，具備近代知識與理性。他被譽為兼具孟加拉母親般的慈愛和獅子般剛強意志的班智達，一生備受尊敬，又因挑戰傳統而歷經排擠與試煉。

巴爾沙斯特里・詹卜姆菲卡

一八一二—一八四六年。受拉姆・莫漢・羅伊影響的啟蒙思想家和社會改革運動家。他也被稱為「馬拉提語新聞之父」和「近代馬哈拉什特拉之父」。他從小就因才華出眾備受讚揚，成為孟買埃爾芬斯通學院（Elphinstone College，成立於一八三四年）的第一位印度人教授。一八三二年，二十歲時創辦英語和馬拉提語月刊（後改為雙週刊）《孟買鏡報》。一八四〇年，出版馬拉提語雜誌《指南》。同年出任孟買島的治安法官，次年（一八四一年）成為公立學校督學。一八四五年，他在孟買創立了大眾綜合圖書館（Native General Library）和大眾進步協會（Native Improvement Society）。和羅伊一樣，他精通印度語、阿拉伯語、波斯語、希臘語、拉丁語和法語，並透過多方面的著作和演講積極推動啟蒙運動。改革運動雖然立足於印度教，但也融合近代教育觀點，試圖改善印度教社會的弊病。後來感染霍亂，年紀輕輕便過世。

馬哈德夫・戈文德・拉納德

一八四二—一九〇一年。傑出的法官、社會改革家、學者。出生於馬哈拉什特拉的奇特帕萬婆羅門（Chitpavan Brahmins）家庭。他是孟買管區第一位印度人法學士，並於一八七一年成為浦納的助理法官，就此踏入司法界。一八八五年被任命為孟買管區立法參事會的法律委員，一八九三年升任孟買高等法院法官，直到逝世才卸任。他在殖民統治機構一路登上印度人所能達到的最高司法職位，但更令人注目的是，他因領導社會改革運動而聞名。他是祈禱會的核心人物。一八八七年，第一屆印度國民社會會議與國民大會同時召開，目的在於將全印度的社會改革運動制度化、組織化。在推動印度教社會改革時，他強調國家權力的公共性，並信任殖民地政府的立法，這就是司法官僚拉納德所代表的「穩健派」立場。然而，他的裁決與個人生活的矛盾也反映出司法官僚與社會改革家之間的衝突，例如他反對童婚與寡婦禁婚，但他再婚時既沒有迎娶寡婦，反而實行童婚。拉納德作為學者的論文和書籍也對印度思想界產生了很大影響。

潘迪塔・拉瑪拜

一八五八—一九二二年。婦女解放的思想家和實踐者。出生於馬哈拉什特拉，是奇特帕萬婆羅門學者的女兒。童年時期與家人一起朝聖，深諳梵文。父母去世後，搬到加爾各答，憑藉其梵文知識受到讚揚，並被授予「潘迪塔」（女性婆羅門學者）的稱號。她與一位卡雅斯塔種姓（首陀羅）的梵社成員結婚，生下一個女兒。她擺脫婆羅門教的規定，開始對基督教產生興趣。一八八二年，她的丈夫因霍亂去世，她回到浦納並成立了雅利安婦女協會。一八八三年至一八八六年，她接受基督教團體的支持，出國留學並受洗。一八八六年至一八八八年前往美國籌募資金，以便在印度創辦女子學校。回國後，在孟買（次年搬到浦納）成立寡婦寄宿學校，後來擴大業務至孤兒救助。在獲得美國財政支持下，她著重為女性提供的教育，推動女性的獨立與自主。

海倫娜・彼得羅芙娜・布拉瓦茨基

一八三一—一八九一年。俄羅斯神祕主義思想家。神智學協會創始人。一八七四年之前的經歷不明，充滿謎團。一八七五年，與美國人奧爾科特在紐約創立神智學協會。目的是復興和學習東西方宗教共同傳承的神聖智慧。一八七八年，與雅利安社合作，並和奧爾科特一起航行到印度。一八八〇年成為佛教徒。在移居印度前後，寫了兩部主要作品：《揭開伊西斯的面紗》（一八七七年）和《神祕教義》（一八八八年）。她拒絕基督教並融入印度思想的教義，受到當時開始崛起的印度民族主義知識分子支持。一八八五年至一八九一年，她的晚年定居於氣候溫和的歐洲地區。一九〇七年成為神智學協會第二任主席的安妮・貝贊特（Annie Besant，一八四七—一九三三年），積極參與印度民族運動，並於一九一七年成為印度國民大會黨主席。

亨利・斯太爾・奧爾科特

一八三二—一九〇七年。美國人。神智學協會的創始人之一和首任主席。早年曾擔任報社記者，在南北戰爭期間加入北方軍隊並晉升為上校。退役後成為一名律師。一八七四年，遇到布拉瓦茨基夫人，次年共同成立神智學協會並成為第一任主席。一八七八年，該協會離開紐約，次年在印度設立總部。奧爾科特於一八七九年抵達印度，儘管他和布拉瓦茨基夫人在美國期間宣稱自己是佛教徒，一八八〇年在斯里蘭卡正式皈依佛教。在斯里蘭卡撰寫《佛教問答》（一八八八年。日文譯本於一八九〇年出版）。在斯里蘭卡各地建立阿南達學院（Ananda College，一八八六年）和其他教育機構。他的努力刺激了佛教復興運動，如阿那伽里迦・達摩波羅（Anagarika Dharmapala，一八六四—一九三三年）的摩訶菩提會（Mahabodhi Society，成立於一八九一年）。此外，奧爾科特於一八八七年（明治二十年）前後，兩次訪問日本，為日本佛教的復興做出貢獻。他一直擔任神智學協會主席，直至一九〇七年去世。

沙阿・瓦利烏拉

一七〇三—一七六二年。蒙兀兒帝國崩潰時期的伊斯蘭思想家。出生於德里，父親是蘇非派學者。據說七歲就會背誦《古蘭經》。他在納克什班迪教團（Naqshbandi）的學校念書，三十歲時在麥地那（麥地那穆那瓦拉）學習正統的伊斯蘭教法，歷時一年。回國後，在德里的一所神學院擔任校長，同時致力於系統化他的想法。他將《古蘭經》翻譯成波斯語。他的阿拉伯語主要著作《神的終極論證》（*Hujjat Allah al-Balighah*）重建了伊斯蘭諸學，展現出伊斯蘭教的普遍性和全面性，至今仍被視為伊斯蘭改革思想的重要文獻。他提出了推翻阻礙人類幸福的邪惡勢力的革命思想。他的思想透過子女與弟子得以實踐，並延續到後來的反英運動中。

沙阿・阿卜杜勒・阿齊茲

一七四六—一八二四年。沙阿・瓦利烏拉的兒子。實踐父親的理論。與他父親的時代相比，穆斯林勢力日漸式微，來自英國的威脅顯而易見。一八〇三年德里周邊領土落入東印度公司手中。在這種情況下，阿卜杜勒・阿齊茲於同年發布教令，宣示印度北部不再是「伊斯蘭之家」，而是「戰爭之家」，將反英對決稱為「宗教義務」。他將《古蘭經》翻譯成烏爾都語口語，促進伊斯蘭教信仰回歸《古蘭經》，並加強教化人民。採取反什葉派立場，反對什葉派在蒙兀兒宮廷內的影響。不過，他對英國統治與穆斯林信仰之間的關係有靈活的解釋，並沒有立即呼籲發動聖戰。

賽義德・艾哈邁德・巴雷爾維

一七八六—一八三一年。聖戰運動的領導人，來自恆河中游拉埃巴雷利（Rae-Bareilly）的貧窮農民家庭。他是沙阿・阿卜杜勒・阿齊茲的弟子，比師父還激進，將反英對決的態度提升至實際「聖戰」行動。他帶領信徒沿著恆河從加爾各答前往麥加朝聖，這同時也是一場籌款之旅。返國後，他們繞過英屬領土和錫克王國，抵達印度西北部山區，組成約五百人的聖戰士團。一八二六年，對錫克王國發動聖戰，並於一八二七年至一八二八年在最鼎盛時期建立了擁有八萬兵力的國家體制。巴雷爾維本人於一八三一年與錫克軍隊作戰中殉難，但聖戰士團將目標轉向英軍，並繼續戰鬥到一八六三年。他們獲得沿著恆河延伸至孟加拉的補給網支持。支持者不是傳統的統治階級，而是中下層穆斯林，與二十世紀的反英運動「基拉法特運動」（Khilafat Movement）的支持者一致。

維爾薩林加姆

一八四八—一九一九年。全名是坎杜庫裡．維爾薩林加姆．潘圖盧（Kandukri Veerasa Lingam Panthulu）。來自印度南部安德拉地區的社會改革家、文學家、記者和教育家。儘管他以安德拉寡婦再婚運動的推動者而聞名，但他的活動範圍要廣泛得多。他一生從事教育工作，最後成為馬德拉斯總督學院的泰盧固語講師。從一八七〇年代中期開始，他在家鄉拉賈赫穆恩德爾伊（Rajahmundry）發行泰盧固語雜誌，舉辦多次集會，組織社會改革團體。他堅持近代理性主義立場，是支持英國統治的「穩健派」活動家。受克夏勃強特拉聖的梵社思想影響，於一八八一年在安德拉地區實現了第一起寡婦再婚案例。此後，寡婦再婚運動擴展到馬德拉斯和邦加羅爾等印度南部其他語言區。他還設立公共禮堂、學校、診所、寡婦庇護所等，將改革運動從印度南部外圍推向中心地區。此外，他也以文筆著稱，透過其著作奠定了簡潔明快的近代泰盧固語散文體，對泰盧固語文學的發展貢獻極大。

參考文獻

臼田雅之，《近代ベンガルにおけるナショナリズムと聖性（近代孟加拉的民族主義與聖性）》，東海大學出版會，二〇一三年

竹內啓二，《近代インド思想の源流——ラムモホン・ライの宗教・社会改革（近代印度思想源流——拉姆・莫漢・羅伊的宗教與社會改革）》，新評論，一九九一年

山崎利男，〈ラームモーハン＝ローイの司法制度論（拉姆・莫漢・羅伊的司法制度論）〉（一）（二），《東洋文化研究所紀要》六四、六六，一九七四年、一九七五年

Bandyopadhyay, Sekhar, *From Plassey to Partition: A History of Modern India,* New Delhi: Orient Longmans, 2004.

Banerjee, Sumanta, *The Parlour and the Streets: Elite and Popular Culture in Nineteenth Century Calcutta,* Calcutta: Seagull Books, 1989.

Biswas, Dilipkumar, *Rammohan Samiksha,* Kalikata: Sarasvat Laibreri, 1983.

Chanda, Rama Prasad, and Majumdar, Jatindra Kumar, (eds.), *Raja Rammohun Roy: Letters and Documents,* Delhi: Anmol Publications India, 1988.

Killingley, Dermot, *Polemic and Dialogue in Rammohun Roy,* Wien: De Nobili Research Library, 2013.

Kopf, David, *The Brahmo Samaj and the Shaping of the Modern Indian Mind,* Princeton: Princeton University Press, 1979.

Majumdar, Bimanbehari, *History of Indian Social and Political Ideas: From Rammohan to Dayananda,* Calcutta: Bookland Private

Limited, 1967.

Sastri, Sibnath, *History of the Brahmo Samaj* (2nd edition), Calcutta: Sadharan Brahmo Samaj, 1974 (original edition in 1911 & 1912).

Sen, Prosanto Kumar, *Biography of a New Faith,* volume One & Two, Calcutta: Thacker, Spink, 1950 & 1954.

Sen, S. P., (ed.), *Dictionary of National Biography,* Vol.I to IV, Calcutta: Institute of Historical Studies, 1972-1974.

Urban, Hugh B., *The Economics of Ecstasy: Tantra, Secrecy, and Power in Colonial Bengal,* New York: Oxford University Press, 2001.

第十章 近代鄂圖曼帝國的改革實踐者

佐佐木紳

前言

沿著伊斯坦堡新城區，從面向博斯普魯斯海峽的貝西克塔什港向北延伸的長坡往上走，右手邊一處稍顯開闊的地方會出現外觀華麗氣派的建築群，那是鄂圖曼帝國第三十四代君主阿卜杜勒—哈米德二世（II. Abdülhamid）的居城——耶爾德茲宮（Yıldız Palace）。

一八八一年六月下旬，耶爾德茲宮舉行了一場特別審判。宮裡的馬爾他園亭（Malta Kiosk）旁搭建了一個巨型帳篷，當成臨時法庭使用。帳篷內有一個圓形底座，一側設有法官、貴賓和記者席，另一側為旁聽席，靠近圓心的地方是被告席。有十一名被告被傳喚到這個類似劇院或馬戲團的法庭，他們犯下的罪行是謀殺阿卜杜勒—哈米德二世的叔父，也就是第三十二代君主阿卜杜勒．阿齊茲（Abdülaziz）。這場法庭大戲後來被稱為「耶爾德茲審判」，在鄂圖曼近代史上具有極其重要且獨特的地位，只要看看

耶爾德茲審判的法庭素描

當日參與者的背景和成就，即可理解這一點。

坐在被告席上的是米德哈特．帕夏（Ahmed Şefik Midhat Paşa），他是這起謀殺案的主謀之一。米德哈特是近代鄂圖曼著名的改革派官僚和政治家，也是引領近代化改革「坦志麥特」（Tanzimat-ı Hayriye，意為重組、重建）的重要人物。他在棘手的巴爾幹半島和阿拉伯地區擔任州長，致力推動改革。一八七六年，他讓獨斷和揮霍無度的阿卜杜勒．阿齊茲退位，並以大維齊爾（Sadr-ı Azam，宰相）的身分頒布帝國憲法（即《米德哈特憲法》）。儘管後來遭到阿卜杜勒—哈米德二世視為眼中釘，流放至海外，但最後還是回任，成為敘利亞州州長，接著又被任命為安納托力亞西部以伊茲密爾（İzmir）為首府的艾登州州長，然而他在任內期間遭到逮捕，被帶到耶爾德茲受審。

法官們的座位後，準備了一張鍍金裝飾的華

麗座椅，這是時任司法大臣傑夫代特帕夏（Ahmed Cevdet Pasha）的座位。傑夫代特最早是一名烏理瑪（精通伊斯蘭諸學的學者、知識分子），在教育界深根，後來轉任文官，從事法制改革和文教政策工作。他也以修史官的身分參與正史編纂。他和米德哈特是兒時的朋友，共同實踐坦志麥特的種種改革，但後來他們成為政敵。事實上，作為當時的司法大臣，傑夫代特準備了這場審判，並在審判期間經常拜訪法官，提供指示和建議，做好讓米德哈特等人定罪入獄的準備。

在法官席後方的國內外記者團中，還有鄂圖曼近代代表性的記者兼文人艾哈邁德．米德海特（Ahmed Midhat）。艾哈邁德．米德海特年輕時受到米德哈特．帕夏賞識，授予與其相同的Midhat之名並受其提攜。他曾參與保加利亞和伊拉克州這兩個地方的官方報紙發行業務，當時米德哈特．帕夏擔任這兩個地方的州長。之後定居伊斯坦堡後，他發揮以往經驗，致力於編輯與發行報章雜誌，也創作小說和戲劇。後來與阿卜杜勒—哈米德二世、朝廷關係密切，在耶爾德茲審判前後，發表了不利米德哈特．帕夏的證詞與報導，種種行為可說是恩將仇報。

審判場地耶爾德茲宮的主人阿卜杜勒—哈米德二世並未出席審判，但他對審判過程表現出極大興趣。他是在同父異母的哥哥、第三十三代君主穆拉德五世（V. Murad，在位期間一八七六年）因精神疾病而在位僅三個月便退位後繼承帝位的。剛開始阿卜杜勒—哈米德二世與米德哈特的步調一致，同意制定憲法並開設議會，但後來將米德哈特流放海外，並以俄土戰爭（一八七七—一八七八年，又稱俄鄂戰爭）為由，宣布國家陷入緊急狀態，凍結了憲政體制。就此展開阿卜杜勒—哈米德二世長達三十年的「暴政時代」（İstibdat Dönemi）。暴政時代的指揮中心正是他住的耶爾德茲宮。

米德哈特和傑夫代特作為政治家和行政官員，致力於實踐坦志麥特改革。艾哈邁德・米德海特為近代鄂圖曼新聞業和文藝文化奠定基礎，阿卜杜勒—哈米德二世則是將國家體制從憲政轉向專制的元凶。從這些人齊聚耶爾德茲審判的情景來看，他們皆在近代鄂圖曼史上的重大轉折點扮演了重要角色。若以這場審判為出發點，綜觀近代鄂圖曼史，即可將此前漫長的上坡路視為坦志麥特，而在達到頂點後綿延的下坡路則是暴政時代。這條下坡路在二十世紀初期發生的青年土耳其黨人革命中，迎來新的轉折點。

本章將聚焦於近代鄂圖曼史的重大轉折期活躍的上述四位人物，特別是米德哈特・帕夏，並以耶爾德茲審判作為這四位人物的交點，由此探討他們的一生與改革實踐的軌跡。同時參照他們留下的自傳與回憶錄，了解各自的個性與內心世界，以及他們之間人際關係的微妙變化。

米德哈特・帕夏（一八二二—一八八四年）

一、坦志麥特時期（一八三九—一八七六年）

兩位艾哈邁德

有兩個男孩在保加利亞中北部的城鎮洛維奇（Lovech）努力學習，他們兩人的名字都是艾哈邁德。一八二二年出生於伊斯坦堡的艾哈邁德，隨著擔任法官的父親調任，一家人搬到這裡。最初他被授予的通名是「舍菲克」（Şefik，意思是仁慈的人）。過了一段時間，艾哈邁德・舍菲克離開洛維奇，到伊斯坦堡大維齊爾府擔任實習書記官，才華受到認可，賜予另一個通名「米德哈特」（Midhat，意思是讚美神的人），展開公務員生涯。他正是本章主角米德哈特・帕夏（順帶一提，帕夏是鄂圖曼帝國文武高官的稱號）。

另一位艾哈邁德於一八二三年出生於洛維奇，在法官父親和祖父敦促下，鑽研伊斯蘭諸學，長大後使用「傑夫代特」（Cevdet，意思是好人）這個通名。這位就是傑夫代特帕夏，與米德哈特來往很長一段時間。後來他也離開洛維奇前往伊斯坦堡，在老城區法提赫清真寺附屬的伊斯蘭學校（madrasa，傳授伊斯蘭諸學的高中）繼續學習，走向教學與學術職位的晉升之路。

年輕的米德哈特和傑夫代特這兩位艾哈邁德，分別踏上各自的道路，而他們所處的時代，適逢近代鄂圖曼史的重大轉折點。與傑夫代特同年出生，於一八三九年即位的第三十一代蘇丹阿卜杜勒—邁吉德（Sultan Abdülmecid），頒布《花廳御詔》（*Edict of Gülhane*），正式實施坦志麥特改革。之後持續將近四十年的坦志麥特時代，以克里米亞戰爭（一八五三—一八五六年）為分水嶺，分為前後兩個時期。

一八三九年開始的「前期坦志麥特」，由出身外交官的政治家穆斯塔法．雷希德帕夏（Mustafa Reşid Paşa）主導，儘管改革本身受到財力和人力資源缺乏的困擾，無法實現預期目標，但雷希德帕夏將有才華的年輕人投入改革實施的前線，透過實地訓練的方式培養他們。比他年輕一代的阿里帕夏（Mehmed Emin Âli Paşa）和福阿德帕夏（Keçecizade Mehmet Fuat Paşa），以及比那兩人年輕一點的米德哈特和傑夫代特，都接受過雷希德帕夏的訓練，深受《花廳御詔》宣揚的法治精神的影響。大維齊爾府內的國政諮詢機構「高等法制審議會」，堪稱「坦志麥特」指揮中心，米德哈特在審議會擔任書記官，累積了豐富的實務經驗，深受雷希德帕夏等人的信任，職場平步青雲。

米德哈特・帕夏

即使在克里米亞戰爭結束後開始的「後期坦志麥

特」，阿里帕夏和福阿德帕夏也重用米德哈特。一八六一年，他被任命為巴爾幹半島的尼什州州長。盡全力掃蕩敗壞治安的土匪，改善道路和橋梁，也提出設立善導院收留孤兒，並提供職業訓練的機構。這些在尼什州累積的改革實踐經驗，對他日後的漫長公職生涯產生了深遠影響。

多瑙州州長時期

位於多瑙河南岸的尼什、維丁和錫利斯特拉這三州，隔著隸屬鄂圖曼帝國的自治國家羅馬尼亞，與俄羅斯對峙。在俄羅斯泛斯拉夫主義的煽動下，有些塞爾維亞人和保加利亞人經常在此策劃陰謀與叛亂，是相當難治理的地方。於是，阿里帕夏等人決定合併上述三州，成立一個大型的直轄州「多瑙州」（Danube Province）。Danube在土耳其語中是「多瑙河」的意思。在尼什州有改革實績的米德哈特，被任命為多瑙州第一任州長。

米德哈特發揮自己在尼什州的經驗，根據新頒布的多瑙州法律，實施各種改革與行政實務。他著手修建鋪裝道路，成立馬車運輸公司，設立河川交通局，讓鄂圖曼籍商用蒸汽船在多瑙河上航行。不僅如此，還成立合作金庫，為農民提供低利貸款。對於從俄羅斯越過多瑙河，逃入鄂圖曼領土的切爾克斯人（Circassians）與韃靼穆哈吉爾（Tatar Muhacir，穆斯林難民），米德哈特也為他們提供安置支援。他還在首府魯塞與索菲亞設置善導院，附設印刷廠、紡織廠，提供必要人才和物資。在魯塞的印刷廠，他任命「第三位艾哈邁德」擔任責任編輯，發行州官報《多瑙報》。他就是艾哈邁德・米德海特，他為了跟隨在米德哈特身邊工作的同母異父哥哥，一起搬到這裡居住。

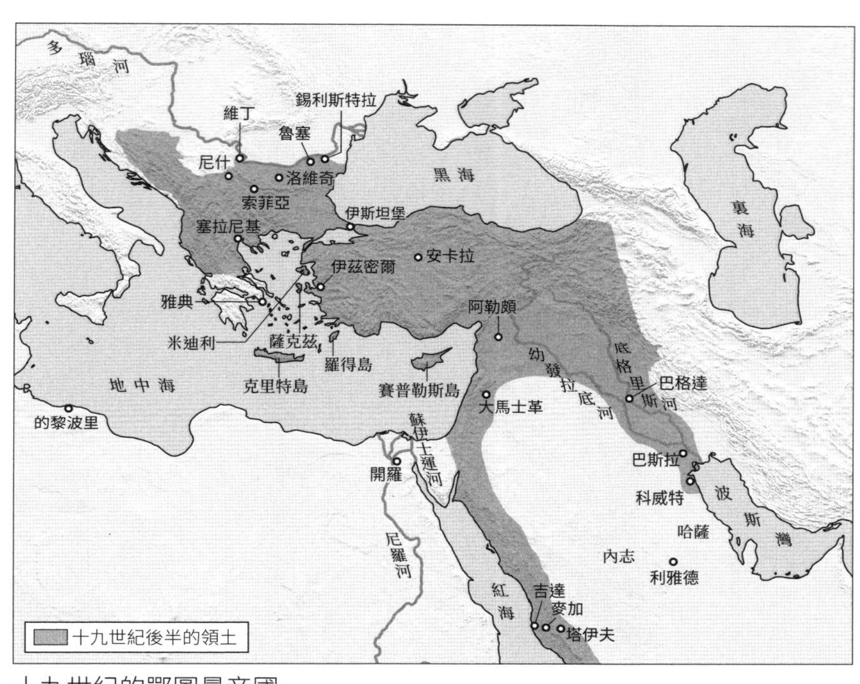

十九世紀的鄂圖曼帝國

然而，多瑙州的改革實踐並不總是一帆風順。要完成上述措施，需要充足的資金和人力資源。米德哈特試圖透過積極的財政政策推動改革並鞏固成果，但伊斯坦堡的中央政府則要求財政緊縮。另一方面，俄羅斯不希望在多瑙河以南建立像多瑙州這樣龐大而穩定的直轄州，因此派了一位資深的外交官尼古拉·伊格那提耶夫（Nikolai Pavlovich Ignatiev）[1]擔任駐伊斯坦堡大使，密謀趕走米德哈特。綜觀局勢，改革實踐的道路絕非平坦，但米德哈特的能力獲得阿里帕夏和福阿德帕夏的高度讚賞，最終被召回帝都，開始承擔國政層面的改革任務。

國家評議會與最高法院

鄂圖曼帝國第三十代蘇丹馬哈茂德二

世（II. Mahmud）統治末期，成立國政諮詢機構「高等法制審議會」。如上所述，米德哈特年輕時曾在這裡擔任書記官。隨著改革的進展，審議會的重要性愈來愈提升，為了提高處理案件的效率，一八六八年改組為負責立法與行政案件的「國家評議會」，以及處理司法案件的「最高法院」。國家評議會的議長由多瑙州州長米德哈特擔任，最高法院的院長則由當時從教職轉任文官，並曾任阿勒頗州州長的傑夫代特擔任。

國家評議會由中央政府任命的高級官員和各州代表約五十人組成，職責包括審議政策和法案、監督地方行政和監察官僚等。首任議長米德哈特在一年任期內參與了《國籍法》、《公共教育法》、《礦業法》等法律的制定。此外，他利用多瑙州州長的治理經驗，在帝都伊斯坦堡建立了仿效善導院的「技能學校」，以及以共濟金庫為藍本的「信用金庫」。

鄂圖曼帝國從十八世紀末，居住在境內的外籍居民開始出版法文報紙。一八三一年，鄂圖曼土耳其語（鄂圖曼帝國時期至土耳其共和國初期，以阿拉伯字母書寫的土耳其語；以下簡稱土耳其語）官方報紙創刊。然而，直到一八六〇年，由易卜拉辛．希納斯（Ibrahim Sinasi）等人發行《事件翻譯者》（*Tercüman-ı Ahvâl*），才出現真正意義上的土耳其語民間報紙。之後，一些穆斯林知識分子對阿里帕夏等人推行的官僚專制型「後期坦志麥特」不滿，開始利用報章雜誌對政府政策提出異議。

在這些穆斯林知識分子中，為躲避鄂圖曼政府壓制言論而前往西歐的納米克．凱末爾（Namik Kemal）和齊亞帕夏（Ziya Pasha）[2]，於一八六七年在巴黎成立「新鄂圖曼人協會」（Yeni Osmanlılar），次年又在倫敦發行土耳其語報紙《自由》。這些「新鄂圖曼人」透過《自由》發表批評鄂圖曼政府的言論，呼籲保障政治自由和實行憲政議會制度。他也對國家評議會的成立和任命米德哈特為議長表示高度期待，贊同這是邁向代議制議會的一大里程碑。

關於設立國家評議會和最高法院，擔任後者首屆院長的傑夫代特留下了一些有趣的回憶。在其當代史《備忘錄》中記述的前半生自傳，提到了兩人之間的信任關係。他說：「我從小就與米德哈特．帕夏關係密切。」接著繼續寫道：

> 國家評議會的設立極具排場與體面。但我本人不關心外在的氣派，而是注重打好基礎。（……）因此，最高法院的部門逐步擴大發展，建立穩固根基，免得日後國家評議會還要多次歷經改組與調整[3]。

這段內容肯定是在嘲諷米德哈特，卻讓我們看到兩人在改革實踐中亦敵亦友的緊張關係。指出「改革不應只是頻繁地改組與調整」，這一點也很重要。坦志麥特的目標並非只有「進步」和「發展」，也包括「穩定」與「安寧」，這一點不能忘記。

巴格達州州長時期

在擔任國家評議會議長約一年後，米德哈特對評議會作為鄂圖曼政府諮詢機構的角色並不滿足，因此他要求到地方任職，並於一八六九年前往巴格達擔任州長。

在長期遭受部落叛亂困擾的伊拉克，坦志麥特的進度略顯落後。米德哈特在當地正式推動帝國各地已經實施的《土地法》，確立個人的土地所有權，以穩定民生。米德哈特在州都巴格達成立善導院，附設印刷廠，發行州官報《薩瓦拉》。「薩瓦拉」是巴格達的別稱。該報主編是從多瑙州一起過來的艾哈邁德・米德海特。

此外，他在底格里斯河與幼發拉底河配置蒸汽船，促進河運的發展。他們也開闢一條從波斯灣繞阿拉伯半島進入紅海，經蘇伊士運河到達地中海的海上航線。在此過程中，米德哈特見證了英國勢力在阿拉伯半島沿岸擴張。他先將科威特併入屬於巴格達州的巴斯拉省，並以此為立足點，重新確立了鄂圖曼帝國對阿拉伯半島東部的哈薩到內陸內志的統治。

然而，在此期間，米德哈特的政治靠山福阿德帕夏和阿里帕夏相繼去世，大維齊爾的位置由馬哈茂德・內丁・帕夏（Mahmud Nedim Pasha）接任。俄羅斯大使伊格那提耶夫視米德哈特為眼中釘，內丁・帕夏與伊格那提耶夫合作，強制大幅削減成本，壓制米德哈特的改革實踐。米德哈特無法忍受這一點，於一八七二年辭去職務，返回伊斯坦堡。

米德哈特離任後，巴格達州和波斯灣地區的改革倒退。米德哈特在他晚年所寫的自傳二卷，由他的兒子阿里・海達・米德哈特（Ali Haydar Mithat）於二十世紀初出版，書中列出繼任州長破壞改革成果的行為。根據書中內容，繼任州長將米德哈特任內訂購、但他離任後才交付的蒸汽火車，放在沒有鋪設鐵軌的荒野中運行，結果造成嚴重損壞。對於這種情況，米德哈特在他的自傳中如此感嘆（特別聲明，米德哈特的自傳不是第一人稱，而是以第三人稱視角寫成。以下引用自傳的內容保留原著精神，請各位留意）：

大家都知道米德哈特是一位眼光精準無誤的人，這一點無庸置疑。若以為破壞一個人開創或留下來的成就，就能貶低這個人與其名譽，這是極為錯誤的想法。即使毀滅為了公共利益而創造的成就，其殘跡也足以提醒人們創造者的良好意圖和行為，即便有些人當時遭受損失，他們也是從這些成果中受益的人。[4]

改革並不總是持續推進。米德哈特意識到這一點，明白坦志麥特走向「跛腳改革」的命運，堅信自己的改革實踐絕對沒錯，這就是他在自傳中吐露的信念。對照他自傳第一卷結尾的一段話，「即使米德哈特．帕夏殞落，他的成就也會堂堂正正地留在這個世界上」[5]，其信念不言而喻。

走到盡頭的坦志麥特

接替阿里帕夏接管政府的大維齊爾馬哈茂德．內丁．帕夏，將不合己意的大臣和官僚拒之門外，不只竄改國庫賬簿以籌措對宮廷的獻金，更進行非法斂財。連鄂圖曼蘇丹阿卜杜勒．阿齊茲也無法睜一隻眼閉一隻眼，遂解除內丁．帕夏的職務。任命剛從巴格達州歸來的米德哈特擔任大維齊爾。那是一八七二年七月，米德哈特正值五十歲的夏天。

在擔任大維齊爾期間，米德哈特努力擴建鐵道網和電信線路，無奈阿卜杜勒．阿齊茲揮霍無度而且專斷，兩人無法在財政政策上達成共識，僅兩個半月米德哈特就被解職。之後換了好幾個大臣，一八七五年八月，內丁．帕夏再次被任命為大維齊爾。在此期間，米德哈特曾擔任司法大臣和塞拉尼基（塞薩洛尼基）州州長。他在自傳中回顧了蘇丹阿卜杜勒．阿齊茲的反覆無常和坦志麥特改革的混亂情形。

> 蘇丹阿卜杜勒．阿齊茲聰明又精明，懷有為國祈福之志，工作勤勉，比任何人都清楚，治理國家和國土必須受到法律和法規的約束。但不知為何，他後來改變了初衷，不但沒有盡力而為，反而變得傲慢和狂妄，並開啟了不顧後果的浪費和放縱。尤其在阿里帕夏去世，馬哈茂德．內丁．帕夏接任大維齊爾之後，情勢急轉直下，法律與法規失去效力，貪汙腐敗橫行於國政之中。受到貪汙腐敗和揮霍無度的影響，國庫背負著超出其償還能力的債務。在蘇丹阿卜杜勒—邁吉德統治晚年時，帝國內外的債務總額約為兩千五百萬里拉，但十二年後竟暴增至十倍，達到了二億五千萬里拉。這種情況使中央到地方的國政全面陷入停滯，可預見未來的困難將變得更加嚴峻。[6]

一八五四年克里米亞戰爭期間，鄂圖曼帝國首次發行外債以籌募戰爭費用。這種情況在戰後斷斷續續地持續著，債券的發行量和支付的利息逐年增加。到了一八七〇年代前半，安納托力亞地區遭遇嚴重歉收和饑荒，導致稅收大減。此時歐洲進入「大蕭條」，西歐各國的銀行家不願向鄂圖曼帝國放款。在無力償還債務的情況下，鄂圖曼帝國的財政於一八七五年十月宣告破產。

另一方面，為了彌補安納托力亞的稅收短絀，鄂圖曼帝國加強對巴爾幹半島的稅收，導致波士尼亞—赫塞哥維納爆發農民起義，並於次年蔓延到保加利亞。人民的不滿首先指向大維齊爾內丁・帕夏，然後轉向曾兩次將權力交給他的蘇丹阿卜杜勒・阿齊茲，要求更換君主的呼聲日益高漲。

二、命運轉捩點的一八七六年

廢黜阿卜杜勒・阿齊茲

一八七六年五月初，首都伊斯坦堡的索夫塔（伊斯蘭學校學生）罷課走上街頭，要求現任政府下臺。阿卜杜勒・阿齊茲立即罷免哈茂德・內丁・帕夏拉的大維齊爾之位，但沸騰的輿論並未平息。陸軍長官侯賽因・阿夫尼帕夏（Hüseyin Avni Paşa）[7]、新任大維齊爾米塔希姆・拉什迪帕夏（Mehmed Rushdi Pasha）[8]，以及當時為無任所大臣的米德哈特等人密謀，於五月三十日廢黜阿卜杜勒・阿齊茲，扶植他的姪子穆拉德五世上位。這場政變後來被稱為「五三〇政變」，但它只是一連串劇變的開端。

六月初，遭到廢黜的阿卜杜勒・阿齊茲在被囚禁的費里耶宮突然去世。綜合案發當時的情況、在場人員的證詞以及醫師驗屍結果，確定是他用剪刀割斷自己雙手手腕的血管，失血過多而死。然而，關於廢帝猝死的謀殺傳聞從一開始就不斷，這一點在後來的耶爾德茲審判中也成為重要議題。

緊接而來的六月中旬，第二次擔任國家評議會議長的米德哈特，在官邸舉行會議，「五三〇政變」的主謀之一侯賽因・阿夫尼帕夏被他的部屬切爾克茲・哈桑（Çerkez Hassan，？—一八七六年）射殺。

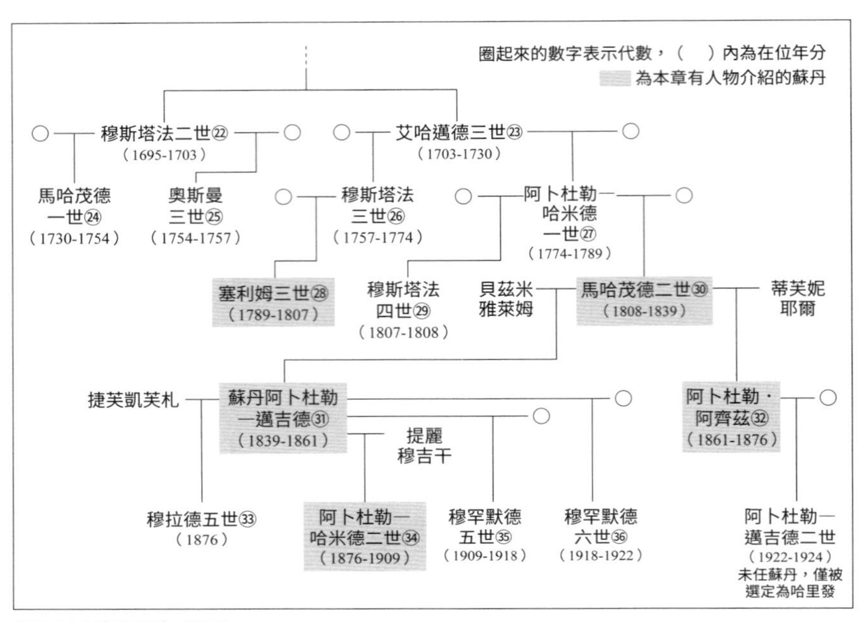

鄂圖曼帝國略系圖

穆拉德五世在短時間內面對廢帝和現任陸軍長官的詭異死亡，受到極大震撼，導致精神失常。八月的最後一天，諸大臣決定廢黜穆拉德，擁立其同父異母的弟弟阿卜杜勒—哈米德為新君。此人即為鄂圖曼帝國第三十四代蘇丹阿卜杜勒—哈米德二世。

君主頻繁廢立的一八七六年，也是米德哈特和傑夫代特關係迅速惡化的一年。這種跡象早在一八七三年四月就出現了，當時西爾瓦尼扎德·穆罕默德·魯什迪·帕夏（Şirvanizade Mehmed Rüşdi Pasha，一八二八—一八七四年）成為大維齊爾，與米德哈特等人開始密謀廢立君主之事。傑夫代特描述了這段時間的情況。

西爾瓦尼扎德成為大維齊爾大約三個月，他們每晚都在各自的宅邸私下密談或舉行特別會議，討論如此危險的事情。當然，他們並不希望與他們交情不熟的人隨意參與他們的討論。至於我，由於不了解事件的真相，我把這令人費解的行徑歸因於黨派之爭，因此我從未去過那裡。[9]

兩人的關係就這樣逐漸疏遠，但到了一八七六年，在鄂圖曼政界複雜的人際關係和政治博弈中，兩人正式決裂。舉例來說，傑夫代特在回憶與米德哈特和大維齊爾米塔希姆．拉什迪帕夏三人之間的微妙關係時寫道：

在此期間，米德哈特．帕夏成為國家評議會議長，而我則於（伊斯蘭曆一二九三年）賴比爾．阿色尼月十三日（西元一八七六年五月八日）被任命為公共教育大臣。拉什迪帕夏原本對米德哈特．帕夏的印象並不好，但這段期間是他們關係最好的時候。相較之下，拉什迪帕夏雖然曾對我青睞有加，但卻突然表現出冷漠的態度。當時我對這種轉變一直無法理解，後來才得知，拉什迪帕夏是迫於形勢才與米德哈特．帕夏維持表現上的友好關係。把我們留在伊斯坦堡作為政治棋子，是為了在必要時站出來對抗米德哈特，或在米德哈特提出不當提案時，有人可以加以否決或廢除其提案。因為拉什迪帕夏無法認同米德哈特．帕夏在坦志麥特改革上的施政方針。[10]

到此時為止，米德哈特已擔任過大維齊爾、國家評議會議長等職位，傑夫代特也擔任過司法大臣、公共教育大臣等職位，兩人都有足夠的能力和經驗在政局對峙。此後，這兩位自幼相識，並稱「兩位艾哈邁德」的老朋友，變成了真正的政敵。

建立鄂圖曼憲政制度

一八七六年九月，阿卜杜勒—哈米德二世即位後，成立制憲委員會，由國家評議會議長米德哈特擔任主席，並邀請新鄂圖曼人的齊亞和納米克·凱末爾等人參與，開始積極進行制憲工作。然而，當時鄂圖曼帝國正處於內憂外患的危機之中。去年波士尼亞—赫塞哥維納爆發的農民起義，次年蔓延到整個巴爾幹半島，塞爾維亞與蒙特內哥羅也趁機向鄂圖曼帝國宣戰。不僅如此，俄羅斯等列強也以「調停」為藉口，各有所圖地介入這場紛爭。

另一方面，在帝都伊斯坦堡，與馬哈茂德·內丁·帕夏關係密切的高級烏理瑪和宮廷人士，因反對制定《基本法》，也就是憲法，展開一系列負面宣傳活動。這場騷動以首謀之一的名字命名為「穆菲丁事件」。米德哈特採取了較為激進的方式鎮壓這場騷動，他回顧了當時的情況。

> 我相信那些當初表示反對的人，是因為他們不理解《基本法》的核心問題，或是缺乏足夠的智慧和知識來掌握本國的需求，一旦《基本法》通過後，他們便會了解事情的真相，看清當初的盲點，對自己的錯誤行為感到後悔。然而，在帝國正處於轉換期之際，對這些人懷有別意而採取的行動，若不加以干預則將構成威脅。因此在完成並頒布《基本法》之前，必須將這些人分別隔離在不同的地方[11]。

米德哈特在這段話中使用「轉換期」一詞，可以看出當時人們已經普遍意識到時代正面臨重大轉變。米德哈特在其自傳第二卷的引言中也回顧道，《基本法》的頒布是「一個極為重要且重大時代的轉換」[12]。艾哈邁德．米德海特在其著作《轉換的基礎》的當代史的序言中也提到，「崇高的鄂圖曼帝國（從「伊斯蘭曆」一二九三年至一二九四年〔西元一八七六年至一八七七年〕）所經歷的轉換期，是我們文明履歷中——亦即鄂圖曼帝國歷史上最重要、最偉大的時期，這一點無庸置疑」[13]。在「五三〇政變」中，指揮現役部隊控制多爾瑪巴赫切宮的陸軍士官學校校長蘇萊曼．胡蘇努．帕夏（Süleyman Hüsnü Pasha）[14]，撰寫這起事件的回憶錄時，將標題訂為《轉換的感覺，或蘇丹阿卜杜勒．阿齊茲的廢黜與蘇丹穆拉德五世的即位》[15]。可見「轉換」一詞，成為此一時代局勢的關鍵詞。

在此轉換期，制定憲法的道路充滿困難。米德哈特和傑夫代特堪稱後期坦志麥特改革實踐的兩大支柱，兩人之間的緊張關係使局勢更加複雜。舉例來說，時任大維齊爾祕書官、後來成為內政大臣的梅赫邁特．曼杜．帕夏（Mehmet Memduh Paşa，一八三九—一九二五年），在審議憲法草案的大臣會議上觀察了兩人的交流。回顧如下：

> 在審議《基本法》草案時，司法大臣傑夫代特對幾項條文中的一些表述提出異議。接著米德哈特以輕蔑的態度說：「依你的理解程度，你不懂得歐洲法律。」傑夫代特勃然大怒說：「你辨別事物價值和道理的能力，也不過就是會十個或十五個法語單字罷了。恐怕連一個法國鞋匠，說的法語都比你好吧！」語畢，全場靜默，空氣凍結[16]。

這則小故事充分表現了米德哈特口無遮攔的說話風格，與傑夫代特說話帶刺的個性。然而，在這種關鍵時刻，周圍的人一定對「兩位艾哈邁德」之間如此幼稚的爭執感到不安與尷尬。傑夫代特本人也對於他和米德哈特之間，在各種會議中的「齟齬和衝突」甚至「口角」，表示「我們交惡了」[17]。另一方面，一八七六年十二月中旬第二度被任命為大維齊爾的米德哈特，在其自傳文本中只記載了在《基本法》頒布前召開了總評議會。根據自傳編輯阿里．海達在該段落中添加的補充說明，兩人有以下互動：

在評議會的例行會議討論頒布《基本法》的問題時，支持達馬特．馬哈茂德．賈拉爾丁帕夏（Damat Mahmud Celâleddin Paşa）的眾人中，司法大臣傑夫代特正在等待機會實現他的邪惡計畫。他搶先說：「無論如何，偉大的君主（阿卜杜勒—哈米德二世）已經坐在尊崇的皇位上，那就沒有頒布《基本法》的必要了吧。」米德哈特當場對傑夫代特帕夏的偽善表現，激動反駁：「廢黜蘇丹阿卜杜勒．阿齊茲是為了避免專制政治，基於這一神聖目的，我們才推動制定《基本法》。如果其他大臣贊成達馬特．馬哈茂德．賈拉爾丁帕夏與傑夫代特帕夏的意見，猶豫頒布《基本法》的必要性，那麼我就立即辭去大維齊爾一職。」[18]

雖然雙方的拉鋸戰一直持續到最後，但仍在一八七六年十二月二十三日，大雪紛飛的帝國首都伊斯坦堡大維齊爾府舉行了頒布《基本法》儀式，正式實行鄂圖曼憲政體制。然而，在此歷史性時刻的背後，從小交好的「兩位艾哈邁德」的關係，已經走到了無法修復的地步。

流放國外與回歸

憲法頒布後，一八七七年三月帝國議會正式開會。與此同時，為了全面解決巴爾幹問題而召開的伊斯坦堡國際會議卻談判破裂，同年四月俄土戰爭爆發。阿卜杜勒—哈米德二世趁機於一八七八年二月關閉議會，凍結憲政體制。才剛實施的鄂圖曼憲政僅過了一年兩個月就結束，阿卜杜勒—哈米德二世的「暴政時代」（İstibdat Dönemi）就此展開。鄂圖曼帝國在戰爭中敗給俄羅斯，被迫於同年三月在伊斯坦堡附近的聖斯泰法諾（San Stefano，今耶西勒廓伊）簽訂屈辱的條約。

這段時間，許多為建立憲政而努力的人們相繼離開帝都。一八七七年一月，憲法頒布不到一個月，新鄂圖曼人的齊亞被貶到敘利亞。二月，納米克．凱末爾被捕並被流放到米迪利島（今列斯伏斯島）。阿卜杜勒—哈米德二世從一開始就不希望建立一個架空君權的憲政政府，他對曾經兩次參與推翻君主的米德哈特保持警惕，並尋找機會將其驅逐出帝都。同樣在二月，阿卜杜勒—哈米德二世得知有個醉漢在鬧區說「米德哈特．帕夏就快變獨裁者」，便以此為藉口，召米德哈特進入多爾瑪巴赫切宮，當場解除其大維齊爾的職務，隨即強迫他登上蒸汽船，將其流放至海外[19]。

關於米德哈特遭到解除大維齊爾職務並流放國外的各種猜測和謠言層出不窮。其中最具影響力的是艾哈邁德．米德海特的證詞，他曾受到米德哈特．帕夏的教誨，當時已是當代最頂尖的記者。關於這段時間的局勢，米德哈特．帕夏的自傳是這樣描述的（如前所述，米德哈特的自傳是以第三人稱敘述）。

米德哈特．帕夏前往歐洲時，相關人士決心找出並揭露他過去行為中，足以被視為錯誤或疏忽的瑕疵，於是找到《真實解說者報》的記者艾哈邁德．米德海特．埃芬迪和他的僕人雷希特，授予他們官位和高額賞金，要求提供米德哈特．帕夏的違法行為和處理政務的內幕。不過，由於他處理政務時沒有任何隱瞞，因此並未挖出好事者期待的消息。不過，根據艾哈邁德．米德海特．埃芬迪撰寫並提交的文件，有一天，米德哈特．帕夏與八到十位客人圍坐在一起用餐，席間提到國政時，他表現出對鄂圖曼王室的敵意，還闡述了共和政體統治國家的優點。此時，埃芬迪出於愛國主義，出言反駁，隨即起身離開。之後便提交了一份書面聲明，聲稱米德哈特．帕夏正在籌劃成立共和政體。這份文件應該是用來平息當時沸騰的輿論，結果竟被刊登在伊斯坦堡的所有報紙上[20]。

目前尚不清楚米德哈特．帕夏和艾哈邁德．米德海特之間的關係何時或為何惡化，但艾哈邁德．米德海特在一八七六年出版的半傳記回憶錄《流放地》中，不時感謝曾栽培自己的米德哈特．帕夏。由此推測，兩人關係很可能在一八七六年至一八七七年間，即憲法頒布前後的那段時期惡化。無論如何，艾哈邁德．米德海特那段關於米德哈特．帕夏「公開敵視鄂圖曼王室，並意圖建立共和政體」的證詞，後來在耶爾德茲審判中成為指控米德哈特弒逆廢帝的重要證據之一。

米德哈特在流亡歐洲期間四處漂泊，在俄土戰爭結束後獲准回國，並於一八七八年夏天在愛琴海的克里特島與家人團聚。隨後，他被派往敘利亞首都大馬士革擔任州長，充分利用自己累積的改革經驗，致力於重建善導院與鋪設馬車鐵路等事業。然而，在處理德魯茲派穆斯林叛亂問題上，與中央政府出現分歧，因此於一八八〇年被調任至安納托力亞西部的艾登州。在他擔任州長的期間，到了一八八一年五月，因涉嫌弒逆廢帝，在首都伊茲密爾遭到逮捕。

三、醞釀結局的一八八一年

集結於帝都的人們

在米德哈特擔任敘利亞州州長期間，帝國朝廷已經針對一八七六年阿卜杜勒．阿齊茲之死，展開調查和審判的準備工作。米德哈特聲稱，暗殺行動是阿卜杜勒—哈米德二世的意思，「從阿卜杜勒—哈米德登基那一刻起，他心中的第一個目標就是採取一切必要手段，掃除穆拉德重返王位的噩夢，而且要做好萬全準備，不讓類似的廢黜事件再次發生」[21]。

一八七八年，阿卜杜勒—哈米德二世從博斯普魯斯海峽旁的多爾瑪巴赫切宮，搬到了一座被茂密森林環繞的高地——耶爾德茲宮。他將隱居在米迪利的馬哈茂德．內丁．帕夏召回帝都，並於一八七九年九月任命內丁．帕夏為內政大臣。十一月，任命當時擔任商務大臣的傑夫代特為司法大臣。兩人都是眾所周知的米德哈特政敵。傑夫代特任命蘇魯利．埃芬迪（？—一八九〇年）為上訴法院的刑事部長。他在多瑙州當代理法官時，曾因擾亂州政而被米德哈特判流放之刑，對米德哈特懷恨在心。如今，蘇魯利．埃芬迪竟負責主導此案的搜查和審判。

由這些人策劃的廢帝阿卜杜勒·阿齊茲弒逆事件的劇本如下：主導一八七六年「五三〇政變」的主謀包括時任大維齊爾米塔希姆·拉什迪帕夏、陸軍長官侯賽因·阿夫尼帕夏、無任所大臣米德哈特·帕夏和謝赫伊斯蘭（Şeyhülislam，統轄教職，最高層級的烏理瑪）海魯拉·埃芬迪（Hayrullah Efendi，約一八三四—一八九八年）。四人擔心遭到廢帝報復，又為了迎合新帝穆拉德五世與皇太后捷芙凱芙札（Şevkefza Sultan，約一八二〇—一八八九年），因此派了包括佩里萬·穆斯塔法（一八二六—一八九一年）在內的三名刺客潛入費里耶宮。刺客們在副管家法赫里·貝伊（一八五四—一九一八／一九一九年）的引導下，進入後宮的廢帝寢室，四人合力將廢帝制伏，割斷其雙手手腕動脈血管，假裝成自殺的模樣。米德哈特等人因此被指控為教唆弒逆廢帝的犯人。

一八八一年五月中旬，米德哈特像往常一樣，和家人一起在伊茲密爾州長官邸的寢室裡入睡。然而，到了半夜，官邸被三個大隊團團包圍。千鈞一髮之際，他們從後門逃到街上，搭上一輛出租馬車，趕往法國領事館避難。他時年九歲的兒子阿里·海達在他的個人傳記中回憶了當時的緊張局勢：

（領導逮捕行動的警官）希爾米·帕夏和他的手下進入米德哈特·帕夏的臥室並檢查了他的床。確認床還是溫的，斷定米德哈特·帕夏一定藏在附近，於是更加仔細地搜索。他們在樓梯旁安排守衛看守，切斷房子裡各處之間的聯絡通道。唯一能四處走動的人，只有我的母親謝赫里班。希爾米·帕夏離開米德哈特·帕夏的房間後，試圖進入對面我們的房間，但我母親撲到他面前阻止他這樣做。我和妹妹（韋西姆）藏在被窩裡嚇得發抖，靠在我們的女家教身邊，非常焦慮地擔心這場突襲的結果[22]。

這是米德哈特·帕夏與家人的永別之日。第二天，在法國領事館避難的米德哈特收到了司法大臣傑夫代特的電報，勸他自首。信中承諾會給予公平審判，並表示他將親自前往伊茲密爾接米德哈特。正如他所說，幾天後，傑夫代特搭乘蒸汽船抵達伊茲密爾，立刻逮捕米德哈特·帕夏，返回伊斯坦堡。當時在馬尼薩生病的拉什迪帕夏原本打算同行，但到了伊茲密爾後被醫生阻止，只能留在當地。

在這趟兩天一夜的航程中，司法部派出的檢察官阿卜杜勒拉蒂夫·貝伊（一八三六—一八八九年）等人對米德哈特進行了兩次訊問。米德哈特對檢察官、審訊員，以及他的老朋友傑夫代特表現出公事公辦、表面客氣卻極為不敬的態度感到厭惡，對他們產生強烈的不信任感。

可以明顯地看出來，這些人的行為沒有一絲誠意。無論是傑夫代特帕夏，還是以調查委員會名義登船的其他人，都是懷著敵意而來。米德哈特·帕夏明白此時此地為自己辯解不但無用，反而可能帶來不利後果。於是，米德哈特·帕夏在船上選擇沉默，保留證詞以待來日機會[23]。

米德哈特被帶到伊斯坦堡並拘留在耶爾德茲宮的查多爾園亭。在那裡的幾日裡，上訴法院的刑事部長蘇魯利·埃芬迪、檢察官阿卜杜勒拉蒂夫·貝伊，以及阿卜杜勒—哈米德二世的親信侍從拉格普·貝伊（一八五七—一九二〇年）等人組成調查團，在園亭審問米德哈特。根據米德哈特的回憶，阿卜杜勒—哈米德二世有時會親自到場，在隔壁房間祕密觀看審訊過程。

數日後，設置於司法部內的起訴審查委員會，根據審訊紀錄撰寫起訴書和調查報告書。據此，在被起訴的十五名男女中，包括殺害廢帝的執行者穆拉德五世和米德哈特在內的數人遭求處死刑。米德哈特仔細審閱這些提前分發的文件，為庭審做準備，發現這些文件不僅虛假和捏造內容，當時的司法大臣傑夫代特的表現也不中立，不禁感到憤怒。米德哈特的自傳中如此描述：

這份調查報告書是在傑夫代特帕夏、蘇魯利．埃芬迪、蘇丹近侍拉格普．貝伊、檢察官阿卜杜勒拉蒂夫．貝伊等人一起召開的會議上，根據他們的主觀意見編造而成的。他們都不是會輕信謠言、無知幼稚之人。他們明知那些傳言是虛構的，卻選擇相信並編寫這樣的內容。尤其是身為帝國司法的監督者與守護者的傑夫代特帕夏，肩負如此重責大任，卻以司法之名作假捏造，難道他從未想過，這會讓帝國在國際間的聲譽、影響力和信用造成多大損害嗎？[24]

然而，米德哈特的憤慨並未改變任何結果，當局宣稱調查已經結束，只剩等候開庭審理。在此期間，當局為米德哈特和其他被告安排了辯護律師，但米德哈特無法信任當局指定的律師，決定在法庭上自行辯護。在開庭前，他還透露自己與蘇魯利．埃芬迪素有嫌隙，要求更換審判長，以維持審判的公正性和中立性。這項請求得到了部分批准，當米德哈特發言時，蘇魯利．埃芬迪須暫時離席，由副審判長赫里斯托佛里德斯．埃芬迪（一八三〇—一八九二年）代為主持。

耶爾德茲審判

針對廢帝阿卜杜勒・阿齊茲弒逆事件的特別審判，於一八八一年六月二十七日到二十九日這三天，在耶爾德茲宮殿園區內、馬爾他園亭附近的帳篷中進行。十五名被告中，只有前蘇丹穆拉德五世、其母親捷芙凱芙札、患病而留在伊茲密爾的米塔希姆・拉什迪帕夏，以及在審訊過程中被赦免的皇宮內侍茲尼亞茲・卡法等四人免於出庭。其餘十一人中，除了米德哈特之外，其他十人首先被傳喚出庭。米德哈特則被留在馬爾他園亭的候審室，直到輪到他發言才出庭。對於法庭內的情形，他如此描述道：

> 根據事前貼出的公告，旁聽人數估計有三千人，因此現場的旁聽席預設了許多椅子。然而，實際上發送的旁聽席入場券只有幾百張，即使拿到入場券的人，也有不少人被拒之門外。最終出席的旁聽者大多是各國大使館的翻譯官、在宮廷任職的軍官和指揮官、伊朗大使、幾位前大維齊爾、部分烏理瑪和賓客，許多椅子都是空著的。[25]

第一天的庭審在正午前開始。首先，除米德哈特以外的十名被告依序發言。有些人承認這些指控，有些人否認這些指控，有些人則迴避指控。審判期間，還出示了在費里耶宮廢帝臥室裡找到的「凶器」剪刀。結束第一輪辯論，接近傍晚時，審判長蘇魯利・埃芬迪離席，將庭審交由副審判長赫里斯托佛里德斯・埃芬迪主持，這時米德哈特才被帶入法庭。

在庭審中，米德哈特採取的策略，是透過指出審判程序和證據資料的缺失，特別是調查報告書中明顯的虛假和錯誤，來證明自己與案件無關。他的自傳中以對話形式重現了審判過程。米德哈特在辯論開始時，就調查報告的處理問題與副審判長進行了以下對話：

副審判長：「（……）你看過調查報告書了吧？對此有何看法？」

米德哈特：「我在調查報告書中發現只有兩處是真實無誤的內容。一是開頭的太斯米（祈禱語：「奉至仁至慈的真主之名」），二是末尾的日期。其他所有內容，都是謊言、錯誤，以及和案件無關的旁枝末節。」

副審判長：「這真是令人驚訝。這有什麼問題嗎？」

米德哈特：「這樣吧，你如果願意將報告書大聲念出來，我將逐一回應。」

副審判長：「你只要針對報告中與你有關的事情回答即可。」

米德哈特：「要回答這些問題很容易，但案件的核心應該是弒君問題。關於這點，調查報告書記載了許多人的提問和回答，包括佩里萬·穆斯塔法的證詞，還有我們等人的供述。事件的根源必須從這些內容才得以呈現。至於拉什迪帕夏和我本人被記載的部分，不過是從核心問題衍生出來的枝節。因此，為了從根源討論起，應該從整份調查報告書念起。」

副審判長：「不行，你只要為自己辯護，回答跟你有關的事情就好。」

米德哈特：「你的說法不正確，但我暫且接受吧。」[26]

接著，法庭開始對調查報告書中與米德哈特相關的內容進行詢答後，米德哈特再次要求念出整份報告書的內容，以揭露其中存在的錯誤與缺陷。此時又展開了一場拉鋸式的爭辯，使得法庭內的氣氛緊張不安。司法大臣傑夫代特指示暫時休庭，米德哈特被帶回馬爾他園亭的候審室。這一天，米德哈特在法庭上的時間大約一個半小時。隨後，審判長蘇魯利．埃芬迪再次進入法庭，訊問其他被告，第一天的庭審在日落時結束。

第二天的庭審也於中午前開始。這一天首先傳喚二十六名證人出庭作證，包括宮裡的婢女、僕人、侍衛、醫生等。此案隨後進入被告辯論階段，被指控直接下令弒殺廢帝的達馬特．馬哈茂德．賈拉爾丁帕夏[27]激烈地提出反駁。接近傍晚時，審判長和前一天一樣退席，由副審判長主持，米德哈特開始為自己辯護。

這一天，米德哈特依舊針對審判程序的合法性提出質疑。首先，他要求確認刑法中「絕對命令權者」的定義，也就是要釐清教唆犯的定義。法庭接受其請求，當場確認法律條文，發現檢方對法律的解釋有錯誤。接下來，他要求執行審判程序法，請求行使被告質詢證人的權利。當場，被指為行兇者之一的佩里萬．穆斯塔法再次申辯，但米德哈特並未獲准對其進行反詰問，就這樣到了日落時分。此時，副審判長突然宣布這次庭審全部結束，米德哈特提出抗議，抵死不從，副審判長離開法庭，與傑夫代特等人商議。最後還是決定庭審終結，並將於次日宣判。

次日中午，米德哈特以外的被告全部進入法庭，共九名弒殺廢帝的主犯及同謀遭判處死刑，另外兩名幫兇被判處十年重刑。接著，米德哈特被傳喚入庭，並被宣判死刑。米德哈特以從容的態度離開法庭，搭上馬車返回拘留地查多爾園亭。此時，眾多民眾聚集在馬車周圍，想看看被判死刑的米德哈特的容貌，其中有一些米德哈特認識的人，包括傑夫代特及法庭與宮廷裡的人士。在米德哈特準備上馬車時，他對站在眾人最前方的新帝侍從拉格普·貝伊說：

> 你真是盡忠職守，你們的辛苦沒有白費，為人民和國家做出了巨大貢獻。由於你們的努力，我們被判了死刑。如果行刑時你也像今天一樣到場觀看，相信會更滿意。[28]

這應該是米德哈特和傑夫代特最後一次近距離接觸。不過無法考證「兩位艾哈邁德」當時是否有交談。審判結束後，米德哈特依照程序向阿卜杜勒─哈米德二世呈遞上訴書，請求調查真相。皇宮隨即召開御前會議。根據米德哈特的自傳，在場的人包括阿卜杜勒─哈米德二世、馬哈茂德·內丁·帕夏和傑夫代特等人，堅決維持死刑判決，但其他與會者不支持法庭的判決。最後，米德哈特與其他被告免於死刑，改為流放處分。

耶爾德茲審判結束後約一個月，一八八一年七月二十八日，米德哈特等人按照流放犯的等級順序排成一列，坐上馬車從耶爾德茲宮出發，沿著通往博斯普魯斯海峽的長坡一路下行，抵達港口。米德哈特在沒有被告知要去那裡的情況下，從港口坐上蒸汽船，離開了帝都伊斯坦堡。這一去，再也沒有活著回來。

流放與逝世

一八八一年七月底，米德哈特等人坐上從伊斯坦堡出發的蒸汽船伊澤丁號（İzzettin），途經羅得島，從塞得港穿越蘇伊士運河，向南經紅海前往吉達。接著，一行人經麥加到達塔伊夫鎮，那時已是八月中旬。儘管是流放犯，米德哈特等人被關在當地軍營的一隅，與外界及家人的聯繫都受到嚴格限制。在「獄中」負責管理流放犯的麥加總督謝里夫・阿卜杜勒・穆塔里卜（Sharif Abdulmuttalib，一七九四—一八八六年），和塔伊夫衛戍部隊指揮官示意下，米德哈特等人遭受了各種形式的虐待，甚至一度有人試圖在流放犯的食物和飲料中投毒。

在此期間，米德哈特繼續撰寫他那部被多次引用的兩卷自傳回憶錄《訓誡》和《驚異的鏡鑑》。第二卷《驚異的鏡鑑》以一封米德哈特寫給阿卜杜勒—哈米德二世，要告發看守士兵嚴酷虐待他們的陳情信副本作為結尾，該信件寫於伊斯蘭曆一三〇〇年賴買丹月三日（西元一八八三年七月八日）。

如同廢帝阿卜杜勒・阿齊茲之死啟人疑竇，米德哈特之死也蒙上了不明疑點。米德哈特的兒子阿里・海達表示，一八八四年五月七日至八日夜間，米德哈特被闖入牢房的士兵勒死。同一時間，另一名流刑犯達馬特・馬哈茂德・賈拉爾丁帕夏也被人用浸過油或石鹼的繩子勒死。兩人遺體在天亮後被匆匆葬於塔伊夫的伊本阿巴斯清真寺墓地。

另一方面，時任漢志州州長的奧斯曼・努里帕夏（Osman Nuri Paşa，一八四〇—一八九八年）向宮廷侍衛府報告，聲稱米德哈特的死因是癰腫惡化導致身體衰弱，以及鼠蹊部的腫瘍所引發的衰竭，達馬特．馬哈茂德．賈拉爾丁帕夏則死於傷寒。宮廷曾要求對埋遺體進行解剖，但因高溫導致遺體腐壞過快，結果沒有進行解剖。目前尚無法證實兩人的死亡是否由君主或宮廷直接下令，但從上述情況來看，他們很可能是塔伊夫的現場人員，揣摩上意做的決定。

米德哈特的遺體還有後續發展。一九〇八年，青年土耳其黨人革命成功，恢復憲政，那些過去在阿卜杜勒—哈米德二世獨裁統治期間遭到封殺的人們，也恢復了名譽。當然，堪稱「鄂圖曼憲政之父」的米德哈特也是其中之一。米德哈特的兒子阿里．海達原本逃亡至巴黎，如今得以回國，還出版父親的自傳，作為恢復名譽的一部分，同時提出重審耶爾德茲案、豎立雕像以及重新安葬遺骸等要求，皆告失敗。最終，米德哈特的遺骨直到一九五一年六月才返回伊斯坦堡，距離他離開該地已過去七十年了。

傑夫代特帕夏（一八二二—一八九五年）

與米德哈特．帕夏一起負責推動「後期坦志麥特」改革的政治家和學者。他出生於保加利亞中北部洛維奇鎮的法官家庭，與因父親調職而暫時遷居於此的米德哈特是同學。

一八三九年，傑夫代特於馬哈茂德二世去世前幾個月來到伊斯坦堡，進入法提赫清真寺附設的伊斯蘭學校勤奮學習，最後成為教師。他先在希臘西部約阿尼納州（Yanya）的一個村莊擔任法官，然後返回伊斯坦堡，擔任伊斯蘭學校教師。根據他為當代史《備忘錄》所附的前半生自傳，他大約是在這個時期引起穆斯塔法・雷希德帕夏的注意，並擔任其子家庭教師，以貼補家用。

當歐洲爆發「一八四八年革命」後，匈牙利和波蘭難民湧入鄂圖曼帝國領土。俄羅斯和奧地利要求引渡這些政治難民，年輕的福阿德帕夏以特使身分前往聖彼得堡展開交涉。法國政治家、歷史學家托克維爾（Alexis de Tocqueville，一八〇五—一八五九年）在其回憶錄讚揚了當時鄂圖曼帝國的堅定立場。鄂圖曼派了傑夫代特前往布加勒斯特，向駐留在當地的福阿德帕夏傳達大維齊爾雷希德帕夏的想法。

一八五〇年，他成為公共教育審議會委員，一八五一年成為「學士院」會員，深度參與文教政策的制定。也正是在這個時候，他與福阿德帕夏一起寫了《鄂圖曼語文法讀本》。他自一八五五年至一八六五年擔任修史官，編纂了從一七七四年至一八二六年鄂圖曼帝國的官方編年史，共十二卷（通稱《傑夫代特史》）。同時他也開始籌備寫給下一代修史官的《備忘錄》。

傑夫代特帕夏

克里米亞戰爭之後，隨著「後期坦志麥特」改革的展開，傑夫代特的活動領域進一步擴大。他參與了一八五八年頒布的刑法和土地法的編纂。一八六一年，他陪同大維齊爾庫布魯蘇爾・穆罕默德・艾敏・帕夏（Kıbrıslı Mehmed Emin Pasha）[29]視察巴爾幹地區（魯米利亞）。一八六五年，他又隨安納托力亞陸軍總司令官德爾維什・帕夏（一八一二—一八九六年）領導的「改革部隊」，努力恢復安納托力亞南部的秩序並推動改革工作。在此期間，傑夫代特晉升至烏理瑪組織的第三高職位Anadolu kazaskeri。一八六六年在蘇丹阿卜杜勒・阿齊茲的勸說下，從教職轉任文官，擔任阿勒頗州州長。一八六八年成立國家評議會與最高法院時，他成為最高法院第一任院長。大約在這個時候，傑夫代特擔任主席，著手編纂第一部以哈乃斐法學解釋為基礎的成文民法典《法典》。

之後，他在地方擔任布爾薩、馬拉斯、約阿尼納等地的州長，在中央也擔任重要職務，如宗教基金大臣（負責伊斯蘭慈善捐款）、公共教育大臣和司法大臣。一八七六年爆發「五三〇政變」時，他正第三度回任公共教育大臣。此時他與米德哈特的關係迅速惡化。一八七八年，他從敘利亞州州長轉任商務大臣。次年，當他第四度出任司法大臣時，著手準備廢帝阿卜杜勒・阿齊茲弒殺事件的搜查和審判工作，並在一八八一年耶爾德茲審判中判米德哈特等人有罪。一八八六年至一八九〇年，他第五度擔任司法大臣，之後退出政壇，於一八九五年去世。除了《傑夫代特史》和《備忘錄》之外，他還奉阿卜杜勒—哈米德二世之命，撰寫了一本當代史《奏文》。他也協助完成十八世紀阿拉伯歷史學家伊本・赫勒敦（Ibn Khaldun，一三三二—一四〇六年）半途而廢的《歷史導論》的土耳其語翻譯。

傑夫代特早期以烏理瑪的身分專心教學，但他從小就學法語並研究世俗的各種學問。因此，在進行坦志麥特種種改革實踐時，他靈活運用伊斯蘭的道德觀念與用字遣詞，訴求現代化改革的必要性與正當性。例如，一八六八年成立最高法院時，他引用十五世紀神學家和哲學家賈拉勒丁・達瓦尼（Jalaladdin Davani，一四二六／一四二七—一五〇二年）的著作《論馬扎里姆法庭》，訴求行政法院（馬扎里姆法庭）的存在意義，即審理沙里亞（伊斯蘭教法）未明文規定的不當行為，從而證明最高法院和成文法法庭的設立的合理性。

不僅如此，在坦志麥特的改革實踐中，傑夫代特與保守派烏理瑪劃分界線的立場，這可以從他編纂《法典》的工作中看出。根據《備忘錄》，當《法典》第五篇終於完成時，法國大使布萊特（任期一八六六—一八七〇年）極力推動引進法國法律。同時，謝赫伊斯蘭等保守派烏理瑪也想掌握編纂法典主導權。傑夫代特夾在兩者之間，陷入兩難。之後，《法典》的編纂工作曾一度交由「長老府」（伊斯蘭長老謝赫伊斯蘭管理的烏理瑪組織機構）處理，但烏理瑪的專業是教學，不熟悉近代法典編纂，因此其續篇成果不甚理想。最後，傑夫代特再度被任命為編纂主席，重新編修。大約同一時間，米德哈特在多瑙州和巴格達州苦於「跛腳改革」，進展不順，傑夫代特也同樣為難以一蹴而就的法律改革所困擾。

一八八一年，傑夫代特以司法大臣的身分參與耶爾德茲審判，用盡一切辦法讓米德哈特等人因暗殺廢帝而被定罪。然而，極為耐人尋味的是，在傑夫代特撰寫的《備忘錄》中，對於阿卜杜勒·阿齊茲之死，他以簡短篇幅，記載了自殺和謀殺兩種說法。

> 蘇丹阿卜杜勒·阿齊茲因熱情和愛國心，導致自殺的結局，也有人說他是被殺害的，這個見解震驚了全國上下。甚至原本對阿卜杜勒·阿齊茲抱有反感的輿論，也突然轉向反對現任政府。[30]

這段文字寫於《備忘錄》中，日期為伊斯蘭曆一二九九年都爾喀爾德月二日（西元一八八二年九月十五日）的內容裡，也就是這段文字是在耶爾德茲審判結束一年多後才寫的。令人費解的是，審判過程是由傑夫代特親手主導，最後也如他所願地判處米德哈特等人有罪，可是他寫的《備忘錄》沒有直接斷定阿卜杜勒．阿齊茲是他殺，留下未解之謎。

此外，《備忘錄》中對於耶爾德茲審判的記述十分簡略，只記載庭審日期和判決結果。以下段落記述了審判結束後被告（尤其是米德哈特）的動向，可用來推測傑夫代特對耶爾迪茲審判的複雜想法。

> 然而，嫌疑人們被拘留在皇宮內審訊，在皇宮花園一隅的馬爾他園亭旁搭建帳篷權充法庭，法院也設置在宮殿花園的帳篷裡，這意味著審訊和審判皆採取特殊方式進行，倉促完成判決。這也讓米德哈特．帕夏抗議沒有足夠的時間為自己辯護，這一點引發極大爭議，使得街頭巷尾謠言四起。一直支持米德哈特．帕夏的英國人開始借題發揮，英國大使甚至私下勸說阿卜杜勒—哈米德二世赦免米德哈特．帕夏，讓阿卜杜勒—哈米德二世猶豫不決。最後，被判有罪的人將搭乘帝國蒸汽船伊澤丁號前往塔伊夫，並在（伊斯蘭曆一二九八年）賴買丹月二日（西元一八八一年七月二十九日）流放至吉達[31]。

上述內容清楚表明這一連串操作，是在非常特殊的情況下匆忙進行的。這或許是傑夫代特的辯解。在所言不多的《備忘錄》中，這段文字是米德哈特最後出場的章節。若說他沒有寫下兒時好友的最終命運，可以理解為傑夫代特的些許體貼，但這樣的解釋未免過於牽強。

艾哈邁德·米德海特（一八四四－一九一二年）

近代鄂圖曼的代表性記者和文人。出生於伊斯坦堡，父親是來自安納托力亞的紡織商，母親是切爾克斯移民之女。他年輕時失去了父親，搬到維丁投靠異父兄。短暫返回伊斯坦堡後，於一八六一年搬到兄長任職的尼什。他在當地就讀高等小學，受到州長米德哈特·帕夏的賞識。一八六四年成立多瑙州時，他在魯塞的州長祕書室工作，之後成為該州官報《多瑙報》的主編。一八六九年，隨著米德哈特·帕夏從國家評議會議長轉任巴格達州長，他也前往伊拉克，參與當地官報《薩瓦拉》的出版。在此期間，他撰寫了伊斯坦堡技術學校的教科書《最初的老師》（一八七〇年），也是艾哈邁德·米德海特第一本正式出版的著作。

一八一七年，他的兄長過世後，定居在伊斯坦堡，有一段時間以投稿《陸軍公報》和《洞察》等報章雜誌維生。後來在舊城區的塔夫塔卡萊區（Ahtakale）開了一家印刷廠，自行出版雜誌。一八七三年，他捲入新鄂圖曼人納米克·凱末爾擔任主筆的土耳其語報紙《警告》（*İbret*）查封事件，被流放到羅得島。他的半傳記式回憶錄《流放地》（一八七六年）詳細介紹了這件事的來龍去脈和當地生活狀況。

一八七六年穆拉德五世即位後，他得以返回伊斯坦堡，並於一八七八年成為官報主編，一八七九年成為帝國印刷局局長。在此期間，奉阿卜杜勒－哈米德二世之命，出版了兩卷本當代史《轉換的基礎》（一八七七－一八七八年），記錄了克里米亞戰爭後「後期坦志麥特」發生的事件。此後，他與米德哈特·帕夏的關係惡化，還在一八七八年創刊的《真實解說者報》對帕夏的行動與政策展開批判性的報導

艾哈邁德．米德海特

和評論。一八八一年耶爾德茲審判時，他以《真實解說者報》的記者身分旁聽，帕夏本人還在庭審過程點名批評他。

此後，他擔任檢疫所首席書記官和健康福利審議會主席，於一九〇八年從公職退休後，成為「大學校」（Darülfünun，今伊斯坦堡大學的前身）與女子師範學校的老師。一九一二年在孤兒院擔任囑託（特別聘用、非正式人員）員工時，因心臟病發作逝世。他除了出版報紙和雜誌外，還發表了許多小說和戲劇。米德哈特．帕夏的自傳也經常批評《真實解說者報》、《轉換的基礎》與詳細記錄俄土戰爭的《真相的核心》（一八七八年）。此外，他與傑夫代特帕夏的女兒法蒂瑪．阿莉雅．托普茲（Fatma Aliye Topuz）交情甚篤，合著小說《幻想與真實》（一八九一年），並撰寫了她的半傳記性評傳《法蒂瑪．阿莉雅女士，或鄂圖曼女性作家的誕生》（一八九五／一八九六年）。

如前文所述，艾哈邁德．米德海特和米德哈特．帕夏之間的關係，被認為從一八七六年至一八七七年間惡化，具體原因尚不清楚。不過在一八七六年出版的《流放地》中，艾哈邁德．米德海特仍自豪地回憶起，他年輕時接受米德哈特．帕夏親自指導的情形。

這位尊貴的人（米德哈特．帕夏）每週會來學校幾天，他喜歡針對上課的內容，發起一些有點苛刻、徹底且執拗的辯論，以拓展學生的思考。在這些辯論中最積極進取的人就是我。有幾個晚上，這位先生也會親自出席，一同參與辯論。[32]

然而，一八七七年二月米德哈特．帕夏遭流放國外後，艾哈邁德．米德海特立刻向當局報告表示，帕夏對鄂圖曼王室懷有敵意，並意圖建立共和政體。在不久後出版的《真實解說者報》，也斥責米德哈特．帕夏煽動希臘報紙進行反鄂圖曼帝國的宣傳活動，並且批評他在擔任敘利亞州長期間，粗暴對待德魯茲派穆斯林。但根據米德哈特．帕夏的說法，當時艾哈邁德．米德海特因紙鈔發行量增加而遭受巨大損失，因此他「變得忘恩負義，被財富蒙蔽雙眼，做出如此卑鄙和不人道的行為」[33]。也就是說，艾哈邁德．米德海特指控米德哈特．帕夏是為了販賣情報以賺錢，但是要「出賣」一位曾對自己有大恩、曾任大維齊爾的重要人物，這樣的動機似乎太過薄弱。

另一方面，在耶爾德茲審判結束後，也就是兩人關係徹底決裂後，米德哈特．帕夏開始傳寫自傳，當中嚴厲批評艾哈邁德．米德海特。在米德哈特．帕夏看來，艾哈邁德．米德海特才是藉由《轉換的基礎》，在公眾散播廢帝阿卜杜勒．阿齊茲死因謠言的人。事實上，他也以故弄玄虛的方式，在《轉換的基礎》中並列自殺和謀殺之說。如下所述：

另一方面，一些知情人士則認為，廢帝阿卜杜勒．阿齊茲的死並非自殺，而是死於他人之手、為國殉難。對於如此重大的問題，絕不能忽視這樣的想法。（……）然而，我們無法接受，更不願想像，一位君主遭遇如此悲慘的命運，因此關於這起案件的諸多說法，我們傾向相信第一種說法，即先帝是自行結束生命的。[34]

《轉換的基礎》是在耶爾德茲審判之前出版的，當時廢帝弒逆事件尚未公諸於世。然而，這本書原本就是奉阿卜杜勒－哈米德二世之命編撰的，不難想像敘事方向完全遵從君主和宮廷的意思。這一點令米德哈特·帕夏難以接受，因此在自傳中將他昔日的「學生」艾哈邁德·米德海特批評得一文不值，甚至斥其為「喪失人性」。

本來，艾哈邁德·米德海特·埃芬迪（Ahmet Mithat Efendi）從十歲起就受到米德哈特·帕夏的青睞，悉心培養長大。米德哈特·帕夏去多瑙州和巴格達州時，都帶艾哈邁德·米德海特·埃芬迪同行。多虧米德哈特·帕夏，艾哈邁德·米德海特·埃芬迪才能識字寫文。儘管如此，他如今竟以這種方式恩將仇報，其背後的居心如何，大家也已心知肚明。這類流言蜚語只會帶來傷害，而可憐的艾哈邁德·米德海特·埃芬迪，竟廉價地出賣了自己的人格、聲譽和價值。[35]

米德哈特·帕夏的批評不僅限於艾哈邁德·米德海特個人，更延伸至整個鄂圖曼新聞界。耶爾迪茲審判結束後，米德哈特·帕夏閱讀了所有報章雜誌對於庭審的報導，比對了外文報紙和土耳其語報紙後，毫不掩飾對後者的不信任。

在幸運之城「伊斯坦堡」發行的外文報紙，透過到法庭的記者、旁聽的外國人等獲取相關資訊，如實地報導了法庭情況。雖說在這四、五年，土耳其語報紙確實從各方面已日益式微，但它們竟歪曲報導法庭上實際發生的情況，並且為了帝國的司法制度而撰寫如此多的虛假報導。毫無疑問，這絕對會進一步貶低土耳其人（突厥民族）在全世界的地位與名聲[36]。

如果說土耳其語報紙式微的「這四、五年」指的是一八七〇年代後期，那麼正是艾哈邁德・米德海特親近君主和宮庭，並在新聞界建立穩固地位的時期。然而，對米德哈特・帕夏來說，像艾哈邁德・米德海特這種背棄原則之人的崛起，正好象徵鄂圖曼新聞界的衰落。雖然一般認為艾哈邁德・米德海特是確立與推動鄂圖曼新聞事業發展的重要人物，但他的所作所為在米德哈特・帕夏看來，恰恰是鄂圖曼近代化「跛行」的一個例子。

阿卜杜勒―哈米德二世（一八四二―一九一八年）

鄂圖曼帝國第三十四代蘇丹（在位期間一八七六―一九〇九年）。他是頒布一八七六年十二月帝國憲法的君主，但因俄土戰爭爆發而中止憲政，接著實施了長達三十年的「暴政」統治。一九〇八年青年土耳其黨人革命期間，他迅速宣布恢復憲政以保住皇位，但次年因涉嫌參與反革命事件，經帝國議會通過決議後被迫退位。在他的統治期間，鄂圖曼帝國喪失大片領土、人口結構劇變、對列強經濟依賴加深，以及多元宗教和多元民族社會的分裂加劇等，以上種種皆導致第一次世界大戰後鄂圖曼帝國的最終解體。儘管發生這麼多事，關於他一生的確切資料卻出人意料地稀少。

阿卜杜勒─哈米德二世是第三十一代蘇丹阿卜杜勒─邁吉德一世（Abdülmecid I），與提麗穆吉干（Tirimüjgan Kadın，約一八一九─一八五二年）所生。第三十二代蘇丹阿卜杜勒．阿齊茲是他的叔叔，第三十三代蘇丹穆拉特五世是他同父異母的兄長。與當時大多數男性王室成員一樣，登基前的生活細節不詳。他僅有的幾次公開露面是一八六三年隨叔叔阿卜杜勒．阿齊茲前往埃及，以及一八六七年隨叔叔前往歐洲各國。米德哈特．帕夏正式與阿卜杜勒─哈米德二世接觸，是在一八七六年七月至八月穆拉德五世精神狀況惡化之際，宮廷提議讓他出任攝政，這在鄂圖曼帝國史上是前所未有的（最後米德哈特．帕夏婉拒這項提議）。

即使在一八七六年八月底穆拉德五世遭到罷黜，阿卜杜勒─哈米德二世即位，國內外人士對他仍停留在「未知蘇丹」的印象。因此，阿卜杜勒─哈米德二世與已經建立聲望的米德哈特結盟，表面上接受制定憲法，但實際上暗中謀求掌握執政主導權，並為此鋪路。同年十二月，當制憲工作進入最後階段，阿卜杜勒─哈米德二世直接與米德哈特談判，如願在條文中加入「第一一三條」，確保君主的無上權力。該條文包含驅逐危險人物的權力，後來成為一八七七年二月判處米德哈特流放之刑的法律依據。目前尚不清楚米德哈特為何同意加入這條文，但有觀點認為，他急需通過頒布憲法以解決改革僵局、巴爾幹叛亂不斷擴大等內憂外患之危機外，可能也因為他未能準確判斷這位「未知蘇丹」的想法和傾向。

阿卜杜勒—哈米德二世剛登基時，住在俯瞰博斯普魯斯海峽的多爾瑪巴赫切宮。但在一八七八年初俄土戰爭逐漸顯露敗象後，他搬到了貝西克塔什山上的耶爾德茲宮，後來便常住在此。同年五月，新鄂圖曼人阿里·蘇阿維（Ali Suavi）[37]為了恢復廢帝穆拉德五世的皇位，率領群眾攻擊軟禁穆拉德五世的徹拉安宮。自此之後，阿卜杜勒—哈米德二世加強耶爾德茲宮的防衛，讓自己與世隔絕。將一八八一年的耶爾德茲審判安排在宮殿內進行，可能也是他日益加深的猜疑心作祟的緣故。

阿卜杜勒—哈米德二世

關於阿卜杜勒—哈米德二世的時代，有幾本由君主本人、親近侍從和政治人物撰寫的回憶錄，但其中許多內容和出處仍有疑點。其中尤其重要的是被稱為「御喚想」（回憶）的筆記，是蘇丹命人記錄自己偶爾口述的見解和感想。雖然其記載是否正確仍有爭議，都作為阿卜杜勒—哈米德二世言論的重要紀錄，具有不可忽視的價值。在目前已知的御喚想筆記中，有涉及米德哈特第二次擔任大維齊爾前後的情況。

不知道為什麼，當時正值拉什迪帕夏和米德哈特·帕夏實施大規模改革的時代，伊斯坦堡已經沒有顯赫人物，全都被派往地方。當時，蘇丹在幸運之城伊斯坦堡所熟識之人，只有埃瑟姆．帕夏、艾哈邁德．穆赫塔爾．帕夏（Ahmed Muhtar Pasha）與拉烏夫．帕夏等，但他們各自也在外地和遠方，艾哈邁德．韋菲克．帕夏（Ahmed Vefik Paşa）隱居不起。其他幾人則不參與國務，他們千方百計地欺騙公眾、煽動群眾。迫於時勢和必要，最終不得不讓米德哈特．帕夏擔任大維齊爾之職[38]。

這份筆記撰寫的日期不明，但煽動民眾的「其他幾人」應該是指參與一八七六年十月「穆希丁事件」的反憲法運動人士。米德哈特曾在自傳中提及此事件，稱其為「帝國轉換期」所發生的不祥之事，阿卜杜勒―哈米德二世也在其御喚想筆記中，將此時期稱為近代鄂圖曼的「大轉換時代」。巧合的是，兩人皆以「轉換」一詞來形容當時局勢，說明他們對時代精神有某種共識。

另一方面，米德哈特的自傳中，幾乎看不到直接批評當時仍為君主的阿卜杜勒―哈米德二世的言論。相反的，他甚至表示，「阿卜杜勒―哈米德二世早已熟讀《基本法》草案，並考慮到帝國的情況和立場，明白帝國的存續和發展完全仰賴於這部法律的制定」，從而認為阿卜杜勒―哈米德二世對憲法制定的意義有著正確的理解[39]。

同樣在米德哈特的自傳中，也描述了阿卜杜勒―哈米德二世在耶爾德茲審判結束後，對被判處死刑的米德哈特表現出某種關懷之情。例如，阿卜杜勒―哈米德二世命人帶米德哈特最喜歡的書籍普魯塔克《希臘羅馬名人傳》和伊斯蘭教聖書《古蘭經》，到他被拘留的查多爾園亭。此外，針對米德哈特的上訴申請，蘇丹私下回應說，「本王在這起案件中擔任米德哈特．帕夏的辯護人」[40]。然而，最終堅持判處米德哈特等人死刑的，正是阿卜杜勒—哈米德二世本人。

一九〇八年青年土耳其黨人革命後，阿卜杜勒—哈米德二世在耶爾德茲宮，會見了米德哈特的兒子阿里·海達。根據阿卜杜勒—哈米德二世的說法，兩人在阿里·海達年幼時曾有一面之緣，但這次會面，是兩位成年的、背負恩怨的當事人之間的正式會談。根據阿里·海達的回憶錄，當時阿卜杜勒—哈米德二世一邊流淚，一邊為自己辯解：

> 神啊，願你蒙蔽敵人的眼睛。他們就是為令尊（米德哈特·帕夏）帶來災難的人。事實上，我一直把故人當作自己的父親看待。《基本法》是為了這個國家及人民的安寧而制定的。但那些叛徒卻無法容忍它，他們欺騙了我[41]。

之後兩人又見了一次面，考量阿里·海達是親英派米德哈特·帕夏的兒子，因此阿卜杜勒—哈米德二世試探性地邀請阿里出任駐英大使，但阿里斷然拒絕。阿里·海達從未信任阿卜杜勒—哈米德二世，也沒有原諒他對父親所做的一切。這次見面是在一九〇九年三月中旬，也是阿里·海達與阿卜杜勒—哈米德二世最後一次說話。

大約一個月後，一九〇九年四月下旬，阿卜杜勒—哈米德二世被指涉參與了「三三一事件」這場反革命政變，遭到廢黜。同月，他被迫離開耶爾德茲宮，從伊斯坦堡老城區錫爾凱吉火車站，搭火車前往馬其頓首都塞拉尼基。當時「統一進步協會」的總部設於該地，因此這位被廢黜的蘇丹被迫隱居在青年土耳其黨人的革命勢力中心。

然而，大約三年半後的一九一二年十月，巴爾幹戰爭爆發，馬其頓地區的局勢急遽緊張。為安全起見，阿卜杜勒—哈米德二世乘坐友好的德國警備船，移送至帝都伊斯坦堡，安排住在亞洲一側的貝勒貝伊宮（Beylerbeyi Palace），與多爾瑪巴赫切宮和耶爾德茲宮隔著博斯普魯斯海峽相望。一九一八年二月，第一次世界大戰即將結束時，阿卜杜勒—哈米德二世因心臟衰竭而過世，結束其七十五年的動盪人生。

其他人物

一、近代鄂圖曼帝國的君主

塞利姆三世

一七六一—一八〇八年。鄂圖曼帝國第二十八代蘇丹（在位期間一七八九—一八〇七年）。前任蘇丹、第二十七代君主是他的叔叔阿卜杜勒—哈米德一世（在位期間一七七四—一七八九年）。即位時正值俄土戰爭期間。戰後，自一七九三年起開始推動名為Nizam-ı Cedid（土耳其語，意為「新體制」、「新秩序」）的軍事制度與行政財政改革，包括編制西式新軍團、成立陸軍技術學校、在西歐各國設置駐外使館等。法國軍隊入侵埃及時，他與英國合作將其擊退。但其強勢改革激起了地利貝伊（Derebey，谷地領主）

和耶尼切里軍團（帝國衛隊的常備步兵部隊）的反對。一八〇七年在土耳其禁衛軍叛亂中被廢黜，並於次年遭殺害。二十世紀初青年土耳其黨人革命後對其高度讚揚，認為他是一名推動近代化改革，卻以悲劇性死亡收場的明君。米德哈特自傳第一卷即由編輯阿里・海達附上塞利姆三世的肖像畫和對已故蘇丹的獻詞，正是反映當時這種時代氛圍。

艾哈邁德二世

一七八五—一八三九年。鄂圖曼帝國第三十代蘇丹（在位期間一八〇八—一八三九年）。前任蘇丹是同父異母的兄長、第二十九代君主穆斯塔法四世（在位期間一八〇七—一八〇八年）。與巴爾幹的地利貝伊阿萊姆達爾・穆斯塔法（Alemdar Mustafa，一七六五—一八〇八年）等人簽署《同盟誓文》，鞏固其皇位。在統治的前半期，致力於鎮壓和消除地利貝伊、耶尼切里軍團和烏理瑪等近世的反抗勢力。一八二六年解散了耶尼切里軍團，並建立西式的「穆罕默德常勝軍」（The Victorious Soldiers of Muhammad）。之後全面展開近代化改革，包括服裝改革、人口普查、創刊公報、改組政府機構、派遣留學生前往西歐國家等政策。同時，他的統治期間發生了塞爾維亞起義、希臘獨立戰爭、敘利亞戰爭，歐洲列強藉機干預鄂圖曼帝國，使得「近東問題」愈演愈烈。一八三八年與英國簽訂不平等的《盎格魯—鄂圖曼條約》，帝國經濟被納入「不列顛治世」下的自由貿易體系。米德哈特與傑夫代特都是在艾哈邁德二世統治時期出生。

阿卜杜勒—邁吉德

一八二三—一八六一年。鄂圖曼帝國第三十一代蘇丹（在位期間一八三九—一八六一年，哈里發為阿卜杜勒—邁吉德一世）。馬哈茂德二世和貝茲米雅萊姆皇后（約一八〇七—一八五三年）之子。一八三九年頒布《花廳御詔》，開始推動坦志麥特改革。儘管他任命穆斯塔法·雷希德帕夏等改革派政治家，展開正統的近代化改革，但在克里米亞戰爭期間的一八五四年，鄂圖曼帝國首次發行外債，導致財政益加困難。一八五六年頒布的《改革法令》，宣示穆斯林和非穆斯林臣民在法律上的平等地位，但雙方都無法接受。他在伊斯坦堡新市區、面對博斯普魯斯海峽的地段，建造了西式風格的多爾瑪巴赫切宮（一八五六年竣工），並遷居於此。他和捷芙凱芙札皇后（約一八二〇—一八八九年）育有穆拉德五世，與提麗穆吉干皇后（約一八一九—一八五二年）育有阿卜杜勒—哈米德二世。他對子女頗為疼愛，還曾牽著年幼的穆拉德五世的手，帶他去上學。

阿卜杜勒·阿齊茲

一八三〇—一八七六年。鄂圖曼帝國第三十二代蘇丹（在位期間一八六一—一八七六年）。為馬哈茂德二世和蒂芙妮耶爾皇后（約一八一〇—一八八三年）之子。王儲時期及統治前期以真誠剛毅的氣質著稱，支持「後期坦志麥特」的改革。一八六七年應拿破崙三世和維多利亞女王的邀請，成為第一位非遠征目的造訪歐洲國家的鄂圖曼君主。一八七一年阿里帕夏去世後，任命馬哈茂德·內丁·帕夏為大維齊爾。此後，統治逐漸轉向獨斷奢侈，尤其投入巨資購買軍艦。因此，在一八七六年的「五三〇政變」中，被米德哈特等人廢黜。不久後的六月四日凌晨，他在被軟禁的費里耶宮突然去世。據說他是用修剪鬍鬚的剪刀割斷雙手手腕血管自殺的。一八八一年針對這起事件進行了耶爾德茲審判，米德哈特等人被判有罪。他以身材魁梧聞名，熱愛「塗油摔跤」徒手格鬥術，也曾從事傳統音樂的曲調創作。

二、坦志麥特改革的實踐者們

阿里帕夏

一八一五—一八七一年。出身於外交官僚的政治家。一八三三年進入翻譯局，並在維也納、聖彼得堡和倫敦累積了實務經驗。他受到穆斯塔法·雷希德帕夏的賞識，一八四六年成為外交大臣，一八五二年成為大維齊爾。他一生中五次擔任大維齊爾，七次擔任外交大臣。雖然在克里米亞戰爭期間與雷希德帕夏關係疏遠，但之後與福阿德帕夏合作，主導後期坦志麥特改革。他任用米德哈特和傑夫代特等人，派遣其至地方從事行政和法律制度的整備，但他的獨裁改革風格遭到納米克·凱末爾等新鄂圖曼人的批評。他與法國的關係是其在政府站穩腳步的原因之一，但在普法戰爭（一八七〇—一八七一年）中法國戰敗後，阿里帕夏的政治影響力大減。雖然他聰明冷靜，但猜疑心強，不輕易相信別人。米德哈特本人聲稱與阿里帕夏關係良好，但據傑夫代特所述，除了工作需要之外，阿里帕夏與米德哈特並不親近。

易卜拉欣・希納西

約一八二六—一八七一年。近代鄂圖曼代表性的文人和記者。他起初於砲兵工廠書記局任職，後受穆斯塔法・雷希德帕夏賞識，在法國二月革命後前往巴黎留學（一八四九—一八五三／一八五四年）。他在法國期間成為亞洲學會（Société Asiatique）的成員。回國後擔任公共教育審議會委員，參與文教政策制定，但雷希德帕夏去世後，他遭到阿里帕夏等人排擠，轉而專注文筆創作。一八六〇年，他與同事阿加・艾菲迪（Agah Efendi，一八三二—一八八五年）共同創辦鄂圖曼帝國史上第一份正統的土耳其語民間報紙《事件翻譯者》（*Tercüman-ı Ahvâl*）。一八六二年又獨立創刊《思想的解釋者》（*Tasvîr-i Efkâr*），一八六五年，將該報交由納米克・凱末爾負責，自身前往巴黎。他避免與流亡西歐的新鄂圖曼人來往，遠離政治。一八六九年返回伊斯坦堡，一八七一年因腦瘤去世。他不僅奠定了近代鄂圖曼新聞業的基礎，還推動新體詩的創作與法國文學的引介，創作了第一部土耳其語戲劇《詩人的婚姻》，為開拓近代新文學與文化革新做出重要貢獻。

納米克・凱末爾

一八四〇—一八八八年。新鄂圖曼人代表評論家之一。他加入翻譯局學習法語，受穆斯塔法・雷希德帕夏重用。參與由易卜拉欣・希納西於一八六二年創刊的《思想的解釋者》。一八六七年，為躲避鄂圖曼政府打壓言論自由，遂前往西歐，與齊亞、阿里・蘇阿維在巴黎組成「新鄂圖曼人協會」。次年，他在倫敦創辦《自由報》，推動立憲運動和新文學運動。據推測，他應該是透過在官場擔任要職的齊亞認識米德哈特。回國後，一八七三年因批評政府而被流放到賽普勒斯島。一八七六年受到赦免並返回伊斯坦堡，與齊亞一同成為制憲委員會成員。憲法頒布後不久，於一八七七年二月遭到逮捕，被流放到米迪利。後來又被赦免，出任該地區地方首長，隨後轉任薩克茲（希俄斯島）地方首長。與米德哈特一樣，在青年土耳其黨人革命後成為被尊崇的歷史人物。

福阿德帕夏

一八一五—一八六九年。出身於外交官體系的政治家。父親是著名古典詩人克切齊扎德．伊澤特．莫拉（Keçecizâde İzzet Molla，一七八六—一八二九年）。起初立志成為教師，但在父親遭流放時，被迫進入軍事醫學校學習。後來在穆斯塔法．雷希德帕夏的推薦下進入翻譯局，走上外交官之路。一八四八年歐洲爆發「一八四八年革命」時，他奉命前往聖彼得堡，帶著蘇丹阿卜杜勒—邁吉德的親筆信，針對東歐難民問題進行談判。他與阿里帕夏合作主導後期坦志麥特改革，並曾五度出任外交大臣和兩度擔任大維齊爾。在任期間處理克里米亞戰爭、兩公國（瓦拉幾亞與摩爾多瓦）合併，以及黎巴嫩和敘利亞的宗教衝突。他也曾陪同阿卜杜勒．阿齊茲訪問埃及（一八六三年）和歐洲（一八六七年）。一八六九年因痼疾心臟病於法國尼斯療養期間去世。他與傑夫代特關係友好，曾共同編寫《鄂圖曼語文法讀本》。他足智多謀，頗具人望。

馬哈茂德・內丁・帕夏

一八一八—一八八三年。近代鄂圖曼的政治家，米德哈特後半生最大的政敵之一。在前期坦志麥特受到穆斯塔法・雷希德帕夏賞識，一八四七年成為大維齊爾的祕書官。此後，歷任多地總督、州長。在擔任麻鄂屬的黎波里（Trablusgarp）州長期間，因被阿里帕夏懷疑其與新鄂圖曼人有來往而漸疏遠。但內丁・帕夏後來與宮廷建立關係，於一八七一年出任大維齊爾，並將與阿里帕夏有關的人趕出帝都。外交上與俄羅斯友好，聽從伊格那提耶夫大使指示，被外界揶揄為「內丁莫夫」。一八七五年再度出任大維齊爾，但無力對應國家財政崩潰和巴爾幹地區叛亂的擴大，於一八七六年五月遭到解職。他先被流放到伊茲密爾附近的切什梅，然後又被轉送到薩克茲，再到米迪利。一八七九年，蘇丹將他召回帝都伊斯坦堡，擔任內務大臣，並與傑夫代特等人共同策劃了耶爾德茲審判。一八八三年因健康因素辭職，同年去世。他同時也是一位知名的詩人和散文作家。

穆斯塔法・雷希德帕夏

一八〇〇—一八五八年。出身外交官僚體系，推動坦志麥特改革的政治家。年輕時受到馬哈茂德二世的拔擢，曾擔任駐法大使和駐英大使，在第一線處理「近東問題」的外交談判。一八三七年出任外務大臣，起草《花廳御詔》，宣告坦志麥特時代開始。自一八三九年法令頒布起，前期坦志麥特改革正式展開，但因缺乏財力和人力資源，加上政爭影響，進度落後。他與薩迪克・里法特・帕夏夏（Sadık Rıfat Pasha，一八〇七—一八五七年）和英國大使斯特拉特福・坎寧（Stratford Canning，一七八六—一八八〇年）等人合作，一起應對外交難關。他亦用心培養阿里帕夏、福阿德帕夏、米德哈特、傑夫代特等第二代坦志麥特政治家。據說他對傑夫代特寄予厚望。易卜拉辛．希納西和納米克．凱末爾也受其賞識，擔任要職，累積官僚經驗。克里米亞戰爭後，他的政治影響力逐漸減弱，於一八五八年第六度擔任大維齊爾期間，因心臟病發去世。

三、改革實踐者的家族

阿里．海達．米德哈特

一八七二－一九五〇年。米德哈特．帕夏之子，母親是其第二夫人謝赫里班。一八八一年父親被捕後，阿里．海達留在伊茲密爾，後來進入貝魯特的法語學校就讀。一八九九年逃往歐洲，並以「米德哈特（Midhat）」作為自己的姓氏（直到一九三四年土耳其才實施姓氏法）。在此期間，他前往倫敦、巴黎、日內瓦和開羅等地，接觸逃亡中的青年土耳其黨人。他根據米德哈特寄給他的部分自傳內容撰寫了父親的傳記，並以英語、土耳其語和法語出版。一九〇八年青年土耳其黨人革命後回到祖國，次年出版米德哈特留下的兩卷自傳《訓誡》和《驚異的鏡鑑》。儘管他曾短暫擔任帝國議會議員，但土耳其共和國成立後未再擔任公職，於一九五〇年去世。一九三七年至一九三八年，他在土耳其某日報上連載自己的傳記，其中包含已故父親晚年的記述和資料，後以書名《我的回憶：一八七二－一九四六年》（一九四六年）出版發行。

謝赫里班

?—一八八七年。米德哈特在一八四七／一八四八年與法官之女奈梅（?—一九一八年）結婚，育有一女梅姆杜哈（生卒年不詳）。之後，他離開伊斯坦堡的家人到巴格達州工作時，以兩千里拉的價格買了一位名叫謝赫里班的切爾克斯奴隸，並將其納為「第二夫人」。一八七二年，謝赫里班為米德哈特生下其唯一的兒子阿里．海達，之後又誕下兩個女兒：維西姆（?—一八九二年）和梅蘇爾勒（一八八一—一九六九年，最初命名「薩比萊」）。梅蘇爾勒出生後不久，米德哈特就在伊茲密爾被捕。米德哈特被捕後，他的兩個妻子各自與自己的孩子同住，但據說她們的關係一直很好。謝赫里班很年輕就過世，奈梅收養了她的孩子們。米德哈特自傳第一卷中，收錄了他寫給兩位妻子的七封信，提及他流放的經過及在塔伊夫的生活情況。

法蒂瑪．阿莉雅

一八六二—一九三六年。傑夫代特帕夏之女。近代鄂圖曼史上第一位具有代表性的女作家。出生於伊斯坦堡，一八七九年與御前侍從軍官穆罕默德．法伊克（Mehmet Faik，一八五四—一九二八年）結婚。一八九〇年，她將法國作家喬治．歐奈（Georges Ohnet，一八四八—一九一八年）的小說《意志》（*Volonté*）翻譯成土耳其語，從而在文壇首次亮相。從那時起，她在多家土耳其語報紙上發表評論和書信文稿。與艾哈邁德．米德海特交情深厚，一八九一年兩人共同發表小說《幻想與真實》。一八九七年希土戰爭期間，為陣亡和傷殘士兵的家屬成立了「支持協會」以提供援助。她也積極投身社會活動，成為第一位加入鄂圖曼紅新月會（伊斯蘭地區類似紅十字會的人道主義組織）的女性。土耳其共和國成立後，一九二四年封筆退休。根據《備忘錄》的部分內容，撰寫其父親的傳記《艾哈邁德・傑夫代特帕夏和他的時代》（一九一二年／一九一三年）。土耳其共和國現行的五十土耳其里拉紙幣上，印著她的肖像。

注釋

1. 俄國外交家、政治家（一八三二—一九〇八年），在對中亞和中國的外交上，展現出色的外交技巧，並於一八六四年擔任駐伊斯坦堡大使。透過馬哈茂德・內丁・帕夏策劃了巴爾幹半島地區的解體。
2. 新鄂圖曼人的代表性評論家之一（約一八二九—一八八〇年）。曾擔任賽普勒斯島、阿馬西亞的總督，和敘利亞、阿達納的州長，以及高等法制審議會和國家評議會委員等。一八六七年，與納米克・凱末爾等人組成「新鄂圖曼人協會」，並在倫敦（後來轉至日內瓦）發行《自由報》。他也是一位著名詩人。
3. Cevdet Paşa, *Tezâkir*, Cavid Baysun (ed.), 3rd ed., 4 vols, Ankara: Türk Tarih Kurumu, 1991 (1st ed., 1953-1967).
4. Midhat Paşa, *Tabsıra-i İbret*, ‘Alî Haydar Midhat (ed.), İstanbul: Hilâl Matba‘ası, 1325 [1909]a.

5.–6. Midhat Paşa，同前一三二五年 a。

7. 近代鄂圖曼軍人和政治家（一八二〇—一八七六年）。出身貧寒，曾就讀陸軍士官學校。此後一心從軍，先後擔任陸軍長官和大維齊爾。
8. 近代鄂圖曼軍人和政治家（一八一一—一八八二年）。擔任過陸軍長官，曾五度出任大維齊爾。他因涉嫌參與刺殺阿卜杜勒・阿齊茲事件，在馬尼薩被捕並被送往伊茲密爾審訊，後因病獲赦，不久在馬尼薩去世。

9.–10. Cevdet Paşa，同前一九九一年。

11. Midhat Paşa，同前一三二五年 a。

12. Midhat Paşa, *Mir'ât-ı Hayret,* 'Alî Haydar Midhat (ed.), İstanbul: Hilâl Matba'ası, 1325 [1909]b.

13. Ahmed Midhat, *Üss-i İnkılâb,* 2 vols, İstanbul: Takvîmhâne-i 'Âmire, 1294-1295 [1877-1878] .

14. 近代鄂圖曼軍人（一八三八－一八九二年）。一八七六年「五三〇政變」中，擔任陸軍士官學校校長，實際指揮部隊行動。在俄土戰爭期間擔任最高司令官，因戰敗被追究責任，被流放至巴格達。他著有「五三〇政變」的回憶錄《轉換的感覺》，以及土耳其語文法書和《世界史》。

15. Süleymân [Hüsnü] Paşa, *Hiss-i İnkılâb yâhûd Sultân 'Abdü'l-'azîz'in Hal'i ile Sultân Murâd-ı Hâmis'in Cülûsu,* İstanbul: Tanîn Matbâ'ası, 1326 [1910] .

16. Mehmed Memdûh, *Kuvvet-i İkbâl, 'Alâmet-i Zevâl,* İstanbul: Matba'a-i Hayriyye, 1329 [1913] .

17. Cevdet Paşa，同前一九九一年。

18.–19. Midhat Paşa，同前一三二五年 a。

20.–21. Midhat Paşa，同前一三二五年 b。

22. Ali Haydar Mithat, *Hâtıralarım: 1872-1946,* İstanbul: Mithat Akçit Yayını, 1946.

23.–26. Midhat Paşa，同前一三二五年 b。

27. 近代鄂圖曼的政治家（一八三六－一八八四年）。因為與第三十一代蘇丹阿卜杜勒—邁吉德的女兒切米爾．蘇丹（Cemile Sultan，一八四三－一九一五年）結婚，被稱為「達馬特」（皇室女婿）。他在耶爾德茲審判中被判有罪，並被流放到塔伊夫。一八八四年五月，與米德哈特同一天在牢房內被勒死。

28. Midhat Paşa，同前一三二五年b。

29. 近代鄂圖曼軍人和政治家（一八一三—一八七一年）。曾擔任大維齊爾和多個地方的州長。一八六一年，第三度擔任大維齊爾期間巡視巴爾幹半島。他對米德哈特年輕時破壞他的軍事生涯懷恨在心，因此持續策動米德哈特的倒臺。

30.–31. Cevdet Paşa，同前一九九一年。

32. Ahmed Midhat, *Menfâ*, İstanbul: Kırk Anbâr Matba'ası, 1293 [1876].

33. Midhat Paşa，同前一三二五年b。

34. Ahmed Midhat，同前一二九四—一二九五年。

35. Midhat Paşa，同前一三二五年a。

36. Midhat Paşa，同前一三二五年b。

37. 新鄂圖曼人的代表性評論家之一（一八三九—一八七八年）。剛開始擔任教師，後來以清真寺講師的身分聞名。一八六七年與納米克．凱末爾等人前往西歐，出版了《報導者》、《科學》等報章雜誌。期間與其他新鄂圖曼人產生矛盾，採取不同行動。一八七六年回到伊斯坦堡。一八七八年為了恢復廢帝穆拉德五世的皇位，攻擊徹拉安宮，遭守衛當場擊斃。

38. Çetin, A. Alâaddin, and Ramazan Yıldız(eds.), *Sultan II. Abdülhamid Han: Devlet ve Memleket Görüşlerim*, İstanbul: Çığır Yayınları, 1976. 引用文中的艾哈邁德．穆赫塔爾．帕夏（一八三九—一九一九年），後來在俄土戰爭中擔任指揮官，表現活躍。青年土耳其黨人革命後，擔任元老院（參議院）議長和大維齊爾。艾哈邁德．韋菲克．帕夏（約一八二三—

一八九一年）則擔任第一屆代議院（眾議院）議長和大維齊爾，亦在文學和語言學領域成績斐然，包括改編莫里哀的作品和編纂土耳其語辭典等。

39. Midhat Paşa，同前一三二五年a。

40. Midhat Paşa，同前一三二五年b。

41. Ali Haydar Mithat，同前一九四六年。

參考文獻

新井政美，《オスマン帝国はなぜ崩壊したのか（鄂圖曼帝國為何崩潰？）》，青土社，二〇〇九年

新井政美，《憲法誕生——明治日本とオスマン帝国　二つの近代（憲法誕生——明治日本與鄂圖曼帝國　兩個近代）》，河出書房新社，二〇一五年

佐佐木紳，《オスマン憲政への道（鄂圖曼憲政之道）》，東京大學出版會，二〇一四年

佐佐木紳，〈岐路に立つタンズィマート（站在十字路口的坦志麥特）〉，小松久男編，《歴史の転換期9　1861年改革と試練の時代（歷史轉換期9　1861年改革與試煉的時代）》，山川出版社，二〇一八年

Baykal, Bekir Sıtkı, *Mithat Paşa: Siyasi ve İdari Şahsiyeti*, n.p.: Kıral Matbaası, 1964.

Davis, Fanny, *The Ottoman Lady: A Social History from 1718 to 1918*, Westport, Ct.: Greenwood Press, 1986.

Davison, Roderic H., "The Beginning of Published Biographies of Ottoman Statesmen: The Case of Midhat Paşa," in idem, *Nineteenth Century Ottoman Diplomacy and Reforms*, Istanbul: Isis Press, 1999.

Georgeon, François, *Abdülhamid II: le sultan calife (1876-1909),* Paris: Fayard, 2003.

Koç, Bekir, *Osmanlı Modernleşmesi ve Midhat Paşa: Tuna Vilayeti Meclisleri ve Yeniden Yapılanma Çabaları,* İstanbul: Türkiye İş Bankası Kültür Yayınları, 2021.

Korkmaz, Adem, *Midhat Paşa: İdari ve Siyasi Faaliyetleri,* Ankara: Türk Tarih Kurumu, 2019.

Kuzucu, Kemalettin, *Kahramanı Yaratmak: İttihadcıların Alemdar Mustafa Paşa'yı Hatırlaması,* İstanbul: Timaş Yayınları, 2018.

Rubin, Avi, *Ottoman Rule of Law and the Modern Political Trial: The Yıldız Case,* Syracuse: Syracuse University Press, 2018.

Sakaoğlu, Necdet, *Bu Mülkün Kadın Sultanları: Vâlide Sultanlar, Hâtunlar, Hasekiler, Kadınefendiler, Sultanefendiler,* İstanbul: Oğlak Yayıncılık, 2008.

Us, Hakkı Tarık,(ed.), *Ahmed Midhat'ı Anıyoruz!,* İstanbul: Vakit, 1955.

Uzunçarşılı, İsmail Hakkı, *Midhat ve Rüştü Paşaların Tevkiflerine Dâir Vesikalar,* 2nd ed., Ankara: Türk Tarih Kurumu, 1987 (1st ed., 1946).

Uzunçarşılı, *Midhat Paşa ve Tâif Mahkûmları,* 3rd ed., Ankara: Türk Tarih Kurumu, 1992 (1st ed., 1950).

Uzunçarşılı, *Midhat Paşa ve Yıldız Mahkemesi,* 2nd ed., Ankara: Türk Tarih Kurumu, 2000 (1st ed., 1967).

第十一章 中亞的十九世紀——揭開近代的序幕

小松久男

前言

十九世紀的亞洲，可以簡明地說，面臨歐洲列強在近代世界爭奪霸權的同時，各地政權也展開自我變革的大轉換時代。在許多地區成為列強殖民地的情況下，自我轉型的道路充滿嚴峻的挑戰，不乏挫折和曲折，犯錯的情況屢見不鮮。但也正因為處於這樣的試煉與轉換期，促使各地輩出個性十足、光彩奪目的人才。本章將聚焦於活躍在此時代的六位中亞人物，藉由他們的經歷來描繪此轉換期的多重面向。他們面對瞬息萬變的時代，充分利用傳統知識和經驗，或提出嶄新構想。他們所尋求的伊斯蘭教之路也各有不同。

十九世紀的中亞，是英國和俄國兩大強國爭奪歐亞大陸霸權的「大博弈」主舞臺。就直接介入中亞而言，與中亞比鄰的俄羅斯扮演著更重要的角色。俄羅斯早已將英屬印度視為長期目標，從十九世紀開始，便直接統治中亞北部的哈薩克草原。成吉思汗後裔統領的哈薩克遊牧部族對此反應不一，是抵抗還是臣服？第一號人物克涅薩熱（Kenesary Qasymov）[1]高舉獨立旗幟，在草原上奔馳，最終在戰鬥中喪命。另一方面，在主張臣服的哈薩克人中，也出現了像喬罕．瓦里漢諾夫（Shokan Walikhanov）這樣具備俄羅斯文化素養的軍人和學者。這位第二號人物是俄國文豪杜斯妥也夫斯基（Fyodor Dostoevsky）的好友，參與了俄軍征服中亞的行動，但他的體內仍流著純正哈薩克人的血。

第三號人物是浩罕汗國[2]的文官塔伊夫（Taif）。十九世紀中葉後，俄軍入侵中亞南部綠洲地區，塔伊夫負責與俄國進行和平談判，可惜和平並未實現，塔伊夫在塔什干（今烏茲別克首都）之戰中失去了主君，遂前往清朝統治下的新疆喀什市。在那裡由同樣來自浩罕汗國的軍官阿古柏（Yoqub Bek）建立了獨立政府，並與英、俄兩大國及鄂圖曼帝國皆有外交往來，可謂「大博弈」中的風雲人物。阿古柏去世後，清朝收復新疆，塔伊夫回到俄羅斯控制下的中亞，致力於維護伊斯蘭社會秩序。即使在異教徒的統治下，他仍不遺餘力地維護伊斯蘭教法。他可說是那個動盪時代的活歷史見證者。

持續展開軍事行動的俄羅斯，一方面吞併了浩罕汗國，另一方面則將布哈拉酋長國[3]和希瓦汗國[4]納入保護國。雙方軍事實力的差距顯而易見。第四號人物是多尼什（Dānish）。他被視為是中亞伊斯蘭學術中心「聖布哈拉」中最有學識的學者。多尼什以布哈拉酋長國對俄使節團成員身分，三次前往俄羅斯，藉此認識到近代世界的樣貌，並為布哈拉的獨立與重生撰寫改革計畫，多次向君主進言，但始終沒有被採納。儘管他在失意中過世，但這位聖城智者的批判精神，卻被二十世紀初嶄露頭角的次世代改革

十九世紀中葉的中亞

派知識分子延續下去。

第五號人物加斯普林斯基（İsmail Gasprılı）是這場改革運動的領導者。他是出生於俄羅斯領土克里米亞半島的穆斯林韃靼人，曾就讀於俄羅斯陸軍幼年學校，並在前往巴黎和伊斯坦堡遊學的經歷中增廣見聞，他開始構想俄羅斯帝國境內龐大的穆斯林群體，即俄羅斯穆斯林的未來願景。他主張，如果俄羅斯政府意識到俄羅斯穆斯林的潛力並大力支持，使他們透過共同母語（突厥語）的普及教育，擺脫無知和偏見，從而實現思想覺醒，那麼俄羅斯人和穆斯林將一同成為正從西方擴展至東方的近代文明的最佳先鋒。二十世紀起，他所提倡的教育改革方法——「新式學校」，出現在中亞各地，成為改革運動的基地。

隨著殖民化的進展，一部分人選擇回歸舊秩序或重建純正伊斯蘭社會作為抵抗手段。第六號人物杜克奇依禪（Dukchi Ishan）正是將其付諸實現的推手。他是納克什班迪教團的著名領袖，於一八九八年在棉花栽種發達地區費爾干納發動吉哈德（Jihad），企圖驅逐俄羅斯。然而，這場赤手空拳的起義以失敗告終，俄軍的報復性軍事行動對穆斯林居民造成嚴重傷害。目睹一切的塔伊夫批評這是無知領袖的魯莽起義，強調吉哈德的目的不是為了戰鬥和結束生命，而是為了增強信仰。他認為只有穆斯林自身維持社會秩序，伊斯蘭教才能受到保護。

除了以上提到的六人，本章也以專欄形式介紹三位人物。第一位是一八八〇年遊歷俄屬突厥斯坦的年輕外交官西德二郎。以與中亞截然不同的方式邁入近代的日本知識分子，是如何看待同時期的中亞？他們的觀察視角在比較兩者上也頗具啟發性與趣味。接著是兩位哈薩克知識分子阿爾丁薩林（Ybyrai Altynsarin）與阿拜（Abai Qunanbaiuly），他們都是繼瓦里漢諾夫之後的次世代精英。他們的活動開啟了民族覺醒之路，展現大草原遊牧民族社會邁入近代的現實樣貌。

克涅薩熱（一八〇二—一八四七年）／瓦里漢諾夫（一八三五—一八六五年）／塔伊夫（一八三〇—一九〇五年）／多尼什（一八二七—一八九七年）／加斯普林斯基（一八五一—一九一四年）／杜克奇依禪（一八五三？—一八九八年）

一、成吉思汗的後裔

克涅薩熱——獨立不羈的草原英雄

自蒙古帝國以來，歐亞大陸中部的遊牧民族存在著一條金科玉律，那就是只有成吉思汗的後裔才能成為統治者或可汗，生活在中亞北部大草原的哈薩克遊牧民族也嚴格遵守這條規則。十八世紀以降，哈薩克部族分為三個部落聯盟（玉茲），由西往東依序為小玉茲、中玉茲和大玉茲，這三個名稱與實際規模大小無關。玉茲由擁有「蘇丹」頭銜的成吉思汗後裔統治，其中最有權勢者則被尊為「可汗」。

其中最著名的是十八世紀下半葉統治中玉茲的阿布賚汗（Ablai Khan，一七一一？—一七八一年）。

他與東部強大的蒙古遊牧民族準噶爾人作戰，一度被擊敗並遭到俘虜。他為了保障部落安全，一方面臣服於西方大國俄羅斯沙皇，另一方面也臣服於消滅準噶爾的清朝乾隆皇帝（在位期間一七三五—一七九五年），阿布賚汗稱乾隆皇帝為兄長。透過向東西兩大強國「雙重進貢」策略，他試圖保全哈薩克汗國的獨立和安定。這位智勇雙全的可汗，儘管身高只有一百六十四公分，但擁有十二位妻子和多達七十名子女。順帶一提，蘇聯解體後宣布獨立的哈薩克斯坦，便以阿布賚汗取代列寧作為哈薩克的國族象徵。

不過，阿布賚去世後，俄羅斯在草原的影響力日益增強。俄羅斯已在草原北部建立起一條包圍草原的防禦線，透過懷柔與威嚇手段迫使蘇丹屈服。一八二二年，俄國在哈薩克的核心中玉茲導入管區制度，[5]將草原劃分成幾個管區，任命蘇丹為管區首長。然而，他們須透過西西伯利亞總督臣服沙皇，再也不是統領哈薩克的可汗。

兩年後，發生了一件象徵草原權力關係改變的事情。依照慣例，阿布賚長子瓦里的兒子古拜杜拉（Ghubaydulla）受清朝冊封為可汗，清朝派遣使節前來授封，但俄羅斯當局不允許沙皇的封臣接受他國君主冊封可汗頭銜，古拜杜拉只能當著使節面前拒絕接受這個頭銜。這起戲劇性的事件代表俄羅斯成為哈薩克草原的唯一統治者。

對於如何應對日益增強的俄羅斯權力，蘇丹們的戰略和想法出現分歧。有一派人認為應極力反抗，阿布賚之子哈斯木（Kasym Sultan）家族選擇了這條道路，而哈斯木之子克涅薩熱蘇丹（一八〇二—一八四七年）正是本章的第一位主角。克涅薩熱從一八三〇年代起不斷與俄羅斯、其附庸之哈薩克部

克涅薩熱蘇丹

族，以及試圖從南方滲透哈薩克草原的浩罕汗國作戰，聲名大噪，是一位獨立不羈的真英雄。哈薩克族有著豐富的口述英雄敘事詩傳統，從各種角度傳頌這位英雄的故事（文中括號為作者補充，下同）。

來自阿布賚血脈的哈斯木蘇丹啊，來自哈斯木血脈的真蘇丹（克涅薩熱）啊，如果不擊潰你的敵人、不奪取戰利品，如果不征服敵人、不奪取城池，一個人怎能空活一生呢？[6]

雖然哈薩克人早已皈依伊斯蘭教，但他們仍堅定保留祖先崇拜的固有信仰。戰場上威武地大喊「阿布賚！」這一聲吶喊，正是呼喚祖先偉大靈力的必要之舉。

我們如暴風雪般四面八方猛烈攻擊敵人，
大喊「阿布賚、阿布賚」，策馬揚鞭。
汝之心膽若無神，汝之靈魂將在哪裡安息？
汝若失去獨立國家，汝之心靈將如何安定？[7]

克涅薩熱被認為是阿布賚的再世之身。一八四一年被推舉為可汗，之後向哈薩克各部族宣示反抗的決心，與南方的希瓦汗國結盟對抗俄羅斯軍隊。在此期間，俄羅斯為了掃蕩叛亂勢力的據點及營救俄國俘虜，於一八三九年至一八四〇年冬，派遣佩羅夫斯基（Vasily Perovsky）將軍率領遠征軍攻打希瓦汗國，但這次軍事行動受到嚴寒氣候和地理資訊不足的影響，以失敗告終。另一方面，一八四〇年至一八四一年冬，強烈寒流導致大批牲畜暴斃，這也對克涅薩熱陣營造成極大打擊。俄羅斯方面試圖離間反抗勢力，利用歸順的蘇丹動搖軍心。俄羅斯信使前來勸降時，對克涅薩熱說道，「即使你率領一大群頭上長著大角、看似勇猛無比的羊，也不可能贏過獅子（俄羅斯），結局將會不妙」。克涅薩熱如此回應：

> 這個被你奉為蘇丹的卑鄙傢伙，自己被俘還不夠，竟想趁此艱難時刻設下陷阱加害於我。與其被俘為奴，不如戰死在無邊的草原上。[8]

克涅薩熱在草原南部的塔拉斯河與楚河沿岸建立根據地，試圖東山再起。他呼籲哈薩克部族團結，同時為持久戰作準備，安排五百戶農民定居以確保糧食無虞，還委託希瓦工匠製造步槍。此外，他也曾試圖尋求與清朝合作的機會。也是詩人的克涅薩熱呼籲，「在（南方）平原，浩罕是主宰；在（北方）草原，俄羅斯是主宰／如果我族團結一致，還有誰能打敗我們？／我們哈薩克人之所以敗於敵手，就是因為不團結」[9]。然而，這位最後的哈薩克汗，於一八四七年底被詹泰．卡拉貝克（Jantay Karabek，一七九四—一八六七年）等同為突厥系遊牧民族柯爾克孜（今吉爾吉斯）的首領們殺害，首級還被獻給俄羅斯總督。柯爾克孜人當時也夾在浩罕汗國和俄羅斯等強國之間苟延殘喘。之後，詹泰的兒子沙布丹（Shabdan Jantay，一八三九／一八四〇—一九一二年）協助俄軍遠征浩罕汗國，被授予中校軍銜，成為帝國權力與當地社會的重要「協力者」，鞏固了自身的地位。克涅薩熱之死象徵俄羅斯對草原霸權的確立，而敘事詩傳頌者則深刻表達了哈薩克人的失落感。

> 克涅薩熱歿後，我族玉座再無主。
> 瑙爾茲巴伊（Batyr Nauryzbay，克涅薩熱之弟）歿後，我族幸福不再。
> 如夜鶯般鳴叫的口中，再也發不出聲音。
> 災難降臨，柯爾克孜首領親手奪去我族光輝。
> 於是，人民成了孤兒[10]。

克涅薩熱之子斯基茲科（Syzdyk Sultan）在父親去世後仍繼續抵抗俄羅斯軍隊，在各地作戰，但未能扭轉局勢。隨著俄羅斯對草原加強控制，蘇丹的特權和地位也逐漸削弱。克涅薩熱的另一幼子艾哈邁德成年後學習俄語，並擔任奇姆肯特地區的副行政長官。他用突厥語記錄了兄長口述的戰亂歲月，後來被翻譯成俄語出版。

瓦里漢諾夫——夭逝的草原英才

同屬阿布賚家族，但與克涅薩熱不同，有些蘇丹選擇將未來寄託於臣服俄羅斯之路。他就是阿布賚的孫子、前述古拜杜拉的兄弟順古斯（Shyngys Walikhanov，又名Chingis）。他與堂弟克涅薩熱對戰立下軍功，獲頒勛章，最後升至陸軍上校軍銜，並擔任草原中北部科克舍套管區長。他的兒子穆罕默德·哈納菲亞（Mukhammed Kanafiya）更喜歡母親幫他取的暱稱喬罕（Shokan，俄語：Чокан），將其改成本名[11]。他就是本章的另一個主角喬罕·瓦里漢諾夫（Shokan Walikhanov，一八三五—一八六五年）。

喬罕的父親熱中教育，喬罕幼年在父親創辦的小型私立學校接受初等教育，學習歷史、地理、算術，以及用阿拉伯字母書寫的察合臺語（中亞的突厥古文體）的讀寫能力，也會用阿拉伯語和波斯語對話、寫詩。他在課餘之際，對哈薩克民間傳說和傳統產生濃厚興趣，並從小就表現出素描的天賦。

喬罕·瓦里漢諾夫

一八四七年秋天，十二歲的他在西西伯利亞主要城市鄂木斯克，就讀陸軍幼年學校。全校只有他一個哈薩克學生，由於勤奮向學，受到師長讚賞，特別允許他使用圖書館。當時與他同窗的，還有後來在西伯利亞自治運動聲名大噪的終身摯友波塔寧（Grigory Potanin，一八三五—一九二〇年）。瓦里漢諾夫雖出身名門，但在當時的俄羅斯社會，他仍被歸入「異族人」，與俄羅斯在宗教、文化、生活方式上都有極大差異。他的民族被歸類為需要特別待遇的西伯利亞與中亞民族，因為官方認為將軍事知識傳授給異族人具有風險，故他在最後學年時被禁止修習軍事科目。即使如此，瓦里漢諾夫仍具備卓越的俄語能力，學習成績也名列前茅。他於一八五三年畢業，被任命為駐鄂木斯克的西西伯利亞軍事總督的副官。當時正值俄羅斯積極建造韋爾諾要塞（今阿拉木圖），準備與浩罕汗國進行軍事對抗。大家對於這位熟悉當地情勢的年輕軍官充滿期待。

許多被流放到西伯利亞的政治犯和知識分子都住在鄂木斯克。十八歲的瓦里漢諾夫就是在這裡遇到剛出獄的文豪杜斯妥也夫斯基（一八二一—一八八一年）。兩人建立了親密的友誼，即使在杜斯妥也夫斯基被流放到塞米巴拉金斯克之後，友誼依然持續。

一八五六年底，杜斯妥也夫斯基寫了一封信給瓦里漢諾夫，開頭寫道，「撇開那些場面話，我真的喜歡你。就連我的親兄弟也不曾如此親近」。偉大作家在信中給出了這樣的建議：

> 絕不可放棄你的工作，你擁有大量資料，為什麼不寫一篇關於草原的論文呢？（……）你應該規劃自己的未來，讓你能夠為你的家鄉做出獨特的貢獻。舉例來說，向俄羅斯說明什麼是草原？它的意義何在？你的民族又是誰？這是一個偉大而神聖的使命。請記住，你是第一個接受完整歐洲式教育的吉爾吉斯人[12][13]。

信的結尾寫道，「再見了，我親愛的朋友，請原諒我擁抱你並親吻你十次」。偉大作家或許發現了這個來自大草原的青年身上，有一種天生的光彩和潛藏的力量。

一八五六年，瓦里漢諾夫升至中尉，參與了對柯爾克孜人地區的軍事地理學調查。過去臣服於浩罕汗國的柯爾克孜部族中，此時開始出現歸順俄羅斯的動向。這段調查期間，他首次採集紀錄了柯爾克孜民族的口述英雄史詩《瑪納斯》，開啟了柯爾克孜民族珍貴文化遺產的研究。他還為了改善俄羅斯與清朝的貿易條件，造訪了伊犁河上游的固勒扎（伊犁），花了三個月的時間觀察清朝統治下的突厥穆斯林社會。他所蒐集到的中亞內陸地形、政治和經濟資料，對於俄羅斯想要深入中亞的戰略具有極高價值。這段期間，他結識了俄羅斯探險家謝苗諾夫（Pyotr Semyonov，一八二七—一九一四年，後被稱為「天山斯基」），謝苗諾夫十分認可瓦里漢諾夫的學術潛力，於一八五七年推薦他成為俄羅斯地理學會（Russian Geographical Society）的正式會員。

讓瓦里漢諾夫一舉成名的，是他一八五八年至一八五九年對新疆中心城市喀什的考察之行[14]。自一八二〇年代以來，浩罕汗國為了擴大通商權力，與清朝發生激烈衝突，加上納克什班迪教團的和卓（聖裔）為恢復在新疆的統治而發動的吉哈德，更使衝突進一步加劇，也導致當地情勢相當複雜。不僅如此，清朝在鴉片戰爭（一八四〇—一八四二年）戰敗後陷入財政困難，於是加重邊疆地區的各種稅收，引起許多地方為抗議加稅而爆發叛亂。瓦里漢諾夫的任務就是探查日益緊張的新疆情勢。

瓦里漢諾夫偽裝成商人，率領一支由四十三人、一百零一頭駱駝和六十五匹馬組成的商隊前往喀什，在那裡停留了半年左右。他一邊蒐集政治和經濟情報，一邊學習當地的維吾爾語及蒐集文獻抄本，還採集藥用植物、礦石和貨幣。一八五九年春，因傳出當地有「俄羅斯間諜」的風聲，瓦里漢諾夫被迫離開，但他對這片從未有人探索過的地區製作的詳盡報告，在俄羅斯和歐洲學術界引起了極大反響。

完成艱鉅的使命後，瓦里漢諾夫於一八六〇年首次調往首都聖彼得堡，先後在陸軍部和外交部亞洲局工作。作為新任的二等大尉，他受到時任陸軍大臣迪米德里・米盧廷（Dmitry Milyutin，在位期間一八六一—一八八一年）的接見。除了忙於撰寫報告、繪製地圖和演講，瓦里漢諾夫還與回到首都的杜斯妥也夫斯基、波塔寧等老友重聚，出入俄羅斯各類知識分子的社交圈。在此期間，還接觸了當時俄羅斯最激進的政治和社會思想車爾尼雪夫斯基（Nikolay Chernyshevsky，一八二八—一八八九年）的理論。不過，首都生活對他的健康造成了嚴重影響。

在大博弈之中

一八六一年七月十八日，聖彼得堡的報紙《北方蜜蜂》發表了一篇社論，題為〈中亞各汗國——希瓦、布哈拉、浩罕及其與俄羅斯的關係〉。這篇社論沒有署名，但一般認為出自瓦里漢諾夫之筆。文章開頭寫道，「中亞的遼闊平原，曾經是馬其頓的亞歷山大大帝（Alexander the Great）及帖木兒（Timur）的戰爭舞臺，這片曾孕育出席捲歐洲、令其震撼的諸部族的搖籃之地。如今，她正逐漸被俄羅斯與英國所瓜分」。

作者以中亞悠久的歷史為基礎，進一步分析英俄兩大強權在此角逐的形勢，亦即「大博弈」（The Great Game）的動向。他預測兩國之間將在經濟領域展開競爭，但認為英國商品的影響力最遠只能觸及阿富汗，難以深入中亞。這是因為「此地的亞洲政權及居民，都恐懼這裡會像印度一樣屈服於大英帝國，成為大英帝國的屬地。因此這裡的人不信任英國及其代理人」。他還指出，英國鎮壓一八五七年印度民族起義的殘暴行為，激起中亞人民對歐洲人的仇視[15]。作者的觀點十分宏觀。

作者進一步強調，相較於英國，俄羅斯在中亞擁有更有利的條件。透過與中亞各汗國擴大貿易聯繫，可以有效擴展其影響力。重要的是，作者雖然提倡經濟聯繫，卻明確反對武力征服。當時，俄羅斯正在進行包括解放農奴在內的大規模改革，被視為「開明」的官僚們活躍於各領域推動改革，但在亞洲地區，許多高層仍傾向透過領土擴張來提高帝國威信。至於中亞，戰爭大臣米盧廷，以及一八五八年曾任俄羅斯特使前往希瓦和布哈拉汗國，剛考察當地內情的外交部亞洲局長尼古拉．伊格那提耶夫（Nikolai Ignat'ev，一八三二—一九〇八年），皆支持武力侵略。這篇社論明顯反駁政府高層的計畫，而這很可能是作者選擇匿名發表的原因。

一八六一年春，罹患肺結核的瓦里漢諾夫回到哈薩克草原療養，但他還是孜孜不倦地工作。他向西西伯利亞總督報告了一八六二年中國西北地區穆斯林叛亂的情況，還提交了一份對草原地區的司法改革現狀調查的詳細備忘錄。

這裡值得注意的是他對伊斯蘭教的看法。哈薩克遊牧民族的宗教信仰具有二元性，古代薩滿教與伊斯蘭教並存；在法律實踐上，也同時存在著根據習慣法進行的比（Biy，長老）審判[16]和依據伊斯蘭教法進行的卡迪（Qadi，教法官）審判。瓦里漢諾夫雖然是穆斯林，但他嚴厲批評了北方韃靼人和南方烏茲別克人在草原上推廣的伊斯蘭教義和慣例，認為這些破壞了哈薩克人固有的知性與感性，阻礙其發展，因此主張廢除伊斯蘭教法，保留簡明易行的傳統習慣法。瓦里漢諾夫提倡推廣世俗教育，特別關注一八五八年美國為原住民設立了一百六十二所學校，並設立基金，支持有意定居的遊牧民族改變生活方式等。

一八六四年春，俄軍司令切爾尼亞耶夫（Chernyayev）將軍召見瓦里漢諾夫，該軍正計畫攻打浩罕汗國的阿利—阿塔（Aulie-Ata）要塞。將軍收到的命令是「不要拒絕和平提議，與當地居民進行初步談判」，為此他派出「極具教養、精通俄語和韃靼語（中亞的當地語言）」的參謀大尉瓦里漢諾夫負責初步談判。但是談判失敗，切爾尼亞耶夫最終訴諸軍事行動。此時，瓦里漢諾夫身患重病使他無法勝任軍務，很快就被迫離開前線。有一次他曾對波塔寧這樣說：

> 我最愛的是哈薩克人，然後是西伯利亞、俄羅斯，最後是全人類。（……）如果俄羅斯人與哈薩克人開戰，我會站在哈薩克人這邊對抗俄羅斯人。但如果法國人與俄羅斯人作戰，我的心將站在俄羅斯人這邊。[17]

雖然瓦里漢諾夫深受俄羅斯文化薰陶，但他的身體裡依然流淌著哈薩克人的血液。後來他回到草原，與一位老朋友住在一起，並與其妹妹成婚。瓦里漢諾夫曾表示，要為哈薩克人效力，就不能娶俄羅斯女性為妻。他意識到自己即將死去，便寫了一封信給父親告別，描述自己瘦骨嶙峋的樣子，同時將妻子託付給父親照顧。一八六五年六月，年僅二十九歲的他英年早逝。兩個月後，切爾尼亞耶夫率領俄軍占領了浩罕汗國在中亞的最大商業城市塔什干。

二、中亞風雲

塔什干陷落

浩罕汗國是與布哈拉、希瓦兩國一起建立在中亞南部綠洲地區的烏茲別克政權。其根據地為費爾干納地區，受惠於中亞大河錫爾河上游的豐沛水源，人口密度和農業生產力比其他地方都高。此外，汗國不僅與東邊清朝統治下的新疆、南邊的印度做生意，還可向北經由哈薩克草原與俄羅斯通商，活絡的貿易活動充實了國家經濟，使得浩罕汗國在十九世紀上半葉迎來極盛時期。雖然汗國的統治者不是成吉思汗的後裔，但他們自稱是伊斯蘭教守護者，闡明他們與先知穆罕默德聖裔的關聯，以及對鄂圖曼帝國蘇丹（哈里發）的效忠，藉此表明王室統治的正當性。

然而，汗國內部的權力鬥爭和來自布哈拉的干預，使政權陷入動盪。最後一位統治者胡達雅爾汗（Khudayar Khan）的多次復位（在位時間一八四五—一八五八年、一八六二—一八六三年、一八六五—一八七五年）與逃亡，正是政局不穩的明證。也正是在這一時期，俄羅斯軍隊開始從哈薩克草原揮軍挺進浩罕汗國境內。

浩罕汗國的要塞和城市接連被俄軍攻陷。面對這種臣服於異教徒的局勢，穆斯林知識分子是如何理解與回應的呢？[18]約於一八七〇年，一位撰寫浩罕汗國歷史的歷史學家，在記述聖者艾哈邁德·亞薩維（Ahmad Yasawi）陵墓所在地突厥斯坦一帶，哈薩克遊牧民族不戰而降於俄軍的過程時，引述一段波斯語詩句：

無論是否為異教徒，正義和公平
皆為維護王權之有效手段，應深知此理。
沒有信仰的正義，對世間秩序而言，
勝過有信仰的暴政。[19]

這表明，哈薩克人遭受浩罕汗國總督的暴政，他們寄望於異教徒俄羅斯的「正義」，於是選擇向俄軍投降。雖然這首詩並非歷史學家的原創，而可能是古典箴言，但無疑是藉著伊斯蘭中重視「正義」與「公平」的邏輯，為臣服於異教徒的做法提出了正當性的理由。

塔伊夫——動盪時代的見證人

一八六四年至一八六五年冬，俄軍只差一步就能攻占塔什干。從整體形勢來看，這是英國和俄羅斯兩大帝國「大博弈」的一個關鍵局面。如果俄軍繼續南進，英屬印度將面臨來自北方的俄羅斯威脅。不過，對此情勢最為焦慮的，其實是當地的穆斯林居民。失去塔什干，將意味著浩罕汗國的滅亡。

此時與俄軍正面對決的是浩罕汗國軍事指揮官阿里木庫里（Alimqul，約一八三三—一八六五年）。他年輕時便展現出軍事才能，一八六三年趁機流放胡達雅爾汗，擁立傀儡君主，成為浩罕汗國的實質統治者。他有一個能幹又忠誠的部下，名叫穆罕默德．尤努斯．赫瓦賈（Muhammad Yunus Khwaja，一八三〇—一九〇五年）。他可說是本章涉及的時期十九世紀後半葉的真實見證者。他出生於塔什干，筆名塔伊夫（悔悟者），是一位具備文學天賦與深厚學養的詩人和書法家。

塔伊夫是一名文官，在阿里木庫里手下擔任禮賓官。在此關鍵時刻，他提出與俄軍統帥切爾尼亞耶夫展開談判並簽署和平協議，獲得了阿里木庫里的批准。塔伊夫制定和平計畫後，向阿里木庫里報告，同時為了感謝真主保佑，他退居塔什干附近的贊吉阿塔（Zangi Ata）[20]陵墓（清真寺）中，在寧靜的大堂內徹夜誦讀《古蘭經》。他完成了艱鉅任務，內心裡一定充滿了欣慰和感激。

然而，阿里木庫里很快地召見塔伊夫，對他說：「我對這個和平計畫感到非常滿意，沒有任何提案比它更好了，但我不能接受它，原因只有一個。」塔伊夫詢問原因，阿里木庫里說：「突厥斯坦和費爾干納的人民極其無知愚蠢，脾氣暴躁又好戰，分不清利害關係。如果我們在這個階段議和，那些無知的人會說『這兩人身為軍事指揮官和禮儀官，只想為自己謀取安寧生活，不惜將這麼多的穆斯林交給俄羅斯人，藉此追求和平。若我們奮起一戰，所有人站出來參加吉哈德，甚至一路攻占奧倫堡，連塞米巴拉金斯克也能收入囊中』。他們將子孫萬代地辱罵我們的懦弱。若爆發戰爭，死的只有我一人，我願意去死，換得百姓得救。這樣一來，便無人再詆毀我了。此後，不許你再提『和平』二字。」面對這一席話，塔伊夫只得沉默[21]。

很快地，阿里木庫里率領一支小部隊出征，與俄軍奮勇作戰，一度抓住勝機，並透過塔伊夫向盟友請求增援，但欽察和柯爾克孜軍隊只是隔岸觀火，絲毫不作響應。阿里木庫里在戰鬥中身負重傷，最終戰死沙場。隨著浩罕軍的潰退，失去防禦手段的塔什干於一八六五年六月二十九日遭俄羅斯攻陷。阿里木庫里和瓦里漢諾夫是同一時代的人，同樣英年早逝。

塔什干開城投降後，城裡的名士，即伊斯蘭法官和長老們，向俄軍司令官切爾尼亞耶夫將軍提出一項請願，希望以俄羅斯皇帝和將軍的名義向穆斯林居民發布公告。將軍接受他們的請願，隨即發布了一項告示，內容為「凡事皆遵守全能真主的命令和先知穆罕默德的正道教義，以及他和聖門弟子所制定之法律，不得有絲毫違背」。每日五次禮拜，不可怠慢，並應努力操持各自生業。還嚴格命令「孩童應聚集到教室裡專心學習，不得懶散荒廢時間。若有懈怠者，應責打或斥責他們，不可放任不管」，「伊斯蘭教禁止飲酒與賭博、淫亂等行為，應小心避免一切違反伊斯蘭教法的新奇事物」[22]。

塔什干的穆斯林名士明顯擔憂俄軍占領城市後，原有的社會秩序會瓦解。他們無力抵抗，轉而透過表達穆斯林社會的自律來尋求與新政權的妥協，期待臣服之後，伊斯蘭教法依然能獲得尊重與維護。切爾尼亞耶夫將軍也同意這一點。可以說，俄羅斯在中亞實施統治時，會避免直接干預當地的穆斯林社會，而這項原則，正是在征服初期雙方共識下逐步建立起來的。一八六七年，沙皇俄國在塔什干成立突厥斯坦總督府[23]，由考夫曼（Konstantin Petrovich von Kaufmann）將軍擔任第一任總督，開始推動更進一步的征服與殖民統治機構的建設。

阿古柏執政時期

政敵阿里木庫里死後，一八六五年胡達雅爾汗從流亡地布哈拉回到浩罕，第三次即位，並建造豪華氣派的宮殿。但叛離可汗的勢力不斷，政局始終未能穩定。這段時期最引人注目的是，浩罕汗國許多有力軍人開始轉向新疆地區發展。

此時的新疆，正處於自一八六二年開始的同治陝甘回亂之中，清朝的統治體系已經崩潰，穆斯林反叛勢力割據為政。正如我們所見，這是瓦里漢諾夫一直密切關注的大規模叛亂。在此情況下，喀什叛亂分子向仍在世的阿里木庫里提出請求，希望派遣一名納克什班迪教團聖裔、來自喀什噶爾和卓家族的成員作為他們象徵性的領袖。阿里木庫里決定派曾經起兵反清、在北京被處死的張格爾（Jahangir Khoja）之子，目前被保護安置於浩罕境內的布素魯克汗（Büzürg，一八二四－一八七七?年）。一八六五年，阿里木庫里麾下的軍官阿古柏（Yoqub Bek，一八二〇?－一八七七年）以副官身分隨行。

根據塔伊夫的記載，阿里木庫里對布素魯克汗說：「你是喀什噶爾（喀什）的和卓，也是可汗，但是國政之事，包括稅收和獎勵、懲罰和處決、罷黜和任命，這些事情都應交由巴達夫拉特（Badavlat，阿古柏的別名）處理。你只要頂著可汗與和卓的名號，安心享樂即可。」[24] 說完後，阿里木庫里將《古蘭經》放在布素魯克汗面前，要求他立誓。阿古柏隨後騎著塔伊夫送給他的馬，啟程前往喀什。身負重任的阿古柏想必也很期待能在喀什一展抱負，畢竟，這次面對的敵人不是強大的俄羅斯軍隊。

事實上，布素魯克汗始終只是名義上的「君主」。幾年後，阿古柏將布素魯克汗「送往麥加朝聖」，同時也收攏原阿里木庫里的舊部，陸續擊敗分據於莎車、和闐、龜茲、烏魯木齊等綠洲城市的叛亂勢力，並建立以喀什為中心的政權。阿古柏宣稱其政權奉行伊斯蘭教法，但事實上，這個外來政權過度掠奪當地資源，引起當地人民不滿。另一方面，失去君主阿里木庫里的塔伊夫，接受阿古柏的邀請加入了新政權。從一八六六年至一八七七年，他擔任重要城市莎車的總督。

曾經面對面採訪塔伊夫的英國記者巴爾傑，在談到成為政權要員的塔伊夫時寫道：

阿古柏高度讚賞塔伊夫的才能，由於缺乏優秀的行政官員，因此很快地任命穆罕默德・尤努斯・赫瓦賈（Muhammad Yunus Khwaja，塔伊夫）為剛剛攻陷的莎車總督。莎車是喀什最富饒、人口最稠密的地區，同時也是最難治理之地。然而，在塔伊夫的治理下，這些難以收服的莎車人最終完全服從於新統治者。他在莎車展現出卓越的治理能力，也證明了阿古柏選擇舊同僚擔任莎車總督的眼光並沒有錯。總督剛開始統治時採取高壓態度，人民稍有不從就立刻逮捕和處決，在他後來長達七年的統治期間，治理風格變得寬大懷柔，原因是「壞人已大多被殺光」[25]。

當時，清朝因太平天國運動和第二次鴉片戰爭（一八五六—一八六〇年，英法聯軍），導致統治力大幅削弱。中亞內陸出現阿古柏政權後，立即引起英俄兩國的高度關注。在大博弈中爭鋒的兩大帝國，都希望與阿古柏政權簽訂通商條約，強化雙方關係。特別是仍在中亞南部征戰的俄羅斯，為牽制此新興勢力，占領了清朝的伊犁地區（一八七一—一八八一年）。

除了這兩大國之外，阿古柏還與鄂圖曼帝國展開外交談判，成功獲得軍事援助，這一點尤其值得關注。當初受到俄羅斯攻擊的浩罕汗國和布哈拉汗國曾多次向鄂圖曼帝國求援，但鄂圖曼帝國並未給予任何實質支持，然而對阿古柏的求援，鄂圖曼帝國卻提供了克虜伯砲（Krupp gun）和新式、舊式步槍，還派遣由四名退役軍官組成的軍事顧問團協助。為了感謝鄂圖曼帝國的援助，阿古柏在週五的集體禮拜時，唱名感謝蘇丹阿卜杜勒·阿齊茲（在位期間一八六一—一八七六年），還將其名鑄在貨幣上，表達臣屬於蘇丹（哈里發）之意。透過上述方式，阿古柏與三大帝國建立正式外交關係，堪稱「大博弈」中的風雲人物。在當時的中亞諸君主中，阿古柏是唯一能夠建立如此外交網絡的人。

早先受阿里木庫里之命派駐在伊斯坦堡的傑出外交官賽義德·雅各·汗（Sayyid Ya'qūb Khān，一八二三—一八九九年），是這次阿古柏能與鄂圖曼帝國修好的重要功臣。賽義德·雅各·汗不只與鄂圖曼帝國的政府要員建立密切關係，後來還與清朝駐倫敦的公使進行和平談判。

鄂圖曼帝國對阿古柏政權提供援助的背後，一方面得益於英國的建議和協助，因為英國計畫將阿古柏政權打造成英屬印度與俄羅斯之間的緩衝國；另一方面，鄂圖曼帝國的外交戰略中，日益顯著的泛伊斯蘭主義[26]也不可忽視。俄羅斯以犧牲中亞突厥系穆斯林同胞為代價進行擴張，這不僅引起鄂圖曼政府的注意，也引起伊斯坦堡穆斯林知識分子的擔憂。當時擔任俄羅斯駐君士坦丁堡（伊斯坦堡）大使的伊格那提耶夫曾向帝都回報，「近年來，鄂圖曼人對東方國家的穆斯林產生了特殊關心，喚起人們對哈里發國輝煌過去的記憶」，他還指出，「這幾年的伊斯坦堡，已成為亞洲諸國的穆斯林君主與信徒的朝聖地」[27]。

與此同時，清朝內部對於如何對應已在新疆建立的阿古柏政權，意見不一。李鴻章（一八二三—一九〇一年）等人認為，清朝要保全大局，應先強化海軍。如果阿古柏願意承認清朝宗主權，則可允許其以藩屬國身分繼續存在。事實上，透過英國居中斡旋，在倫敦進行的和平談判，雙方就這一點已達成協議。但左宗棠（一八一二—一八八五年）認為失去新疆將會危及蒙古，若失去蒙古，北京也將遭受威脅，主張必須武力收復新疆。經過一番爭論之後，清朝決定收復新疆。左宗棠率領三萬至四萬大軍，於一八七六年收復烏魯木齊，並繼續前進。此時阿古柏集結大約三萬兵力，駐防庫爾勒準備迎戰，但他在次年五月底驟逝。關於其死因傳聞眾多，有人說是中毒或自殺，但最有可能的說法是死於中風。隨著阿古柏的去世，失去統一力量的政權瞬間瓦解，英國針對俄羅斯的戰略安排也跟著落空。

當時莎車總督塔伊夫原本也是清軍的追捕目標，但因政績良好，清朝允許他安全離開。然而，當他回到家鄉時，浩罕汗國已不復存在。這個在內亂中自毀的浩罕汗國，於一八七六年被併入俄羅斯，成為費爾干納州。另一方面，清朝收復新疆後，於一八八四年在此地實施省制，加強中央政府的控制權，並推動漢語教育等同化政策。就此，分處中亞東部和西部的綠洲地區，在共通的突厥—伊斯蘭傳統下，分別在清俄兩大帝國的統治下進入了近代。

三、布哈拉的命運

多尼什——聖都的智者

以古老綠洲城市布哈拉為首都的烏茲別克人政權，一般被稱為布哈拉汗國。然而，十八世紀中葉後建立政權的曼吉特（忙忽惕）部族統治者，並非成吉思汗家族的後裔。曼吉特王朝的開國君主沙．穆拉德（在位期間一七八五—一八〇〇年）沒有自稱「汗」，而是採用早期哈里發的頭銜「埃米爾．穆民」

（Amir al-Mu'minin，信眾的長官）。這明顯是在宣揚以穆斯林國家理念為基礎，此後布哈拉的歷代統治者皆冠上「埃米爾」稱號。這個稱號也與布哈拉作為中亞伊斯蘭學術中心而被尊稱為「聖布哈拉」的地位緊密相關。埃米爾既統治聖都，更是伊斯蘭教法的守護者。十九世紀布哈拉的歷史學家幾乎一致稱讚沙．穆拉德和他的繼任者埃米爾．海達爾（海達爾．圖拉，在位期間一八〇〇—一八二六年）是虔誠的穆斯林君主。

有一位知識分子從批判的角度記述了布哈拉的興衰。他正是本節主角，名字叫艾哈邁德．馬克杜姆（Ahmad-makhdum，一八二七—一八九七年），筆名為多尼什（波斯語意為「知識」）。由於外貌關係，他被暱稱為「大頭艾哈邁德」。據說他身材高大，相貌威嚴。他是布哈拉市內一所清真寺伊瑪目（導師）的兒子，在就讀馬德拉薩（高級學校）時，自學歷史、文學、天文學、幾何學、醫學、音樂等。從一八五〇到一八七〇年代，在埃米爾宮廷擔任書法家和建築師。多尼什以博學多才聞名，曾三度被選為布哈拉使節團前往俄羅斯。他親眼見證了布哈拉酋長國歸順沙皇俄軍，成為其保護國，然後日益陷入從屬的時代，與塔伊夫是同時代的人。對於這一時代的劇變，多尼什有以下觀察與理解。

多尼什

多尼什在晚年所著的曼吉特王朝歷史中，提出一種歷史觀，認為歷史的興衰為每千年或百年出現一次的聖戰者（Mujahedin，復興者或改革者）所推動的偉大事蹟與日後衰退所構成的循環。中亞歷史上最偉大的聖戰者是伊斯蘭曆八世紀的帖木兒[28]，緊接在後的聖戰者系譜包括九世紀的蘇丹·忽辛·拜哈拉（Husayn Bāyqarā）[29]、十世紀的阿不都拉哈汗（Abdallah）[30]、十一世紀的賽義德·蘇班克里·汗（Sayyid Subhan Quli Khan）[31]、十二世紀的埃米爾·沙·穆拉德，他們的時代都出現了博學多聞的烏理瑪（學者）。他也提到印度蒙兀兒王朝的君主沙賈漢（Shah Jahan）[32]與奧朗則布[33]的名字。

多尼什與十九世紀的布哈拉其他歷史學家一樣，不僅高度讚揚埃米爾·沙·穆拉德的治世，也將之後的布哈拉歷史理解為一個逐步走向停滯和衰退的過程。根據他的說法，布哈拉的衰退始於埃米爾·納什努拉（Emir Nasrullah，一八二七—一八六〇年）時期。埃米爾·納什努拉在位期間實施暴政，官員橫徵暴斂日趨嚴重，而烏理瑪則迎合政治權力的貪汙腐敗。正是在此時期，多尼什於一八五七年以駐俄羅斯大使書記的身分，首次前往聖彼得堡。這次出使的目的是追悼已故沙皇尼古拉一世（Nikolai I，在位期間一八二五—一八五五年），和祝賀新皇帝亞歷山大二世（Alexander II，在位期間一八五五—一八八一年）即位，以及擴大兩國之間的貿易。多尼什個人接到的命令是「仔細調查和研究當地國內情況，並向埃米爾報告」。

多尼什待在聖彼得堡期間，參觀首都的工業大學、各類工廠、植物園、科學院博物館、天文臺、造幣廠、沙皇村（Tsarskoye Selo）[34]等。回國後，多尼什向埃米爾報告布哈拉與歐洲各國的國家機構差異，更建議全面改革布哈拉的國家機構。但其建議未被埃米爾採納，一切努力都白費了。

布哈拉在下一代君主埃米爾．穆扎法爾丁（Muzaffar bin Nasrullah，在位期間一八六〇—一八八五年）的手中，走向「暴政和腐敗的世界」，確定了衰敗的結果。多尼什認為，對俄戰爭的慘敗並非因俄羅斯文明的優越或強大，而是布哈拉這個國家和社會自身衰敗的結果，最根本的錯誤在於背離了伊斯蘭教法。這項看法也呼應了一八六八年布哈拉埃米爾國第二大城市撒馬爾罕，向俄羅斯軍隊投降時的情況。當時布哈拉軍隊潰敗，撒馬爾罕未經戰鬥便開門投降，是該城的穆夫提（Mufti，伊斯蘭法律顧問）卡邁勒丁代表人民向俄軍總司令考夫曼將軍表達投降意願。

穆夫提試圖根據伊斯蘭教法，解釋向異教徒投降的原因。他引用先知穆罕默德的故事，穆罕默德帶著在麥加遭受迫害的信徒，到由基督教國王統治的阿比西尼亞尋求庇護，藉此證明撒馬爾罕人接受俄羅斯人的保護是合理的。他並表示，「儘管有伊斯蘭的規範，但我們仍遭受烏茲別克統治者的無數壓迫。即使是異教徒，只要其統治公正，也勝過一個穆斯林暴君」。這段話表達了他期待恢復被烏茲別克，即曼吉特王朝君主所忽視的正義。也可從中看出，這位穆夫提表達投降意願的同時，也試圖為伊斯蘭教法的延續尋求出路。

布哈拉的埃米爾與多尼什

被俄羅斯軍隊擊敗後，埃米爾．穆扎法爾丁於一八六八年六月與俄羅斯締結和平條約，內容包括割讓撒馬爾罕地區並支付巨額賠款，當天還在撒馬爾罕舉行盛大的閱兵儀式。次年，埃米爾派使團前往俄羅斯，遞交國書表達歸順之意，並請求歸還被占領土。此時，多尼什以祕書兼伊瑪目的身分再次加入使節團，除了參觀農業、土壤學、交通相關博物館、各種工廠、造船廠和咯琅施塔得要塞外，他還欣賞了歌劇和芭蕾舞等表演。在此期間，他結識了俄羅斯外交部的波斯語翻譯官（亞塞拜然人）。由於布哈拉使團給人無知愚昧、貽笑大方的印象，多尼什是使團中唯一因博學受到讚賞的成員。多尼什回國後，因受到俄方讚賞，獲得埃米爾宮廷授予的高位官銜，埃米爾邀請他出任行政職務。但多尼什婉拒了這項邀請，因為他認為若無全面改革統治機關，僅憑一己之力也不可能重建國家。

布哈拉對俄羅斯的從屬程度持續增加。一八七三年，埃米爾不僅允許遠征希瓦汗國的俄羅斯軍隊經過自己的領土，還為穿越沙漠的俄羅斯軍隊提供食物和水，甚至允許他們在境內設置補給據點，釋出友好支持。突厥斯坦總督考夫曼稱埃米爾為「俄羅斯忠實的朋友和盟友」。但多尼什的評論非常嚴厲，指出埃米爾「無論是物質上與精神上，協助俄羅斯人取得勝利與征服。最關心的只是自己的未來，為了短暫的一生而承擔永恆的恥辱，為了滿足一閃即逝的欲望而將自己的汙名刻入歷史」[35]。

希瓦汗國位於廣闊沙漠環繞之地，遠離主要城市和堡壘，長期以來未曾遭到俄羅斯軍隊的攻擊。然而就在一八七三年，俄羅斯軍隊裝備最新武器，確保補給路線無虞後，從三面攻擊希瓦汗國，使希瓦汗國無力抵抗，六月首都陷落。其君主賽義德·穆罕默德·拉希姆·汗（Sayyid Muhammad Rahim khan，在位期間一八六四－一九一〇年）投降後，考夫曼對追隨希瓦可汗的土庫曼族約穆德（Yomud）部族進行了殘酷的懲罰行動，此事讓他在歷史留名，被視為他犯下的嚴重錯誤之一。根據和平條約，希瓦可汗承認自己是沙皇「聽話的僕人」，放棄與俄羅斯以外國家的外交權，並支付巨額賠款，割讓阿姆河右岸和裏海東岸地區。俄羅斯除取得希瓦的自由貿易權外，還獲得了阿姆河的自由航行權，從而可將俄羅斯軍隊運送至阿富汗北部。

一八七三年，埃米爾．穆扎法爾丁再次派使團前往聖彼得堡，慶祝俄軍遠征希瓦獲得勝利和公主的大婚。多尼什這次以副使身分前往，其才智獲得皇帝親信的認可。有一天，一名翻譯官建議多尼什為婚禮獻上一首詩，「不妨用公主和駙馬的名字做一首藏頭詩，再加上年號會更好。我會將詩翻譯出來，呈給陛下」。「吟誦詩句的優雅，可以緩和烏茲別克人的粗獷作風」。多尼什對此建議回應道，「布哈拉的埃米爾任命愚昧無知的人作為使節，好確保他們不會洩露國家機密。……這難道不是我國孱弱和失序的證明嗎？」[36] 多尼什費盡心思創作了一首頌詩獻給俄國皇帝，其中巧妙嵌入瑪麗公主和新郎阿爾弗雷德的名字。儘管布哈拉使團長斥責多尼什踰越職分，但幾天後多尼什受邀參加皇家晚宴時，獲得沙皇親自表達感謝之意。多尼什的學識給俄羅斯官員們留下很好的印象，但他似乎並未學習俄語。

這次出使，埃米爾並未向多尼什透露與俄談判的具體事項，但多尼什在首都面見突厥斯坦總督考夫曼時，主動提出一個重要問題：由於撒馬爾罕成為俄羅斯領土，而該地處於布哈拉主要水源澤拉夫尚河上游，導致布哈拉陷入缺水危機。相較於布哈拉，多尼什以撒馬爾罕擁有豐富的泉水和坎兒井為由，[37] 提議雙方平均分配水資源，但總督不置可否。多尼什識破總督的真實意圖：俄國將待布哈拉完全臣服後，才會考慮供水給布哈拉。但因布哈拉政府缺乏對應措施，水源問題始終未能解決。

這次出使讓多尼什更加確認布哈拉埃米爾國與俄羅斯、歐洲各國的差距，於是回國後，多尼什制定了一份從根本上變革布哈拉國家體制的改革計畫，呈交給埃米爾。更公開宣示，唯有通過並實施這項改革計畫，他才會接受布哈拉政府的職位。但他的提案再次被忽視。不僅如此，埃米爾受夠了多尼什的

「說教」，開始注意那些聚集在他周圍的反政府勢力。一八七〇年代末，埃米爾將他降職為偏遠地區的卡迪（伊斯蘭法官）。「聖布哈拉」屈指可數的智囊思想家就這樣失去了施展才華的舞臺。

專欄

西德二郎探訪突厥斯坦

一八六七年，俄國設立突厥斯坦總督府，這一年正好是日本實施大政奉還的時期。也就是說，當中亞淪為殖民地時，日本則邁向了近代化，兩者走上截然不同的歷史道路。為推動近代化，明治政府派遣許多有為青年前往歐美各國留學，以培育更多人才。出身薩摩藩的西德二郎（一八四七—一九一二年）就是其中一人。西德二郎曾於鄰近大國俄羅斯首都留學，並擔任臨時代理公使。一八八〇年回國途中，獲得突厥斯坦總督考夫曼的許可，廣泛遊歷俄屬中亞，以觀察這片新興殖民地。其主要目的是調查激化俄清緊張局勢的「伊犁問題」現狀。在等待許可的同時，西德二郎造訪了俄羅斯保護國布哈拉。筆者閱讀了他回國後呈給外相井上馨的報告，發現他的觀察細緻，具體反映當時的中亞局勢。以下舉例說明。

布哈拉是中亞大城之一，人口超過十萬，是個繁榮的通商據點。主要貿易路線通往俄羅斯、中國喀什、阿富汗喀布爾及伊朗馬什哈德。其中最重要的是與俄羅斯的通商，布哈拉從俄羅斯進口茶葉、砂糖、棉布、鐵、陶瓷器，出口棉花、生絲、絲織品、毛皮類等。至於與喀什和喀布爾的通商，受到當地動亂影響，近期呈現停滯狀態。這是因為新疆自同治陝甘回亂至阿古柏政權的興衰，使得對外貿易中斷；而喀布爾方面，則因一八七八年英軍入侵爆發第二次英阿戰爭，喀布爾通商路線也同樣中斷。

西德二郎也謁見了布哈拉的埃米爾．穆扎法爾丁，但不是在首都布哈拉，而是南部卡爾希的離宮。由於西德二郎持有突厥斯坦總督考夫曼寫給埃米爾的介紹信，西德二郎受到熱情接待。當埃米爾詢問如何開通與日本的通商路線時，西德二郎回應說，兩國相隔甚遠，加上布哈拉位於內陸，短期內較為困難。但日本可先與伊朗通商，若馬什哈德這條商道安全無虞，日本就能與布哈拉做生意了。由於布哈拉已失去昔日的獨立性，凡事只聽從突厥斯坦總督的意見，因此西德二郎不忘猜測埃米爾的想法。他還表達了自己的見解：

> 中亞人民篤信「穆罕默德之教」（伊斯蘭教），一切人事皆依此經文，因此變得固定不動，其人生意志必不脫離經文範圍，故而定制不可變革，如制度不符時勢造成弊端，也多認為是天意如此。歐洲式的物質文明無法深入其固有的思想範圍之內，如果伊斯蘭教能夠發展出符合當時時代需求的學問，那就另當別論了。否則中亞人民皆無法自立，最終只能受制於人。[38]

中亞穆斯林將一切歸於真主旨意，因此無論發生什麼，都不願試圖改變傳統制度，這使得推動近代化改革變得困難。令人擔心的是，除非他們主動創造符合近代需求的知識體系，否則只能屈服於他人的統治，別無選擇。由此可以看出西德二郎對中亞穆斯林的同情與理解。實際上，中亞穆斯林在二十世紀初，逐漸開展了一場接受近代文明與自我變革的運動，後文將提到的加斯普林斯基（Ismail Gasprinsky）對這場運動做出重大貢獻。

西德二郎回到日本後，廣泛閱讀有關中亞的中西文獻，並編撰了《中亞細亞紀事》（陸軍文庫，一八八六年），這被視為日本對中亞地區研究的開端。西德二郎最終成為外務大臣，於一八九八年締結《西—羅森協議》（*Nishi-Rosen Agreement*），以協調日俄在朝鮮半島的爭議。不久後，一九〇二年英日締結同盟，此舉反映出英日雙方因共同警惕俄羅斯向遠東擴張而利害一致。當時英國正積極展開大博弈，而西德二郎正處於這場地緣政治鬥爭的漩渦中。

土庫曼人的抵抗戰爭

當多尼什被趕出布哈拉時，俄羅斯征服中亞的戰役已進入最後階段。戰場位於今土庫曼的南部地區，當地由土庫曼部族之一的特克（Tekke）部族主導。他們分布在裏海東岸延伸至阿姆河的廣大地區，信仰伊斯蘭，並沿襲了遊牧民族驍勇善戰、剽悍威猛的傳統。他們時而歸順，時而反叛鄰近的希瓦汗國、布哈拉埃米爾國及南部的伊朗。特克最聞名的事蹟是派出武裝突襲隊越過科佩特山脈，前往伊朗東北部的綠洲地區擄掠居民，還襲擊裏海沿岸俘虜俄羅斯人，轉賣為奴。特克部族勢力強盛，部分仰賴於此地特有的優良戰馬阿哈爾—特克馬種（Akhal-Teke），其為體格強壯、速度極快的名馬。當俄羅斯征服完成中亞南部的烏茲別克汗國後，最後一項任務就是平定土庫曼地區。

一八七九年八月，中亞軍事局勢高度緊張，俄軍向南方的特克部族發動攻擊，特克部族堅持不肯投降，俄軍受到猛烈反擊後被迫撤退。這是俄軍在征服中亞過程中遭受的最大一次挫敗，導致一些原已臣服於俄羅斯的土庫曼部族又開始出現反俄動向。次年，俄軍準備充分後，攻占了與伊朗接壤的科佩特山脈北麓特克部族的據點蓋奧克泰佩堡壘（Geok Tepe）。這次戰役的俄軍指揮官是斯科別列夫（Mikhail Skobelev），他過去在征服中亞的戰爭和不久前的俄土戰爭（一八七七—一八七八年）中聲名鵲起，可以看出俄軍勢在必得的決心。

此時率領特克部族的是奧韋茲穆拉特・狄克瑪謝爾達爾（Ovezmurat Dykma-Serdar，一八二五—一八八二年）。他年紀輕輕就多次率領騎兵隊掠奪伊朗地區，並因其軍事才幹和搜刮豐富戰利品而廣為人知。面對俄軍的入侵，他一度試圖投降，但因俄方背信棄義，轉而決心死戰。在這位謝爾達爾（總司令）和庫爾班・穆拉特・依禪（Kurban Murat Ishan，一八四〇—一八八一年）等人的指揮下，特克部族發起了視死如歸的反擊。在某場戰鬥中，他們還從俄軍手中奪下四門山砲和三面軍旗，這是俄軍在中亞戰場上前所未有的恥辱。然而，特克部族也遭受巨大損失，一八八一年一月，俄軍用大量火藥炸毀要塞城牆後，士兵突破防線，勝敗已定，戰局就此結束。

謝爾達爾立刻向斯科別列夫投降，後來斯科別列夫麾下的庫羅帕特金將軍（Aleksey Nikolayevich Kuropatkin，一八四八—一九二五年）見到謝爾達爾時，還曾對他說道「你當時奪走了我們的火砲啊！」並對其驍勇善戰表示敬佩。謝爾達爾後來受邀前往莫斯科，受到俄國官方款待，但一年後因病過世。另一位戰死的指揮官庫爾班・穆拉特・依禪，被尊為聖者，土庫曼人在蓋奧克泰佩堡壘的遺跡上，建造了一座供奉他的聖者廟，許多土庫曼人前往參拜。蘇聯解體後，該地成為土庫曼重要的朝聖地之一。

這場蓋奧克泰佩圍城戰屠殺了無數土庫曼人，標誌著俄軍在中亞南部的大規模軍事行動的終結，也代表俄羅斯占領突厥斯坦的野心終於實現。西德二郎在《中亞細亞紀事》中如此描述戰爭的激烈過程：

我在布哈拉時，王國第一次收到這場決戰的戰報。由於報告裡有各種評論，我詢問了一位權

> 臣，才知道這是從莫夫（Merv）傳來的。內容大致為：特克部族大敗，許多名將陣亡，蓋奧克泰佩要塞已被俄羅斯士兵摧毀，徹底消滅土庫曼人的威勢。許多布哈拉人對此消息深感遺憾，全國上下都表露出極大的同情之情[39]。

西德二郎在布哈拉經歷了這一歷史性的轉折點。俄軍為了攻打蓋奧克泰佩堡壘，自裏海東岸鋪設的鐵路，也於一八八七年延伸到布哈拉地區。

多尼什的最後建言

多尼什與西德二郎雖生活於同一時代，卻從未見過面。多尼什在他的史書中如此描述埃米爾的繼任者：

> 埃米爾・穆扎法爾丁逝世後，埃米爾・阿布德・阿哈德（Abdul-Ahad bin Muzaffar al-Din）即位（一八八五年）。明眼人都看得出來，俄羅斯人控制了布哈拉及其周邊地區。若說前任埃米爾是祕密地將國家交出，那麼新埃米爾則是公然地將國家交予他人。而國內沒有實施任何改革[40]。

埃米爾・穆扎法爾丁去世後，多尼什回到布哈拉，沒有擔任官職，致力於著述。儘管布哈拉的政治體制沒有改變，但社會層面確實有在轉變。一八八七年，布哈拉東南約十三公里處，興建了外裏海鐵路

（後稱中亞鐵路）的科貢車站，鄰近的俄羅斯城鎮（新布哈拉）也迅速發展起來。

布哈拉至此徹底淪為俄羅斯的附庸國，這是國際社會廣為知曉的事實。讓俄羅斯很快穩固對布哈拉統治的原因，正是布哈拉人民的無知和無秩序[41]。

在新布哈拉市設立隸屬於俄國外交部的政治代表部，負責保護布哈拉國內的俄羅斯人，也能隨時協調兩國關係。俄羅斯雖不直接干涉布哈拉內政，但其威望已足以使埃米爾政府順從其意志。新任君主阿布德．阿哈德（在位期間一八八五—一九一〇年）被授予沙皇侍從將官、騎兵大將等軍銜，身穿捷列克哥薩克軍團（Terek Cossacks）的軍裝，略懂俄語，與前任埃米爾不同，他經常造訪俄羅斯。然而，這位埃米爾在對國家實施專制統治的同時，也是國內最大的企業家，每年採購大量特產「卡拉庫爾綿羊」（Karakul sheep）的羊皮[42]，出口到莫斯科。

在得知埃米爾將於一八九二年訪問俄羅斯後，多尼什懷著可能是最後的希望，向埃米爾提交了一份備忘錄，列出應向俄羅斯沙皇提出的支援事項。第一項，請求俄方派遣建設灌溉水利的技術人員，以解決布哈拉水資源不足的問題。根據多尼什的說法，澤拉夫尚河三分之二的水量，用於上游撒馬爾罕的農業開發，只有三分之一能流到布哈拉，導致春夏季作物難以收成。因此，他主張必須從阿姆河或錫爾河引水，建造灌溉渠道。第二項，請求援助引進食品加工業。布哈拉每年五月至十一月生產大量高糖度水果，數量遠超出了國內的消費量。如果能設立製糖或甜食加工廠，就可以出口到世界各地，為布哈拉的經濟做出貢獻。第三項，是請求支持建設厚羊毛織物工廠。布哈拉的商人每年花費大量經費，將當地生產的羊毛出口到俄羅斯，再從俄羅斯進口厚羊毛織物。如果在布哈拉建造厚羊毛織物工廠，就可在當地加工羊毛，然後將厚羊毛織物出口到海外。第四項，布哈拉山區蘊藏種類繁多且有價值的礦產資源，如能獲得採礦工程師的協助開發礦場，不僅能在國內創造許多就業機會，也必將對布哈拉和俄羅斯雙方都有利。此外，備忘錄還提及希望俄方派遣熟悉當地語言的教師和軍事專家。

儘管這些構想切合布哈拉的經濟條件和特點，但多尼什的建議再次遭到忽視，他甚至未被允許陪同埃米爾出訪俄羅斯。他在經歷了這些冷遇之後，於史書結尾寫下自己的結論。

> 我們稱呼為埃米爾陛下、大臣閣下的統治者究竟是什麼樣的人？「這些人就像家畜一樣，不，就迷失方向上更甚於家畜」[43]。若按照伊斯蘭教法的規定，他們應當會被反覆的罷免。已經沒人要服從或執行其命令。即使不服從他們，也沒人會被視為謀反或反抗。因為唯有基於正義的統治，才配稱為真正的哈里發之治[44]。

多尼什根據伊斯蘭正義高於一切的統治理論，向埃米爾的暴政提出嚴厲指控。他是一位叛逆的知識分子，面對布哈拉的衰敗提出解決方案。儘管他晚年未能見證新世紀的聖戰者崛起，終以失意告終，但其著作卻在下一代知識分子、青年布哈拉人中祕密流傳，對他們的思想覺醒產生深遠影響。艾尼（Sadriddin Ayni，一八七八—一九五四年）就是其中一人。他在一八九九年前後熟讀了多尼什親筆撰寫的《稀有事物》，並自述這本書如何改變他的想法。他將多尼什比喻為「布哈拉黑夜中閃耀的晨星」。

四、俄羅斯的伊斯蘭教

加斯普林斯基——改革運動的先驅

隨著俄羅斯帝國征服了中亞南部地區（突厥斯坦），帝國新納入了一大片穆斯林聚居區。回顧過去，自十六世紀伊凡四世（伊凡雷帝）征服喀山汗國以來，俄羅斯持續向東、向南擴張領土，逐步涵蓋了從窩瓦河中部流域一直延伸到西西伯利亞、克里米亞半島、高加索、哈薩克草原和突厥斯坦等地區，這些地方居住著許多穆斯林民族，他們都成為帝國的臣民。十九世紀末，俄羅斯帝國內的穆斯林人口估計約為兩千萬人，相當於總人口數的百分之十幾。相比之下，當時另一個穆斯林大國鄂圖曼帝國（包含安納托力亞和巴爾幹半島），其穆斯林人口約為一千五百萬人，這突顯出俄羅斯穆斯林群體在帝國的分量。雖然大多數穆斯林屬於突厥語系，但各群體分布在不同地方，生活方式和歷史背景也各不相同，彼此之間並無統一的認同感。直到十九世紀下半葉之後，隨著俄羅斯近代化進程與各種新型溝通媒介的出現，這種群體意識才逐漸萌芽。[45]

本節主角克里米亞韃靼人伊斯梅爾．加斯普林斯基（尊稱伊斯梅爾—貝伊．加斯普林斯基，一八五一——一九一四年），意識到「俄羅斯穆斯林」作為一個龐大群體的存在，並滔滔不絕地闡述他對未來的願景。克里米亞韃靼人在系譜上屬於蒙古帝國（其中的欽察汗國）繼承國家之一——克里米亞汗國的遺民。該汗國長期處於南方強國鄂圖曼帝國的宗主權之下，但自從在葉卡捷琳娜二世（Yekaterina II Velikaya，在位期間一七六二—一七九六年）時期被俄國併吞後，就成為俄羅斯帝國的臣民。加斯普林斯基出生於克里米亞半島南部，雅爾達（Yalta）附近的哈斯普拉村（Gaspra），父親是當地一位韃靼貴族。加斯普林斯基選擇了軍人之路，以便在俄羅斯社會中占有一席之地。他先後就讀於辛菲羅波爾（Simferopol）與莫斯科的陸軍幼年學校就讀，在那裡接觸了泛斯拉夫主義的政治思潮，此思潮的目標是統一以俄羅斯為中心的斯拉夫民族。這些經歷與瓦里漢諾夫頗為相似。

一八六六年，鄂圖曼帝國統治下的克里特島爆發希臘民眾起義，列強介入，鄂圖曼帝國陷入困境。次年，加斯普林斯基決定與立陶宛韃靼同學[46]一起加入信仰與族裔相同的鄂圖曼陣營，他們一路前往敖德薩，但因沒有護照而被憲兵攔下，未能成行。由於無法放棄成為鄂圖曼軍官的夢想，遂下定決心加強法語能力、接受高等教育，前往巴黎留學。留學期間，幫忙旅居巴黎的俄國作家伊凡．屠格涅夫（Ivan Sergeyevich Turgenev，一八一八—一八八三年）處理家務，還接觸了「新鄂圖曼人」，這是一群主張在鄂圖曼帝國實行憲政制度的知識分子團體。一八七四年前往伊斯坦堡，希望成為鄂圖曼帝國陸軍士官學校的俄語教師，但據說這項任職因俄羅斯大使伊格那提耶夫從中阻撓而未能成功。一八七五年，加斯普林斯基回到克里米亞，在家鄉擔任教職，之後當選為巴赫奇薩賴（Bakhchysarai）市長（一八七九—一八八二年）。在穩固自身社會地位後，他開始展開作為俄羅斯穆斯林思想家和改革者的行動。

他的基本思想集中體現在他於一八八一年以俄語書寫的著作《俄國的穆斯林》，其要旨如下：

俄羅斯內部擁有龐大的穆斯林群體。儘管俄羅斯標榜肩負「亞洲文明化」的偉大使命，但除了稅收和維持治安之外，對穆斯林群體不聞不問。穆斯林社會長期陷於貧困和無知，災難性移民永無止境。穆斯林和俄羅斯人因對彼此的無知和不信任而相互隔絕，俄羅斯評論家試著將此現象歸因於伊斯蘭教對異教的敵意，但問題根本不在伊斯蘭教本身，而是俄羅斯缺乏妥善的伊斯蘭政策。穆斯林社會有著強大傳統支持，強制同化政策只會導致穆斯林強烈反彈，從波蘭的例子就知道，最後一定會失敗。真正有效的做法，應仿效美國或俄屬芬蘭，基於民族平等與自治原則建立合作體系。俄羅斯應該允許並支持穆斯林透過共同母語（突厥語）實施普通教育，從而擺脫當前的無知與偏見，實現知識覺醒。誕生於東方的文明曾經傳到西方，現在也應由西方回流東方，俄羅斯人和穆斯林絕對會成為最佳前鋒[47]。

加斯普林斯基的問題意識，首先集中在穆斯林被邊緣化的處境。他所說的「災難性移民」，特別是指克里米亞韃靼人的經歷。每當俄羅斯與鄂圖曼帝國發生戰爭時，他們就會被俄羅斯當作敵對民族，遭受歧視和壓迫，因此不少人移民或難民前往鄂圖曼境內。第二個關注點是，俄羅斯人和穆斯林如何以同一國的國民共存共榮。雖然他很早就提出自治的目標，但特別強調透過教育來擺脫穆斯林社會中的無知和偏見。他曾說過「俄羅斯人和穆斯林應成為將文明傳播至向東方的最佳前鋒」，這句話可視為他向俄羅斯讀者發出的合作訊息。這部著作可說是他改革思想的政治宣言。

為了實現這個宏偉計畫，一八八三年，他創辦了《譯文報》（*Terciman*，一八八三—一九一八年），這是俄羅斯穆斯林的第一份全國性報紙。它的目的是為穆斯林讀者提供國內外的最新消息，激發其社會文化覺醒，同時在以突厥語為主的俄羅斯穆斯林中，普及共通的書面語。在突厥語系中，鄂圖曼語[48]能夠表達近代世界共同的制度與概念，科學和技術的相關詞彙也相當豐富。加斯普林斯基使用的文字是以鄂圖曼語為基礎加以簡化的文體，與克里米亞韃靼語有高度的相容性。加斯普林斯基希望透過這一語言，為俄羅斯穆斯林之間帶來近代性和統一性。根據他的說法，從西部博斯普魯斯海峽的船夫到東部喀什的駱駝夫，所有人都能聽懂這種語言。

為了配合審查制度，該報最初以通用突厥語和俄語雙語出版，雖然整體採取溫和的政治立場，但它透過宣導教育改革的必要性，以及廣泛刊載俄羅斯國內外的時局與評論，對於俄羅斯穆斯林的啟蒙和覺醒產生了巨大影響。該報也連載了加斯普林斯基的烏托邦小說《寧靜之地的穆斯林》（*Darürrahat Müslümanları*）。故事描述一位來自塔什干的穆斯林青年參觀格拉納達的阿爾罕布拉宮（Alhambra, Generalife and Albayzín, Granada）時，發現一個在一四九一年格拉納達陷落後，由倖存的阿拉伯遺民建立的祕密王國，並對其超近代的文明感到震驚。這部連載小說也有拓展讀者群的目的。這份創刊時僅發行三百份的週報，後來成長為每天發行量達一萬份的日報。一九一二年起，更提出「在語言、思想和行動上的統一！」的口號。

一八八四年，加斯普林斯基在家鄉巴赫奇薩賴創辦了「新式學校（usūl-i jadīd）」。這是一所仿效俄羅斯和鄂圖曼帝國學校制度的近代化初等學校，與傳統的私塾式初等學校不同，它的特點包括：設置地理、歷史等世俗科目的課程和教材、設備齊全的教室、使用拼音發聲法來進行讀寫教育等，發揮了前所未見的教育效果。儘管遭到穆斯林保守派的反對和阻撓，新式學校仍逐漸普及各地，支持新式學校的改革派被統稱為「扎吉德」。這些學校的另一個重要特點是，與俄羅斯公立學校不同，它們完全是由穆斯林知識分子或社群自行發起與出資建立和管理的。即便如此，新式學校仍日漸普及，進入二十世紀後，開始出現在突厥斯坦和新疆各個城市。然而，對俄羅斯當局而言，扎吉德運動隱含了威脅帝國一體性的泛伊斯蘭主義和泛突厥主義的思想，因此對其監視和壓制也隨之加劇[49]。

加斯普林斯基與布哈拉——伊斯蘭世界

透過《譯文報》與新式學校來推動改革的加斯普林斯基，也曾與布哈拉的埃米爾阿布德．阿哈德接觸過。埃米爾在一八八三年訪問俄羅斯時得知了《譯文報》，成為其最早的訂閱者之一（希瓦的賽義德．穆罕默德．拉希姆．汗也是早期讀者），此後還為報紙持續提供大量資金，協助印製發行。一八九三年初，他們在巴赫奇薩賴第一次見面時，加斯普林斯基聽到埃米爾提及宣揚俄語教育的必要性後，承諾為布哈拉人民編寫一本俄語教科書，名為《俄語老師》。次年，埃米爾確實在布哈拉創辦了俄語學校，但加斯普林斯基認為，這是布哈拉政府為了表態臣服俄羅斯而進行的政治妥協。這所學校除了學習俄語之外，對布哈拉人毫無實質助益[50]。

一八九三年五月，加斯普林斯基應埃米爾的邀請首次訪問布哈拉。他對這座長期以來被視為伊斯蘭學術中心的「聖布哈拉」有著強烈關注。他思考著如何在一個「未受歐洲文明影響的社會」實現「文明化」的理想？他的構想是改革初等學校制度，並重組傳統宗教學校以創建高等教育機構，但埃米爾在保守派烏理瑪的強烈反對下，沒有意願進行這樣的教育改革。直到阿布德．阿哈德統治末期，布哈拉才終於出現第一所新式學校，但它遭到嚴厲的攻擊和壓制。在克里米亞的雅爾達擁有豪華別墅的埃米爾，幾乎每年都會訪問俄羅斯，也每次都會與加斯普林斯基見面，但加斯普林斯基似乎最終並未完成《俄語老師》教材。對於自認為是俄羅斯穆斯林中最高貴的布哈拉埃米爾來說，《譯文報》作為一個能宣傳他公開活動的媒介，也許具備一定價值，但也僅止於此。

加斯普林斯基對於俄羅斯周邊的國際局勢也提出相當具有洞見的見解。他於一八九六年以俄語撰寫的小冊子《露（俄）東協約》中，其主要觀點可概括如下：

俄羅斯和伊斯蘭世界都面臨來自東方和西方的嚴重威脅。人口過剩的東方世界未來勢必會以移民為先導，開始向西擴張，也就是向我們擴張。正如默默無聞的小國日本贏得甲午戰爭（一八九四—一八九五年）一樣，顯示清朝未來也有可能快速發展。與此同時，歐洲列強不僅攻擊俄羅斯和伊斯蘭國家（如鄂圖曼帝國、伊朗和阿富汗），還讓這兩方互相攻擊，就像先前的俄土戰爭（一八七七—一八七八年），精於離間雙方，以穩步擴大自身利益。如果俄羅斯和伊斯蘭國家能聯手對抗歐洲列強，締結政治、經濟和軍事協議，情勢會發生什麼變化？俄羅斯能夠在不打徒勞戰爭的情況下，即可確保南方擴張通道；而伊斯蘭國家則能不受列強干涉，專注於國內重建和發展，這項協約可以防止其他強國的干涉，也無需擔心自己會像布哈拉或希瓦一樣成為保護國。即便俄羅斯的經濟實力較強，也未強大到足以摧毀伊斯蘭國家的經濟。這種互惠互利的防禦性協約，必然會引起歐洲列強的反對，但如今英國勢力已稱霸紅海，對於不知該如何保護聖城麥加和麥地那的伊斯蘭國家，這是應該認真思考的選項。[51]

加斯普林斯基生活在俄羅斯與伊斯蘭世界交會地帶的俄羅斯穆斯林地區，尤其是身為在俄羅斯帝國與鄂圖曼帝國夾縫中的克里米亞韃靼人，這是他才有可能構想出來的國際共生理論。儘管他的做法與當時著名的泛伊斯蘭主義者、革命思想家賈邁勒丁·阿富汗尼（Sayyid Jamāl al-Dīn al-Afghānī，一八三八

／一八三九－一八九七年）不同，但加斯普林斯基也深刻意識到伊斯蘭世界所面臨的嚴峻危機。在當時的俄羅斯穆斯林中，唯有加斯普林斯基能從全球性的視角論述國際關係。

草原的知識分子——阿爾丁薩林與阿拜

當加斯普林斯基構思廣大的俄羅斯穆斯林群體與通用突厥語時，哈薩克草原也開始出現一場透過完善自己的語言，形成民族認同的運動。

易卜拉欣．阿爾丁薩林（Ybyrai Altynsarin，一八四一－一八八九年）以在教育領域實踐此一理想而聞名。他出生在草原北部的庫斯塔奈（Kostanay）地區，自幼喪父，由曾在奧倫堡國境委員會工作的軍人祖父撫養長大，並在該委員會為哈薩克人設立的學校接受初等教育。學習的科目包括俄語、習字、算術、韃靼語和伊斯蘭基本教義。畢業後在別人家打雜、從事翻譯工作，一八六〇年接到州政府的指示，負責創辦哈薩克人學校。他走遍哈薩克村莊籌募資金，最終於一八六四年一月成功創校。最初的學生人數為十六人。幾個月後他如此寫道：

> 我像餓狼追羊一樣，全心投入孩子的教育。令我高興的是，孩子們在短短三個月內就學會了閱讀，甚至書寫俄語和韃靼語。簡而言之，當他們完成四年課程，便能流利地表達並具備基本知識。我現在正在盡力加強他們的道德教育，避免他們將來成為收賄腐敗之人。[52]

我彷彿看到了天生的教育家阿爾丁薩林。後來他在郡裡擔任行政人員和法官，並於一八七九年被任命為圖爾蓋州督察。從事教育行政工作多年的阿爾丁薩林，奠定了包括俄哈學校（六年制男女混合學校）、師範學校、職業學校和女子寄宿學校等在內的學校制度基礎。

在他所處的時代，還未確立以哈薩克族語進行初等教育的方法。在這方面，他參考了俄羅斯正教會傳教士兼東方學者伊爾明斯基（Nikolai Ivanovich Il'minskii，一八二二—一八九一年）開發出來的方法。為了推進異族人皈依俄羅斯正教並強化其影響力，伊爾明斯基提出了一套系統性的教育體系，包括在他們的口語基礎上創造書面語、採用俄語字母、將俄羅斯正教經典翻譯成族語、培訓異族教師等，他因為實踐並實現這一體系而聞名。阿爾丁薩林年輕時就認識了伊爾明斯基，友誼相當深厚。想必兩人一定討論了許多教育方法。不過，這不代表阿爾丁薩林支持異族的俄羅斯正教化。在給伊爾明斯基的信中，他懇切地勸告伊爾明斯基，在哈薩克人之間推廣俄羅斯正教會帶來危害，當他得知一名俄羅斯教師在俄哈學校教授俄羅斯正教教育時，他警告說：「這麼做將毀掉我們在文化和教育方面的一切努力，反而會讓孩子們遠離學校。」

他一生都是虔誠的穆斯林。一八八四年，他用哈薩克語出版了一本教義書《伊斯蘭教教規》。關於寫這本書的動機，他如此表示：「我們的鄰居韃靼突厥人用自己的語言翻譯《古蘭經》和聖訓（先知穆罕默德的語錄）的重要教義，並以書籍的形式出版，讓族人理解內容，藉此推廣宗教知識，但是我們哈薩克人沒有一本每個人都能閱讀或使人聽懂的這類書籍。」執筆時他參考了阿塔烏拉．巴亞濟托夫（Ataulla Bayazitov，一八四七—一九一一年）等韃靼烏理瑪所寫的教義問答著作，這一點也在前言中明確指出。保守的韃靼烏理瑪批評阿爾丁薩林推廣俄語和引進女子教育的舉措，認為違反了伊斯蘭教的禁忌（哈拉姆），這部著作可視為對這些指責的回應。

阿爾丁薩林致力於普及俄語，例如編寫了《吉爾吉斯人俄語學習概論》教科書，同時也為哈薩克書面語的形成做出了貢獻。值得注意的是，他編撰的《哈薩克文集》（一八七九年）成為學校教材，收錄了有關帖木兒、阿布賚汗等人物的故事，以及像《庫布蘭杜》等英雄史詩的節選，旨在為哈薩克語正確書寫提供範例。起初他依循伊爾明斯基的方式，以俄文發行，接著又推出阿拉伯文版。以阿拉伯字母書寫的哈薩克書面語，在哈薩克人中逐漸普及。為了豐富這種書面語，他努力收錄哈薩克民間故事、諺語和史詩，並出版了與哈薩克民族誌有關的著作。整體而言，阿爾丁薩林是一位有進取心的穆斯林和哈薩克民族主義者，對俄羅斯文化有著深厚的感情。他也是少數對俄羅斯農業移民進入哈薩克草原定居提出警告的人之一。

另一位草原上的知識分子是詩人阿拜．庫南拜吾勒（Abai Qunanbaiuly，一八四五—一九〇四年）。他出生在草原東北部的塞米巴拉金斯克地區，是中玉茲阿兒渾部落托布克圖（Tobykty）氏族酋長的兒子。起初，他進入馬德拉薩學習伊斯蘭諸學、阿拉伯語和波斯語，但他的父親把他召回家鄉，任命他為繼承人，讓他在根據哈薩克習慣法做出裁決的比（Biy）法院擔任法官。透過實務經驗，他學會如何透過口頭辯論審理案件，明白辯才無礙和臨場反應的重要性，但他也對審判中的不公正和權力人士施加的不當壓力感到震驚。事實上，為了公平審判，他反對族長父親的強硬手段，導致父子關係決裂。當時貪汙腐敗相當嚴重，連地方行政最底層的鄉長也不例外。通常鄉長是透過賄賂和誹謗贏得選舉，對著層級較高的俄羅斯行政官員逢迎拍馬，又對鄉民任意地違法加稅，藉此積累財富。

阿拜法官判決公正，深受人民好評。他的傳記如此記載：

沒有人像他一樣了解傳統審判慣例，還能熟練地處理吉爾吉斯經常出現的困難案件。家鄉人民推選他為鄉長，但當他與人們的無知奮戰，開始嚴懲惡行時，卻出現了反對他的勢力。由於對人民感到失望，他最終辭去了工作。[53]

阿拜在公務之餘，也致力於文學創作。他熟悉波斯語和突厥語的古典詩歌，三十五歲時，與一位被流放到塞米巴拉金斯克的俄國革命家成為朋友，這使他精進了俄語能力，熟讀普希金、萊蒙托夫、涅克拉索夫、托爾斯泰、屠格涅夫、杜斯妥也夫斯基等人的作品，還接觸了別林斯基等人的文學批評和車爾尼雪夫斯基的革命思想。他也開始從事翻譯工作，特別是他翻譯了普希金《葉甫蓋尼．奧涅金》中塔提亞娜的書信，廣為流傳。然而，因反對派的密告，俄羅斯當局將阿拜視為危險人物，禁止他與流放犯接觸。官方搜查完阿拜家後，他的流放犯朋友被移送到更偏遠的地方。

阿拜不僅敏銳批評哈薩克社會，同時也是一位傑出的哈薩克詩人。阿拜精通東西方文學，熱中於記錄哈薩克口述文學。儘管他留下了許多詩，但無論思想多麼崇高，也能以簡潔的語言表達自己的觀點，因此深獲好評。他使用的語言，是未受到韃靼語和伊斯蘭教條影響的純淨哈薩克語。從這一點上，阿拜可說是與阿爾丁薩林走上了相同的道路。下一代哈薩克知識分子之一的艾哈邁德．拜圖蘇諾夫（Ahmed Baitursunov，一八七三－一九三七年）曾於一九一三年如此評論道：「第一位哈薩克詩人是阿拜．庫南拜吾勒。無論是阿拜之前或之後的哈薩克歷史中，都沒有任何一位詩人的靈魂能超越他。」

詩人的許多作品中，都流露出當他的真誠或建議不被接受時，所產生的孤獨感。

> 步行者在後，騎馬者往前。誰會轉身聽我說話，理解我的痛苦？內在苦悶如此強烈，其火焰直衝嘴邊，彷彿要爆裂開來。眼中流出滂沱大雨般的淚水，這種痛苦折磨得我難以忍受，怎要我不流淚？同父所生兄弟六人，同母所生兄弟四人。我不該感到孤單，因為有這麼多兄弟。我試著用他們能理解的方式傳達我的話，但沒人能明白。我孤單一人，就像巴克希（薩滿）之魂。這就是我真實的樣貌。[54]

阿爾丁薩林和阿拜各自努力完成的哈薩克書面語，透過在鄂木斯克發行的俄語和哈薩克語雙語版政府報紙《*Akmolinskie Oblastnye Vedomosti*》（一八八八—一九〇二年），開始擴展開來。此後，俄羅斯穆斯林所謂的「宏觀潮流」與哈薩克民族主義的「微觀潮流」交織在一起，開始摸索新的認同意識。

五、安集延暴動的衝擊

杜克奇依禪——發起吉哈德的導師

一八八〇年曾造訪費爾干納地區的西德二郎，在給外務大臣的旅行報告中寫道：

> 浩罕汗國歸順俄國多年，民間仍有許多人懷念前汗國，想要恢復舊國，甚至暗中策劃。想恢復舊國的人多為舊時官員和無賴之徒；商人和農民則是反對派，他們希望自己的事業平穩無波，對動亂心懷恐懼。俄國政府理解這一點，高層經常與這些人接觸，因此很快就察覺上述陰謀，澆熄了叛亂的火苗。即使真的發生叛亂，由於人民內部缺乏共識基礎，重建「浩罕」汗國困難重重。[55]

西德二郎認為，有些前浩罕汗國的官員、士兵，以及沒有工作的無賴之徒，企圖復興浩罕汗國，但尋求平穩生活的商人和農民卻拒絕合作，反俄起義不可能成功。儘管西德二郎停留的時間很短，但他的觀點從大局來看是正確的。然而，並非所有事情都那麼平靜。俄羅斯區域專家弗拉基米爾·納利夫金（Vladimir Nalivkin，一八五二—一九一八年）注意到，從一八八〇年代末起，振興伊斯蘭教和反俄情緒在棉花種植發達地區費爾干納蔓延。他記錄了當時民間流傳的一些講道內容。

當異教徒入侵我們的土地並占領我們的城市，當地的穆斯林在做什麼？他們是否履行了對抗異教徒的責任？他們是否竭盡全力阻止異教徒用馬蹄踐踏我族祖先的墳墓？不，他們什麼也沒做。只有極少數人倒在戰場上，在最後的審判日，臉色蒼白，穿著沾滿自己鮮血的衣袍，那是按照先知的指示，為信仰而奉獻性命的沙希德（烈士）之袍[56]。

這段內容似乎是在對比在塔什干保衛戰殉難的阿里木庫里，與那些拋棄他、從戰場上脫逃的士兵們。那麼，目前的情況又是如何呢？「如今已經沒有公正且不被收買的卡迪。……也沒有誠實為上，不作假帳或偷斤減兩的正直商人」。他認為在俄羅斯統治下，伊斯蘭教法被忽視，喪失了穆斯林的道德和倫理。不僅如此，講道者又問：「一個公正的穆斯林社會，是否還能夠生存下去呢？還能忍受更多已經發生的醜陋事情嗎？當異教徒與其忠誠的魔鬼共犯，伸出邪惡之手試圖奪走人民及其內心時，我們怎麼能容忍這一切呢[57]？」

納利夫金敏銳的目光注意到一股呼籲重振衰敗穆斯林社會的運動正在興起。這場運動的核心人物，就是本章最後的主角杜克奇依禪，亦即穆罕默德．阿里（Muhammad Ali，一八五三？—一八九八年）。

他是喀什人，出生於費爾干納州馬爾吉蘭附近的紡錘工匠家庭。年輕時跟著納克什班迪教團的依禪（導師）們修行，約一八八二年時導師去世後，他開始在安集延（Andijon）附近的明特佩村展開獨立的依禪活動。不久，他經由阿富汗和印度完成朝聖之旅，返回家鄉後，開始幫助因棉花熱潮而破產的農民，以及遭受疫病和饑餓之苦的人們，並接觸居住在費爾干納盆地周邊山區和山麓的遊牧、半遊牧柯爾

杜克奇依禪（被捕後的照片）

克孜族，推廣教義。有錢的信徒紛紛捐獻巨額善款，四處流傳各種奇蹟故事讚揚依禪的崇高品德。他也在書裡記錄了自己在夢裡與先知及四位正統哈里發的靈魂交流經歷。因此他獲得了極具魅力的宗教權威，擁有多達兩萬名信徒。

一八九四年八月，費爾干納東部的鄉長和長老們簽署了一份誓約書。

> 全知全能的真主清楚知道，一些穆斯林由於過度散漫和完全無知，做出離棄共同體、未履行宗教義務與命令、未遵守聖行等非法行為。不僅如此，還犯下飲酒、婦女失德、市集上偷斤減兩等禁忌罪行。因此，為了教導善行與抑制惡行，以及確定信徒的義務，我們特此賦予穆罕默德·阿里·哈里發大師指導和威攝的權力，以及根據沙里亞（伊斯蘭教法）的規定，懲罰違法犯亂者的權力。[58]

正如納利夫金關注的講道內容，他們對穆斯林社會秩序的瓦解感到危機，因此委託杜克奇依禪主導復興工作。杜克奇依禪也接受委託，被任命為萊士（Rais）[59]，專職懲罰違反伊斯蘭教法的穆斯林。一位俄羅斯軍事官員後來將此現象評為雙重權力，「依禪的選任者是在我方權力並行下，行使自己的權力」。雖然無法確知依禪本人是否從一開始就打算起義，但結果是他在信徒懇求起義的情況下，決定發起吉哈德。起義前所立的誓約書中寫道：

無盡的讚美歸於先知後裔與教友們，特別是四位正統哈里發。他們為真主和先知，獻上了生命與財產，並撰書指引我們這些膽怯之人，留至後世提醒我們。今天我們應當宣稱自己是真主的僕人，是先知（願他安息）的信徒。我們首先是為了真主，其次是為了先知，履行真主命令的義務，履行先知（願他安息）的聖行和沙里亞，表明我們是真主的僕人、先知的忠實信徒。我們聖戰士和殉教者的崇高之位為人生的最終目標，為此立誓並蓋印，表達獻身之決心。我們以真主和先知的名義，與哈里發立下誓約，以神聖的《古蘭經》為證。從此以後，如果因魔鬼的誘惑與怯懦而背離誓言，必墮為判教者而落入地獄[60]。

起義前夕，人們聚集在明特佩村，依照突厥的傳統儀式，待依禪坐上白色氈毯之上，便將其高高抬起，擁戴為可汗。一八九八年五月十八日凌晨，杜克奇依禪率領大約兩千名信徒，夜襲位於費爾干納州東部城市安集延的俄羅斯軍營。

然而，赤手空拳的他們根本不是俄羅斯軍隊的對手。起義很快就被鎮壓，包括杜克奇依禪在內的首謀被公開處決。正如西德二郎所寫，其中有許多來自前汗國的官員和士兵，還有無賴之徒。他們希望復興浩罕汗國，卻未能獲得廣泛支持。俄羅斯對起義的懲罰十分殘酷，明特佩村被砲火摧毀，穆斯林居民遭到驅逐，原址上遷入了俄羅斯農業移民。

儘管起義很快就被鎮壓，但俄羅斯當局原本對自己統治突厥斯坦深具信心，如今發生這件事，讓他們感到十分震驚。俄羅斯陸軍和政府之間，針對伊斯蘭政策發生激烈爭論。然而，真正對此事感到嚴重關切的，還是中亞當地的穆斯林知識分子。大多數知識分子指責此次起義的魯莽，並指出俄羅斯軍隊的懲罰對穆斯林社會造成毀滅性打擊。一位對已故依禪十分尊敬的同鄉指出，那些鼓動依禪發動吉哈德的人，多為無產者或無賴漢，「他們事先就知道自己力量薄弱，與強大的俄羅斯硬碰硬的結果，一定會導致人民遭到殺害。他們之中沒有一個有學識的人，也沒有穆拉（Mullah）或烏理瑪參與。如果有適當的人出面，或許這場悲劇本來是可以避免的」[61]。

塔伊夫對杜克奇依禪的批判——「無知蘇非主義者」的暴行

阿古柏政權垮臺後，塔伊夫從新疆回到故鄉浩罕汗國，於一八八〇年代後半，擔任俄國領地浩罕地區的卡迪[62]。作為同時代的人，塔伊夫目睹了安集延暴動，他在晚年作品中提出一個耐人尋味的論點。他批評杜克奇依禪等蘇非（修行者）的無知和愚昧，「沒有學識也毫無智慧的無知蘇非主義者，沉浸在偽善的信仰與消遣之中」。

> 根據蘇非主義者腐敗的思想，俄羅斯人和基督徒住的房屋、坐的地毯、接觸的器皿所盛的食物與飲品，皆視為不潔之物。此外，蘇非主義者還排擠為穆斯林服務且領取報酬的穆斯林官員，不

讓他們進入穆斯林社會，並認為他們從俄羅斯政府收到的工資是非法的。蘇非主義者用侮辱和嘲笑的眼光看待卡迪，絲毫不顧卡迪是在穆斯林民眾同意下承擔職責，並根據伊斯蘭法為人們從事調解和裁決糾紛的工作[63]。

塔伊夫無法遏抑「無知蘇非主義者」對卡迪的愚弄態度，並對安集延起義的來龍去脈做出以下描述：

這個國家有許多比笨蛋、壞人、市集的惡犬還低劣的蘇非主義者，他們只會煽動人們，鼓吹仇恨，沒有任何長處。（……）危害明特佩村的謝赫（Shaykh）穆罕默德．阿里，曾經是一名很窮的紡錘工匠，後來成為偉大的穆里希德（Murshid）。透過為人民提供食物，他成功地收服了他們，來自各個派系和部落的窮人紛紛湧向他的修道場（khānqā）。因為他們（窮人）太過無知，才會向這個愚者（穆罕默德．阿里）致敬。（……）一三一六年（基督教曆一八九八年），穆罕默德．阿里策劃叛亂。結果這場叛亂奪去了伊斯蘭教的光輝，所有穆斯林都被驅逐出和平之家。和平的開羅被摧毀，尼羅河變成了海市蜃樓。許多人遭到處決，被迫逃離家園。謝赫本人因此屈辱被判處死刑[64]。

塔伊夫譴責這場起義。他認為「發動吉哈德的純正動機不是結束生命，信徒真正應該追求的，是對宗教的尊重與消除邪惡」[65]，不能以吉哈德來正當化這場起義。他還提出另一個重要的論點。他說：

> 這個國家是伊斯蘭之家（dār al-Islām），費爾干納與突厥斯坦人民擁有卡迪和官員，而沙里亞條文也透過尊貴的官員履行職責得以實施。人們應當明白這是至高無上的恩典，並對此表示感謝，將重大事務、解決爭端和衝突皆仰賴聖法來裁決。（……）如果穆斯林官員拒絕履行職責、放棄官職，那會發生什麼事？基督教徒的州長和長官不會輕易放棄對這片土地的統治權，法律調停事宜將會交給俄羅斯法官處理，其他民政業務也會由俄羅斯人接管。到時，這個國家將成為戰爭之家（dār al　arb），即便後悔也為時已晚[66]。

塔伊夫的立場根據是中亞的哈乃斐法學派理論，認為只要實施伊斯蘭教法，保障穆斯林安全，即使突厥斯坦處於異教徒統治之下，仍是「伊斯蘭之家」，無需移民或發動聖戰。如果穆斯林官員，特別是卡迪放棄他們的職責，或否定他們的存在，那麼一切都會落入俄羅斯人的手中，屆時突厥斯坦就會成為穆斯林無法安居的「戰爭之家」。這就是塔伊夫的觀點。也就是說，塔伊夫經歷過歸降俄羅斯的過程，接受了俄羅斯統治的現實，不認同魯莽的起義，最重要的是尋求穆斯林社會的生存之道。他對伊斯蘭教法的堅持，與之前提到的瓦里漢諾夫等草原知識分子截然不同。然而，塔伊夫並沒有探討如何確保伊斯蘭法公平執行。這個與自治有關的問題，將由下一代穆斯林知識分子來面對。

另一方面，一八九九年一月二十九日，加斯普林斯基在《譯文報》中寫道：

> 去年，明特佩的依禪穆罕默德·阿里發動了一場不幸的起義後，在進行任何調查之前，外界就

討論了其起因、性質和意義，報紙上還有各種關於這次起義原因的猜測。特別是《突厥斯坦公報》（*Turkestanskie Vedomosti*）[67]第四十五期報導稱，「主要因素在於伊斯蘭，穆斯林遵守伊斯蘭教法，有義務在有機會時立即反抗異教徒統治者」。

我們知道《古蘭經》及其注釋書中都沒有這類規定，我們認為有必要明確指出，伊斯蘭教義並無這種原則。

如今仍有人將一些穆斯林的暴力行為歸因於伊斯蘭教義本身，但早在當時，加斯普林斯基就已呼籲人們正視此錯誤觀念。

邁向中亞大變革的時代

本章主角們，雖然出身背景和立場各異，但整體而言，他們都在思考如何在俄羅斯帝國內部，確保自己社會的延續和發展。即使進入二十世紀，這個課題仍然存在。然而，隨著俄羅斯帝國本身開始動搖，最終在革命中瓦解，中亞人不得不重新定義與俄羅斯的關係，而且他們面前出現了各種新的選擇。加斯普林斯基開創的事業，以及透過出版報紙和雜誌形成的輿論，為扎吉德知識分子領導的穆斯林社會改革運動開闢了道路。即使在保守的布哈拉，也出現了受多尼什批判精神啟發的青年布哈拉人（Young Bukharans）運動。對克涅薩熱的英勇奮戰和安集延起義的記憶，激勵了那些想要推翻殖民統治的人們。

隨著一九一七年俄國革命和蘇維埃政權的建立，中亞迎來了重大變革。第九卷將聚焦於活躍在那個時代的「革命世代」群像。

其他人物

一、中亞人物簡介

沙巴丹・詹泰

一八三九／一八四〇—一九一二年。柯爾克孜的薩雷巴吉什（Sarybagysh）部族首領。他協助沙俄軍隊征討浩罕汗國，並被授予陸軍中校軍銜，適應沙俄統治以維持自身勢力。晚年虔誠信仰伊斯蘭教，前往麥加朝聖，捐了許多錢建造鄂圖曼帝國的漢志鐵路（別名朝聖鐵路）。此外，他的一個兒子參加一九一六年的反俄起義，後逃往新疆。

胡達雅爾汗

一八三〇？—一八七九年。浩罕汗國晚期的統治者。受到俄羅斯和布哈拉軍隊的攻擊，以及內部權力鬥爭的影響，削弱汗國的威勢。於一八七六年被俄羅斯吞併。隨後他前往麥加朝聖，並在阿富汗北部的馬扎里沙里夫（Mazar-i-Sharif）近郊去世。

賈邁勒丁．阿富汗尼

一八三八／一八三九—一八九七年。面對伊斯蘭世界被迫屈從於歐洲列強、殖民化不斷加深的情勢，他主張反抗帝國主義、推動伊斯蘭國家內部改革，是一位革命思想家。他對伊朗和埃及的民族運動影響甚鉅，被歐洲人視為泛伊斯蘭主義的領袖人物。（↓請參照第九卷第十一章）

阿塔烏拉．巴亞濟托夫

一八四七—一九一一年。韃靼烏理瑪。在首都擔任伊瑪目並學習俄語後，擔任從軍宗教導師，負責指導穆斯林海陸士兵，還在外交省擔任翻譯和突厥語教師。同時也編寫新式學校使用的教科書《宗教與生活》（一八八三年），以及解釋伊斯蘭教本質，澄清俄羅斯讀者對伊斯蘭教誤解的《伊斯蘭與進步》（一八九八年）等書。一九〇五年，創辦了第一份韃靼語報紙《光明報》（*Nur*）。

艾合買提．巴依吐爾遜諾夫

一八七三—一九三七年。從哈薩克師範學校畢業後，成為一名教師。一九一三年創辦哈薩克語報紙《*Qazaq*》。一九一七年俄國革命後，擔任哈薩克阿拉什自治政府的領導人，但在史達林時代成為肅清運動的犧牲者。

薩德理金·艾尼

一八七八—一九五四年。塔吉克族作家。出生於布哈拉郊區，在布哈拉的馬德拉薩學習伊斯蘭諸學。一九一〇年左右，參與青年布哈拉人的教育改革運動。一九一七年俄國革命後的蘇維埃時期，除了撰寫《塔吉克文學精選》（一九二六年，收錄十世紀以來中亞波斯「塔吉克」文學精華），還有大量描寫革命前社會的作品，被高度評價為塔吉克蘇維埃文學的奠基者。

二、俄羅斯軍事人員和外交官

尼古拉·伊格那提耶夫

一八三二—一九〇八年。俄羅斯軍官和外交官。一八五八年出使中亞的次年被派往北京，於第二次鴉片戰爭期間在清朝與英法之間擔任調解角色，促使清朝簽訂《北京條約》，成功將烏蘇里江以東濱海地區納入俄羅斯領土。一八六二年，時任外交部亞洲局局長，與訪問聖彼得堡的幕府使節團就劃定庫頁島邊界事宜進行談判。一八六八年被任命為駐君士坦丁堡大使，致力於處理東方問題，尤其為俄羅斯在巴爾幹半島的利益擴張貢獻良多，但俄土戰爭後從《聖斯泰法諾條約》獲得的成果，後來被一八七八年的《柏林條約》大幅削減。

亞歷克塞・庫羅帕特金

一八四八—一九二五年。俄羅斯軍人。一八七六年任參謀上尉時，以俄羅斯使節團長身分訪問喀什的阿古柏政府，寫了一份詳細的報告書（《喀什噶爾》，聖彼得堡，一八七九年）。在參與對土庫曼的遠征後，成為沙皇的侍從將官。日俄戰爭期間擔任滿洲軍總司令官，並在第一次世界大戰期間，於一九一六年被任命為突厥斯坦總督。同年鎮壓穆斯林叛亂，一九一七年俄國二月革命後，被解除總督職務。

弗拉基米爾・納利夫金

一八五二—一九一八年。俄羅斯軍人，曾參與遠征中亞的戰役，但因抗議指揮官的殘暴行為而退役。在突厥斯坦擔任行政官員期間，學習了當地語言並從事歷史和民族誌的研究。與妻子在當地村莊生活時所寫的《費爾干納地區當地婦女的生活》（喀山，一八八六年）一書，成為珍貴的民族誌研究成果。對俄國殖民政府持批判立場。俄國二月革命後，擔任臨時政府突厥斯坦委員會議長，但與布爾什維克對立，最終自殺身亡。

注　釋

1. 「成吉思汗」請參照第五卷第一章。

2. 烏茲別克的明格部族於十八世紀初在費爾干納盆地建立政權。以浩罕為首都，透過俄羅斯和清朝間的中轉貿易而繁榮，疆域擴展到塔什干和哈薩克草原南部，但被俄羅斯擊敗後衰退，一八七六年被俄羅斯帝國併吞。

3. 烏茲別克曼吉特部族於十八世紀中葉建立的政權，以布哈拉為首都。自十八世紀末以來，統治者一直沿襲過去哈里發的頭銜，自稱為埃米爾，因此被稱為「布哈拉埃米爾國」。被入侵的俄羅斯軍隊擊敗後，於一八六八年成為俄羅斯帝國的保護國，並於一九二〇年在紅軍介入下的革命中滅亡。

4. 十九世紀初由烏茲別克的弘吉剌部族建立，以希瓦為首都的政權。在控制土庫曼諸部族的同時，與布哈拉酋長國和伊朗作戰，但被入侵的俄羅斯軍隊擊敗，並於一八七三年成為俄羅斯帝國的保護國，最終在一九二〇年紅軍介入的革命中滅亡。

5. 俄羅斯根據《西伯利亞和吉爾吉斯條例》，引進了管區制度，取代以前的部族與氏族制度。哈薩克遊牧民族的五十至七十個帳篷組成一個營地，由營地長管理。十到十二個營地形成一個鄉，任命鄉長管理。十五到二十個鄉組成一個管區，由成吉思汗後裔高級蘇丹（Aga Sultan）統治。在高級蘇丹的領導下，由相同人數的哈薩克人與俄羅斯人組成管區廳（德萬）。高級蘇丹從成吉思汗後裔選出，再由俄羅斯地方官員認證，任期三年。一八六八年，廢除成吉思汗後裔的特權，實行平等選舉。

6. Togan, A. Zeki Velidi, *Bugünkü Türkili (Türkistan) ve Yakın Tarihi*, İstanbul, 1942-1947.

7. Togan, Zeki Velidi, *Hâtıralar*, İstanbul, 1969.

8.–10. Togan，同前一九四二—一九四七年。

11. 居住在俄羅斯帝國的穆斯林，習慣使用俄語後綴來區分名字和姓氏，並參考俄羅斯慣例，在名字和姓氏之間插入父名。

以他為例，他的父親叫成吉斯，來自瓦里漢諾夫家族，所以他的正式名字是喬罕．成吉斯諾維奇．瓦里漢諾夫。

12. 直到俄國革命後的一九二五年為止，俄語並未區分哈薩克人和柯爾克孜（吉爾吉斯）人，都稱為吉爾吉斯人。

13. McKenzie, Kermit E., “Chokan Valikhanov: Kazakh Princeling and Scholar,” *Central Asian Survey*, Vol.8, No.3, 1989.

14. 十三世紀誕生於布哈拉的伊斯蘭神祕教派，特點是在遵守伊斯蘭教法的前提下，鼓勵在家修行。對包括帖木兒王朝在內的歷代君主產生極大影響，發展成中亞規模最大的教團。雖然沒有統一的組織體系，但其教義廣泛傳播至新疆、印度、俄羅斯及鄂圖曼帝國境內。

15. Валиханов, Чокан Ч., Собрание сочинений в пяти томах, том 4, Алма-Ата, 1985.

16. 在哈薩克等遊牧社會中，自古就有一個負責調解糾紛與裁判案件的職位「比」（Biy），通常由熟悉習慣法和傳統故事的長老擔任。

17. McKenzie，同前。

18. 於十二世紀致力於推動中亞突厥系遊牧民族伊斯蘭化而聞名的蘇非派聖者（?—一一六六／一一六七年）。他透過突厥詩歌傳播伊斯蘭教義，其詩集《英知集》多年來深受人們喜愛。十四世紀末，帖木兒在聖者家鄉建造一座巨大陵墓（清真寺），此後歷代哈薩克可汗也多長眠於此。

19. Бартольд, В.В., Туземец о русском завоевании//Сочинения, II-2, Москва, 1964.

20. 十三世紀的聖者，本名不詳，由於膚色黝黑而被稱為Zangi Ata（黑色大師）。據說他在日日放牧家畜的過程中，同時修行，沉浸於對真主的神祕體驗，學習伊斯蘭知識，吸引許多弟子。傳說他的高徒們甚至使成吉思汗後裔的烏茲別克汗皈依了伊斯蘭教。自從帖木兒為其建造陵墓，他的名聲遠播，至今仍吸引許多朝聖者前往參拜。

21. Beisembiev, Timur K., ed. and trans., *The Life of 'Alimqul,* London-New York, 2003.

22. Schuyler, Eugene, *Turkistan,* vol.1, New York, 1877.

23. 突厥斯坦是與英國對峙的戰略要地，由俄羅斯陸軍部負責管理。歷任總督與各州、郡的首長，皆由陸軍將領和高級軍官擔任。

24. Beisembiev，同前。

25. Beisembiev，同前。此外，一八六八－一八六九年冬天，英國使節訪問莎車時紀錄提到，塔伊夫的國家地位僅次於國王，是位身穿素色衣服、身材矮小的中年男性。臨別時還贈送有關帖木兒的史書作為禮物。Shaw, R., *Visits to High Tartary, Yârkand, and Kâshghar,* London, 1871.

26. 鄂圖曼帝國的蘇丹（哈里發）是整個伊斯蘭世界的統治者，其權威延伸到帝國以外的穆斯林。由於這個緣故，蘇丹獲得國內外穆斯林的支持，許多穆斯林民族在外交上受到統治殖民地列強的牽制。

27. Игнатьев, Н.П., Записки о русской политике на Востоке, 1864-1877 гг., Москва, 2015.

28. 「帖木兒」請參照第六卷第一章。

29. 帖木兒王朝赫拉特政權的君主（在位期間一四六九－一五〇六年）。以阿富汗西部赫拉特為根據地，統治伊朗東北部，保護文藝，帶領帖木兒王朝文化邁入鼎盛時期。

30. 昔班王朝的君主（一五三三－一五九八年）。統一分裂的王朝，對戰印度的蒙兀兒帝國、伊朗的薩法維王朝，擴張領土，為首都布哈拉市帶來繁榮。

31. 布哈拉酋長國（阿斯特拉罕王朝）的君主（在位期間一六八〇－一七〇二年），曾經統治希瓦汗國和阿富汗北部，與蒙兀兒帝國有外交關係。

32. 蒙兀兒帝國第五代君主（在位期間一六二八－一六五八年）。因興建泰姬瑪哈陵、新都德里聞名，將帝國推至最高峰，被兒子奧朗則布篡位。「沙賈漢」請參照第七卷第四章。

33. 蒙兀兒帝國第六代君主（在位期間一六五八－一七〇七年）。儘管帝國版圖在其治下擴張至最大，反印度教政策卻在各地引發叛亂，成為帝國衰退的主要原因。「奧朗則布」請參照第七卷第四章。

34. 沙皇村是聖彼得堡近郊的避暑勝地，有離宮、庭園和別墅、學校等。

35. Dānish, Ahmad Makhdūmi, *Risāla yā mukhtasari azta'rīkhi saltanati khānedāni manghitīya*, Istālīnābād, 1960.

36. Дониш, Ахмад., Путешествие из Бухары в Петербург: Избранное, Сталинабад, 1960.

37. 常見於中亞和伊朗等乾燥地區的地下水道型灌溉設施。從山麓的水源挖掘多個豎坑，在地下串聯起來即可引水。

38. 西德二郎，〈西書記官中亞細亞旅行報告書〉，外務省編，《日本外交文書》一四（明治十四年），一九一五年。原書的假名使用現代假名，漢字採用常用漢字，再補上句讀，改編成合適的原文。以下注39、55皆同。

39. 西德二郎，《中亞細亞紀事》，陸軍文庫，一八八六年（復刻版，青史社，一九八七年）。西德二郎在布哈拉得到的這項情報是假的，但很快變成真的（金子民雄，《動亂的中亞探險》，朝日文庫，一九九三年）。

40–41. Dānish，同前。

42. 卡拉庫爾指的是布哈拉特產的黑色羊皮。卡拉庫爾小羊的卷毛十分茂密，具有彈力，羊皮散發絲絹般的光澤，是製作帽子和大衣的高級素材，可以賣出高價。二十世紀初，布哈拉每年出口一百五十萬塊卡拉庫爾羊皮至歐洲、俄羅斯市場。

43. 引自井筒俊彥譯，《古蘭經（上）》七章一七八節，岩波文庫版。

44. Dānish，同前。

45. 蒙古帝國（尤其是長期統治俄羅斯的欽察汗國）的繼承國家之一，首都是窩瓦河中游流域的喀山。居民在十四世紀就已經接受伊斯蘭教，俄羅斯人稱他們為韃靼人。順帶一提，公認為現在莫斯科象徵的聖瓦西里主教座堂，是為了紀念伊凡四世征服喀山汗國而建造的。

46. 他們是十四世紀以後從蒙古帝國繼承國，移居到立陶宛大公國和波蘭王國的韃靼人（其中許多人是軍人）後裔。雖然他們的語言已斯拉夫化，但仍有許多人堅持伊斯蘭信仰。加斯普林斯基高度評價這些接受歐洲文明，享有很高社會地位的立陶宛韃靼人，視其為俄羅斯穆斯林的典範。

47. 小松久男，《現代中亞的群像》，山川出版社，二〇一八年。

48. 鄂圖曼帝國的官方書面語。用阿拉伯字母書寫，雖然語言主體屬突厥語系之一的土耳其語，但它深受阿拉伯語和波斯語的影響。使用者主要限於受過專業訓練的官僚和知識分子。從十九世紀下半葉起，隨著近代化和學校教育的推進，鄂圖曼語開始往口語土耳其語接近。土耳其共和國建立後，阿拉伯字母改為拉丁字母，鄂圖曼語的時代遂告結束。

49. 加斯普林斯基等人領導的思想運動，旨在透過強調俄羅斯帝國和鄂圖曼帝國境內突厥系穆斯林之間的語言和文化共通性，並試圖提升團結感。俄羅斯當局視其為計畫實現突厥各民族政治統一的「泛突厥主義」，因此認為其具有危險性。這是因為俄羅斯與鄂圖曼帝國屢次交戰，無法容忍自己國內的突厥系穆斯林，對鄂圖曼帝國懷有親近感。

50. Абдирашидов, Зайнабидин, Исмаил Гаспринский и Туркестан в начале XX века: Связи-отношения-влияние, Ташкент, 2011.

51. 小松久男，〈重新思考泛伊斯蘭主義——俄羅斯與伊斯蘭世界〉，塩川伸明、小松久男、沼野充義編，《歐亞大陸世界3

記憶與烏托邦》，東京大學出版會，二〇一二年。

52. История Казахстана: с древнейших времен до наших дней в пяти томах, Том 3, Алматы, 2010.

53. Рамазанов, Н., Абай Кунанбаев (1845-1904), Биография// Восточный сборник в честь А. Н. Веселовскаго, Москва, 1914.

54. **Togan**，同前一九四二—一九四七年。

55. 西德二郎，同前一九五一年。

56–58. 小松久男，〈從聖戰到自治構想〉，《西南亞研究》六九，二〇〇八年。

59. 俄羅斯統治開始便廢除萊士職務，萊士是在前汗國時代負責維持公序良俗的官銜，平時工作是監督伊斯蘭儀式和慣例、市集交易是否公平。杜克奇依禪的支持者恢復了萊士一職。

60. 小松久男，〈安集延暴動與依禪〉，《東洋史研究》四四—四，一九八六年。此處引用時做了部分刪節和修改。

61. 小松久男，同前二〇〇八年。

62. 俄羅斯統治開始時，將原本依據伊斯蘭教法行使司法職權的卡迪，在官方頭銜改稱為「民事法官」，而且不是由君主任命，改由當地人民選舉產生。民事法官負責婚姻、離婚、收養、繼承與契約等民事事務。在當地社會上，仍習慣稱其為「卡迪」，與過去用法相同。

63–64. 小松久男，同前二〇〇八年。此處引用時做了部分修改。

65. 小松久男，同前二〇〇八年。「吉哈德」一般被理解為伊斯蘭教的聖戰，或針對異教徒的戰爭，但塔伊夫遵循遜尼派，尤其是中亞哈乃斐派的解釋，認為吉哈德的真正含義是放棄邪惡之心、努力提升信仰心。

66. 小松久男，同前二〇〇八年。此處引用時做了部分修改。

67. 一八七〇年創刊的俄文報紙，是俄屬突厥斯坦的「官方報紙」。

參考文獻

秋山徹，《遊牧英雄とロシア帝国（遊牧英雄與俄羅斯帝國）》，東京大學出版會，二〇一六年

小沼孝博，《清と中央アジア草原（清與中亞草原）》，東京大學出版會，二〇一四年

木村曉，〈ウズベキスタン伝存の西徳二郎書簡をめぐって（關於烏茲別克現存之西徳二郎信件）〉，《アジア・アフリカ言語文化研究（亞非洲語言文化研究）》八八，二〇一四年

小松久男，《中東イスラム世界7　革命の中央アジア（中東伊斯蘭世界7　革命的中亞）》，東京大學出版會，一九九六年

小松久男編著，《テュルクを知るための61章（了解突厥的61章）》，明石書店，二〇一六年

小松久男編，《新版世界各国史4　中央ユーラシア史（新版世界各國史4　中央歐亞史）》，山川出版社，二〇一九年（初版二〇〇〇年）

野田仁，《露清帝国とカザフ＝ハン国（俄清帝國與哈薩克汗國）》，東京大學出版會，二〇一一年

野田仁、小松久男編著，《近代中央ユーラシアの眺望（中央歐亞史之眺望）》，山川出版社，二〇一九年

瓦西里・弗拉基米洛維奇・巴托爾德（Vasily Vladimirovich Bartold）著，小松久男監譯，《トルキスタン文化史（突厥斯坦文化史）》二，東洋文庫，二〇一一年

第十二章

從周邊看中國　揭開近代序幕

倉田明子

前　言

你聽過一位叫容閎的人嗎?可能多數人都是第一次聽到這個名字。

本章以這樣一位「不太知名」(至少在日本)的人物為主角是有理由的。本章所討論的十九世紀,是中國向「近代」轉型的時期。清朝逐漸走向衰落,內政外交都十分動盪不安。在傳統的中國世界裡,主導歷史進程的一直是知識分子和統治階層,但在這場連他們都無法應對的巨變中,原本從前不可能站上歷史舞臺的邊緣人物,開始扮演起重要的角色。容閎正是這種從歷史邊緣浮現出來的重要人物的代表之一。

容閎是第一位從美國大學畢業的中國人,是海外留學生的先驅。他的一生經歷了鴉片戰爭、太平天國之亂、洋務運動、戊戌變法等重大歷史事件。他從小接觸傳教士,深受基督教和西方文化的影響,同時透過在動盪中國培養的人脈，在清朝政府占有一席之地，最終走到了對美外交的最前線。容閎的一生是一面鏡子，映照出中國努力面對「近代」時的掙扎與思索過程。

在當代中國與日本的一般時代劃分中，普遍認為中國是從一八四〇年爆發的鴉片戰爭為分水嶺，開始進入了「近代」。原因在於，中國從那時起被納入了以「條約體制」為指標的「近代世界」體系中。但若要探究清朝統治者何時真正理解「條約體制」的意義，一八四二年簽訂的《南京條約》未必就是轉捩點。學界普遍認為，清朝是在第二次鴉片戰爭（一八五六―一八六〇年，英法聯軍）時，簽訂《天津條約》（一八五八年）與《北京條約》（一八六〇年）之後，才真正開始有意識地接受了條約體制。無論如何，這兩場戰爭導致中國相繼開放港口與歐美進行貿易，並逐步走向「近代化」的過程。

另一方面，清朝在此期間也面臨強大的內敵——太平天國之亂。這場由洪秀全領導的叛亂行動，最初是受到基督教影響的宗教運動。自一八五〇年底爆發以來，清朝政府耗費了十多年的時間才鎮壓這場叛亂。

影響太平天國的基督教於一八〇七年首次傳入中國。鴉片戰爭後，中國開放港口通商，傳教士開始利用港口和新成為英國殖民地的香港為據點，深入中國內地展開傳教活動。作為傳教的一環，也積極宣揚西方資訊和學術知識。教會對英語教育也做出了貢獻，一些人從基督教學校畢業後，被歐美貿易公司聘為買辦（代理人），進而致富。

簽訂《北京條約》後，清朝在英法的協助下，終於在一八六四年成功鎮壓太平天國。在此過程中，清朝認知到西歐軍事技術的優越性，於是從軍備改革開始了西化進程，這場運動被稱為洋務運動。改革

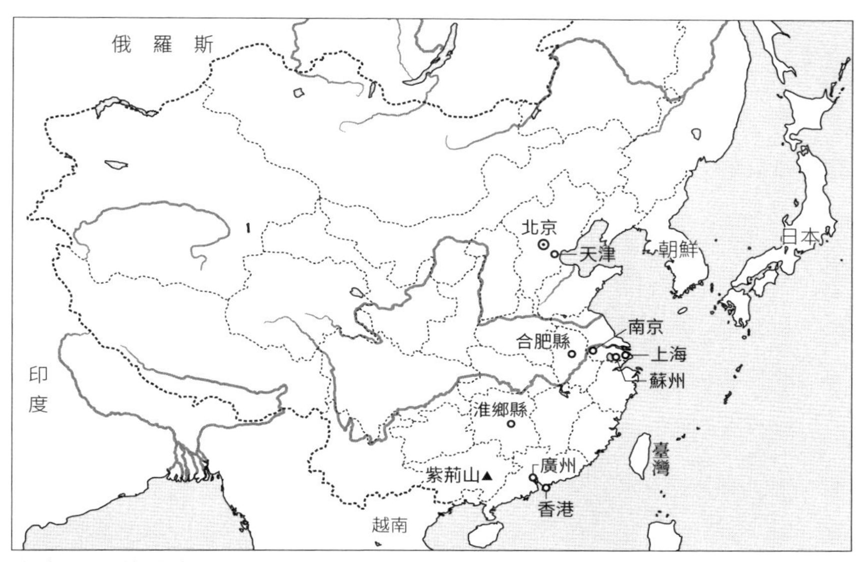

本章登場的地名和主要人物的出生地（廣域）

本章登場的地名和主要人物的出生地
（香港、澳門周邊）

範圍從軍事、外交逐步擴展到經濟、教育等領域。實際進行改革工作的，是在通商口岸透過傳教士接收西方知識的知識分子。容閎也是其中的一員，特別在教育方面，他將中國的一群少年送往美國留學，實現自己長久以來的願望。他一方面監督留學事業，另一方面還擔任駐美外交官，並參與調查在秘魯的華人勞工問題。當留學事業因清朝內部反對而被迫中止時，已取得美國國籍的容閎，遂移民美國。

甲午戰爭的失敗被視為洋務運動的失敗，促使中國開啟了從根本上改革清朝政治體制的變法運動。康有為等人在光緒皇帝的支持下，推動戊戌變法。但在大約一百天後，就因慈禧太后的政變而告終。甲午戰爭後立即被召回中國的容閎，積極支持戊戌變法，但政變後，他逃往上海租界，後來遷往香港，最後返回美國。他晚年曾支持孫文等革命派，但沒再回到中國，於一九一二年四月去世。

容閎從幼年到晚年接觸過的人，包括基督教傳教士、歐美商人、買辦、太平天國領導人、通商口岸知識分子、傳統知識分子與清朝高官等，來自影響這個時代的各個階層。本章將聚焦十九世紀初至洋務運動期間的歷史，透過容閎這個活躍於歷史邊緣地帶的華裔美國人，一窺中國及其周邊地區邁向近代的樣貌，也可呈現出包括華工問題在內的全球性移民時代的開端。

容閎（一八二八—一九一二年）

一、幼年時期與美國留學

一八二八年十一月十七日，容閎出生於澳門附近的南屏村（今珠海市南屏鎮），是家中四個孩子中排名第三，也是第二個兒子。[1]字純甫。一八三五年，容閎在澳門念書，就讀普魯士裔的個人傳教士郭實臘（Karl Friedrich August Gützlaff）妻子溫施娣（Mary Wanstall）開設的學校。容閎之所以有此機會，是因為溫施娣的管家正好是南屏村人，且是容閎父親的朋友。容閎後來猜想，父母將長兄送進傳統儒學書院就讀，卻送自己去學英語，是希望他將來能出人頭地。

容閎在澳門受教育的時期，正值鴉片戰爭爆發前夕。當時清朝與英國正因鴉片貿易爭執不下，同時以澳門為入口的基督教傳教活動也逐漸展開，容閎能夠接受基督教式的教育，正是這股傳教潮流發展的結果。

早在明末至清初，以耶穌會為中心的天主教傳教活動十分活躍，但隨著清朝實施禁教政策後，傳教活動轉趨低潮。另一方面，新教在中國的傳教，始於非國教系統的傳道團體「倫敦傳道會」的傳教士馬禮遜（Robert Morrison）。馬禮遜於一八〇七年來到廣州，但當時壟斷英國對華貿易的英國東印度公司，不允許其員工以外的英國人居住於廣州與澳門，因此他最初是在美國商人的協助下開始傳教。不過到了一八〇九年，馬禮遜受東印度公司聘雇為翻譯，於是他以公司員工和傳教士的身分繼續在中國進行傳教工作。後續接任的傳教士米憐（William Milne，一八一三年到任）和麥都思（Walter Henry Medhurst，一八一七年到任）等人，因無法住在廣州與澳門，只得以麻六甲、巴達維亞（今雅加達）等英國的東南亞殖民地為據點，從事《聖經》和傳教書冊的印刷，以及對華人社群的傳教活動。一八二〇年，米憐在負責的地區麻六甲，成立了教授英語和漢語的英華書院。

容閎

馬禮遜最初致力於翻譯《聖經》。在米憐的幫助下，於一八一九年完成《舊約》和《新約》全書的中文版翻譯，並在一八二三年完成印刷。印刷工人梁發也協助印製《聖經》。梁發是廣東省高明縣人，約於一八一〇年成為馬禮遜的助手。隨後他前往麻六甲幫助米憐印製《聖經》，並於一八一六年十一月接受米憐的洗禮，成為基督徒。一八二二年米憐在麻六甲去世後，梁發於次年回到中國。不久，馬禮遜決定暫時回國，梁發被正式任命為傳教士，並被授予全權負責馬禮遜離開期間的傳教工作。

梁發本人也親自撰寫傳教書冊，進入一八三〇年代後，開始在高明縣城和廣州府的科舉試場分發這些書籍。一八三一年，他與跨教派傳教組織美國海外傳道委員會的裨治文（Elijah Coleman Bridgman）合作，完成了一本名為《聖經日課初學使用》的小冊子。裨治文前一年來到澳門，是第一位美國籍新教傳教士。大約在這個時期，麥都思、郭實臘等人積極用中文撰寫傳教書冊。尤其是郭實臘，自一八三一年起就經常在中國沿海航行，大量發送自己撰寫的傳教書冊、《聖經》以及《聖經日課初學使用》。

梁發發送《聖經日課初學使用》的同時，也積極發送他自己於一八三二年出版的傳教書《勸世良言》。這本書引用了馬禮遜、米憐翻譯的《聖經》，並解說基督教教義，除了馬禮遜的簡單校閱之外，從撰寫到印刷都由梁發一手包辦。一八三三年到一八三四年間，梁發將這些書籍大量分發給到廣州考試的科舉考生。但大約此時，英國政府取代東印度公司，直接管理對華貿易，因此與清朝政府的關係日益緊張。受此一局勢的波及，一八三四年夏天，在清朝政府的嚴格取締下，梁發被迫中斷分送傳教書冊的工作，逃往麻六甲。太平天國的建立者洪秀全也是在此時，於科舉考場拿到《勸世良言》，並對他的後來產生深遠的影響。

一八三四年亦是英國東印度公司對華貿易獨占權遭到廢除的一年。英國政府藉此機會嘗試與清朝政府進行對等的外交談判，指派律勞卑（William John Napier）出任首位英國駐華商務監督。律勞卑拔擢馬禮遜當他的翻譯，但馬禮遜在前往廣州談判時病倒，於八月一日去世。

隨著馬禮遜的去世，廣州乃至整個中國沿海地區的直接傳教活動都變得更加困難。一八三四年十一月，一個旨在用中文傳播西方實用知識的團體「中國益智會」成立。該會由馬禮遜的兒子馬儒翰（John Robert Morrison）擔任英文祕書，裨治文和郭實臘擔任中文祕書。除了傳播基督教的傳教書冊外，該會還出版了裨治文的《美理哥合省國志略》，以及郭實臘的《古今萬國綱鑑》、《萬國地理全集》等，與海外局勢、地理有關的書籍。此外，麥都思也主導馬禮遜—米憐版《聖經》的修訂。

一八三六年，「馬禮遜教育協會」正式成立，目的是設立或資助一所讓中國孩童學習英語的學校。理事會成員包括裨治文、馬儒翰，以及威廉·渣甸（Dr. William Jardine）、奧利芬（David Olyphant）和約翰·顛地（John Dent）等有影響力的廣州商人。該協會的首項舉措是為溫施娣在澳門開辦的女子私塾提供財政支持，使該校也能招收男學生。事實上，該校從前一年起就已經開始招收男學生，容閎就是在這樣的背景下進入溫施娣的學校就讀。

容閎在溫施娣的學校學習了大約四年，一八三九年男子私塾關閉，他被迫返回家鄉。就在這時候爆發了鴉片戰爭。

來自印度的鴉片於十七世紀起開始流入中國，十九世紀後，當地英國商人的走私行為，使得進口量大幅增加。隨之而來的是清朝白銀大量外流，形成嚴重問題，同時也有人擔心鴉片氾濫導致軍事力量削弱。朝廷內部意見分歧，有一派希望透過解除進口禁令和徵收關稅，控制鴉片進口；另一派則主張嚴格執行鴉片禁令，藉由對吸食者處以死刑等嚴刑峻法，根除國內吸食鴉片的風氣。道光皇帝採納了後者的意見，任命林則徐以欽差大臣（身負特殊任務的大臣）的身分派赴廣州。一八三九年三月林則徐抵達廣州，沒收了外國商人的鴉片，並要求他們簽署從此不再進口鴉片的具結書。然而，英國拒絕簽署，導致武裝衝突。英國政府也決定派出遠征軍，一八四〇年六月，英國艦隊抵達中國，繞過廣州直逼天津，清朝政府大為震驚，撤換林則徐，任命琦善負責談判。但談判遲遲沒有共識，英軍再次北上逼近南京，清廷終於轉而求和，於一八四二年八月簽訂《南京條約》。根據《南京條約》的內容，清朝必須賠償英國遭林則徐沒收的鴉片，開放上海、廣州等五個口岸，割讓香港島給英國等。兩國未對鴉片貿易直接達成協議，但清朝實際上對鴉片走私採取了默許的態度。

此外，林則徐到廣州後，積極蒐集西方資訊。除了招募梁發之子梁進德等懂外語的人士，從澳門、廣州蒐集外文情報，還蒐集裨治文和郭實臘等人撰寫的中文地理資料。林則徐被罷官後，將蒐集到的資料交給魏源編纂成《海國圖志》。《海國圖志》是中國知識分子編纂的第一本西方地理書，也在幕末時期傳入日本，對佐久間象山、川路聖謨、橋本左內等日本知識分子產生不小的影響。

話題再回到容閎。就在鴉片戰爭期間，容閎的父親去世。容閎為了家庭生計，開始努力工作。不久，他的英語能力得到認可，受澳門的天主教神父雇用，從事摺紙的工作。四個月後，在澳門開辦醫院的醫療傳教士合信（Benjamin Hobson）找到了他，並將他推薦進入了馬禮遜學堂（Morrison Memorial School）。原來是去年離開澳門的溫施娣寫信給合信，要他找到容閎並讓他進入學堂。於是容閎於一八四一年十月正式進入馬禮遜學堂就讀。

馬禮遜學堂是由前文提過的馬禮遜教育協會開辦的寄宿學校，於一八四〇年開業。邀請來自美國的鮑留雲（Samuel Robbins Brown）夫婦擔任校長，與學生們一起生活並親自進行教學。雖然入學年分有些差異，但被視為馬禮遜學堂第一期學生的六人中，包括容閎、黃勝、黃寬、唐傑（後來的唐廷樞）等人。

馬禮遜學堂於一八四二年十一月遷至香港島。搬遷後入學人數增加，到一八四五年，學校已有五十多名學生。然而，一八四六年，鮑留雲因自己和家人的健康因素決定返回美國。當時，鮑留雲帶著三名學生去美國接受教育，分別是容閎、黃勝、黃寬。香港商人資助他們出國留學的費用，還為留在家鄉的家人提供援助。一八四七年一月，一行人啟程前往美國。他們於四月抵達紐約，三名學生就讀麻薩諸塞州威爾布拉漢的孟松預備學校（Wilbraham & Monson Academy）。一年後，黃勝因健康惡化返回中國，容閎和黃寬繼續在同一所學校學習一年，希望能上大學。香港的資助者表示，如果容閎和黃寬能在蘇格蘭愛丁堡大學學習醫學，他們就繼續提供資助。黃寬聽從資助者的建議前往愛丁堡，容閎則婉拒這項提議，選擇進入耶魯大學（耶魯學院）。兩人準備入學考試，於一八五〇年夏天從孟松預備學校畢業。同年秋天，兩人如願考上大學。

黃寬在愛丁堡大學學習醫學，一八五七年返回中國，擔任倫敦傳道會的醫療傳教士。容閎則透過鮑留雲的介紹，在美國找到資助者，如願進入耶魯大學就讀。儘管課業繁重，但他在學期間於英語作文課中獲得全系最高分並受到表揚，甚至被當地報紙報導而聲名大噪。一八五四年夏天，容閎從耶魯大學畢業，獲得文學學士學位。此時，容閎已經表明自己的使命是「讓中國未來這一代人有機會接受與我一樣的教育，透過西方教育復興和發展中國，成為強國」[2]。這個送學生去美國留學的計畫成為容閎一生的夢想。儘管他也曾希望進入研究所學習自然科學，但他最終在同年冬天離開美國返回中國。他搭乘一艘經由好望角的帆船，歷經一百五十四天的艱苦航行，終於抵達香港。

此外，容閎在美留學期間獲得了美國公民身分，返國時持有美國護照[3]。

二、歸國與買辦時期

回國後的容閎在香港登陸，從那裡回到澳門附近的家鄉，他的母親就在那裡等他回家。一八五五年夏天，他投靠人在廣州的美國海外傳道委員會的傳教士布魯曼，花了約半年時間重新學習粵語，學會書面語。隨後，他擔任美國海外傳道委員會的醫生、後轉任外交官的帕克（Peter Parker）祕書三個月。接著他來到香港，在高等法院擔任翻譯。在法院工作的同時，他以見習律師的身分學習法律，目標是成為一名事務律師。但據容閎的說法，英國律師們對於身為中國人的容閎想當律師這件事非常排斥，加上與香港司法長官的關係惡化，使他無法繼續做這份工作。於是容閎在一八五六年八月離開香港、前往上海，在海關翻譯局任職。

容閎曾經說過自己離開香港的直接原因，是司法長官安斯蒂（Thomas Anstey）原本支持華人擔任事務律師，還推動相關法律制度改革，希望容閎進入他的律師事務所實習。沒想到容閎跟著其他事務律師見習，讓安斯蒂大為不滿。事實上，一八五六年六月，香港修訂了在法庭、司法長官辦公室、事務律師事務所工作的事務人員（包括法庭翻譯），在條件成熟後升格為事務律師或代理人的制度，明定不可排除外國人和中國人的升格資格。[4]可惜容閎並未因此受惠就離開香港了。他在馬禮遜學堂的同學唐廷樞之弟唐廷庚，則是在容閎離開香港不久後，成為某位事務律師的見習事務人員。不過，唐廷庚後來也沒成為正式的事務律師，唐家兄弟最後都在實業界大展身手。此外，容閎離開香港後，由唐廷樞接任高等法院翻譯一職。[5]

容閎在香港期間，結識了日後與他一同在商界成功的重要人物——洪仁玕。洪仁玕是太平天國「天王」洪秀全的親戚，後來成為太平天國的宰相。一八五六年容閎在香港時，太平天國與清朝的戰爭仍如火如荼進行中。在此先簡要回顧一下太平天國運動的背景。

太平天國運動的發起人是洪秀全，他出生於廣東省花縣的一個客家村莊。洪秀全曾在科舉考場收到中國第一位基督教傳教士梁發撰寫的《勸世良言》。一八四三年，洪秀全再次仔細閱讀這本書，將書中內容與六年前他在病床上看到的幻覺聯繫起來，由此發起了一場宗教運動，勸導人們信仰《勸世良言》裡的神，也就是「上帝」。他剛開始在廣西省紫荊山一帶傳教，後來信徒團體逐漸擴大，還結合本土信仰，宣揚「天父天兄下凡」（上帝與基督的靈降臨於人，下凡訓教），將其融入拜上帝會的信仰體系之中。一八五〇年底，信徒團體意外與清軍發生武力衝突。一八五一年一月，洪秀全在紫荊山腳下的金田村正式建國，國號定為「太平天國」，高舉反叛大旗。一八五三年，太平軍攻陷南京，將其定為首都，改稱「天京」。隨後派出太平天國的精銳軍隊繼續往北京進攻，但因戰略失誤和北方寒冬的考驗而陷入困境，最終於一八五五年全軍覆沒。雖然失去統一全國的機遇，但仍穩固控制以江南為中心的勢力，繼續與清朝政府對抗。

洪仁玕與洪秀全同樣出生於廣東省花縣，自幼與洪秀全是好友。雖然他是拜上帝會最早的信徒之一，但並沒有參與廣西省的宗教運動，直到洪秀全等人起事後才嘗試加入，卻未能成功。逃亡途中，他於一八五二年春前往香港，結識了巴色會（Basel Mission，巴塞爾傳道會）的傳教士韓山明（Theodor

Hamberg），並於次年秋天受洗，正式成為基督徒。一八五四年前往上海，試圖與南京的太平天國勢力會合而未果。一八五五年返回香港，在倫敦傳道會香港分會（英華書院）擔任助理。此後至一八五八年夏季，他擔任了三年多的中文教師和教會傳道人，受到理雅各（James Legge）等倫敦傳道會傳教士的高度評價。在英華書院，比容閎更早從美國留學回來的黃勝擔任印刷廠的負責人。因此，洪仁玕與黃勝關係密切，很可能透過這層關係認識了容閎。據說，洪仁玕曾在香港對容閎說：「希望將來能在金陵（南京）見到你。」

由此可見，容閎在香港短暫停留期間，建立了一些重要的人際關係。尤其是他與黃勝和洪仁玕的交情，對容閎日後的人生轉折產生了深遠的影響。

一八五六年八月，容閎移居上海，在海關任職，但僅四個月便辭去工作。後來，容閎在一家英國商人開的洋行工作，累積了商業貿易和經營管理的實務經驗。然而，六個月後洋行解散，他再次失業。此後有一段時間，容閎靠翻譯維持生計，此時他結識了在寶順洋行（Dent & Co.）擔任買辦的曾寄甫。此一人脈關係，引導他日後有機會結識曾國藩。曾國藩不僅讓容閎參與洋務運動，也促使他實現留美計畫，可說是影響其一生的關鍵人物。

容閎曾如此評價曾寄甫，「他是一位有高度教養的中國人，因廉潔與才智而深受尊重和信任」，「全國各地的一流學者皆聚集在他身邊，他也因為商貿業務往來，一直與上海及其他地區的中國富商與實業家保持聯繫」[6]。與曾寄甫有來往的上海「一流學者」中，最具代表性的人物就是李善蘭。李善蘭成為知名數學家後，曾到上海墨海書館（倫敦傳道會上海分會）拜訪傳教士。雖然他的初衷是為了驗證傳教士的數學知識，但在交流過程中，對西方數學和自然科學產生興趣，並協助傳教士翻譯自然科學書籍。此外，日後寫第一封信給容閎，邀請他與曾國藩會面的張斯桂，也透過李善蘭結識了傳教士，並直接參與墨海書館的翻譯計畫。張斯桂是後述的《萬國公法》的序文作者之一，一八七六年擔任第一位駐日副公使。與李善蘭來往密切的人物，還有在墨海書館擔任《聖經》翻譯助理並信奉基督教的王韜。王韜後來在香港協助理雅各翻譯中國經典，也是很有名的變法論者與新聞記者。

補充一下上述人物與曾國藩的關係，李善蘭和張斯桂之所以成為曾國藩的幕僚，是因為徐壽和華衡芳在墨海書館拜訪過李善蘭，建立深厚友宜，於是招攬他擔任曾國藩的幕僚。此外，李善蘭的朋友中，還有進士、翰林學士（起草詔書的官員）等高級官員，例如擔任江蘇巡撫的徐有壬，以及後來參與留美事業、與容閎意見相左的吳嘉善。由此可見，以墨海書館為中心，形成了容閎、曾寄甫等上海學者與有力人士的交流圈。事實上，在一八五〇年代的上海，墨海書館是西方新知傳播至中國的主要據點，也是中國知識分子聚集互動的重要場所。容閎透過墨海書館的交流圈認識了曾國藩。

但是在此之前，容閎曾造訪南京，向已成為太平天國宰相的洪仁玕提出太平天國的改革方案。一八五六年夏至秋，太平天國發生內訌（天京事變），自舉兵以來帶領太平天國的領導集團瓦解。只剩下孤身一人的洪秀全只能依賴自己的親人，將政務託付給兄長們處理。同時，身在香港的洪仁玕目睹第二次鴉片戰爭期間英法聯軍占領廣州的情況，認為太平天國應與西方國家建立友好關係，懷抱著誠惶誠恐的危機感，打算再次回歸太平天國。一八五九年春，洪仁玕抵達南京，相隔十年再與洪秀全會面，隨即被任命為太平天國宰相。他根據自己在上海和香港的見聞，出版了《資政新篇》，提出太平天國的改革方案。此外，他還根據自己在香港擔任基督教傳教士的經歷，嘗試對太平天國的宗教制度進行改革。由於洪仁玕與上海、香港傳教士關係密切，他成為太平天國宰相後，傳教士對太平天國的期望日深，紛紛造訪剛成為太平天國統治區的蘇州和首都南京。在此背景下，一八六〇年十一月，容閎陪同倫敦傳道會傳教士楊格非（Griffith John）等人前往南京。

與洪仁玕在南京重逢後，容閎向其提出了軍事方面（開辦士官學校、海軍學校）、行政方面（推動地區行政文官化、引進銀行制度）、教育方面（開設普通學校、工業學校）等各方面的改革方案。洪仁玕理解這些提議的價值，但由於他以外來者的身分突然空降太平天國領導高層，使他受到其他高層的排擠。即使無法立即實施容閎的提議，洪仁玕仍任命他為太平天國的官員，試圖將他留在南京。容閎意識到當時的太平天國不具備實施改革政策的條件，因此拒絕了洪仁玕的邀請，但要求獲得能在太平天國勢力範圍內自由通行的許可證。這對容閎以後的茶葉貿易事業有很大的幫助。

在離開太平天國之後，容閎認為要透過留學和教育改革實現中國革新的計畫，必須先積累巨大的財富，為未來做好準備。有一天，容閎從上海茶商那裡聽聞，太平天國管制區有大量茶葉等待運送，於是他利用洪仁玕賜予的太平天國通行證，歷盡千辛萬苦，成功採購了這批茶葉，獲得巨大的聲譽。此後三年，容閎在九江以買辦的身分從事茶葉貿易，事業十分成功。

就在此時，他收到一封朋友的來信，信裡表示曾國藩要與他見面。

三、曾國藩幕僚時期與留學事業的起步

曾國藩原籍湖南省湘鄉縣（今雙峰縣），二十多歲考上進士，進入翰林院。他曾在禮部和兵部擔任官員，一八五二年他回家鄉為過世的母親服喪，並在當地組織了一支私人軍隊「團練」，負責防衛鄉里。這支軍隊後來稱為「湘軍」，其發展之迅速超越了已腐敗衰弱的清朝正規軍——八旗（滿族軍隊）和綠營（漢族軍隊），最終成為平定太平天國的主要軍力。一八六一年九月，曾國藩從太平軍手中收復安慶，並在此設置軍營，計畫設立採購與製造武器的機構。為此，他積極招募具有西方科學知識的人才。一八五〇年代聚集在墨海書館接觸西方知識的知識分子中，徐壽、華衡芳、李善蘭、張斯桂等都被延攬入幕。他們也向曾國藩推薦了容閎。

容閎憑藉著與太平天國的關係而在商業上致富，對前往見曾國藩仍有所顧忌，但在友人們的多次勸說下，一八六三年九月他抵達安慶。曾國藩邀請容閎的目的，是想聽取他對引進西式機械工廠的具體意見。當時清朝正向西方採購武器來對抗太平軍，曾國藩也認識到西式武器的優越性。聚集在安慶的部下建議建立一座機械工廠，自行製造武器，但尚未決定具體引進什麼類型的機械工廠。容閎建議先建造一座「綜合性、基礎性」工廠，也就是能製造基礎機械零件的工廠。曾國藩接受他的建議，並由他負責從海外採購所需的機械設備。容閎立即前往美國採購建立機械工廠所需的物資，並於一八六五年十一月左右返回中國。

在此期間，曾國藩已成功鎮壓太平天國。第二次鴉片戰爭後簽訂的《天津條約》和《北京條約》，承諾在長江流域和沿海地區開放新的港口，明確允許外國人進入中國內地旅行和傳教，同時也同意在北京設置常駐外國公使，並於一八六一年設置總理各國事務衙門，作為專門處理與西方國家外交事務的政府機構。第二次鴉片戰爭徹底改變了清朝與西方國家的關係，使西方國家處於絕對優勢地位。為了穩固其優勢地位，西方國家選擇與清朝政府合作，以義勇軍的形式協助平定太平天國。一八六四年，洪秀全病逝，不久南京陷落，洪秀全之子與洪仁玕等主要領導人被俘並處死。曾國藩也因為成功剿滅太平天國有功被封為侯爵，這對漢族官員來說是為特例。一八六〇年起擔任兩江總督，太平天國滅亡後，他以南京為主要據點展開治理工作。

容閎採購的機械存放在設立於上海的江南機器製造總局（江南製造局）。在開設江南製造局的過程中，曾國藩的部下李鴻章、丁日昌發揮了主導作用。從此，江南製造局實質上發展為著名的兵器製造工廠，各地也紛紛建立類似的兵器工廠。其中，在總理衙門的建議下，於一八六七年設立的北洋機器局（天津機器局），自一八七〇年李鴻章出任直隸總督後迅速發展。在福州則有由閩浙總督左宗棠籌劃、法國工程師協助下設立的福州船政局。與此同時，一八六八年江南製造局增設了翻譯館，聘任英國人傅蘭雅（John Fryer）為專職翻譯，負責翻譯西方科學專業書籍。次年，翻譯館與廣方言館合併。廣方言館和北京、廣州的同文館類似，為官辦外語學校，黃勝曾在此教授英語。在翻譯事業方面，由傳教士丁韙良（William Alexander Parsons Martin）翻譯的一本關於國際法的書《萬國公法》，由美國駐華公使蒲安臣（Anson Burlingame）介紹給總理衙門的官員，並於一八六四年由總理衙門刊印出版，象徵清朝政府開始認識並接受「國際法」作為西方國家的行為準則。如上所述，從一八六〇年代開始，以軍事改革為契機，改變了清朝政府在對外關係與吸收西方知識的態度，都變得愈來愈積極。儘管保守派仍在繼續抵制，但在李鴻章與總理衙門的核心人物恭親王奕訢的推動下，得以展開變革，這一系列的改革運動被稱為「洋務運動」。而容閎也正是在這波洋務運動浪潮中，等待合適時機實現他的留學事業計畫。

容閎回國後，被授予五品候補同知官銜，並被任命為江蘇布政使衙門的通翻（翻譯官）。一八六八年，他透過時任江蘇巡撫的丁日昌，向吏部尚書文祥正式提出派遣中國青少年出國留學的計畫，這是他長年以來的夢想，可惜當時並未具體施行。此外，容閎在同一時期還提出成立股分制輪船公司的構想。此提案約於一八六八年由曾國藩與丁日昌首先提交至總理衙門，後為李鴻章採納，著手準備實施，最終經慈禧太后裁決，於一八七三年一月正式成立輪船招商局。一八七三年七月，唐廷樞出任輪船招商局總辦。該機構創立初期屬官營企業，後來轉為半官營，最後實現民營化。

容閎的留學生計畫，終於在一八七〇年邁出實現的第一步。推手就是天津教案的發生。所謂「教案」，指的是針對基督教會和信徒的暴力攻擊事件。第二次鴉片戰爭後，天津等新口岸開放，同時也允許外國人到內地旅行，傳教士積極展開內地傳教工作，結果引發了信徒和非信徒之間的摩擦，再加上對基督教和外國人的偏見與謠言，十九世紀後半中國各地發生多起教會攻擊事件。傳教士經常介入信徒糾紛，有時還衍生為外交問題，最後演變成教案，甚至引發更嚴重的外交危機。一八七〇年六月爆發的天津教案，是一場針對天主教會的襲擊事件，造成包括法國外交官、神父、修女在內的二十名外國人，和五十名中國信徒被殺，為震驚中外的慘案。事件當時的直隸總督為曾國藩，他被指派負責平息此案，派了多位高官前往天津協助辦案，丁日昌也被召去協助外交談判。此事件一度有引發與法國戰爭的危險，但最終透過處決罪魁禍首、支付賠償金、派遣特使道歉等方式得以平息。然而，曾國藩在處理過程中遭受批評，輿論認為他「態度軟弱」，八月底遭撤去直隸總督職務，改任兩江總督。李鴻章繼任直隸總督。即使解職後，曾國藩仍留在天津至十月底繼續處理後續事宜，而李鴻章的協助和果斷判斷，對於解決事件發揮了重大作用，因此受到慈禧太后的高度評價，自此李鴻章在朝廷的影響力逐漸擴大。

話題再轉回容閎。在處理天津教案期間被召集前往天津的丁日昌，也同時把容閎請到天津擔任翻譯。容閎把握這個機會，透過丁日昌向朝廷高官說明並推動留學計畫，成功爭取到他們的支持與同意。曾國藩在十月向朝廷上奏時，首次提及留學事業。奏摺主旨是請求將曾任刑部主事的陳蘭彬，調派至自己即將轉任的兩江總督麾下任職。一八七一年八月，曾國藩與李鴻章聯名上奏，推出正式的留學生派遣事業實施方案，由陳蘭彬、容閎負責督導留學生的工作。上奏時早已展開準備，不僅留學生派遣規則草案已完成，也已就此事照會了總理衙門。此奏摺於九月獲得裁可，並在一個多月後公布了一百二十名留學生的選拔結果。次年，即一八七二年一月，清朝政府正式向美國提出接收中國留學生的請求。同年五月再度獲得皇帝裁可，清朝確立了正式的留學關係規程。經過上述種種努力，中國正式啟動一項有組織的大型留學事業，內容為：分四期，每年派遣三十名十二歲到十六歲的少年赴美留學，留學期限為十五年，學習內容涵蓋近代科學基礎與專業技術等完整知識。由陳蘭彬、容閎擔任留學事業的專職委員，並決定留學生出國期間將配備兩名中文教師和一名翻譯隨行。首任翻譯是新加坡出生的華人曾蘭生，母親為馬來人。他在新加坡受洗，比容閎更早去美國留學，一八四六年進入紐約漢密爾頓學院（Hamilton

College）就讀，但因為只獲得兩年的學費資助，未能畢業就離開美國，前往中國。一八五三年左右，他曾在廣州的美國海外傳道委員會擔任助理，後來前往上海成為買辦，並曾隨容閎一同訪問太平天國。一八六六年起，他在福州船政學堂教英語並擔任翻譯。他應該是與容閎有私人交情，基於這層關係才決定參與留學事業。他在該職位上擔任翻譯直到一八七五年。此外，容閎在選拔一百二十名留學生時扮演了核心角色，結果造成來自廣東籍的人數占壓倒性多數。其中出生於容閎家鄉香山縣的就多達三十九人。然而根據歷史學家百瀨弘的說法，留學生中有二十六人本身或父兄曾在天津、福建等洋務機構任職過，推測他們可能是在李鴻章的敦促下申請出國留學。[7]

這些獲選出國留學的年輕學生，出發前先在上海接受六個月的預科教育。第一期三十名學生於一八七二年夏天啟程前往美國。在容閎的安排下，留學事業總部設立於康乃狄克州哈特福（Hartford），學生們住在新英格蘭地區的寄宿家庭中，準備進入當地小學校就讀。哈特福也成為容閎在美國的定居地。一八七五年二月，容閎在當地與瑪莉·凱洛格（Mary Kellogg）結婚。

在此期間，容閎也執行了武器採購與外交相關任務，其中外交方面涉及苦力（Coolie）貿易問題。來自中國，特別是南部的海外移民歷史悠久，不少廣東、福建人居住於東南亞各大城市。十九世紀中葉，加州發現金礦時，前往美國當礦工的華人數量迅速增加，加上美國廢除了奴隸制度，對新勞動力的需求急遽上升。此外，有大量被稱為「苦力」的中國工人開始被帶入秘魯、古巴等中南美洲殖民地。他們名義上是契約勞工，但實際上許多苦力是遭詐騙和綁架等非法手段拐來的，在旅途中經常受到虐待，到達當地後更遭到苛刻的使役與非人待遇。一八六〇年的《北京條約》規範了移民的待遇和在定居地的保護，一八六六年清朝政府又與英法公使簽訂了移民協定，但該協定未獲英法政府批准，西班牙、葡萄牙和秘魯也未列入規範，實質上對移民管理與保護無效力。一八七三年，秘魯全權大使來華，欲與清朝政府締結通商與移民條約。此時，容閎正因處理武器進口事務返回中國，在李鴻章的指示下會見了秘魯全權大使，他列舉了澳門中國勞工的慘狀，並詰問秘魯虐待苦力的情況，此舉惹怒了大使。李鴻章原本就有意讓容閎實地考察真實狀況，於是要求容閎返回美國的途中順道前往秘魯調查苦力實況。次年，即一八七四年夏，容閎在秘魯調查後並提交報告。陳蘭彬也奉命前往古巴進行調查，於一八七四年執行調查任務。容閎的調查結果，成為一八七五年七月到八月，清朝政府與秘魯針對修好通商條約和移民條約進行談判時，用以反對批准該條約的重要依據。儘管最後條約還是批准了，但清朝隨即禁止從澳門等地輸出中國苦力。陳蘭彬對古巴的調查結果，則用於與西班牙的談判，最後促成一八七七年與西班牙簽訂移民協定。

外交方面，一八七五年清朝首次派遣公使常駐英國，隨後又發布駐美公使的人事命令，由陳蘭彬、容閎獲得任命。一八七六年十月，清朝政府訂定《駐外外交官規程》，駐英公使很快便赴英上任，陳蘭彬則是在處理苦力勞動問題告一段後，一八七八年九月才抵達華盛頓。在此過程中，清廷任命陳蘭彬為正公使，容閎為副公使。容閎也移居華盛頓，從此以駐美副公使的身分展開外交活動。值得一提的是，此時黃勝也被任命為華盛頓公使館的翻譯。他在一八七三年作為第二期留學生來到美國，曾兼任中國留學生監督局書記官。

話題轉回留學事業。一八七五年冬天，最後一期留學生抵達美國。陳蘭彬被召回北京，進行古巴苦力勞動問題的外交談判，因此由接任監督官一職的區諤良與最後一期留學生一起前往美國。不過，區諤良於一八七九年回國，繼任者幾經周折才確定由吳嘉善接任。[8]吳嘉善與李善蘭在墨海書館時期即有交情，對西方數學和科學很感興趣。吳嘉善接任監督官後，批評留學生們染上美國的生活習慣，過度注重西學，怠忽學習中文，且多數人已皈依基督教。他多次向李鴻章與總理衙門建議廢除監督局。對此，李鴻章提醒容閎注意吳嘉善的批評內容，容閎一時憤慨，寫信給李鴻章反駁，批評吳嘉善與支持他的陳蘭彬，讓事態進一步惡化，北京的清廷高層也將留學生信仰基督教視為問題，要求召回留學生的呼籲愈來愈多。李鴻章試圖調解容閎和吳嘉善的矛盾，提出逐步削減人數，讓部分留學生先回國，以平息爭議，避免留學事業立刻終止。但總理衙門並未採用李鴻章的策略，一八八一年六月裁定廢除監督局並召回所有留學生。除去中途回國者、病故者以及少數留美不歸者外，共有九十四名留學生在當年分三批回國。同時，陳蘭彬離任，隨著新任駐美公使的上任，取消副公使一職。容閎在陳蘭彬離任後代理公使約兩個月，之後也回國了。

留學生回國後，有四十四名奉命分配到上海製造局等官辦工廠，五十名學生則被分發到天津水師學堂（海軍學校）和北洋電信學堂等官辦機構學習。[9]其中一些人以工程師和軍官身分嶄露頭角，代表人物包括鐵路工程師詹天佑、北洋軍士官兼魚雷工程師，後來成為袁世凱部下的蔡廷幹等。此外，曾是袁世凱部下，後來成為精英外交官，中華民國首任國務總理唐紹儀，也是這次留學事業的美國留學生之一。

另一方面，一八八一年返國的容閎，先在天津會見李鴻章，隨後前往北京報告代理公使任期結束事宜，並拜見多位高官。期間，他曾提出關於禁止鴉片的政策建議，但並未被具體採納。一八八二年離開北京後，在上海短暫停留，一八八三年春天回到美國與家人團聚。一八八六年妻子去世，深受打擊的容閎在接下來的十年間，全心撫養妻子離世後留下來的兩個兒子。

四、對清朝的最後建言及其晚年

一八九五年，由於甲午戰爭的關係，容閎再次回到中國。容閎的前任上司李鴻章謀求早日與日本議和，但容閎主張清朝應奮戰到底。為了達成此目標，容閎的想法是向西方國家借錢，其中一筆用來購買軍艦，招募傭兵，迫使日本撤出朝鮮；另一筆錢用來整備陸軍和海軍，為繼續作戰做準備。此一主張獲得時任臨時兩江總督張之洞的認可，張之洞屬於反對議和派。於是，容閎於一八九四年冬前往倫敦，與西方國家針對一千五百萬美元的借款進行談判，但最後因抵押權問題未能獲得李鴻章的同意，借款案最終遭到取消。隨後，張之洞要求容閎回國。一八九五年初夏，容閎時隔十三年再次踏上中國的土地。但此時甲午戰爭已經結束，容閎也沒有機會對清廷進言繼續作戰。容閎在南京會見張之洞時，建議應聘雇外國顧問協助規劃戰後新政策，可惜並未引起張之洞的共鳴。這是他第一次也是最後一次會見張之洞。

接任張之洞成為兩江總督兼南洋通商大臣的劉坤一，任命容閎擔任外交事務囑託一職，但容閎僅上任三個月便辭職。後來容閎在上海待了一段時間，萌生在北京設立國立銀行的構想，於是他翻譯了美國國立銀行制度的相關法律，並前往北京準備提出建議。在老朋友張蔭桓的幫助下，透過張爭取光緒皇帝的老師兼親信翁同龢的支持，努力推動這項計畫。但此時，實業家盛宣懷正在推動設立民營的近代化銀行（非國立銀行），在他遊說之下，容閎的提案胎死腹中，朝廷批准了盛宣懷建立近代化銀行的提案，並以英屬香港上海銀行的模式，於一八九七年在上海設立了中國通商銀行。

這次失敗後，容閎立刻又向總理衙門提出興建天津至鎮江的鐵路計畫。鐵路建設是甲午戰爭後清朝的重要政策之一，也是清朝內部與列強之間利權爭奪的最前線。作為官辦工業推動者的湖廣總督張之洞，在盛宣懷的協助下，計畫以武漢的製鐵業為基礎，鋪設北京至武漢的鐵路（盧漢鐵路）。前述盛宣懷的銀行設立計畫，也是為了籌集鐵路事業資金而設立。一八九六年，盛宣懷就任鐵路總局督辦，並獲授予四品京堂候補官銜。盧漢鐵路於一八九七年開始興建，但鋪設到北京以南的直隸省（今河北省）保定時資金用盡，盛宣懷遂計畫向國外借款。這筆貸款使得列強爭奪鐵路利權的競爭更加白熱化，容閎在此時機下提出修建「天津至鎮江的鐵路計畫」。容閎強調，這條路線應以民族資本建設，目的是對抗德國強勢要求山東鐵道利權的行動。儘管張之洞和盛宣懷強烈阻攔，但容閎的提案還是在一八九八年二月獲得皇帝同意。但最終因德國公使的施壓，容閎於同年八月與美國財團簽訂的貸款契約被迫取消，計畫受挫。

容閎在北京處理鐵路計畫的期間，也與康有為等主張君主立憲制的維新派知識分子來往，出席了一八九八年四月成立的政治團體「保國會」第一屆大會。戊戌變法期間，容閎應該在上海，九月中旬回到北京，並親歷了慈禧太后發動政變，亦即戊戌政變的整個過程。因與維新派關係密切，容閎也身陷險境，逃至上海租界避難。為了安全著想，他於一九〇〇年移居香港。同年六月，義和團勢力迅速擴大並進入北京，守舊派慈禧太后利用義和團向列強宣戰。七月，趁著義和團事件造成政局動盪之際，維新派知識分子齊聚上海，成立「中國國會」。容閎亦參與其中，還被推舉為議長。但該組織的核心人物唐才常策劃的起義提前曝光，唐才常等人於八月遭到處決。容閎也因張之洞發布的文告成為清朝政府的通緝犯。此外，唐才常等人遭處決後，容閎前往日本，在開往神戶的船上首次見到孫文，後來又在東京會面。容閎在香港期間，也經常與革命派人士交流。

一九〇二年，容閎回到美國家中，之後仍與孫文及革命派人士保持聯繫。他也為了在美國籌集革命資金的計畫提供建言。一九一二年中華民國成立，孫文邀請容閎回國，但此時容閎已無力參與政事，同年四月逝世。享年八十五歲。

洪秀全（一八一四—一八六四年）

從宗教家到成為「天王」

一八一四年，洪秀全出生於廣東省花縣（今廣州市花都區）的客家村莊官祿㘵村。洪秀全雖然家境貧寒，但自幼聰慧，刻苦讀書，立志通過科舉考試。但是他屢試不中，往往連科舉第一階段的童試都無法通過。由於花縣屬廣州府，洪秀全多次前往廣州參加童試第二階段府試與第三階段院試。一八三三年（有一說為一八三六年），他在考場附近拿到中國傳教士梁發撰寫的基督教傳教書《勸世良言》。

一八三七年，洪秀全再次童試落榜，大受打擊之下高燒不退，甚至出現幻覺。在幻覺中，一名黑衣老人命令他與一位中年的「兄長」，一起在人間對抗妖魔。一八四三年，洪秀全再次熟讀《勸世良言》，並將六年前看到的幻覺與書中內容聯繫起來，逐漸有所理解。他認為自己是奉天上的神的命令，與基督一同下凡對抗妖魔，並應如《勸世良言》所教，摒棄偶像崇拜，信仰天上的上帝和耶穌，並將此信念傳遞給眾人，這就是他的使命。洪秀全依照《勸世良言》的內容為自己受洗，之後開始積極地向身邊的人，包括族弟洪仁玕、友人馮雲山等人宣揚教義。

此時讓洪秀全留下深刻印象的，是《勸世良言》中隨處可見對偶像崇拜的激烈批判，尤其是針對當時民間盛行的各種祭祀儀式與民間信仰，這對後來的太平天國運動產生很大的影響。

隨後，洪秀全與馮雲山等人到廣西省傳教，在紫荊山一帶，特別是依靠馮雲山的聰明才智和努力，逐步建立起一個新的信徒組織（拜上帝會）。另一方面，洪秀全曾一度回到家鄉，撰寫拜上帝會的傳教書《原道救世歌》和《原道醒世訓》。一八四七年，他與洪仁玕前往廣州，造訪傳教士羅孝全（Issachar Jacox Roberts），學習基督教教義。洪秀全主動提出受洗請求，卻受到羅孝全弟子們的阻撓，最後未能受洗，便再次前往廣西。在紫荊山與傳播洪秀全教義的馮雲山重逢後，他得知拜上帝會的信徒已有兩千多人。此後，洪秀全在附近的廟宇展開偶像破壞運動，導致與周遭居民的衝突日益嚴重。一八四八年初，馮雲山被捕，洪秀全四處奔走，想要救出馮雲山。此後約一年半的時間裡，紫荊山的拜上帝會信徒群眾處於斷斷續續的無領導狀態。楊秀清和蕭朝貴便趁著這個機會嶄露頭角。當地的民間信仰認為鬼神會「附體」於人的身上，而這種情形在拜上帝會內部時常出現。其中，被認為受到上帝附體的楊秀清，和耶穌附體的蕭朝貴，由此掌握了拜上帝會的主導權。儘管之前洪秀全和馮雲山曾將「附體」視為偶像崇拜的一種形式而予以否定，但現在決定予以承認。他們還將洪秀全的幻覺內容加油添醋，編造出洪秀全是上帝之子、耶穌之弟的故事。如此一來，楊秀清與蕭朝貴所聲稱的「天父天兄下凡」便獲得正當性，他們兩人的政治權力也隨之確立。從此之後，洪秀全等人正式走上反清叛亂之路。

當時，在拜上帝會活動的地區，早期移民到該地的廣東人、後來移民的客家人與當地少數民族壯族之間，發生激烈衝突。拜上帝會就在這樣混亂的背景中著手準備起事，一八五一年一月正式與清軍開戰。洪秀全即位為「天王」，建立政權，國號「太平天國」。九月，攻克永安州（今蒙山縣），封楊秀清、蕭朝貴、馮雲山、韋昌輝、石達開為王，建立統治制度。在隨後的戰役中，蕭朝貴和馮雲山先後戰死。一八五三年三月太平軍攻占南京，改稱天京，定為首都。洪秀全派出精銳部隊進攻北京，但由於戰略失當和補給困難，加上北方嚴冬，北伐軍全軍覆沒。太平天國錯失統一全國的機運。

太平天國的理想與現實

太平天國以出版大量文獻著稱，包括《聖經》、《天條書》等宗教書籍；曆法、軍制、禮制文獻；關於「天父天兄下凡」的紀錄；以及作為統治綱領的《天朝田畝制度》等。太平天國所信奉的「拜上帝會」受到基督教影響，但其宗教觀和教義與基督教截然不同，例如將神描繪為有肉身、有家庭的形象；反過來否定神的靈性；不甚重視基督教的核心教義（如贖罪思想）。反而這些書更深受洪秀全所熟悉的中國傳統思想的影響，例如《天朝田畝制度》寫道「有田同耕，有飯同食，有衣同穿，有錢同使」。主張平均分配天下所有土地，反映出一種平均主義的大同思想。

一八五六年，自舉兵以來的領導階層爆發內訌，楊秀清與其家族、石達開家族皆遭韋昌輝殺害。洪秀全譴責此過於殘暴的行為，處死韋昌輝，倖存的石達開因擔心洪秀全的猜忌心，最後離開天京。只信任親人的洪秀全封自己的兩位兄長為「王」，並將政務交給他們管理。儘管軍事方面一度受挫，但陳玉成、李秀成等年輕將領抬頭，持續與清朝交戰。不過，對於這些立下赫赫戰功的將領，洪秀全並沒有授予他們「王」的稱號。

一八五九年，洪仁玕現身天京。雖然他是洪秀全的親戚，也是拜上帝會最早的信徒之一，但他未曾參與廣西起事，舉兵後也杳無音信。他在香港受洗成為基督徒，並從上海和香港的傳教士那裡學習西方知識。洪秀全再次見到洪仁玕，又驚又喜，不到一個月就封洪仁玕為「干王」，賜其宰相之位。這顯然只因為他是親戚就有特殊待遇，引發洪秀全身邊的人極大反彈。洪仁玕後來在一份供詞中提到，當時掌握軍政大權的陳玉成、李秀成、楊輔清等五位主將，對洪仁玕一到天京就被封王授爵感到不滿，因此天王特地召集所有人到會堂，公開宣示凡天京內的問題都要聽干王的意見，至於天京外的問題則全部聽從英王陳玉成的指示。接著讓洪仁玕站上臺，授予印綬。此後，洪秀全開始亂封武將為「王」，包括李秀成、楊輔清在內。

洪仁玕就任宰相後，根據在上海和香港所吸收的西方知識，撰寫了《資政新篇》，提出了針對太平天國的政治、經濟和社會的改革方案。這本書可視為太平天國後期的施政綱領，其中有些政策建言甚至預示了後來清朝推動的洋務運動。但當時太平天國因與清朝持續交戰，無力實現書中的改革內容。

一八六二年以後，以曾國藩率領的湘軍為清軍主力，逐步收復陣地，加大對太平軍的攻勢。一八六二年五月，陳玉成鎮守的安徽省廬州陷落，陳玉成本人被俘不久就遭到處決。再加上以安徽省南部為據點的寧國府失守，戰局轉入對太平天國益發不利的局面。一八六三年底，蘇州、無錫已失，清軍加強南京圍城戰。遭到圍城的天京糧食短缺，甚至有文獻紀錄洪秀全吃雜草度日。一八六四年六月，洪秀全病逝。一個月後，曾國藩兄弟攻陷天京。逃出天京的洪秀全之子洪天貴福試圖與洪仁玕重整太平軍，但最終失敗。十月遭清軍俘虜，十一月十八日遭到處決。太平天國至此滅亡。

洪仁玕（一八二二—一八六四年）

洪仁玕於一八二二年出生於花縣官祿㘵村，與洪秀全同村。雖然他是最早皈依洪秀全拜上帝會的信徒之一，但並未參與廣西的活動，也未涉入拜上帝會的勢力擴張。洪秀全等人舉兵後，他試圖加入卻未成功，最後逃到香港，並在當地成為基督徒。一八五四年五月，他為了加入南京太平軍而前往上海，在墨海書館待了半年多，除了參與《聖經》注釋的撰寫工作外，還與王韜一起翻譯讚美詩歌。之後回到香港，最初擔任傳教士的中文教師，後來成為英華書院的小學教師，並擔任教會的傳教士。他不僅活躍於教會，也參與英華書院附設醫院和香港監獄的傳福音活動，其人格和信仰獲得傳教士的大力讚賞。第二次鴉片戰爭期間，英國占領廣州時，他與理雅各一起造訪廣州，在城內建立了教會。這段經歷讓他深刻意識到必須與西歐列強建立友好關係。一八五九年，他前往南京與洪秀全等人會合，旋即被任命為宰相，封為「干王」。

「干王」洪仁玕之所以受到傳教士和歐美人士的關注，原因之一是他的著作《資政新篇》。根據傳教士留下的紀錄得知，在現存的版本之前有一份手寫草案，內容除了出版版本中看到的政治、經濟和社會改革措施外，還包括了被拜上帝會否定的基督教教義，如「三位一體」、「聖靈」等內容的布告與論點。《資政新篇》原本是包括宗教改革在內的太平天國全方面改革方案。但洪秀全完全不接受修改既有的拜上帝會教義，最終《資政新篇》刪除了與宗教有關的文章，重新編纂並出版僅有政治、經濟和社會改革措施的內容。不過，刊行版的《資政新篇》仍有許多重視正統基督教的觀點，書中介紹的具體改革措施和西方國家的內容，反映出洪仁玕在香港和上海學到的各種西方知識。

事實上，洪仁玕與周圍武將的關係並不好，他在太平天國內的影響力極為有限。此外，他接受了拜上帝會的一些教義和一夫多妻制，這在傳教士眼中明顯不符合基督教教義，導致傳教士逐漸對洪仁玕感到失望。另一方面，《北京條約》簽訂後，西方國家更加重視清朝政權的延續與穩定，如此才能確保其權益。一八六一年九月安慶陷落後，洪仁玕因嚴厲批評其他軍事將領而失勢。一八六二年春，他再次被任命負責內政事務，但此時與西歐的關係已破裂，戰局亦日益惡化。一八六四年南京失守時，洪仁玕在浙江省湖州，後來與逃出南京的洪秀全之子洪天貴福會合，試圖重建太平軍。十月十日，他在江西省石城縣遭清軍俘虜，押送至南昌府。經審訊後，於十一月二十三日遭處決。

曾國藩（一八一一—一八七二年）

與太平天國之戰

一八一一年，曾國藩年出生於湖南省湘鄉縣（今雙峰縣）。字伯涵，號滌生，謚號文正。一八三八年，在虛歲二十八歲時考上進士，進入翰林院。往後十餘年間，他在北京為官，官至禮部右侍郎。在此期間，努力鑽研朱子學，收門生，教育後進。與曾國藩同科中進士的李文安之子李鴻章，也曾在曾國藩的門下學習，是他的學生之一。曾國藩一生奉朱子學理念為修養準則，他在這個時期的日記中記錄了自己是否遵守道德修養的自我反省[10]。他也屢次囑咐家人要努力讀書，精進修養，他在日記和寫給家人的書信中所體現的學術思想，以及後文提及的武將思想，對後來的毛澤東與蔣介石產生莫大影響。

一八五二年，曾國藩回鄉服母喪，期間奉命組織團練（地方自衛組織），這就是後來的湘軍。湘軍原本是為了維護家鄉治安而建立的私人軍事組織，但因清朝正規軍如八旗、綠營腐敗弱化，湘軍逐漸受到清朝關注，成為替代性的新興軍力。當時太平天國已占領南京，勢力不斷擴張，江南各大城市接連落入太平軍控制之下。清朝命令曾國藩率領湘軍，出湖南省與太平軍作戰。此後，曾國藩開始以武將的身分認真對抗太平天國。這件事也意味著清朝中央的軍事力量衰弱，地方漢族勢力崛起。

一八五四年，曾國藩正式率領湘軍與省外的太平天國作戰。曾國藩在行軍途中發表檄文，痛斥太平天國信奉的「別有所謂耶穌之說，《新約》之書；舉中國數千年禮儀人倫，《詩》、《書》典則，一旦掃地盪盡。此豈獨我大清之變，乃開闢以來名教之奇變」。他將太平天國視為一場新興宗教運動，強烈抨擊其破壞中國傳統，是威脅「名教」（儒家）的禍首。太平天國則視統治清朝的滿族為「妖魔」，進行種族主義的攻擊。曾國藩將自己與太平天國之戰，定位為捍衛中華傳統儒家文明之戰。

然而，曾國藩與太平天國的戰役絕非易事。他在清朝內部遭遇來自漢族官員的反對，與太平軍的戰鬥更是經常陷入苦戰。據說他一度因慘敗而企圖自殺，還差點遭到太平軍俘虜。一八五六年，太平天國內部發生動亂，領導階層瀕臨瓦解，湘軍才趁此時機重振戰力。一八六〇年，太平天國再次突圍，勢力擴展至江南。儘管清軍遭受重創，卻成為曾國藩被拔擢的契機，他被任命為兩江總督，掌握與太平軍作戰的指揮實權。之後與太平軍的戰役一波三折，加上與弟子李鴻章、部下左宗棠產生分歧，使曾國藩的戰爭過程難言順利。最終，他與弟弟曾國荃在一八六四年攻陷南京，平定了持續十餘年的太平天國之亂。曾國藩因這一重大功績，受封為一等侯爵。

帶領洋務運動的推手

太平天國滅亡後，安徽省北部、山東省、河南省至江蘇省一帶仍有一支稱為「捻軍」的反清武裝勢力殘存，帶給清朝嚴重困擾。一八六五年，負責鎮壓捻軍的僧格林沁戰死，曾國藩奉命離開兩江總督的任地，前往山東省討伐捻軍，但這場戰事以失敗告終，次年由李鴻章接替其職務。最終李鴻章和左宗棠成功平定捻軍，他們兩人原本是曾國藩的部下，但後來與曾國藩關係疏遠。自太平天國之亂以來，清朝日益依賴地方漢族官員的力量，但地方各省的漢族官員崛起也對清朝構成威脅，首當其衝的曾國藩就受到清廷的嚴重猜忌。曾國藩的武將生涯，經常遭受嚴厲的彈劾與攻擊。

另一方面，曾國藩也是清末改革運動，亦即洋務運動早期的推手之一。在對太平天國的戰役中，清朝內部（如恭親王奕訢）開始呼籲購買外國製造的輪船和武器以討伐太平軍。但曾國藩認為，與其直接購買，更應學習與仿製，使中國能自行生產。為此，他花很大心力在國內延攬人才。一八六一年九月，曾國藩從太平軍手中收復安慶後，遷營於此，並決定設置一個負責製造和採購武器彈藥、軍需品的機構，於是開始招募熟悉西方學術的人才。其中第一位核心人物，是曾在上海墨海書館與傳教士往來、對西方自然科學感興趣的華蘅芳。華蘅芳隨父親華翼綸到安慶軍營陳情時，與曾國藩會面。曾國藩讚賞其博學多聞，納入麾下成為幕僚。此後，華蘅芳的好友徐壽、數學家李善蘭及其友人，陸續成為曾國藩的幕僚。徐壽和華衡芳開始在軍營設立的安慶內軍械所建造汽船的原型艦，他們還推薦曾在美國留學的容閎。曾國藩採納了容閎對建造機械工廠的建議，於是向美國採購設備。此期間製造出中國第一艘蒸汽船的模型。一八六五年，容閎採購的機器設備抵達上海，開設江南製造局，成為國內第一個可生產武器的機械工廠。一八六七年，根據曾國藩的奏請，朝廷批准在江南製造局正式開展造船業務，並增設船塢。次年完成首艘蒸汽船。江南製造局的造船事業，之後雖數次改名，但延續至今。

一八六八年，朝廷任命曾國藩為直隸總督。直隸省即今河北省，是環繞首都北京的戰略要地，能管轄此區，代表曾國藩的地位直線上升。但對於以江南地區為根基的曾國藩來說，這次調任也象徵著失去了後盾，曾國藩意識到稍有不慎就會遭到無情彈劾，於是戰戰兢兢地走馬上任。[11] 一八七〇年爆發天津教案，這起事件導致清朝與法國出現嚴重的外交危機，曾國藩負責處理此案，一邊要對抗國內激烈的排外情緒，一邊還要適度牽制法國，盡可能地和平解決問題。但因他放低身段而被批評為「軟弱」，遭到猛烈彈劾，最終在談判過程中被調回兩江總督，改由李鴻章接任直隸總督。雖然曾國藩留在天津直到事件解決，然後返回南京，但他的健康狀況已明顯惡化。他在擔任直隸總督時右眼失明，左眼視力也衰退，加上長期受暈眩、失眠等問題困擾。一八七二年三月，逝世於南京。

李鴻章（一八二三—一九〇一年）

在上海崛起與洋務運動

李鴻章於一八二三年出生於安徽省合肥縣。字少荃，號儀叟，諡號文忠。又被尊稱為李中堂。他出身貧寒，一邊耕田一邊讀書。一八三八年父親李文安考取進士，家庭狀況才有所好轉。李文安與曾國藩同年考上進士，這段私人關係後來造就李鴻章順遂的仕途。

一八四四年，李鴻章以京官（在北京任職的官僚）子弟的身分，在順天府（今北京市）參加鄉試，考上舉人。次年參加會試，雖未考上，但當時的同考官（副考官）正是曾國藩。落榜後，李鴻章曾師從曾國藩遊學，兩人因此建立了師生關係。此外，李鴻章的兄長李瀚章為曾國藩的嫡傳弟子[12]。

一八四七年，李鴻章考取進士，進入翰林院，歷任武英殿撰修、國史館協修等文官編修工作。此時，太平天國之亂爆發，捻軍也呼應起事，在李鴻章故鄉安徽省為亂。一八五二年十一月，張洛行在亳州起兵。同時，太平軍也從湖北省沿長江東進，一八五三年二月攻陷安徽省安慶。在此之前，朝廷已命江蘇、安徽、浙江、河南等各省官員組織團練，援助官兵。回鄉服母喪的曾國藩也收到組織團練的命令。李鴻章在北京得知安慶淪陷的消息後，主動上奏，請求返回安徽省組織團練。一八五三年三月底，李鴻章經皇帝批准後回鄉，但在此之前，太平軍已攻下南京。李鴻章率領鄉勇在家鄉合肥對抗太平軍，雖然取得一些戰功，但太平軍的實力即使經歷內訌也沒有迅速衰退。李鴻章在一八五七年慘敗，團練也遭解散。一八五八年，李鴻章親自致函曾國藩，請求加入其麾下。次年一月，李鴻章正式加入湘軍陣營。一八六一年九月，曾國藩收復安慶後，湘軍聲名大振，許多住在上海的江蘇、浙江籍士紳（當地有勢力的人）紛紛來安慶求援。為了回應他們的請求，曾國藩決定在上海組織新的團練，這支後來被稱為「淮軍」的新軍，由李鴻章負責組建。他在合肥周邊徵兵，淮軍於一八六二年三月正式成立。李鴻章率領淮軍於同年四月抵達上海，並被任命為代理江蘇巡撫。

為了抵抗太平軍進攻上海，英法義勇兵也組織了「常勝軍」。李鴻章率領的淮軍與常勝軍密切合作，成功抵禦住太平軍的攻擊，保衛了上海。此外，他們也積極接收太平軍的投降者，到了一八六三年，淮軍兵力已達四萬，是建軍時近八倍的人數。一八六三年底，李鴻章收復蘇州，使江南戰局轉為對清朝極為有利的局面。

這場軍事勝利的背後原因，和李鴻章在上海建立金融基地有關。李鴻章剛到上海赴任時，外貿關稅和國內通行稅（釐金）的收入掌握在當地重要人士吳煦手中，且吳煦與盟軍常勝軍有著深厚的關係，使李鴻章難以輕易出手。儘管如此，李鴻章赴任上海約六個月後，便採取較為強硬的手段，從吳煦手中奪回稅收權。另一方面，常勝軍的指揮官華飛烈（Frederick Townsend Ward）戰死後，他的繼任者白齊文（Henry Andres Burgevine）與吳煦等人不合，李鴻章便趁此機會使出離間計，並以追究責任為名，排除吳煦等人的影響力。後來的常勝軍指揮官查爾斯．戈登（Charles Gordon）與李鴻章合作平定太平軍，但李鴻章處決了投降的太平軍將領後，兩人發生衝突，最後戈登解散了常勝軍。原本李鴻章就有意擺脫對外國人部隊的依賴，親自指揮軍隊[13]。在此期間，他也著手培養自己的幕僚，這些親信後來在洋務運動擔任重要職務。

李鴻章手握稅收權，其上級曾國藩曾多次要求他將關稅收入用於湘軍的軍費補助，調度資金的過程讓他吃足苦頭。為了保住自己在上海建立的權力基礎，他多次拒絕支援南京的圍城戰，這也為其與曾國藩的師生關係蒙上陰影。

淮軍快速壯大的另一個原因，是李鴻章積極推動軍事裝備西化。李鴻章到達上海時，常勝軍早已對太平軍取得傲人戰功。但與前任者及上海地方官員不同，李鴻章不依賴外國軍隊，而是透過西化加強自身部隊的軍事實力。不僅如此，他還著眼於在中國本土建立軍事工業，實現國產武器。一八六二年底，他在上海近郊的松江開設洋砲局，由外籍軍事顧問馬嘉理（Macartney Halliday）負責指揮。之後又在上海開設洋砲局，並從廣東聘請在武器製造方面有成的丁日昌到上海，再增設另一所洋砲局。但若要鎮壓太平軍，還需要進一步擴充設備。大約在這個時候，容閎應曾國藩的邀請訪問安慶，提出興建機械工廠的建議，並準備赴美採購設備。李鴻章得知消息後大為歡喜，提供白銀六萬八千兩，用於支付容閎赴美購機的經費。

一八六三年底，淮軍收復蘇州後，李鴻章將松江的洋砲局遷往蘇州，推動軍事機械化。但他認為有必要在上海建立一家兵工廠，以建造更大型的武器和軍艦。一八六四年九月，他向總理衙門提出設立造船廠的請求，獲得批准。一八六五年五月，李鴻章命丁日昌收購一家美國人在虹口經營的船隻修理用鐵工廠，隨後成立上海機器製造局，這就是後來的江南機器製造總局。不久，容閎購買的設備抵達上海，李鴻章奏請將這些機器留在上海，並配置於江南製造局。就此，可說是中國近代工業的起點——江南製造局正式啟動運作。

走上外交舞臺

太平天國滅亡後，捻軍仍繼續在安徽省北部、山東省、河南省、江蘇省等地持續活動。一八六五年，曾國藩奉命接替戰死的僧格林沁討伐捻軍，但未取得顯著成果，據說原因之一是他麾下部隊幾乎全是淮軍。一八六六年底，李鴻章奉命接替曾國藩鎮壓捻軍。一八六八年一月，李鴻章在山東省大勝捻軍，八月又徹底剿滅殘部。作為軍事統帥，李鴻章的聲望甚至超越了其師曾國藩。一八七〇年，他接替因處理天津教案飽受批評的曾國藩，上任直隸總督。當時李鴻章正在陝西鎮壓穆斯林叛亂，率領大軍行軍途中便直接帶著軍隊前往天津。此舉也有對抗外國軍事壓力的意味，但有人認為對內的威嚇效果更加強烈[14]。教案事件告一段落後，李鴻章兼任北洋大臣，負責管理上海以北的各個開放口岸。此後，擁有強大軍事權力的地方官員李鴻章，不僅兼管北方開放口岸，也開始主導外交事務的體制就此確立。

一八七〇年代後，日本成為清朝新的外交談判對象。日本明治政府希望與清朝締結條約，建立正式外交關係。總理衙門原本的立場是只允許通商、不締結正式條約，但李鴻章主張應與日本訂立條約，並成功說服了總理衙門。根據清朝政府的草案，雙方談判最終達成協議，於一八七一年締結《日清修好條規》。自明代倭寇作亂以來，李鴻章與曾國藩對日本抱持高度警戒，認為應避免與日本為敵，和日本結盟對抗西方勢力才是上策。孰料日本以「臺灣事件」為由出兵臺灣；一八七五年，迫使琉球停止向清朝朝貢的慣例；一八七九年更進一步強行實施「琉球處分」，併吞琉球。日本也對朝鮮提出締結條約的要求，建立外交關係。一八七五年以江華島事件為由進行談判，次年締結《江華島條約》（又稱《日朝修好條規》）。

另一方面，從一八六〇年代後半葉起，西北地區的穩定也成為清朝的一大課題。當時正致力於平定穆斯林叛亂的左宗棠主張收復新疆。相較之下，李鴻章則考量西方列強和日本威脅的新形勢，主張應當專注於沿海地區的防禦上。清廷內部出現了「海防」與「塞防」之爭。李鴻章的論點是遠征新疆應當避免，只要讓統治當地的阿古柏政權向清朝政府朝貢即可，與其耗費巨資遠征新疆，不如將這些費用投入東南沿海地區的防禦建設。最後，朝廷還是決定出兵新疆，並於一八七八年基本重新收復新疆。隨後，清朝與俄羅斯因伊犁地區的歸屬問題發生衝突，後來簽訂《伊犁條約》（又稱《聖彼得堡條約》）劃定了清露（俄）邊界。

沿海地區的問題遲遲未獲根本解決。一八八〇年代後，李鴻章試圖利用朝鮮與西方國家締結條約，以削弱日本對朝鮮的影響力。但在與美國的條約談判中，對於是否在條約中寫入「朝鮮是清朝屬國，但內政自主」的表述，雙方產生激烈爭論。清朝政府堅持以傳統朝貢體系為基礎的外交模式。最終的妥協是，條約中不明示，而由清朝另外向美國遞交一份正式照會，寫明「朝鮮為屬國，但內政自主」。後來朝鮮發生壬午軍亂和甲申政變，清朝開始加強對朝鮮內政與外交的干涉，事實上推進了朝鮮屬國化。關於「屬國地位」的爭議也發生在越南。在越南北部，清朝與法國間的軍事緊張局勢升高，雙方一度爆發戰爭。李鴻章與法國方面進行了三次談判，最終在一八八五年簽訂《天津條約》，結束了清法戰爭。在談判過程中，李鴻章堅持清朝立場，即使承認法國在越南北部的軍事保護權，但越南是清朝「屬國」的地位不容否認。還在《天津條約》中特別注明，強調「法越關係不可破壞越南與中國的傳統宗藩關係」，以此維護清朝的「威望與體面」。

清法戰爭後，李鴻章著手加強北洋海軍的裝備，但當朝鮮爆發東學黨叛亂，清日之間的武力衝突風險升高時，他仍盡一切努力避免戰爭。但日本拒絕撤軍，最終戰爭爆發（甲午戰爭）。隨後，與日本進行和談時，日本拒絕與清朝派出的全權大使談判，指名要與李鴻章親自交涉。儘管《馬關條約》的內容對清朝而言極為嚴苛，但李鴻章將談判過程向其他列強報告，促成三國干涉還遼（俄國、法國、德國要求日本歸還遼東半島）。談判期間，李鴻章甚至遭遇槍擊事件而受傷，他仍堅持留在下關，直到完成簽約為止。回國後，他被免去北洋大臣、直隸總督等職務。一八九六年，他作為祝賀俄國沙皇加冕的慶賀使，出訪歐美各國。在俄國期間，他簽署了密約，允許俄國在東三省鋪設西伯利亞鐵路支線，此舉使得後世對李鴻章進行嚴厲批評。一九〇〇年義和團事件導致八國聯軍時，李鴻章擔任兩廣總督，駐守廣州。當時南方多位有實力的地方官員選擇不支持向列強宣戰，是為「東南互保」，以保護外國人的生命財產安全。有人認為李鴻章的支持是東南互保得以實現的關鍵原因。然而，八國聯軍進攻北京時，李鴻章再次被召回北京，擔任清朝政府談判代表，負責與列強簽署《北京議定書》（辛丑和約）。由於談判過程相當繁重，嚴重影響李鴻章的身體健康，遂於一九〇一年十月在北京過世。

其他人物

一、留學事業

唐紹儀

一八六二—一九三八年。出生於廣東省香山縣。字少川。父親唐永大在上海經營茶葉貿易，唐紹儀也在上海成長。一八七四年，他在容閎的留美事業項目中獲選為留學生，以第三期學生赴美，畢業於哥倫比亞大學。一八八一年，因留學事業中止而回國，進入天津水師學堂繼續學習。一八八二年，隨李鴻章推薦的朝鮮政府外交顧問德國人穆麟德（Paul Georg von Möllendorff）前往朝鮮，協助處理關稅業務。在此期間，與袁世凱建立深厚情誼。一八九六年到一八九八年，擔任朝鮮總領事。一八九九年，袁世凱任山東巡撫，唐以道員身分隨行。一九〇一年，袁世凱任直隸總督兼北洋大臣，拔擢唐擔任天津海關道及北洋大學堂督辦。一九〇四年英國入侵西藏，唐紹儀被任命為全權大臣赴印度與英國談判西藏問題。雖然談判艱難，最終於一九〇六年與英國簽訂了《中英續訂藏印條約》。一九〇七年，清廷在東三省設置巡撫一職，唐紹儀成為首任奉天巡撫。一九一〇年又被任命為代理郵傳部尚書。

辛亥革命發生時，唐紹儀以清朝代表身分出席南北議和，與革命派代表伍廷芳展開談判。一九一二年，袁世凱就任中華民國臨時大總統，任命唐紹儀為首任國務總理。但唐紹儀傾向共和制，加入孫文的同盟會，主張責任內閣制，最終與袁世凱決裂。同年六月辭去國務總理一職，此後在上海參與創辦保險公司等實業活動。一九一六年段祺瑞組閣，委任唐為外交總長，但因各督軍反對而未能就任。次年護法戰爭爆發，唐站在孫文軍政府一方。一九一九年南北和談時，擔任南方護法軍政府代表。一九二二年第一次直奉戰爭後，復任大總統的黎元洪，任命唐紹儀為國務總理，但唐未就任。國民政府成立後，唐被任命為國民政府委員，一九二九年起出任家鄉中山縣（一九二七年在其建議下將香山縣改名為中山縣）訓政委員會主席。一九三二年擔任縣長，致力於地方建設。但一九三四年，因遭廣東軍閥陳濟棠以武力威脅，被迫辭職。一九三六年移居上海，次年中日戰爭爆發後仍留在當地。雖曾被要求參與親日政權，但唐堅決拒絕。一九三八年九月，國民黨情報機構擔心唐紹儀被日本利用，遭到暗殺身亡。

陳蘭彬

一八一六—一八九五年。出生於廣東省吳川縣。字荔秋。一八五一年考上舉人，一八五三年考中進士，之後入翰林院為庶吉士，並任職於刑部主事。曾在黃河氾濫時奉命救濟災民，根據此段經歷撰寫《治河芻言》，闡述治水要點。一八六九年左右，成為曾國藩幕僚，在曾國藩的推薦下成為美國留學事業委員，與容閎一同以監督官的身分赴美，期間還受命調查古巴華工的實際情況，並於一八七四年進行調查。容閎後來批評實際調查是由作為留學生中文教師的葉緒東等先遣隊完成的。儘管如此，調查結束返國後，陳蘭彬留在北京與西班牙公使展開談判，最後於一八七七年十一月完成《會訂古巴華工條款》的簽署。一八七五年，他被任命為駐美公使，但直至處理完移民問題後，他才於一八七八年九月赴華盛頓就任，任期至一八八一年。駐美期間，他與容閎發生衝突，主張全面廢除留學事業。回國後，繼續以總理衙門大臣身分處理外交事務。晚年回到家鄉，從事地方志編纂等文教活動。一八九五年過世。

黃勝

一八二七—一九〇二年。出生於廣東省香山縣。別名達權，字平甫。馬禮遜學堂第一期學生，一八四七年與容閎一起前往美國，但因健康惡化，一年後返回香港。此後他在《德臣西報》（*China Mail*，又名中國郵報）工作，管理英華書院的印刷廠。他協助理雅各將儒家經典翻譯成英文，還翻譯了《火器說略》，並在王韜的幫助下呈給丁日昌。一八六四年至一八六七年，在上海同文館擔任英語教師。一八七三年辭去英華書院職務，隨容閎率領留學事業的第二期學生赴美，擔任監督局書記官。一八七九年，以華盛頓公使館翻譯的身分再次赴美，至一八八一年回國後退出洋務運動。一八五八年，成為香港第一位華人陪審團，並在一八七〇年華人慈善機構東華醫院成立時擔任理事，又在一八八六年回任理事。由於擁有英國公民身分，一八八四年當選為香港立法局非官僚議員，任職至一八九〇年。一九〇二年於香港逝世。其子黃詠商是孫文早期革命活動的重要支持者。

二、鴉片戰爭與太平天國

林則徐

一七八五—一八五〇年。出生於福建省侯官縣（今福州市）。字少穆、石麟，晚號竢村老人等。雖然家境貧寒，但父親為私塾老師，自幼在父親教導下刻苦學習。一七九九年考取秀才，一八〇四年考中舉人，但同年年底的會試落榜。在擔任福建巡撫張師誠幕僚後，一八一一年考取進士。在翰林院任職七年後，一八二〇年擢江南道監察御史，因彈劾了未能預防洪災的河南巡撫琦善，反遭朝廷冷遇，次年辭官回鄉。經周遭人士斡旋，獲道光皇帝召見並復職。之後歷任江蘇按察使、陝西按察使、河南布政使、東河河道總督、江蘇巡撫等職。以懲治腐敗官員及水利治理聞名。一八三七年就任湖廣總督，次年黃爵滋上奏疏主張「鴉片嚴禁論」，林則徐支持黃爵滋，道光皇帝遂任命林則徐為欽差大臣，派往廣東省查禁鴉片。一八三九年三月，林則徐抵達廣州，沒收鴉片並在虎門當眾銷毀，更要求外國商人簽具結書，保證不再販賣鴉片。英國駐華商務監督查理．義律（Charles Elliot）請求英國政府派遣遠征軍，引發鴉片戰爭。此期間，林則徐積極在廣州、澳門蒐集西方資訊，邀集通曉外語之人翻譯《澳門月報》和歐文書籍，編纂《華事夷言》和《四洲志》等書。但隨著英軍進逼天津，道光皇帝將開戰責任歸咎於林則徐，於一八四〇年初革去他剛上任的兩廣總督一職，將他派往浙江省鎮海。之後他又被追究開戰責任，被貶至新疆伊犁。一八四五年，因調查新疆南部土地有功，恢復官職，次年起歷任陝西巡撫、雲貴總督等。

一八四九年退休，返回家鄉福州。一八五〇年再次被任命為欽差大臣，鎮壓在廣西作亂的拜上帝會。他不顧病痛前往廣西，途中病逝於廣東省潮州普寧。

魏　源

一七九四—一八五七年。出生於湖南省邵陽縣（今邵陽市）。字默深，號良圖。一八一〇年考上秀才，一八二二年成為舉人。一八二五年，受江蘇布政使賀長齡招聘，參與編纂《皇朝經世文編》。一八四〇年，成為兩江總督裕謙的幕僚，審問鴉片戰爭中被俘的英國士兵，並編成《英吉利小記》，他還從遭貶的林則徐手中接收了《四洲志》等西方資訊，依此編撰成五十卷本的《海國圖志》，於一八四三年刊印。一八四五年考上進士，在江蘇省擔任知縣、知州等地方官。在任期間，他蒐集與外國事務有關的書籍，著手修訂《海國圖志》，於一八四七年出版六十卷本，一八五三年出版一百卷本。該書前言中的名句「師夷之長技以制夷」，可說是洋務運動精神的先聲。晚年隱居杭州，潛心學佛。一八五七年三月於杭州逝世。

三、基督教

鮑留雲

一八一〇—一八八〇年。出生於美國康乃狄克州東溫莎。在孟松預備學校學習後，進入阿默斯特學院就讀，然後轉學到耶魯大學，畢業後在聾啞學校擔任教師。在南卡羅來納州哥倫比亞神學院和紐約協和神學院學習後，一八三八年以美國海外傳道委員會（以公理派和長老派為中心的跨教派傳教組織）傳教士的身分，前往澳門擔任馬禮遜學堂的教師。黃勝、容閎是學堂的第一批學生。該校在鴉片戰爭後遷往香港。一八四七年，因身體健康惡化，他與妻子返回美國，同行的有黃勝、容閎與黃寬三位學生。鮑留雲返國後，以教育家和牧師身分奉獻社會，致力於成立艾瑪拉女子學院（Elmira College），這是美國第一所獲官方核准的女子大學。此外，鮑留雲擔任牧師的教會，後來也培養了多位前往日本傳教的女傳教士。一八五八年，隨著赴日傳教的可能性升高，鮑留雲向荷蘭改革宗教會（Dutch Reformed Church）海外傳道局提出申請，希望前往中國或日本傳教。傳道局決定派他前往日本，一八五九年十一月鮑留雲抵達神奈川，後來移居橫濱租界，一八六二年與美國長老教會的傳教士赫本（James Curtis Hepburn）一同擔任橫濱英學所教師。一八六七年曾返國，一八六九年再度訪日，先後擔任新潟英學校、橫濱修文館教師。教師任期結束後，他在家中設立私塾，後來發展為明治學院神學部，其門下弟子組成「橫濱公會」。此外，鮑留雲與赫本等人合作，參與明治初期《聖經》日文譯本的翻譯工作，當時參考的漢文版主要是裨治文、郭實臘的《聖經》譯本。一八七九年因健康惡化回國，一八八〇年六月在拜訪朋友家時突然去世。

馬禮遜

一七八二—一八三四年。出生於英格蘭諾森伯蘭郡，父親是長老派信徒，也是一名鞋楦工匠。馬禮遜從小立志成為牧師，進入倫敦霍克斯頓學院，在那裡受到啟發，決心投身海外傳教，自願成為倫敦傳道會的傳教士。一八〇七年被派往廣州，成為第一位來華的新教傳教士。當時英國只允許與東印度公司有關的人居住在廣州和澳門，因此馬禮遜剛開始是在美國商人的幫助下留在廣州。一八〇九年，馬禮遜成為東印度公司的翻譯，得以兼顧通商業務和傳教士的工作。一八一九年完成《舊約聖經》、《新約聖經》的中文翻譯，一八二三年又編纂完成《華英字典》。馬禮遜曾向身邊的中國傭人、印刷工人傳教，並為數人施行了洗禮。一八三四年，東印度公司對華貿易的獨占權遭廢除，馬禮遜擔任英國新派遣的商務監督的翻譯，但就在與清朝談判的期間，於八月突然罹病去世。

郭實臘

一八〇三—一八五一年。出生於波美拉尼亞（Pomerania）皮里茨（Pyritz）的一個裁縫家庭。因曾向普魯士國王獻詩受到讚賞，得以進入神學院就讀，後立志成為傳教士。一八二六年，以荷蘭改革宗教會為主體的荷蘭傳道會，派他前往蘇門答臘島，但他希望到中國傳教，於是轉往新加坡和暹羅（泰國）向華人傳教。一八三一年，他辭去傳道會職務，以私人傳教士的身分前往中國沿海傳教。然而，一八三三年起，他開始乘坐鴉片走私船，四處發送傳教書冊和《聖經》，這種行為後來受到諸多批評。他以澳門為據點，在沿岸從事傳教工作的同時，也擔任英國官方的翻譯官，深度參與鴉片戰爭的進行。《南京條約》簽訂後，擔任香港政府的中文祕書。他在香港創辦了一個名叫「福漢會」的傳教組織，派遣中國信徒到各地傳教，廣受關注。不過，一八五〇年，郭實臘在歐洲遊說期間，遭香港的其他傳教士批評福漢會成員素質低下，引發醜聞。他回到香港試圖整頓福漢會，但一八五一年八月突然在香港去世。

麥都思

一七九六—一八五七年。出生於倫敦。一八一七年，他以倫敦傳道會的印刷工身分前往麻六甲，一八一九年米憐任命其為牧師。隨後於一八二〇年在檳城、一八二二年起在巴達維亞擔任傳教士。鴉片戰爭後，移居上海並開設倫敦傳道會的分支機構墨海書館。一八四七年，由各口岸傳教士合作召開《聖經》中文譯本修訂編輯會議，由麥都思擔任主席。成員在會議上對GOD的翻譯爭論不休，裨治文等人主張譯為「神」，麥都思等人則堅持譯為「上帝」，最終雙方分裂。由麥都思等人翻譯的代表譯本版《新約聖經》和《舊約聖經》，分別在一八五二年、一八五五年出版。他也是中國第一份民間報紙《遐邇貫珍》的首任主編，並著有大量傳教書冊。一八五六年，因健康狀況不佳返國，次年一月抵達倫敦後不久突然去世。他有一個同名的兒子，曾擔任英國駐漢口和上海領事。

理雅各

一八一五—一八九七年。出生於蘇格蘭阿伯丁郡。在倫敦海布里學院（Highbury College）學習後，加入倫敦傳道會，一八四〇年被派往麻六甲負責管理英華書院。一八四三年隨英華書院遷至香港，並參與修訂《聖經》中文譯本的事業。他也寫了一篇考證文章，認為GOD應該翻譯成「上帝」。他曾擔任《遐邇貫珍》的第三任主編。最著名的貢獻是參與儒家經典「四書」「五經」的全文英譯工作，一八六一年出版第一卷，後來又在避難於香港的王韜幫助下，至一八七二年完成除了《易經》和《禮記》之外的七部經典的翻譯。一八七三年離開香港，遊歷中國北方後回國。一八七六年獲聘為牛津大學第一位漢學教授。一八八〇年代陸續出版《易經》和《禮記》的英譯本，一八九一年出版《道德經》和《莊子》等道教經典的英譯本。一八九七年十一月去世。

裨治文

一八〇一—一八六一年。出生於美國麻薩諸塞州貝爾徹敦（Belchertown），就讀安多佛神學院（Andover Theological Seminary）。美國海外傳道會首位派遣至中國的傳教士，一八三〇年抵達澳門。他積極推動包括馬禮遜教育協會和醫療傳道會等，由傳教士和有影響力的商人組成的傳教組織。參與編輯英文雜誌《中國叢報》（*The Chinese Repository*），並撰寫介紹美國地理的《大美聯邦志略》（*A Brief Account of the United States of America*）一書。一八四三年將據點移往香港，一八四五年再遷至廣州。在此期間，以翻譯身分參與清朝和美國簽訂《望廈條約》的談判。一八四七年，為了參與麥都思主持的《聖經》中文譯本修訂編輯會議而移居上海。但因GOD的翻譯問題與麥都思等人決裂。之後，他與美國長老教會克陛存（Michael S. Culbertson）等人合作，另行翻譯《聖經》。一八六一年十一月裨治文驟逝。一八六三年，裨治文、克陛存合作的《聖經》譯本在上海出版。

王韜

一八二八—一八九七年。字懶今、紫詮、蘭卿等，號仲弢、天南遯叟、甫里逸民等，名號繁多。出生於蘇州近郊甫里，父親是鄉村的私塾先生。為了參加科舉，每天勤奮向學，一八四五年考上生員，但次年在南京舉行的鄉試落第。父親王昌桂為了養活貧困的一家，一八四七年夏天前往上海，擔任麥都思的翻譯助理。一八四九年，王韜接驟逝的父親擔任翻譯助理，參與《聖經》代表譯本版的翻譯工作，作出重要貢獻。一八五四年受洗成為基督徒。他負責修訂傳教士所寫的傳教書冊，並為收錄在《遐邇貫珍》、《六合叢談》和《中西通書》的文章，進行刪減、增修與撰寫等工作。他有時會陪同傳教士外出傳教，一八六〇年曾造訪太平天國占領下的蘇州。一八六二年，清朝發現他曾上書給太平天國武將，因而遭到通緝。在英國領事麥都思的幫助下，逃入英國駐上海領事館避難，後來流亡香港。他作為理雅各的助理，協助理雅各將「四書」「五經」等經典翻譯成英文，並於一八六七年至一八七〇年居住在理雅各的家鄉蘇格蘭。從香港出發的途中，他造訪了巴黎和倫敦，也與理雅各一起在牛津大學發表演講。一八七〇年返回香港，擔任一八七二年創刊的《循環日報》首任主編，這是中國第一份由華人經營和發行的報紙。王韜自一八七〇年代出版許多著作，其中關於變法維新的論點深深影響康有為等人。一八七九年訪問日本，與岡千仞（鹿門）等漢學家交流。一八八四年回到上海，次年應唐廷樞等人之邀，出任格致書院院長。一八八六年起，格致書院實施「四季考課」，即一年四次、由高官命題的考試制度，另外還設置一年兩次、由南洋大臣與北洋大臣命題的「特課」。成績優秀的答案卷會附上王韜的評語，以《格致書院課藝》之名出版，頗獲好評。一八九七年五月，王韜在上海逝世。

四、洋務運動

唐廷樞

一八三二—一八九二年。出生於廣東省香山縣。原名唐傑，字建時，號景星。與唐紹儀為同族。和兄廷植、弟廷庚一同就讀馬禮遜學堂。一八四九年學校關閉後，轉到英華書院繼續學習。一八五一年至一八五六年間，擔任香港治安裁判法院的翻譯，其後又擔任高等法院翻譯，直至一八五七年。一八五八年，經海關總稅務司李泰國（Horatio Nelson Lay）介紹前往上海，擔任海關翻譯。一八六二年，他在廣州出版了以粵語標注發音的漢英字典《英譯集全》六卷本。一八六三年，成為怡和洋行（Jardine Matheson）的買辦，協助公司發展的同時，也經營自己的商業事業，並積極購買外國公司的股票，累積了可觀的財富。一八七三年辭去買辦職務，加入李鴻章改組後的輪船招商局，擔任首任總辦，並將該局發展成為清朝最大的航運公司。一八七六年起，參與開平煤礦開山的籌備工作，一八七八年促成開平煤礦以「官督商辦」形式正式開業。為了運輸煤炭，一八八一年修築唐山到蘆台的唐胥鐵路，並於一八八六年發展為開平鐵路公司。一八八五年後，唐廷樞離開招商局，專注於開平煤礦相關事業，在此期間還創辦了混凝土廠和保險公司等。一八九二年於天津逝世。

恭親王奕訢

一八三二—一八九八年。道光皇帝的第六子，咸豐皇帝（奕詝）的弟弟。才華洋溢，騎射出眾，被視為皇太子的有力人選，但道光皇帝最終選擇性格溫和的皇四子奕詝為皇太子。一八五〇年，奕詝即位，是為咸豐皇帝，封奕訢為恭親王。一八五三年，恭親王被任命為軍機大臣，卻因爭取生母靜貴妃的皇太后尊號，惹怒咸豐皇帝，一八五五年遭到免職。雖然於一八五七年重新掌權，但在咸豐皇帝在世時未能掌握實權。第二次鴉片戰爭，英法聯軍逼近北京時，咸豐皇帝逃到熱河避暑山莊避難，命恭親王與英法聯軍議和。一八六〇年十月，恭親王與英、法簽訂《北京條約》。一八六一年，咸豐皇帝駕崩，六歲的兒子同治皇帝即位，恭親王聯合慈安太后（東太后）、慈禧太后（西太后）發動政變，奪取咸豐皇帝的遺臣肅順等人政權，受封為攝政王，並出任首席軍機大臣。同年，他奏請設置總理衙門，三月成立後，恭親王兼任總理衙門大臣，掌握清朝的內政外交大權。一八六五年遭到彈劾，慈禧太后廢除其議政王稱號，一度失勢，後又很快重新掌權。一八八四年，因清法戰爭戰敗遭到究責，被免除軍機大臣與總理衙門大臣職位。一八九四年甲午戰爭爆發後，再度被任命為軍機大臣與總理衙門大臣，但無力改變局勢。一八九八年五月在北京逝世。

蒲安臣

一八二〇—一八七〇年。蒲安臣（Anson Burlingame）出生於紐約州新柏林（New Berlin）。畢業於哈佛大學，成為律師。一八五三年當選麻薩諸塞州州議會議員，次年加入新成立的共和黨，曾擔任眾議員。一八六一年，林肯總統任命其為駐清公使，一八六二年到北京任職。主張與清朝政府合作，力求透過談判外交取代武力解決外交爭端，深受清廷信任。一八六七年十一月原定返國，但應總理衙門大臣恭親王的邀請，以清朝全權大使的身分與歐美各國進行外交談判。一八六八年二月，一行人從上海出發，訪問了美國、英國、法國、普魯士、俄羅斯等國。最大的成果是簽訂《中美續增條約》（史稱《蒲安臣條約》），聲明美國不干涉清國內政，並允許中國人無限制移民美國。但他在俄羅斯感染肺炎，一八七〇年二月病逝於聖彼得堡。

注釋

1. 關於容閎生平的描述，基本上引用以百瀨弘譯注，《西學東漸記——容閎自傳》（東洋文庫，一九六九年）的本文，以及百瀨弘的詳細譯注。
2. 百瀨弘，同前。
3. *Daily Evening Star* (Washington D. C.) , Sep. 26 1854. 可在美國議會圖書館網站（https://www.loc.gov/）閱覽內容。感謝賓睦新先生講解這段史料。
4. "HONGKONG. ANNO DECIMO NONO VICTORIÆ REGINÆ. NO.13 OF 1856," https://sunzi.lib.hku.hk/hkgro/view/g1856/727002.pdf, 最終閱覽二〇二一年二月十二日。

5.－8. 百瀨弘，同前。

9. 百瀨弘，同前。La Fargue, Thomas E., *China's first hundred,* Pullman, State college of Washington, 1942.

10. 吉澤誠一郎，《叢書系列 中國近現代史1　清朝與近代世界——19世紀》，岩波新書，二〇一〇年。

11. 何烈、陸寶千等，《中國歷代思想家（十八）曾國藩、郭嵩燾、王韜、薛福成、鄭觀應、胡禮垣（更新版）》，臺灣商務印書館，一九九九年。

12. 徐鋒華，《李鴻章與近代上海社會》，上海辭書出版社，二〇一四年。

13. 岡本隆司，《李鴻章——東亞的近代》，岩波新書，二〇一一年。

14. 岡本隆司，同前。

參考文獻

石川照子等著，渡邊祐子監修，《アジアキリスト教史叢書3　はじめての中国キリスト教史（亞洲基督教史叢書3　最初的中國基督教史）》增補改訂版，KANYOU出版，二〇二一年

岡本隆司，《李鴻章——東アジアの近代（李鴻章——東亞的近代）》，岩波新書，二〇一一年

岡本隆司《シリーズ中国の歴史5　「中国」の形成（叢書系列中國的歷史5　「中國」之形成）》，岩波新書，二〇二〇年

加藤徹，《西太后》，中公新書，二〇〇五年

菊池秀明，《太平天國》，岩波新書，二〇二〇年

並木頼壽、井上裕正，《世界の歴史19　中華帝国の危機（世界的歷史19　中華帝國的危機）》，中公文庫，二〇〇八年

並木頼壽責任編輯，《新編　原典中国近代思想史　第1巻　開国と社会変容——清朝体制・太平天国・反キリスト教（新

編　原典中國近代思想史　第1巻　開國與社會轉變——清朝體制、太平天國、反基督教）》，岩波書店，二〇一〇年

村田雄二郎責任編輯，《新編　原典中国近代思想史　第2巻　万国公法の時代——洋務・変法運動（新編　原典中國近代思想史　第2巻　萬國公法的時代——洋務、變法運動）》，岩波書店，二〇一〇年

容閎著，百瀨弘譯注，《西學東漸記——容閎自傳》，東洋文庫，一九六九年

吉澤誠一郎，《シリーズ中国近現代史1　清朝と近代世界——19世紀（叢書系列中國近現代史1　清朝與近代世界——19世紀）》，岩波新書，二〇一〇年

第十三章

「惡女」與「權臣」導致王朝政治的末路

村田雄二郎

前　言

中國有「正史」的傳統，即統一國家的新王朝會編撰前朝的歷史。這種做法的目的是事後為王朝革命的正當化提供依據，但以歷史為政治的借鏡，也意味著對歷史人物的評價會依據其善惡與成敗來下判斷。進一步說，闡明王朝的興衰成敗，也暗含著勝者審判敗者的意味。

《史記》是二十四史之首，其獨特之處在於描繪了一個多中心的世界觀，例如將非掌權者孔子的傳記與諸侯並列於「世家」中。不過，《漢書》以降的史書撰寫風格逐漸定型，開始以皇帝為中心的一元價值秩序來判斷人與事的善惡曲直。

清朝作為最後一個王朝，卻沒有留下正史（《清史》）。然而，即便到了中華民國時期（一九一二—一九四九年），乃至中華人民共和國建立後（一九四九年—），為了強調革命成功，仍延續了將前朝政權描繪為暗黑的「正史」風格。特別是本章所探討的時代，為中國對外關係發生重大變化，外交直接影響內政的時期。慈禧太后和袁世凱等政治領袖，比起內政上的「過失」，更因外交政策上的「失誤」而受到批評。這些批評常帶有濃厚的勸善懲惡的歷史觀，例如扼殺仿效歐美與日本的改革政策，是出於權力野心、殘暴、陰險或冷酷等性格特質。

然而，自一九八〇年代以降，那些由革命「成功者」為確保自身正當性而描繪的「暗黑」晚清政治史已開始發生變化。因為歷史人物的複雜性、多面性，以及保守與改革勢力之間錯綜複雜的關係、「愛國（民族主義）」敘述的片面性等，都使得歷史評價的基準受到重新檢視。正如本章所指出的，過去被外界賦予負面形象與評價的慈禧太后和袁世凱等人也正在逐步修正中。

事實上，可說是現代中國改革開放之源頭的清朝最後十年改革（新政），正是在慈禧太后的號令下，由袁世凱等漢族官僚主導推動的。儘管這場改革被認為不夠徹底或充分，但其效果撼動了統治體制的根基，最終導致清朝崩潰。這也為後世展現了歷史的悖論，王朝為深化改革而做出的努力，反而催生了王朝掘墓人，實際的結果與當初預想的目的完全相反。

慈禧太后（一八三五—一九〇八年）

她是稀世惡女，還是有能力的改革者？

慈禧太后是一位在十九世紀中葉至二十世紀初、清朝中國開始正式與近代世界接軌的關鍵時期，掌握實權長達四十七年的女性。她先是皇后，後來成為皇太后（皇帝的母親），是一位集大權於一身的女性獨裁者，與漢朝呂后（呂雉）、唐朝武則天並列為中國歷史上的三大惡女。從清朝的野史（民間史書）、通俗讀物、電影和戲劇中，我們可以看到其殘暴、惡毒的形象。然而，慈禧太后並不像呂后實行外戚政治，也不像武則天那樣進行「革命」、奪取皇位。雖然她確實會懲罰不合己意的官員和宦官，強勢排除政敵，但她親自賜死臣子的情況十分少見。至於一九〇〇年，在八國聯軍（庚子之亂）的動亂中，慈禧太后離開紫禁城時，將光緒皇帝最寵愛的珍妃推入井裡殺害的故事，也多半是後世的虛構與誇張，是否應將所有罪過推給慈禧太后一人，實在存疑。

總的說來，我們今天對慈禧太后的陰險、惡毒、殘暴、淫亂等負面形象，多半是反對勢力和後世史家附加上去的，必須大打折扣，不可照單全收。尤其是康有為、梁啟超等人流亡海外後的政治宣傳，刻意誇大慈禧太后與光緒皇帝的矛盾，因此在作為歷史資料參考使用時，必須謹慎對待。

說到慈禧太后的政治手腕，確實在皇位更替和人事安排上霸道蠻橫。但從宏觀角度來看，她對晚清

慈禧太后

政治改革的支持和推動是無可置疑的。依結果來看，拔擢李鴻章、袁世凱等人才，知人善任的整體方向是正確的。她不是一個與時代潮流背道而馳的「保守反動」或「攘夷排外」政治家。雖然她推動改革，但這並不意味著她身先士卒。若一味讚揚她讓中國邁入近代化的功績，未免太過偏頗[1]。畢竟以她當時所處的環境和地位，要求她具備開創新時代的思想和理念，無異是緣木求魚。慈禧太后一生所堅持的，是守護「祖宗」留下來的江山社稷這一傳統觀念，但時代並不允許社稷因循守舊。最終，作為最高掌權者的她，也不得不踏上改變「祖法」之路。

反觀同一時期的日本，對慈禧太后的評價卻出乎意料地高。例如，一八九八年戊戌變法期間，日本駐清公使矢野文雄在寫給本國的報告中，將慈禧太后與光緒皇帝並列為「開新派」，即變法推進派，並表達對改革進展的期待。此外，在慈禧太后去世後不久出版的、可能是第一本用日語寫的慈禧太后評傳，作者是一位活躍於明治、大正時期的日本記者，書中對於慈禧太后的評價相當高。作者形容慈禧太后是一位「難得的女中豪傑」，天資聰穎，善於攏絡人心。「慈禧太后處於國勢轉變的重大關頭，從容地垂簾聽政，逐步調停滿漢矛盾，緩和新舊衝突，改革制度，整頓軍備，回收利權，還著手準備前所未有的憲政體制，重振垂死的大清帝國，展現猶如旭日再度升起的壯觀景象。慈禧太后的卓越才能與手腕，實為古今罕見」[2]。

有別於對慈禧太后近乎激賞的好評，該書對其政敵康有為等激進改革派的評價則相當負面。作者認為改革派都是一群肆意妄為、空談誇口之輩，不顧國家的實力與情勢，妄圖進行變法，結果當然會失敗。慈禧太后彌補了這一點，她巧妙地平衡了新舊勢力和滿漢民族的矛盾，實現漸進式改革，這就是慈禧太后有功之處。事實上，對激進改革派（維新派）輕舉妄為的批判，以及對慈禧太后漸進改革的肯定，都是近年來重新解讀清末政治史的一個重要論點。本章將詳細闡述這一點，首先就從慈禧太后的成長經歷看起。

十八歲進宮

一八三五年鴉片戰爭前夕，慈禧太后出生於北京城內胡同的一角。本名杏貞、幼名蘭兒。其父惠徵是滿洲八旗（滿人部隊）名門葉赫那拉氏族人，曾歷任地方職務的中層官員。雖不是權貴，但也不貧寒。有人說她是山西省長治市一位貧困漢族農家的女兒，但這只是無根據的謠言之一[3]。惠徵育有三子兩女，在慈禧太后入宮的次年去世。值得一題的是，慈禧太后的妹妹婉貞是第一代醇親王奕譞的正妻，生下後來的光緒皇帝（在位期間一八七五—一九〇八年）。

她被封為「孝欽顯皇后」，謚號「孝欽慈禧端佑康頤昭豫莊誠壽恭欽獻崇熙配天興聖顯皇后」，之所以如此冗長，是因為每當宮中有喜慶便會為她的稱號加上兩個字。一般稱她為「慈禧皇太后」或「慈禧太后」。另有「西太后」的稱號是為了與另一位皇太后「東太后」（慈安皇太后，咸豐帝的皇后，

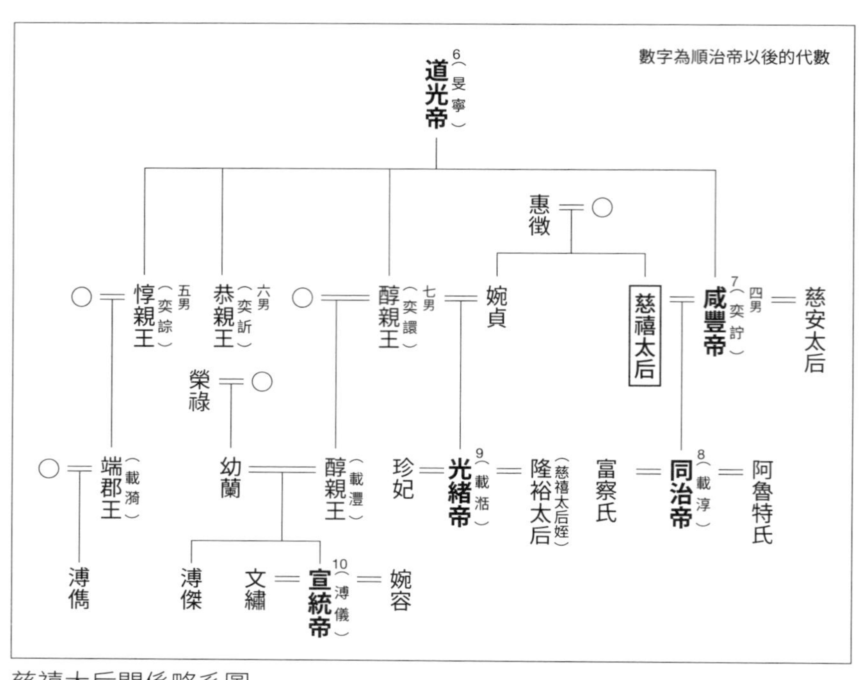

慈禧太后關係略系圖

一八三七—一八八一年）區分，根據其宮殿東西方位而稱。

慈禧太后自幼接受滿洲旗人的女子教育，學習詩文書畫。雖然不會說清朝的「國語」滿洲語，但能讀寫初級漢語，晚年也喜愛書法和繪畫。這些傳統教育為她日後成為最高掌權者並參與朝政，提供了重要的基礎知識。她曾在父親駐地山西省綏遠城（今內蒙古自治區呼和浩特市）居住數年，但有關慈禧太后的童年資料幾乎全無，具體狀況仍不清楚。

在虛歲十八歲時，她參加了新帝咸豐皇帝（在位期間一八五〇—一八六一年）的后妃選拔，於一八五二年獲選入宮。就慈禧太后的出身和年齡來說，入宮之路可說是相當順利。清朝后妃制度由高至低依序為：皇后、皇貴妃、貴妃、妃、嬪、貴人、常在、答應。慈禧太后一入宮就是貴人，「蘭貴人」是她第一次出現在史書中的名字。後來升格為嬪，與咸豐皇帝誕下皇子後晉升為妃，最後封為貴妃。一八六一年咸豐皇帝逃難至熱河（今河北省承德市），於該地崩逝。她的親生兒子同治皇帝（在位期間一八六一——一八七五年）即位，慈禧太后成為皇太后。

辛酉政變

咸豐皇帝統治時期，正是清朝遭受內憂外患之時。內憂的是南方各省落入太平天國手中，清廷難以有效鎮壓。正規軍八旗和綠營（漢族部隊）戰鬥力薄弱，直到湖南曾國藩、安徽李鴻章的幫助下，叛亂之火才被撲滅。外患則指列強要求清朝開放對外貿易的壓力日增。英法兩國對《南京條約》簽訂後，清朝依舊排外的態度不滿，伺機透過更強硬的手段迫使其開放市場。

一八五六年，清朝官員逮捕了停泊在廣州港的英國籍「亞羅號」船員，英法以此為藉口，派兵直逼中國南方門戶「廣州」，逮捕兩廣總督葉名琛（一八〇七——一八五九年），占領廣州城。之後，聯軍更將軍艦開至北京咽喉要地「天津」，向清廷施壓。最終於一八五八年簽訂《天津條約》，接受列強的要求，包括支付賠款、允許外國公使常駐北京、同意外國人在內地傳教等。但朝廷內部的主戰派並未收斂，次年當英法使節前來天津交換批准書時，遭清軍砲擊，再開戰端（第二次英法聯軍）。英法聯軍從天津進逼北京，最後攻占城內，燒毀著名的離宮圓明園。

這是清朝歷史上第一次有外國軍隊進入皇帝所在的北京。朝廷面臨前所未有的局面而陷入大混亂。

咸豐皇帝從圓明園逃至熱河避難，委由留守北京的恭親王奕訢負責與英法談判。奕訢是道光皇帝（在位期間一八二〇—一八五〇年）的第六子，也是咸豐皇帝的弟弟，自幼才華洋溢。先帝道光皇帝在擬定密詔指定「奕詝（咸豐皇帝）」為繼承人時，特別註明「任命奕訢為親王」，意思是要奕訢輔佐新帝，這是從未有過的安排。

經恭親王與英、法、俄談判後，一八六〇年秋簽訂《北京條約》，內容是補充並強化《天津條約》。恭親王在談判中展現的外交手腕，令他聲望大增，列強開始改變以往的強硬路線，轉而重視與清廷的合作。一八六一年，在恭親王主導下，成立總理各國事務衙門（外交部的前身）。

正當第二次鴉片戰爭的混亂平息之際，一八六一年八月，咸豐皇帝在避難地熱河駕崩，享年三十一歲。根據遺詔，由年僅六歲的載淳（同治皇帝）繼位，並由肅順（戶部尚書）等八位重臣，以及東、西兩位皇太后輔政。

然而，恭親王一派在議和過程崛起，與獲得先帝寵信、掌握實權的肅順等人之間出現權力緊張。肅順與其友好的怡親王載垣、鄭親王端華一起主導先皇葬禮，並定新年號為「祺祥」。起初，恭親王展現出與肅順等八大臣合作的意願，但新政權一啟動，雙方的權力鬥爭就立刻表面化。慈禧太后便在此時展現出果斷與敏捷的行動。

按照中國傳統，當幼帝繼位時，其母皇太后可以作為攝政，輔佐政務。清朝也有先例，取代明朝號令天下的順治帝（在位期間一六四三—一六六一年）年幼，當時是由叔父多爾袞擔任攝政協助政務。不過，在此之前沒有皇太后「垂簾聽政」[4]的情況，因此肅順等人強烈反對太后「垂簾聽政」。

東、西兩位皇太后和肅順等八大臣因爭奪咸豐皇帝葬禮的主導權而關係緊張，慈禧太后與從北京來到熱河的恭親王結盟，策劃政變。一八六一年十一月，趁著朝廷首腦隨先帝靈柩返回北京時，囚禁肅順、戴垣與端華。這是一場由恭親王精心策劃的政變。肅順等三人被捕後，立即以專斷朝政的罪名被處決。新年號改為「同治」，寓意兩位皇太后共同治理之意，慈禧太后與恭親王建立的聯合政權就此誕生。這場權力更迭事件在歷史上被稱為「辛酉政變」。

就這樣，慈禧太后利用幼帝生母的優勢，突然躍上政治舞臺。儘管表面上是由兩位皇太后「垂簾聽政」，但安靜喜書的慈安太后幾乎不干涉政務，真正掌權的是慈禧太后一人。此後，中國歷史上罕見「女皇帝」統治時代，持續了近半個世紀。

同治中興——督撫重權

辛酉政變使清朝的權力結構產生重大變化。

慈禧太后首先為皇帝叔父恭親王設置了一個特別職位「議政王」，再任命其為軍機大臣，執掌中樞，開創了新的權力運作體系。恭親王是締結《北京條約》的功臣，在外國也頗受好評，透過其領導的總理衙門，改善外交關係。同時，在內政方面，也推行一系列被稱為「洋務」的自強政策（如設立兵工廠、機械製造所、外語學校等），帶來了一段被稱為「同治中興」的穩定時期。

同治時期的政治特徵之一，是滿人與漢人擔任地方長官（總督與巡撫）的比例發生顯著變化。一八六〇年，總督的滿漢比例為五比五，但一八六五年變成一比九。同樣情形也發生在巡撫的滿漢比例上，一八六〇年為六比九，但到了一八六五年，所有巡撫（十五位）都是漢人。[5] 由於慈禧太后和恭親王組成的聯合政府積極任用人才，滿族勢力衰落，漢族地方督撫的影響力增強。他們大多數在中央政府同意下，與列強建立起獨立的外交聯繫管道，負責外交事務（特別是備受關注的反基督教事件，亦即教案的善後事宜），他們也積極推動軍備強化、振興實業等政策。此外，在咸豐年間困擾朝廷的太平天國之亂，也由曾國藩、左宗棠、李鴻章等地方大員所組織的部隊，於一八六四年平定。

於是，在地方（省）的主導下，展開穩定社會秩序、推進洋務運動的目標。這自然也提高了地方的發言權，形成所謂「督撫重權」的中央與地方關係的變化。慈禧太后的統治期間，都能看到這種權力平衡的變化。例如袁世凱的提拔，即可看出不論出身地位、唯才是用的用人政策。

慈禧太后和恭親王在消滅敵對勢力的利益上達成一致，建立了一個強有力的聯合政權。表面上，慈禧太后（和慈安太后）作為皇帝的代理人處於權力頂端，聆聽恭親王的上奏內容；但事實上，作為先皇之弟的恭親王，其權力極為強大。就政治經驗而言，恭親王遠比兩位皇太后純熟，尤其在以「洋務」為主軸的外交領域更是如此。恭親王掌管最高決策機構軍機處，有時甚至不經慈禧太后同意便做出重大決定。兩人之間的關係，就像喪夫的主婦和掌管家務的能幹管家。

然而，兩人的步調很快就出現落差。一來是因為慈禧太后對恭親王的專斷獨行感到不悅，二來恭親王也因為獲得列強支持，對自己處理政務的成效極具信心，於是加強對軍機處和總理衙門的掌控。雙方的明爭暗鬥持續了好幾年，最終獲勝的是擅於權謀之術的慈禧太后。一八六五年，慈禧太后突然發布上諭，將恭親王罷黜治罪。沒有任何心理準備和預防的恭親王，只能被迫接受這突如其來的決定。慈禧太后很可能從很久以前（應該是同治初年）就有意排除恭親王。她先是精心搜羅罪狀，收買人心，鞏固對自己有利的環境，再一舉將政敵擊倒，這是她一貫的手法。儘管後來恭親王受到赦免並恢復官職，但卻逐漸被慈禧太后奪去實權，再也沒有往日的光彩。聯合政權的時代就此結束，慈禧太后獨掌大權的時代正式來臨。

一八七二年，十七歲的同治皇帝舉行大婚典禮，封慈安太后屬意的阿魯特氏為皇后，迎慈禧太后喜歡的富察氏為慧妃。次年二月，在宮裡的太和殿舉行皇帝親政儀式。然而，皇帝親政不到兩年，一八七五年一月，年僅十九歲的同治皇帝駕崩，膝下無子。死因是天花。

慈禧太后在此關鍵時刻也果斷做出決定。同治皇帝崩逝後，她即刻頒布上諭，指定她的親外甥載湉繼位，同時宣布東、西兩位太后再度實施「垂簾聽政」，輔佐幼帝。從同治、光緒到後來的宣統，連續三位幼帝即位，在清朝歷史上屬異例。而光緒皇帝的即位，更是種種異數疊加的結果。首先，由於同治皇帝沒有子嗣，他無法指定自己的繼位者。依據清朝制度，自雍正皇帝（在位期間一七二二—一七三五年）後，皇帝生前不立儲，而是事先密寫遺詔藏於正殿匾額之後。待皇帝駕崩後，才能開啟公示以確定繼承人（祕密建儲制）。因同治皇帝猝逝，這套制度在實際上也無法運行。[6]

其次，引起朝野震動的是新帝與前帝屬同一代人。這違背了祖宗昭穆制度中子孫祭祀祖先的傳統（意思是同治皇帝將無後嗣奉祀）。朝野內外因此展開激烈爭論該如何進行同治皇帝的祭祀儀式。特別是一位名叫吳可讀的官員，甚至以死諫方式批評光緒繼位的正當性，更是讓天下為之震驚。然而，慈禧太后似乎並不在意這些反對的聲音，堅持讓光緒皇帝繼位，並提出光緒皇帝將同時祭祀同治帝和自己的父親，以此作為折衷解決。儘管朝廷內部不滿情緒蔓延，但誰也不敢忤逆她。一八八四年，慈禧太后撤換軍機處所有成員，恭親王被迫第二次下臺。至此，已無人能挑戰慈禧太后的權力地位。

光緒皇帝親政與修建頤和園

在第二次「垂簾聽政」之下，光緒皇帝的初期統治看似順利展開。但很快地，清朝面臨接踵而至的外交危機，包括與日本因為朝鮮、琉球問題導致關係惡化，與法國圍繞越南問題產生摩擦，以及與俄國在伊犁（新疆）的邊界爭議等。一八八四年，清法戰爭爆發，東南沿海成為戰場。列強圖謀「瓜分」清朝領土的危機已悄然逼近。

一八八六年光緒皇帝成年（十六歲），慈禧太后決定趁此時機讓皇帝親政。原本慈禧太后確有退位還政的意圖，但或許是擔心政局不穩，朝廷內部也有不少聲音奏請她繼續「垂簾聽政」，於是她暫時擱置了「還政」計畫。另一個原因可能是她想在退休後居住的頤和園尚未修建完成。無論如何，慈禧太后還政的意志仍然堅定。到了一八八九年，光緒皇帝舉行大婚，慈禧太后再次宣布退休，終於實現她期盼已久的「還政」。

此時發生了一件讓慈禧太后大為惱怒的小事。御史（監察官）屠仁守上奏，反對慈禧太后還政，奏請皇帝親政後，皇太后仍應與其共同主持政務。慈禧太后對此大發雷霆。當吏部（人事院）出聲支持屠仁守，更讓慈禧太后怒不可遏。雖說言官職責就是進言勸諫，但屠仁守最終被免職，並被永遠逐出仕途。這一切都是慈禧太后的旨意。

為什麼她對請求她繼續聽政的聲音會如此憤怒？其實這件事的背後另有原因。早在前一年，屠仁守曾向慈禧太后上奏勸諫，要求停止動用海軍軍費修建頤和園，應節制「遊興」，這讓慈禧太后極為不悅。官場內早有傳聞，說慈禧太后挪用海軍軍費用於建造頤和園，滿足自己的享樂之需。屠仁守的諫言抗議代表了朝中許多官員的看法。慈禧太后可能很在意這些批評，因此當她看到屠仁守在反對「還政」的奏文中寫道，希望她居住宮中慈寧宮（而非頤和園），並「節遊觀（節制遊興）」等文字，才會怒火中燒。這裡的「遊興」指的是在頤和園閒逛、遊船、看戲（京劇）等。

那麼慈禧太后實際的娛樂活動是什麼呢？不可否認，慈禧太后的生活確實很奢華，有宏偉的頤和園建築群，豐盛的美食，還有每日演出的京劇等。儘管國家財政拮据，她的日常生活並沒有變得節儉質樸。

不過，海軍軍費與修建頤和園之間的關係略為複雜。慈禧太后擅自挪用建立海軍所需的預算，用以修繕退休後居住的頤和園，這種說法自當時就已流傳，成為批判慈禧太后常見的理由之一。即使到了今日，遊客參觀頤和園時，在萬壽山西麓昆明湖畔石船（石舫）前，也往往會聽到這段故事。由於慈禧太后挪用軍費修建頤和園，使得海軍建設被疏忽，最後導致甲午戰爭中海軍全軍覆沒，但是事實真的是這樣嗎？關鍵在於，我們不能用今天的預算觀念來衡量清朝的財政體系。

清朝在末期以前，並沒有「統一財庫」的概念。從地方徵收的稅款，在徵收時就有明確的用途，並非先統籌所有收入，再依各項支出重新分配。[7]頤和園的整修費用，最初就列在海軍衙門的預算裡，也明定這是為了慈禧太后的退休生活做準備，所以不能單純說是「挪用」。事實上，當初編列海軍軍費時，就已將其中一部分規劃為修繕頤和園之用。再者，頤和園內開闢了一座很大的昆明湖，這是新建海軍的訓練場，因此從這一點來看，用海軍衙門預算修建頤和園也並非完全沒有根據。進一步說，除了海軍衙門預算之外，海軍軍費還有其他幾個來源，加上當時又沒有預算書、決算書等財務報表，很難斷定軍費被挪用或貪汙了多少。根據近年研究，即使慈禧太后有挪用軍費，實際金額也沒有坊間傳聞那麼多。

儘管如此，這段過程的細節直到事後才逐漸被釐清。一八九四年，李鴻章苦心經營的北洋艦隊在與日本的威海衛之戰中全軍覆沒。次年清朝簽訂不平等條約（《馬關條約》），承認朝鮮「完全獨立」，支付賠款，割讓遼東半島、臺灣、澎湖群島等。外界將戰敗的責任自然歸咎於李鴻章，以及重用李鴻章的慈禧太后。

戊戌變法

一八九〇年，慈禧太后離開紫禁城，移居北京西北郊的頤和園，開始了在宦官、宮女侍奉下的優雅「隱居」生活。不過，這並不代表她已經徹底離開政壇。重要的奏摺和上諭副本都會送到頤和園，有時慈禧太后也會插手某些案件的處理。朝廷上下普遍認為，最終的決定權在慈禧太后身上。只是隨著光緒皇帝親政後，慈禧太后干政的情況漸漸減少了，因為這也是她想要的。

另一方面，親政後的光緒皇帝始終對「母親」慈禧太后保持敬意和謹慎。他每天一定會到頤和園向慈禧太后請安（問候），遇到重要大事，有時還會向慈禧太后請示。可以說在制度的背後，慈禧太后仍暗地裡掌握決策權。這就像一九八七年鄧小平（一九〇四—一九九七年）退出黨政第一線後，中共中央政治局祕密決定「重要問題繼續請示鄧小平同志」的情況很像。當中央出現分歧時，已退休的實力人物重新出場並一錘定音的情景來看，戊戌政變之於慈禧太后，與六四天安門事件（一九八九）之於鄧小平，似乎都構成一種相似的關係。

言歸正傳。甲午戰爭敗北後，中國國內迅速掀起一波變法討論。「變法」是一個改革構想，批評以機器、軍事為主的洋務運動之不足，主張應透過制度改革，建立上下一體、君民一心的新體制。特別是德國占領膠州灣（一八九七年十一月）、俄國租借旅順和大連（一八九八年三月）、法國占領廣州灣（同年四月）等列強舉動下，更加激發了社會中下層士人對於改革體制、重振人心的強烈呼聲。這場變法的核心人物是康有為。他透過上書、結社等一系列政治活動，吸引官員和知識分子的關注與支持，他的改革方案最終也影響了皇帝及其近臣。一八九八年六月十一日，光緒皇帝頒布《明定國是詔》（明確國策之意），開始推動戊戌變法（戊戌維新、百日維新）。

戊戌變法的目標是效仿日本明治時期的君主立憲制。而其思想依據，則是透過嚴復的翻譯和介紹，為清末中國帶來的社會進化論。康有為將進化思想與《春秋公羊傳》的「三世」說（據亂世、升平世、太平世）及《禮記．禮運篇》的「大同」、「小康」理論進行重新解釋。他的弟子梁啟超更將康的進化論與西方的「天演（進化）」學說結合，透過旬刊《時務報》的宣傳，以及在湖南時務學堂的大力鼓吹，使康有為一派的知名度迅速擴大。

變法的具體措施涵蓋極為廣泛的領域，包括：實用性科舉改革、大膽啟用新人才、振興農工商、建立新式學校、創設大學（京師大學堂，今北京大學）、進行現代軍事改革等。不過，這些新政措施除了開設京師大學堂之外，其他大多未能真正落實，兩百道新政詔令最終都化為泡影。這種急促連發詔書，迫使中央和地方迅速實行新政的作風，最終證明是失敗的。

變法失敗與第三次垂簾聽政

戊戌變法在短時間內就遭到挫折，是名符其實的「百日維新」。雖然檯面上出手壓制的是依附慈禧太后的守舊派，但現有官僚體系的強烈抵制也是變法受挫的一大因素。即使皇帝以上諭的形式頒布康有為等人提出的新政方案，地方官員依然毫無反應。事實上，中央政府機構也對急進的改革方案有諸多反彈。尤其是九月四日，皇帝根據維新派王照的奏摺諫言，頒布聖旨罷免禮部六堂官（大臣、次官），引起官場震驚，反而加劇了大臣們對維新派更大的質疑與批評。儘管光緒皇帝有熱情、有動力，但現實環境欠缺實施新政的基本條件，這場變法的失敗幾乎是無可避免的。

就當時的權力結構而言，過去學界常以支持光緒皇帝的「帝黨」，與依附慈禧太后的「后黨」之間的對立來解釋政局，但這種簡化的觀點其實很大程度上是受到政變後維新派宣傳的影響。例如，梁啟超流亡日本後出版的《戊戌政變記》（一八九九年），就強調慈禧太后對變法一貫的敵視態度，將政變描繪成「帝黨」受到「后黨」箝制的鬥爭。不過，朝廷是否真存在「后黨」這種政治勢力，以及它是否真與「帝黨」（維新派）形成對立，實際上相當令人存疑。持平來說，慈禧太后雖未積極支持變法，但她一開始並未反對光緒皇帝推動新政。對於某些政策，例如教育改革、機構重組、淘汰冗員、禁止纏足、振興實業等，慈禧太后也從不反對。她之所以最終轉而反對新政，是因為針對新政的討論，逐漸從政策爭議變質成權力鬥爭。

除了權力鬥爭之外，康有為為了論證變法的正當性而提出的「孔子改制」學說，也引發原本同情變法的官僚鄉紳的強烈反對。一八九八年春，康有為出版《孔子改制考》，將孔子視為創設制度的「教主」，而非僅僅是述而不作的傳統學者，意圖徹底顛覆經學傳統，這一大膽主張備受爭議。例如，原本支持變法的湖南人士陳寶箴，於八月上奏要求燒毀該書的版木。除了梁啟超等少數直系弟子外，幾乎無人支持康有為將孔子改制作為變法依據的主張。一般人反而將康有為的主張視為禍亂「正學（正統學術）」的異端邪說，原本期待穩定漸進的改革派，開始感到疑慮和不安。

慈禧太后決定壓制新法，是因為擔心過於急促且激進的制度改革會動搖現有的權力基礎。她並不是唯一有這種憂慮的人，上述罷免禮部六堂官員和康有為要求設立制度局、懋勤殿（皆為推動新政的中央議政機關），不僅守舊派，連中央和地方士紳也開始懷疑，這場激進的變法可能最終危及整個王朝體制。另一個擔憂是，在英國傳教士李提摩太（Timothy Richard）的建議下，皇帝有意邀請來華訪問的伊藤博文擔任政治顧問。伊藤於九月九日抵達北京，預定二十日覲見光緒皇帝。還有傳言指出，光緒皇帝打算讓伊藤參與政事，並推動中日「合邦」的構想。這一切令慈禧太后對變法維新更加懷疑。

隨著局勢日益緊張，慈禧太后接到消息，維新派有人密謀起兵包圍頤和園，打算擒拿太后本人，並將守舊勢力一舉剷除。為了先發制人，慈禧太后於九月十九日提前返回西苑（位於紫禁城西側，今中南海）[8]，就在光緒皇帝和伊藤預定會面的前一天。次日，光緒皇帝按照計畫在宮中接見伊藤博文，而慈禧太后在暗中監視這場會面。此時光緒皇帝早已被慈禧太后斥責並剝奪實權。次日，即二十一日，一道宣告由太后恢復「訓政」的詔令發布，推動一〇三天的戊戌變法正式告終。慈禧太后第三次「垂簾聽政」開始。

己亥建儲風波

維新派在九月二十一日的政變中幾乎被一網打盡。光緒皇帝被囚禁在西苑瀛台（紫禁城以西的南海小島），康有為、梁啟超等人為躲避官方追捕逃離中國，前往日本避難。在被逮捕的維新派成員中，譚嗣同（一八六五—一八九八年）等六人被捕後遭處決，支持維新運動的軍機大臣張蔭桓（一八三七—一九〇〇年）雖逃過死劫，但被流放到新疆。

另一方面，維新派在南方長江流域尋找機會重振旗鼓。一九〇〇年，北京因義和團入城而陷入動亂，一些「保皇派」與會黨（祕密結社）聯合組織自立軍，活動頻繁，其領導人唐才常（一八六七—一九〇〇年）等人企圖武裝起義，要求釋放遭軟禁的光緒皇帝，及還政於皇帝，並宣布在上海成立「中國議會」。不過，自立軍的武裝起義運動遭到湖廣總督張之洞的鎮壓，南方維新派的復興圖謀徹底失敗。此後，維新派以「保皇（光緒復權與親政）」為口號，將活動根據地轉向海外，在海外華人的支持下，展開對慈禧太后的批判。

戊戌政變後，中國政治進入了一段敵視變法的「反動」時期。科舉改革、中央機構整併等全都恢復舊制。就連倖存的京師大學堂，也淪為徒具形式的教育機構。更嚴重的影響是，朝廷內部再度瀰漫著排外、攘夷的氣氛，正如第二次鴉片戰爭時期一樣。對於那些厭惡地看著洋務運動深化對外關係，不喜歡維新變法將日本當作學習對象的人來說，這是呼籲「攘夷」的絕佳時機。尤其是因朝中重用漢人而被排擠出權力核心的宗室和滿族「頑固派」，也藉機宣洩長期壓抑的不滿情緒。這群極端仇視外國勢力的頑固派，選擇引入高舉「滅洋」大旗的義和團，最終導致全面開戰的悲劇。

慈禧太后利用朝廷這股排外氣氛，開始認真思考廢黜光緒皇帝。相信她應該有怨恨光緒背叛自己，與維新派圖謀政變。但從正面角度來看，也許她考慮到光緒體弱多病、子嗣無望，想盡早決定繼任者。不過，即便是太后也不能輕易廢黜皇帝。之前為了幫皇帝醫病，延攬法國醫師入宮，也須顧及外國勢力的視線。考量到自己即將退休，她計畫立皇太子，就能名正言順地換掉皇帝。但此舉違背了清朝「祖制」。正如上文所說，當時有祕密建儲制，皇帝在世時不得公開立太子。

儘管如此，慈禧太后的態度十分強硬，未先在朝堂上商議，便於一九〇〇年一月突然頒布懿旨，立端郡王載漪之子溥儁為大阿哥（皇太子），史稱「己亥建儲」。這項突如其來的指名震驚朝野。載漪是道光皇帝的孫子，也是即將爆發的義和團之亂中，最先主張開戰的「頑固派」代表人物。慈禧太后打算立年僅十六歲的溥儁為太子，並於次年改元為「保慶」，逼光緒皇帝退位。

若是以前，沒有人會公開反對慈禧太后違反慣例的做法，但廢黜皇帝將動搖「祖制」根基，是極為例外的事件。最先作出反應的是列強的公使團，他們共同向清朝發出反對廢位的聲明，外國政府也紛紛表達擔憂。上海士紳聚集在南方發表聲明，敦促朝廷撤回詔令。流亡海外的康有為等保皇派，更視此為光緒皇帝處境危險，加強了對慈禧太后的宣傳攻勢與批判。

由於國內外反對廢位的聲浪很高，慈禧太后被迫放棄立儲之意。儘管沒有撤回懿旨，但義和團之亂爆發時，主張對外強硬的載漪被視為首謀遭逮捕，與溥儁一同被流放新疆。對慈禧太后來說，這是一次重大挫折與恥辱。對於憑藉巧妙的人事安排奠定穩固權力基礎的她來說，立太子之舉絕對是她一生中最大的政治失策。

從義和團之亂到新政

隨後在義和團進城時向列強宣戰，也是慈禧太后在受到攘夷氣氛鼓動下所犯的另一個重大錯誤判斷。一九〇〇年六月，義和團大舉進入北京城，包圍外國使館區。清朝表態支持義和團的行動，向列國宣戰，義和團之亂爆發。八月十四日，八國聯軍以兵力優勢進入北京城內，壓制了包圍公使館的義和團。

列強占領北京的第二天，慈禧太后帶著光緒皇帝與太監、宮女倉皇從北城門出逃，除了身上穿的衣物外，幾乎什麼都沒帶。從河北省逃亡至山西省，沿途都有官員應對與庇護。隨後又逃到陝西省，十月抵達西安，在此設置行在（天子所在的地方）。這段期間，留守北京的慶親王奕劻（一八三八—一九一七年）與李鴻章，和列強代表展開停戰談判，至十二月談定議和大綱（即後來的《辛丑和約》，或稱《北京議定書》）。

隨著情勢轉變，慈禧太后也從原本附和「頑固派」，改變心意，開始採取綏靖政策。除了究責自己拔擢的對外強硬派載漪等人，還在一九〇一年一月從西安發布「變法」上諭，亦即「新政之詔」。這份上諭雖然批評戊戌年間康有為等人推動的「新法」為「亂法」，但其改革方向與戊戌變法沒有太大差異，成為清末大改革的開端。想必是從義和團戰爭中獲得教訓，才展開真正的改革。

新政第一個具體實例是一九〇一年七月，總理各國事務衙門（簡稱總理衙門）更名外務部。早在四十年前，清朝為因應列強要求，設立總理衙門作為外交窗口。但總理衙門是置於內閣和六部之外的臨時機構，首長通常都兼任其他重要職務。此外，幹部職員是從科舉官僚中選拔出來的，不一定是專業外交官，而且在統一掌控外交事務方面，也存在問題。例如，直隸總督兼北洋通商大臣李鴻章實際上負責所有對日談判，由此可看出總理衙門未能發揮作用。相較之下，新成立的外務部是「六部之首」（中央官署中最重要的機構），定位為專責對外交涉的重要機構。與清朝簽訂條約的外國政府也對外務部的設立表示歡迎，認為終於能在國際法的基礎上展開正規外交。隨著正規外交機構的成立，清朝也得以正式展開基於條約關係的國際外交。

此外，中央機構和地方官員也提出許多意見，以回應「新政之詔」的呼籲。其中特別重要的，是由兩江總督劉坤一與湖廣總督張之洞聯名上奏的三道長篇奏摺（通稱「江楚會奏變法三折」）。內容對人才培養和選拔、改革舊制、採用西方制度等方面提出詳細的改革建議，實際上成為清末新政的藍圖。

引進洋風

和約簽訂後，北京恢復平靜，一九〇二年一月，慈禧太后一行人時隔一年五個月再次返回紫禁城。回程路上還包了一輛火車，從河北省正定到北京郊區的豐台，行走在剛開通不久的盧漢鐵路（連接北京

扮成觀世音菩薩的慈禧太后（右起第二位）、李蓮英（最右邊）

郊外盧溝橋和漢口的鐵路，一九〇六年全面開通）上。外國報紙大幅報導皇帝和朝廷要員一起乘坐火車的場景。不久前，義和團還將鐵路視為西方入侵中國的象徵，肆意破壞電線和鐵軌。慈禧太后的意圖很可能是為了釋放善意，暗示要修復與其他國家受損的關係。

事實上，這並不是慈禧太后第一次搭火車。一八八八年，在她「還政」光緒皇帝之前，西苑修建了一條小型鐵路，乘坐過由比利時車廂改造的豪華列車。如此大張旗鼓全是為了滿足太后一個人的「遊興」。雖然這和遊樂園的乘坐設施沒什麼兩樣，但還是能看出慈禧太后並不像那些視外國如蛇蠍的「頑固派」那樣排外。

她晚年甚至樂於照片留影。其中一張特別著名的照片是她打扮成觀世音菩薩，李蓮英站在她旁邊，背景是模仿蓮花池的場景。慈禧太后對拍照的熱情極高，還聘請了一位曾跟隨擔任駐法國公使的父親、在巴黎居住過的裕勛齡當她的攝影師。在清朝高官中，慈禧太后大概是留下照片最多的人。相較之下，光緒皇帝一張「玉照」都未曾留下。

慈禧太后回到北京後，變得善於交際。過去清廷一直避免接見外國使節，如今慈禧太后將其變成常態，公使團和兩宮（皇帝和太后）之間的會面，逐漸成為外交活動的一部分。除了日常外交之外，慈禧太后還頻繁舉辦茶會，邀請公使夫人前來相談甚歡，為北京外交界帶來新風景。她甚至曾與外國女士一邊高舉酒杯乾杯，一邊愉快交談，所有被邀請參加茶會的人，都被她優雅的舉止、沉穩的說話方式、奢華的家具、華麗的服飾所傾倒。有一次，她邀請美國女畫師凱瑟琳．卡爾（Katharine Augusta Carl）到頤和園為她畫油畫肖像。慈禧太后似乎對這幅畫不太滿意，向年輕的卡爾提出各種問題，表現出好奇心旺盛的一面。她和卡爾的來往持續將近一年。在與慈禧太后會面的外國人眼中，慈禧太后的形象是一位開朗、善於交際、能言善道的貴婦人。

預備立憲與兩人之死

一九〇一年開始的新政，發展速度超乎預期，改革範圍廣泛，不僅限於政治制度，還延伸至社會與文化領域，例如廢除滿漢通婚禁令就是一例。在清朝制度中，統治族群旗人（滿族）與一般人（漢族）屬於不同戶籍，禁止通婚，就連遷徙和就業也受到限制。新政打破了這道藩籬，主張法律之前滿漢平等。教育改革的成果是最令人矚目的，各地設立新式學堂，引進義務教育制度，儘管此時制度還不夠完善。與此同時，出國留學熱潮興起，不少年輕人放棄科舉考試，漂洋過海到日本學習新知識與技術。出身浙江省紹興名門望族的魯迅（一八八一－一九三六年）[9]就是其中之一。此外，還頒布了纏足禁令，開辦女校，女性開始走向社會，這些都是新政所帶來的社會風氣的改變。教育改革的最終章無疑是一九〇五年廢除科舉制度。雖然這些變革未必立即有明確可見的效果，但已深刻地改變了整個社會的意識。

一九〇四年日俄戰爭，將清末新政帶進第二階段。日本對俄國的勝利對中國的改革走向產生了巨大的刺激與影響。這場戰爭被視為「立憲」戰勝「專制」、「文明」戰勝「野蠻」，因此仿效日本進行徹底制度改革的呼聲迅速高漲。對此，清廷於一九〇五年十月派遣憲政考察團前往歐美、日本，回國後根據其報告和地方首長的意見，決定著手推動立憲改革，一九〇六年九月清廷下詔預備立憲，上諭寫道「大權統於朝廷，庶政公諸輿論」，清楚表明建立基於公義輿論的憲政制度，並下令首先改革中央官制作為準備。

取代舊六部的各個中央機構，依照憲政編查館（推動預備立憲的機構）的需求，制定了為期九年的具體年度預備立憲計畫，和涵蓋法律與司法、滿漢關係、財政、教育、實業等各方面的實施行程表。到了一九〇八年，還頒布《欽定憲法大綱》，描繪出憲法基本框架，在清朝主導下，正穩步朝著仿效日本明治時期的君主立憲制邁進。

這些制度改革都是在掌管朝政的慈禧太后批准下實現的。從這個意義上來說，稱其為「慈禧新政」也無不可。然而此時的慈禧太后已年近七十，精力和體力逐漸衰退，難以事必躬親。她不再像過去那樣果斷決策，而是多將政務交給張之洞、袁世凱等信賴的重臣處理。事實上，慈禧太后在新政的影響力已大為減弱。

到了一九〇八年，慈禧太后開始出現腹瀉、疲勞等症狀，臥床時間日益增加。但她的意識始終清晰，當光緒皇帝病重時，她迅速任命第二代醇親王載灃之子溥儀為皇太子，完成了「垂簾聽政」的最後任務。十一月十四日，光緒皇帝駕崩。次日十五日，慈禧太后也隨之逝世，享年七十四歲。由於兩人的死亡時間僅相隔一天，當時就傳出光緒皇帝是被慈禧太后毒死的說法，這個傳言一直流傳至今。在這個充滿戲劇性的傳聞中，知道自己來日無多的慈禧太后，為了阻止光緒皇帝重新掌權，下令（可能由李蓮英或袁世凱執行）毒害皇帝。但目前還沒有任何證據證實這一點。根據記載光緒皇帝病況和死因的病歷內容，他的死因是內臟疾病引起的自然死亡。二〇〇八年，在檢測光緒皇帝遺體的頭髮時驗出砷，一度引發話題，但飲食、藥品中常含微量的砷，長期累積在體內後留存在指甲或毛髮中的例子並不罕見，無法成為毒殺理論的決定性證據。相反的，更有可能的是光緒皇帝的去世刺激了慈禧太后，導致她的病情急轉直下。到了最後一刻，這對恩怨情仇交織的「母子」，究竟心中各自作何感想，已無人知曉。

袁世凱（一八五九—一九一六年）

早年生活

袁世凱是活躍於十九世紀末到二十世紀初、清末民初時期的權力人物，堪稱一代梟雄。字慰庭、慰廷，號容庵，因出生地河南項城，又被稱為「項城袁氏」。他出生於太平天國與第二次鴉片戰爭等內憂外患不斷的咸豐年間，家中是河南省項城縣的大地主家庭。與出生於道光年間的李鴻章相差近一代人，也比辛亥革命時的對手孫文年長七歲。

袁家是出過許多進士、舉人的名門望族，袁世凱自然也從小在家庭教師的指導下準備科舉考試。但他天生厭學，反倒對軍事有濃厚興趣，多次考試落榜，最後才勉強通過初試，取得生員（俗稱秀才）資格，但之後的下一階段考試（鄉試）依然屢試不中，最終靠捐納得到一個底層文官的職位。捐納指的是用錢買官，非科舉出身（雜途）的就職方式。

袁世凱

那是一個絕大多數人仍將科舉資格視為文化資本的時代，非「正途」（科舉合格者）出身的官員其實不利於仕途發展。然而，之後袁世凱憑藉其超絕才華與能力，一路高升，飛黃騰達，可以說是當時少見的實力主義成功案例。他在升遷過程中，應該也遭遇來自「正途」官員的冷眼與排擠，但從袁世凱的言行中，完全感受不到「雜途」出身的自卑，也看不出對自身缺乏儒學素養有所愧色，可見他是一位極自信的人。

駐守朝鮮

一八八一年，在叔父的推薦下，袁世凱進入李鴻章麾下、由吳長慶率領的淮軍軍營，展開軍人生涯。使其聲名鵲起的事件是一八八四年發生在漢城（今首爾）的甲申政變。

一八八二年的朝鮮，由於開國政策導致士兵貧困，加上退位的興宣大院君（李昰應，一八二〇—一八九八年）煽動，爆發兵變，大院君宣布重掌政權（壬午軍亂）。朝鮮向清朝求援後，清朝立即派出吳長慶的軍隊鎮壓兵變，還派出李鴻章的幕僚、精通朝鮮事務的馬建忠（一八四五—一九〇〇年）逮捕大院君，並將他押送至天津。在清軍幫助下，漢城恢復秩序。照理來說，宗主國此時應該撤軍，但吳長慶的軍隊以維護治安為由，繼續駐紮在漢城。袁世凱當時隨軍，並對朝鮮軍的近代化貢獻良多。

接著一八八四年又爆發另一場事件。金玉均（一八五一—一八九四年）等親日開化派，趁清法戰爭期間清軍部分撤軍之際發動政變，推翻了親清的閔氏政權（甲申政變）。清朝與日本在朝鮮半島的緊張局勢驟然升高，袁世凱身為駐漢城清軍的實際統帥，很快地做出反應，他包圍了日軍把守的王宮，保護國王高宗（一八五二—一九一九年），逮捕開化派人士，也導致親日政權的垮臺。這起事件瓦解了朝鮮內部的親日勢力，首領金玉均逃往日本。

甲申政變後，袁世凱回到中國。但次年（一八八五年），直隸總督兼北洋通商大臣李鴻章交待袁世凱護送失勢的大院君回國，並委以新設職務「總理朝鮮交涉通商事宜」，使其再度駐紮漢城。此職相當於清朝駐朝鮮的全權代表，對袁世凱來說，是從軍人轉入政治舞臺的重要起點。袁世凱在朝鮮的十年間，秉承李鴻章的意旨，逐步加強「上國」清朝對朝鮮的內政干預。他不僅多方干預朝鮮的外交政策，還在經濟上推動中朝之間陸路電信纜線的鋪設、開通定期航線等基礎建設，並促成清國商人進入朝鮮經營。許多中國人移居至一八八四年設立於仁川的清租界，對於更早在朝鮮發展的日本來說，清朝成為日本在朝鮮最強大的經濟競爭對手。

袁世凱在朝鮮一直駐留到甲午戰爭爆發。一八九四年八月，因東學黨起事，導致清朝和日本開戰。無論陸戰或海戰，清軍都無法對應，於是袁世凱主動請求撤離他居住多年的漢城。回國後，他在上司李鴻章的命令下，負責滿洲地區的軍需後勤工作，但已難扭轉戰局。一八九五年四月簽訂《馬關條約》，清朝承認朝鮮「完全獨立」。這對袁世凱來說，意味著他在朝鮮累積的政治資本與經歷，幾乎回到了原點。

甲午戰爭的失敗，對袁世凱的政治生涯來說，是兩方面的重要轉捩點。第一個轉變，甲午戰爭失敗讓李鴻章在朝廷地位岌岌可危，榮祿（一八三六—一九〇三年）上位。袁世凱就在這個時候接近榮祿，取得他的信任，受到他的庇護。榮祿是滿洲正白旗軍人，與慈禧太后有姻親關係，曾任步軍統領（相當於近衛師團長兼警察署署長），是當時清廷軍政兩界極具影響力的人物。袁世凱透過榮祿成為慈禧太后的寵臣。

第二個轉變是榮祿認可袁世凱的軍事才華，命他在天津郊外的小站訓練近代軍隊（新建陸軍），且袁不負眾望地完成任務。這支部隊延攬德國軍官當教官，培養出來的許多軍官後來多成為袁的得力助手，辛亥革命後形成「北洋軍閥」。其中包括民國時期出任大總統的馮國璋（一八五九—一九一九年）、出任國務總理的段祺瑞（一八六五—一九三六年）等具影響力的人物。袁世凱正是因為手下有這麼多精幹忠誠的職業軍人，才能在辛亥革命中掌握主導權。

戊戌政變與密告疑雲？

一八九七年，袁世凱出任直隸按察使（京畿地區的司法長官），此時正值變法風潮高漲，他也對改革思潮產生共鳴，並與康有為等人建立聯繫。然而，他並不贊成激進的政治改革，儘管他認為軍事和工業領域的改革勢在必行，但他無意直接挑戰慈禧太后的權力。

袁世凱在一八九八年對戊戌變法的「背叛」，與他後來在民國時期推動帝制運動一樣，被視為其政治生涯中最大的汙點。同年六月新政啟動，但到了九月，朝廷和政界強烈反彈光緒皇帝倉促的改革措施，被逼入絕境的康有為等維新激進派，轉而接近掌握軍權的袁世凱，希望爭取他的支持。對此，光緒皇帝於九月十六日召見袁世凱，拔擢他擔任侍郎（次長級官員），主管「練兵事務」。九月十八日深夜，譚嗣同代表康有為拜見袁世凱，出示光緒皇帝的密詔，並透露他將起兵包圍頤和園，刺殺慈禧太后的計畫，請袁配合起兵。袁世凱聽後大吃一驚，表面敷衍應對，讓譚嗣同離開，但沒有表態是否舉兵。次日，光緒皇帝再次召見他，袁結束後立刻趕赴天津，向慈禧太后的心腹、直隸總督榮祿通報了維新派的叛亂舉動。至今流傳的「戊戌政變」始末，是慈禧太后從榮祿那裡聽到政變的消息後，急忙從頤和園趕到紫禁城，囚禁了光緒皇帝，並將維新派一網打盡。

但真的有人密告嗎？近年的研究否定了傳統說法。學者茅海建詳細調查內務府檔案（官方公文）後證實，慈禧太后返回紫禁城並不是九月二十一日，而是在兩天前的九月十九日晚上。也就是說，袁世凱前往天津的途中，慈禧太后是從其他管道得知維新派正在籌謀起兵，並先發制人（收藏在日本外務省外交史料館的畢永年《詭謀直記》，證實維新派預計發動包圍頤和園的政變計畫）。在變法維新事件上首鼠兩端的袁世凱，雖然最終還是在二十一日早上將事情的來龍去脈告知榮祿，但那時局勢已經大致底定，並沒有直接影響慈禧太后的果敢決斷和行動。換句話說，那種戲劇化的密告情節實際上並未發生。

儘管袁世凱在新舊兩派之間討好，但密告一事可以說是被冤枉的。不過，袁世凱生前並未就此事公開辯解，直到他去世十年後，記錄他在政變前後所作所為的《戊戌日記》才被公諸於世。如今已經證實，一些政變後的朝廷官方紀錄，是在慈禧太后授意下經過改寫的。由此可見政變對清朝造成的巨大衝擊。

戊戌政變後，慈禧太后宣布「重掌政權」。由於袁世凱未協助維新派，進一步受到慈禧太后和榮祿信任，並被任命為工部右侍郎。

鎮壓義和團運動與廢除科舉

一九〇〇年，袁世凱任山東巡撫，任務是鎮壓打著「扶清滅洋」旗號、攻擊教堂等外國設施的義和團勢力。義和團是伴隨基督教傳教活動在各地興起的民間自衛組織，是由義和拳、梅花拳等自衛武術團體，以及大刀會等祕密結社組成的總稱。袁世凱率領他親自培養的新建陸軍精銳部隊，掃蕩了義和團，完全滿足了慈禧太后等朝廷高層的期望。

但是，義和團的勢力從山東省逐漸蔓延到首都所在地直隸地區，進一步加劇了與列強的衝突。北京局勢陷入動盪，朝廷內部的強硬派趁著排外風潮，宣布支持義和團，在這股壓力下，慈禧太后最終向列強宣戰。然而，由於八國聯軍的進攻，京師陷落，慈禧太后與光緒皇帝被迫西逃至西安，造成了最壞的結果。這段期間，精明的袁世凱派軍隊護送京師陷落後逃亡的慈禧太后等人，又在戰後的和約談判中，協助留在北京的首席全權代表慶親王奕劻，最後簽訂了《辛丑和約》。展現了外交才能的袁世凱，一九〇一年十一月，在李鴻章逝世後，袁接任直隸總督兼北洋通商大臣一職，對於一個「雜途」出身的官員來說，這是極為罕見的升遷。

八國聯軍之後，決定了清朝從屬於列強的命運。朝廷掃除保守強硬派後，受到輿論壓力影響，促使改革呼聲高漲。一九〇一年一月，慈禧太后在臨時行在的西安下旨「變法」。這是清朝最後十年政治改革的開始，稱為清末新政（或依年號稱「光緒新政」）。這道上諭雖將三年前的戊戌變法斥為「假變法」，但許多具體措施，實際上是戊戌變法內容的重製或升級版。

直隸總督袁世凱以天津為據點，積極主持新政。他所推行的改革涉及層面很廣，在軍事和教育領域的成就尤其顯著。在軍事改革方面，為了培養兼具專業知識和教養的軍官，在保定創建武備學堂（士官學校），還積極引進武器與訓練新兵，完成了由六鎮（鎮相當於師團）組成的北洋軍。這是當時清朝最強大、最精銳的軍隊。

教育改革方面。在袁世凱管轄的直隸省，設立仿效日本的西式學校，並派遣留學生和視察團赴日學習，成為全國教育改革的先進典範。尤其值得一提的是廢除科舉制度。從隋唐到明清，科舉考試是支撐王朝體制的最重要制度之一。但到了清朝末年，考試內容早已與實務能力脫節，成為亟待解決的課題，改革的爭論日益激烈。戊戌變法也將科舉改革當成新政的重要目標之一，曾設立重視實務能力的考科，嘗試了部分改革。二十世紀後，引進近代學校制度為清末新政的一環，反對科舉的聲音更加強烈。

科舉改革最初採取漸進式措施，減少三年一試的錄取人數，改由學校畢業生取而代之。然而，隨著日俄戰爭等國際局勢的變化，到了一九〇五年，社會上已經出現即刻廢除科舉的聲音。但是想要一舉廢除有著一千多年悠久傳統的科舉制度，絕非一日之功。關於這一點，袁世凱相當果斷，或許是因為他並非「正途」出身，促使他立場堅決。

一九〇五年九月，袁世凱與湖廣總督張之洞聯名上書，建議立即廢除科舉制度。這兩位支持新政的掌權者，提出的意見頗具分量。朝廷接受他們的意見，隨即頒布詔書，取消原訂於明年舉行的所有科舉考試。因此，一九〇四年舉行的科舉考試成為中國史上最後一次科考。廢除科舉不僅從根本改變了人才錄用方式，也對政治與文化制度，甚至像「升官發財（當官是累積財富的捷徑）」所展現的價值觀產生了極大衝擊，其影響深遠，甚至延續到現代中國。

除了軍事和教育改革外，袁世凱還提出並推動了多項近代化措施，包括引進警察制度、整頓城市衛生、振興實業和鋪設鐵路等，其中許多成為全國改革的模範，這些改革被統稱為「北洋新政」，這是袁世凱一生中最輝煌的時期。

從失勢、復權到辛亥革命

擔任直隸總督期間為新政做出巨大貢獻的袁世凱，於一九〇七年被任命為外務部尚書兼軍機大臣。「尚書」是部門的最高長官，外務部尚書就相當於今日的外交部長，兼任的「軍機大臣」是掌管朝廷要務的軍機處成員，這意味著袁掌握了外交和內政實權。但他親自培養的北洋六鎮，有一部分被劃歸新設的陸軍部指揮，因此這次調任能否稱得上是升遷，值得商榷。與袁地位並列的湖廣總督張之洞也被任命為學部（教育部）尚書兼軍機大臣，這兩位主導廢除科舉的地方重臣，就此正式參與中央政務。

袁世凱進入中央政壇後，在外交近代化方面一展身手。但好景不常，一九〇八年十一月，光緒皇帝和慈禧太后相繼過世。幼帝溥儀即位，其父醇親王載灃（一八八三—一九五一年）就任攝政。載灃是光緒皇帝的弟弟，從一開始就對在戊戌政變中背叛其兄長的袁世凱心存芥蒂。一九〇九年一月，正值事業巔峰、健康無虞的袁世凱，突然因「足疾」被撤除所有職務，這是他人生中第一次遭遇政治失勢。離開北京後，他在河南省北部的彰德府（今安陽市）郊外興建了一座壯闊的宅邸和園林，對外稱「療養」，等待重返政壇的機會。雖說是「療養」，但他交友廣闊，造訪彰德袁邸的人絡繹不絕，立憲派的元老、知名實業家張謇（一八五三—一九二六年）就是其中一人。

失勢期間正在釣魚的袁世凱

袁世凱重返政壇的機會很快就來到。一九一一年十月武昌爆發新軍起義，隨後南方各省紛紛宣布獨立，這使得袁世凱再度被朝廷重用。當年五月，北京成立了一個以奕劻為首的內閣（成員以皇族為中心），但內閣成員大多缺乏政治經驗，根本無法對應如此緊急狀況，就連攝政王載灃也沒有能力統合朝廷紛亂的議論。張之洞已於兩年前過世，因此能平息事態的人只有袁世凱。十一月初，朝廷任命袁世凱為內閣總理大臣，並命其鎮壓革命軍。

朝廷將所有重責大任委託給袁世凱，袁的對應正顯示出他的老謀深算。儘管他蠢蠢欲動，卻故意稱病拒絕離開彰德，始終含糊其詞，遲遲不肯赴任。他的策略是要讓醇親王和內閣成員焦急難耐，就能順勢多要一點好處。等到朝廷接受他提出的責任內閣、移交兵權等條件後，袁才於十一月十三日動身前往北京，這時距離武昌起義已過了一個多月。

當袁世凱重新掌權時，南方的革命軍和北方的朝廷軍都缺乏決定性勝利，戰爭很快就進入消耗戰的局面。十二月，雙方終於達成停戰協議，經過談判，決定由雙方代表於上海會談。清朝方面的代表是袁世凱的親信、曾經留學美國的唐紹儀（一八六二—一九三八年），革命軍方面的代表是新加坡出生、有英國律師資格的伍廷芳（一八四二—一九二二年）。

南北議和於十二月十八日在上海展開。然而，一九一二年一月一日局勢急轉直下，孫文、黃興等人在南京宣布成立中華民國臨時政府。袁世凱撤除唐紹儀的代表身分，和談暫停。儘管如此，由於沒有其他能打破僵局的方法，要求恢復南北會談的呼聲依然不斷。經過私下協商，袁世凱於一月中旬與伍廷芳恢復對話。二十日左右，雙方就清朝皇帝退位的方向達成協議，退位詔書的草案也基本完成了，局勢終於露出轉機。不過，新舊政府的權力移交過程仍不明朗。南京臨時政府先前承諾，一旦「共和」政體成立，臨時大總統孫文將主動讓位，並由國會選出袁世凱為正式大總統，但同時也附加了一個條件：新總統必須在南京就職。

對袁世凱來說，這是掌握實權的大好時機。為此，他必須說服朝廷內部反對皇帝退位、主張死守的強硬派。袁世凱此時發揮超強手腕，巧妙結合棒子（威脅恫嚇）與胡蘿蔔（甜言蜜語），逐步說服反對退位者。同時，為恐立刻表示贊同「共和」政體，會給南京可乘之機，他始終謹慎避免直接表態，堅持以忠於皇帝的臣子身分行事。

一月二十六日，此前先前宣誓效忠清朝的段祺瑞等四十七名北洋軍將領，突然聯名發出支持共和的通告電文。無須多說，袁世凱是這件事的幕後推手。此後，輿論開始倒向共和制。二月上旬，關於清帝退位後皇室待遇的「優待條件」已經敲定，談判正式達成協議。二月十二日，清朝終於頒布皇帝「退位」詔書，宣告這個延續二百六十多年歷史的清朝正式落幕。

清帝退位的第二天，孫文依照他先前的承諾，辭去臨時大總統一職，南京臨時參議院推選袁世凱為新的臨時大總統。然而，袁世凱卻以北京兵變為藉口，拒絕前往南京就職。這場兵變是袁為了避免在南京就職而自導自演的一齣戲。於是，三月十日，袁世凱在北京宣誓就任中華民國第二任臨時大總統。

成為民國的大總統

袁世凱就任臨時大總統後，開始依據《臨時約法》籌組內閣。他任命親信唐紹儀為國務總理，但這個新內閣由立憲派和革命派組成，從一開始就動盪不安，僅維持三個月就瓦解。與此同時，中央政壇為了準備第一次國會議員選舉，各派積極組建政黨，展開激烈的政治角力。

由宋教仁領導的國民黨，在一九一二年底展開的選舉中獲勝。輿論普遍預期宋教仁將會是新國會選出的第一位國務總理，但這不是袁世凱樂意見到的。為了阻止宋教仁削弱自己的權力，一九一三年三月國會召開前夕，袁世凱指使部下國務總理趙秉鈞，在上海火車站刺殺宋教仁。他已經預料到，若由宋教仁組閣，自己的總統權力一定會受限，因此先發制人。

宋教仁遇刺的消息引起輿論譁然。在主嫌不明的情況下，四月召開的第一屆國會上，袁世凱與國民黨的對立進一步激化。於是，袁世凱再次發動攻擊。一九一三年六月，他罷免了國民黨系統的安徽、江西、廣東三省都督（省的長官），試圖削弱國會內部的反對勢力。作為反制，南方數個省分宣布獨立，發起反袁行動，但最終被袁世凱逐一擊破，孫文等人逃亡日本（二次革命）。

一九一三年十月，國會推選袁世凱為中華民國首任大總統，袁世凱迅速推動獨裁統治，宣布取消國民黨議員資格，還下令解散國民黨，並於一九一四年一月解散國會。五月頒布《中華民國約法》作為臨時憲法，取代《中華民國臨時約法》；十二月又頒布新的選舉法，強化大總統的權限。儘管在野黨勢力和被排除在外的國民黨議員極力抗爭，但袁政權巧妙地運用脅迫與收買兩面手法，將他們逐一瓦解。

袁世凱之所以逐漸走向獨裁，固然與他個人的權力野心密不可分，但也不能忽略剛誕生的民國政治環境。尤其要關注的是，當時大總統與國會之間的關係，在制度上非常不穩定。《中華民國臨時約法》規定立法權（國會）高於行政權（大總統），因此在國會尚未成立、僅有臨時參議院時，袁世凱提出的內閣成員屢屢遭到否決，導致社會混亂，部分人士批評這是「議會專制」。在此情況下，袁世凱的首要目標是削弱國會，透過加強大總統權限，讓剛成立的中華民國走向中央集權，以處理緊迫的政治問題，例如外國貸款、蒙古和西藏的分裂傾向等。

事實上，袁世凱出生於十九世紀五〇年代末期，此時的中國為了因應太平天國之亂，地方開始建立自己的武裝部隊，權力從中央下放至地方（省）的趨勢日益明顯。清末最後十年的新政也是在中央核准下，由地方大官（總督、巡撫）負責規劃與實行政策，袁世凱擔任直隸總督時的經歷正是例證。最終導致南方各省相繼宣布「獨立」的辛亥革命爆發。中華民國自創建起，便面臨一個難題，如何在牽制已具實力、可能左右中央的省分離心力的同時，又要想辦法實現軍事和財政的中央集權。因此，民國初期大總統與國會之爭，也可視為集權化進程中，行政權與立法權的拉鋸戰。

從這個角度來看，袁世凱動用武力威脅、賄賂收買等獨裁手段，雖然在道德上難以正當化，但也可說是他順應時代要求，建立強大的、中央集權的現代國家而做出的選擇。儘管袁世凱在近代史被批評為「竊國大盜」，但其實他的權力操作並不完全與中國的民族主義相悖。袁世凱未能實現建立「現代統一國家」的夢想，但後來以另一種「革命獨裁」的形式，從孫文傳給了蔣介石，再傳給了毛澤東。

強人末路

袁世凱集權的最後一步是一九一四年十二月頒布的《修正大總統選舉法》。根據這項法律修正案，大總統任期延長至十年，並廢除原本禁止連任三屆的規定，還賦予現任大總統有指派繼任者的權力。袁世凱成為實際上的終身總統，甚至可能實現世襲制，幾乎等同於將大總統職位皇帝化。這一年，袁世凱更為登基做準備，將清朝的祭天、祭孔儀式以民國形式加以復活。曾任教育部官員的魯迅也參加了祭典儀式。此外，袁世凱透過他的法律顧問弗蘭克．詹森．古德諾（Frank Johnson Goodnow）以及清朝遺老、遺臣，營造恢復君主制（帝制）的輿論。一九一五年十二月，他組織了由其操控的「國民代表大會」，並於次年改元「洪憲」，自立為「中華帝國」皇帝（帝制運動）。

雖然袁世凱以「國民代表」推舉為名登基，即位形式看似符合民國體制，但這次與當初解散國會不同，無論是國內輿論還是國際反應，都對其行為嚴厲批評。就連過去容忍袁世凱強權統治的梁啓超，也立即在報紙上發文，猛烈抨擊「更改國體」的做法，並點燃了反袁的武裝行動（三次革命）。此外，這一年向中國提出《二十一條要求》並迫使袁世凱接受的日本，也不支持其稱帝。原本擅長察言觀色、順應時勢的袁世凱，這一次卻徹底誤判了共和民主的時代精神。隨著反對帝制的聲浪日益高漲，一九一六年三月，袁世凱宣布取消帝制，失意的袁世凱，加上尿毒症惡化，於六月病逝於任上。享年五十八歲。

袁世凱死後，政府動用國家資金建造一座堪比帝陵的大型陵墓。地點是他在宣統時期被罷黜時，以「療養」之名居住、積蓄力量的河南省彰德府故居。其陵墓包括廣大園林，至今幾乎完好無損，成為人們觀光與休憩的場所，被稱為「袁林」。

康有為（一八五八—一九二七年）

一九二五年正月，京都帝國大學學生宮崎市定，在畢業前隨日本外務省主辦的「學生南支考察團」訪問中國。期間，他拜訪了住在上海租界的康有為，還寫下那次的經歷。康有為是一位「氣色紅潤，身形肥胖的慈祥老人」，在接待來自日本的客人時侃侃而談，甚至談及他參與的一九一七年張勳復辟事件。在回去的路上，擔任翻譯的同伴說，「對第一次見面的人談論如此私人的事情，未免有些輕率。正是因為他那種性格，好不容易有機會掌握天下，最後卻還是失敗了」[10]。這裡的「失敗」，指的是一八九八年九月戊戌政變和康有為逃亡日本的經歷。宮崎筆下康有為那種能言善道、熱情好客的性格，從其他人的說法也能得到印證。不可諱言的，他那種與樂觀天性相伴的「輕率」個性，是從事政治活動的人最大的致命傷。不過，也正是這種「天真」的性格吸引了大批支持者，讓他成為近代中國少見的傳播型政治人物。簡言之，康有為雖然不是一個合格的政治家，卻是十分出色的宣傳家，和自成一家的思想家。他所建構的消弭一切差異與歧視的「大同」烏托邦社會，也在某種程度上對後來的中國共產黨的政治理念產生了微妙的影響。

康有為於一八五八年出生在廣東省南海縣的一個士紳家庭。這一年是清朝咸豐八年，當時華南一帶仍受到太平軍的控制。他原名祖詒，字廣廈，號長素、明夷、更生、更甡等，號甚繁多。

他起初學習宋學（朱子學），努力準備科舉考試，但不久感到厭倦，投入家鄉學者朱次琦（又稱九江先生）門下。朱次琦是清末兼修兩大流派宋學、漢學（考證學）的博學大儒。後來康有為在學問上逐漸脫離師門，自行發展出獨特的思想體系。有一段時間，他醉心於心學（陽明學），也熱中佛教思想。到了晚年，他對儒家經典（「四書」「五經」）的詮釋，常大膽引用緯書（依託儒家經義，專論神祕感召的書）與佛教經典，其風格與他年輕時的閱讀經驗不無關聯。

康有為思想形成的重大轉折點，是他二十多歲第一次到上海時所經歷的「仿西方」體驗。根據他流亡日本期間撰寫的自編年譜，一八八四年他在上海第一次看到顯微鏡和電氣機械，寫道：「因顯微鏡之萬數千倍者，視蝨如輪，見蟻如象，而悟大小齊同之理。因電擊光線一秒數十萬里，而悟久速齊同之理。」可見自然科學知識對於他日後構想「大同」理想社會產生了重大啟發。

同年，清法戰爭爆發，康有為從戒嚴的廣州回到家鄉。對祖國面臨的危難感到心痛，一八八八年上京，開始上奏提倡變法。不過，當時的他默默無名，贊同其觀點者寥寥無幾，於是失望地回鄉。之後，他在廣州開設私塾「萬木草堂」，過著教導梁啟超等弟子的日子。

一八九五年甲午戰爭期間，康有為在科舉考試（會試）上一舉成名。赴京應試的康有為，在考生中發起了反對與日本簽訂條約的連署活動，引起公眾關注（公車上書）。他聲稱已有一千三百人連署，但實際連署者大約只有一半。儘管如此，這麼多舉人站出來表達意見，成為他日後變法運動的推手。在那之後，他依然堅持不懈上書奏章，有時甚至利用他人名義，終於使變法的主張上達天聽，促成了一八九八年的戊戌變法（戊戌維新）。

這一年，康有為在北京成立「保國會」，成為變法運動的核心人物。此外，他獲光緒皇帝召見，提出一系列效法明治維新的政治改革措施，成為時代的風雲人物。然而，他在沒有周詳規劃的情況下，倉促推動激進的改革，結果不僅引起保守派反彈，連穩健改革派也與之疏遠。最後戊戌變法演變為一場權力鬥爭，僅持續一〇三天即告失敗，康有為遭通緝，經上海逃往日本。

康有為在日本停留的時間很短，來自清朝的外交壓力讓他在日本寸步難行，於是在一八九九年前往加拿大，組織「保皇會」。之後又造訪馬來西亞、印度、新加坡、香港等地，宣傳「保皇」活動。在日本，雖有人提出與立志革命的孫文一派合作的想法，但遭到他強烈拒絕，兩人並未會面。

即便到了民國時代，康有為也不曾想要離開寓居的日本。直到一九一三年，他才在時隔十五年後從神戶回國，但對中華民國的民主共和制始終持批判態度，提倡由立憲君主制脫胎換骨而成的「虛君共和」（君主只有虛名，沒有實權）。他還主張將融合儒家與基督教的「孔教」（孔子教）定為國教，因此遭到陳獨秀等「新青年」派的攻擊。他也參與了清朝復辟（皇帝復位）運動，是一九一七年張勳復辟事件的首謀之一，引起輿論批評。之後康有為持續寫作，但政治影響力已大不如前。晚年與眾多家人隱居青島，自號「天遊化人」。當國民革命軍勢如破竹地占領上海、南京之際，康有為於一九二七年三月底因食物中毒而逝世，享年七十歲。

梁啟超（一八七三—一九二九年）

在清末民初的中國，梁啟超是最活躍的評論家之一。作為啟蒙思想家和新聞記者，他在近代中國的地位無人能及。他透過日語介紹「西學」，並在逃亡日本期間積極活動，因此在當時的日本也享有盛名。

梁啟超字卓如，號任公，廣東省新會縣（今江門市）人。十八歲會試落榜回鄉，在朋友介紹下，成為康有為的弟子，在廣州萬木草堂學習。他深受康有為大膽重新詮釋儒學的思想影響，最後投身變法運動。一八九六年，他成為在上海創刊的《時務報》主筆，發表〈變法通議〉等文章。在上海期間，他讀了同為變法陣營嚴復的《天演論》和譚嗣同《仁學》的草稿。也是在這個時候，他與《日本國志》的作者黃遵憲成為至交。一八九七年秋，他受邀到湖南長沙時務學堂擔任總教習，積極鼓吹變法維新。此時正是中國在甲午戰爭戰敗後不久，「時務」指的是外交問題和內政改革，梁啟超在此大力推廣康有為的思想，使湖南一時間成為全國革新運動的中樞。

一八九八年戊戌變法期間，他與康有為、譚嗣同共同參與新政，覲見光緒皇帝，並被任命為新成立的京師大學堂譯書局事務官。但在戊戌政變後，他在日本政府協助下逃亡，在日本度過了直至辛亥革命為止的十四年。

一八九八年十二月，梁啟超在橫濱創辦《清議報》雜誌，重新充滿活力的拿筆寫作。在日本接觸到西方思想與學說後，他的論點超越老師康有為提倡的「保皇」框架，變得更加激進，一度與孫文等興中會（成立於一八九四年）成員走得很近。在《新民叢報》（一九〇二年在橫濱創刊）連載的〈新民說〉，闡述了培養現代國民的必要性，是這個時期的代表作。《新民叢報》傳到中國後，不僅在中國，也對越南、朝鮮等東亞地區（漢文文化圈）的思想革新產生深遠的影響。他的文筆平鋪直敘但極具煽動性，形成了獨特文體，甚至被選入科舉試題之中，可謂他作為評論家活動的巔峰。

一九〇三年訪美後，梁啟超開始與革命陣營保持距離，並與中國同盟會機關刊物《民報》（一九〇五年創刊）針對革命是否正當，展開激烈論爭。一九〇五年清朝開始進行預備立憲時，曾派遣高官到日本觀摩，當時梁啟超祕密幫高官撰寫報告書，嘗試在維持體制的前提下推動政治改革。一九一二年秋，他回到已成為「民國」的中國，受到熱烈歡迎。

民國初年，他組織政黨（後來的進步黨），並在一九一三年加入由熊希齡組閣的內閣，擔任司法總長，但很快就辭職並遠離政治。一九一五年袁世凱宣布恢復帝制時，梁啟超立即表示反對，加入反袁運動。一九一七年再次入閣，成為段祺瑞內閣的財政總長，仍很快再度辭職。作為政治家，梁啟超沒有顯著政績。雖說民國政治混沌不明，但也可看出梁啟超不適合從政。反之，在退出政壇之後，他的寫作天賦仍持續閃耀。

第一次世界大戰結束後，他自願前往西歐考察，在飽受戰爭蹂躪的國家停留了一年多。他原本希望在法國與自己欽佩的哲學家亨利．柏格森（Henri-Louis Bergson）見面，可惜未能如願。此外，在巴黎和會上，他以中國代表團顧問身分參與了拒絕簽署《凡爾賽和約》的決定。他將自己在西歐的見聞，以《歐遊心影錄》為題在報紙上發表連載，後來出版單行本。在其中，他指出歐洲的科學文明已經破產，呼籲以東方（中國）文明復興人類文明，這一主張在中國論壇引起巨大反響。雖然他常常被批評思想淺薄、立場反覆，但其對時代脈動的敏銳洞察力，仍展現出作為評論家的真正價值。

一九二一年回到中國後，梁啟超出版了他的主要著作之一《清代學術概論》。有趣的是，書中他還提到了自己，進行自我批判。「梁啟超居東，漸染歐、日俗論，乃盛倡褊狹的國家主義」。此時他自認的立場是「世界主義」。一九二五年任清華大學國學院教授，後又擔任北京圖書館（今國家圖書館）館長，晚年在清華大學教育許多英才。一九二六年，他在洛克斐勒基金會於北京設立的協和醫院接受腎臟摘除手術。雖然他術後不久就很快出院並重返工作崗位，但一九二八年十月健康狀況惡化，再度入院，最終於一九二九年一月去世。享年五十七歲。在他過世後，他的朋友和弟子開始編纂《飲冰室合集》，是梁啟超文章之集大成，於一九三六年出版。全書四十冊、一四九卷，字數超過一千四百萬字。

光緒皇帝（一八七一─一九〇八年）

愛新覺羅載湉。清朝第九代（從努爾哈赤算起的第十一代）皇帝（在位期間一八七五─一九〇八年）。廟號德宗。醇親王愛新覺羅奕譞之子，奕譞的正妻為慈禧太后的妹妹，因此慈禧太后與光緒皇帝是姨母和外甥之關係。同治皇帝崩逝後，年僅虛歲五歲的光緒皇帝即位。與同治皇帝一樣，在他成年親政之前，政務由東西兩太后「垂簾聽政」。

依照清朝「祖制」，光緒皇帝的即位屬於特例。首先，按照祖制，皇帝駕崩後，大臣要從宮殿匾額後方，拿下事先寫好繼位者名字並密封收在那兒的遺詔。光緒皇帝繼位並未遵守這項祖制，原因在於同治皇帝英年早逝且膝下無子。然而，從與先帝同輩的男性皇室成員中擇人繼位，這是特例中的特例，在清朝歷史上也是絕無僅有的。這一特例繼位自然引發輿論沸騰，大家都在爭論到底誰才有資格繼承先皇（同治）的香火和皇位。中國社會的傳統觀念中，皇位繼承應按世代順序代代相傳，那麼人們好奇，沒有後嗣（意味著沒有後代可以祭拜自己）的同治皇帝，其靈位如何安置將成為重大問題。儘管激烈的爭論暫時平息下來，但一八七九年，曾參與籌劃同治皇帝葬儀的中堅官僚吳可讀，以死諫控訴慈禧太后選定光緒皇帝的錯誤，事件再次引發輿論波瀾。朝廷為了平息爭議，宣稱光緒皇帝的繼承人（即後來的宣統皇帝溥儀），同時也繼承了同治皇帝的香火與皇嗣資格。

一八八九年，光緒皇帝年滿十九歲，慈禧太后「還政」給光緒，也就是皇帝親政的開始，慈禧太后則隱居頤和園。話雖如此，涉及國政的重要文件仍被送至頤和園，朝廷領導高層在決策時也時常揣摩慈禧太后的意志，雖然程度上還不到日本的「院政」那樣，由上皇代理天皇執政，且畢竟光緒皇帝沒有從政經驗，應該不致於心生不滿，兩人之間還是像以前一樣和睦。皇帝幾乎每三天就會去兩次頤和園，向慈禧太后「請安（問好）」。有時還會在園裡搭建戲臺，「母子」一起看戲，這已經成為光緒皇帝日常生活的一部分。

直到甲午戰爭時期，光緒皇帝才開始對政務表現出積極處理的態度。也是在這個時期，朝廷內外要求變法（制度改革）的聲浪日益高漲。許多人提出各種不同的改革理論和方案，但光緒皇帝注意到康有為提出的激進變法論。當時日本擊敗中國，康有為的變法論是以日本為典範。光緒皇帝先命重臣聽取康有為的想法，然後又命康有為提出具體的變法方案。對此，康有為急忙編纂《日本變政考》。一八九八年六月光緒皇帝頒布《明定國是詔》（明確國策之意），開始推動百日維新（戊戌變法）。九月，慈禧太后發動政變，戊戌變法失敗，光緒皇帝失去實權，一度被囚禁於瀛台，但八國聯軍後，他與慈禧太后逃往西安，這段「蒙塵」歲月讓他恢復了一些實力。據傳他晚年常常對自己當時支持變法的行為感到後悔。

光緒皇帝天生體弱多病，從來沒有展現出作為皇帝的堅毅與魄力。除了有慢性心肺疾病外，最後還患上了急性感染症崩逝。由於光緒皇帝死於慈禧太后薨逝的前一日，所以多年來一直傳聞是李蓮英或袁世凱奉慈禧太后之命，下毒殺死光緒皇帝，但是至今沒有任何證據可以證實這個傳聞。

溥儀（一九〇六—一九六七年）

小朝廷之主

宣統皇帝（在位期間一九〇八—一九一二年）是清朝最後一位皇帝。姓愛新覺羅。因辛亥革命後清朝滅亡，所以溥儀死後未得追尊的廟號。光緒皇帝過世時未留子嗣，由慈禧太后指定溥儀為繼承人，三歲即位。其父為第二代醇親王載灃，是光緒皇帝同父異母的弟弟，溥儀即位後擔任攝政。溥儀的生母是慈禧太后的親信、一手掌握軍權的榮祿之女。

一九一二年二月十二日，清朝頒布詔書，宣統皇帝退位。同時宣布《清室優待條件》，允許前皇帝使用皇帝稱號，並得以居住在紫禁城，清廷的宮廷費用每年由中華民國政府撥付。因此，溥儀仍被眾多太監宮女簇擁、享受奢華飲食，日常生活並沒有太大改變。

革命後的紫禁城，被人們稱為「小朝廷」。小朝廷之主溥儀，仍舊按照傳統學習帝王學，由遺臣擔任教導官，教授中國古典和書法。身為滿洲皇帝，他還學習滿文和騎射，生活方式與王朝時期無異。儘管中華民國已實施了民主共和、議會政治，「小朝廷」仍如同一個被高牆環繞、與外界隔絕的另一個世界。

一九一七年，第一場風暴襲擊了寧靜的「小朝廷」。這一年袁世凱過世，大總統與國務總理的衝突加劇，北京政局動盪。長江巡閱使張勳趁此時機，率領三千士兵從徐州進入北京，七月一日宣布復辟。

張勳是一位保守派軍人，支持君主制，甚至不允許部下剪掉象徵對清朝忠誠的辮髮。溥儀只有十二歲，在懵懂無知的狀況下坐上五年前離開的皇位。但由於沒有其他軍人追隨張勳的腳步，僅僅十二天，復辟行動就瓦解了。

復辟事件對「小朝廷」造成負面影響。前一年有袁世凱稱帝，這次又有張勳復辟，激起社會大肆批評反時代潮流的復辟帝制行徑。國會甚至提出廢除《清室優待條件》的法案，報刊輿論也開始出現質疑「小朝廷」的存在正當性的聲音。

北京政變

一九一九年，溥儀的生活有了新的轉變。英國人莊士敦（Sir Reginald Fleming Johnston，一八七四—一九三八年）受邀到皇宮擔任家庭教師，溥儀開始學習英語。莊士敦談到西方社會的活力，對少年溥儀的心理意識產生強烈影響。溥儀聽莊士敦描述國外的新世界後，一度認真考慮出國留學。也正是受到莊士敦的感化，他對宮中的陳規陋俗感到不滿，嘗試削減開支、裁撤冗員，甚至辭退許多女官和太監。然而，光靠他一個沒有實力的年幼皇帝，根本無法推動宮廷改革。他能享受的自由，最多就是騎腳踏車在宮中閒逛，或是開車去皇宮外面兜一圈而已。

一九二二年溥儀剪去辮髮，可說是小小的反抗之舉。這一年，滿十七歲的溥儀迎娶蒙古旗人之女婉容（一九〇六—一九四六年）為皇后，並納文繡為妃。當時彷彿「宣統」時期會永遠持續下去。

但暴風雨來得很突然。一九二四年十月，駐屯北京的直隸派軍閥馮玉祥（一八八二—一九四八年）

響應孫文在廣州推動的國共合作運動，發動政變。囚禁大總統曹錕，撤換內閣所有成員（北京政變）。新內閣立即頒布修改後的《清室優待條件》，廢除皇帝尊號、清室遷出紫禁城、皇室財產國有化，實質上宣告解散「小朝廷」。

十一月初，馮玉祥「國民軍」麾下的將領鹿鍾麟率軍進入紫禁城，要求溥儀及所有宮人立即離開，進行實質上的驅逐。溥儀來不及帶走太多物品，就這樣離開紫禁城，前往他父親居住的醇親王府。溥儀「出宮」事件成為全國矚目的大新聞。部分前朝官僚和軍人對馮玉祥軍隊的做法表示不滿，但輿論普遍認為解散「小朝廷」是順應潮流之舉，同情溥儀的論調並沒有形成主流。

失去「主人」的「小朝廷」所遺留的大量財寶和文物，都被新成立的「清室善後委員會」接收，進行詳細調查、清點和造冊。中華民國政府根據清冊，於一九二五年國慶日（十月十日）成立故宮博物院，首次向公眾展示皇室藏品[11]，標誌著故宮（舊宮殿）作為博物館的新歷史就此展開。

天津生活

被逐出紫禁城後，溥儀感到前途茫茫。他一度考慮是否應該借助外國勢力重返紫禁城。當然，他也可以選擇接受修改後的《清室優待條件》，成為平民。但在日益不安和驚恐下，他選擇了借助日本之力，尋找「復辟」的機會。十一月底，溥儀棲身於日本公使館，在親信羅振玉（一八六六—一九四〇年）的安排下，決定到天津的日本租界避難。儘管日本國內對是否庇護溥儀也存在審慎甚至反對聲音，但最終還是接受了溥儀的請求，將其護送至天津。那是一九二五年二月的事情。

從此之後，溥儀在天津的生活長達七年。天津是一個靠近北京的開放口岸，擁有許多外國租界，因此成為清朝遺老、遺臣、失勢政客和軍人隱居或避難的地方。溥儀位於日本租界的宅邸（張園、靜園），吸引了各式各樣懷抱不同動機和野心的人。溥儀也在這相對自由的空間從事各種社交活動，有時也在他人請求下提供經濟資助。其中包括格里戈里·謝苗諾夫（Grigoriy Mikhailovich Semyonov），他原是外貝加爾哥薩克軍領袖，在俄國革命後繼續進行反蘇活動。不僅如此，溥儀也與日本軍人（關東軍、天津駐屯軍）、政治家和外交官的關係日益密切。

一九二八年，發生了一系列對溥儀未來產生重大影響的事件。首先是蔣介石領導的第二次北伐軍，於六月攻克北京。對此，當時統治北京的張作霖（一八七五—一九二八年）返回滿洲（東北）根據地的途中，在奉天郊區被關東軍策劃的鐵路爆炸案炸死。繼任的兒子張學良（一九〇一—二〇〇一年）於十二月宣布「東北易幟」，東北軍表態歸順蔣介石的國民政府，從而實現了名義上全國統一的目標。滿洲是清朝的發祥地，對溥儀來說就像是他的故鄉。然而，復辟的希望破滅後，更大的打擊來自東陵盜墓事件。蔣介石麾下的軍隊闖入乾隆皇帝和慈禧太后的陵墓，偷盜作為陪葬品的金銀財寶。溥儀在自傳中也詳細描述，他對政府軍毀壞祖先陵墓的行為感到怒不可遏。

從滿洲國皇帝到平民

一九三一年九月爆發了九一八事變，讓溥儀的周遭局勢變得急遽緊張。十一月，溥儀接受奉天特務機關長土肥原賢二（一八八三—一九四八年）的邀請，離開天津，經旅順前往奉天。次年三月，宣告成立「滿洲國」，溥儀出任「執政」，兩年後正式登基為滿洲國皇帝，實現其夙願已久的「復辟」之夢。一九三五年，他首次訪問日本，並會見昭和天皇（一九四〇年再次訪日）。

儘管這是他第三次登上皇位，但所有人都清楚，溥儀只是關東軍推舉出來的傀儡皇帝，他並未被賦予任何實權。再加上長年伴隨、支持他的遺老遺臣，也相繼辭世，日漸凋零。與他結髮多年的皇后婉容，因厭倦單調、束縛的生活，吸食鴉片成癮，兩人的關係也每況愈下。溥儀的孤獨感愈來愈深。

一九四五年八月，隨著日本投降，滿洲國也宣告瓦解。溥儀發布退位詔書後，試圖與婉容等人前往日本，但在途中與弟弟溥傑（一九〇七—一九九四年）一同在奉天遭蘇聯軍擄獲，隨後被囚禁在伯力（今哈巴羅夫斯克〔Khabarovsk〕），度過五年的居留生活（婉容遭中共軍捕獲，一九四六年病逝於吉林省延吉的收容所）。在此期間，一九四六年八月，溥儀以蘇聯方證人的身分，出席於東京召開的遠東國際軍事法庭。在世人注視下，溥儀多次為自己辯護，表示自己是被日本人強迫登上帝位，沒有任何政治責任。他可能是害怕被貼上戰犯標籤，所以表達對滿洲國日本官僚和軍人的不滿。溥儀本人後來也承認，他在證人席上撒謊是為了保護自己。

一九五〇年，溥儀、溥傑從蘇聯被引渡到前一年剛成立的中華人民共和國，並在撫順戰犯管理所開始了所謂的「學習」生活。「學習」是指對自己過去犯下的錯誤進行悔改和反省，重生為一個全新的人。他的自傳《我的前半生》也是為了「學習」而寫的。

一九五九年，溥儀獲得特赦出獄，一九六〇年進入北京植物園工作，這位前皇帝開始了「平民」生活。一九六二年，他與護理人員李淑賢（一九二四—一九九七年）結婚，這是溥儀的第四次婚姻，李是他的第五位妻子。一九六四年轉到中央文史館任職。一九六六年文化大革命開始時，曾遭到紅衛兵抄家，但因周恩來總理下令保護，他沒有受到迫害。一九六七年因尿毒症去世，享年六十二歲，沒有子嗣。

其他人物

鄭觀應

一八四二—一九二一年。鄭觀應在鴉片戰爭簽訂講和條約（《南京條約》）前夕，出生於葡屬澳門附近的廣東省香山縣（今中山市），是一名買辦商人的次子。他與容閎、孫文同鄉，彼此認識。一八九四年孫文北上欲上書李鴻章時，鄭觀應曾請李鴻章部下盛宣懷幫忙牽線。

「買辦」是指為外國的在華企業承包特定業務，同時運用自身資金從事買賣商品的仲介商。鄭觀應的家鄉香山縣，從很早以前就與「西方」接觸，近代中國許多有影響力的買辦，香山人占了不小比例。

十七歲時，鄭觀應參加童子試未中，奉父親之命前往上海，從此開啟其買辦生涯。當時的上海是中國最早開放的口岸，加上江南強大的經濟實力作為後盾，貿易額迅速成長，近代城市的建設也隨之急速推進。鄭觀應進入大商行寶順洋行（顛地洋行）工作，一邊學習西方商業習慣，一邊也師從英華書院教員傅蘭雅（John Fryer）學習英語，提升買辦應有的知識和技術。他的學識和實務能力逐漸受到重視，甚至傳入李鴻章等大臣耳中。從一八七〇年代末起，鄭觀應參與多項洋務新事業的創建和營運，如上海機器織布局、上海電報局、開平礦務局等。

不過，他的買辦生涯並非一帆風順。一八八三年上海股市萎縮，經濟衰退，鄭觀應與一群廣東買辦遭受重創。失意的鄭觀應離開長期居住的上海，回到家鄉廣東。當時正值清法戰爭，局勢動盪。他在後方積極支援戰事，並依此經驗全面修訂政策建議書《易言》，於一八九四年以《盛世危言》為題出版。

他在書中呼籲中國需要建立議會制度，並指出未來是「商戰」時代，經濟實力將成為決定性的關鍵，提出設立商會、整備商務制度等具體改革措施。《盛世危言》是甲午戰爭後盛行的康有為等人變法論的先驅，也被認為是青年毛澤東早年最喜歡讀的重要著作。

清末最後十年的改革浪潮中，他創辦多項實業，也參與輪船招商局（中國最大的輪船公司）的經營，但辛亥革命後退出實業界，致力於設立學校等教育事業。一九二二年，他在自己創辦的上海招商公學宿舍中逝世。享年八十歲。

同治皇帝

一八五六—一八七五年（在位期間一八六一—一八七五年）。愛新覺羅載淳。清朝第八代皇帝（從努爾哈赤算起的第十代）。廟號「穆宗」。咸豐皇帝長子，生母為慈禧太后。六歲即位時，年號為「祺祥」，但在辛酉政變後，改年號「同治」，取東西兩太后攝政「同心治理」之意。在這位年幼皇帝背後實際掌權的是恭親王奕訢和慈禧太后。對外方面，推進與列強的合作，設立了總理各國事務衙門（後來的外務部）；內政方面，平定太平天國，推動洋務（殖產興業）運動，因此出現了被譽為「同治中興」的穩定政治環境。清朝與日本建交也是在同治年間（一八一七年締結《清日修好條規》）完成。一八七二年舉行大婚，一八七三年開始親政，並首次以非朝貢形式接見外國使節（日本為副島種臣大使）。一八七五年崩逝於紫禁城。

李蓮英

一八四八—一九一一年。李蓮英深受慈禧太后寵信，官至總管太監（宦官首領），是晚清內廷權勢最盛的太監。他出生於順天府大城縣（今河北省）一戶農家。七歲時被閹割，次年進宮成為太監，這是中國華北貧苦農民子弟選擇的生計之一。據信李蓮英是由家鄉太監前輩的引薦入宮，可能並非出於自願。

原名進喜，「蓮英」是慈禧太后賜給他的名字。他起初在鄭親王端華府中任職，十六歲時到慈禧太后身邊侍奉，成為他日後仕途飛躍的起點。當時擔任總管太監掌管內廷的是安德海，一八六九年安德海因「違反祖制，擅出宮禁」被處死，由李蓮英接任「總管太監」一職。李蓮英天資聰慧、舉止穩重，深獲慈禧太后喜愛。從流傳至今的照片可以看出，慈禧太后散步、郊遊或看戲時，李蓮英總是陪伴在側，是慈禧太后最信任的親信。清朝不許宦官干政，還有祖訓規定宦官品階（職級）不得高於四品。慈禧太后卻打破了這個規定，授予李蓮英相當於大臣、總督的二品官階。

身為慈禧太后的寵臣，外界對李蓮英的印象是干預朝政、收受賄絡斂財的奸宦形象。事實上，李蓮英生性嚴謹，深知宦官干預朝政最後是死路一條。一八九四年甲午戰爭期間，御史（監察官）安維峻上奏彈劾李蓮英，聲稱與日本的戰和決策是受到李蓮英的影響，一時輿論譁然。但事實上他並未插嘴政治，只是被拿來當作批評慈禧太后的代罪羔羊。至於貪汙受賄，當時幫忙做事收取回扣（手續費）是朝野上下皆有的普遍現象，也是一種公開的收入來源之一，因此沒有理由只責怪李蓮英。今日歷史小說或電視劇裡描繪李蓮英的惡太監形象，應適度保留看待。

光緒皇帝和慈禧太后先後去世，李蓮英主持了相關的喪禮事宜後，離開了他工作五十二年的紫禁城，退休回鄉。一九一一年武昌起義爆發的六個月前，在北京逝世。

李提摩太

一八四五—一九一九年。李提摩太為中文名字，原名是提摩太．理察（Timothy Richard）。英國浸信會（Baptist）傳教士，在中國生活了四十五年。出生於南威爾斯，學習神學後，一八七〇年來到中國，在山東省煙台和青州等地傳教，並學習中文，對儒家、道教與佛教等有深刻的了解。一八七七年前往山西省太原賑災，救濟饑荒災民，此後以此地為據點，向官員講授包括哥白尼地動說在內的西方自然科學知識。一八八五年短暫回國，一八八六年移居北京，擔任私塾教師和英文報紙編輯，同時與李鴻章等政府高官密切往來。他想效法明末利瑪竇的做法，透過與官僚和文人的往來，強化自己對朝廷的影響力。

一八九一年，他接替韋廉臣（Alexander Williamson）擔任「同文書會」（後來的「廣學會」）總幹事。該會是由居住在中國的外國人（主要是新教傳教士）創辦的出版機構，除了發行機關刊物《萬國公報》，還翻譯與出版了大量書籍。《萬國公報》刊登與宗教有關的文章，也刊登時事新聞和自然科學文章，對晚清中國知識分子的世界觀產生莫大影響。維新派首領康有為就是其中之一。戊戌變法時，康有為曾向光緒皇帝提議，延攬李提摩太與伊藤博文一同擔任政治顧問。

在李提摩太豐富的寫作和翻譯活動中，最具代表性的著作是《泰西新史攬要》。該書是英國人羅伯特・麥肯齊（Robert Mackenzie）寫的《*The Nineteenth Century: A History*》（一八八〇年）漢譯本，由李提摩太口譯，再由中國助手寫成中文。這本書追溯了十九世紀歐洲的發展歷程，重點關注政治、經濟、教育等各領域的變革。清朝時值甲午戰爭戰敗，社會對體制根本改革的聲浪逐漸高漲，此書正好可為中國未來發展指引一條道路，廣受歡迎。一八九八年《泰西新史攬要》曾以維新變法參考書的名義進獻給皇帝。

八國聯軍後，李提摩太致力於設立與經營山西大學堂（今山西大學）。一九〇三年訪問日本，結識了近衛篤麿等人。一九一六年因健康狀況不佳返國，一九一九年在倫敦去世。著有《留華四十五年回憶錄》（*Forty-five Years in China*。日譯本：蒲豐彥、倉田明子監譯，《中国伝道四五年——ティモシー・リチャード回想録》，東洋文庫，二〇二〇年）。

黃遵憲

一八四八—一九〇五年。黃遵憲出生於一八四八年，正值鴉片戰爭結束後不久、太平天國橫掃中國南方之際，出生地為廣東省嘉應州（今梅州市）。嘉應州被稱為客家人的故鄉，也曾兩度遭太平軍占領，但黃遵憲並沒有像老一輩那樣，對信仰基督教的太平軍表現出強烈敵意。一方面是因為他還年幼，另一方面是因為他對清軍無能的表現深感失望。

黃遵憲成長於傳統士大夫家庭，在私塾接受經書典籍的教育。一八七六年隨父親赴任北京（順天府），參加了科舉第一階段的鄉試，考上舉人。家人原本希望他繼續參加會試，但他拒絕了，隨後成為首任駐日公使團的參贊（地位僅次於公使、副使），於一八七七年底前往日本。當時中國還沒有職業外交官，派駐外國使節通常是由科舉官僚中選拔。該使團成員多精通古典詩文，受到日本文人和學者的熱烈歡迎，黃遵憲也透過筆談和詩詞交流，加深了與日本人士的友誼，其中與高崎藩藩主大河內輝聲留下的筆談手稿《大河內文書》最為著名。

經歷了日本的異國文化，他的詩作被編成《日本雜事詩》（一八七九年），不僅在日本受到好評，在中國也因其清新詩風而廣為傳誦，同時成為介紹日本明治時期政治、社會與風俗習慣的作品。此外，他根據在日本蒐集的資料與見聞編寫了主要著作《日本國志》共四十卷（一八八七年），是近代中國第一部系統性的日本研究著作，對於他本身參與的戊戌變法產生很大影響。

黃遵憲在日本期間，正值清日因「琉球處分」（一八七九年）而關係緊張之際。他與主張對日本採取強硬立場的公使何如璋不同。一八八〇年，他與朝鮮派來的修信使金弘集在東京會談，將自己撰寫的《朝鮮策略》交予對方，建議朝鮮以「親中國、結日本、聯美國」的方針維持東亞勢力平衡。離開日本後，他歷任駐舊金山總領事、駐英國參贊、駐新加坡總領事等職，致力於保護海外華僑。一八九八年戊戌變法期間被視為維新派，光緒皇帝任命其為駐日公使，但在上海期間發生政變，曾被暫時拘留，後經英國和日本交涉才得以被釋放。一九〇五年病逝於家鄉。

嚴復

一八五四—一九二一年。嚴復是近代中國引進「西學」的先驅，是與日本福澤諭吉比肩的思想家。他出生於福建省侯官縣（今福州市），比曾同樣造訪英國的福澤小十九歲。字又陵、幾道。

自幼受經書典籍薰陶，但十四歲喪父，家中經濟困難，遂進入以推動洋務而設立的福州造船廠附設船政學堂就讀，學習西洋科學與英語。畢業後在船上實習五年，一八七七年獲公費派遣，前往英國格林威治皇家海軍學院學習，在當地實際感受西方社會的真實樣貌，這對他這一代人來說是十分寶貴的經驗。一八七九年回國後，擔任同樣為推動洋務而設立的天津北洋水師學堂（海軍大學）總教習（教務長），後升任總辦（校長），正式展開洋務人才的職涯，但當時主流的仕途之道是科舉，學堂教員被視為旁門左道。對此極為敏感的嚴復，即使已靠翻譯和文教成名，仍不放棄科考，擔任總辦似乎非真心樂在其中。這與日本明治時期的日本人留學歸國後能在官場迅速晉升，形成強烈對照。

在北洋水師學堂工作的二十年間，嚴復致力於傳播維新思想。戊戌變法期間，為天津日報《國聞報》等刊物撰寫大量文章，還翻譯、宣揚《天演論》，對後世產生巨大影響。嚴復將「進化（evolution）」翻譯成「天演」，原書是湯瑪斯．赫胥黎（Thomas Huxley）的《演化論與倫理學》（*Evolution and Ethics*，一八九三年）。嚴復並附有詳細評注，將此書翻譯後命名為《天演論》。一八九五年春出版部分內容，一八九八年發行定本，讓「優勝劣敗」、「適者生存」等社會進化論觀點，在清末中國傳播開來。義和團之亂及八國聯軍期間，嚴復離開天津，往返於上海和北京之間，陸續出版多部譯作，為西方思想傳入中國做出重大貢獻。除了《天演論》之外，主要譯著有《原富》（亞當．斯密〔Adam Smith〕《國富論》）、《群學肄言》（赫伯特．斯賓塞〔Herbert Spencer〕《社會學研究》）、《群己權界論》（約翰．穆勒〔John Stuart Mill〕《論自由》）、《穆勒名學》（約翰．穆勒《邏輯學體系》）、《社會通詮》（甄克斯〔Edward Jenks〕《政治史概說》）、《法意》（孟德斯鳩〔Montesquieu〕《論法的精神》）等。

一九〇五年，他協助創辦復旦公學（今復旦大學），民國成立後被任命為北京大學第一任校長，後半生致力於教育和文化事業的革新。

張之洞

一八三七—一九〇九年。從一八六〇年代起，中國進入「督撫重權」時代，即地方大官（總督、巡撫）掌握政治實權，並主導軍事和經濟的近代化進程。最具代表性的例子是鎮壓太平天國有功的曾國藩（一八一一—一八七二年）。曾國藩過世後，李鴻章（一八二三—一九〇一年）、左宗棠（一八一二—一八八五年）成為政壇主力。日後，李鴻章因甲午戰敗失勢，聲勢下滑，在武昌（今武漢市）執掌衙門的湖廣總督張之洞（字孝達，又字香濤），發揮了左右中央政治的強勢影響力。

張之洞原籍為直隸省（今河北省）南皮縣，出生於貴州省興義府。二十七歲時考中科舉（第三名「探花」），進入執掌教育文書的翰林院，此後歷任內閣學士、山西巡撫、兩廣總督、湖廣總督等職，官場之路十分順遂。擔任湖廣總督時期，創辦漢陽鐵廠、湖北織布局，致力於推動洋務運動，還派遣留學生至日本，推動軍事改革。一九〇七年被召回北京，擔任軍機大臣兼內閣大學士，位極人臣，過世時清朝尚未滅亡。

甲午戰爭前，張之洞被視為「清流派」（主張肅正綱紀、對外強硬），戰後則成為「洋務派」（旨在效法西方，實現軍事和工業近代化）的主要支柱。他的施政涵蓋外交、政治、經濟、文化多方面，核心理念是「中體西用」，即在價值觀上堅持中國價值（儒學），在技術制度上借鑑西方。他反對激進的制度變革與革命，主張漸進式、局部改革，使清朝體制平穩過渡到近代社會。為此，一八九八年在變法（制度改革）論高漲之際，時任湖廣總督的張之洞，出版其代表作《勸學篇》，書中闡述「舊學為體，西學為用」的觀點，在表達他所理解的改革方向的同時，也緊盯在其轄區活動的激進維新派（梁啟超等人）。事實上，他在一九〇〇年鎮壓了主張「勤王（讓遭到幽禁的光緒皇帝復權）」的自立軍起義。

一九〇一年簽訂《辛丑和約》後，張之洞益發受到慈禧太后倚重。清朝最後十年的改革，包括整備近代化學校教育制度等，大多是張之洞提案或執行的政策。一九〇五年，他與袁世凱聯名奏請廢除科舉制。光緒皇帝和慈禧太后相繼崩逝的第二年，張之洞也於北京去世。享年七十三歲。朝廷賜諡號「文襄」。

注釋

1. 張戎，《西太后秘錄（慈禧：開啟現代中國的皇太后）》（上下兩冊，川副智子譯，講談社+α文庫，二〇一八年），為了推翻以往對慈禧太后的評價，將她塑造成一位偉大的愛國改革者。
2. 田原禎次郎，《清國西太后》，臺灣日日新報社，一九〇八年。

3. 關於慈禧太后的出生和事蹟，有各種被稱為「戲說慈禧太后」的傳說和軼事。這些內容應該視為民間傳說。

4. 由於貴族婦女不得讓丈夫以外的男性見到其容貌，因此必須隔著幕簾聆聽朝政，此制度可追溯至漢代。「垂簾聽政」一詞亦可見於《舊唐書》。

5. 寶成關，《奕訢慈禧政爭記》，吉林文史出版社，一九〇〇年。

6. 宗廟禮制中，祭祀祖先的神主牌位，始祖居中，父置於左（昭），子置於右（穆）。以下代代都要依照昭穆順序交錯排列牌位。

7. 坂野正高，《近代中國政治外交史——從瓦斯科．達伽馬到五四運動》，東京大學出版會，一九七三年。

8. 茅海建，《戊戌變法史事考》，生活．讀書．新知三聯書店，二〇〇五年。

9. 「魯迅」請參照第十卷第四章。

10. 宮崎市定，《中國政治論集——從王安石到毛澤東》，中公文庫，一九九〇年。

11. 早在溥儀「出宮」之前，一九一四年袁世凱政權就在外朝宮殿開設「古物陳列所」，展示宮中文物並對外開放。

參考文獻

愛新覺羅溥儀著，小野忍等譯，《わが半生——「満州国」皇帝の自伝（我的前半生）》上下，筑摩文庫，一九九二年

入江曜子，《溥儀——清朝最後的皇帝》，岩波新書，二〇〇六年

岡本隆司，《袁世凱——現代中国の出発》，岩波新書，二〇一五年（中譯本：李雨青譯，《袁世凱：左右近代中國的俗史與強人》，八旗文化，二〇一六年）

岡本隆司等編譯，《梁啟超文集》，岩波文庫，二〇二〇年

加藤徹，《西太后——大清帝國最後的光芒》，中公新書，二〇〇五年

坂出祥伸，《中国の人と思想11　康有為（中國人與思想11　康有為）》，集英社，一九八五年

斯特林・塞格雷夫（Sterling Seagrave）著，高橋正、山田耕介譯，《ドラゴン・レディ（龍夫人：慈禧故事）》（*Dragon Lady: The Life and Legend of the Last Empress of China*）上下，Saimaru出版會，一九九四年

莊士敦（Reginald Fleming Johnston）著，渡部昇一監修，中山理譯，《完訳　紫禁城の黄昏（紫禁城的黃昏）》（*Twilight in the Forbidden City*）上下，祥傳社黃金文庫，二〇〇八年

秦國經編著，波多野太郎監譯，宇野直人、後藤淳一譯，《溥儀——1912-1924紫禁城の廃帝（遜清皇室祕聞）》，東方書店，一九九一年

竹內弘行，《康有為と近代大同思想の研究（康有為與近代大同思想之研究）》，汲古書院，二〇〇八年

田中比呂志，《袁世凱——統合と改革への見果てぬ夢を追い求めて（袁世凱——追尋未竟的統合與改革夢想）》，山川出版社，二〇一五年

陳志讓（Jerome Chen）著，守川正道譯，《袁世凱と近代中国（袁世凱與近代中國）》，岩波書店，一九八〇年

塚瀨進，《溥儀——変転する政治に翻弄された生涯（溥儀——遭轉變政治操弄的一生）》，山川出版社，二〇一五年

丁文江、趙豐田編，島田虔次編譯，《梁啟超年譜長編》全五卷，岩波書店，二〇〇四年

德齡著，田中克己、太田七郎譯，《西太后に侍して》，生活社，一九四二年（中譯本：施佳瑩譯，《我在慈禧身邊的兩年：清宮二年記》，好讀，二〇二三年）

狹間直樹編，《共同研究　梁啓超——西洋近代思想受容と明治日本（共同研究　梁啟超——西洋近代思想包容與明治日本）》，Misuzu 書房，一九九九年

狹間直樹，《梁啓超——東アジア文明史の転換（梁啟超——東亞文明史之轉換）》，岩波書店，二〇一六年

濱久雄，《西太后》，教育社，一九八四年

日向康三郎，《北京・山本照像館——西太后写真と日本人写真師（北京山本照相館——日本攝影師和他鏡頭下的近代中國）》，雄山閣，二〇一五年

山田勝芳，《溥儀の忠臣・工藤忠——忘れられた日本人の満洲国（溥儀的忠臣工藤忠——被遺忘的日本人的滿洲國）》，朝日新聞出版，二〇一〇年

俞炳坤等，《西太后》，紫禁城出版社，一九八五年

作者簡介

村田雄二郎

一九五七年生。同志社大學教授、東京大學名譽教授。東京大學大學院人文科學研究科博士課程輟。專攻中國近現代史、中日關係史。主要著作有《語言、民族、國家、歷史——村田雄二郎中國研究文集》（重慶出版社）等。

前田舟子

沖繩大學副教授。琉球大學大學院人文社會科學研究科博士課程修畢，博士（學術）。專攻琉球史、中琉交流史。主要論文有〈論哈佛燕京圖書館藏《琉球國中山王尚穆貢表》〉（《沖繩史料編輯紀要》四三，二〇二〇年）等。

木村直也

一九五六年生。前立教大學特聘教授。慶應義塾大學大學院文學研究科博士課程單位取得肄。專攻日本近世與近代史、日朝關係史。與關周一合編《日朝關係史》（吉川弘文館）等。

深井雅海

一九四八年生。德川林政史研究所所長。國學院大學文學部畢業，博士（歷史學）。專攻日本近世政治史。主要著作有《日本近世之歷史3　綱吉與吉宗》（吉川弘文館）等。

高田綾子

德川林政史研究所兼任研究員、東京大學史料編纂所學術專業職員。國學院大學大學院博士課程後期單位取得。專攻日本近世史。主要論文有〈江戶幕府奏者番就任者之選任基準〉（《國學院大學大學院紀要——文學研究科》四六，二〇一五年）等。

平石直昭

一九四五年生。東京大學名譽教授、福澤諭吉協會理事。東京大學法學部第三類畢業。專攻日本政治思想史。主要著作有《荻生徂徠年譜考》（平凡社）等。

川原秀城

一九五〇年生。東京大學名譽教授。京都大學大學院文學研究科博士課程單位取得肄。專攻中國朝鮮思想史、東亞科學史。主要編著《西學東漸與東亞》（岩波書店）等。

谷井陽子

一九六二年生。天理大學教授。京都大學大學院文學研究科博士後期課程肄。專攻中國明清史、滿洲史。主要著作有《八旗制度研究》（京都大學學術出版會）等。

多賀良寬

一九八八年生。東北學院大學講師。大阪大學大學院文學研究科博士後期課程修畢。專攻越南史、亞洲經濟史。主要論文有"The Rise of Silver Dollars: Changing Pattern of Silver Use in Nineteenth-Century Vietnam," in Akita Shigeru, Liu Hong and Momoki Shiro (eds.), *Changing Dynamics and Mechanisms of Maritime Asia in Comparative Perspectives,* Singapore: Palgrave Macmillan, 2021.等。

今井昭夫

一九五六年生。東京外國語大學名譽教授。東京外國語大學大學院地域研究研究科碩士課程修畢。專攻越南地域研究、越南近現代史。主要著作有《潘佩珠——追求民族獨立的開明志士》（山川出版社）等。

川口洋史

一九八〇年生。愛知大學國際問題研究所客座研究員、名古屋外國語大學兼任講師。名古屋大學大學院文學研究科博士後期課程期滿肄，博士（歷史學）。專攻泰國史。主要著作有《文書史料講述近世末期的泰國——拉達那哥欣王朝前期的行政文書與政治》（風響社）等。

北川香子

一九六五年生。學習院女子大學教授。東京大學大學院人文社會系研究科博士課程修畢，博士（文學）。專攻東南亞史。主要著作有《吳哥窟沉睡時——柬埔寨歷史記憶探訪》（聯合出版）等。

太田信宏

一九六九年生。東京外國語大學教授。東京大學大學院人文社會系研究科博士課程修畢。專攻南亞歷史。主要編著有《前近代南亞社會的凝聚力與連結》（東京外國語大學亞非語言文化研究所）等。

臼田雅之

一九四四年生。東海大學名譽教授。慶應義塾大學大學院博士課程修畢。專攻孟加拉近代史。主要著作有《近代孟加拉的民族主義和神聖性》（東海大學出版會）等。

佐佐木紳

一九七六年生。成蹊大學教授。東京大學大學院人文社會系研究科博士課程修畢，博士（文學）。專攻土耳其近現代史。主要著作有《通往鄂圖曼憲政之路》（東京大學出版會）等。

小松久男

一九五一年生。東京大學名譽教授。東京大學大學院人文科學研究科博士課程輟。專攻中亞近現代史。主要著作有《革命中亞——扎吉德的肖像》（東京大學出版會）等。

倉田明子

一九七六年生。東京外國語大學副教授。東京大學大學院綜合文化研究科博士課程單位取得肄，博士（學術）。專攻中國近代史。主要著作有《中國近代開放口岸與基督教——洪仁玕眼中的「西方」社會》（東京大學出版會）等。

＊總監修

姜尚中

一九五〇年生。東京大學名譽教授。主要著作有《馬克斯韋伯與近代》、《邁向東方主義的彼方》（以上皆為岩波書店）、《煩惱的力量》（集英社）等。

圖片出處

圖片皆出自Uni Photo Press

p.028　出自沖繩縣立博物館、美術館常設展「沖美館跨越時空地圖」（おきみゅーのツナガルマップ），參照《一六四〇年正保年間琉球地圖（沖繩本島全域）》（〈島津領國繪圖　正保琉球國惡鬼納島圖複製品〉，東京大學史料編纂所藏品）繪製

p.057　根據關周一編，《日朝關係史》（吉川弘文館，二〇一七年）刊載地圖並參照〈地球地圖日本〉（國土地理院）繪製

p.119　參照深井雅海，《江戶城》（中公新書，二〇〇八年）繪製

p.121　參照深井雅海，《日本近世之歷史3　綱吉與吉宗》（吉川弘文館，二〇一二年）繪製

p.161　參照兒玉幸多編，《日本史年表、地圖》（吉川弘文館，二〇〇〇年）、國立公文書館影像檔案〈元祿國繪圖（下總國）〉等繪製

p.473　參照Narendra Krishna Sinha (ed.), *The History of Bengal (1757-1905)*, Calcutta: University of Calcutta, 1967; Nityapriya Ghosh and Ashoke Kumar Mukhopadhyay (eds.), *Partition of Bengal significant signposts, 1905-1911*, Kolkata: Sahitya Samsad, 2005. 繪製

p.531　參照大塚和夫等編，《岩波伊斯蘭辭典》（岩波書店，二〇〇二年）繪製

p.584　根據小松久男編，《新版世界各國史4　中央歐亞史》（山川出版社，二〇〇〇年）刊載地圖，參照Yuri Bregel, *An Historical Atlas of Central Asia*, Handbook of Oriental Studies. Section 8 Uralic & Central Asian Studies, Volume 9, Leiden; Boston: Brill, 2003. 繪製

亞洲人物史08

亞洲型態的完成：17—19世紀

2025年9月初版 定價：新臺幣1100元

總監修 姜尚中
著者 村田雄二郎等
譯者 游韻馨
叢書主編 王盈婷
特約主編 黃毓芳
副總編輯 蕭遠芬
內文排版 菩薩蠻
封面設計 許晉維

出版者 聯經出版事業股份有限公司
地址 新北市汐止區大同路一段369號1樓
叢書主編電話 (02)86925588轉5316
台北聯經書房 台北市新生南路三段94號
電話 (02)23620308
郵政劃撥帳戶第0100559-3號
郵撥電話 (02)23620308
印刷者 文聯彩色製版印刷有限公司
總經銷 聯合發行股份有限公司
發行所 新北市新店區寶橋路235巷6弄6號2樓
電話 (02)29178022

編務總監 陳逸華
副總經理 王聰威
總經理 陳芝宇
社長 羅國俊
發行人 林載爵

行政院新聞局出版事業登記證局版臺業字第0130號

本書如有缺頁，破損，倒裝請寄回台北聯經書房更換。 ISBN 978-957-08-7767-0 (平裝)
聯經網址：www.linkingbooks.com.tw
電子信箱：linking@udngroup.com

Supervised by Kang Sang Jung,
Edited by Toru Aoyama, Toshikatsu Ito, Hisao Komatsu,
Shinji Shigematsu, Tatsuhiko Seo, Ryuichi Narita, Ryosuke Furui, Toru Miura,
Yujiro Murata, Lee Sungsi

ASIA JINBUTSU SHI GREAT FIGURES IN THE HISTORY OF ASIA
DAIHAKKAN ASIA NO KATACHI NO KANSEI

Edited and first published in Japan in 2022 by SHUEISHA Inc., Tokyo.

This Traditional Chinese edition published by arrangement with Shueisha Inc., Tokyo in care of Tuttle Mori Agency, Inc., Tokyo through Keio Cultural Enterprise Co., Ltd. New Taipei City.

國家圖書館出版品預行編目資料

亞洲型態的完成：17—19世紀/姜尚中總監修．村田雄二郎等著．游韻馨譯．初版．新北市．聯經．2025年9月．768面．15.5×22公分
（亞洲人物史08）
ISBN 978-957-08-7767-0（平裝）

1.CST：傳記 2.CST：亞洲

783 114010549